U0648112

WANGMING ZHUAN

王明传

（增订本）

周国全　郭德宏　原著
郭德宏　增补

人民出版社

目　录

增订说明

王明是中共党史上有名的人物，曾担任中共中央和共产国际的领导工作，两次犯了“左”倾或右倾的错误，使中国的革命事业遭受了严重损失。但他在延安整风中，一直拒不承认错误。直到 1945 年党的六届七中全会前后，才写了检讨。不久，他又翻案。为了给自己的错误翻案，他在晚年编造谎言，歪曲事实，吹嘘自己，污蔑毛泽东和党的其他领导人，在错误的道路上越走越远。为了了解王明的一生，从他的一生中吸取经验教训，从 20 世纪 80 年代初起，周国全同志和我开始搜集有关王明的材料，并与李明三同志合写了《王明评传》，1989 年由安徽人民出版社出版。这是国内外关于王明的第一本传记。在此书出版之前，关于王明的书都是批判性的。由于是“评传”，此书的分析、评论、批判仍然比较多。但在写作此书的过程中，我们第一次利用了中央档案馆和中央组织部的档案材料，以及俄罗斯等国外的材料，还原了一个比较真实的王明，具有很高的史料价值。其后出版的各种有关王明的著作，凡是引用的中央档案馆和中央组织部的档案材料，大部分都是从本书中转引或转抄的。因为迄今为止，只有我们两个人看过这些档案。1997 年，周国全同志和我删掉了原来的许多评论和批判，并增加了一些新材料，将此书改为更为平实的《王明传》，1998 年由安徽人民出版社出版。

不久前，人民出版社的王世勇同志觉得此书还有些价值，提出由人民出版社再版。我觉得此书是 15 年前出版的，内容已经比较陈旧，而且字数太少，只有 20 万字，很多内容都没有写进去。这 15 年来，关于王明的研究发现了很多新资料，出了很多新成果，有不少新的进展。如果再版，就应该把这些新资料、新进展都吸收进去，反映出来。因此，我提出应对原书加以改写和充实，以反映关于王明研究的最新研究水平。周国全同志完全同意我的提议，觉得改写一遍很有必要。于是，我就根据这 15 年来发现的新资料，出版和发表的新成果，对原书进行了改写和充实。为了使本书更加客观，我把各种不同的观点都写了进去。这些观点都是各位学者的研究成果，把它们写进来，有助于大家互相参考，以便做全面的分析和判断。

改写部分和新充实内容如有不当之处，敬请专家指正，并由我完全负责，特此说明。

郭德宏

2013 年 12 月于北京

第一章　青少年时代

第一节　幼　年

王明，原名陈绍禹，字露清。①1904年5月23日（夏历四月九日）出生在安徽省六安县金家寨（今属金寨县）。

金家寨当时是六安县西乡一个小市镇，在史河上游。东北，有史河北岸的悬剑山，西面有史河南岸的张弓山，附近还有狮子头、老猫洞等山岭，风光旖旎，古迹很多。东大街后山有建于南宋咸淳年间的宝塔，砖石结构，共11层，俗称锥子阁。镇北有天然石洞"观音洞"，可容纳50多人。人称"小南海"。从洞边拾级而上，有藏经处，名观音阁。门前对联为"曲径通幽处，洞开别有天"，额题为"南海春深"。据说宋朝时，一位女将带兵抵抗外族入侵，路过此处时遗下一个金钗，故名金钗镇，后来便把金钗说成了金寨。②

---

① 王明一生用了许多名字。他原名陈绍禹，后改为陈绍禹。他的笔名有：韶玉（从1928年夏开始使用）、慕石、兆雨、诏玉、绍玉、玉石（1929年至1931年在《红旗》报、《劳动》三日刊、《布尔塞维克》发表文章时用）、王明（1931年到苏联任中共驻共产国际代表后始用），据孟庆树讲还有英石、膺时、情淑、华英、露青、鲁卿等。另外，他还有一些俄文化名，已知的有：克劳白夫、戈卢别夫、哥鲁别夫、波波维奇、马马维奇。

② 据阎荣安编著的《星火燎原》一书说：金家寨名称的由来，有几种传奇的说法：一是说宋代杨门女将杨乃红等追叛军"黄花天子"到此，追逐中头戴的金钗落于此地而得名"金钗镇"；二是说明太祖朱元璋破陈友谅后，皇后由此还滁阳时遗失金钗一枚，故名"金钗镇"；三是说宋代杨门女将杨乃红破古城后，宋廷为防止叛乱，曾派钦差大臣来此驻守，因此得名"钦差镇"。这三种说法，最后都误传为"金寨镇"。还有一种说法，是说后来这里是农民起义军据守之寨，且为金氏祖居之所，所以称为"金家寨"。

金家寨虽在皖西贫穷落后的山区，但还是这一带比较像样的小镇子。它先是乡的所在地，后是六安县六区的所在地。有一条街，中间高，两边低，人称“钱褡子街”，有两里多长。街两边是小商店，约有几十家，连住户和商家共有数千人。这里是个货物集散地，沿河建有上码头和下码头。一些日用品都要通过用大毛竹制作的河运工具“毛簰”，从史河上游运来，而这里出产的竹、木、纸、铁、炭等山货，也经过史河运往下游。

金家寨在安徽、河南两省交界处，当时街西墙上立有六安、商城、固始三县界碑。金家寨人常说：“鸡鸣听两省，狗咬闻三县”。王明在1918年由私塾先生毛树棠命题，作过一首描写金家寨的诗：

金家寨立史河边，住户商家人数千。
悬剑张弓峰对峙，狮头猫洞岭相连。
毛簰月月来盐米，山货年年出竹杉。
鸡犬声闻三县乐，谁分皖省与河南。①

金寨史河下码头的一角

① 《王明诗歌选集（1913—1974）》，莫斯科进步出版社1979年中文版，第15页。

王明的祖籍是安徽泾县云岭村。他的五辈祖父为逃避战乱与灾荒，搬到金家寨。王明的祖父陈毓亭（又名陈亨锡）是教私塾的先生，兼做扎灯笼的手工工人。祖母姓曾。王明的父亲叫陈嘉渭，号聘之，字秉森，1877 年 8 月 19 日生。幼年读过 3 年私塾。17 岁到胡家店铁厂当学徒工。后在金家寨自做酱醋出卖，稍有积蓄，就与另外两家合资开办了一家小店，经营竹木，但他的家庭并不富裕。据孟庆树说：

> "在绍禹 5 岁时，为了减轻家庭生活的困难，父亲向他帮工的店老板借了一点钱，自己开了个小店。父亲从 8 岁到 12 岁在家放猪，12 岁到 15 岁在糕米店做学徒，15 岁到 32 岁做店员。现在他自己想试试看做小生意，以便维持家庭生活。他租了绅士汪朗斋的房子，开起竹木行和做香店来（店名叫"陈天庆麒"），想学祖父的样子。这种竹木行是大家公认的'无本经营，靠天吃饭'的事……，没有人买货时，就没有生意了。因此，生活还是很困难。……可是房东汪绅士嫌绍禹家来往的人太多，竹木遍地，把绍禹全家都赶走了。不得已又租了陈姓家的房子，绍禹从 7 岁到 21 岁完全离开家前，都住在这所房子里。"①

王明的弟弟甘宁回忆说：家里是穷人，父亲做买卖，先卖酱醋，后与其他两家联合开了"陈农昌"号行店，经营竹木。住的房子是人家的，是房无一间，地无一垧，全靠小买卖为生，苏区时划为"城市贫民"成分。父亲 1931 年到霍邱县开顺街转运公司（离金寨 30 多里），实际是开行店。两

王明家庭旧址

① 孟庆树：《陈绍禹——王明传记与回忆》（手写复印稿）。此书已由莫斯科慈善基金会 2011 年出版中文版，但差错比较多，故本书仍以手写复印稿为准。

年后被保卫局捉回金家寨，关了三个月。释放后，行里生意清淡了，就做酱醋卖。同时，组织上让他组织赤色互济会、反帝大同盟，他任六安六区主席。这都是群众组织，任务是援助红军。群众把鞋子送到他那里，他再送给红军。国民党进占后（1934 年），就转入秘密。曾组织群众节盐，并从白区买一部分，送给红军吃和洗伤口。1937 年到武汉。后由八路军武汉办事处安排，他与二姐到了新疆，曾任合作社经理。盛世才反共后被捕三个月，放回后林伯渠劝他到延安，他要回家，结果 16 天后被捕，关了两年，到解放前夕才出狱。1951 年到北京，1957 年 5 月 10 日去世，享年 80 岁，葬在八宝山革命公墓。①

甘宁之子陈圣宏也说：祖父曾多次被捕。1926 年因任豫皖青年学会后勤部长被民团逮捕，入狱三个月，后保释出狱。1927 年因与武汉叶挺领导的北伐军"铁军"通信受牵连，被捕入狱五个月。1929 年因与红军联系，被民团逮捕三个月，后保释出狱。1930 年参加金寨暴动，1930 年后任"鄂豫皖苏区六安六区赤色反帝大同盟"主席，并兼"赤色互济会"主席。1931 年任皖西北边区苏维埃运输公司经理（在霍邱县开顺街）。1933 年苏区沦陷，全家被捕，不久被保释出狱。1935 年和甘宁组织运盐，接济被封锁之红军。1937 年到武汉八路军办事处，1938 年到新疆，任迪化合作社经理。1945 年抗日胜利后回到金寨，16 天后被捕，入狱两年。从 1947 年开始在家乡做教育工作两年。1950 年协助人民解放军剿灭民团、土匪 1300 余人。②

陈聘之像（1957 年于北京）

王明的母亲喻淑莲（喻幼华），是金家寨东边五六里远的张家畈村人。王明的外公喻焕唐，号立文，③ 是前清秀才，教私塾。有两个儿子，长子喻成镕（又名幼唐），共产党员，

① 佟英明 1988 年 3 月 17 日采访记录。

② 陈圣宏向佟英明提供，陈又名甘红红。

③ 曹仲彬、戴茂林著《王明传》说叫喻康候，字焕堂，是前清秀才，私塾先生，见吉林文史出版社 1991 年版，第 8 页。

是鄂豫皖苏区六安十三乡的文化委员，1930 年 10 月，因叛徒告密被俘，敌人在其鼻子里穿上铁丝，牵着游街，最后壮烈牺牲。① 次子喻成煦（又名筱唐），当过赤卫团长，在一次战斗中被俘，至死不降，于 1930 年 7 月被敌人枪杀。喻焕唐有两个女儿，长女就是喻淑莲。她嫁到陈家后，受进步思想的熏陶，在陈家祠堂办了一所女子学校，有高级、初级两个班，学生五六十人。教员中有鄂豫皖青年学会会员黄启仁、张育才等，因为他们是男的，封建卫道士陈芸溪等就造谣污蔑，并要捣毁女校。于是大家正式推举喻淑莲为校长。她每天持拐棍坐在校门前，使地痞流氓不敢捣乱。王明 1958 年作了一首诗追记此事，题为《大娘校长》，诗文是：

陈氏祠开女学堂，大娘校长半文盲。
手持拐棍门前站，保护师生打流氓。②

据王明说：其母还做过其他妇女工作，时常登山涉水，到处去动员妇女，帮助工农政府和红军，因而经常随红军主力进退。1930 年，国民党军进占金家寨，全家退到牛食畈。红军打退国民党军后，其母重病，用担架抬回金家寨，途中又听说两个弟弟先后牺牲，病情加重，到家已是半夜。家中一切均被国民党军破坏无遗，其母想喝糖水，也无法办到，最终休克致死，时年 52 岁。其母死后三四年，离金家寨 30 多里的双河村妇女黄莲舫，作为难民来到金家寨，与王明的父亲结了婚，后在十年动乱中去世。

王明的父母陈聘之和喻淑莲生有两子三女。长子即王明；次子陈绍炜（甘宁），曾在家乡、延安、西柏坡、北戴河、北京、天津等地学习、工作过，共产党员；长女陈醒民（陈先民），早年去世；次女陈觉民，共产党员，曾任县妇女委员会秘书；三女陈映民（王营），曾送给人家做童养媳，后与吕绍文结婚，两人都是共产党员。吕曾任红军营教导员，在长征中与二弟、三弟先后牺牲，唯一的孩子也在长征途中失去。映民随红四方面军进入川陕革命根据地，任川陕省委常委、妇女部副部长，后又随西路军长征到甘肃，

① 佟英明 1988 年 3 月 17 日采访甘宁记录。

② 《王明诗歌选集（1913—1974）》，莫斯科进步出版社 1979 年中文版，第 311 页。

陈聘之和黄莲舫（1957年，北京）

被马步芳捕去做苦工，国共合作后回到延安，全国解放后在重庆工作。①

王明从五六岁开始上学，② 脑子很聪明。孟庆树说王明从五岁到十五岁，十年内读了七年私塾，其间或因瘟疫或因无钱请教师而辍学。从八岁起，就参加家务劳动。如帮助父亲招待顾客，借钱典当。新年时，写些对子卖钱，补助家庭收入等。甘宁也回忆说：王明“很聪明，号称神童。6岁上学，8岁就开始写对联，个子矮够不着，站在凳子上写。大家以为童子写的对联能发财，都愿让他写。”③

王明小时候也很顽皮，富有反抗精神。据孟庆树整理的《陈绍禹——王明传记与回忆》和《王明诗歌选集》的解释，王明小时候曾做过这样几件事：

一是王明5岁时曾讽刺过河南省双城县④丁家铺经常仗势欺人、外号“周大疯子”的地主兼绅士周辅宜。有一天，周辅宜路过绍禹家，要考绍禹《百家姓》、《三字经》里什么地方有“周”字。绍禹回答了“赵钱孙李周吴郑王”和“周辙东，王纲坠”。绍禹祖父在旁提醒道：孙儿，你怎么把“夏有禹，商有汤，周文武，称三王”忘记了？绍禹说：他不是周文武，他是周大疯子！周听到大吃一惊地说：你这个孩子才满五岁就这么厉害，将来长大了一定要造反的！

二是王明小时候贴过金家寨厘金局局长兼民团团总刘朝安的白纸帖子（即传单）。当时刘朝安贪污敲诈，受贿杀人，老百姓都非常恨他。于是，王明就和小朋友们写了20多张白纸帖子，分别贴到大街小巷和刘家的后门上，

---

① 魂静：《王明妹妹陈映民的曲折人生》，《人民文摘》2008年第1期。

② 孟庆树说王明从5岁开始上学，甘宁说王明6岁才上学。

③ 据佟英明1988年3月17日的采访记录。

④ 应为商城县。王明写过一首《双河山东岳庙》，不知这里是不是指的双河山。

用对联的形式揭露刘的恶行，替老百姓出了一口气。此事得到了祖父的称赞。

三是王明9岁时，还曾嘲讽过金寨街上的项秀才。那时项秀才偷了徐医生家的猫。徐医生去要，却被项秀才打了几个耳光。于是绍禹把孩子们组织起来，到项秀才家门口又叫又唱：项秀才，你出来！偷人家的猫子为何来？我们大家来问你，你敢出来不出来？来来来，来来来！你敢出来不出来？项秀才把绍禹的父亲找来，绍禹的父亲也劝项秀才把猫还徐医生。项秀才不得已，第二天只好把猫还给了徐医生。经过这次教训后，项秀才好转起来。后来对绍禹领导的学生运动，采取了同情和帮助的态度。

四是王明9岁时曾写诗反驳老师。这年，教书先生给他讲《论语》，讲到"宰予昼寝"、子曰"朽木不可雕也"时，王明和几位同学颇不以为然，就写了一首童话诗《昼寝》，诗曰：

先生非朽木，学生岂粪土?!
这大热天气，谁不打中午?!

这首诗在同学中传看，被先生喻南森发现，拿去看后笑着说："写得好！这大热天气，不打中午还了得！"①

五是王明10岁时曾写诗讽刺老师杨扒皮。这年，私塾先生换成绰号"杨扒皮"的姓杨的先生。他野蛮粗暴，如发现学生不顺眼，不仅打学生手心、屁股和头，而且有时还把铜压尺、刀子、剪刀猛向学生座位扔去，甚至把学生按倒在地磕响头。王明就写了一首题为《杨扒皮》的童话诗，讽刺这位先生。

先生是牢头，学生似罪囚；
这样蛮打骂，一定要复仇。②

① 《王明诗歌选集（1913—1974）》，莫斯科进步出版社1979年中文版，第9页。"打中午"即午睡。

② 《王明诗歌选集（1913—1974）》，莫斯科进步出版社1979年中文版，第10页。

这首诗在同学们传看时，被先生发现，认出是王明的笔迹，结果打了王明一顿手心和屁股，按在地上让他磕了3个响头，还把铁压尺向王明头上扔去，王明头一躲，打在小腹部。王明大哭大骂，跑回家，20多天不上学。此事引起学生和家长们的议论，有的公开声言，再这样打学生就不再上学了。先生怕下半年收不到学费，登门向王明的父亲赔礼道歉，此事才算完。

六是取笑开川街大地主郭香亭。当时，郭香亭经常到金寨耀武扬威。王明10岁那年随父亲去给一老人吊孝时，看到郭香亭正在写祭文，他从后面爬上凳子想看看他写些什么。不料郭大骂道："你这个小家伙做什么？滚开滚开！别捣乱！"写好后祖父让王明念念看，郭香亭很吃惊，等他走近时，王明也学着他的样子骂道："你这个老家伙做什么？滚开滚开！别捣乱！"祖父责备他，郭香亭把骂王明的情况说了，并拿来芝麻糖，愿与王明取和。王明说："取和可以，糖不吃！"说罢，就飞也似地跑开了。

王明15岁时，曾写过一首诗，受到老师漆陶庵的称赞，当时出的诗题是《霜寒初重雁横空》，王明写道：

玉露生寒草木黄，横空列阵雁飞翔。
羽毛更益三分雪，骨骼初经九月霜。
秋去春来无定处，关南塞北有家乡。
临风一字成人字，望美人兮天一方。

漆陶庵老师称赞此诗"聪明"，并特别称赞第三、四句，但又说"这两句诗可惜聪明透露了，怕将来不长寿。"①

王明的父亲做小本生意，因不善经营，欠债不少。每到阴历年关，全家人都发愁，一愁无钱购买过年的食物、用品，二愁讨账人不断上门吵闹。时常在春节的前几天，王明的父亲就躲起来不敢露面。据王明说，他从8岁起，先同姐姐陈先民、后同妹妹陈觉民出面替父亲"挡账"。讨账人来了，他们拿烟倒茶说好话，说父亲向外借钱去了，几天没有回来，可能是

① 《王明诗歌选集（1913—1974）》，莫斯科进步出版社1979年中文版，第20页。

没有借到钱，请年后再来。有些人眼看没办法，也就算了。有些人却不然，每次来大吵大闹，王明有时也和讨账人对吵对闹，直闹到亲戚邻家出来劝解了事。王明15岁那年（1919）夏天，祖母死了，冬天曾祖母和祖父又重病不起，所以在这年的年关，全家人愁上加愁。王明写了一首题为《年关》的五绝：

富户家家乐，穷人个个愁；
何时天下变，不再过年愁。①

王明11岁那年，曾随祖母到曾外祖母家丁家铺河坪，看到那里的人都很穷。据孟庆树说：绍禹回家来问母亲："为什么农民这样穷？"母亲说："金寨有句俗话：'杀不了穷人，富不了家'，所以富人都是杀穷人的人！"绍禹回忆他幼年时说："祖母和母亲给我讲过很多的故事。我也给他［她］们唱过很多的唱本。每逢讲到或唱到帝王将相、贪官污吏、土豪劣绅做坏事时，她们说：'禹子，你长大了可不要学这些人'。每逢讲到或唱到豪侠好义、打富济贫、舍己救人时，她们说：'禹子，你要向这些人学习'。老人们的这些教育，对我有很深刻的印象……"②

自小生活的艰辛，长辈的教育，使王明从小就同情穷人，痛恨那些欺压百姓的豪绅和坏人。

1919年夏，在地主晁三的接济下，15岁的王明到当时属于河南省固始县远东南区的志诚小学读书，这是所规模比较大的公立学校，有300多名师生。校长李少樵是位开明人士，聘请了一些比较知名的教师来校执教，詹谷堂老师就是其中著名的一个。他教王明学习白话文，使王明的文字水平有了进一步提高，王明也受到他的进步思想的影响，更加向往外部的世界。③

① 《王明诗歌选集（1913—1974）》，莫斯科进步出版社1979年中文版，第22页。

② 孟庆树：《陈绍禹——王明传记与回忆》（手写复印稿）。

③ 曹仲彬、戴茂林：《王明传》，吉林文史出版社1991年版，第18—19页。

第二节　六安、武昌求学

有的论著说，王明1920年夏考入设在六安县城的安徽省立第三甲种农业学校（简称“三农”）。[①] 但有的著作说，他并不是直接考入“三农”的，而是拿着詹谷堂老师写给省立五中校长刘希平的推荐信，先进了安徽省立五中。但由于王明举止随便，不大注重小节，不打招呼就经常动用同学的钱物，不管别人高兴不高兴。被人告发到校监高语罕那里以后，高非常生气，为整顿校风，决定对王明施行挂牌除名处分。刘希平校长认为处理过重，认为王明还是可造之材，于是把王明介绍到了“三农”。[②]

“三农”旧址

① 曹仲彬、戴茂林：《王明传》，吉林文史出版社1991年版，第21页。

② 熊廷华：《王明的这一生》，湖北长江出版集团、湖北人民出版社2009年版，第8—9页。

“三农”，也叫三农学堂，原址为清代的安徽四大书院之一——庚阳书院，位于今六安市裕安区鼓楼社区鼓楼街书院拐，是当时安徽省著名的按照“科学与民主”精神办学的新型学校。1919 年春开学，校长沈子修，教员有朱蕴山、桂月峰、钱杏邨（阿英）等进步人士，他们除教授专业课以外，还搞了不少政治活动，并举办农民夜校等，一边传授文化知识，一边宣传新文化新思想。1920 年初，三农进步师生成立“中国革命小组”，是安徽最早学习马克思主义的组织。很多人特别是青年学生，在这里接受了反帝反封建的思想和“民主”、“科学”两个口号。

王明初进三农时，并不知道学校将教授什么课程。经过一段时间，他了解了在学校将学什么，做什么以后，写了一首诗，题为《进三农》。诗中表达了爱国的思想，其最后一段是：

有人说：发展农业能救国。
有人说：发展商业才不落伍。
有人说：发展科学教育和实业，
我国再不受人侮。
倘真农业能救国，
我愿为农又为圃。①

据孟庆树说：绍禹这次去上学，宿膳费、讲义费、制服费等大部分都是借的。他先学了一年预科，然后转农科。“六安三农是办得比较好的中学。功课很多，除了要学普通中学的功课（中文、英文、算术、物理、化学、地理、本国历史、世界地理等）外，还要学八种农业知识，即地质土壤、气象、作物、肥料、病虫害、园艺、畜牧，还要实习作物。而绍禹能每门课本都学得成绩优异，是不容易的。三农的农科主任非常重视绍禹，经常给他以鼓励，并把绍禹的肥料学笔记作为学生的讲义。讲义上写明：金禹侯口授，陈绍禹笔记”②。

① 《王明诗歌选集（1913—1974）》，莫斯科进步出版社 1979 年中文版，第 24—25 页。
② 孟庆树：《陈绍禹——王明传记与回忆》（手写复印稿）。

王明在学习期间，由于个人聪明，学习又努力，成绩一直很优秀。据同班同学王逸常回忆："我与陈绍禹都是班上学习较好的同学。当时老师批改的作文本，每次都按写作的好坏次序发放，最好的放第一本。每次发放的第一本不是我的，就是陈绍禹的。凡写文言文时，往往我是第一本，凡写白话文时，陈绍禹往往是第一本。他的白话文写得很生动。""陈绍禹舌苔突突的，学习外语自然条件不好，可是他肯读，常常反复地练，所以，英文也学得不错。"①

据孟庆树说，王明在三农时，参加过抵制日货、办平民夜校和反对反动的安徽督军马联甲的活动。②1922年，安徽一中学生姜高琦③被马联甲枪杀，三农学生曾罢课示威，王明还写了《高琦不死》诗一首：

死于军阀手，活在青年心。
英雄倒一个，继起千万人！④

王明1926年12月14日在莫斯科中山大学填的登记表还说，他从1923年至1924年上半年，还曾在三农担任过学生联合会的工作。

但据王明的同学王逸常说：王明在学校开展的政治运动中，"既不站在激进派一边，也不站在保守派一边。而是站在中间立场，采取温和态度"⑤。王明的同班同学、和王明"形影不离"、对王明"知之较详"的桂尊秋也说："三农学校开办后，在同盟会员、校长沈子修影响下，聘用朱蕴山、桂月峰、钱杏邨等进步人士为教师，给学校带来了革命气象。在1919年到1924年的5年中，学校开展了'响应五四运动'、'反对曹锟贿选'、'大演革命文明戏'、'驱逐坏县长骆通'、'成立贫农夜校'和'赶走继任校长刘先黎'等一系列

① 曹仲彬访问王逸常谈话记录，转引自曹仲彬、戴茂林：《王明传》，吉林文史出版社1991年版，第27页。

② 孟庆树：《陈绍禹——王明传记与回忆》（手写复印稿）。

③ 曹仲彬、戴茂林：《王明传》认为应该是姜高畸，见吉林文史出版社1991年版，第30页。

④ 《王明诗歌选集（1913—1974）》，莫斯科进步出版社1979年中文版，第27页。

⑤ 曹仲彬访问王逸常谈话记录，转引自曹仲彬、戴茂林：《王明传》，吉林文史出版社1991年版，第33页。

的政治斗争。陈绍禹在那几年没有什么进步表现。”特别是在1924年驱逐刘先黎的斗争中，他竟站在拥刘的学生一边。当时“全校百分之八十的学生反对刘先黎，只有陈绍禹等少数人支持他。陈绍禹甚至支持刘先黎用武力镇压学生。我当时就跑到六安附近的农村，后来回了家，也顾不得毕业不毕业之事。后来，听说刘先黎把所谓‘闹事者’都开除了。我也被开除了。陈绍禹是毕业离校的”①。

1924年夏王明从农业学校毕业后，因家庭生活困难，在上不上大学的问题上一时拿不定主意，遂回家与父母商量。据孟庆树说：金寨镇的两个大绅士汪四爷（汪培之）和桂四爷（桂玉阶）为了不让绍禹上大学，合开一个山货行，把绍禹父亲的生意顶了一半以上，并阻止邮政代办所设在绍禹家。绍禹的同学阚如棠也请绍禹到霍邱县阚家圩的高等小学校去教中文、英文和算术三门课，一年给三百块钱，因为阚知道绍禹学的好，三门课都能教。绍禹和父母商量是否先教两年书，积点钱再升大学。但绍禹父亲说：“既然汪桂两绅士捣乱，今年就非升大学不可！没钱也得升学，给他们看看！”并说：“穷也要穷得有骨气！”母亲说：“要像牡丹，不要像芍药。你看芍药那点不如牡丹，就是因为没有骨头，一见霜就凋零了。”绍禹听了父母的话后，随笔写了一首题为“芍药”的诗，给父母看。②这首诗的内容是：

堪称国色与天香，可算花中又一王。
能向牡丹比芳艳，唯无傲骨不经霜。③

在父母的支持下，王明决定报考大学。但他和同学陈璧如到了安庆后，才知道安庆没有大学，并从三农校长刘先黎处得知可以报考武昌商科大学。于是，他和詹禹生、陈步云决定报考商大，并在安庆“发起组织安徽青年学会”。④

1924年9月，20岁的王明升入武昌商科大学预科。

① 桂尊秋：《我所知道的陈绍禹》，《人民政协报》1986年12月30日。

② 孟庆树：《陈绍禹——王明传记与回忆》（手写复印稿）。

③ 《王明诗歌选集（1913—1974）》，莫斯科进步出版社1979年中文版，第28页。

④ 孟庆树：《陈绍禹——王明传记与回忆》（手写复印稿）。

商科大学位于武昌三道街，是武汉地区三所国立大学之一，学制五年，一年预科，四年本科，实行公费制。①

在武汉浓厚的政治气氛熏陶下，王明除学习之外，也参加了一些社会活动和政治活动，并显示出一定的组织宣传才华。刚入学不久，他就和同学詹禹生作为发起人，在商大组织了豫皖青年学会，吸收安徽、河南籍的同学参加，探讨救国方法和求学方法。他被推为这个学会的事务处长（一说是事务部主任）。王明曾仿苏武牧羊调写了一首《豫皖青年学会会歌》，歌词是：

哀我中华大民国：内乱苦纷争，外患迭相乘；
危国计，害民生，贫弱震寰瀛。
守门无锁钥，卫国少干城；
主权丧失尽，贻笑东西邻。
五千余年，文明古国，实亡剩虚名。
志士具热忱，青年学会成，
结团体，聚精神，唤醒四万万人。
喑呜推山岳，咤叱变风云，
军阀要除尽，帝强要除根，
创建新华，改造社会，大责共担承。②

当时，安徽籍的同学还组织了“安徽同学会”（或称“皖籍学会”），决定出版会刊《皖光》，由王明任会刊编辑。据孟庆树说：《皖光》是一月一期。“《豫皖青年学会会刊》和《皖光》都出过十多期，直到绍禹1925年12月离开武汉到苏联去前，都是由绍禹主编的”③。

王明入学不久，就得到中国共产主义青年团组织的关怀。共青团员梁仲明与王明相识不久，就向王明讲述苏俄十月革命和其他方面情况，讲述中国共产党、共青团的情况，还向他介绍马列主义书籍、刊物和中国国民党第一

① 熊廷华：《王明的这一生》，湖北长江出版集团、湖北人民出版社2009年版，第14页。
② 《王明诗歌选集（1913—1974）》，莫斯科进步出版社1979年中文版，第35页。
③ 孟庆树：《陈绍禹——王明传记与回忆》（手写复印稿）。

次全国代表大会宣言等革命文献。这对王明来说，有重要的启蒙作用。王明在谈到接受这些教育后的情形时说：这“使我闻所未闻，见所未见，耳目为之一新，思想为之大变”。孟庆树也说：梁仲明“把绍禹写的学会简章和宣言草稿给林育南（即林庚——他当时是湖北共青团地委书记）看，林给改得更带政治性。绍禹看了很奇怪地问道：‘他怎么懂得这些呢？’梁仲明把什么是C.Y.（共青团），什么是C.P.（共产党），什么是国民党，苏联是什么样的国家……等介绍给绍禹，并介绍给绍禹和禹生等《共产党宣言》、《价值、价格与利润》、《雇佣劳动与资本》、《共产主义ABC》、《通俗资本论》等书。后来，又看过《国民党第一次代表大会宣言》、考茨基青年时写的《阶级斗争》和蔡和森同志编的《社会进化史》、孙中山的《三民主义》等书，并且经常读《中国青年》和《向导》等杂志。当时在武昌有个时中书社，是共产党和共青团设的，表面上卖一般书刊，店员大都是党团员。该书店对于传播革命思想，起了很大作用。”①

为感谢梁仲明所给予的启蒙教育，王明特写诗一首“谢仲明”，题为《喜闻报》：

塾窗十载又中学，舍我韶华逝水过。
聆教一朝开眼界，得书百读喜心窝。
儒知世事仁风少，佛识人生苦味多。
惟有马恩新意境，列宁实现首苏俄。②

这个时期，王明除了学习之外，还进行一些社会访问。1924年11月，他在梁仲明带领下，和詹禹生、胡佩禹等同学一起，访问了大智门火车站。这是他一生中第一次接触产业工人，开始认识到工人阶级在社会中的伟大作用。归后写了七律《偕友访大智门车站述同感》，诗曰：

工人开动火车头，地动天惊震九州。

① 孟庆树：《陈绍禹——王明传记与回忆》（手写复印稿）。
② 《王明诗歌选集（1913—1974）》，莫斯科进步出版社1979年中文版，第34页。

南北东西成一体，农兵商学尽同仇。
推翻军阀为民主，打倒帝强好自由。
我辈青年无量勇，献生革命变全球。①

1924年年底寒假期间，王明回到金家寨老家，又访问了一些农户，加深了对农民的认识，写了一首《访农家》的七律：

茅屋三间聊御寒，布衣百补赛僧衫。
年年送稻愁无稻，代代种田盼有田。
雨水下多愁地涝，阳光晒久怕天干。
穷人总有出头日，户户家家望变天。②

在家乡期间，王明开展了一些宣传教育活动。据孟庆树说："1924年底，放寒假回金寨后，又发展了一些豫皖青年学会会员，开了正式成立会，通过简章、宣言和会歌（都是绍禹起草的）。绍禹被选为该会总干事（即会长），梁仲明为宣传干事，詹禹生为组织干事。出了会刊，每月一期。会员们在家乡农民中，做了一些宣传教育工作。到1925年暑假，学会会员已发展到80多人。也发展了共青团员和党员。"③当年曾参加过这个组织的袁大明也回忆说："1924年夏天，陈绍禹在金家寨组织了豫皖青年会。金家寨地区在外地学校的学生，绝大部分都参加了青年学会。入会手续，同学之间相互介绍，后发给会员证。到1925年已发展会员一百余人。青年学会活动，利用寒暑假学生回家的机会，一年召开两次会员会议。在外表上讲学术问题，实际上宣传马列主义，组织学生运动。1926年，我和很多同学参加了青年学会组织，进行初期革命活动。"④

1925年3月12日，中国民族民主革命的伟大先驱者孙中山先生病逝

① 《王明诗歌选集（1913—1974）》，莫斯科进步出版社1979年中文版，第36页。
② 《王明诗歌选集（1913—1974）》，莫斯科进步出版社1979年中文版，第37页。
③ 孟庆树：《陈绍禹——王明传记与回忆》（手写复印稿）。
④ 袁大明口述，见金寨县党史办资料古碑卷1号。转引自曹仲彬、戴茂林：《王明传》，吉林文史出版社1991年版，第48页。

于北京，全国各地举行悼念活动，王明和一些党团员曾到私立中华大学散传单，[①] 并写《悼孙中山先生》诗一首，以表示对孙中山先生的崇敬和怀念：

难信先生死，仰天北望哀。
清廷摧腐朽，帝制化尘埃。
联共切时要，师俄见卓才。
大江流不尽，革命新潮来。[②]

新学年开始不久，商大开展了一场驱逐校长屈佩兰的革新运动。"屈氏长校，举校非之"。王明参加了这场运动，并写了三篇小文章，刊登在 1925 年 5 月 10 日出版的《商大周刊》第 3 卷第 5 期上。在《革新运动中所得之经验》一文中，王明叙述了该校学生驱逐校长屈氏胜利的经过，并说从运动中得到三条经验：勿畏难；勿中止；有公理。"有畏难心，则不能举事，举事后，无坚持心，则不免因挫折而中止。——然而即不畏难不中止，使新事违反公理，则其失败量必与进行力等也"。他还说："革新运动自'校款'、'校长'两问题解决后，目前可算告一结束，但吾辈革新运动之目的，决非仅解决此两项问题即满足"，"故先提出个人对于本校革新运动后之最近简单希望"。这就是：(1) 扩充校址；(2) 严定校规；(3) 去留职教员；(4) 添置图书；(5) 早购课书；(6) 注意卫生；(7) 扩充刊物；(8) 实地调查；(9) 经济公开；(10) 监督承校。

在这期间，王明还撰写文章，宣传社会主义的主张。例如他在 5 月 27 日撰写的《社会、社会学、社会科学、社会问题、社会主义底浅释》一文中说：虽然人类毕生生活在"社会"中，可是一般人并不了解"社会"、"社会学"、"社会科学"、"社会问题"、"社会主义"的区别，"最可笑的，一般人多以为社会主义是'共妻'、'共产'的勾当，听见他便要发生恐惧。因为他们根本不明白社会主义是什么，所以更发生出许多可笑的误点来"。凡是"粘到'社会'两个字，他们便当作是他们最怕的社会主义"。"因此，我不惜麻

---

① 孟庆树：《陈绍禹——王明传记与回忆》(手写复印稿)。

② 《王明诗歌选集 (1913—1974)》，莫斯科进步出版社 1979 年中文版，第 38 页。

烦，把社会的意义、本质、起源、变迁，以及一切以社会为研究对象的纵、横、广、狭的科学，简单明了地把他们各个真正的面目揭露出来，使我们不要捕风捉影的把社会主义当做洪水猛兽。”文章认为：“社会”是生存和幸福上必需的团体，是求食和御敌的机关。因求食、御敌、生殖三者的必需而发生，起源于家庭；变迁于人类生产力；随人类生存上必需资料的供给需要的范围而扩大；由家庭而递变为部落，由部落而都市而国家；今日世界即社会。“社会学以研究社会的起源，发达，组织，活动，及理想为目的的科学”。社会科学是“研究组织社会这些团体的人类在各方面的活动及其原则的科学”，包括人文科学的科目，“如伦理学、政治学、历史学、法学、人类学、比较宗教学……”。社会问题是“社会病理学”，“是以研究病态社会为主要目的的科学”。和医生治病一样，治社会病态，也有应急的救治方法和根本的救治方法。前者就是在不变更现在社会组织和制度的范围内，兴办慈善事业、教育事业等，即改良的方法。后者是将现在社会组织根本破坏，用一种完全新的社会组织来代替，这种新社会组织就是社会主义。因此，“社会主义是病态社会的根本救济法”，它“主张一切生产机关（即矿山、森林、土地、工厂、机器）归社会共有，只容衣服家具之类的物件归个人私有，并且一切生产品的产额及交换都由公的机关统计调节或直接经营，务使供求相应，不准私人投机营业”。这样可以避免现在社会的两个缺点：一是资本私有；二是生产过剩。①

1925年5月30日，上海发生五卅惨案，消息很快传到武汉。5月31日，湖北共产党和青年团组织，由蔡以忱用中国国民党湖北省党部和湖北青年团体联合会等公开团体的名义召开会议，决定6月1日武昌各大中学校召开学生大会，实行罢课，并规定每个学校选出代表2人出席武昌学生代表会议。6月1日晚9时，商科大学学生开会，有个别教授和学生极力反对罢课示威，王明发言驳斥了这种谬论。同学詹禹生继起发言，大多数同学义愤填膺，高呼“打倒汉奸”等口号，吓得反对罢课的人抱头鼠窜。接着，大家选举王明、许鸿为商大代表，出席即将在商大举行的各校学生代表会议。

在商大召开各校学生代表会议时，师范大学不仅违反规定派了8名代

① 武昌商科大学：《社会科学研究》第1集，1925年12月出版。

表，而且派的是国家主义分子。在会上，他们极力反对罢课罢市行动，扰乱会议进行。王明和几个代表发言驳斥了师大代表的谬论，围绕在会场旁听的商大学生和各校代表高呼“打倒汉奸”、“打倒国家主义派”等口号，迫使师大代表狼狈逃离会场。于是，会议决定全市学生罢课，并举行游行示威，号召工人罢工、商人罢市，声援上海反帝运动。

根据学生代表会议的决定，6月2日，武汉青年学生和工人举行了声势浩大的游行示威。这种大规模的反帝运动，震慑了武汉反动当局。据孟庆树说：当时很多学生不敢上街宣传，但王明等毫不畏惧，和詹禹生一早就带领豫皖青年学会会员打着旗子出发了。“当他们到街上宣传时，士兵鼓掌欢迎他们，商店的店员们和一部分商贩们请他们喝茶。这时，别的学校的宣传队也出发了。连着宣传了三天，走过很多人口众多的大街广场，把上海工人学生和各界的反帝爱国行动，告诉了武昌的人民。但因军警的压迫，罢市未成”。6月4日，蔡以忱同志用国民党湖北省党部代表名义，召开了各校代表会，决定到汉口去宣传。6月5日，又是豫皖青年学会会员作先锋，打着旗子到汉口去。走到汉阳门，看见有一连兵士守门。他们看见学生宣传队来了，立即把门关上。绍禹就向士兵和群众发表演说，做士兵的工作，最终打开了大门。于是，他们在汉口连续宣传了三天。但自6日起，武昌和汉口的反动军警出动很多，形势更加恶化。宣传队决定分散活动，并开始到工人区去，和绍禹一同到工人区去的有詹禹生、吴绍镒（杨松）、潘问友、陈守一等八人。①

为了防止事态扩大，武汉当局决定各学校提前放暑假。王明当时写了一首题为《武汉青年反帝怒潮》的七律，记叙武汉学生和工人声援上海五卅运动的经过：

> 五卅惨案动青年，集会游行斥帝奸。
> 胸对刀枪忘生死，面临兵警勇宣传。
> 工人响应流鲜血，军阀恐慌暴厚颜。

---

① 孟庆树：《陈绍禹——王明传记与回忆》（手写复印稿）。

放假提前何用耶？回乡同样闹翻天！①

学校放假后，王明邀集豫皖青年学会的部分会员到他的家乡金家寨，在大王庙举行青年学会第二次全体会议，并举行游行示威、演戏募捐，开会追悼上海、汉口、青岛、广州沙面的死难同胞。在开追悼会时，邀请各界代表参加，到会的青年学会会员各送一副挽联。王明的挽联是：

四百兆同胞放声大哭，
五千年历史特写奇冤。

随后，王明就在安徽省六安县及河南省固始县作五卅运动的宣传及提倡组织“工农兵学商联合会”②。据孟庆树说：“1925 年暑假的某日，绍禹和梁仲明到河南固始县去活动，想在那里发展会员，詹禹生和胡佩禹到双城县③去活动。但都因不了解情况，时间太短，所以成绩不大……绍禹家向来是会员们和党团员们接头、通讯与集会之所……这些青年里，绝大多数后来都成了共产党员和共青团员。他们是豫皖边中共组织、苏维埃政权和工农红军的主要骨干与领导干部。如詹禹生为红军第一团团长，前面提到的绍禹的二舅喻成镕为党的区委书记，三舅喻成煦为红军连长（大舅是农民，早已去世）。詹慕禹（禹生的哥哥）、詹化铨（禹生之弟）、张育才、胡佩禹、黄启明、黄启仁、袁大勋、李昨非、梁仲明、查锐、徐承燕、徐承翼……等等，他们在苏区时，都担任了什么工作，虽一时不能查明，但他们都是当时的领导骨干，都为革命流了最后一滴血。”④

6 月 21 日，王明在汤家汇笔架山农校学生寝室作诗一首，题为《赠笔架山蚕桑学校同学》，动员学生投身革命活动，诗曰：

峰如笔架众峰间，只识蚕桑认世难。

① 《王明诗歌选集（1913—1974）》，莫斯科进步出版社 1979 年中文版，第 40 页。
② 王明 1926 年 12 月 14 日在莫斯科中山大学填的登记表。
③ 应为商城县。
④ 孟庆树：《陈绍禹——王明传记与回忆》（手写复印稿）。

坐困此中天地窄，须从其外看江山。[①]

在这次响应五卅运动的反帝爱国学生斗争中，王明表现积极、活跃，被推选担任武昌学生联合会干事和湖北青年团体联合会执行委员，并加入中国国民党。[②] 暑假结束返校后，王明于9月被吸收加入共青团。[③]10月，由许鸿介绍加入中国共产党。

关于王明加入中国共产党的时间，有很多说法：吴亮平、韩铁声说到苏联时王明既不是团员，更不是党员。[④] 嵇直说王明是到苏联后才入党的。[⑤] 罗征敬说到苏联时王明还是刚刚入团的团员。[⑥]1941年9月10日，任弼时在中共中央政治局会议上说：他在莫斯科期间季米特洛夫曾向他说："谈到王明入党，在填入党表时，写的是在中国加入党的，而实际是在莫斯科。"但王明在延安写的简历说自己"1925年10月入党"。孟庆树也说王明于1925年6月经蔡以忱、徐［许］鸿二人介绍加入中国共产党。许鸿在谈到他介绍王明入党的经过时说：王明加入中国共产党，是我介绍的，时间是1925年。[⑦]

这年秋天，苏联为了帮助中国培养革命干部，在莫斯科创办了"中国劳动者孙逸仙大学"，一般简称"中山大学"，在中国招收进步青年入校学习。王明听到消息后，也想到苏联学习。关于他赴苏的经过，现在有不同说法。

---

① 选自金寨县革命博物馆展览。

② 王明在1950年填的简历表中说自己"1925年曾加入国民党，国共分裂后退出"。1926年12月14日在莫斯科中山大学填的登记表，在"国民党工作"栏目中说："曾充商科大学支部委员及在五卅时省党部宣传员"。

③ 孟庆树说，王明于1924年秋经林育南、梁仲明二人介绍加入共青团。见孟庆树：《陈绍禹——王明传记与回忆》（手写复印稿）。1926年12月14日王明在莫斯科中山大学填的履历表中，说1925年8月加入湖北（武昌）地方青年团。

④ 罗征敬：《恢复俞秀松同志在党史、团史上的地位》，见中共中央党史资料征集委员会征集研究室编：《中共党史资料》1982年第1期，第231—232页；韩铁声：《旅苏二十四年》，《革命史资料》编辑部编：《革命史资料》第16辑，中国文史出版社1986年版，第179—180页。

⑤ 《我所知道的俞秀松》，中国社会科学院青少年研究所青运史研究室1983年编印：《青运史资料与研究》第3辑，第266页。

⑥ 《共产主义事业的开拓者——俞秀松烈士》，《人民日报》1983年8月14日。

⑦ 许鸿1983年11月6日向佟英明谈话记录。

一种说法是，当时湖北已没有名额，于是王明跑到南昌，找他的武昌商大同学、入党介绍人许鸿求情。许后来回忆说："陈绍禹1925年想到苏联去，但是湖北没有空额，不能去。他到南昌找我，要我保送他到苏联，当时叫'学革命'，不叫留学。我以江西干事会名义在1925年秋天给上海陈独秀写介绍信保荐陈绍禹去苏联。"① 据说王明到上海后找了专门办理江浙地区出国留学事宜的国民党江苏省党部负责人姜长林。姜长林后来回忆说：

1925年，苏联为纪念孙中山先生，创办了中山大学，招收中国学生。当时以国民党名义，分配给每省10个名额。我当时任江苏省国民党党部秘书长，侯绍裘任宣传部长，在房志路（现兴业路）办公。侯绍裘在苏州教书，每周来上海三天。招生的事情，由我俩承办。他不在上海时，就由我承办。陈绍禹是安徽人，可是在湖北读书。湖北去中山大学的名额是10名，可是来了11人。他们负责人对我说，如果能通融，11人都去，如果不行，就不让陈绍禹去。我说，11人不行，不能让陈绍禹去。湖北负责人回去告诉陈绍禹，说人家不同意你去。于是，陈绍禹到省党部和我吵，甚至说："你们不要我去，我就报告巡捕房，大家都去不成。"我回答说："你报告去好啦，这样帝国主义对你会更严厉！"他说："这是为什么？"我说："我不去苏联，不害怕。你要去苏，帝国主义就会抓你。"他不吱声了。当时，正是国共合作。我就把这事向中共江浙区委报告了。区委也说，不能让他去。陈绍禹三番五次来省党部，开始是吵闹，然后是哭泣，最后是恳切要求。我们又把这种情况，反映给中共江浙区委。区委和我商量说，如果别的省有空缺名额，是否可以考虑让他去。我们回去查查各省名额，正好有空缺，于是批准让陈绍禹去苏学习。这样，湖北就去了11人，有陈绍禹、伍修权等。②

但孟庆树提供了另外一种说法，她说：

---

① 《访问许凌青谈话记录》，见曹仲彬、戴茂林：《王明是怎样出国去莫斯科中山大学的？》，《党史研究资料》1989年第1期。

② 曹仲彬：《访问姜长林谈话记录》，转引自曹仲彬、戴茂林：《王明传》，吉林文史出版社1991年版，第56—57页。

……听说，湖北省委招生的名额已满。徐（许）鸿又从江西来武汉，他允许回江西去后，可以把绍禹算在江西名额内。10月22日接徐（许）电云，已交涉好，要绍禹立即到九江和徐（许）一同去南昌办手续。10月26日离武汉去九江……

南昌中学校长陈同志（不记得名字了）是江西地委负责人。他给绍禹和同行赴苏的二人写了两封介绍信，一封给朱霁青（上海国民党管招生的人），朱可能是招生委员会主任。陈同志说，如有困难，可以找恽代英同志帮忙（代英可能是代表共产党管招生的）。另一封介绍信是给已到上海去的温普血和傅清华同志……

上海的招生委员会在环龙路24号——这是华侨捐给孙中山的一所房子，也是后来宋庆龄的住宅。绍禹第一次去找朱霁青，他就说名额已满了。代英同志和他谈，他也不同意。第二次去找朱时，他仍不同意。代英和他吵了一阵后，说："你不同意，我自己去和苏联船交涉。"结果，朱也只好同意了……在上海等了两个多星期，苏联船来到了。[①]

有的著作还说："陈绍禹本来被安排在湖北计划内，因满员了，后列入江西的名额中。"[②] 所以，他是用江西的名额赴苏的。

就这样，经过努力争取，王明终于被批准赴莫斯科学习。他兴奋异常，作诗数首。其中一首是口语体《我们是革命青年》，留别豫皖青年学会和湖北青年团体联合会的青年朋友，诗共三段：

（一）

我们是革命青年，我们要覆地翻天。
学习马克思主义；学习共产党宣言。
学习列宁主义；学习革命的苏联。

---

① 孟庆树：《陈绍禹——王明传记与回忆》（手写复印稿）。

② 徐浩然等编著：《海峡两岸的呼唤　和平统一祖国》，福州海风出版社1999年版，第333页。

（二）

我们是革命青年，我们要裕后光前。

打倒帝国主义；打倒军阀汉奸。

实行马列主义的光辉理想，创建富强幸福的中华家园。

（三）

我们是革命青年，我们是党员团员。

接受党和团的任务，走上革命的各个战线。

我们要勇敢、勇敢、再勇敢！我们要向前、向前、再向前！①

11月2日，王明在乘船自武汉去上海的途中，又作《赴莫自汉去沪船中》五律一首，内容是：

笛鸣诸友别，船驶大江孤。

天地载歌舞，城乡泛有无。

一心赴圣境，万里取长途；

东亚病夫久，惟凭马列苏。②

11月下旬，王明在登船前又于上海旅馆内作《赴苏海上赠诸友——致禹生并转豫垸［皖］青年学会各战友》一首：

战友情怀海样深，高山流水总知音。

满腔风雨同舟感，一片精忠报国忱。

工欲成功须利器，兵能必胜在齐心。

天南地北勤相勉，列义钻研群众亲。③

11月下旬，王明和沈泽民、张闻天、王稼祥，以及到共产国际的蔡和

① 《王明诗歌选集（1913—1974）》，莫斯科进步出版社1979年中文版，第42—43页。

② 《王明诗歌选集（1913—1974）》，莫斯科进步出版社1979年中文版，第45页。

③ 《王明诗歌选集（1913—1974）》，莫斯科进步出版社1979年中文版，第47页。

森、向警予、李立三等50多人，一起乘船到海参崴，然后转乘火车赴莫斯科。

对于出发的时间，有不同的说法，俞秀松1926年8月2日给父母亲的信，说是“我是去年十月二十八日由上海启程，十一月二十三日到达莫斯科”①。曹仲彬、戴茂林所著《王明传》也认为是10月28日出发，但认为是11月28日到莫斯科的。② 吴亮平也说是10月出发的。③ 但王明11月2日作五律《赴莫自汉去沪船中》，说明正从武汉乘船赴上海；11月下旬在上海作诗两首，说明这时他还在上海。故可以估计是11月下旬出发的。

当时的旅途是非常艰苦的。关于海上的旅行，据同船的庄东晓回忆说：

> 在一个天色阴暗的晚上，我们是分别上船的。一上船，就被带进货舱里坐下。唯恐被上海当局发现，一直躲在舱里不敢露面。船出了吴淞口我们才走上甲板，透了一口新鲜空气。仰首眺望，天水一色，心旷神怡。
>
> 一进日本海，暴风巨浪迎面袭来，海水汹涌，溅到船头。兴高彩〔采〕烈的我们也随着船的颠簸，左右摇摆，东倒西歪。一些未经过惊涛骇浪袭击的年轻同志，特别是一些身体弱的女同志，又呕又吐，吃不下，睡不着，眼看着一个个要病倒了。这时，作为中国共产党主要负责人的俞秀松④ 毫不迟疑地站出来，组织同志们同海浪搏斗。他走上船头，站在甲板上，大声疾呼：“同志们，坚强些！我们是革命者，革命者就要乘风破浪。我们的生命时刻准备献给革命了，海浪再大，是吓不倒我们的。大家眼望前方，我们将要去的是世界革命的中心。我们的心胸要象［像］大海一样辽阔，一切困难都不在话下。咆哮的巨浪，会被

---

① 中国社会科学院青少年研究所青运史研究室1983年编印：《青运史资料与研究》第3集，第128页。

② 戴茂林：《王明去莫斯科中山大学及回国时间考》，《党史研究资料》1987年第3期。

③ 《吴亮平谈俞秀松和王明、康生斗争的情况》，1980年9月18日，中国社会科学院青少年研究所青运史研究室1983年编印：《青运史资料与研究》第3集，第215页。

④ 俞秀松，浙江诸暨人。五四运动时是杭州学生运动领袖。1920年6月与陈独秀、李达、李汉俊等成立上海共产党组织，并参与制定党的纲领等活动。1922年9月，任中国社会主义青年团中央书记。1925年在上海参与领导五卅运动。

我们战胜的……”在俞秀松的鼓动下，同志们一个个手扶船梯，走上甲板。有的谈论未来，有的欣赏海上风光，也有的谈天说地，讲古论今。不但呕吐止住了，而且个个精神抖擞，还唱起了庄严的国际歌。

在狂风巨浪袭击中，适逢苏联十月革命节八周年纪念日，苏联船长主持了纪念会。他简单地致了开场白后，有位朝鲜女同志，发了言并翩翩起舞。笑声此起彼伏，颇有生气。俞秀松被推举为中国学生代表讲了话。他热情赞颂苏联十月革命的伟大意义以及对中国革命的影响。他代表中国学生表示要努力完成学习任务。他的讲话赢得大家的热烈掌声。

经过几天的海上航行，我们在海参崴上了岸。在海参崴利用稍事休息的间隙，俞秀松又组织我们同当地中国居民开了一次气氛十分热烈和亲切的联欢会。①

关于从海参崴到莫斯科的经历，庄东晓回忆说：

西伯利亚的寒流来得早。隆冬季节，冰天雪地，寒风刺骨。我们从海参崴改乘火车前往莫斯科。苏联有关方面为我们置备了冬装，从服装到鞋帽每人发了一套。由于国际帝国主义的猖狂进攻和严密封锁，苏联的煤炭奇缺，火车靠烧木柴开动，行车速度慢慢悠悠，如同蜗牛上坡。从海参崴到莫斯科约七千四百公里的路程，我们走了差不多两个星期。

火车上没有暖气设备，没有饭菜供应，水管也结冰了。每当停车时，人们便蜂拥而下，排队打水，抢购食物。稍慢一点，就会打不到水，买不到食物，还有掉队的危险；快一点，路上结着冰，又光又滑，跌跤是难免的。女同志怕跌，几个人结队，手拉着手一起走，一人跌，众人倒。②

据同车前往的孙冶方说，在前往莫斯科的列车上，王明还闹过一个笑

---

① 《俞秀松烈士永生》，中国社会科学院青少年研究所青运史研究室1983年编印：《青运史资料与研究》第3集，第262页。

② 中国社会科学院青少年研究所青运史研究室1983年编印：《青运史资料与研究》第3集，第260—261页。

话。他因吃不惯黄油，把一大块黄油扔进厕所里，结果把厕所堵住了。当时黄油是普通人多年不见的奢侈品和美味，是苏联有关部门专门为中国学生准备的营养品，现在却被人丢在厕所里。因此，长着大胡子的列车长发现后，立即大发雷霆，声言要找中国的负责人说话。中国领队立刻开始调查是谁犯下的这样不可饶恕的“罪行”，结果发现是王明干的，王明只好做检讨。①

① 斯非知：《中国经济学界奇异的双子星——薛明剑、孙冶方兄弟评传》，上海三联书店2011年版，第37页。

第二章　赴苏留学

第一节　巴结米夫

1925 年 12 月 25 日，在一个大雪纷飞的夜晚，王明等到达设在莫斯科市中心的中国劳动者孙逸仙大学，即中山大学。他后来在《纪念我们的回族烈士马骏同志》一文中说："1925 年 11 月，到底哪一天，我已记不清楚了，大概是 15 日到 20 日左右吧。约莫夜间十二点钟的光景，我们一行五十多个人，在大雪纷飞中，到了莫斯科中山大学。"① 但据孟庆树说，王明等人是"1925 年 12 月 25 日"到苏联的。②

莫斯科中山大学是联共（布）为帮助培养中国革命青年而设立的高等学府。1925 年 10 月 7 日，苏联政府驻广州革命政府的代表和孙中山的政治顾问迈克尔·鲍罗廷，在国民党中央政治会议第 66 次会议上宣布建立中山大学，并在那次会议上成立了选拔学生的委员会。为适应当时国共合作的形势，选拔的学生有国民党员、共产党员、共青团员和革命青年。鉴于中国革命运动迅速发展，急需干部，学校采取速成训练的方法，确定学制为两年。课程设置，主要有俄语、社会发展史、中国革命史、苏联革命史、哲学（辩证唯物主义和历史唯物主义）、政治经济学、列宁主义、军事等。由于教授和教员精通汉语的极少，讲课都用俄语配中文翻译。它

① 河北省民政厅编：《河北革命烈士史料》第 1 集，河北人民出版社 1961 年版，第 37 页。

② 孟庆树：《陈绍禹——王明传记与回忆》（手写复印稿）。

莫斯科中山大学旧址

名义上由中苏双方共管，实际上由苏方管理，校长是拉狄克。它坐落在莫斯科河西的沃尔洪卡大街 16 号，是一幢四层的楼房，于 1925 年 11 月开学。斯大林对中山大学十分关心，曾亲到学校讲课或解答问题。1927 年蒋介石、汪精卫先后叛变革命，国民党于同年 7 月 26 日声明与中山大学断绝一切关系，撤回国民党派去的学生。于是，中大进行了调整，将东方大学的中国班并到这里，并于 1928 年改名为中国劳动者共产主义大学，简称“劳大”，习惯仍称“中大”。劳大除一般学生班外，还有特别班，是为一些党的负责人、在国内做过实际工作的年纪较大的同志专设的班级。由于蒋介石实行白色恐怖，一些在国内无法立脚的工人，也到苏联学习。他们文化低，学校就专设了预备班，为他们先补习文化。这所学校从 1925 年开学到 1930 年停办，历时近 5 年，共举办了 4 期，训练出 1200 多名学生。

尽管苏联人民当时的生活仍很艰苦，但是联共（布）中央和苏联政府出于对中国革命的热忱关切与支援，对在中山大学学习的中国学生的生活却安排得十分周到。据孙耀文《风雨五载——莫斯科中山大学始末》一书说：

学生们的伙食相当好。最早来的学生起初每天五餐，他们既不习惯一日五餐，也觉得这样太浪费，便请求学校取消了下午的点心和夜餐。即使改成了一日三餐，但每餐的质量和数量还是很高。每天早餐必有鸡蛋、面包、黄油、牛奶、香肠、红茶，偶而还有鱼子酱。为了让中国学生吃得习惯，学校特意雇来了中国厨师，于是学生可以随意挑选吃俄国饭菜或吃中餐。校方还曾专门派人到苏联远东采购海参、香菇等名贵食品，为学生们改善伙食。

第一期学生蒋经国也记述说："每个学生有一本饭票，每月发一本，每人可用饭票到发饭处领饭。饭菜并无优劣之分，完全一律"，印象中每顿都相当好。他遇到一个莫斯科大学的学生。发现这个俄国学生为了维持生活，每天还到中山大学为中国学生搬柴烧火炉，早餐只吃一个黑面包，加两个土豆。蒋经国与他聊天时，他说："从前能够读书的，只有富家子弟，现在每个劳动者都有读书的机会。当然，现在我们国家还很穷，所以我们还很苦。但是人人都知道我们国家有光明的前途，亦都是非常乐观的。"蒋经国听了深有感触，写道："我是外国人，不花一个钱，在他们的国内吃得这样好，而他们自己的大学生却这样吃苦"，因而感到"非常自愧"。

中国学生的穿着也不错。一入学，学校就发给每人一套西装、一件外套、一双皮鞋，此外有毛巾、浴衣、手帕、衬衫、梳子、鞋油、肥皂、牙刷、牙膏以及其他日用必需品。莫斯科的冬天寒冷异常，但每个学生都配有很厚的大衣、暖帽，学校还发给雪靴、雨鞋。而在夏天，学生们又都穿上学校发的凉鞋。不仅如此，学校每月还发给学生一些津贴费，让他们用来买点书籍和水果、零食。家庭经济困难的学生，甚至可以向学校申请，得到钱款后寄回中国，以解家庭之忧，从而安心学习。

中山大学还为中国学生安排了舒适的住房。第一期三百多名学生起初就住在校内的这座楼里。他们住集体宿舍，每间数人，房间里摆了床铺、小柜和书架，暖气和卫生设备齐全。蒋经国写道：寝室里"毯子、枕头、被单，都是一式的，由学校发给，每星期更换二次。①

① 孙耀文：《风雨五载——莫斯科中山大学始末》，中央编译出版社1996年版，第58—59页。

1926 年王明在莫斯科中山大学

米夫像

中国学生到中山大学以后，首先按个头大小排队编号，同时起一个俄文名字。孟庆树说王明的俄文名字是哥鲁别夫，[①]但一般译为克劳白夫或戈卢别夫，意思是“鸟”，也许是梦想自己有一天也能像鸟那样肩生双翅，凌空翱翔吧！[②]

王明进入中山大学后，被编入第一班。当时在中山大学学习的中国学生，绝大部分都不懂俄文，不能听俄语讲课，学习进度很慢。学校为了尽快培养一批翻译工作者，就从学生中选拔了一些俄文学得较好的学生，组成一个速成班。这个班的学生除王明外，还有俞秀松、董亦湘、刘少文、李培之、庄东晓、傅胜芝等 10 多人。这个班只学 4 门课，即政治经济学、联共（布）党史、世界革命史和列宁主义。为这个班教授列宁主义课的教员是副校长米夫。

米夫，原名米哈依尔·亚历山大罗维奇·福尔图，1901 年 8 月 3 日出生在一个小职员的家庭。1917 年 5 月 22 日，即 16 岁时，加入俄国社会民主工党，开始用巴维尔·亚历山大罗维奇·米夫的名字。他曾做过短期的工会工作、党政工作，两次参加红军。1920 年进入斯维尔德洛夫共产主义大学学习，以后又在该校当研究员，兼东方大学研究员，研读马克思主义经典著作关于民族和殖民地革命的理论。1925 年任中大副校长时，只是一个 24 岁的青年。

据他的同学说，王明在学习中，对其他课程不甚关心，学习成绩一般，

① 孟庆树：《陈绍禹——王明传记与回忆》（手写复印稿）。

② 汪云生：《二十九个人的历史》，昆仑出版社 1999 年版，第 13—14 页。

但对俄语和列宁主义两门课下了功夫。他俄语学得很快，半年内就能说会读。1926年5月12日，他和其他同学一起到欧罗巴旅社拜望访苏的冯玉祥。在场的毛以亨后来回忆说：王明给他的印象是面目俊秀，聪颖年少，俄语流畅，对列宁、斯大林教导谙熟程度令人敬佩。[①]

王明对列宁主义基础课，是认真揣摩、死记硬背的。由于王明熟记列宁主义课的名词术语，讲起来头头是道，俄语又学得快，可以和米夫直接对话，自然就引起米夫的注意，成了米夫的重点培养对象。每当列宁主义课的小组讨论中发生意见分歧时，米夫总是指定王明就分歧问题发表意见。与王明同桌的庄东晓回忆说："这个班的课程不多，仅有列宁主义、政治经济学、联共党史、世界革命史四科，每科都配有专门教师，教学法是先由主讲教师定出学习提纲，指定必读书籍参考书籍及有关辅助材料，在课堂上教师作了概括的简单引言之后，学生自己分头去准备，定期集中讨论，讨论结束，由教师归纳作结论。在学习进行中，王明〈在〉对政治经济、联共党史、世界革命史的讨论时，很少发言，甚至一言不发。但每逢列宁主义课进行讨论时，则经常是第一个首先发言，而且发言时紧张得两颊青筋暴露，口水四溅，以致坐在他侧边的同学（座位是固定的）也要受口水的光顾，于是就引起了大家的注意：为什么他对其他课那样冷淡，独对列宁主义课如此积极，是否出于兴趣问题？日子一久，人们就觉察出来，原来列宁主义课是米夫主讲的，米夫是莫斯科中大校长，在校长面前自我表现表现罢了。果然，'克劳白夫'（王明）这个名字，很快就留在米夫的脑子里。每到小组讨论，发生了意见分歧，争执不休时，米夫就指名叫克劳白夫说说自己的看法。于是王明就受宠若惊，机会难得，站起来滔滔不断的大放厥词，从而'克劳白夫'便以'有天才'的学生的形象深深留在米夫的印象里。王明也自认为是米夫门下的高才生，傲视一切，学校墙报上署名'绍禹'的文章更多起来，在同学中也常听到王明的高谈阔论了。"[②] 王稼祥也曾说：王明到中山大学后不久，就和"米夫勾搭上了，他们二人互相

① 闫朦：《王明——曲折复杂的一生》，《金秋》2007年第11期。

② 庄东晓：《莫斯科中山大学与王明》，中国人民政治协商会议广东省委员会文史资料研究委员会编：《广东文史资料》第33辑，广东人民出版社1981年版，第68页。

吹拍，彼此利用”[①]。

在对待中共旅莫支部的态度上，王明和米夫也是一致的。中山大学刚建立时，从中国来的党团员已经脱离了与中国党的组织的联系，又没有同苏联党建立正规的关系。中山大学虽然建立了苏联共产党的支部局，但中共党员没有取得苏联共产党的党籍。在这种特殊情况下，中共党员仿照东方大学的办法，于 1925 年 12 月成立了中国共产党莫斯科支部中山大学分部，简称“旅莫支部”，主要负责人是任卓宣[②]。他主持的旅莫支部，虽然也做了一些工作，但“有两个最重要的错误倾向”。“第一是轻视以至反对党员的理论学习。旅莫支部非但不督促在校学生党员安心学习马列主义理论，而且把用功研读马列的党员视为‘学院派’。旅莫支部领导更反对学俄文，认为我们这些留苏学生回国去要做革命实际工作，学俄文是学者们或‘学院派’的任务。”“旅莫支部另一个错误倾向是，家长制作风和在党内组织生活中不谈思想政治问题，不谈大事，而只注意生活琐事，并提倡党员之间互相打‘小报告’。‘小报告’的内容就是互相揭发”[③]。当时旅莫支部有一个《训练工作指导纲要》，其中规定：“我们必须完全摒除那种认为应该在学习理论之前先学俄语的错误观念。”“我们必须避免学院式的学习——学院式的学习否认理论来源于实践。”“每个共产党员无论何时何地都要按照互相监督的关系去批评和监督他的同志（共产党员的相互关系就是互相监督）”[④]。由于这一《纲要》的实施，许多学生不敢学理论和俄语，处处谨小慎微。

这种做法，当然受到大多数学生的反对，也引起中山大学领导人的不满。1926 年夏，在学生中展开了一场党组织应该归谁领导的大争论，一连开了 4 天会。会上，有人主张应归中共旅莫支部领导，有人主张应归本地联共（布）党组织领导。王明认为共产党不分国籍，旅居别国的共产党员理应受所在国党组织的领导，中山大学的党组织理应受联共（布）莫斯科市中大

① 《回忆毛主席的革命路线与王明路线的斗争》，中国青年出版社编：《红旗飘飘》第 18 辑，中国青年出版社 1979 年版，第 47 页。

② 即后来成为叛徒的叶青。

③ 孙冶方：《关于中共旅莫支部》，载《中共党史资料》1982 年第 1 辑。

④ 转引自盛岳：《莫斯科中山大学和中国革命》，现代史料编刊社 1980 年内部版，第 122—123 页。

所在区的区委领导。经过争论，中山大学校长拉狄克作出结论，宣布解散旅莫支部，中大党组织归莫斯科市一个区委领导，并对党员进行审查，原中共党员都变为联共（布）的候补党员，甚至像俞秀松这样的中共发起人之一，也只发给了候补党员证。后来，即1928年1月13日，王明还专门写了《旅莫支部面面观》[①]一文，“发表在中大墙报上，从各方面揭露了所谓‘旅莫支部’的真相”[②]。

当时，王明一边学习，一边参加社会工作。他于1926年12月14日在莫斯科中山大学填的登记表，在“团的工作”一栏中说：“曾在第二班及第十一班〈任〉党小组长，曾当宣传部主席（仅一月，因公社工作而辞去）”；在“学校组织”一栏中说：“列宁主义预备翻译（口译），笔译列宁主义，有时为参观及教务处工作〈做〉口头翻译”。1928年7月30日他在写给中共代表团主席团苏兆征、张国焘、项英、瞿秋白、周恩来的信中说：“我是1925年十二月来的，自来时起到1926年8月，我都是作俱乐部、青年团、党、公社、国民党……等等工作，不仅我同时兼五项以上的工作，并且还学了六个月的玻璃板［版］印刷。”孟庆树也说：“到后不久，绍禹即当选为团支部的宣传委员（当时绍禹21岁还兼团籍，1927年下半年才退团）。1926年，帮助学校做了半年的玻璃印刷，印刷中文教材，因为当时只有一位女工（玛尔勤可）忙不过来。”1926

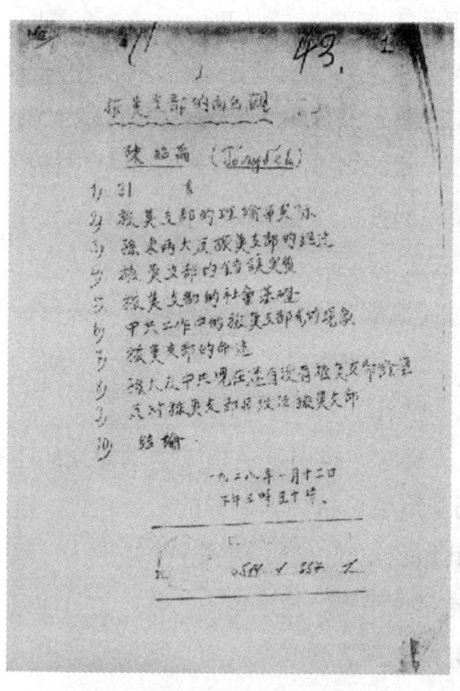
旅莫支部的面面观

陈绍禹

1）引言

7）旅莫支部的命运

10）结论

1928年1月13日王明写的《旅莫支部的面面观》第1页

① 文章原件上写的是“一九二八年一月十三日下午三时至十时”，但《陈绍禹——王明传记与回忆》附录Ⅳ《王明同志写作要目》中说是“1927年1月上旬”。

② 孟庆树：《陈绍禹——王明传记与回忆》（手写复印稿）。

年上半年，王明还参加领导了中大反对国民党右派的斗争。当时，在中大的国民党右派代表是康泽、李秉中、贺衷寒，还有谷正纲、谷正鼎兄弟二人，他们经常散布右的观点。因此，共产党员便同他们开展了斗争。[①]

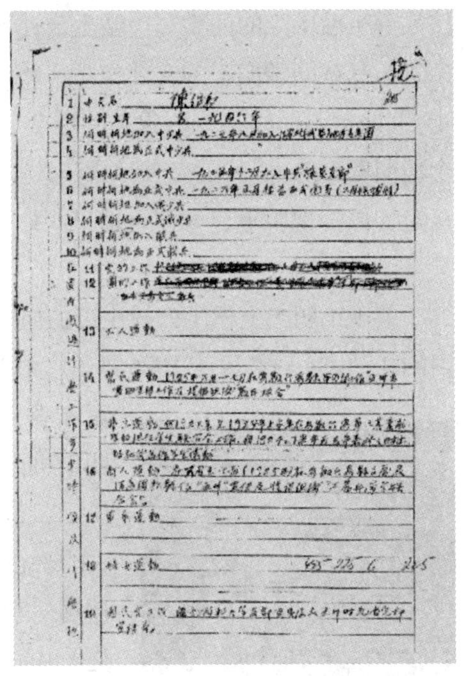

1926 年 12 月 14 日王明在莫斯科中山大学填的登记表第 1 页

由于王明处处表现积极，1926 年 4 月开始担任中山大学俱乐部党团书记，5 月转为正式中共党员，6 月开始担任中山大学读书室委员会主席，[②]7 月 7 日开始担任中山大学联共（布）支部局宣传鼓动委员会委员，[③]9 月当上了中山大学学生公社主席，[④]12 月 31 日被指定为中山大学做党员重新登记工作的十名成员之一。[⑤]

关于学生公社，谢怀丹回忆说：它是“中大的学生组织”，“协助学校执行管理制度，维持纪律，组织文娱活动。学生公社下设生活福利委员会、墙报编辑委员会、同志审判会、俱乐部。生活福利委员会设有同学互助会，每个人每月从学校发给的 15 卢布零用钱中拿出五个卢布交给互助会，用以接

---

① 孟庆树：《陈绍禹——王明传记与回忆》（手写复印稿）。

② 王明 1926 年 12 月 14 日在莫斯科中山大学填的登记表。

③ 张培森主编：《张闻天年谱》，中共党史出版社 2000 年版，第 77 页。王明于 1926 年 12 月 14 日在莫斯科中山大学填的登记表说：1926 年七八两月，任“宣传部委员”。

④ 王明 1928 年 7 月 30 日写给中共代表团主席团苏兆征、张国焘、项英、瞿秋白、周恩来的信中说：“自 1926 年 9 月起至 1927 年我回国以前止，我当学生公社主席（自 10 月起即当翻译），这个工作是要抛弃一切学习的”。在《纪念我们的回族烈士马骏同志》一文中，王明也回忆说：“1926 年 9 月初，中大学生公社改选时，我和马骏同志均当选为公社的负责人(我作主席，马骏同志作书记)”。

⑤ 张培森主编：《张闻天年谱》，中共党史出版社 2000 年版，第 79 页。

济家庭生活困难的同学……学生公社还有一个出版委员会，出版《学生生活》杂志，刊载同学们写的文艺作品。此外，还出版周报，张贴在学校的公告栏上。”她对王明的第一印象是“矮个子”，“口齿伶俐，能说会道，看起来是个精明能干的人”。后来有时会在教室里遇见他，“因为他矮小，上身长，下身短，像一把雨伞，大家背地里叫他‘伞’。他一来，女同学就说：‘瞧！伞又来了。’”①

关于王明当上学生公社主席的原因，有不同的说法。当时在中山大学学习的江泽民② 回忆说：“1926年冬，中山大学选举学生公社主席时，由于党务派和教务派的争斗，两派的人都不能当选。王明借机两面讨好，被选为学生公社主席。从此以后，他接触副校长米夫的机会多了，得到米夫的欢心。”③。唐有章、李一凡、吴亮平等也都持这一观点。④ 但汪云生在《二十九个人的历史》中说：“王明的初步成功，固然与他本人的努力有很大关系，但同时却离不开这样两个非常重要的条件：一是争得米夫的重视和支持，一是迎合了当时大多数学生的迫切需要，顺应并领导了中大的潮流。前者是王明走‘上层路线’结出的‘硕果’，后者则是王明走‘群众路线’的结晶。”⑤

1926 年王明在莫斯科中山大学

---

① 《岁月屐痕——一个莫斯科中山大学女生的回忆》，福建人民出版社 1911 年版，第 27、46、47 页。

② 原名江克明。

③ 江泽民：《回忆在莫斯科中山大学时期》，《革命史资料》编辑部编：《革命史资料》第 17 辑，中国文史出版社 1987 年版，第 192 页。

④ 唐有章：《革命与流放》，湖南人民出版社 1988 年版，第 29—30 页；李一凡：《回忆中国共产主义劳动大学》，《革命史资料》编辑部编：《革命史资料》第 19 辑，中国文史出版社 1992 年版，第 90 页；《吴亮平谈俞秀松和王明、康生斗争的情况》，1980 年 9 月 18 日，中国社会科学院青少年研究所青运史研究室 1983 年编印：《青运史资料与研究》第 3 集，第 216—217 页。

⑤ 汪云生：《二十九个人的历史》，昆仑出版社 1999 年版，第 29 页。

1927 年 1 月初，王明加入苏联共产党。[①] 同时接到命令，要他陪米夫到中国来。

当时，北伐战争正在胜利进行。在中国革命节节胜利的形势下，米夫受联共（布）中央的派遣，率团访华。米夫早在 1926 年就想到中国看看，了解中国党、团、工会、妇女等方面的情况。他受命访华后，找了 4 个翻译，其中就有王明。

2 月初，王明奉命随米夫率领的代表团前往中国。关于这个代表团，王明在 1928 年 7 月 30 日写给中共代表团主席团苏兆征、张国焘、项英、瞿秋白、周恩来的信中说是“联邦共产党中央代表团”。但孟庆树说王明参加的是“联共中央宣传鼓动部帮助中共中央宣传鼓动部工作组”，参加的有八位苏联人和四位中国人，主要任务是：1. 帮助中共中央出版日报（为此带去五万美元作开办费）；2. 办工农干部政治军事训练班，时间为三至六个月，人数为三至五千人，作扩军及领导农民武装和土地改革的骨干。[②] 拉斯科尔尼可夫 2 月 17 日在致中共中央执行委员会的信中，则说米夫率领的是“一批宣传工作者”，“这些同志的任务是开办和管理党校及临时训练班，在有关大学开设社会学课程，对党员积极分子进行教育，加强国民革命军、工会中的政治教育工作，等等”。[③]

据庄东晓回忆，开始时王明并不是米夫的直接翻译，根据分工，“潘克鲁（潘家辰）给米夫做翻译，搞党的材料，刘少文搞工会的，王明搞团的，我随米夫的爱人搞妇女的。临行前，我突患腥［猩］红热。马上隔离，住院就医，临时由一男同志代替。王明一心要找接近米夫的机会，他以为给米夫做翻译就好了。但分配给米夫做翻译的是潘克鲁，于是潘克鲁就成了他的障碍物，必须把这一障碍物搬掉，在米夫面前不是说潘翻译有问题，就是说潘挂念爱人，无心工作。终于私愿得偿，从此天天跟在米夫的后边，大献殷勤，及从中国回到莫斯科，米夫便倚为左右手，终于成了米夫言听计从的座

① 孟庆树：《陈绍禹——王明传记与回忆》（手写复印稿）。

② 孟庆树：《陈绍禹——王明传记与回忆》（手写复印稿）。

③ 中共中央党史研究室第一研究部译：《共产国际、联共（布）与中国革命档案资料丛书》第 4 册，北京图书馆出版社 1998 年版，第 121—122 页。

上客，在米夫的家里也挂起了王明的相片来。”①

3月中旬，米夫一行在海参崴乘苏联船直开广东，在广东工作了十多天后，于4月9日前往上海。4月14日到达上海后，立即遇到艰险。据孟庆树说：当时“工作组还不知道‘四一二’政变”。因苏联船不能靠岸，停在了杨树浦的江中，米夫让四位中国同志先上岸，于是他们只好坐小划［筏］子上了岸。潘家辰提出应到市政府去找罗亦农，哪知在英租界被巡捕查问了三次。在市政府旁边的小旅馆住下后，王明买来当天的报纸，这才知道情况已大变！四人急忙把每人带的一大箱俄文书籍和他们在苏联学习的笔记等，都塞在旅馆内的大柜里，雇了人力车到另一个旅馆，然后马上又换旅馆。刚到第五个旅馆，就听到楼下有人查问，于是每人只把钱带在身上，从旅馆后门逃走了。在英租界四马路一个小旅馆住下后，王明给他那位在沪江中学教书的四叔打电话，四叔来后把上海工人三次起义和蒋介石“四一二”政变的情况都说了一遍，并出去给四人买了中国衣帽衬衫和箱子鞋袜等，化了装。②

4月18日，米夫一行乘英国船离开上海，4月22日到达汉口俄租界的苏联同志招待所。

在武汉，米夫向中国党介绍了联共（布）党务工作的经验，也实地考察中国革命的情况，并列席了中国共产党第五次全国代表大会。王明作为米夫的翻译，也列席了大会，认识了一些人，听代表介绍了各地、各方面的情况。据孟庆树说，米夫曾向陈独秀建议举办工农干部训练班，并带来了经费，但未被接受。

有的著作说，米夫当时曾向陈独秀推荐王明主持中共中央宣传部的工作，陈独秀没有接受。这似乎不大可能。王明在中国期间，只在中央宣传部当过干事(王明在延安写的简历说自己“在五六月兼宣传部秘书”)，兼做《向导》编辑。据孟庆树说，王明还在全国总工会办的职工训练班和汉口市委办的女工干部训练班教过课。

---

① 《记忆中的瞿秋白同志》，中国人民政治协商会议广东省委员会文史资料研究委员会：《广东文史资料》第29辑，广东人民出版社1980年版，第26—27页。

② 孟庆树：《陈绍禹——王明传记与回忆》(手写复印稿)。

6月16日，王明参加陈独秀同米夫的谈话，内容是：为什么不让共产党员当县长。据王明回忆，陈独秀说："中国革命只有两个阶段。第一个阶段是'国民革命'，也就是'资产阶级革命'，第二个阶段是社会主义革命，也就是无产阶级革命。在第一个阶段里，共产党不能领导革命，只有资产阶级才能领导革命。政府和军队应归资产阶级掌握。在这个阶段内，共产党带兵就是军阀，做政府首长就是官僚。群众运动不要发展到威胁资产阶级。革命胜利应当完全归资产阶级，让资产阶级长期发展资本主义。等到资本主义发展到能做无产阶级革命的时候，共产党才来做第二次革命。那时共产党才可以领导革命，共产党员带兵才不是军阀，做政府首长才不是官僚。那时候才可以武装工农，搞土地革命，搞社会主义……我们这一套理论和办法，当然同莫斯科那一套理论和办法不一样，但我们认为我们的是对的。"王明说他反对陈独秀这种二次革命论。①

当时，已经发生了夏斗寅、许克祥叛变，革命处于紧急关头，但王明在《中国革命前途与革命领导权问题》一文中，却按照共产国际的看法，仍然把汪精卫主持的武汉国民政府说成是代表"中国革命非资本主义发展的前途"。为了"使非资本主义前途得到保障"，就要"扩大和巩固"以汪精卫为主席的武汉政府。扩大和巩固这个政府，就是"扩大和巩固无产阶级的革命领导权"②。

但是，汪精卫很快就发动了"七一五"反革命政变。在汪精卫叛变革命前夕，王明随米夫于7月初离汉赴沪，乘船到海参崴，于8月初回到莫斯科。

据王明之子王丹之说，王明等人的这次中国之行，在经费上被米夫卡得很紧。米夫在给4个中国人提供每日费用时，总是吝啬而苛刻，并且还有自己的"理论"："你们都年轻，没有家庭，又是中国人（?!），要钱干什么?"弄得他们想多买几张报纸了解形势都不得不紧衣缩食；而米夫自己却拿"节约"下来的钱，去大买象牙雕刻、玉镯项链、各种首饰及其他古玩和工艺品带回家去。

---

① 《中共半世纪与叛徒毛泽东》，莫斯科进步出版社1979年中文版，第105—106页。

② 载1927年6月15日出版的《向导》第198期。

第二节　热衷派别斗争

受激烈尖锐的国内阶级斗争和苏联党内斗争的影响，在中山大学的学生中，派别斗争非常激烈。最突出的有以下四次：

第一次是所谓“教务派”与“支部派”的斗争。

这场斗争是由中山大学的历史形成的。中山大学开办以后，校长拉狄克除了讲课之外，不经常到校，由副校长米夫主持日常工作。教务工作则由教务主任阿古尔负责。阿古尔为了更多地了解中国学生的接受能力和学习情况，更好地组织教学工作，比较注意依靠中国学生。当时，在中国学生中最有影响的俞秀松、董亦湘、周达文等，就成了他的依靠对象。俞秀松是中国共产党上海发起组的成员之一，在党的创建时期起过重要作用。1920 年 8 月社会主义青年团诞生时，被指定为团的书记。董亦湘、周达文在国内也做过好几年革命工作，有比较丰富的工作经验。他们在教务处帮助阿古尔制订教学方针、实施教学方案、购置中文图书等，做了不少工作，得到阿古尔信任，也得到同学好评。米夫的工作，主要依靠联共（布）支部局书记谢德尼可夫及靠近支部局的中国同学。米夫和阿古尔有分歧，就自然形成了两种力量。他们互相指责，称对方为“派”，于是就出现了所谓“教务派”与“支部派”的对立。

1927 年夏，校长拉狄克因为托洛茨基的问题被撤职，副校长米夫还在中国，阿古尔被任命为代理校长，主持学校的一切工作。当时中山大学有一个规定：每学期结束，要进行一次群众性的总结。到6月底，学期行将结束，开始进行总结。在总结会上，支持支部局的一些同学说教务工作组织得不好，杂乱无章。支持教务处的同学说党务工作搞得一团糟。两种意见争论激烈，各不相让，一直争论了 7 天 7 夜，只在吃饭时休会。在这场斗争中，有许多同学不感兴趣，特别是时间长了，就感到厌倦，甚至恼火，不愿参与争论，这就出现了所谓“第三势力”。

1927 年 8 月初，米夫和王明回到莫斯科时，中山大学的学生已到特拉索夫卡去度暑假。王明赶到那里后，就积极参加了两派之间的斗争。关于王明在这场斗争中的表现，有不同的说法。

最流行的说法是王明向米夫建议，团结介于两派之间的“第三势力”，支持支部局，搞垮“教务派”。这个建议被米夫采纳，“教务派”很快被搞垮了，阿古尔受到撤职离校的处分。盛岳回忆说：“当米夫回来时，他发现学校已被派系搞的四分五裂。为了制止混乱，陪同米夫去中国后回来的陈绍禹提出了一项结束争论的方案。他建议米夫牢牢掌握住第三势力，利用它来联合支部派，搞垮阿古尔的教务派，从而为米夫当中大校长铺平道路。陈的方案被付诸实施，证明行之有效。阿古尔派被完全搞垮，米夫不久被正式提升为校长。陈绍禹在这场运动中是积极的组织者之一，成了米夫的主要心腹。这次斗争，是陈绍禹初次同张闻天、沈泽民等人结成同盟，并由此而最后形成有名的二十八个布尔什维克。这一同盟对于中山大学和中共本身都有着深远的意义。”① 谢怀丹也回忆说：米夫和陈绍禹回校后，“以第三势力参与斗争，为米夫当校长开路，支持支部局批评教务处。陈绍禹在这场争论中是一个积极组织者、米夫的得力助手，因而更为米夫所器重，成为米夫的亲信和心腹。陈绍禹看到大多数人不满意领导层的争论，便在学生中大肆活动，支持米夫。米夫终于当上了中大校长，陈绍禹一跃而当上了中大的秘书”，并“掌握了支部局的领导权”，“成为中大的无冕之王”，开始“支配全校同学的命运”②。江泽民、庄东晓、杨尚昆的回忆基本与此相似。③

但杨奎松在《“江浙同乡会”事件始末》一文中说：王明因迅速掌握俄文而与学校里的苏联教员打得火热，因此从一开始就同与苏联教员关系较好的教务处派的干部更为接近。他回苏联后，不加选择地立即加入了正在秘密酝酿中的反对党委会派的行动，并成为反对傅钟、张闻天等最力的一个，甚至在第三派和教务处派的合力推举下，当上了总支部委员会改选大会主席团

---

① 《莫斯科中山大学和中国革命》，东方出版社 2004 年版，第 212 页。

② 《岁月屐痕——一个莫斯科中山大学女生的回忆》，福建人民出版社 1991 年版，第 48—49 页。

③ 江泽民：《回忆在莫斯科中山大学时期》，《革命史资料》编辑部编：《革命史资料》第 17 辑，中国文史出版社 1987 年版，第 191 页；庄东晓：《记忆中的瞿秋白》，中国人民政治协商会议广东省委员会文史资料研究委员会编：《广东文史资料》第 29 辑，广东人民出版社 1980 年版；《杨尚昆回忆录》，中央文献出版社 2001 年版，第 27—28 页。

的主席，可见第三派和教务处派对他都颇为信任，有的人甚至说王明也是第三派的首领之一。当然，陈绍禹之加入反对总支部委员会的行列，与教务处派和第三派的目的并不完全相同，他们之间的结合并不紧密，王明未必真的是第三派的首领。他作为大会主席团主席，头几天确实与反对党委会一派的人配合默契，弄得党委员会一派人几乎没有招架的机会。但是在联共（布）区委发话之后，王明和反对派的态度就开始明显地出现分歧了，转而拥护区委决议，于是有人“开始向陈绍禹进攻，说陈绍禹靠不住了，背叛了群众”。因此，在选举新的总支部委员会时，作为大会主席团主席的王明却未能当选。①

王明自己的回忆则与上述说法都不一样，据孟庆树说：

> 绍禹等从武汉回到莫斯科，中大正放暑假，学生都到离莫斯科市不远的地方——塔拉绍夫卡休养所休息去了。而在暑假前开始的所谓“教务派”反对“支部局派”的斗争，还在继续和加深。
>
> 斗争发生的原因和经过是：由于陈独秀拒绝办工农军事干部训练班，共产国际和联共中央决定派一批大中学生到苏联的各种军事学校去学军事，又决定选送一些学得好的送去红色教授学院深造。可是教务处未和支部局商量，就把送去学军事的名单决定了。当时“教务派”工作人员主要是教务处长阿古尔，支部局主要是支书西特里可夫。而陈独秀派来的八大委员②和教务处人站在一起，不主张和支部局商量，在暑假前，就把准备送去学军事的学生名单送给共产国际和联共中央。国际和联共中央当然不知道名单未经过支部局同意，而名单中有一些不合适的学生，因而就按此名单把学生送去了，把1925和1926年来的许多老学生都分散到别处学习去了。因此支部局提出批评管教务工作的同志和所谓八大委员。被批评的不接受意见，双方乃展开了斗争。党的区委也不能解决。中国学生中，代表教务派的有周达文、俞秀松、董亦湘等，代表支部局派的有沈泽民、张闻天、王稼祥等同志。双方都在学生里争取

---

① 《近代史研究》1994年第3期。

② 指周达文、俞秀松、董亦湘、刘鸣先、恽雨棠、曾子瑜、李佩泽、张东晓。

> 同情者，使得学生不能安心上课。正校长拉迪克因是托派已被撤职，党的区委和副校长米夫都要绍禹帮助解决这次的纠纷。绍禹听取了双方的意见，说服和批评了双方的缺点。首先，批评了周达文等人和教务处某些同志不和支部局商量就把学生派走，是不对的。其次，批评了双方在学生中采取闹独立和争取同情者，使学生不能安心上课，也是不对的。这样使问题得到了解决。
>
> 但是沈泽民、张闻天等同志虽受到批评，还和大家和好如初……而周达文、俞秀松、董亦湘等则闹成见，记恨在心，经过其同情分子继续做挑拨离间、借口闹事等活动。同时，因为许多学生都要求绍禹谈谈国内情况，绍禹除了一般情况外，就公开地批评了陈独秀的错误，赞成瞿秋白同志的主张。结果周达文等陈独秀派大为不满，异口同声地说：中国党没有陈独秀怎么行，瞿秋白懂得什么东西，并把斗争的火力集中到绍禹身上。先说绍禹是瞿秋白派，以后看见大多数都拥护绍禹，他们又造谣说，中大有了陈绍禹派。①

不管这场斗争的起因是什么，王明在这场斗争中的具体表现如何，他都是一个赢家。

但是，对于王明一伙操纵支部局以后的作风，大多数学生却非常不满。谢怀丹即回忆说："陈所操纵的支部局的教条主义作风，引起绝大多数党员不满。加上他不抓政治思想教育，而提倡背后打小报告，搞得大家人心惶惶，同学们很有意见。如一个姓朱的女同学因谈恋爱的事，学校竟开了三天审判大会。一对夫妇吵架，竟决定不让他们夫妇接触，结果，等大家休息时，这对夫妇就去幽会。"②

9 月 22 日，中山大学第 1 期学生毕业，王明被留校工作，担任支部局宣传干事，兼任翻译、教员班（三年级第一班）列宁主义教研组教员。③

---

① 孟庆树：《陈绍禹——王明传记与回忆》（手写复印稿）。

② 《岁月屐痕——一个莫斯科中山大学女生的回忆》，福建人民出版社 1991 年版，第 49 页。

③ 王明在延安写的简历说 1927 年 10 月至 12 月任"莫斯科中山大学党支部局宣传干事"；1950 年填的简历表说自己"1927.9—1929.3，在莫斯科，作翻译当教员等工作"。

据孟庆树说：当时党的区委曾决定送王明进红色教授学院深造，但王明“想早日回国参加实际工作，不愿再学五年而未去。”①

对于王明在支部局中的职务，有不同的说法。有的说他“在校总支委员会中做组织工作”②，有的说他是“党支部局成员”③，有的说他在支部局并没有担任什么职务，④但据孟庆树说，王明担任的是支部局宣传委员。⑤

关于教员班，有的著作说：它由毕业留校的人组成（称“三年级第一班”），共20人，张闻天任班长。教员班的主要任务是培养教员，在苏联或到中国任教。这个班开设四门基础课：政治经济学（列昂节夫授课）、理论和实践（弗拉索瓦授课）、历史唯物主义、西方史。同时，分政治经济学、列宁主义、西方史、中国革命运动史四个研讨组（也称“教研组”），从事教学与研究。王明参加的是列宁主义研讨组，同组的有张闻天、潘问友、曾洪易、陈原道。指导教师为弗拉索瓦。⑥

第二次是反对所谓“托派”的斗争。

1927年4月蒋介石叛变，中国革命濒临失败，托洛茨基派以此指责斯大林错误地指导了中国革命，并加紧反斯大林的斗争。5月26日，托洛茨基、季诺维也夫等84人上书联共（布）中央政治局，认为从最近中国革命受挫和同英国断交等事件中，说明斯大林执行了一条对外政策方面的右倾错误路线，使苏联又面临一场新的反苏战争的危险境地。这就使党内矛盾极度尖锐起来。10月21日到23日，联共（布）召开中央委员会和中央监察委员

---

① 孟庆树：《陈绍禹——王明传记与回忆》（手写复印稿）。

② 《吴亮平谈俞秀松和王明、康生斗争的情况》，中国社会科学院青少年研究所青运史研究室1983年编印：《青运史资料与研究》第3辑，第216页。

③ 张仲实：《二十年代赴莫斯科留学的回忆》，中国革命博物馆编：《党史研究资料》1981年第10期。

④ 陈修良：《莫斯科中山大学里的斗争》，载沙尚之编：《记孙冶方》，上海文艺出版社2001年版，第255页；曹仲彬、戴茂林：《莫斯科中山大学与王明》，吉林文史出版社1988年版，第102—103页；孙耀文：《风雨五载——莫斯科中山大学始末》，中央编译出版社1996年版，第240—241页。

⑤ 孟庆树：《陈绍禹——王明传记与回忆》（手写复印稿）。

⑥ 程中原：《张闻天传》（修订版），当代中国出版社2006年版，第75—76页。

会联席会议，决定将托洛茨基、季诺维也夫开除出中央委员会。① 中山大学党组织隶属于苏联共产党，联共开展反托派斗争，必然也波及到中山大学。但毕竟中山大学的学生都是中国派去的，反托派斗争对他们没有大的影响。但自 11 月 7 日十月革命 10 周年纪念游行以后，却出现了新情况，有了新变化。

十月革命 10 周年游行是十分隆重的。就在这天，托洛茨基及其支持者也组织了一些人在莫斯科、列宁格勒街头举行示威。他们手拿标语，散发传单，口喊“回到列宁去!”“斯大林派正在欺骗工人阶级!”“制止斯大林分子胡作非为!”等口号。那天，中山大学的学生也列队参加了莫斯科的游行。当中国学生走到列宁墓时，斯大林等苏联领导人高喊：“革命的青年万岁!”“中国革命胜利万岁!”中国学生激动地高喊“乌拉”，但有极个别的学生喊出了拥护托洛茨基的口号。斯大林指示米夫对此事进行彻底调查，并尽快将调查结果报告联共（布）中央。经过几个月的调查，查出了一些骨干学生，如安福、陆渊、梁干乔等 10 多人，并将其遣送回国。对过错较轻的学生，或送工厂劳动，或给以留党察看处分。

王明控制的支部局，作为联共（布）的一个下属组织，奉命开展了反托派斗争。并把斗争扩大化，处理了一大批不该处理的人，搞得人人自危。

对于这场斗争的起因，有几种不同的说法。江泽民、杨尚昆、盛岳等都持上述看法。② 李一凡还说当时从托派学生冯强怀里搜出了一个横幅标语，写着“打到党内专政的汪精卫”，就是影射攻击斯大林的。③ 孟庆树甚至说

---

① 据塔斯社 1988 年 8 月 4 日报道，苏联最高法院决定对 30 年代 4 起重大错案平反：1932 年至 1933 年的“马克思列宁主义联盟”案，1935 年 1 月的“莫斯科中心”案，1936 年 8 月的“托洛茨基—季诺维也夫反苏联合中心”案和 1937 年 1 月的“托洛茨基反苏平行中心”案。认定“4 个组织都不存在，对它们的指控毫无根据”，决定取消原判，为 4 个案件涉及到的所有人恢复名誉。

② 江泽民：《回忆在莫斯科中山大学时期》，《革命史资料》编辑部编：《革命史资料》第 17 辑，文史资料出版社 1987 年版，第 194—195 页。杨尚昆：《关于“二十八个半布尔什维克”问题》，《百年潮》2001 年第 8 期。盛岳：《莫斯科中山大学和中国革命》，东方出版社 2004 年版，第 214—215 页。

③ 孙耀文：《风雨五载——莫斯科中山大学始末》，中央编译出版社 1996 年版，第 221 页。

那天是“中大的托派分子在红场参加苏联托派举行的示威，还打了人”[①]。但据袁溥之回忆，根本没有喊口号那回事，她说：“我在莫斯科的时候，米夫、王明等人曾搞了两次大的宗派斗争。一次是1927年年底，他们利用苏共反托洛茨基派的机会，打击反对过他们的人。中大的确有托派学生，象［像］梁干乔等人。他们是拥护托洛茨基观点的，清洗他们是必要的，但遭到王明等人打击的许多人并非‘托派’，他们主要是对王明等人不满，对他们把持的中共驻莫斯科支部局不满。王明、李竹声、盛忠亮等人把凡是反对过他们的人都当成‘托派’打下去。后来，有些王明派的骨干说，中山大学之所以开展反“托派”运动，是因为当年中大师生参加十月革命节游行的时候，有些中国学生在主席台前喊了反对斯大林、拥护托洛茨基的口号，因此引起了一场殴斗等等。我参加了那次游行，同沈联春、周砥（现住在北京）并排走在一起，中大的游行队伍并不大，一眼可以看到队伍的首尾，我根本没有听到和看到有任何越轨的事情发生。”[②]

关于王明在反“托派”斗争中大搞宗派活动、打击异己的行为，也有不同的看法。吴亮平回忆说：“王明自恃有米夫的信任和搞教条宗派的人的支持，在校总支委员会中又做组织工作，于是对于不满意他的人，便给戴上托派、反革命、特务等帽子。在这场斗争中，郭肇唐[③]这个人充当王明的打手，他参加苏联内务部的活动，在1927—1928年反托派运动中，很多同志陆续地不见了，就是王明、郭肇唐秘密搞掉的。”[④]师哲也回忆说：“王明进行活动的方针和原则是‘顺我者昌，逆我者亡’……在反托派斗争中，凡是对王明等人表示过不满，提过不同意见的同志，大都被定为托派分子；凡是对王明的路线和方针表示怀疑或提出疑问的同志，大都被定为右倾机会主义分子。他的密［秘］诀就是，借着政治运动来打击与自己意见相左的同志。至于对谁扣什么帽子，视当时的历史情况和政治气氛而定，所以，被扣上‘托

① 孟庆树：《陈绍禹——王明传记与回忆》（手写复印稿）。

② 袁溥之：《往事历历》，中共广东省委党史资料征集委员会办公室、中共广东省委党史研究委员会办公室编：《广东党史资料》第3辑，广东人民出版社1984年版，第153—154页。

③ 即郭绍棠，下同。

④ 《吴亮平谈俞秀松和王明、康生斗争的情况》，1980年9月18日，载中国社会科学院青少年研究所青运史研究室1983年编印：《青运史资料与研究》第3集，第216—217页。

派分子’帽子的人远比被打成右倾机会主义分子的人多得多。”① 但有的论著认为：“反对托派的斗争，是联共中央斯大林搞起来的，共产国际是支持的，它并不属于王明的宗派范围。王明参加反托派的斗争，不可能一开头就把这场斗争，作为宗派的活动来搞，被害的并不都是他的小宗派的对立面……至于王明从宗派主义出发，迫害了一些他的小宗派的对立面，这是他自己的责任，是应当揭发批判的。”②

第三次是反对所谓“江浙同乡会”的斗争。

“江浙同乡会”事件，是当时中山大学一起性质严重、影响深远的重大事件。过去，很多回忆录都说这一事件是王明捏造的，我们过去写的《王明评传》也是这样说的。但根据新的材料，可以看出这一事件并不是他捏造的。不过，他在这一事件中确实表现很积极，起了推波助澜的作用。

关于这个事件发生的时间，说法不一。师哲说是“发生于 1927 年下半年到 1928 年上半年之间”③。陈修良说是 1928 年年初，④ 江泽民⑤ 说是 1928 年春，⑥ 向忠发和苏兆征在 1928 年 6 月 5 日致共产国际执行委员会的信中说是在 1928 年 1 月份发现的。⑦

关于“江浙同乡会”的由来，一种说法是来自于孙冶方请客和王长熙的一句话。当事人孙冶方回忆说：“在我们同期毕业的同学中，除了回国工作的以外，大部分升到别的学校学习，极少数的人留校工作，我和云泽（乌兰夫）同志以及一个后来成为托派分子的綦树功被派到东方大学当翻译。继续学习的学生只发给津贴，有些到军校学习的，按红军士兵待遇，津贴特别少。我们做翻译工作的拿工资，有近百卢布，生活较好，因此在暑假开学

---

① 师哲：《在历史巨人身边——师哲回忆录》，中央文献出版社 1991 年版，第 115 页。

② 施巨流：《王明问题研究》，香港天马出版有限公司 2006 年版，第 12 页。

③ 师哲：《在历史巨人身边——师哲回忆录》，中央文献出版社 1991 年版，第 39 页。

④ 陈修良：《孙冶方革命生涯六十年》，沙尚之编：《记孙冶方》，上海文艺出版社 2001 年版，第 9—10 页。

⑤ 原名江克明。

⑥ 《回忆在莫斯科中山大学时期》，《革命史资料》编辑部编：《革命史资料》第 17 辑，中国文史出版社 1987 年版，第 199 页。

⑦ 中共中央党史研究室第一研究部译：《共产国际、联共（布）与中国革命档案资料丛书》第 7 册，中央文献出版社 2002 年版，第 462—463 页。

前，有几个去初级军校的同学提出，在星期天敲我的竹杠，叫我买肉买菜做中国饭吃。这天，除约好的几位军校的同学外，董亦湘也来了，军事学校的陈君礼、左权同志也来了，挤了一屋子的人，把同房间的乌兰夫同志都挤了出去。正在我们热热闹闹地做饭时，中山大学学生公社主任王长熙从窗外经过，听到里面说话的都是江浙人，因此回校后同别人讲起，某些人聚集在某人房间呱啦呱啦讲得很热闹，像开'江浙同乡会'似的（其实，陈君礼、左权两同志是湖南人）。这话传到中大支部局中国同志那里，便添油加醋，说成是董亦湘等在我房里成立了'江浙同乡会'。"①

还有一种说法是"江浙同乡会"来自于蒋经国的一封信。最早揭发"江浙同乡会"问题的王长熙于1928年8月12日给中共代表团的报告说：1927年在东方劳动者共产主义大学野营结束后，由孙逸仙大学毕业派到各军事学校的中国同志，完全住在炮科学校第五连。蒋经国离开莫斯科三四天的光景，就给朱茂榛、周策、尤赤、胡世杰、郭景惇、陈启科、刘仁寿、黄中美、刘移山等人写了一封信，这封信信封上写的是朱茂臻，但由于当时朱茂臻不在，岳少文就代收了。他很希望知道这批同志到校的情形，因之不等收信人回家便拆阅了，看到信中写的大意如下："我们的组织应该行动起来，虽然你们现在还没有得着薪水，但是我们的章程第一条就是按月缴纳会金，所以你们无论如何应该设法征收会费等……"岳少文看见我们同志中发生这种小组织，非常奇怪的。他就把这封信给其他两个人看了，他们看着党内发生这种不容许的东西，非常惊慌，不知如何处置，又不敢把信隐藏，亦不敢把信交给党部。到岳少文离开炮科学校的夜晚，我送他们走的时候，他才告诉我，我又很慎重地问了其他几个人，他们都说是有这封信以后，"我才转告党部"。"自从有几位同志看着他们有这种小组织的行动以后，转相告诉，当时留在炮科学校的各军校未走的同志们，很多都知道了，都留意他们的行动。但是这部分有小组织倾向的同志，他们还不

① 孙冶方：《给中共中央纪律检查委员会和中共中央组织部的报告》，沙尚之编：《记孙冶方》，上海文艺出版社2001年版，第287页；罗征敬：《恢复俞秀松同志在党史、团史上的地位》，中共中央党史资料征集委员会、中共中央党史研究室编：《中共党史资料》第1辑，中共中央党校出版社1982年版，第229页。

知道自己的行动泄露了，所以仍然常常举行他们的秘密会议"①。师哲也回忆说："事情起因于蒋经国等人。蒋经国原在中山大学念书，那里的江浙同学比较多，相互间关系也比较密切，大家常把每月发的津贴费凑起来，十天半月到中国饭馆吃顿饭。1927年10月，苏联从中山大学、东方大学抽调了一部分同志到陆军大学（在莫斯科）、军政大学（在列宁格勒）等军事院校学习。蒋经国同萧劲光、李卓然、曾涌泉等一齐［起］到列宁格勒的军政大学学习。这时，蒋经国享受红军军官的待遇，每月领津贴费约七八十元。留在中山大学的江浙同乡们给他写信，开玩笑说：你的会费还没有交，意思是向他要钱，也就是要他请客。蒋经国寄信时也戏称是交会费。这些信不知落到了什么人的手里，便传出他们在搞小组织活动，组织'江浙同乡会'。"②

杨尚昆在回忆中则说两个原因都有，他说："'江浙同乡会'是王明为了排除异己而捏造出来的。中大的江浙籍同学，出于同乡情谊，常在一起吃中国餐。一次，在东方大学当翻译的孙冶方，约请董亦湘、俞秀松等老乡在家里聚餐，有人开玩笑说：他们是开江浙同乡会。无独有偶，蒋经国转到列宁格勒的军政学院后，月津贴增加了，俞秀松、董亦湘等老乡写信要他做点'贡献'，戏称'缴会费'。事情传到中大的支部局，王明便诬陷这是一个秘密的政治派别组织，不但莫斯科有，列宁格勒也有，头头是原教务派的俞秀松、董亦湘、周达文，重要成员有蒋经国、左权、朱务善等，而'工人反对派'被认为是受'江浙同乡会'指使的群众。他企图一石三鸟，这样来打击所谓的'第二条路线'联盟。米夫请格别乌派人参加调查。结果，'只发现一些微不足道的证据'。王明不肯罢休。这时，中共中央派向忠发、李震瀛到莫斯科出席赤色职工国际第四届代表大会。米夫和王明就请向忠发到中大来作报告。"③

就是这样一件很简单的带玩笑性的事情，后来竟被夸大为反革命组织"江浙同乡会"了。4月2日或3日，王明通过米夫邀请向忠发到中山大学

---

① 俄罗斯当代文献保管与研究中心档案。

② 师哲：《在历史巨人身边——师哲回忆录》，中央文献出版社1991年版，第39页。

③ 《杨尚昆回忆录》，中央文献出版社2001年版，第33—34页。

作报告。[1] 率中国工农代表团到莫斯科参加十月革命纪念活动的向忠发，不作认真调查，就说“江浙同乡会”是“反党小组织”。“他们的组织在党内秘密，有中央的组织，亦有各地支部的组织”；“他们与蒋介石有勾结，受蒋介石的经济帮助，还听说与日本领事馆有勾结”。“他们以后的出路不外：1. 公开的反革命，投向蒋介石屠杀工农；2. 走到小资产阶级反动政党（如第三党）里去，反对C.P.；3. 留在党内捣乱破坏。”因此，必须“消灭其组织”[2]。他要求米夫追查这个问题。于是，在中山大学掀起了一场检举揭发“江浙同乡会”的运动。4月中旬，共产国际东方部米夫召集中共代表向忠发、苏联军委代表和格柏乌代表开会，通过了由王明起草的中国代表团《关于处理“江浙同乡会”问题决议》。决议宣称：“承认在苏联有一反党的小组织存在，其名称为联合会（互助会）。其分子为军校与大学学生中的青年团同志和党员。该组织虽带有表面上工会的名义，但是毫无疑义的含有政治上的性质。”

1928年7月14日，向忠发召集中共代表团开会，宣布“江浙同乡会”事件发生经过及最初的处理过程。王明也在会上发言，从以下5个方面对“江浙同乡会”进行了系统揭发和批判：(1)“江浙同乡会”的来源；(2)“江浙同乡会”的实质；(3)“江浙同乡会”的行动；(4)“江浙同乡会”的前途；(5)我们对“江浙同乡会”应采纳的办法。王明认为，“江浙同乡会”起源于中大前此的派别斗争，即所谓“教务派”与“党委员会派”之争，它的基础就是“教务派”。“如果说江浙同乡会组织成功的直接原因是军营中为互助开玩笑，但其历史根源则是与周达文、俞秀松、董亦湘等派人学军事时之准备工作有很大的关系”。处理的办法是：“首要者除用党纪制裁外，还须采用其他办法，次要者用党的组织办法解决，一般会员用党的教育方法解决”。会后提出的《对于江浙同乡会的意见》，除了在处理办法上与以上意见有区别外，显然在很大程度上接受了以上看法。

反“江浙同乡会”的斗争掀起以后，中山大学里一片恐怖气氛。孙冶方回忆说：“在捏造的‘江浙同乡会’案件发生以后，中国留学生中气氛十分紧张，甚至可以说是处在一种恐怖的气氛中，即使同住一个房间，互相也很

① 张培森主编：《张闻天年谱》，中共党史出版社2000年版，第90页。

② 参阅向忠发：《中国工农代表团来苏经过报告》（1928年8月14日）。

少谈心。例如，当时我和乌兰夫同志等四个人住在一个房间里，除了日常生活上事务性的谈话外，就很少谈政治或学习的问题。那时俞、董、周三人在列宁学院学习，原‘中大’的同学几乎没有人去看他们。”① 袁溥之也回忆说：“我现在还记得当时公开反对米夫、王明等人的是董亦湘、俞秀松、周达文、钱介磐、吴近、方洛舟、姜常师、陈德森等人。上述各人几乎没有一个人逃脱厄运，有的被送进苏联集中营；有的被开除党籍，遣送回国；有的在王明等人回国后遭到残酷迫害。可以说，当年在莫斯科反对过米夫、王明的人后来被他们在党内消灭殆尽。”②

由于受“江浙同乡会”事件牵连的人一再向中共驻共产国际代表团反映情况，要求代表团正确处理此事，中共驻共产国际代表团不能不前往调查。可是，王明等人极力进行阻挠和反对，并由此反对瞿秋白等代表团领导人。杨尚昆回忆说：向忠发到中山大学作报告以后，“中大的江浙籍学员人人自危，他们向共产国际和中共中央代表团提出申诉，要求重新调查。代表团指定瞿秋白等处理这件事。这样，王明控制的支部局同瞿秋白为首的中共代表团展开了一场调查和抵制调查的斗争，这就是后来延安整风时博古所说的王明宗派‘反对中国党的第一战’。”他还说：当时，“瞿秋白派中共代表团成员邓中夏、余飞来中大查对事实，支部局拒绝合作。代表团经共产国际同意到‘格别乌’机关查阅‘江浙同乡会’的调查材料，他们又以种种借口予以拒绝。出于无奈，代表团只好通过在中大学习的亲属，像瞿秋白的爱人杨之华、弟弟瞿景白，陆定一的爱人唐义贞和张国焘的爱人杨子烈等找人个别交谈。支部局又说他们是拉帮结伙，想夺学校的领导权；他们和谁来往，讲了什么，都有单子记着，甚至用窃听等极不正派的手段。最后，瞿秋白向中共中央写了报告，依据事实指出：被指控为同乡会负责人的周达文是贵州人，‘重要成员’的左权、朱务善是湖南人；而张闻天、沈泽民和博古等虽然是江浙人，却和‘同乡会’的人观点不同，可见不存在‘江浙同乡会’的组织；至于这些学员在一些问题上，确实对支部局有意见，但并不是派别活动。代

① 《对中山大学一段历史的回顾》，《江苏革命史料选编》第8辑。转引自孙耀文：《风雨五载——莫斯科中山大学始末》，中央编译出版社1996年版，第252页。

② 袁溥之：《往事历历》，中共广东省委党史资料征集委员会办公室、中共广东省委党史研究委员会办公室编：《广东党史资料》第3辑，广东人民出版社1984年版，第153页。

表团要求王明等提供新的证据，王明等置之不理。国际监察委员会、联共中央和中共代表团为此组成审查委员会。这时党的六大已经闭幕，留在莫斯科处理未了事情的周恩来同志参加审查委员会，召集中大支部局负责人和被指控的董亦湘、孙冶方等进行对质，结论是：指控不实，不存在‘江浙同乡会’。周恩来在中大全体师生大会上宣布了这个正确结论。米夫和王明反中共代表团的‘第一战’输了。为了报这‘一箭之仇’，1929 年暑假前，在 10 天的总结工作大会上，又发生了一场斗争。”①

对于这种情况，陈修良也回忆说：“王明一伙自称为‘理论家’，他们把中共代表团看作机会主义者；他们看到不少同学经常去代表团谈话，因而又对代表团的负责人言论非常注意，不惜到处搜集代表团成员们的文字与口头言论，断章取义，进行攻击；而且对中国同学的言论也一起搜集，他们认为有‘右倾’的无不想同中共代表团挂起钩来，目的就是为了打倒中共代表团的领导人，其中特别是瞿秋白和邓中夏同志。”“王明一伙最恨的是瞿秋白同志，因为他在共产国际和中共内部威信较高，不用说是他们夺权的主要对象，必欲打倒之而后快。”“‘中大’内部经常有人散布流言蜚语攻击代表团同志，甚至在墙报上公开画漫画丑化他们的形象，进行人身攻击。”② 她还说：“我在莫斯科期间，王明这个野心家一心想夺权，把秋白看成阻碍他掌权的最大的敌人，千方百计地攻击、造谣、漫骂，无所不用其极……连我们这些经常去看秋白的人也被骂成是‘代表团的走狗’。他们这样骂，妄图迫使‘中大’的学生不敢去接近秋白。我根本不理他们这一套，照常去看秋白和杨之华。当时，‘中大’的墙报被王明派夺过去了，由他们的人任编辑，几乎每一期墙报都不负责任地攻击丑化秋白。秋白那时常抽板烟，他们就画了个抽板烟的猴子，而我们的驳斥、辩论文章，他就是不登。”③

但是，由于“江浙同乡会”完全是子虚乌有，经过调查，联共中央和中共驻共产国际代表团都否定了这一组织的存在。1928 年 8 月 10 日，联共(布)

① 《杨尚昆回忆录》，中央文献出版社 2001 年版，第 34—35 页。

② 《莫斯科中山大学里的斗争》，见《陈修良文集》，上海社会科学院出版社 1999 年版，第 248—249 页。

③ 《回忆秋白和杨之华》，《党史资料丛刊》1981 年第 2 辑，上海人民出版社 1981 年版，第 61 页。

中央监察委员会党务委员会作出《关于“江浙同乡会储金互助会”问题决议》，认为没有材料证明所谓“江浙同乡会”组织的存在，对“江浙同乡会”成员的指控和怀疑“都是没有根据的”，从根本上否定了这个冤案。[①]8 月 15 日，瞿秋白以中共代表团的名义，给苏共中央政治局写信，同时写信给中共中央，说明在江浙籍同学中，对某些问题意见不一致，并不是罪过，不能说他们是有组织的派别活动。[②] 在此前后，周恩来经过调查后也认为“江浙同乡会”并不存在。张国焘回忆说：“我们曾将这件事交由周恩来处理。周恩来调查的结果，觉得所谓江浙同乡会事实上并不存在。因此，这个小组织的案子，就不了了之。”[③]9 月 6 日，联共（布）中央政治局会议同意中央监察委员会党务委员会作出的《关于“江浙同乡会储金互助会”问题决议》，并通过了《告苏联境内中国劳动者大学和其他学校全体中国学生、联共（布）党员和候补党员、苏联列宁共青团团员、中共党员和候补党员、中国共青团团员书》，正式宣布所谓“江浙同乡会”的组织不存在，号召大家团结起来，“无论如何要克服因参加所谓‘江浙同乡会储金互助会’的人产生怀疑而形成的相互不信任感”[④]。

不仅联共中央和中共驻共产国际代表团正式否认了“江浙同乡会”的存在，就连王明小宗派的一些人也根本不相信“江浙同乡会”小组织的存在。例如王明小宗派的盛岳在《莫斯科中山大学和中国革命》一书中说，所谓“江浙同乡会”只不过是王明等人打击别人的工具，是夸大其词，连他自己也不相信。[⑤] 王凡西在《双山回忆录》中也说，所谓“江浙同乡会”，“根本没有，也不能有这种组织的。而事实上，被指为‘江浙同乡会’的不全是江浙人，而围绕在陈绍禹周围的反对者中，却有不少江浙人，例如陈的大将秦邦宪（博古）是无锡人，他们手下的一些群众也有不少是江苏籍的工人，至于

① 马贵凡译：《有关“江浙同乡会”时间的重要历史文件》，《中共党史研究》2000 年第 2 期。

② 王光远：《周恩来为“江浙同乡会”假案平反》，《世纪》1997 年第 2 期。

③ 张国焘：《我的回忆》第 2 册，东方出版社 1998 年版，第 393 页。

④ 马贵凡译：《有关“江浙同乡会”时间的重要历史文件》，《中共党史研究》2000 年第 2 期。

⑤ 王凡西：《双山回忆录》，东方出版社 2004 年版，第 215—216 页。

像张闻天，沈泽民，沈志远，吴黎平，竺廷璋等翻译，被攻击为江浙系（因为他们都是江浙人），却与董、顾等所谓‘同乡会’头子根本搞不到一起。”“我当初不大明白，人们为什么要打这个并不存在的鬼；后来才逐渐弄清楚了：原来这是陈绍禹们的阴谋，目的在于打击瞿秋白。他们企图把瞿秋白描写为‘同乡会’的最高领导者。”①

“江浙同乡会”事件虽然不了了之，但由此造成的影响很难消除，被认为与“江浙同乡会”有关的学生仍然受到压制和打击。杨奎松在《“江浙同乡会”事件始末》（续）中说：“江浙同乡会”事件后来虽然不了了之，但既然没有人宣布“江浙同乡会”事实上并不存在，一切嫌疑分子应当解除嫌疑恢复名誉，依旧有人可以利用这根大棒子打人。而陈绍禹一派人的纠合和得势，也正是得益于此。只不过，人们后来不再简单地说俞秀松、周达文等人是什么“江浙同乡会”了，由于此后中共党内也出现了所谓“反对派”（即“托陈取消派”），因此所谓“江浙同乡会”也就成了陈绍禹等指责“反对派”或“托派”的代名词，说什么“江浙同乡会”实质就是托陈分子的秘密组织，或者称“江浙同乡会”是掩藏着反革命托派的，说俞秀松、周达文、董亦湘等人是“中国的托洛茨基匪徒”。结果，三十年代末周达文、董亦湘、俞秀松等，仍旧受此牵连而冤死。中大几乎所有曾经拥护教务处派、第三派，或同情俞秀松一派的仍在苏联的中国学生，而后也仍旧因此而受到各种形式的迫害。②

很多人都认为，“江浙同乡会”事件是王明挑起的，其目的就是为了打击教务派。例如杨放之、陈修良、吴亮平、袁溥之、江泽民等都持这种看法。③但据杨奎松《“江浙同乡会”事件始末》一文说，开始揭发“江浙同乡会”的并不是王明，他只是在揭发过程中推波助澜。他异常活跃，到处

① 王凡西：《双山回忆录》，东方出版社2004年版，第69—70页。

② 《近代史研究》1994年第4期。

③ 《杨放之谈莫斯科中山大学的一些情况》，中国社会科学院青少年研究所青运史研究室1983编印：《青运史资料与研究》第3辑，第221页。《陈修良文集》，上海社会科学院出版社1999年版，第244页。《吴亮平谈俞秀松和王明、康生斗争的情况》，1980年9月18日，中国社会科学院青少年研究所青运史研究室1983年编印：《青运史资料与研究》第3集，第216—217页。《江泽民谈俞秀松》，中国社会科学院青少年研究所青运史研究室1983年编印：《青运史资料与研究》第3辑，第245页。

找人谈话，动员揭发。他甚至公开在墙报上撰稿，第一个上纲上线，指责“江浙同乡会”是一个由党内一切反对和不满意中国革命、准备脱离党另找出路的人组织起来的一个反革命集团，他们与第三党保持着秘密联系。这一说法立即引起相当一部分学生的不满，五人调查委员会委员之一董亦湘当众批评他不负责任，强调“江浙同乡会”有无尚未调查清楚，即使存在充其量不过是一个党内教育问题。双方因此争论不休。① 邱路在《蒋经国险遭枪毙》一文中也说，向向忠发报告“江浙同乡会”问题的，并不是王明，而是在苏联国家政治保卫局（又译为“格柏乌”）中负责收集中国人中间的情报的郑家康，但王明在 2 月 26 日米夫召开中大党员活动分子会议，公开动员党员干部协助清查这一组织以后，王明“第一个在墙报上就此上纲上线，声称‘江浙同乡会’是一个由党内一切反对中国革命的人组织起来的反革命集团”②。

第四次是开展反“先锋主义”、“工人反对派”和“第二条路线”的斗争。

1928 年 9 月 17 日，联共（布）中央组织局根据米夫的提议，决定将东方劳动者共产主义大学中国部同中山大学合并，合并后的学校改名为“中国劳动者共产主义大学”，简称“劳大”，习惯上仍称中大，米夫任校长，王明在该校任翻译及联共党史教员。

有的著作说，对于东大的中国班和军事速成班并入中大，王明也起了作用。孙耀文在《风雨五载——莫斯科中山大学始末》中说：当时东大校长舒米雅茨基力图把中山大学的在校学生全部接收到东大去。中大米夫校长则坚决请求联共（布）中央把在东大的中国学生政治班和军事班合并到中山大学来，扩充自己的势力。陈绍禹等人乘机在两校中国学生中进行鼓动，为把东大的中国学生合并到中大制造舆论。不仅如此，米夫和陈绍禹一伙还假手到莫斯科出席共产国际第九次扩大执委会议的中国共产党代表团（向忠发等）来实现自己的图谋，提出以下的解决办法：（一）所谓“旅莫支部残余”全部遣送回国；（二）东大的政治班中国学生全部归并到中山大学；（三）军事班结束，其中多数回国，一部分进中山大学，另一小部分转入苏联的正规军事院校深造。联共（布）中央曾派了一个调查委员会专门处理这个问题。结

---

① 《近代史研究》1994 年第 3 期。

② 《百年潮》1997 年第 2 期。

果，联共（布）中央决定撤销“东大”的中国班，米夫、陈绍禹等提出的合并方案变成了现实。①

从这年秋末开始，莫斯科中国劳动者共产主义大学又开展了反“先锋主义”、“工人反对派”和“第二条路线”的斗争。

所谓“先锋主义”，本是中国国内共青团中存在过的一种脱离共产党的领导、甚至与党组织闹对立的错误倾向。但是，在莫斯科中山大学的共青团员中并没有谁提出过这种“先锋主义”，无非是有些团员对校内浓厚的宗派主义，对控制党支部局的王明宗派的恶劣作风有所不满而已，在校内团员中影响还不大。王明宗派为了压制不同意见，打击敢于反对他们宗派活动的人，就给他们扣上“先锋主义”帽子。②

有的著作说反“先锋主义”是从1928年年初开始的，当时中山大学少共支部局中的一些人对支部局的工作不满，其代表人物是少共支部局宣传部长西门宗华及高承烈、林其涛等人。支部局以无视党的领导为名，给他们扣上了“先锋主义”的帽子，并重新改组少共支部。③但据制造“先锋主义”这顶帽子的盛岳说，这场斗争主要是在“秋末”进行的。④被称为“先锋主义派”主要代表人物的西门宗华，在叙述被打成“先锋主义”的经过时说：“先锋主义，发源于当年共青团中有过与党对立、不听党指挥的一种错误行为。我当时被王明指控为‘先锋主义’的代表人物。事情的经过是这样的：我于1927年担任中山大学团的宣传部长。团的工作是根据党的中心工作而自己安排活动日程的。有一次，我召开团的宣传会议，决定请外面的苏联人来校演讲，演讲之后搞娱乐活动。当时报告人已请好，娱乐活动也准备好了。这时王明突然来通知，说有党的活动，叫我们改变计划。按理，团的活动应该服从党的决定的，但是由于我当时年轻气盛，心想我们一切工作都作好了为什么要改变呢？我们团的总书记是苏联人，名叫华根，这个人很老实率直。

① 孙耀文：《风雨五载——莫斯科中山大学始末》，中央编译出版社1996年版，第183页。

② 孙耀文：《翻译五载——莫斯科中山大学始末》，中央编译出版社1996年版，第274页。

③ 吴葆扑、李志英著：《秦邦宪（博古）传》，中共党史出版社2007年版，第59页。

④ 盛岳：《莫斯科中山大学和中国革命》，东方出版社2004年版，第218—219页。

我就对他说，你去开党的会议的时候，讲王明破坏我们团的活动。我是一句气语，哪知道华根真的在会议上率直地讲了，这一下恼了王明，说我不遵守党的决定，是先锋主义……这样我就被王明以‘先锋主义’这个罪名之一开除团籍。”①

所谓“工人反对派”，原本是俄共（布）在20世纪二十年代初关于工会问题的争论中出现的一个派别，曾受到列宁的严肃批评。王明宗派所谓的“工人反对派”，同联共党内存在过的这个派别根本不相干，不过是借用这个名称制造一顶新的“反党”帽子，专门用来对付反对宗派的广大工人学员，特别是与王明等人观点不同的李剑如、余笃三等人，因为这是中大反支部局派出名的为首者。他们所以出名，是因为他们经常到大会上发言，公开批判支部局的错误行为，而且他们因为是工人出身，成分好，米夫一派不敢过分打击他们，所以胆子特别大，拥护他们的人很多。②开始，王明宗派曾试图对这批工人出身的学员采取笼络手段，把他们中的一些人拉过去，但收效甚微。于是，他们就对提出批评的工人学员打击、报复，给这些工人学员扣上“工人反对派”的帽子，硬说李剑如、余笃三等人领头组织了“反党派别”，指责他们搞“反党的派别活动”。③

有的人在回忆中说，王明等人在反对所谓“工人反对派”的过程中，曾挑起好几次武斗。例如李一凡回忆说：由于米夫、王明等人的倒行逆施，“在以李剑如、余笃三、郭秉元等优秀工人同志为首的广大党、团员群众和米夫、王明当权派之间产生矛盾自然就不可避免了。矛盾日积月累，斗争越来越激烈、尖锐。1928年8月在莫斯科近郊奥列霍沃休养所和1929年8月在黑海之滨阿鲁什塔休养所，王明一伙就曾挑起了好几次武斗”④。王凡西也回忆说：王明为了打击反对他的“反对派”，曾采取各种手段，甚至“成立打

---

① 《西门宗华回忆莫斯科中山大学的情况》（未刊稿），1979年1月。转引自曹仲彬、戴茂林：《王明传》，吉林文史出版社1991年版，第86—87页。

② 《莫斯科中山大学里的斗争》，沙尚之编：《记孙冶方》，上海文艺出版社2001年版，第257页。

③ 孙耀文：《风雨五载——莫斯科中山大学始末》，中央编译出版社1996年版，第276页。

④ 李一凡：《回忆中国共产主义劳动大学》，《革命史资料》编辑部编：《革命史资料》第19辑，中国文史出版社1992年版，第93—94页。

手团（这自然并非专门对付反对派）。在‘提拔工人’的名义之下，陈绍禹们捧出了几个孔武有力、蛮不讲理的工人同志来……这些人时常打架，完全是陈绍禹的‘马仔’作风。陈氏所到之处，这些人大抵形影不离，前呼后拥，趾高气扬，叫人非常看不顺眼”①。

为了打垮“先锋主义”、“工人反对派”，王明等人甚至无中生有地说他们组成了“第二条路线”，从而开展了反对“第二条路线”的斗争。谢怀丹即回忆说：“陈绍禹一伙耸人听闻地散布说：中大存在着一条与支部局、共产国际路线相对立的‘第二条路线’”，这就是“‘江浙同乡会’、‘工人反对派’和‘先锋主义’的联盟”。“凡是反对陈绍禹宗派主义的都被扣上‘第二条路线’的大帽子，遭受种种打击迫害”。②

在反“先锋主义”、“工人反对派”和“第二条路线”的斗争中，王明宗派进一步开展了反对中共代表团特别是瞿秋白的斗争。周恩来在1960年7月作的《共产国际和中国共产党》的报告中说：“六大后，中山大学里以王明为首的宗派，集中力量反对驻共产国际的中共代表团。”③盛岳在《莫斯科中山大学和中国革命》中回忆说：“一九二八年中大反第二条路线的斗争一开始……二十八个布尔什维克着手收集他们④幕后活动的材料。我们同时仔细审查他们自中共六大以来的各种讲话，从中找出同中共中央和国际立场相抵触的地方。我记得有个周刊，是共产国际的刊物，内部发行，那上面载有他们的大部分言论，我们逐字逐句地仔细地把它翻阅了一遍，这可以说是我们为对瞿秋白和代表团其他成员发动全面政治攻势，作好了思想上的准备。”⑤孙耀文在《风雨五载——莫斯科中山大学始末》中说：“陈绍禹宗派攻击中共代表团时一个重要之点，就是指责代表团支持‘中大’内的反党派别活动，是‘第二条路线联盟’的幕后指挥，诬陷代表团本身陷入了派别斗争。这完全是颠倒黑白、倒打一耙的卑劣手法。实际上，中共代表团对陈绍禹宗派的

① 王凡西：《双山回忆录》，东方出版社2004年版，第88页。

② 《岁月展痕——一个莫斯科中山大学女生的回忆》，福建人民出版社1991年版，第51、52页。

③ 《周恩来选集》下卷，人民出版社1984年版，第308页。

④ 指瞿秋白等人。

⑤ 盛岳：《莫斯科中山大学和中国革命》，东方出版社2004年版，第228—230页。

斗争是坚持原则的，无非就是要求他们放弃派别活动。”“但是，陈绍禹宗派不听劝阻，依然故我，继续攻击中共代表团。由博古、盛忠亮等人编辑的墙报不断煽动反中共代表团的情绪。墙报上的文章，按不断提高的‘反右倾’的调子，攻击中共代表团的政治路线，指责所谓‘第二条路线联盟’、‘反支部局派’得到代表团支持而推行‘右倾路线’”。“不仅如此，陈绍禹一伙人还采用散布流言蜚语、小道消息以至造谣、诬蔑等手段攻击中共代表团。当时在‘中大’学习的许多学生至今仍记得陈绍禹等人的不光彩表演。”①

米夫和王明等人的做法，引起很多学生的反感和不满。1927 年毕业留校担任教学和翻译工作的黄励即坚决反对王明等人的宗派活动，认为中共中央代表团的负责同志，是经历过斗争考验的中国共产党的优秀代表，他们最了解国内革命的情况。王明等人是没有革命斗争经验的青年学生，竟以绝对正确自居，妄自尊大，夸夸其谈以迷惑人；依靠米夫的权势，对中共代表团负责同志指手画脚，横加指责，因而他毫不动摇地维护中共中央代表团的主张。②乌兰夫在回忆当年情况时也说：“对于中山大学校长米夫和陈绍禹（王明）等在学校里搞的一套左的东西和他们那种轻浮、狂妄、专横的恶劣作风，确实令人反感，我也在党的生活会上给他们提出过批评意见，希望他们能改正。”③

中山大学的这些派别斗争，使许多人受到不应有的打击和错误的处理，造成了恶劣的影响。而正是在这些派别斗争中，形成了一个以王明为首的教条宗派，并完全掌握了支部局的领导权。据江泽民④回忆说：“1928 年 5 月，中山大学的党群机构按照米夫、王明的旨意进行了大改造。联共区委派来了第三任支部局书记托金。后来的情况说明，这样做只是为了消除广大党员对第二任书记别尔曼的不满。别尔曼退居幕后，仍然操纵托金。支部局的宣传

① 孙耀文：《风雨五载——莫斯科中山大学始末》，中央编译出版社 1996 年版，第 282、283 页。

② 黄静汶、杨放之：《光照千秋——记黄励烈士》，南京雨花台烈士陵园管理处史料室编《雨花台革命烈士故事》，江苏人民出版社 1983 年版，第 117—118 页。

③ 转引自孙耀文：《风雨五载——莫斯科中山大学始末》，中央编译出版社 1996 年版，第 285 页。

④ 原名江克明。

委员是李竹声，组织委员王云程，妇女委员刘群仙（秦邦宪爱人），青年委员兼共青团书记陈昌浩，学生公社主席殷鉴，同志审判会主席何子述，工会主席王保礼。”“王明一伙在米夫的支持下，掌握支部局的领导权之后，采取顺我者昌、逆我者亡的办法，一方面拉拢利诱少数人，如安插他们到校内各附属机构担任职务，把他们派送到一些院校进行深造；另一方面对不跟他们跑或不同意其意见的人，则挖空心思排挤打击，诬陷迫害，实行残酷斗争，无情打击”。①

孙耀文在《风雨五载——莫斯科中山大学始末》中也说：“年轻高傲、目空一切的学生陈绍禹（即王明），在新任校长、同时任共产国际东方部副部长的米夫的支持纵容下，逐渐形成了一个宗派小集团，在校内有恃无恐，肆意横行，打击所有反对这个宗派的学生群众，甚至对抗中共中央驻共产国际代表团，居然把中山大学变成他们夺取中国共产党领导权的演练场。”“可以说，陈绍禹宗派到1928年年中已经形成，基本班底也已大体确定。这时，莫斯科中山大学（确切地说，是中国劳动者共产主义大学）的党和行政领导大权已基本上落入受米夫操纵的陈绍禹宗派手中。”他们不仅掌握了学校支部局，而且一步步地担任了学校的重要行政职务。②

那么，王明为什么热衷于派别斗争呢？我们认为主要有四个原因：

第一个原因是受共产国际和苏联激烈的党内斗争以及错误的宗派主义做法的影响。当时，在共产国际和苏联党内，斗争十分激烈。为了斗争的需要，他们在组织上就采取了宗派主义的错误做法。王明是中山大学的学生干部，要积极贯彻共产国际和联共中央的指示，就不能不深受其影响。所谓王明的教条宗派，实际上多数都是积极拥护和贯彻共产国际、联共中央指示的学生干部和积极分子。杨尚昆就曾回忆说：共产国际和联共中央在中山大学的办学方针上的一个重要错误，是“思想政治工作中的形而上学和组织上的培植宗派。在反对托洛茨基派的斗争中，把所有渴望总结大革命的教训、对斯大林诿过陈独秀不满的中国党员一律给予打击，甚至制造‘江浙同乡会’

① 《回忆在莫斯科中山大学时期》，《革命史资料》编辑部编：《革命史资料》第17辑，中国文史出版社1987年版，第192页。

② 孙耀文：《风雨五载——莫斯科中山大学始末》，中央编译出版社1996年版，第233—245页。

之类的假案，独断专行，排除异己，搞残酷斗争，无情打击。最后，竟迁怒中共代表团。教条主义宗派就是在这样的背景下，由米夫和王明培植起来的。当然，抵制教条宗派的学员，由于政治水平和素质不同，确有感情用事甚至某些不理智的举动，但矛盾的主导方面，无疑是掌握学校领导权、培植宗派的米夫和王明。”①

第二个原因是中国第一次大革命的失败，造成了党员认识上的分裂，有的认为大革命的失败是由于陈独秀的错误领导造成的，有的则认为是共产国际和斯大林的错误指导造成的。而中山大学的学生来自全国各地，成分十分复杂，地域的差别、经历和职业的不同、文化程度的高低等等，都容易在学生中产生宗派情绪。中山大学的几次大的宗派斗争的发生，都与这些复杂的情况密切相关。

第三个原因是理论上的分歧。谢怀丹回忆说：陈绍禹一伙控制了支部局后，“围绕着有关中国革命的性质前途等重大问题”，“抛出了一整套左得出奇的‘理论’”。“第一，中国有没有‘中间势力’，即‘第三种力量’？拿当时的话来说，当时中国革命是‘两个营垒’，还是‘三个营垒’？陈绍禹认为汪精卫叛变革命以后，中国的上层小资产阶级和资产阶级知识分子也脱离了革命，中国革命只有两个营垒，一方面是工人、农民、城市贫民，另一方面是反动地主、资产阶级。没有中间势力，没有第三种力量，中国的民族资产阶级和小资产阶级都是革命对象。他认为邓演达的第三党是改良主义，比国民党还反动，不能团结，只能斗争。富农也是斗争对象，只能消灭，不能联合。因此，中国不需要统一战线。”另外，陈绍禹等还认为“山沟沟里不能出马列主义”，“中国革命必须采取大城市武装暴动的形式”，“中国革命像苏联革命一样，民主革命与无产阶级革命，‘毕其功于一役’，等等”②。王明等人的这套理论，实际上并不是他们独创的，而是由共产国际和斯大林提出来的，但并不符合中国实际。王明等人为了维护这套理论的正统性、正确性，便不能不极力打压怀疑甚至反对这套理论的学生。

---

① 《杨尚昆回忆录》，中央文献出版社2001年版，第43、45页。

② 《岁月履痕——一个莫斯科中山大学女生的回忆》，福建人民出版社1991年版，第49—50页。

第四个原因是王明个人的主观原因。当时王明热衷于派别斗争，除了上述客观原因之外，也有主观的因素，那就是个人的政治野心。杨尚昆在回忆中就说："米夫和王明在学校中培植这个宗派是有政治野心的。米夫是想在中国党内安插亲信，王明则想借机在党内夺取最高权力。"当然，这并不是说"凡是在中大支持支部局、受教条宗派影响的人都有政治野心"，当时他们参加王明的教条宗派的动机是很复杂的，正如杨尚昆所指出的，"有的是出于对共产国际和联共中央的信任，有的是限于组织纪律的约束，有的是政治上受蒙蔽，不可一概而论"。但是，说王明"怀有政治野心"①，则是符合历史事实的。谢怀丹在回忆中也说：陈绍禹宗派小集团热心于派别斗争，甚至"采取诬陷这种卑劣手段打击中共的老干部"，其目的就是"借以抬高自己，并以此取悦于联共中央，以求得提拔为高级干部"。②

第三节　中共六大前后

从 1928 年 1 月起，根据米夫的安排，王明作为翻译，开始参加中共六大的准备工作。③

4 月 18 日，王明与张闻天等合译《武装暴动》（俄文）一书。关于这本小册子，张闻天在后来整风笔记中曾说：是王明"将国际关于各国武装暴动经验的几篇文章用米夫名义要我们帮他翻译"的。④张培森主编的《张闻天年谱》说该书作者为戈列夫与达谢夫斯基。全书共分六部分：(一）第二国际与暴动；(二）暴动的条件、时间的选择；(三）组织暴动之正确的例子；(四）暴动之组织技术前提；(五）在工业城市内武装暴动之组织与技术；(六）在农业国中暴动之特点。这本中文小册子于同年在中山大学作为教材

① 《杨尚昆回忆录》，中央文献出版社 2001 年版，第 43、45 页。

② 《岁月屐痕——一个莫斯科中山大学女生的回忆》，福建人民出版社 1991 年版，第 52 页。

③ 孟庆树：《陈绍禹——王明传记与回忆》（手写复印稿）。

④ 张培森主编：《张闻天年谱》上卷，中共党史出版社 2000 年版，第 90 页。

印行，并作为中共六大会议材料之一发给与会代表。① 但孟庆树说这本小册子是苏联军事委员会第四局编的，除了总结上海三次起义和广州起义的经验外，还有关于俄国 1905 年 12 月和 1917 年 10 月革命的武装起义的经验以及德国和保加利亚的武装起义经验等论文。②

5 月 16 日，王明为《武装暴动》一书写了《序言》。他在序言中首先说明："序言的内容是想向读者说明下列两点的：（一）小册子中未曾充分说明的与暴动问题有关联的问题；（二）与中国革命现在阶段的暴力问题有联系的问题。"在第一点中，王明首先讲了巴黎公社失败的教训，然后讲述了总罢工和武装暴动的关系。第二点是序言的重点，共讲了五个问题：1. 关于武装暴动本身的问题；2. 关于游击战争问题；3. 论土匪；4. 在军队中的工作；5. 关于党员军事化、武装工农建设红军的问题。他不是从中国的实际出发提出和论证问题，而是以共产国际文件为立论基础，因此，他在中国革命低潮时，得出"目前的主要任务是组织和实现群众的武装暴动"的结论。他写道："党应准备应付新的广大的革命浪涛的高涨；党对这新高涨的革命浪涛必须的任务，便是组织，实现群众的武装暴动"，这是 1928 年共产国际执委会第九次扩大会议对于中国问题的决议案上特别指明的。由此可见，中国共产党目前的主要任务是组织和实现群众的武装暴动。为了实现这一主要任务，王明提出必须纠正下列三种"错误倾向"：1."原则上反对暴动的倾向"。2."儿戏暴动的倾向"。3."过于重视军事行动和不相信群众力量的倾向"。序言中还反复强调城市中心论，说农村的"游击斗争必须与工业中心的暴动相联合"，"我们应当把这种斗争与阶级斗争的最高形式——工人阶级的武装暴动联［连］贯起来，应当把它与为社会主义而战的光荣斗争衔接起来"。

据孟庆树说：是米夫和别尔珍叫王明为他翻译的《武装暴动》小册子写篇序言，介绍和解释小册子的内容。这是王明第一次用俄文写军事问题的论文。序言稿写好后，道格马罗夫同志看后，只改了几个字的字尾，并和米夫说："哥鲁别夫（绍禹）写得这样好，我简直分不出那里是列宁说的和那里是他说的。"米夫看后，也说他没有意见，又交别尔珍看，看后也说写得好，

① 张培森主编：《张闻天年谱》上卷，中共党史出版社 2000 年版，第 90—91 页。

② 孟庆树：《陈绍禹——王明传记与回忆》（手写复印稿）。

他没有什么意见。这是第一次用“韶玉”笔名写的。小册子先用玻璃版印刷了二百多份，给六大代表作参考，六大以后，上海中央又铅印了。[①]这本小册子，不仅对中共六大，而且对六大后的实际斗争，都产生了消极影响。

五六月间，王明曾参加苏联欢迎高尔基回国大会，并同斯大林谈话。孟庆树回忆说：1928年高尔基回国后，在苏联国家大戏院开了欢迎会。支书别尔曼要绍禹代表大中学生参加欢迎会并讲话。布哈林先作报告，然后各界致欢迎词。绍禹讲话后，被请上主席台，恰好坐在波克罗夫斯基[②]和斯大林之间，斯大林隔壁坐着高尔基。当绍禹致欢迎词后和高尔基握手时，高尔基说：“非常感动，非常感动！”波克罗夫斯基向斯大林说：“请允许给我五个像哥鲁别夫（绍禹）这样的青年研究历史。”斯大林说：“可以。”……散会时，主席团人都从边门出去。斯大林说：“我和你一块走吧。”从大戏院一直走到克里姆林宫。路上斯大林夸绍禹俄文学得不错，并问道：“你看陈独秀这人怎样？”绍禹：“仅就普通为人说，他也许不算个坏人，生活很朴素，说话也爽直。但从一个共产党领导人看，那他不行。”斯大林：“为什么？”绍禹：“他对马列主义懂得的太少了，政治上不行，对中国革命的基本问题的了解都是错的，作风又是家长制，不听别人意见……等。”斯大林：“对的。别人和我说的也和你说的差不多。”斯大林还问道：“你是否愿意到波克罗夫斯基那去学历史？”绍禹：“要学几年？”斯大林：“五年。”绍禹：“我想学一二年，就回去参加实际工作。”绍禹回校后，把遇到斯大林的情况告诉了米夫。米夫说：“秋白已来。他要你去见他，以便和你商量六大工作。”过了几天，绍禹到别特尼茨卡亚大街25号去，那里已到有瞿秋白、周恩来、李立三和邓颖超、杨之华等同志。[③]

6月18日前几天，王明在斯大林与中国共产党负责人谈话时，担任翻译。孟庆树回忆说：“六大开会前几天”，“斯大林和代表团一起吃了晚饭。8时开始谈话。先把当时中国革命的性质、阶段和形势问题，从理论上、实践上反复地说明，说了三个钟头。”“在斯大林同志谈话时，参加谈话的中国同

① 孟庆树：《陈绍禹——王明传记与回忆》（手写复印稿）。

② 苏联历史学家。

③ 孟庆树：《陈绍禹——王明传记与回忆》（手写复印稿）。

志又给他提了很多问题，他都详细地回答了。”“大家基本上同意了斯大林同志的意见。就连有些幼稚得可笑的问题，斯大林也不厌其烦地给以［予］解释。”“谈完时，已是次晨8时。斯大林问还有什么疑问，还可以再提出来，大家都说没有了。斯大林说：‘饿了吃饭吧。’并说：‘哥鲁别夫（绍禹）！应该给你这个翻译一个列宁勋章。’秋白懂俄文，听见了笑说：‘是的，很对，斯大林同志。’”①

王明后来谈到这次的情形时说：参加讲话的六大的有些代表，对于马克思列宁主义和革命的基本问题都懂得很少，因为有时向斯大林同志提出一些很可笑的问题，但是斯大林同志总是很严肃地谆谆然地作解答。例如，有人发问：“中国新的革命高涨到哪一天来呢?”“革命高涨是直线的呢? 还是曲线呢?”等等一类的幼稚问题。斯大林详细地解释，革命高潮来到的日期不能预定，但是，中国革命现阶段的基本任务——反帝国主义，反封建余孽，八小时工作制等，并未解决。因此，新的革命高涨必不可免地要到来；而到来的快慢早迟，不仅要看国内外各种客观的条件如何，而且首先要看党对于教育群众组织群众所作的准备工作如何，才能决定……又如有人发问：“中国革命须要好些个马列主义理论家才能胜利呢?”斯大林同志答道：大约五十个，因为你们中国很大，没有五十个真正精通马列主义理论并能独立地运用马列主义去解决问题和领导工作的同志，是不行的。不过，这五十个要是真懂马列主义的，而不是只能在马列主义下喊革命口号的人等等。诸如此类并且比这更幼稚的问题还很多，斯大林同志始终是有问必答，表现出难以比拟的那种真正诲人不倦的风度。②

这次谈话，使王明更加目空一切。陈铁健在《从书生到领袖——瞿秋白》中说：“瞿秋白、李立三等向斯大林请教的一些问题，在王明看来，都很可笑，因而更加目空一切，以马克思主义理论家自许。米夫则散布对中国党负责人轻视和不信任的话，推崇王明等人，暗示可以提拔他们参加中央领导层。当时虽未得逞，但造成了中国留俄学生中对中共代表团及中央负责人

① 孟庆树：《陈绍禹——王明传记与回忆》（手写复印稿）。

② 《在庆祝斯大林六十寿辰大会上的讲演》，《新中华报》1939年12月23日。

的轻视和不信任。”①

1928年6月18日下午，中国共产党第六次全国代表大会在莫斯科郊区兹维尼果罗德镇附近的一个沙皇时代的地主庄园——银色别墅开幕。出席大会的正式代表84人，候补代表34人。共产国际负责人布哈林出席大会，并作了《中国革命与中共任务》的报告。

王明以大会秘书处翻译科主任的身份参加了六大，并参加了其他方面的许多工作。王明在延安写的简历说：1928年“5月至12月参加中共党六次大会及共产国际六次大会作翻译工作，兼国际交通局中国交通工作等”②。据谢怀丹回忆说：“米夫既是中大校长，在共产国际又负责东方事务，斯大林就指派他和布哈林出席并指导中共‘六大’。米夫乘机把其亲信陈绍禹（王明）带到‘六大’为工作人员，领导中大派去的学生工作人员小组。这个小组的成员有瞿景白（瞿秋白之弟）、秦缦云、孟庆树、朱祖顺、潘文玉、秦邦宪等。陈绍禹作为米夫的助手，协助组织大会、接待代表、照料生活、分发文件。此外，还协助米夫研究中共送共产国际的报告和文件。在翻译时，还就大会决议草案向米夫提出建议，米夫无不采纳。陈绍禹俨然代表米夫行使对中共‘六大’的领导权。米夫不会讲中国话，便交代陈绍禹注意了解代表们的思想动态，及时向他汇报然后米夫依据陈绍禹的汇报，指导大会。对此，大家议论纷纷，说米夫的用意是让陈绍禹趁‘六大’机会同中共中央委员以及各省、市党组织的负责人见见面，认识认识，为以后让陈掌握中共领导权

中共六大旧址

① 陈铁健：《从书生到领袖——瞿秋白》，上海人民出版社1995年版，第352页。

② 孟庆树：《陈绍禹——王明传记与回忆》（手写复印稿）。

打下基础。”[①] 有的六大代表还说：“在‘六大’会上，王明担任翻译时，整天跟着米夫的腚转，一副溜须拍马相”[②]。

通过参加会议，王明等人更加自命不凡，并到处散布小道消息，造成了不好的影响。张国焘在《我的回忆》中就说：在六大期间，陈绍禹等“这些中大学生，被认为是米夫派，在大会里任翻译等工作，他们是后进的同志，大多自命不凡。听了一些代表互相指责的言论，不免对于原有领导人物意存轻视。他们听了瞿秋白那种‘半罐水’的马列理论，往往在那里暗中窃笑，觉得比他们的前辈懂得更多。对于有些代表若干不能自圆其说的发言，他们又认为过于缺乏理论。他们表示既反对瞿秋白的盲动主义，也反对张国焘的机会主义；似乎今后党的重任要由他们来负担了。这一切的一切，都被认为米夫是在那里培养干部，来打击我们这些原有的领导人物”；米夫和陈绍禹等把向忠发“当作一张王牌，来批评我们的错误”；陈绍禹等还散布小道消息，“私下说到布哈林右倾，并不能代表斯大林、俄共和共产国际的意见”。[③] 孙耀文在《风雨五载——莫斯科中山大学始末》中也说：王明还在会下卖弄自己，以此向人们显示自己知道内部机密，是共产国际和斯大林欣赏的人物。他和米夫混在一起，形影不离。代表们对米夫印象不好，对陈绍禹的表现也十分反感，非常厌恶他夸夸其谈，自以为是，看不起革命前辈，有宗派主义的气味。[④]

正因为大会代表对王明等人那一套不着边际的空泛议论不感兴趣，6 月 23 日召开的大会主席团第四次会议曾作出如下规定：“鉴于中山大学和东方大学被指定参加大会的学生发言不切实际，主席团经过讨论决定：仍允许他们发言，但须告诉他们不要只重复理论，分配他们去各省代表团工作。”6 月 26 日，主席团会议又对此作了进一步限制：“中山大学和东方大学学生发

① 《岁月展痕——一个莫斯科中山大学女生的回忆》，福建人民出版社 1991 年版，第 44 页。

② 《唐宏经同志谈四中全会前后》，中国革命博物馆党史研究室编：《党史研究资料》1981 年第 10 期，第 14 页。

③ 《我的回忆》第 2 册，东方出版社 1998 年版，第 382、388、393 页。

④ 孙耀文：《风雨五载——莫斯科中山大学始末》，中央编译出版社 1996 年版，第 262—263 页。

言有时间就讲，没有时间就不再发言。”这就使王明等人借大会发言以扬名全党的打算落空。①

王明等人不仅在大会上散布小道消息，还把会上的争论带到中山大学，在同学中挑起争论。陈一诚回忆说：“王明等人由于米夫的关系，作为大会的工作人员参加了大会。‘六大’会议上，关于陈独秀投降主义路线的批判及党在今后的任务等问题上曾有不同意见。王明等人了解这些争论情况，但是，他们无视党的纪律，别有用心地把会上的争论带到劳动大学里来，在同学中间挑起了激烈的争论。那时，我们每周都要召开辩论大会，在辩论中，绝大多数同志都反对王明等人的意见。但支部局的这些委员们总认为自己的意见正确，对广大党员的意见一概听不进去。”②

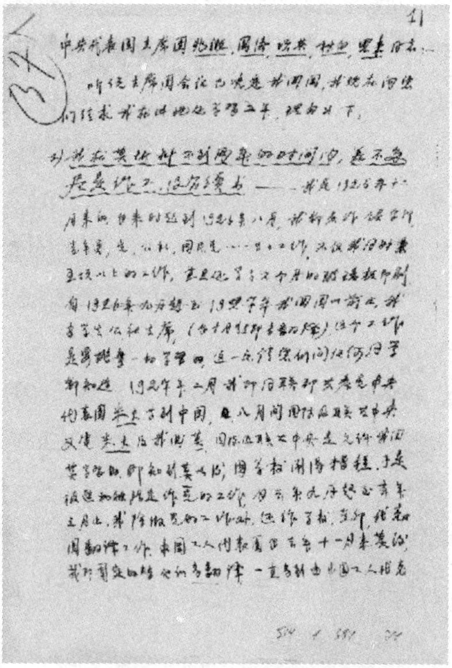

1928 年 7 月 30 日王明致中共代表团主席团信第 1 页

六大闭幕后，举行六届一中全会，选举新的政治局，米夫和布哈林都参加了。由共产国际提议，向忠发、瞿秋白、周恩来、张国焘、蔡和森、李立三、项英等 7 人组成政治局，工人出身的向忠发当选为总书记。

中共六大结束以后，王明又在米夫的安排下，参加了共产国际第六次代表大会的翻译工作，兼做国际交通局的中国交通工作，即共产国际同中共代表的联络工作。孟庆树回忆说：“中共六大开完后，接着 1928 年 8 月间共产国际六次大会开幕。绍禹担任所有主席团的中文翻译工作，并负责所有中文翻译

① 孙耀文：《风雨五载——莫斯科中山大学始末》，中央编译出版社 1996 年版，第 262—263 页。

② 陈一诚：《关于莫斯科中国共产主义劳动大学》，《党史资料丛刊》1980 年第 1 辑，上海人民出版社 1980 年版，第 90 页。

工作的组织审阅等。除作口头翻译外，并参加翻译共产国际纲领等主要文件。”“直到中共代表团大多数离莫后，审阅的工作还未完，结果累病了。医生要他休息，他不肯，仍回中大去作党的工作和授课。一直继续工作到回国前。”①

6月26日，联共（布）中央宣传鼓动部副部长致函红色教授学院，送去中山大学推荐王明等七人到该院学习的信。②据孟庆树说：“1927年暑假后，党的区委决定”把“沈泽民、张闻天、王稼祥和陈绍禹等人送进红色教授学院深造。绍禹想早日回国参加实际工作，不愿再学五年而未去”，后来郭绍棠补了这个缺。③

但当中共驻共产国际代表团决定让王明回国时，他又不愿意回国。在中共六大期间，中共驻共产国际代表团曾决定让王明回国。7月30日，王明给中共代表团苏兆征、张国焘、项英、瞿秋白、周恩来写了一封信，说“听说主席团会议已决定我回国，我现在向您们请求我在此地还学习二年”，理由是：第一，“我在莫斯科不到两年的时间内，“差不多尽是作工，没有读书”；第二，许多同志都想从国内来此地学习，“我现在既有此机会，何必令我失去”？“在莫斯科有许多真正学足了三年的同志，他们的经验和理论都比我这个小孩子强，如果要调好一点的人回国吧，则应该调他们”；第三，“我自去年冬季起就有心脏病”，现在又得了肺病，正准备去南俄养病，这在中国是不可能的，“就是勉强马上回去，一定变为一个心病和肺病鬼，坐在党里不能做事，靠救济会去养老（但是又不够养的资格）；这一点我实在不愿意，我想您们一定也不愿意。同志们！让我成为一个健全的青年回去吧！心病肺病鬼有什么用处呢！”“因此，我诚恳的请求您们允许我的要求，我愿学习的是农民土地问题及军事政治，因为这两个问题，我最有兴趣；至于我到底学哪一种问题，则全由您们，国际及我的身体在最近的将来如何而定”。

9月26日，莫斯科中国劳动者共产主义大学教员班、研究生和研究员问题委员会举行会议，决定研究员、研究生和教员班的组成，确定王明等七

---

① 孟庆树：《陈绍禹——王明传记与回忆》（手写复印稿）。

② 张培森主编：《张闻天年谱》上卷，中共党史出版社2000年版，第92页。

③ 孟庆树：《陈绍禹——王明传记与回忆》（手写复印稿）。

人为研究所的研究生。①

第四节　所谓“二十八个半布尔什维克”

1929年春王明虽然已离开中山大学回国，但中山大学的派别斗争仍然在继续。

6月17日，莫斯科中国劳动者共产主义大学举行全校党员大会，由于会议持续十天，通称“十天大会”。正是在这次大会上，形成了以王明为首的“二十八个半布尔什维克”的称号。

关于这次大会召开的时间，有四种说法：一种说法是1929年6月放暑假之前。②张培森主编的《张闻天年谱》上卷，更具体地确定为6月17日。③第二种说法是1929年夏。④第三种说法是1929年9月。⑤第四种说法是1929年10月。⑥此处采用《张闻天年谱》的说法。

关于这次大会的召开及争论，据杨尚昆回忆说：“总结工作的党员大会是例行的，但这一次却不寻常：第一，它是在联共党内正在开展反对托派和

---

① 张培森主编：《张闻天年谱》上卷，中共党史出版社2000年版，第93—94页。

② 《吴玉章传略》，中共中央党史资料征集委员会编：《中共党史资料》第11辑，中共党史资料出版社1984年版，第32页；《吴玉章文集》下册，重庆出版社1987年版，第1310—1311页。毛齐华：《我所知道的莫斯科中山大学——中国共产主义劳动大学内部斗争的情况》（未刊稿），转引自孙耀文：《风雨五载——莫斯科中山大学始末》，中央编译出版社1996年版，第299页。姚守中等编著：《瞿秋白年谱长编》，江苏人民出版社1993年版，第272页。孙耀文：《风雨五载——莫斯科中山大学始末》，中央编译出版社1996年版，第289页。

③ 张培森：《张闻天年谱》，中共党史出版社2000年版，第101页。

④ 陈修良：《莫斯科中山大学里的斗争》，《陈修良文集》，上海社会科学与出版社1999年版，第249页。

⑤ 《回忆中国共产主义劳动大学》，《革命史资料》编辑部编：《革命史资料》第19辑，中国文史出版社1992年版，第94页。张崇文：《莫斯科中山大学与“十天大会”》，中共中央党史研究室编：《中共党史资料》第37辑，中共党史出版社1991年版，第42页。

⑥ 江泽民：《回忆在莫斯科中山大学时期》，《革命史资料》编辑部编：《革命史资料》第17辑，中国文史出版社1987年版，第193页。

右派联盟的紧张气氛下召开的；第二，米夫和支部局想借这个时机同‘第二条战线联盟’摊牌，所以特地请莫斯科区区委书记芬可夫斯基到场讲话，共产国际远东局也派人参加。在这样的状况下，瞿秋白没有应邀出席，而派张国焘到会做代表。王明已在3月间回国，但他和米夫长期以来对中共代表团散布的流言蜚语，却早在群众中煽起了对立情绪。我和博古担任这次大会的翻译。”“会议开始后，区委书记在讲话中全力维护支部局，说它的政治路线是正确的，对‘第二条路线联盟’进行批评。李剑如和余笃三气愤不过，很不理智地当场起来抵制，会场秩序混乱，不但打断了区委书记的讲话，还不让博古和我翻译下去，张闻天也遭到大家的反对，沈泽民几乎被赶出会场。共产国际的索里茨，在大会的第二天讲话，他严厉批评李剑如等：你们在这里，在莫斯科，无论说得多么好听，都不能完全说明你们是好样的。你们必须在中国，在流血斗争中，用自己的实际行动，才能证明你们是真正好样的。不是这里，而是那里！”“大会对支部局的工作辩论了10天，最后只好付诸表决。李剑如等的鲁莽行动，既激怒了共产国际监委会，又失去了许多群众的同情，但即使这样，多数党员宁肯采取中立，也不愿支持支部局。拥护支部局的只有90票，仍占少数。会后，联共中央派人调查，因为米夫和王明排除异己的活动是打着反托派和反右倾的旗号进行的，所以调查报告虽然对支部局日常工作中的许多缺点作了批评，在政治路线上仍给予肯定。这次斗争，表面上是支部局胜利了。暑假后，米夫却被去职，由原莫斯科大学的校长威格尔接任中山大学校长。”① 李一凡回忆说：“会上争论的焦点是：支部局自认为，它执行了一条‘百分之百的布尔什维克路线’，而广大党、团员群众以事实说明，支部局在工作中有严重错误。”② 张崇文也回忆说：“大会争论的焦点是：支部局执行的路线是否正确。支部局的领导人认为支部局执行了一条‘百分之百的布尔塞维克’的路线；广大党团员群众则说，支部局执行了‘实践中的右倾机会主义’的路线。”③

---

① 《杨尚昆回忆录》，中央文献出版社2001年版，第35—36页。

② 《回忆中国共产主义劳动大学》，《革命史资料》编辑部编：《革命史资料》第19辑，中国文史出版社1992年版，第94页。

③ 《莫斯科中山大学与“十天大会”》，中共中央党史研究室编：《中共党史资料》第37辑，中共党史出版社1991年版，第42页。

很多人认为正是在这次大会上，形成了以王明为首的“二十八个半布尔什维克”的称号。但对于形成这个称号的原因，说法各不相同，有的认为是在表决支部局的工作报告时，只有二十八九个人拥护，所以，这些拥护者就被称为“二十八个半布尔什维克”；有的认为是表决是否改组支部局时，拥护支部局领导的只有二十八九个人，这些人就被称为“二十八个半布尔什维克”。

陆定一回忆说：“学校举行了‘十天大会’，只有二十八个半人（这半个人因为是王明的亲属，所以是‘百分之百的布尔什维克’；因为年纪太小，不到十六岁，所以是半个）赞成‘支部局’的‘路线’（我到现在都不知道是怎样的路线），他们只占六百学生的二十分之一。‘十天大会’之后就‘清党’。凡是‘反对支部局’的，除了少数几个工人以外，都分别受到开除党籍，开除团籍，开除学籍，送到西伯利亚作苦工等处分。”①

江泽民② 回忆说：“大会的第 10 天，仍有很多人要求发言，但王明一伙却借口校内混进许多托派分子和右派分子，提出停止大会讨论，进行清党，当即遭到广大党团员的反对。但是他们仍然把是否继续大会讨论问题提交大会表决。结果到会的四五百名党团员中，举手同意停止大会讨论的，只有出席会议的王明一伙中的 28 个党员和一个十五六岁的共青团员。会后同志们讽刺他们说：‘可怜的自称为百分之百的布尔什维克，才 28 个半’。这就是‘28 个半布尔什维克’的由来。当时在中山大学追随王明一伙的不止这 20 多个人，有些人在表决那天没有到会。但是，最后区委书记芬柯夫斯基仍以区委名义宣布停止大会继续讨论。广大党团员对此反映强烈，感到极大愤慨。”③

陈修良回忆说：“这个大会是支部局精心布置的，目的是整中共代表团与反支部局派的同学。”④“大会争论的主要问题是讨论支部局的路线对不对，

① 《关于唐义贞烈士的回忆》，《江汉论坛》1982 年第 6 期。

② 原名江克明。

③ 《回忆在莫斯科中山大学时期》，《革命史资料》编辑部编《革命史资料》第 17 辑，中国文史出版社 1987 年版，第 193—194 页。

④ 《莫斯科中山大学里的斗争》，沙尚之编：《记孙冶方》，上海文艺出版社 2001 年版，第 261 页。

揭发支部局的官僚主义、学校当局的贪污问题。后来没有办法，只好付诸表决，看谁拥护支部局的报告。五百多人投反对票的是压倒多数，赞成支部局的只有二十八个人。因此人们称为‘二十八个半布尔什维克’，以表示轻侮之意。那天这二十八个人都立在大会台的左面，所以大家很容易计算举手的人数和是什么人。‘文化大革命’时，有许多人称为‘二十八个半布尔什维克’。其实并无‘半’个，这不知道根据谁的说法。”①

孙冶方回忆说：“据我所知，此事发生在中（山）大（学）一期毕业之后，在一次支部大会上表决支部局一个决议，赞成者仅二十八票，弃权者一票。因为当时主持支部局工作的主要是王明派，即：博古、夏曦、杨尚昆、王云程等人，他们都自称是百分之百的布尔什维克，所以反对他们的人挖苦地说他们是二十八个半布尔什维克。”②

吴福海回忆说：“有一次，莫斯科市委书记到我们学校来，他比较倾向多数学生的意见，支持我们改组支部局的要求。但是，不久苏共中央监委出面干预，派人来校表示拥护支部局的领导，并进行说服动员。接着召开全校大会，同学们就是否要改组支部局问题展开辩论。最后大会对此付诸表决，结果拥护支部局领导的人不过二十八个半。后来我们就送给他们‘二十八个半布尔什维克’这个称号。他们在表决中虽然只有少数人拥护，由于上面有人支持他们，结果还是没有改组，仍然掌权。”③

张培森主编的《张闻天年谱》说：“会议就政治问题、学校问题激烈辩论，焦点为支部局的路线是否正确。拥护支部局和反对支部局的两派尖锐对立，秩序混乱。在大会的表决中，拥护支部局的中国同志约有九十余人，加俄国同志三十余人，反对的二十余人，大多数则表示怀疑（约二三百人）。‘拥护支部局的同志自傲起来，反对支部局的同志讥之为带引号的布尔什维克。二十八个半布尔什维克’的名称即由此而来。实际上拥护支部局的不止

---

① 《莫斯科中山大学里的斗争》，《陈修良文集》，上海社会科学院出版社1999年版，第249页。

② 《孙冶方给陈修良的信》（1977年1月8日），沙尚之编：《记孙冶方》，上海文艺出版社2001年版，第207页。

③ 《莫斯科中国共产主义劳动大学斗争生活回忆》，《党史资料丛刊》1980年第1辑，上海人民出版社1980年版，第100页。

二十八人，吴玉章、林伯渠、徐特立、董必武均在拥护者之中。张闻天、王稼祥、沈泽民因在红色教授学院学习，没有参加这次大会。陈绍禹、曾洪易因在国内，傅钟、李卓然因已到列宁格勒军事政治学院学习，也都没有与会。”①

有的认为是在表决支部局提出的解散团支部的要求时，只有二十八个人赞成，这些人就被称为“二十八个半布尔什维克”。如李一凡回忆说：“由于在这次斗争中，团支部局里除书记陈昌浩拥护王明一伙外，其余委员全都站在以李剑如、余笃三、郭秉元等同志为首的广大党团员群众一边，党支部局决定解散团支部局。但是，当把解散团支部局的决议案提交大会表决时，举手赞成的只有寥寥 29 个人。”他还说：“由于王明一伙一贯自吹是‘百分之百的布尔什维克’，而在这 29 人当中还有一个远未成年的人，所以余笃三同志嘲笑他们说：‘可怜百分之百的布尔什维克才 28 个半！’之后，‘个半’就成笑柄而传开了，并不是真有这个组织。”② 他在被采访时还说：“在支部局提出的解散团支部的表决中，只有二十八人举手赞成。主席团的余笃三一走出大会会场就哈哈大笑，说百分之百的布尔什维克就只有二十八个半，从此以后就传开了。”③

张崇文也回忆说：“在‘十天大会’的第十天，也就是索里茨发言之后两天，支部局把一个《解散团支部局的决议案》提交上午的大会表决。原来，整个团支部局除陈昌浩之外，所有成员都一直与广大党、团员群众站在一起，坚决反对王明一伙。因此，支部局作出了解散团支部局的决定。但是表决的结果，由于许多原来追随王明的人已受了索里茨发言的影响，举手赞成的仅有 29 人。”④ 他还说：“‘二十八个半布尔什维克’是‘十天大会’时发生的。大会表决时拥护支部局的就只有二十八个人，大多数都

---

① 张培森：《张闻天年谱》，中共党史出版社 2000 年版，第 101 页。

② 《回忆中国共产主义劳动大学》，《革命史资料》编辑部编：《革命史资料》第 19 辑，中国文史出版社 1992 年版，第 96 页。

③ 戴茂林等：《访问李一凡谈话记录》，转引自戴茂林、曹仲彬：《王明传》，中共党史出版社 2008 年版，第 65 页。

④ 《莫斯科中山大学与“十天大会”》，中共中央党史研究室编：《中共党史资料》第 37 辑，中共党史出版社 1991 年版，第 44 页。

反对。”①

陈一诚虽没有谈大会就什么进行表决，但指出：“双方争论不休，最后只好付诸表决。表决的结果是：全校四百多人反对，只有二十八个人表示赞成。”②

王观澜也没有谈大会就什么进行表决，只说会议一共开了十天，最后投支部局信任票的只有二十九人，后来被人们称为“二十八个半布尔什维克”。他指出：投票时他们特别二班除了翻译盛忠亮之外，全班同学以绝对多数通过了一项决议，要求改选“中大”学生支部局。③

毛齐华则说：“有一天下午继续开会。余笃三在发言中拿出一张纸条，说：所谓正确的布尔什维克究竟有多少人呢？接着就念了纸条上所列的二十八个人的名字。”④

汪云生在《二十九个人的历史》中认为，“‘二十八个半布尔什维克’这个专用名词是在‘十天大会’上产生出来的，但其具体人物则不是在那次会议上确定的”。“也就是说，在大会上投赞成票的人，不一定就是‘二十八个半布尔什维克’中的人；没有参加那次大会并投赞成票的人，也不一定就不是‘二十八个半布尔什维克’中的人”。“事实上，人们是借助于‘二十八个半布尔什维克’这一专用名词，来讽刺和嘲笑当时以‘百分之百正确的布尔什维克’自居的王明和他的追随者”。⑤

另外一种说法，认为是“托派”或者是“当时反对党的路线的人”给起了“二十八个半布尔什维克”的称号，是当时反对支部局的人对他们这些人的讽刺称谓，是逐渐出现的。吴玉章在1943年写的《吴玉章传略》中即说：“二十八个半布尔什维克”是反对支部局的人在墙报上提出来的，是对支部

---

① 戴茂林等：《访问张崇文谈话记录》，转引自戴茂林、曹仲彬：《王明传》，中共党史出版社2008年版，第65页。

② 转引自孙耀文：《风雨五载——莫斯科中山大学始末》，中央编译出版社1996年版，第295页。

③ 转引自孙耀文：《风雨五载——莫斯科中山大学始末》，中央编译出版社1996年版，第295页。

④ 转引自戴茂林、曹仲彬：《王明传》，中共党史出版社2008年版，第65页。

⑤ 汪云生：《二十九个人的历史》，昆仑出版社1999年版，第21—22页。

局一些人的“讽刺”，说“布尔什维克只有二十八个人了”。[①] 王明在《中共半世纪与叛徒毛泽东》一书中也说：“所谓‘二十八个半布尔什维克’和‘陈绍禹派’的说法，也是托陈派分子 1929 年秋中大清党时期捏造出来的。我早已在二月初就离开莫斯科回国来了。可是托陈派分子故意把中大几百人中的绝大多数拥护共产国际和联共（布）中央、反对托陈派的同志，都说成是‘陈绍禹派’。同时他们伪造说，反对他们的只是少数人——以陈绍禹为首的‘二十八个半布尔什维克’。”[②]

张闻天认为当时拥护支部局的不只 28 个人。他没有参加十天大会，但对大会情况无疑是关心的。他在 1943 年所写的《整风笔记》中提到，会议最后表决，拥护支部局的中国同志约有 90 余人，俄国同志 30 余人，反对的 20 余人，还有二三百人表示怀疑。所以，这“二十八个半布尔什维克”的名词是一部分人带着宗派情绪叫出来的。[③]

杨尚昆在谈到这个问题时说：“所谓‘二十八个半布尔什维克’问题，这是一个事实问题，不是理论问题。半个多世纪以来，有关当事人和党史界一直有争论。1980 年，中共中央党史资料征集委员会曾邀请 19 位当年中大的学员开过一次调查会，会上达成的共识是：‘二十八个半布尔什维克’的说法，不能准确反映王明教条宗派的形成、发展和分化的实际情况，也不能说明它的性质和危害，建议今后不要再使用‘二十八个半布尔什维克’这个专用名词。我是出席会议的成员之一，同意这个建议。具体地说，当时确有以王明为核心的教条宗派，主要是指一部分靠近中大支部局的党员，在政治立场和思想情绪上比较一致，但是，并没有什么固定的成员。所谓‘二十八个半布尔什维克’，只是别人对他们的一种笼统的说法，所指的人也不尽相同，谁也没有列出过一个确定的名单来。有人说：1929 年夏，在支部局召开的总结大会上，最后表决时只有 28 名党员拥护支部局，因此得名。这根本不是事实。那次党员大会上的表决，支持支部局的共有 90 多票，另外还有 30 票是苏联人，但仍居少数。以吴玉章同志为例，他本来对支部局工作

① 《吴玉章传略》，中共中央党史资料征集委员会编：《中共党史资料》第 11 辑，中共党史资料出版社 1984 年版，第 32 页；《吴玉章文集》下册，重庆出版社 1987 年版，第 1311 页。

② 王明：《中共半世纪与叛徒毛泽东》，莫斯科进步出版社 1979 年中文版，第 108 页。

③ 程中原：《张闻天传》，当代中国出版社 1993 年版，第 106 页。

‘有许多意见’，后来支部局委员夏曦告诉他说：现在有人要利用工作中的缺点来反党。并向吴老提示：我们首先要说支部局的路线是正确的，后批评工作中的缺点。吴老说：‘有这样一回事吗？要反党我就不赞成！’他在总结大会上的发言就持这个态度。但吴老决不是宗派分子。教条宗派的基础是错误的政治立场和思想情绪，所以它是可以分化的。以后的历史证明，王明的教条宗派经过多次分化，经延安整风分清路线后，这个宗派就不存在了。我认为‘二十八个半布尔什维克’这个流传很广的说法不合事实，也不准确。应当说：确确实实有王明教条宗派，但并没有什么‘二十八个半布尔什维克’。还有人说‘二十八个半布尔什维克’中的‘半个’是指一名共青团员，年纪很轻，所以称为‘半个’。这更经不起推敲。因为参加10天总结大会的是党员，团员不参加，更没有表决权。”他还说：“至于‘二十八个半布尔什维克’的称号，是许多中大学生对我们自称‘布尔什维克’的挖苦和讥讽，很难确定地说包括了哪些人；可是在整风中，康生等硬要追究教条宗派的‘组织’系统，结果，谁也没法开列出一个大家认可的名单，有人列出了四五十人，有人甚至列出了100多人，成为以后一个争论不休的问题。”①

第五节　“清党”

1929年10月，莫斯科中国劳动者共产主义大学开始“清党”，大批学生被逮捕。王明这时虽然早已不在学校，但他组织的教条宗派与“清党”有着密切的关系。

关于这次“清党”的时间，说法不一。孟庆树说是“1929年夏秋”②。孙耀文在《风雨五载——莫斯科中山大学始末》一书中说是从9月开始的。③

① 《杨尚昆回忆录》，中央文献出版社2001年版，第44—45、213页。

② 孟庆树：《陈绍禹——王明传记与回忆》（手写复印稿）。

③ 孙耀文：《风雨五载——莫斯科中山大学始末》，中央编译出版社1996年版，第302页。

盛岳在《莫斯科中山大学和中国革命》中说是 10 月,[①] 曹仲彬、戴茂林的《莫斯科中山大学与王明》，张培森主编的《张闻天年谱》上卷，也持这种说法。[②] 但张仲实说是“1929 年底到 1930 年初”[③]。江泽民[④] 说是 1929 年冬至 1930 年 2 月。[⑤] 陈修良说是从 1929 年冬开始，但正式清党是在 1929 年底到 1930 年上半年。[⑥] 师哲说是“从 1929 年底到 1930 年”[⑦]。此处依盛岳、《张闻天年谱》等说法。

关于这次“清党”的做法，中山大学支部局委员兼秘书、参与对“中大”被捕学生严刑逼供的盛忠亮[⑧] 曾说：清党委员会“安排召开了一系列的会议，会议由这些委员主持，学校的每个党员要面对其他党员接受可能的指责。学校党支部局仔细挑选认为是可靠的党员，我是其中之一，事先给他们作了布置，让他们散坐在到会的人员中间。他们为受到别人攻击的合格党员进行辩护，同时一齐起来用有力的控告来攻击托派分子和其他‘反党’分子。对于被审查的每个人来说，这些会议可称是丧魂落魄的经历，因为每个过去那怕是一点极小的缺点都可能受到盘问。甚至要彻底考查一个人好几代祖宗的家史。这是一种残酷的讯问方法。在众口交织向你提出种种问题和指控的情况下，许多脆弱的人一下子就垮台了。就连我们中那些身强志坚的人，也都要在这种盘问中汗流如洗。”[⑨]

谢怀丹回忆说：“在‘清党’运动中，盛忠亮当支部局的秘书，他暗通‘格柏乌’，蓄意要整掉一批人，甚至从肉体上加以消灭”。他们“随意给人扣上‘地主’、‘富农’、‘阶级异己分子’或‘流氓无产者’等帽子，对过去

---

① 盛岳：《莫斯科中山大学和中国革命》，东方出版社 2004 年版，第 245 页。

② 张培森：《张闻天年谱》，黑龙江人民出版社 1988 年版，第 148 页；中共党史出版社 2000 年版，第 103 页。

③ 《二十年代莫斯科留学的回忆》，中国革命博物馆编：《党史研究资料》1981 年第 10 期。

④ 原名江克明。

⑤ 江泽民：《回忆在莫斯科中山大学时期》，《革命史资料》编辑部编：《革命史资料》第 17 辑，中国文史出版社 1987 年版，第 195—196 页。

⑥ 《莫斯科中山大学里的斗争》，《陈修良文集》，上海社会科学院出版社 1999 年版，第 250—251 页。

⑦ 师哲：《在历史巨人身边——师哲回忆录》，中央文献出版社 1991 年版，第 42 页。

⑧ 后来改名盛岳。

⑨ 盛岳：《莫斯科中山大学和中国革命》，东方出版社 2004 年内部版，第 179 页。

不同意支部局领导的人进行打击报复。他们大搞人人过关，大自对托派、对国民党右派、对支部局的立场，对国际问题、对中国问题的态度；小至个人生活、思想意识等问题，事无巨细，都可揭发”①。

张仲实回忆说：“在清党委员会的领导下，各小组开会，对本组每个党员一个个进行揭发（凡对此人有意见的，都可到会揭发），搞‘人人过关’。所有的党员都被揭发完后，清党委员会既不核对事实，也不进行调查研究，便根据所揭发的问题，作出结论，认为某人是不符合党员条件的，就宣布开除党籍或予以警告处分。例如我所在翻译班有个陈定远（俄文名叫苏威托夫），他的老婆（俄罗斯人）在清党小组会上揭发说陈打了她，最后清委会就宣布开除陈的党籍。所以‘清党’的方法十分简单粗暴。”“‘中大’在这次清党运动中，开除或给予处分的达数百人之多。”②

吴福海回忆说：运动中，他们“随意给人扣上‘地主’、‘富农’、‘阶级异己分子’或‘流氓无产阶级’等帽子。他们召开斗争会，事先组织好发言，在会上进行‘揭发’，实际上是对过去不同意支部局领导的人进行打击报复。同时，他们采取拉拢的一手，拉不过去就再打。他们曾拉拢过我，我没有理睬他们。最后到组织处理阶段，由于我反对过他们，加上打过博古一拳，于是就被宣布为‘流氓无产者’，给予开除党籍的处分。”“在那些日子里，人心惶惶，有一个学生因参加托派，感到走投无路，就吊死在宿舍的铁床架子上。过了几天校内有几个同学不知下落，有人说是被格伯［柏］乌抓去了，我所在初级班中有一个同学也失踪了。”③ 他还说：“‘清党’时很多人被处分，估计一半还多。”④

杨尚昆回忆说：“清党的第二阶段是停课搞人人过关。由柏烈仁坐镇，中国学生逐个地在大会上‘过筛子’，从个人历史讲到现实斗争中的立场，

① 《岁月屐痕——一个莫斯科中山大学女生的回忆》，福建人民出版社 1991 年版，第 54—55 页。

② 《二十年代莫斯科留学的回忆》，中国革命博物馆编：《党史研究资料》1981 年第 10 期。

③ 《莫斯科中国共产主义劳动大学斗争生活回忆》，《党史资料丛刊》1980 年第 1 辑，第 100—101 页。

④ 戴茂林等：《访问吴福海谈话记录》，转引自曹仲彬、戴茂林：《莫斯科中山大学与王明》，黑龙江人民出版社 1988 年版，第 81 页。

不会俄文的有人翻译。讲完后，台下200多党员都可以向你提意见，揭发，追问，和‘文化大革命’中‘造反派’的斗争会差不多，只是没有弯腰、低头和‘喷气式’，直到没有人提意见了，就算PASS。提意见和通过的关键，是看你是不是紧靠学校支部局。紧靠的，就保护你过关；半靠的，特别是不靠的，就揪住不放，进行所谓‘残酷斗争，无情打击’。我是拥护支部局的，清党委员会对我的结论是：出身不好，但基本立场正确，派回国内做实际工作。清团的工作和清党同时进行，如法炮制。结果，全校有百分之五六十的学员被扣上托派、托派嫌疑分子、阶级异己分子、右派等政治帽子，有的开除党团籍，有的送到工厂农村劳动改造，还逮捕了30多名‘主要分子’。瞿秋白的爱人杨之华被送到工厂劳改，陆定一的爱人唐义贞，沈泽民的侄女沈莲春，我的爱人李伯钊都被开除团籍。这些‘结论’成为王明上台后推行宗派主义干部路线的重要依据。”“中大停课清党，先后闹了100多天。1930年秋，清党结束。中大宣布停办。”①

江泽民② 回忆说：“开始清党以后，王明一伙控制的支部局借机对并非托派而只是反对他们倒行逆施的广大党团员，极尽望风捕影、栽赃诬陷之能事，并协同格勃［柏］乌机关，对他们无情迫害，残酷镇压。”“王明一伙不但在校内大小会上盘问追查反对过他们的学生，还协同格勃［柏］乌机关提审逼供被捕的学生。例如盛忠亮就作为格勃［柏］乌的助理审讯员，参加过审讯。全校顿时被一片恐怖气氛所笼罩。被捕的学生中，有好多人，如唐有章、李一凡、张崇德、赵一凡、沈良等同志同托派毫无联系，也未幸免。一些同学的生活作风上的问题，都成为王明一伙打击迫害的口实。”“历时几个月的清党，一大批根本不是托派的学生，遭到逮捕、流放、处分，身心受到严重摧残，据说有一二百人。那些人后来得以生还回国的为数不多。还有更多的人被遣送回国，或派往远东‘工作’，或送进工厂‘改造’。王明一伙在中山大学的倒行逆施，确实令人发指，使很多人终生难忘。”③

陈修良回忆说：“一九二九年冬，联共进行清党运动，‘中大’看来是重

---

① 《杨尚昆回忆录》，中央文献出版社2001年版，第38、39页。

② 原名江克明。

③ 江泽民：《回忆在莫斯科中山大学时期》，《革命史资料》编辑部编：《革命史资料》第17辑，中国文史出版社1987年版，第195、196页。

点。派来一个清党委员会，主席是一个老党员、老将军。清党一开始，学校的功课几乎全停止，日日夜夜战斗在会场上，展开了一场生死的搏斗。王明一伙得意忘形，他们身任要职，动员一切力量，包括‘格柏乌’机关，以暴风骤雨的方式大规模进行镇压，开除了一批党团员，给许多人戴上了各种帽子。这恐怕只有中国的‘文化大革命’，才能与其相比吧。”①“‘十天大会’以后，受处分、被开除的在一半以上。”②

毛齐华回忆说：“中大‘清党’的时候，反对学校和支部局领导的那一派中，多数人并不是托派，对这一点领导上也是清楚的。但是清党过程中，却没有认真注意作好群众中的思想工作，只是片面地从组织上追查你对学校和支部局领导的态度，在学校两派斗争中的表现，以及家庭的阶级出身，本人成份［分］等。这样，就在尚未正式清党审查之前，实际上对每一个人都早已有了一个主观的看法和固定的轮廓。有了这样一个框框，在清党过程中，对参加或支持反支部局那一派的人，审查和处理就特别严格”。③

这次“清党”，造成严重的后果。陆定一回忆说：“凡是反对支部局的，除了少数几个工人以外，都分别受到开除党籍，开除团籍，开除学籍，送到西伯利亚作苦工等处分。”④杨树亚回忆说：“被处分的至少二百人。”⑤张培森主编的《张闻天年谱》说：“清党原为联共（布）中央和中央监委 1929 年 4 月决定，矛头所向为布哈林‘右倾’集团。劳动大学的清党则与拥护支部局和反对支部局的斗争相纠缠，而这一斗争又同大学领导与中共代表团部分领导同志的矛盾相交织。党员之是否拥护支部局成为其能否通过清党的重要标准。这次劳大清党的结果，三百多名党员中有一百多名被开除，一半以上受到各种不同的处分；六十多名团员中则有二十多名被开除，五分之四以上受

① 《莫斯科中山大学里的斗争》，《陈修良文集》，上海社会科学院出版社 1999 年版，第 250—251 页。

② 戴茂林等：《访问陈修良谈话记录》，转引自曹仲彬、戴茂林：《莫斯科中山大学与王明》，黑龙江人民出版社 1988 年版，第 80 页。

③ 《我所知道的莫斯科中山大学——中国共产主义劳动大学内部斗争的情况》，转引自孙耀文：《风雨五载——莫斯科中山大学始末》，中央编译出版社 1996 年版，第 307 页。

④ 《关于唐义贞烈士的回忆》，《江汉论坛》1982 年第 6 期。

⑤ 戴茂林等：《访问杨树亚谈话记录》，转引自曹仲彬、戴茂林：《莫斯科中山大学与王明》，黑龙江人民出版社 1988 年版，第 81 页。

到各种不同处分。”[①]

李一凡更作了详细的回忆：

王明一伙为了替米夫、顾丘莫夫、别尔曼帮派篡夺中国党领导权的罪恶阴谋拼命效力，捏造了一个反党宗派小集团，并为之加上了种种莫须有的罪名，不经过任何法律程序、完全用欺骗的卑鄙手段，在广大党、团员群众中滥施逮捕而横加迫害！我本人被送进大牢……

究竟逮捕了多少同志，无从准确知道。不过，若从在大牢时所见和后来在集中营碰到的加以粗略估计，大概有五、六十人；但实际上远远超出此数，因为从“中大”消失再没消息的人实在太多了。

我们这些被捕者，在被拘禁了半年多或一年之后，没经过任何法庭，由格贝屋[②]三人小组胡乱判决并无权上诉：一部分被经由中亚“遣送回国”（实际上不但没见到其中任何人回到国内，而且根本就再没见着其中任何人）；另一部分被分送到苏联各地工厂劳动；再一部分（反王明一伙最激烈而又较有影响的）被判了五年徒刑，送往集中营劳改。这后面部份［分］人，后来又都遭到了第二次、甚至第三次逮捕迫害。所有这些人当中，已确知被折磨死在集中营的有季大才、沈良、王元盛、博小鬼等；下落不明的有黄包车夫（他很可能被折磨死在“木得已耳卡”大牢里，因为他在国内受过电刑，身体已经很坏而且神经也有点失常）、常英（女）、赵一凡、张崇德、努林（胡大胖子，安徽人）、江大头（湖北工人）、王元哲、刘蔚民、方绍原、谭伯揆、王靖涛、江翼谋、王文惠（印刷工人）、希什金（印刷工人，残废）、别笃霍夫（姓金）、胡鹏举、安复、李平、王晋……能以劫余残生回到祖国的只不过我、唐有章、鲁也参、杨春、梁孝儒、马员生、范文惠、傅书堂、于为功、潘树人、万志麟、周肃清、林登岳13人而已，后面7人已先后死去，马员生也可能已经死了。[③]

---

① 张培森：《张闻天年谱》，中共党史出版社2000年版，第103页。

② 即格柏乌，或译为格勃乌。

③ 《回忆中国共产主义劳动大学》，《革命史资料》编辑部编：《革命史资料》第19辑，中国文史出版社1992年版，第99—100页。

张闻天没有参加过中山大学的这次“清党”，但有时也参加“清党”会议。他在《1943年延安整风笔记》中说：到1930暑假前，“清党”结束，700名学生中只有200多人顺利通过，党员被开除党籍者七、八十人，团员大多开除团籍，其余分别受警告、劝告等处分。①

在这次“清党”运动中，王明小宗派还借机打击瞿秋白等人。

盛岳在《莫斯科中山大学和中国革命》中回忆说：在反对“第二条路线”的时候，他们就搜集材料，为反对瞿秋白和中共驻共产国际代表团做好了准备，并做好了在清党的时候发起攻势的计划，因为“联共清党有一个惯例，在对每个党员进行考查以前，先要对那个有关单位的情况进行一次讨论。因此，我们决定在清党的第一阶段即一般讨论阶段，发起对瞿秋白和代表团其余成员的攻击，因为他们在清党的尔后阶段不会再来中山大学接受询问”。“中山大学的第一次清党大会，我想大概是在一九二九年十月举行的。共产国际、联共中央、联共区委等来宾出席了大会。巴维尔·伊凡诺维奇·贝尔津将军被派来中山大学任清党委员会主席……在他就清党程序作了简短讲话后，我走上讲台作了我在莫斯科期间的第二个重要发言。我公开谴责瞿秋白及其同伙犯了机会主义的罪行。瞿秋白犯了左倾机会主义，我说，而张国焘则是右倾机会主义。我谴责他们在中山大学培植‘反党第二路线联盟’。为了论证我的指责，我引证了大量他们的讲话和文章，和提供了他们关于进行幕后活动的充分证据。我用中文讲，用不着停下来等译成俄文，王稼祥和另一个我忘了名字的中国人，轮流着替我作同声传译。发言只限五分钟，可贝尔津允许我讲了四十五分钟。”“由于我和二十八个布尔什维克的其他人随后的公开攻击，国际中共代表团和二十八个布尔什维克的关系迅速恶化。瞿秋白及其同伙的政治地位受到了严重威胁。”②

1930年5月，米夫向以瞿秋白为首的中共驻共产国际代表团宣读了共产国际执委会政治委员会作出的决议案，指责瞿秋白等人在处理中山大学学生纠纷问题上的严重错误，“声称：李剑如、余笃三已‘走到实际上与托派

---

① 转引自孙耀文：《风雨五载——莫斯科中山大学始末》，中央编译出版社1996年版，第317页。

② 盛岳：《莫斯科中山大学和中国革命》，东方出版社2004年版，第228—230页。

联盟的道路'，中共代表团须担负'部分责任'，'中共代表团的多数（瞿秋白、邓中夏、余飞）领导了李剑如、余笃三派的活动'，政治委员会'以坚决的态度谴责中共代表团'，'并请中央以必要限度刷新代表团的成分'。这是对瞿秋白等3人下逐客令。他们被迫来中大作检讨。为什么决议案没有点其他两位代表团成员张国焘和王若飞的名呢？原来，张国焘向米夫低头了，他在《申明书》中诬陷瞿秋白'拉帮结派'，甚至把驻少共国际的代表陆定一也拉在一起，说他们都是反共产国际的。张国焘搞了这一手，共产国际就信任他了。王若飞那时被诬为有'托派嫌疑'，正在列宁学院受'清党'的考验。后来，共产国际要中共代表团统统回国。"①

瞿秋白后来在回顾这一段不愉快的经历时说："莫斯科中国劳动大学（前称"孙中山大学"）的学生中间发生非常剧烈的斗争，我向来没有知人之明，只想弥缝缓和这些内斗，觉得互相攻许［讦］批评的许多同志都是好的，听他们所说的事情却往往有些非常出奇，似乎都是故意夸大事实奉为'打倒'对方的理由。因此我就站在调和的立场。这使得那里的党部认为我恰好是机会主义和异己分子的庇护者，结果撤消了我的中国共产党驻莫代表的职务准备回国。"②

1930年秋，莫斯科中国劳动者共产主义大学宣布停办。此后到苏联留学的中共党员和革命青年多数到国际列宁学院和东方大学等院校，其人数已远不如前，留学的方式也多是分散地派遣或个别前往。③有的人认为莫斯科中国劳动者共产主义大学之所以停办，与1929年的"清党"是分不开的。李一凡即回忆说：

至于"中大"，也因这场斗争而被取消；所有尚在学校的学生全被遣散。李剑如、余笃三、郭秉元、郭妙根和还有好些工农同志，由于克

① 《杨尚昆回忆录》，中央文献出版社2001年版，第37—38页。

② 《瞿秋白文集》政治理论编第7卷，人民出版社1991年版，第710页。

③ 戴学稷：《走十月革命的道路——二三十年代的留苏浪潮与中国革命运动》，《内蒙古大学学报》（哲学社会科学版）1980年第4期。《米夫与中国革命关系纪事》认为中山大学是1930年夏停办的，见《米夫关于中国革命言论》，人民出版社1986年版，第583页。

拉笑吉姬·伊万诺夫娜·基尔三诺娃[1]同志……的坚决力争，被转到了列宁学院。其余的，大都被分别遣送到苏联各边远地区，或外蒙与新疆。能回祖国内地的，多是王明一伙的“自己人”，如果是“异己分子”而能回到国内，则多方受到排斥、刁难、打击，如对柳圃青、李小妹等。被送到远东的周达明〔文〕和王长熙，后来被格贝屋[2]打成“日本特务”而被枪决；方洛舟和刘希吾死在新西伯利亚市狱中。被送到新疆的俞秀松和董亦湘，由于王明（从延安返苏途经新疆时）的出卖被盛世才杀害。被送到外蒙的一个外号“张和尚”的，当他从外蒙返回莫斯科时带回所赢得的鉴定之后，据基尔三诺娃同志告诉我，在布尔什维克党的历史上从没任何人曾经得到过，简直像俄罗斯谚语说的“纯洁如雪”，可王明和康生硬是拒绝了他的回国请求，以致他的头发在几天里全白了。此外，还有好些老党员如方维夏、江浩、钱介磐、李国轩、李仁一……被送往何处，至今下落不明，大概早已物故了。王明的反党宗派活动给吾党所造成的损失与危害，撇开六届四中全会以后的一切不谈，即已有如此者，言之痛恨罔极！[3]

① 有的译为基尔珊诺娃。

② 即格柏乌。

③ 《回忆中国共产主义劳动大学》，《革命史资料》编辑部编：《革命史资料》第19辑，中国文史出版社1992年版，第100—101页。

第三章 回 国

第一节 《红旗》报编辑

1929年四五月间，[①] 王明回到上海。

有的著作认为米夫安排王明回国，是“想让他在中共中央的领导机关中尽早占有重要地位”[②]。但孟庆树说，当时中共中央、联共中央都对如何对待富农的问题存在争论。一方面李立三与蔡和森争论，另一方面布哈林与米夫争论。布哈林要联合富农，米夫不同意。后来据米夫说，斯大林曾同意米夫的意见，认为在中国资产阶级民主革命阶段，不能联合富农，因富农多兼半地主，叫他为半封建剥削。王明这次回国，就是被派去平息李立三、蔡和森关于富农问题的争论。书中说：“1929年2月初，米夫和秋白找绍禹谈话，说：‘你不是很久就想回国去工作吗？现在听说李立三和蔡和森关于富农问题争论得很利（厉）害。李立三把蔡和森的政治局委员都开除了，和森正在动身到莫斯科来。中共代表团和国际东方部准备一封信（主要关于富农问题），但等信写好，还要通过，要几个月后，才能送去。因此，要你回去告诉中央，不要再争论这个问题了。他们都知道你在国际工作，会相信的。因

---

① 关于王明回国的时间，他本人有3月、4月、5月几种说法。别人的回忆更是众说纷纭。本书根据他填写的登记表，估计是四五月间。

② 孙耀文：《风雨五载——莫斯科中山大学始末》，中央编译出版社1996年版，第329页。

而派你回去传达。”①

关于王明离开莫斯科的时间，有的说是2月或3月初。王明说：“我早已在二月初就离开莫斯科回国来了”②，孟庆树也说是王明于2月离开莫斯科。③但1929年3月26日米夫在给中共中央的信中说：“近日将派遣戈卢别夫(陈绍禹）同志和10到15人的一批有专业知识的学生和翻译”回中国。④说明王明这时还没有回国，他回国的时间应该是3月底或4月初。⑤

据王明在莫斯科中山大学的同学黄理文回忆，米夫对王明回国曾特意作了安排：“上火车坐的是头等车厢，两人一个小包间，窗帘拉着，谁也看不见。这在苏联只有中央委员才能享受这种待遇，而中国同志只有瞿秋白等少数政治局委员可以享受这种待遇。”“到海参崴换轮船时，王明坐的是二等舱，而留学生回国大家都坐三等舱。”⑥

当时，国内很需要理论干部。对于王明这个学过理论的青年回国参加实际斗争，中央寄予很大的希望。为了使他所学的理论能与中国革命实际相结合，中央打算派他到苏区去工作，以使他了解中国实际，学习革命经验。护送他去苏区的交通员已经派定，但王明想留在上海，在党的机关里工作。师哲曾回忆说：“王明对从欧美经莫斯科回国的一些人讲过，在中国搞革命活动，领导工作只能从上边来做，从上边去领导容易得多，在下边作实际工作困难太大，有力使不上，有本事施展不开。王明常说，领导革命需要有核心力量，没有这种核心，没有骨干力量支持你，无论你怎么正确，你的主张也推行不开，得不到拥护。领导核心的形成，是从斗争中来的。所以，1929年王明回国后，不愿到基层工作，坚持要留在中央机关，一心一意想当领

---

① 孟庆树：《陈绍禹——王明传记与回忆》(手写复印稿)。

② 《中共半世纪与叛徒毛泽东》，莫斯科进步出版社1979年中文版，第108页。

③ 孟庆树：《陈绍禹——王明传记与回忆》(手写复印稿)。

④ 中共中央党史研究室第一研究部译：《共产国际、联共（布）与中国革命档案资料丛书》第8册，中央文献出版社2002年版，第93页。

⑤ 参见戴茂林：《关于王明研究中几个问题的考证》，《中共党史研究》2010年第12期。

⑥ 曹仲彬：《访问黄理文谈话记录》，转引自曹仲彬、戴茂林：《王明传》，吉林文史出版社1991年版，第99页。

袖。他既害怕白色恐怖，又害怕做艰苦细致的群众工作。”①

党组织接受了王明的要求，允许他留在上海。5月，王明被分配到中共沪西区委，在书记何孟雄领导下做《红旗》报通讯员。②据孟庆树回忆，王明回国后的工作很不顺利，她说：

> 1929年2月，绍禹离莫斯科。秋白叫他去找代表团管理组织工作的余飞。余飞叫绍禹到上海宝隆医院去接头。但是，绍禹到沪后，虽几次去信，也未见有人来接头。直到“五一”节前，绍禹在街上遇到陈原道同志，才接上了头。原道同志当时是中央组织部的干事，他很气愤地说：“宝隆医院这个地址破坏已半年了。我们早已通知过代表团，为什么余飞还把这个地址告诉你，而给别人不是这个地址!?”原道告诉中央后，第三天李立三到寿阳公（绍禹住的旅馆）来。他一见到绍禹，就横眉怒目、面红耳赤地问绍禹，国际有什么意见。当绍禹把情况告诉他后，他说：“你虽然在莫斯科学习过，但没有实际工作经验，要到最下层、最艰苦、最困难的地方去。”绍禹说：“可以”。李立三派绍禹到沪西去，做《红旗》报的通讯员。但当绍禹找到沪西后，才知道已有了通讯员高杰三同志。高同志说：“我要半年以后才能离开。你是来做候补通讯员的，是给我做助手的。你的任务是每天领来报纸，送发报纸。每早六时到北四川路青年会拿《上海日报》(李求实主编的)，拿70份左右。一半我分给区委，另一半由你自己到工厂街道等处去贴散。《上海日报》是秘密的，要善于躲避敌人。在电车上把报纸放在足下。时常有敌人来搜查，要小心……”李立三不准绍禹和区委人接触，只和高杰三一人联系。
>
> 1929年5月的某日，绍禹去青年会拿报，遇到李求实（他是共青团中委和书记处书记)。他和林育南等都不满意当时的中央。李问绍禹来此做什么，绍禹说来拿报。李说：“你是交通?”绍禹说：“我是候补通

① 师哲：《在历史巨人身边——师哲回忆录》，中央文献出版社1991年版，第115—116页。

② 王明在延安写的简历说1929年5至7月“任中央党报采访员兼送报”；1950年填的简历表说自己1929年4月后“在上海，作红旗报通讯员”。

紅旗
週報
中國蘇維埃第一次全國代表大會的法令草案
勞動法草案

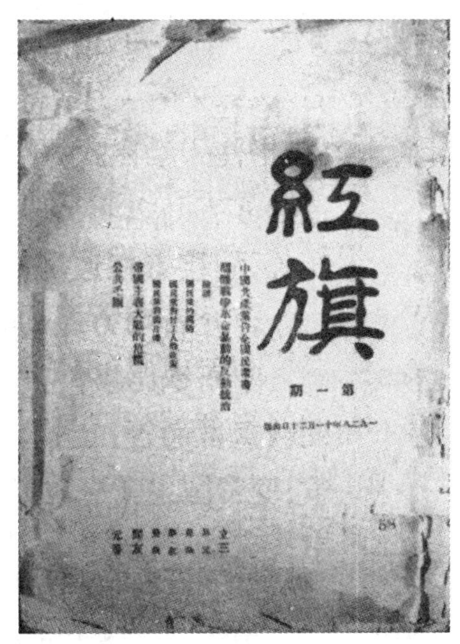
紅旗
第一期

《红旗》周报

讯员。”李说：“区委有交通，我从未听说有什么候补通讯员！谁分配你这个工作？”绍禹说：“阿三（即李立三）要求我做最下层、最困难、最艰苦的工作。”李求实说：“你能不能到报馆来工作，你很可以写东西呀。”过了三个月，绍禹才被调到沪西区委做宣传部长，有时代理区委书记等职。①

7月下旬，王明被调到沪东区委任宣传干事，兼做《红旗》报通讯员。王明在延安写的简历说1929年“7月下旬至10月半，上海沪东区党委宣传”；1950年填的简历表说10月前曾任“中共沪东区委兼宣干”。他在离开沪西区委时，写了一首《从头学起有得》的诗，记述自己担任通讯员的经历：

见空就投飞似箭，背人即贴快如风，

① 孟庆树：《陈绍禹——王明传记与回忆》（手写复印稿）。1929年7月，王明被调到中共沪东区委宣传部，但没有材料证明王明担任了宣传部长，更不可能代理区委书记等职，此处回忆有误。

莫言此道学无用，手足机灵耳目聪。①

10月，王明被调任《红旗》报编辑。王明在延安写的简历说“10月半至30年1月中央《红旗》报编辑”；1950年填的简历表说自己“1929.10—1930.春，在上海，中共《红旗》三日刊编辑”。孟庆树也回忆说“从1929年11月到1930年1月1日，绍禹被调去中央宣传部编《红旗》三日刊”。②

当时中共中央宣传部在上海威海路永吉里设立了一个资料科，恽代英、王明等都经常到这里来查阅资料和写作，后来王明干脆搬到这里，直接在这里居住和写作。1981年，已经是满头银丝的邵珍回忆起当时的情况说：“我们机关住四人，王铁江、罗晓红、陈绍禹和我。”“当时，陈绍禹和我们住在一块儿，他一个人住在机关的亭子间里……每天陈绍禹都在亭子间里看书报，看材料，看得很用心，很少出来，吃饭时还看书。有时我把饭菜送他桌子上，他也不看看好坏，还是专心看书，一边看书，一边吃饭。我们故意给他拿些不好的菜，他也不看就咽肚里去了。”③罗晓红也回忆说：“王明经常来写文章，主编《红旗》。他写文章特点是长，一写就到半夜。我与邵大姐住前后客堂，王明太晚就住后楼。”④

关于这段经历，孟庆树回忆说：“从1929年11月12日到1930年1月1日，绍禹被调去中央宣传部编《红旗》三日刊。此刊原来是潘问友同志编的，他同时兼中央宣传部秘书，又兼编《布尔塞维克》杂志……规定《布尔塞维克》半月出一次，《红旗》为三日一次，但二者都从未按时出过。虽然李立三等中央负责人还时常写稿，但当绍禹编时，他们都不写稿了。李立三还公开说：‘第一，禁止你用自己的名字，绝不准用陈绍禹、韶玉等名；第二，一定要三日出一期；第三，不给你交通，你自己送稿去印刷所。’虽然如此，绍禹一人写稿、送稿、校对等全做。住在沪西新闸路，印刷所在沪

① 《王明诗歌选集（1913—1974）》，莫斯科进步出版社1879年中文版，第66页。

② 孟庆树：《陈绍禹——王明传记与回忆》（手写复印稿）。

③ 曹仲彬：《访问邵珍谈话记录》，转引自曹仲彬、戴茂林：《王明传》，吉林文史出版社1991年版，第106页。

④ 曹仲彬：《访问罗晓红谈话记录》，转引自曹仲彬、戴茂林：《王明传》，吉林文史出版社1991年版，第106页。

东提篮桥附近。每期要写一万六千字（等于大报的两版，除了标题报头等外，还有一万六千字左右）。绍禹能使报纸按期出来，大家都很称赞。因为全为绍禹一人写稿，所以从1929年11月半到1930年1月1日前出的《红旗》三日刊（共15期左右）的内容，虽是署名慕石、英石、膺时、情淑、华英、兆雨、露青、鲁卿……等都是绍禹一人写的。《红旗》三日刊的内容为：(1) 国内外时事；(2) 红军苏维埃的消息；(3) 对国民党、反共言论的答复；(4) 群众斗争的报道；(5) 介绍苏联；(6) 其他。”①

从这年9月到1930年1月，王明一共写了30多篇文章，内容有正确的，也有错误的。但不论正确的还是错误的，都来源于共产国际。这些文章涉及的内容很多，但阐述得最集中的是四个问题。

第一，中国革命的基本问题。包括中国的社会性质，中国革命的性质、对象、动力、领导权，中国革命的道路、前途等问题。

王明按照共产国际和党的六大决议精神，宣传了中国是半封建半殖民地的社会，中国革命是资产阶级民主革命，革命的对象是帝国主义、封建主义。但是，他在宣传中国革命的性质时，夸大了中国资产阶级民主革命中的社会主义成分。他在《反对两个严重错误的倾向》一文中说：“现阶段革命中的革命力量……革命领导……以及革命斗争方式……等，都是社会主义革命的成分。”② 这样就从理论上混淆了民主革命和社会主义革命的界限，否认了革命发展阶段论，为他的“左”倾冒险错误制造了理论根据。

王明夸大中国民主革命的社会主义革命成分的另一个原因，是为着说明中国革命的任务，既要反帝反封建，又要反对资产阶级。他在《两个策略与两个政纲》一文中谈到我们的政纲时，就把反对资产阶级和反对帝国主义、封建主义并列起来。他概括我们的政纲是“以无产阶级领导广大农民群众反帝国主义，反封建余孽，反资产阶级，推动革命向前发展，使中国革命不仅彻底完成资产阶级民主革命任务，而且使之转变到无产阶级革命”③。他在《与一个工人同志的谈话》中，把反对资产阶级问题，说得更突出、更尖

① 孟庆树：《陈绍禹——王明传记与回忆》（手写复印稿）。

② 载1930年1月8日《红旗》报。

③ 载1929年11月23日《红旗》报。

锐。他说：

> 我们现在的革命，一定要反对资产阶级；中国资产阶级投降帝国主义，妥协了封建军阀，成为中国反革命的主要力量之一；它们剥削中国工农，压迫中国工农，屠杀中国工农，与帝国主义、买办、地主、军阀、官僚、豪绅一样的残酷。现在阶段中国革命任务的完成，只有在同时彻底反对中国资产阶级的条件下，才能做到……到中国无产阶级能够领导广大农民群众起来赶走帝国主义和实行没收地主阶级土地的时候，它绝不会不动中国资本家的财产，让中国资本家继续握有工厂、矿山、铁路、轮船、银行……去继续剥削中国工人阶级来发展中国的资本主义。它一定要把……中国资本家的企业都国有起来，与苏联的经济融成一片，来走向社会主义的经济建设。①

王明把反对资产阶级提到和反帝反封建并列的地位，并明确提出没收中国资产阶级的财产，是他犯“左”倾错误的重要原因之一。

同王明把资产阶级当成革命对象相联系，他也把富农当成革命对象。关于如何对待富农问题，党的六大认为应中立富农。六大后的第二年，即1929年，苏联要实行农业集体化，并在集体化运动中解决富农问题。布哈林反对这一政策，于是苏联进一步加紧了反布哈林右倾的斗争。米夫等人要把苏联的消灭富农、反对右倾的政策，不顾地点、条件地照搬到中国来，就起草了《共产国际执委会就农民问题给中国共产党中央委员会的信》。这封信“要求”中共中央“以极其认真的态度”，“重新审议农民问题”，指出在“对待富农的态度这个问题”上，“中国同志犯了非常严重的错误”，主张加紧反对富农，没收“富农的地产”。

王明看到这封信后，就添油加醋地宣扬起来。他在《极可注意的两个农民意识问题》一文中，着重说明了以下几点：

1. 主张坚决地、不动摇地、丝毫不放松地反对富农。“对反对富农的策略有了动摇……必不可免的要妨碍农村贫农群众的积极性和失去我们在农村

① 载1929年11月16日《红旗》报。

的基础，以至于有利于农村中的富农！”

2. 不加区别地反对一切富农。“中国富农因特殊条件关系，兼有半封建与资本主义的两种剥削，无产阶级的政党，决不能作出‘联合富农’、‘不反对不兼半地主半封建的富农’的结论来。同时，我们的任务也不是因此去辨别某一或某些富农的压迫剥削成分中，哪些是半封建性的，哪些是非封建性的，而是要在我们的政纲上策略上加倍地把纯无产阶级的反资本主义的斗争与一般农民的反封建的斗争更紧密联接起来”。

3. 谁不赞成反对一切富农，就是“农民意识”、“富农意识”。“只站在一般农民的观点上去反对富农的半封建压迫和半封建剥削，而不站在无产阶级观点上去反对一切压迫和一切剥削（包括封建性与资本主义性的），这不是别的，是农民意识（尤其是富农意识）！”

4. 要同时反资产阶级和富农。“只有在反封建势力的民主革命中，同时进行反资产阶级的斗争，才能唤起、促进和提高无产阶级的战斗心、觉悟性与组织力，以造成、加速和推进革命转变的条件。”“在这一策略（指反富农——作者注）坚决和正确运用之下，汇合其他一切有利的条件，必不可免的要促进和加速中国革命的转变过程”。①

关于革命动力问题，王明重复了共产国际、斯大林说的大革命时期四个阶级、武汉时期三个阶级、大革命失败后两个阶级的说法，认为现在阶段革命中的动力只有工农，资产阶级及上层小资产阶级已叛变革命。

关于革命转变问题，王明从强调民主革命中的社会主义成分开始，宣扬一个大城市民主革命的胜利，即是社会主义革命的开始。他说：“现阶段的中国革命，在高涨到来之时，有很快地转变到社会主义革命的前途”②。“广州暴动如果胜利了，毫无疑义的是中国资产阶级民主革命的最后完成，转变到无产阶级革命的正式开始，延续着广州暴动而发展下去的中国阶级斗争的前途，很明显地告诉全世界的人们说：中国革命不胜利则已，胜利一定联系到中国的‘十月’！”③ 谁不这样认识，就是“走上俄国孟塞维克与中国机会

① 慕石：《极可注意的两个农民意识问题》，载 1930 年 1 月 4 日《红旗》报。

② 慕石：《反对两个严重错误的倾向》，载 1930 年 1 月 8 日《红旗》报。

③ 慕石：《广州暴动二周年纪念》，载《布尔塞维克》第 2 卷第 11 期。

主义的‘二次革命’的错误道路”①。

第二，关于国际国内形势与党的当前任务。

王明回国工作的时候，尤其是他写这些文章的时候，国内外形势发生了新的变化。1929 年资本主义国家爆发了空前严重的经济危机。在国内，国民党统治内部矛盾进一步激化，接连发生了蒋介石与李宗仁、白崇禧，与冯玉祥，与唐生智的战争。在这种情况下，革命形势开始好转，红军和根据地有了新的发展，党的组织有了相当的恢复和建立，工人运动、农民运动、学生运动也有新的发展。

对于这种形势，共产国际作了错误的估计。王明的文章不仅宣传了共产国际的错误，而且有所发挥。

1928 年 7 月 17 日到 9 月 1 日召开的共产国际第六次代表大会认为：1924 年到 1927 年的资本主义相对稳定时期已经结束。从 1928 年开始，资本主义体系总危机进入“第三时期”，“即帝国主义国家之间的帝国主义战争，帝国主义国家的反苏战争、反对帝国主义和帝国主义者武装干涉的民族解放战争和大规模的阶级搏斗的时期”。这种理论虽然揭示了资本主义危机的日益加剧和世界革命的有利形势，但过分夸大了资本主义危机的后果和世界革命力量的发展。王明作为会议的翻译人员，对这种说法心领神会，再加上 1929 年形势的新变化，他就写文章，反复宣传世界战争“行将爆发”。在有关国际形势的文章中，他的发挥有以下几个特点：

1. 根据某一具体事实，加以推理，导衍出世界战争“毫无疑义”地要爆发。他在《准备着应战》一文中，根据 10 月 25 日国民政府外交部发表《中俄交涉破裂声明书》，推论说：“随着南京政府这一声明书而来的，一定是更无耻的、更大胆地向苏联武装进攻，苏联政府也一定迫不得已，要实行武装保护工人祖国的任务”。“进攻苏联的战争，毫无疑义的是世界战争，参加这一战争的：一方为全世界帝国主义、社会民主党、（第二国际）法西斯蒂、中国国民党、改组派、第三党、国家主义派等等，反动力量的大联合；另方为苏联工农，全世界革命的……大联合。”② 事实上，虽然中苏边境时有武装

① 慕石：《反对两个严重错误的倾向》，载 1930 年 1 月 8 日《红旗》报。

② 载 1929 年 11 月 7 日《红旗》报。

冲突，但却没有演变成世界战争。

2. 把矛盾性质的对抗性和矛盾程度的尖锐性混淆起来，公式化地说帝国主义联合进攻苏联的危险“更紧迫于”帝国主义国家相互间的战争危险。从矛盾性质来说，帝国主义国家和社会主义国家是对抗性的，但这个矛盾是不是在任何时候都是国际上最尖锐的矛盾，那就不一定。有时帝国主义国家与社会主义国家的矛盾最尖锐，直到发生战争；有时是帝国主义国家之间矛盾最尖锐，直到发生世界大战。但王明在《最近政局与拥护苏联》一文中把两者混淆起来，说：“无论帝国主义国家间的矛盾复杂到什么程度，尖锐到何种田地；绝不会混淆或减轻整个资本主义世界与唯一社会主义国家苏联的两个不同社会制度的根本矛盾，所以每当帝国主义国家相互间的矛盾加深一层或扩大一步时，它们共同进攻苏联的阴谋毒计不仅不曾有丝毫的放松或缩小，而且更加急进和周密。”“谁不了解进攻苏联的战争危险更紧迫于帝国主义国家相互间战争的危险，谁便不会真正了解光怪陆离的国际政局。”① 这样公式化地对待国际形势，就会妨碍利用帝国主义国家间的矛盾，妨碍制定正确的战略策略。

3. 用主观猜测代替客观分析，武断地说中国军阀战争一定要引起帝国主义“亲自出马”的帝国主义战争。王明在分析国际形势、太平洋形势时说：“中国民众有左右将来太平洋大战的力量，所以各帝国主义者都想把中国拿住作为自己有力的后备军，中国统治阶级各自甘心作各个帝国主义的走狗，反映各帝国主义矛盾的中国军阀战争，终于要引起各帝国主义亲自出马的战争；中国一定是太平洋战争的战场！”② 时局的发展，并没有像王明预言的那样发展。

对于中国革命形势的分析，共产国际也作了过高的估计。1929 年 10 月 26 日，共产国际在给中共中央的信中说：“中国进到了深刻的全国危机底时期”，“工人运动底新浪潮高涨起来，而工人运动就是革命高涨底急先锋”，“农民运动以及其中的游击运动，复兴起来”。这封信还说：“现在已经可以开始而且应当开始准备群众去用革命方法推翻地主、资产阶级联盟底政权，

---

① 载 1929 年 10 月 17 日《红旗》报。

② 慕石：《太平洋会议的总结》，载 1929 年 11 月 16 日《红旗》报。

去建立苏维埃形式的工农专政。"[①]

王明根据共产国际的基调，又有新的发挥。他根据北京人力车工人等劳苦群众的一次自发斗争，根据哈尔滨一中学生举行的拥俄反日的游行，根据唐山五矿工友的斗争，分别对当时的革命形势作了过高的估计，并由此作出全局性的结论，提出不切实际的斗争任务。他说："国民党压迫和欺骗群众的政策……一天一天的走向破产……群众斗争的情绪日益紧张，斗争发展的进程日益向上，直接的武装行动已成为广大劳苦群众所采取的斗争手段，加紧了党准备武装暴动的任务。因此，党应当把党员军事化及武装工农的工作立刻实行起来。"[②]他在另一篇文章中说，上海工人举行了三次暴动，还要干第四次暴动，"反对进攻苏联和反对军阀战争的目前两大革命任务，只有工农武装大暴动才能完成"。他甚至鼓吹：广州暴动二周年纪念日、反军阀战争周"均迫在目前了，全中国的广大工农劳苦群众正积极准备一个伟大的暴动预演——政治总示威"[③]。对示威这种不顾时间、地点、条件的普遍号召，就为冒险行动提供了依据。

对于"反革命联盟"的分析，如果说共产国际还把它分成"两个政治集团"加以区别的话，那么，王明则认为他们是一样的坏东西。他在《没有一个好东西!》中说："中国的各派军阀，无论国民党'左派'也好，蒋派也好……以及那些还想爬起来的直系'吴大帅'、'孙巡帅'也好，安福系的段祺瑞也好，鲁系的张宗昌也好，都是一个娘养的，没有一个好东西!"[④]照王明这样看，当然就没有中间势力、第三营垒了，也就不可能有团结一切可能的同盟者，利用矛盾、打击主要敌人的策略了。

第三，关于中东路事件问题。

当王明回国工作的时候，特别是当他写这些文章的时候，发生了中东路事件。

中东路是沙俄侵华的产物。根据1896年不平等的《中俄密约》，沙俄修

---

① 《共产国际执委给中共中央关于国民党改组派和中共任务的信》，《中共中央文件选集》第5册，第422、423页。

② 慕石：《六万劳苦群众的武装斗争》，载1929年11月10日《红旗》报。

③ 慕石：《第三次暴动与"第四次暴动"》，载1929年11月30日《红旗》报。

④ 载1929年12月20日《红旗》报。

筑从满洲里经哈尔滨到绥芬河的中东路中线。根据1898年不平等的《旅大租地条约》，沙俄修筑从哈尔滨经长春到旅大的中东路支线。沙俄在铁路沿线肆意践踏中国主权，侵扰沿线附属地的居民。十月革命后到1924年中东路仍然被沙俄残余势力占据，成为白俄进攻苏联的基地。日、美、英、法等帝国主义国家，企图借中东路牟取私利，引起争夺，造成“国际共管”中东路的局面。苏联政府两次发表对华宣言，宣布废除沙俄时代订立的一切对华不平等条约，要求中苏谈判，建立两国平等友好关系。但北洋政府根据帝国主义的旨意，以不承认苏联为由，不予谈判，也就不曾收回中东路，遂改成沙俄残余势力与中国“共管”。1924年5月，中苏达成建交协议，签订了《中俄解决悬案大纲协定》，并签订了《中俄暂行管理中东铁路协定》。这个《协定》规定：中东路设理事会，理事长为中方，副理事长为苏方；设局长一人，苏方担任，副局长二人，苏中各一；正副处长，或苏正中副，或中正苏副；路局各级人员苏中各半。同年9月苏联又与统治东北的张作霖签订《奉俄协定》。1929年5月27日，国民党东北当局借口苏联工作人员在中东路“宣传赤化”，派兵包围、搜查苏联驻哈尔滨领事馆，监禁总领事及其他人员。苏联向国民政府提出抗议。蒋介石亲赴北平，同张学良密谋，决定派兵向中苏边境集结布防，并派兵于7月10日强占中东路全线，解雇苏方人员，将高级职员驱逐出境，粗暴地破坏了1924年的中苏协定。接着，在中苏边境挑起武装冲突，苏军以猛烈的攻势击垮了中国军队。张学良派人到伯力与苏联谈判，于12月3日签订《伯力协定》，仍然按照1924年的协定，恢复到7月冲突以前中苏合办的状态。

当中东路事件刚一发生的时候，共产国际执行委员会就接连发表声明和宣言，号召中国工农劳苦大众“以革命的行动来答复”中国军阀的暴行，“与苏联无产阶级结成更亲密的兄弟般的同盟，坚决的实行反对中国及俄国白党的斗争”①。中共中央根据共产国际的指示，提出“拥护苏联”的口号。又于7月24日发出中央通告第42号，把“拥护苏联”发展成“武装拥护苏联”，并说，“如果帝国主义、国民党实行对苏联的武装攻击的时候……我们亦应

① 《共产国际为帝国主义及国民党进攻苏联宣言》（1929年？月21日），载1929年8月2日《红旗》报。

在共产国际变帝国主义战争为国内战争，变帝国主义进攻苏联的战争为拥护苏联的革命战争的口号之下，实行号召广大群众的直接革命行动”。王明根据共产国际、中共中央的基本策略写了不少文章，专论或兼论中东路事件。他的文章，正确地揭露了帝国主义、国民党的反苏政策，但是夸大了帝国主义、国民党发动全面反苏战争的危险性。他写道：“中东路问题是进攻苏联的直接导火线”，“迟早都有爆发整个帝国主义进攻苏联战争的可能”。在中国“无论各军阀间的冲突达到如何程度”，也“绝不会变更与缓和”他们“武装进攻苏联的政策”①。

在这样分析的基础上，他大力宣传“武装拥护苏联”的口号。他写道：“在中国反动政府公开的进攻苏联的情况下，‘武装拥护苏联’这一口号，不是一般的宣传口号，而是随着事变发展的过程而变成现实行动的口号的，只有‘变反苏战争为拥护苏联的战争’，中国无产阶级才能尽其国际的阶级的和历史的作用与任务。”②

第四，关于批判托陈取消派问题。

在莫斯科参加托派组织的学生回国后，公开地或在党内秘密地进行托派活动。陈独秀、彭述之等人也接受了托洛茨基的观点。陈独秀于 1929 年 7、8 月间，连续向中共中央写了三封信，除中东路问题以外，还谈了中国革命的形势、任务等一系列重大问题，认为“革命斗争不是走向复兴而是更加衰落”，因此，“工农苏维埃在目前只是宣传口号”。他主张以“召集国民会议”为目前“总的政治口号”，代替“打倒国民党政府”和“建立苏维埃”的口号。中共中央针对陈独秀的错误，专门作了决议，给予严正的批评，指出他已经“走到了极可耻的取消主义”！并要求他们“必须立即服从中央的决议接受中央的警告在党的路线之下工作，停止一切反党的宣传与活动”③。但他们对中央的决议不但不服从，反而变本加厉。于是，党中央于 1929 年 11 月 15 日作出决定，将陈独秀等人开除出党。

在陈独秀被开除党籍以前或以后，王明都写过文章，对于托陈取消派的

---

① 慕石：《最近政局与拥护苏联》，载 1929 年 10 月 17 日《红旗》报。

② 韶玉：《论撒翁同志对中东路问题的意见》，《布尔塞维克》第 2 卷第 10 期。

③ 《中央关于反对党内机会主义与托洛茨基主义反对派的决议》(1929 年 10 月 5 日)，《中共中央文件集》第 5 册，第 402 页。

批判，态度是积极的，不少观点是正确的，但也有许多错误。例如，他认为“党的主要实际政治危险”是右倾。更值得注意的是，王明把反右倾、反调和派同反托陈取消派连在一起，说“取消主义及一切右倾倾向是目前党的主要政治危险”，“与取消派及一切不正确倾向取调和态度的调和派，同样的是政治危险的倾向”。“右倾倾向一发展下去，便成为公开的机会主义，便成为取消派”。“调和派是怯懦的机会主义者！调和派若不迅速转变到党的正确路线上，便要走向公开的机会主义道路。”① 这样，王明就把两种性质不同的矛盾混在一起了，有可能导致反托陈取消派扩大化。

总之，王明回国后教条主义地宣传了共产国际的东西，他自己的“发挥”是极左的。这种“左”的宣传，对八七会议以来党内一直存在的“左”倾思想起了推波助澜的作用，为李立三的“左”倾错误作了舆论上的准备。

在进行“左”的宣传的同时，王明还进行宗派活动。这时，在莫斯科有着相似的教条主义观点的人相继回国，他们之间保持着密切的宗派联系；王明还不经过党组织擅自和共产国际远东局的代表联系，以求得到他们的支持，为此曾受到党的严厉批评。1929 年 10 月，中共江苏省委宣传部长任弼时和王明谈话时，曾指出他在对富农政策上的“左”倾观点和非组织的活动。当时王明承认：不经过党的组织直接向共产国际有关个人报告中国党的情况“是不对的”，但这是莫斯科有关的人要求他做的，并且答应今后“避免”这样做。②

第二节　被捕与泄密

1930 年 1 月 12 日，王明在上海沪西吴淞江畔的曹家渡被捕。那天上午 10 时，他去出席工联会召开的布置年关斗争的会议。到会场不久，中外巡

---

① 慕石：《党的主要实际政治危险，究竟是什么?》，载 1929 年 11 月 23 日《红旗》报。

② 中共中央文献研究室著：《任弼时传》，中央文献出版社、人民出版社 1994 年版，第 161—162、191—192 页。

捕 10 多人突然进来，大喊“莫动”，接着就进行搜查，搜出《上海报》、《红旗》报、《布尔塞维克》、苏联画报，以及煤业、药业、估衣业斗争纲领等数百份，装了两大篓。然后，巡捕将在场的 20 多人全部捕走，赶到弄口外等候的囚车上，押解到老闸捕房。

到老闸捕房后，马上讯问每个人的姓名、住址。王明说了假姓名，但供出了住址是鸭绿路，“号数不知”。鸭绿路有党的机关，王明的做法严重违反了党的秘密工作的原则。

当天下午 4 时，340 号巡捕送糙米饭来，王明等人就和他商议，请他给狱外的人送信，他表示同意。于是王明从一个工人那里找到一根短铅笔，又找到几张草纸，伏在墙角的地上写了信。另一个人也写了信，折好后交给巡捕，并说按地址送到后，每封信付大洋 14 元的酬劳费。王明的信是写给他的挚友、中山大学的同学、中宣部秘书潘问友的。信的内容大体是他因什么事被捕，关押在什么地方。他写信的目的是通报他的“简供”，请求营救。他还托巡捕向潘问友询问高介三的住址。由于王明暴露了中央机关的地址，他所了解的中央机关不得不立即搬家。

关于这件事，有几种不同的说法；

当时在中央宣传部资料科工作的邵珍回忆说：王明的信是王铁江先接到的，后转交给中央。“由于组织上通知我们赶快搬家，我不愿意搬家，埋怨了几句。王铁江他们才把这个事情的经过给我讲了。他说，陈绍禹去曹家渡开会，被敌人捉去了。后来他叫个警察送来了一封信，我把信收了。由于咱们机关暴露，所以中央决定咱们机关赶快转移、搬家。搬家前，我把一般的文件材料全烧了，整整烧了一个晚上”。①

当时任上海工联会秘书的廖华 1943 年 12 月 6 日写的《我和王明等被捕的经过》说：下午四点，有一个巡捕送糙米饭来了，陆友三② 就找那个巡捕说话，内容是要他通消息给外面，他点头，于是王洁明③ 找到一个工人，在口袋里拿到一根短铅笔，并由一个人身上要出数张上茅厕的草纸，伏在墙角

① 曹仲彬：《访问邵珍谈话记录》，转引自曹仲彬、戴茂林：《王明传》，吉林文史出版社 1991 年版，第 142 页。

② 与王明一起被捕。

③ 即王明，下同。

的地上写了一封信，陆友三也写了一张，接着交给巡捕，王洁明的信址是法租界什么地方。只听到说：信送到时，每封给大洋十四元为酬劳费。过几天送信的巡捕又来，说是信已送到了，记不清他们又送了什么信，但巡捕第二次回来，忽然向他们发脾气，骂他们，大概是送信的地方搬家了。

盛岳回忆说，当时王明请的是一个印度巡捕，收信的是潘文玉①。他说："陈绍禹急于出狱，他不顾起码的安全措施，写信给中大毕业生、当时中共中央宣传部秘书潘文玉求救，从而危害了党。他买通了一个印度巡捕去送信给潘文玉，潘接信后大吃一惊。由于陈的愚蠢，大部分上海的中共地下机关不得不搬家，因为陈已派了一个巡捕直接到了一个机关。"②

罗章龙说王明的信是送给李求实的。他说："在严重的白色恐怖下，不久王明被工部局逮捕。当时王明非常害怕和惊慌，他乞求工部局的一个巡捕送信给宣传部，并对这个巡捕说将来会得到报酬。王明的信送到李求实手里，信中说，我已被捕，请设法营救。收到这封信，李求实大吃一惊，党内的同志哗然，都对王明为保命而不惜暴露党的机关不满，结果党的机关被迫全部搬家。"③

在老闸捕房关押一段后，王明等于 1 月 22 日上午 11 时被解送提篮桥监狱。在提问时，王明说自己是卖茶叶的。当时任上海工联会秘书的廖华 1943 年 12 月 6 日写的《我和王明等被捕的经过》说：阴历的腊月 23 日，我们每两个戴了手铐，上车到北四川路会审公堂审问。问到王洁明④，他的口供是安徽六安人，因为卖茶叶到上海被捕云云。当时没有人承认是为开会被捕的。于是就把我们送到提篮桥西牢东监的第三层楼上，在那里度岁。当时已接近年关，有的工人因过年而想家；有的怕失业；有个人曾在中国监狱坐过牢，看过打人，讲到用刑残酷，使个别人更害怕了。在这种情况下，王明就向那些工人解释，安慰他们，教他们读书、认字，讲些反帝的道理，有时还讲些有关取消派的事，讲些马克思主义、列宁主义的道理。但在闲谈中，他也表示对上海工联会极度不满，说在那个地点举行这样大的会议，文件一

① 即潘问友。

② 《莫斯科中山大学和中国革命》，东方出版社 2004 年版，第 242 页。

③ 《上海东方饭店会议前后》，《新华文摘》1981 年第 5 期。

④ 即王明。

大批，竟被破坏，真是死有余辜。

除夕这天，王明于狱中作七律《狱中除夕》。诗曰：

爆竹声知旧岁终，狱中何处有春风？
新年战友连窗祝，含笑交谈众志同。
死去一心留党国，生还百计为工农。
苏联茁壮苏区大，马列旌旗遍地红。①

同月，还于提篮桥狱中作五绝《狱情》。诗曰：

青春全献党，义士壮成仁；
同志多千万，伤心最一人。②

对于王明的被捕，共产国际远东局非常关心。1月30日，在上海的共产国际远东局负责人雷利斯基在写给共产国际执行委员会东方书记处的信中谈到王明被捕一事，说“戈卢别夫（王明）目前尚无危险，应估计到这种病不是致命的。”③ 2月1日，雷利斯基又致信米夫，说“戈卢别夫被捕后没有什么危险，只是坐几个月的牢。”④

2月4日下午5时，英租界当局宣布将王明等人引渡到国民政府上海警察局，下午7时即解到。本来他们就怕引渡，再加上他们发现一个同时被捕的人有叛变嫌疑，这就更增加了他们的惧怕情绪。当晚半夜，王明和主持那次会议的同志密议：到警察局后一定要用刑，如用刑有的工人可能难以忍受，“供出来，弄得案子僵了，大家都不好办”。因此，“须使他们有组织的有方法的承认口供，至少不须承认下列数事：(1) 共产党，(2) 工厂代表，

① 《王明诗歌选集（1913—1974）》，莫斯科进步出版社1979年中文版，第70页。

② 《王明诗歌选集（1913—1974）》，莫斯科进步出版社1979年中文版，第71页。

③ 中共中央党史研究室第一研究部译《共产国际、联共(布）与中国革命档案资料丛书》第9册，中央文献出版社2002年版，第51页。

④ 中共中央党史研究室第一研究部译《共产国际、联共(布）与中国革命档案资料丛书》第9册，中央文献出版社2002年版，第54页。

(3)开会”[1]。王明还不放心，怕有人供出来，就想了另一个办法，即叫那位被搜出记录和签到簿的同志承担责任以救大家。当时任上海工联会秘书的廖华1943年12月6日写的《我和王明等被捕的经过》说：到了阴历正月初六，王洁明[2]又被提到会审公堂审问，结果被引渡到小东门总公安局。第二天，王洁明和陆友三、何照在背后密语，似乎看见当时的工人有些动摇，恐怕一打就供出来，弄得案子僵了，大家都不好办。于是，在第二天早晨八九点的时候，王洁明拉我在背后，暗地说：“这里分子很复杂，一被打一定都供出来，那时大家都不得了。为保存干部计，为救大家计，你是一个案首，可以承认了一些，说你是来做什么的，那就可以减轻大家的案件，你看如何?”以征求我的意见。我“感觉到这是损人利己的主张”，没有同意。以后他和陆友三都不好意思见我。

过了几天，敌人开庭审讯。审讯的重点是开会的工人，倒数第三名是审问王明。问：“叫什么名字?”答：“王杰仁。”“哪里人?”“安徽人。”“好大年纪?”“19岁。”“干什么的?”“开米店的。”“为什么到彩印工会去?”王明哭着说：“老爷！俺不懂什么会!”“你为什么到捉你的那家人家去?”“俺去找俺表兄吴鲁卿先生。”由于王明年轻，又穿的是工人衣服，敌人不明他的身份，所以他就这样蒙蔽了敌人。在提篮桥关押期间，他还和一个安徽籍的看守攀谈，认作乡亲。

由于敌人没有发现王明的真实身份，以及党的营救，警察局让王明“交保释放”。在办手续时，王明那个老乡看守，让他随便填了一个名字，就算有了保人，叫他于2月18日上午出狱。

有两个材料，说王明是经过“党的内线活动”放出来的。廖化[3]于1949年3月22日在大连写的证明材料说：“经过我党的内线活动，把王明同志等三人保释”。郭平（当时叫郭宝根）1955年8月8日写的交代材料说：“1930年1月份，因参加上海工联会纱厂工人代表会议讨论年关斗争，在上海厦门路被捕，一共有二十三人，其中有中央委员王明同志[4]……后来经过党的内

---

① 王明1930年2月给中共中央的信。

② 即王明。

③ 可能即廖华。

④ 王明那时并不是中央委员。

线活动，将王明等同志保释，其余被送到苏州高等法院”。

还有一种说法：王明这次出狱是共产国际驻中国代表花几千元保释出来的。罗章龙即说：“由于当时王明年轻，工部局不明他的身份，米夫知道这事，认为非极力营救不可，便拿了几千元钱，通过关系把王明保释出来。后来米夫又为王明的这次被捕事件庇护。”① 但当时与王明住同一机关的邵珍却说：“陈绍禹去曹家渡时化装成工人样子，和一些工人一起被捕的。敌人没有发现他。所以，以后他和工人一起被放了。我没听说党花很多钱把他搞出来。如果真花那么多钱，他就暴露了。不仅出不来，很可能枪毙。”② 当时在资料科工作的罗晓红也说：“王明是否是花钱赎出来的，没有根据。”③

刘平若在 1953 年写给毛泽东的信中说：反革命陆京士的爪牙江菊林曾亲口告诉他，是“陆京士亲自放过王明的”，“至于何时何地，江菊林未曾详言”。

对于出狱的经过，王明晚年则是这样给他的儿子王丹之说的。据王丹之说：我曾经专门问过父亲是怎样出狱的。他说他的案情其实很轻，自己在“过堂”时一口说是外地人，随便走进这个门想问路的。而那天事先已在会场的敌探也证实说：这位先生刚一进门警车就来了，他还没跟任何人搭话呢，因而交保释放，根本没有必要派人与党联系。后来陈庚调查证实的也只能是这种经过。

王明出狱后，接连写了两封信。

一封是写给米夫的。盛岳在《莫斯科中山大学和中国革命》一书中说：王明这封信“诡称在狱中遭到毒打，抱怨中共中央把他丢到了脑后。米夫大发雷霆。他在四中全会前给中共中央信中，赞扬陈绍禹的英雄主义并称他是英勇革命者的典范，攻击李立三的领导不给陈（指王明——作者注）安排重要职务。”④

---

① 《上海东方饭店会议前后》，《新华文摘》1981 年第 5 期。

② 曹仲彬：《访问邵珍谈话记录》，转引自曹仲彬、戴茂林：《王明传》，吉林文史出版社 1991 年版，第 142 页。

③ 曹仲彬：《访问罗晓红谈话记录》，转引自曹仲彬、戴茂林：《王明传》，吉林文史出版社 1991 年版，第 142 页。

④ 盛岳：《莫斯科中山大学和中国革命》，现代史料编刊社 1980 年内部版，第 259 页。

另一封信是写给中共中央的。这封信是他出狱后的第三天，即2月21日写的，共写了29页。在信中，他汇报了一些情况，也轻描淡写地承认自己有“错误或疏忽”。但总的来说，他这封信对自己的错误是躲躲闪闪，避重就轻。

中央审查了他被捕的经过和他写给中央的信，并于3月16日给他回了信，严肃地指出他“犯了几种重大”错误，并通知给他以党内警告处分。中央指出的几条错误是：其一，着巡捕送信到中央秘密机关，影响机关的安全；其二，供出鸭绿路，虽没有说出门牌号数，但“同样可以影响机关的安全”，“给一般同志以极坏的影响”；其三，企图“躲避自己的错误”，“证明你仍是不能悉心承认错误，接受批评，更没有在错误中取得教训，改正自己错误的决心”；其四，指出他说中央解决他的问题“不要给取消派借口”，“表明你完全不接受中央批评的精神，更是非常错误的”。据此，中共中央决定给王明以党内警告处分，同时希望他能虚心接受批评，勇敢地改正错误。①

王明出狱以后，中央没有让他回原来的工作岗位，改派他到全国总工会主办的《劳动》三日刊任编辑。

第三节　满腹牢骚

王明因泄密受处分，不能做原来的工作了，就向政治局委员兼宣传部长李立三要求，给他一个具体工作。李立三和全国总工会负责人商量，分配他到全总宣传部，任《劳动》三日刊的编辑。

王明到新的工作岗位后，并没有虚心地接受教训，勇敢地改正错误，好好工作。关于王明这一段经历，当时的全总负责人罗章龙回忆说：

> 我们按照组织的决定，安排王明、博古两人在全总宣传部工作。我们在一起办公。王明到全总宣传部后，一直不好好工作，他认为是被大

① 黄允升：《毛泽东开辟中国革命道路的理论创新》，中央文献出版社2006年版，第290页。

> 才小用了。在一个偶然的场合，王明对我说："想与你谈谈。"我们如约作了一次长时间的谈话。王明说："我们的斗争在东方大学（应是中山大学——作者注）取得了彻底的胜利。东方部派我们回国不是做普通工作，而是要做领导工作的。"他对我反复强调："我们是共产国际直接派来的，你要认识这一点。"他还对我说："中国的党自建立以来一贯幼稚，不懂马列。苏区的人更不懂，他们什么也不晓得，一贯右倾，搞富农路线……我们要把党从上到下加以改造。"……我当即严厉地批评了他。王明强辩说，"我说这些话是代表国际而不是个人"，并要我回去"向大家传达"。我义正词严地拒绝，并对王明声明："我不赞成你的说法"。但王明还是执意要我在全总会上提一下。我要王明打消这个念头，并再一次提醒他注意："你的这些想法很危险。"我回到全总机关，同志们都来问我，王明找我说些什么，我把王明说的话与大家转述了，同志们听了之后都十分气愤，纷纷要求把王明打发回去。在这种情况下，王明很苦闷，认为在中国想达到他们的目的希望渺茫，要得到各方面的支持也极困难，因之他一度非常消极，不干工作，而且也因大家不理他那一套使他无事可做。①

王明满腹牢骚，精神苦闷，就找机会发泄。在3月中旬的一天，他和王凤飞议论起来。他们谈到苏区里有"尾巴主义"、"保守观念"，"只干土地革命，以为土地分了，革命便成功了"，"不注意革命转变"；说六次大会决议案就是"不要故意加紧反对富农"，有的文件又写成"联合富农"，以致过去对富农问题发生了错误。②中央领导同志同他们分别谈话给予批评后，他们又给中央组织局写信，报告谈话经过，并承认王凤飞"是错误的"，王明"更是错误的"③。

据曹仲彬、戴茂林《王明传》说，当时王明曾请他在安徽"三农"的同学王逸常出面办个书店，房租由王明出，稿件由王明组织留苏的同学提供或

---

① 罗章龙：《上海东方饭店会议前后》，载《新华文摘》1981年第5期。
② 王凤飞、韶玉：《给组织局的信——报告谈话经过》（1930年3月28日）。
③ 王凤飞、韶玉：《给组织局的信——报告谈话经过》（1930年3月28日）。

帮助翻译，而且表示不要稿费。王逸常当时尚未接受党分配的工作，又受老同学之托，就答应了王明的要求。于是，王逸常找了安徽籍的党员同志和同乡集资，在上海英租界蒲柏路办起了“秋阳书店”。书店设门市部、印刷所，主要是卖书和印书，大力销售进步书刊和介绍苏联的期刊，而且自己还印刷一些书籍销售，主要是翻译苏联的书籍，如《震动世界的十天》、《世界妇女》、《苏联农村》、《巷战战术》等，在销售进步书刊，印刷介绍苏联革命与建设的书籍，向读者宣传革命思想与马列主义等方面，起了积极作用。但是，秋阳书店也成了王明等人搞宗派活动的据点。据当时书店经理王逸常证实说：“这书店被王明所利用。他利用我们这些安徽人和同学关系，把书店作为他的联络地点。1. 书店给他印刷《世界妇女》、《苏联农业》、《震动世界的十天》、《巷战战术》。这些书都是他们这些留苏学生翻译的，不要稿费，不要版权；2. 王明常来这里研究问题，一两人常来接头、联系。书店成为他们接头地点、联系据点、活动场所。”“常来接头的有博古等人。”有人说秋阳书店是“国际的联络点”、“国际通信机关”。对此，王逸常加以否认。他说：“王明叫我开秋阳书店，不是国际联络点，没有来过国际代表，也没有收到过国际文件和什么经费。”1931 年夏，英租界老闸捕房查抄了秋阳书店，逮捕了书店经理王逸常及其弟弟王亦良、店员詹振华、董事长胡萍舟（胡允恭）等四人。得知王逸常等被捕后，党为营救他们，请了李世蕊大律师为之辩护。因为敌人没有抓住什么共产党的证据，所以胡萍舟、王亦良被无罪释放，王逸常、詹振华被宣判拘役三个月，送提篮桥监狱执行。店中书籍等财物被宣布没收，秋阳书店从此停业。三个月后，王逸常出狱了，据他回忆说：“出狱后还受到陈绍禹批评。他说《巷战战术》是同志们点着蜡烛翻译出来的，还没有来得及印出，就被焚毁了。我不服气地回答说，我被捕，生死置之度外。稿子是别人焚掉的，我不知道，没有落在敌人手里就不错了。为此，我们闹了矛盾。”对于王明的非难，王逸常十分不满，与王明从此断绝了关系。①

① 曹仲彬、黄茂林：《王明传》，吉林文史出版社 1991 年版，第 200—202 页。

第四节　从追随到反对李立三

1930年5月，蒋介石同阎锡山、冯玉祥之间的战争，以空前的规模展开了。为了应付这场战争，双方都全力以赴，投入的兵力达100万以上，后方顿时空虚起来，这给革命的发展提供了有利的时机。与此同时，中共六大以来革命力量也有了较大的发展。到1930年6月，红军发展到13个军，约10万余人，先后建立了大小农村革命根据地15块。曾被国民党严重摧残的白区工作，也得到初步恢复，赤色工会会员发展到万余人，工人运动又逐步发展起来。客观上的有利条件和革命力量的增长，使中共中央政治局常委、宣传部长兼秘书长李立三的头脑热了起来。他在蒋阎冯中原大战酝酿期间，尤其是战争爆发以后，到处讲话，发表文章（据不完全统计有20篇），宣传"左"倾冒险思想。

李立三"左"倾冒险主义在形成的过程中，曾受到党内许多同志的反对或抵制。王明后来虽自诩为反"立三路线"的英雄，但在开始时，他与李立三的观点并无不同，是李立三的积极追随者。

从出狱到"立三路线"在中央领导机关占统治地位期间，王明共写了近20篇文章，几乎和李立三的文章数目相等。在关于当前形势、任务、争取一省数省首先胜利、利用敌人内部矛盾、中国革命与世界革命的关系、反对党内右倾危险等问题上，王明的观点与李立三基本都是一致的。正是由于王明与李立三观点的一致，1930年6月初，王明被调去由李立三任部长的中宣部担任秘书。①

但是，王明在某些具体问题上，与李立三的观点又有所不同。他们的观点虽然都是从共产国际和斯大林那里来的，但因为李立三敢于发挥，在一些具体问题上的看法、提法与共产国际的决议、斯大林的讲话并不完全相同，在某些方面甚至有所超过。而王明更习惯于照本宣科，把共产国际决议和斯大林的讲话奉为圭臬，不允许越雷池一步。因此，从1930年5月

① 王明在延安写的简历说："6月至8月半，党中央宣传部秘书"。

开始，王明就对李立三的某些观点提出不同意见了。对此，李立三在自述中曾说：

> 早在5月间我的文章发表以后，陈绍禹同志就已经开始批评其中的错误，并几次找项英同志交换意见（项英同志此时领导中华全国总工会党组工作，陈绍禹也在中华全国总工会工作）。虽然项英同志在政治局开会时讲到过这个意见，但我非但不接受，而且认为他（陈绍禹）的意见是“危险的机会主义倾向”，开始和他作斗争。①

王明、博古在1930年11月17日给中央政治局的信中也说：“在立三同志的‘中国革命新高潮前诸问题’的文章发表后，我们即再三向政治局负责同志（立三、项英、向忠发）作诚恳的谈话，指出立三同志这种政纲式的论文，不是简单的个别错误，而是有一贯的错误的政治路线，在这种总路线下产生的策略路线、组织任务和工作方式与方法都要形成‘左’倾与右倾的机会主义错误”。

6月9日，李立三在中央政治局会议上作了《关于目前政治任务决议草案内容的报告》，直截了当地说：“现在中国革命形势上，革命高潮已经到了，目前，夺取政权的任务，已经到了我们前面来”②。由李立三起草的《新的革命高潮与一省或几省的首先胜利》，于1930年6月11日由政治局会议通过。这样，李立三的“左”倾冒险主义就在党中央的领导机关中占了统治地位。但是，对于《新的革命高潮与一省或几省的首先胜利》的决议，共产国际并没有认可。首先是共产国际远东局驻上海的代表罗伯特反对这个《决议》。中共中央虽然再三要求，共产国际也一直没有批准这个《决议》。共产国际及其代表的这些动向被王明知道后，他就揣摩其意图，鼓起勇气，公开对《决议》提出批评。而对于这种批评，李立三当然不会接受，反而对王明进行了批评。对于这种情况，李立三在自述中说：

---

① 李莎：《我的中国缘分——李立三夫人李莎回忆录》，外语教学与研究出版社2009年版，第400页。

② 中央档案馆编：《中共中央文件选集》第6册，中共中央党校出版社1989年版，第74页。

> 6月间，秦邦宪、何子述、王稼祥等同志回国，看到政治局6月11日决议时，马上声明这是错误的决议，尤其是在有关中国革命和世界革命的关系问题上错误更大。他们和陈绍禹一道立即开始斗争，反对这一决议。这时何子述在中央组织部，王稼祥在中央宣传部，秦邦宪在《布尔塞维克》杂志编辑部。他们在中央机关干部中进行解释工作，找很多同志谈话，并在各种会议上发言批评6月11日决议的错误。大部分中央同志受我的影响，不相信他们，认为这种批评是“反党行为”，但是，这些同志决不后退，继续反对这个决议和政治局的方针。[①]

王明受到批评，一时很苦闷。他的这种心情，可以从他6月26日写给米夫的信中清楚地看出来。信中说：我今天收到一张奇怪的条子，其中说（我逐字逐句照抄如下）：在你的几次发言时老板[②]指出了你严重的政治错误和组织错误，要求不仅作出口头声明，而且作出书面声明，但你既没有以口头形式也没有以书面形式明确而肯定地承认你在政治上是右倾分子，组织上是派别活动分子。这意味着你对老板批评的错误承认得很不诚恳，相反，你以手法掩盖自己的错误。老板近来收到报告说，你给巴黎[③]写了信，其中说老板在政治上和理论上都不行，通知马克松、博格涅尔、康穆松[④]不久回国。这非常清楚地证明了你的派别活动。老板为了更清楚地了解事实的内容，要求你在三天内就此问题作出解释。非常重要！王明在信中接着写道：“现在我和所谓的派别（马克松、博格涅尔、康穆松）时时刻刻都有被永远赶出公司[⑤]的危险！当然我是首当其冲，因为我在许多问题上不同意老板的看法已非今日始。”王明祈求米夫说：我敬爱的！如您所知，虽然我还年轻，但我在同反伊卡路线[⑥]的种种错误倾向作坚决斗争时过去和现在都非常非常

---

① 李莎：《我的中国缘分——李立三夫人李莎回忆录》，外语教学与研究出版社2009年版，第400页。

② 指向忠发或李立三。

③ 指莫斯科。

④ 分别为何子述、秦邦宪、王稼祥。

⑤ 指中国共产党，下同。

⑥ 即共产国际路线。

不喜欢痛哭流涕。但这一次，尤其是现在我给您写上述一切时，我不能不失声痛哭，因为问题是迟早会弄清楚的（我坚信这一点，毫不动摇），但不知道究竟到什么时候才会真正弄清楚。我在哪里?! 或许我已经不在自己心爱的公司里了!!! 唉!“怎么办”？我敬爱的！心如刀割，（泪水）不断！这并不意味着我在斗争中不勇敢，而是意味着我也许不久将因完全莫须有的罪名（在政治和组织问题上）被开除出与我生死攸关的公司。信中明确提出：“中央办事处①不从组织上和政治上认真改组，生意即使现在也决不能取得彻底胜利的发展。”②

7 月初，王明和秦邦宪一起找王稼祥、何子述，“交换回国以来的见闻和观感”。在交谈中都谈了自己对当前形势、工作情况，特别是对中共中央政治局 6 月 11 日决议的看法。这时，王明已经知道共产国际远东局代表罗伯特反对 6 月 11 日决议，又见大家对决议都有一些异议，就说自己对决议的看法。他最后说：“今天的交谈很好，对李立三他们那一套，凡是马克思主义者，都不能漠然置之，应该表明自己的态度。过几天，中央机关要召开一个政治讨论会，大家都可以也应该去谈谈意见，为了维护马列主义和国际路线，这是非常必要的。”③最后，他们形成了共同的意见，决定一起寻找机会公开反对李立三。

第五节　留党察看

1930 年 7 月 9 日，中央机关工作人员召开政治讨论会，讨论《新的革命高潮与一省或几省的首先胜利》的决议。王明等人认为时机已到，便公开向李立三发难。

在这次会议上，当主持会议的李立三刚说完开会宗旨是如何进一步贯彻

① 指中共中央。

② 《陈绍禹给米夫的信》，中共中央党史研究室第一研究部译：《共产国际、联共（布）与中国革命档案资料丛书》第 9 册，中央文献出版社 2002 年版，第 209—211 页。

③ 转引自朱仲丽：《黎明与晚霞》，解放军出版社 1986 年版，第 97 页。

《新的革命高潮与一省或几省的首先胜利》的决议，一直反对李立三“左”倾冒险主义的何孟雄首先发言，表示反对这个《决议》。在博古、何子述、王稼祥发言后，王明慷慨激昂地发表了长篇演说。他就中国革命与世界革命问题、高潮与直接革命形势问题、夺取一省与几省的政权问题和反右倾问题，对李立三的《报告》和6月11日《决议》的某些提法提出批评，并指责李立三犯了躲在“左”倾词句之下的右倾机会主义实质的错误，是托洛茨基主义、陈独秀主义和布朗基主义的混合物。李立三为了推行“左”倾冒险主义，就在会上给王明等人扣上“右派”、“小组织者”等大帽子，企图把王明等人压下去。向忠发还宣布要对王明等人给予处分。

但是，王明没有被李立三、向忠发的高压吓住，第二天就以“韶玉”的名字给中央写信，重申他在政治讨论会上发表的4条意见。

一、关于中国革命与世界革命问题。信中说：“中国革命是世界革命的一部分，世界革命新的怒潮正在发展到直接革命形势，中国革命的大爆发更加加速世界革命直接革命形势的成熟，更加速世界革命大爆发，这毫无疑问是正确的，但有些同志以为只有中国革命爆发了，才能引起世界革命大爆发，只有中国革命胜利了，世界革命才能胜利，这是不正确的。”王明与李立三在估计世界形势这个基本问题上，观点是一致的，所不同的是，王明不赞成说中国革命“首先”爆发和胜利。他列举了两条理由：(1) 俄国已经首先爆发了革命，并取得了胜利，就不能说中国革命“首先”爆发和胜利了。(2) 从当前形势看，印度、德国的“革命形势并不亚于中国”。

二、关于高潮与直接革命形势问题。信中说：“为什么在全国革命高潮的形势下，首先在主要数省以至一省暴动夺取政权呢？我们一定回答说：因为那几省或一省的统治阶级崩溃的厉害，被统治阶级的斗争勇气、经验、决心和战斗力量是特别强大——换句话说：那些省区或一省首先成熟了直接革命形势，如果我们把高涨或高潮与直接革命形势混为一谈，我们便不能了解这个问题的实质了。”王明不同意“把高潮与直接革命形势混为一谈”是对的，但是，这个观点并不是王明的发明，而是周恩来在半年前与李立三的争论中提出来的。

三、关于一省与几省的政权问题。信中说：“以为主要数省以至一省暴动夺取政权后，如果不马上发生全国暴动，则这主要数省以至一省的政权便立刻塌台，我以为这一点也不正确。”“武汉及邻近各省暴动夺取政权，立刻遇到帝国主义及国民党军阀残酷的作战，但如果在三天、五天、十天、半月，全国还未来得及都暴动起来，则武汉及各省能否支持战争局面呢？我以为能够的，因为那几省有几千万群众的力量。”在这个问题上，李立三的观点是错误的，但王明的观点也是不正确的。首先，他是在肯定数省以至一省有首先胜利的可能这一前提下讨论问题的，而这一前提，根据当时的形势，是不存在的。

四、关于反右倾问题。信中说：“关于反右倾工作未做到支部这一点，我完全同意，但我以为不仅未深入支部，而且未能深入一般干部，现在许多同志只能很零碎的了解右倾问题，如尾巴主义、黄色倾向、地方观念、保守观念等；但还很少能对于右倾观点有比较系统的认识”。当时，以李立三为领导的中央为推行“左”倾冒险主义，大反特反右倾，但王明还嫌反得不够，不仅要反到支部，而且要反到一般干部。显然，他比李立三还要“左”。

有的学者分析说：标志“立三路线”的中共中央政治局6月11日《决议》和王明“反对李立三路线”给中央的这封信，两相对照，可以看出：两者都“左”，总的方面是一致的，在基本问题上王明不可能“反对李立三路线”，并多次称《决议》及其报告人是“非常正确的”、“我完全同意”等；两者在某些具体问题上有区别，对有些问题王明的观点和主张比李立三更“左”，他是站在更“左”的立场上反对“左”；王明不同意“把高潮与直接革命形势混为一谈”，这是对的，但这是照搬斯大林的；两者在具体提法上有时有些不同，但王明不是通过讨论纠正李立三“左”的错误，而是找借口反对李立三，为自己上台打开通路。①

关于王明等人受处分的经过，李立三在自述中是这样说的：

> 6月底②，举行中央干部会议，在中央各个机关工作的同志几乎全都

---

① 黄允升等：《毛泽东开辟中国革命道路的理论创新》，中央文献出版社2006年版，第294页。

② 此处回忆有误，应为7月9日。

参加了。我作了关于政治形势和党的任务的报告之后，以上同志，特别是陈绍禹公开出面，坚决反对我的错误主张和6月11日决议。但是，大部分干部在我的影响下反对他们的意见，支持了我的错误主张。我作总结时，谴责了他们的“机会主义倾向”，要求停止“反党斗争”。我表示，“他们如果不赞同这种路线，可以在党的代表大会上，即未来的‘七大’上发言，现在则必须服从并无条件地执行党的决议”。会后，这些同志提出来要和我谈一次话，要我对一些原则问题进一步作些解释。但是，我的一些支持者认为我的总结发言太软弱、让步太大了，我不应该允许这些人保留自己的意见直到召开七大为止，应该要求他们马上放弃自己的意见，服从中央，并把有关情况转告了向忠发和项英。第二天开会时，向忠发及其他政治局委员就批评我“过于让步”，坚决要求这些人立即服从中央决议。刚从莫斯科回来的邓中夏同志也参加了这次会议，通报说，陈绍禹和一些莫斯科劳动大学的同学保持通信联系，在一封信中还向他们泄露了党的机密，对党的决议进行了讽刺挖苦和指责。我和其他政治局委员都认为陈绍禹的行为就是搞“反党小集团”，于是政治局作出决定，要求他们服从党的决议并安排向忠发及项英、邓中夏等同志同他们谈话，不允许我参加。谈话时，向忠发指责他们搞“反党集团”。并说，他们如果不停止“反党行为”，中央就要给以处分。但是，这些同志表现出布尔什维克的原则性和坚强精神，不怕威胁，继续反对中央的错误路线。几天之后，政治局作出处分他们的决定，理由就是他们搞“反党宗派活动”。陈绍禹留党察看6个月，“若不悔改，便清除出党”，其他三位同志受到最后一次严重警告。政治局还同时决定派他们去外地工作：何子述去河北，王稼祥去广东，陈绍禹去江苏。有关省委领导都接到通知说，这些同志是搞“反党活动”的，应当加以监督。省委领导就疏远他们，不给马上分配工作，也不关心他们的住宿和生活条件，使这些同志们受到不少冤屈。①

① 《李立三自述》，见李莎：《我的中国缘分——李立三夫人李莎回忆录》，外语教学与研究出版社2009年版，第400—401页。

在这种情况下，王明连续给米夫写信，请求给予支持和帮助。

7月22日，王明和王稼祥给米夫写信，向米夫汇报他们的“不幸”，说中央认为他们是异己分子，甚至不愿和他们交谈，并认为他们同共产国际执委会有联系，如意见不合就把他们赶出公司①。信里还指出中共中央领导胡作非为、右倾，希望国际给予“治疗”。信中写道：“老板②的这些胡作非为，都是由于他右脑有病③。这种病需要好好治疗，而在贫困的中国很难进行这种治疗。我们希望，很快能找到良医良药，使老板痊愈，使公司状况得到改善。”④

7月24日，王明再次给米夫写信，指出中共中央目前的状况是有些领导人犯了右倾错误，说他们因在中共中央6月9日机关工作人员会议上的争论受到指责和打击，现在“情况十分严重。现在我和其他人只做翻译和技术[工作]，此外，每日每时都有被赶出我们公司⑤的危险”。最后他谈了对目前形势的看法：“如果继续由李⑥领导，如果不发来更好的商品⑦，公司决不可能健全起来。”⑧

8月1日，王明在给米夫写的信中谈到李立三近来写了两篇文章，部分地窃取了他的观点，但有所发挥。他认为李否定中国革命在世界资本主义破产前胜利发展的可能性，在否定李的同时说他本人对形势的看法才是正确的。信的最后向米夫反映立三中央对他们一伙莫斯科派打击日益加强，“形势太严重了”。⑨

8月6日，王明给米夫写信，控告向忠发、邓中夏召集会议对他们四人

① 指中国共产党。

② 指向忠发、李立三。

③ 指右倾。

④ 《陈绍禹和王稼祥给米夫的信》，中共中央党史研究室第一研究部译：《共产国际、联共（布）与中国革命档案资料丛书》第9册，中央文献出版社2002年版，第223—224页。

⑤ 指中国共产党。

⑥ 指李立三。

⑦ 指指示。

⑧ 《陈绍禹给米夫的信》，中共中央党史研究室第一研究部译：《共产国际、联共（布）与中国革命档案资料丛书》第9册，中央文献出版社2002年版，第226—228页。

⑨ 《陈绍禹给米夫的信》，中共中央党史研究室第一研究部译：《共产国际、联共（布）与中国革命档案资料丛书》第9册，中央文献出版社2002年版，第252—253页。

进行批评，向忠发说他们已经成了明显的“反革（命分子）和中国贸易[①] 最有害的敌人。你们在巴黎[②] 搞宗派，你们是分裂公司[③] 的人”。并且说他们无权反对李的文章和意见。最后向忠发宣布组织结论：伊万[④]“‘开除〈出党〉6个月……解除我们的一切工作。’”王明向米夫表示，“我们暂时等待最高一级的审理和处理问题”[⑤]。事实上，当时中共中央只给了王明留党察看六个月的处分，并没有把他开除出党，其他三人也只给了严重警告处分。

据孟庆树说，在8月3日至5日，共产国际远东局和中共中央政治局开联席会议谈论如何处分王明等人，她说：王明1931年年底到莫斯科后，遇到1930年共产国际驻中国代表之一的德国同志，那个人说：“1930年8月3—5日国际远东局和中共中央政治局开联席会议时，李立三和向忠发等都要求开除你们四人的党籍。因为我们反对，才改为留党察看和最后严重警告。我们仍反对，但他们不听！”“8月7日，向忠发又找陈绍禹、秦邦宪、王稼祥、何子述四人到中央宣传部去开会，并叫邓中夏同志（该部副部长）和潘问友（立三的助手）参加，帮忙斗争陈、秦、王、何四人。”向忠发开始就宣布说：“红军已占领了长沙，谁还敢说中央的路线不正确？反立三就是反党，反党就是反革命！……”还说：“党在我们手里。我们可以给你们处罚！处罚！再处罚！”“被斗的四人都再次地说明立三路线为什么是错的。绍禹说：‘立三文章《中国革命新高潮前的诸问题》是第一个错误，六月十一日决议是第二个错误，红军打长沙和在全国各地实行武装暴动是第三个更大的错误！第一个、第二个是理论错误，第三个是实际行动错误！”“结果，向忠发代表李立三的中央宣布给四人处分：陈绍禹由原来的最后严重警告改为留党察看六个月，其他三人由原来的严重警告改为最后严重警告。”[⑥]

8月15日，王明被调出中共中央宣传部，下放到江苏省委宣传部，被

---

① 指中国革命。

② 指莫斯科。

③ 指中国共产党。

④ 即王明。

⑤ 《陈绍禹给米夫的信》，中共中央党史研究室第一研究部译：《共产国际、联共（布）与中国革命档案资料丛书》第9册，中央文献出版社2002年版，第269—270页。

⑥ 孟庆树：《陈绍禹——王明传记与回忆》（手写复印稿）。

分配在秘书李初梨手下当干事。[①] 孟庆树回忆说："会议后不久（八月十五日），取消了绍禹中宣部秘书的职务，送他到中央材料科去收集材料，后又被降到江苏省委宣传部去，名为该部宣传干事，实则叫绍禹看守几大木箱旧文件。"[②] 李初梨也回忆说："大约七月初，在总行委碰头。李立三对我说：'现在派一个理论家到你那工作好不好。是全党有名的理论家。'我问：'是谁呀？'李立三答道：'是王明，他们反中央，到了你那里要好好地帮助他，监视他。'李立三为了这件事还专门到我家里去了一趟。"[③]

因当时王明还没有结婚，而独身男子在上海容易引起警察注意，并且难以找到房子。于是，李初梨给王明找了个假妻子做掩护。李初梨回忆说："我叫一位叫易坚的女同志与他住机关，大约住二三个月。"易坚是湖南著名教育家、第一师范学校校长易培基的侄女。她要求革命，思想进步，1930年7月在上海入团，编入闸北区虹口街道支部。易坚回忆往事时说："我入团不久，约在1930年8月，李初梨以党组织名义，直接调我去担任驻'省委机关'的重要工作。夏天的一个晚上，李初梨带我去所谓省委机关，介绍与陈绍禹认识。他还说明：独身男子房东不肯出租房屋，要我乔装成陈绍禹的妻子。我听后很不愿意。当晚我准备逃回虹口，但陈绍禹借口不许泄露党的秘密，要我留下。""我与陈绍禹住的这个机关在上海闸北横滨路一带，房间在二楼，是一间约十几平米的房子，还有一个阳台。""我在这个所谓机关住了不到一个月，我担负了保护机关安全的工作……陈绍禹经常不在家，他不与我谈工作和斗争情况，我只记得他谈过一点在苏联情况。""他的俄文名字叫克劳白夫"。"我与他一起看过一次电影，叫《魂断蓝桥》"。"以后，我向陈绍禹要求回虹口，经他同意才离开了。"[④]

8月31日，王明再次给米夫写信，先是汇报了中共中央对他们四人的安排情况，何子述被派往北方，王稼祥被派往南方，他和秦邦宪留在上海无

---

① 王明在延安写的简历说"8月至10月江苏省委宣传部干事"。曹仲彬、戴茂林：《王明传》认为是7月底，见吉林文史出版社1991年版，第170页。

② 孟庆树：《陈绍禹——王明传记与回忆》（手写复印稿）。

③ 李初梨：《六届四中全会前后纪事》，载中共中央党史研究室、中央档案馆编：《中共党史资料》第73辑，中共党史出版社2000年版，第45页。

④ 曹仲彬、戴茂林：《王明传》，吉林文史出版社1991年版，第170—171页。

事可做。接着指出现中央反对莫斯科、反对共产国际，信中写道："对伊万[1]等人的攻击是同对屈珀[2]同志以及一般巴黎人[3]，特别是最高领导机构的攻击密切联系在一起的。""我希望巴黎公司[4]尽快采取果断措施，不仅在政治问题上，而且必须在组织问题上整顿和健全公司[5]的局面，因为这样做比让斗争发展到极点对公司更有利"。信的最后表示了与中央领导斗争甚至牺牲的决心，"伊万等人不仅面临着被开除而且还面临着对其采取其他措施的威胁……就让个人的命运和生命在这种斗争中牺牲吧。但事业是千百万人的。生命是短暂的，事业是永恒的！我请求尽快解决这一切。再见吧！"[6]

据《李立三自述》说："陈绍禹同志留在上海，虽然受到党内处分，仍坚持反对政治局的错误方针，在江苏省委干部和党员中进行耐心细致的解释工作。省委一些同志逐步认识到他的观点是正确的，中央的方针是错误的，便开始和他一道反对这一错误方针，这无疑对上海的党员也发生了影响。"[7]

这段时间，王明在党报党刊上发表的文章不多，仅查到两篇，都没有反对李立三盲动冒险的内容。但是，到六届三中全会以后共产国际再次来信批评"立三路线"时，王明又活跃起来了。

第六节　无理要求

标志着李立三"左"倾错误在党中央机关占统治地位的6月11日决议送到共产国际后，共产国际执委会进行了讨论，于7月23日作出决议，批

① 即王明。

② 即米夫。

③ 指在莫斯科的人。

④ 即共产国际。

⑤ 指中国共产党。

⑥《陈绍禹给米夫的信》，中共中央党史研究室第一研究部译：《共产国际、联共（布）与中国革命档案资料丛书》第9册，中央文献出版社2002年版，第342—343页。

⑦ 李莎：《我的中国缘分——李立三夫人李莎回忆录》，外语教学与研究出版社2009年版，第401页。

评李立三的“左”倾冒险错误，但没有点名，更没有说他犯了路线错误。周恩来、瞿秋白参加了共产国际的讨论和决议的制定。共产国际希望他们两人立即回国，纠正李立三的错误。

在共产国际通过这个决议的同时和稍后，李立三的“左”倾错误又在急剧发展。7月27日，红军三军团乘虚攻占湖南省会长沙，李立三欣喜若狂，于8月1日和3日连续召开两次政治局会议，决定在武汉暴动、南京暴动与上海总同盟罢工的同时，要调红一、二、三、四、五、六、八等军分路向武汉推进，要求南方局在广州暴动。同时，要求共产国际“立刻动员各国支部猛烈扩大保护中国革命运动”①，要求苏联、蒙古出兵支援中国革命。

周恩来于8月19日（或20日）到达上海，接连与李立三、向忠发进行了两次谈话，通过摆事实，讲道理，终于说服了他们。接着，于22日、24日举行政治局会议，传达讨论国际指示精神。李立三承认自己在某些方面“确是不妥当的”，向忠发表示“坚决接受国际指示及补正过去的不足”。

瞿秋白于8月26日也到达上海。在瞿秋白和周恩来的帮助下，李立三进一步承认了错误。9月8日，中央政治局致电共产国际，表示接受国际决议及停止武汉、南京暴动和上海总同盟罢工的指示。

在基本上停止了冒险行动，并作了必要的准备之后，中共中央于1930年9月24日到28日举行扩大的六届三中全会。在会上，向忠发（特生）作了《中央政治局工作报告》，周恩来（少山）作了《关于传达国际决议的报告》，李立三作了检查发言；瞿秋白（之夫）作了《三中扩大会议政治讨论的结论》。会议按照国际7月决议的精神，批评了李立三的主要错误，通过了《政治状况和党的总任务议决案——接受共产国际执行委员会政治秘书处1930年7月的中国问题议决案的决议》等，并选举了新的中央领导机构。

对于三中全会，王明曾经表示拥护。就是在后来他大反特反三中全会时，也不能不说：“三中全会有重大的意义的（如停止全国武装暴动的进行，取消总行委和恢复团和工会的独立系统，及承认国际路线的正确）”②。但是，

① 1930年8月5日中共中央政治局给共产国际主席团的报告。

② 《秦邦宪陈绍禹给中央政治局的信》（1930年11月13日）。

他的内心是非常矛盾的。一方面，他这个一贯以共产国际的意见为意见的人，对三中全会不得不表示“拥护”。另一方面，心里又憋着气。首先，他对三中全会的主持人瞿秋白耿耿于怀。瞿秋白在莫斯科任中共驻共产国际代表时，同情中山大学多数同学反对王明小宗派的行动，引起了王明的强烈不满。其次，王明因为反对李立三受了处分，在纠正李立三错误的三中全会上，不但没有被褒奖、提拔，而且连对他的处分也没有撤销。这使他心里非常窝火。

据孟庆树说，王明在三中全会后被取消一切工作，生活困难，并受到周恩来的批评。她说：“三中全会后（九月底），把绍禹和秦邦宪同志担任的一切工作都取消了。三中全会前，绍禹和博古听说共产国际对中国问题有了新的决议，他们曾两次写信给瞿秋白同志，要求和他见面谈谈，但秋白连信也不回，并且派周恩来代表三中全会后的中央政治局，找绍禹和博古‘谈话’。周坚决要求他们俩同意到中央苏区去。他们俩早已听说李立三等宗派主义者善于借刀杀人，曾已把某某两同志送去中央苏区杀头……等”，所以他们坚决不去。回忆中还说：

不给工作，就是不给饭吃。在秘密工作环境里，当然更是困难！绍禹和博古住在苏州河边上（离浙江路不远）的一家小面馆楼上的亭子间里，时常饿肚子。幸而面馆老板有时愿意赊些面条给他俩吃。他们住的小屋里，只有一张很窄的小木床，一个小木凳。绍禹经常睡在地板上。不仅没有任何其他家具，而且连便壶便盆也买不起。我在 1930 年 7 月 30 日被捕入狱。到 10 月初，绍禹才把我的行军床、一张小桌、两个小凳等搬去，才算有了副家具。

绍禹和博古每天看着苏州河里的很多小船和船上以运送粪便为职业的船工及其家属们，都是常年的住在小船上。由这些小船组成的这个贫民区，简直破烂不堪！而他俩的床上床下都堆满了中俄英文的马列主义书籍，俩人感到很愉快了。绍禹翻译了罗莎·卢森堡著的《社会主义还是社会改良主义?》一书，得了几十元稿费。博古的妻子从无锡老家来看他，带来了母亲的温暖。俩人一刻未停地领导着对敌斗争和反立三路线。小屋里时常人满，有的同志来向他们学习马列主义和联共党史，有的同志来商量反立三路线问题。经常很忙。[①]

10月17日，王明给米夫和马耶尔写信，说中共六届三中全会已开过近三周了，可中央仍未公布共产国际七月决议和指示。在全面否定中央的同时，信中还指控江苏省委领导李维汉和中央领导周恩来等人。信中写道："在江苏省，为首的是这样一个人[②]，他在政治理论方面是第二个李立三，在实际组织工作方面是第二个'老头子'[③]和陈独秀。直到现在他仍然是李立三的忠实弟子……如果他仍留在领导岗位上，那就永远别想改进江苏的工作，而首先是上海的工作"。接着控告周恩来等人，"应该根除对公司[④]中某个人，特别是对莫斯科文[⑤]等人的任何幻想……他到处发表维护李立三和抹煞老板和巴黎[⑥]之间分歧的讲话，根本不想提高巴黎的威信。"他还向米夫告状诉苦说："我和其他人（以及古多克），无法真正地工作，到处都有来自领导方面的罪孽。过去和现在所有批评理论和实践不正确和在这方面表示怀疑的人仍处于罪人地位。领导机构直接或间接地在残酷地惩罚、迫害、监视和分派他们"。最后，王明写道："我认为，为了改善和挽救公司和贸易[⑦]，应该在政治和组织问题上立即采取更坚决的措施"。[⑧]

10月23日，王明再次给米夫写信，说他于10月22日才收到中共六届三中全会的部分材料，了解了共产国际7月29日决议等文件精神。他说："在我看来，巴黎公司[⑨]的决议完全正确地考虑和估计了中国市场[⑩]的行情，并为开展贸易[⑪]作出了完全正确的指示。第三次全会的决议贴近巴黎的决

① 孟庆树：《陈绍禹——王明传记与回忆》（手写复印稿）。

② 指李维汉。

③ 指向忠发。

④ 指中国共产党。

⑤ 指周恩来。

⑥ 指莫斯科。

⑦ 指中国革命。

⑧ 《陈绍禹给米夫和马耶尔的信》，中共中央党史研究室第一研究部译：《共产国际、联共（布）与中国革命档案资料丛书》第9册，中央文献出版社2002年版，第378—381页。

⑨ 指共产国际。

⑩ 指中国革命。

⑪ 指进行中国革命。

议，并承认和考虑到自己过去的错误、缺点和愚蠢做法，当然，还有部分不很清楚、不很准确、不很肯定和不很令人信服的地方。但是问题的提法和道路的确定已经比今年6月11日的决议好得多和正确得多了。”在这封信中王明基本肯定了六届三中全会的成绩，但他还是指出了中央有不足之处，“特别是在领导开展自我批评和教育工作方面，老板们做得很不够”。①

有的文章说：“王明等最初并不是共产国际要推上高位的人选，这从1929年其归国后只是负责一般的宣传工作就可以证明。但是，王明借着共产国际反‘立三路线’的浪潮，不断写信对李立三、瞿秋白等中共领导人进行投诉。虽然现在还没有发现米夫的回信，但从共产国际对李立三和瞿秋白的处理中就可以看出共产国际认同了王明的投诉。应该说，王明的告状增加了其在共产国际领导人心目中的分量，被视为反‘立三路线’英雄，自然也被认为是忠实于共产国际的，因此使共产国际产生了重用王明的决定。”②

1930年10月，共产国际执委写了《给中共中央关于立三路线问题的信》，即“十月来信”，严厉地批评李立三“所犯的错误，并不是个别的错误，而是造成了整个错误观点的系统，定下了反马克思列宁主义的立场”，并表示对中共六届三中全会不满。共产国际之所以发出这封信，一是因为李立三的错误比7月决议时有了发展，并说了一些不尊重国际的话。另外还有两个重要原因：第一，共产国际对三中全会及其后中央的主持人瞿秋白不信任，想通过这封信把他排斥在中央领导以外。“十月来信”对三中全会没有公开评论，但稍后的《国际东方部关于中国共产党三中全会与李立三同志的错误的报告》则全盘否定了三中全会，概括了三中全会的7条错误，说“三中全会没有揭发立三路线的实质”③等等，同时认为让瞿秋白主持中共中央工作是不行的。第二，共产国际想让在莫斯科培养的、自己信任的王明等人上台，担任中国党的领导工作。信中虽然没说这个意思，但共产国际执委会主席团的讨论会

① 《陈绍禹给米夫的信》，中共中央党史研究室第一研究部译：《共产国际、联共（布）与中国革命档案资料丛书》第9册，中央文献出版社2002年版，第438—439页。

② 刘峰、周利生：《论王明等与米夫的通信与中共六届四中全会的召开》，《党史文苑》2009年第22期。

③ 《国际东方部关于中国共产党三中全会与李立三同志的错误的报告》，载《布尔塞维克》第4卷第3期。

表现得很清楚。李立三在会上作自我批评时说:“把陈绍禹留党察看3个月,是我做的错误。”[①] 紧接着发言的苦秋莫夫介绍了一封“被开除的人自己写的”信。他说:“现在我还有一封信,是中国一个同志寄来的,他在这里很久,是从这里派到中国去工作的。立三同志今天也提起曾经把一些同志留党察看的事情,但是他并没有说为着什么而把他们留党察看的。他们的被开除是为着他们不同意三中全会的虚伪——三中全会说中央和国际的路线是一致的”。“他们为着国际路线而斗争,却被称为取消派,反革命的奸细,因此留党察看3个月到6个月……这种同志起来说话防止党去做错误,却对他们实行摧残——这是不能容许的事情。”[②]

对此,有的学者也看得很清楚。例如有的学者说,共产国际之所以对中共六届三中全会不满,除了三中全会没有指出李立三的错误是路线错误外,“另一个更重要的原因则是,共产国际信任的陈绍禹等人,六届三中全会没有重用,而六届三中全会后主持中央工作的又是共产国际不信任的瞿秋白。因此,共产国际不仅要把李立三赶下台,而且借口‘反对三中全会调和路线’,把瞿秋白赶下台,以便扶植陈绍禹上台,保证‘国际路线’的贯彻执行”[③]。还有的学者说:“共产国际这样做,并不是要纠正中国共产党内的‘左’倾错误,而是要反对‘右倾’,以便为彻底贯彻共产国际的‘左’倾指导思想扫清道路。”“所谓‘调和主义’只是一种借口,问题的表象。实际上,共产国际在批判所谓‘调和主义’错误时,却把注意力集中在中共领导人的人事安排上。直至把王明推上台取代坚持独立自主原则,坚持从中国革命实际出发的瞿秋白才算了事。这就充分表明了所谓反‘调和主义’的实质就是以王明取代瞿秋白。”[④]

共产国际的“十月来信”传到中国后,在党内引起很大的震动。首先是在它的启发和刺激下,王明公开打起反三中全会的旗号。

---

① 《共产国际执委主席团对于立三路线的讨论》,载《布尔塞维克》第4卷第3期。

② 《共产国际执委主席团对于立三路线的讨论》,载《布尔塞维克》第4卷第3期。

③ 于吉楠:《中共六届四中全会和陈绍禹上台》,中共中央党校中共党史教研室:《中共党史专题讲义(第二次国内革命战争时期)》,中共中央党校出版社1986年版,第123页。

④ 张秀华:《“调和主义”的实质:以王明取代瞿秋白》,《内蒙古民族师院学报(哲学社会科学·汉文版)》1991年第2期。

王明是先于党中央知道"十月来信"精神的。共产国际执委主席团讨论中国问题时，沈泽民、夏曦、陈昌浩、李竹声等尚在莫斯科，他们从共产国际和米夫那里知道了"十月来信"的精神。10 月下旬或 11 月初，他们相继回到上海。[①] 他们没有把"十月来信"精神报告中央，而是首先告诉了王明。王明得知后，就迫不及待地于 11 月 13 日和秦邦宪联名给中央政治局写信，用极尖锐、激烈的词句反对三中全会。信中说：

> 我们认为这些错误（指三中全会的"错误"——作者注）不是偶然的，而是过去李立三同志为领导的路线，在某种程度上在某种意义上的继续，立三同志的路线是反马克思主义的反列宁主义的路线，是右倾机会主义和"左"倾机会主义的混合物，是托洛茨基主义陈独秀主义布朗基主义的混合物。立三同志的路线和国际路线是不能并容的。立三同志路线的发展，必然要走到脱离共产国际，反对共产国际的地位上去（事实上已经走到了这种地位）。

面对三中全会的主要功绩，他们不得不说了一句肯定的话。紧接着又说：

> 但是三中全会的最大缺点就是对于与国际路线完全相反的立三同志的路线没有充分的揭露其机会主义的实质；没有使全党同志了解过去领导的差误而实行迅速的转变。三中全会后，中央政治局没有采取必要的方法（各种会议、党报上的解释等）迅速地传达国际路线到下级干部中去。

王明等人在发出信的第四天，又于 17 日向中央写了第二封信。如果说前一封信的用意在于"反"（即通过反"立三路线"、反三中全会，把李立三、

① 戴茂林：《关于王明研究中几个问题的考证》说王明得知"十月来信"精神的时间约在 1930 年 10 月末或 11 月初，《中共党史研究》2010 年第 12 期。有的说王明得知共产国际十月来信的时间是 1930 年 11 月 13 日，见王健英：《民主革命时期中共历届中央领导集体述评》上册，中共党史出版社 2007 年版，第 314 页。

瞿秋白赶下台），那么，第二封信的用意就在于“树”，把自己树成反“立三路线”的英雄，为自己的上台铺设垫脚石。

这封信的主要篇幅是大写自己反“立三路线”的事实。第一，反得“早”。“在立三同志的《中国新高潮前诸问题》（应为《新的革命高潮前面的诸问题》——作者注）的文章发表后”，就开始反。第二，反得原则性强。信中一开始就指出，李立三“不是简单的个别错误，而是有一贯的错误的政治路线，在这种总路线下产生的策略路线，组织任务和工作方式与方法将都要形成‘左’倾与右倾的机会主义错误”。第三，反得持续不断。第四，反得最勇敢。“不顾立三同志对我们的再三威吓……我们依然提出自己的列宁主义的意见”。第五，反得顾全大局。“我们为顾全中央及立三同志的个人威信和免因残酷争论引起工作损失起见，在中央工作人员政治讨论会上，我们只提出我们自己的正确意见”。第六，反得有信心。“相信共产国际的来信一定能够证实到底哪种路线是符合于共产国际的列宁主义的路线，哪种路线是反共产国际的路线”。

在这封信的最后，王明等人向中央提出了三条要求。“（1）正式公开宣布立三路线的错误实质，教育全党。（2）正式公开在各种会议上及党报上宣布我们与立三同志争论的真相，撤销（对）我们的处罚。（3）禁止任何同志在任何会议上继续对我们的污蔑和造谣！”

在连续向中央上书的同时，王明等人一方面加紧宗派活动，在他们的小派别中互相串联，传播小道消息，商量行动计划；另一方面，王明着手起草他的政治纲领——《两条路线》小册子。为了从事这些活动，他以没有撤销对他们的处分为借口，改变三中全会后曾经表示过的服从党的分配、到苏区工作的承诺，继续留在上海不走。

11月16日，中共中央收到共产国际的“十月来信”。11月18日，中央政治局于召开会议，讨论国际来信，承认三中全会没有揭露李立三的路线错误，是一种调和态度。但认为在目前的环境下，这个问题不宜扩大讨论，以免妨碍正在实行的工作转变并造成党的分裂。在会上，周恩来发言说：“国际来信的批评是深刻的”，“关于国际来信的发表问题，我觉应遵照国际的指示，不允许扩大讨论，而使工作的停滞”。他特别强调要使王明一伙站在正确的立场上，不要进行分裂党的活动。他说：“已经知道国际来信的同志（如新由莫回国的)，必须召集一次会议，要他们站在巩固党、帮助中央领导的立场上来做工作，不允许不经过组织而走到分裂党的方式上去。”

22日，中央政治局又举行扩大会议，进一步讨论国际来信，也顺便讨论王明等人的两次来信，对王明的做法进行了批评。会议决定完全接受国际来信，并通过了11月25日发出的《中央政治局关于最近国际来信的决议》。关于反“立三路线”的斗争，《决议》规定了正面教育的方法，认为“立三同志以及赞成过他的同志已经承认错误，党的领导机关完全和共产国际执委同意，这些事实使政治局认为在党内实行‘公开辩论’立三路线问题是不适宜的——现在对于党是很困难的时候，这种‘讨论’只能使党的力量离开不可迟缓的很重要的实际任务，因此决定：关于立三同志路线只限于解释工作”①。政治局扩大会议顺便讨论了王明等人的两封信，一致认为，王明等人在中国革命的根本问题上同李立三没有什么原则分歧，他们只在一些“很小的问题”上纠缠，这是影响“目前工作”的。指出他们“重新活动”的目的，不是为了巩固党、帮助党，而是反对三中全会以后的中央，是别有用心的。有人发言说：陈绍禹等有一个提议，要求讨论“立三路线”，并且要求将他们与立三争论经过公布于党，这观点是算旧账的方式。会议不同意王明等人要在党内挑起争论的要求。

根据政治局会议的精神，周恩来于12月1日在中共中央机关工作人员会议上，作了批判“立三路线”的报告。他传达了政治局讨论国际来信的经过，对“立三路线”形成的条件，特别是“立三路线”的理论基础，进行了深入的解剖和批判，表明了中央的鲜明态度。周恩来在肯定王明有正确观点的同时，也批评了他的错误。他说：“尤其是要反对有小组织倾向的同志们的超组织活动，在过去与柏山（即李立三）同志争论的4个同志（即王明、秦邦宪等4人）在不平衡革命高潮等问题上是对的，但陈韶玉（即王明)、秦邦宪等同志则借此扩大发展他拥护国际路线的影响，这是不应当的。在韶玉同志‘开始在主要几省甚至一省建立中国苏维埃政府问题’的文章上面‘夺取武汉这一可能的前途，成为不远将来的现实’，‘夺取武汉的胜利’，有使

① 《中央政治局关于最近国际来信的决议》(1930年11月25日)，中央档案馆编：《中共中央文件选集》第6册，第428页。

中国资产阶级民主革命完成，并且是中国现在阶段革命转变到社会主义的正式开始，他这样的观点，与柏山同志是同样错误的。这证明韶玉同志对于这些问题也没有弄清楚。”① 周恩来还驳斥了王明等人攻击三中全会是“立三路线”的继续，是反共产国际的观点，也批评了王明等人不服从党的分配、进行宗派活动等错误。

但是，王明等人根本不接受批评。他们有恃无恐，公然打出“反对三中全会的调和路线”的旗号，更加猛烈地攻击三中全会后的中央，并肆无忌惮地进行小组织活动。11月27日，由陈原道、王明、秦邦宪组成的“临时小组”作出决定，全文如下：

> 我们在讨论了共产国际关于中国问题的决议②、〈中共〉三中全会决议、11月16日共产国际来信③和25日中央政治局决议④之后，一致通过以下决议：
>
> 1. 共产国际的正确路线是唯一布尔什维克的路线。小组完全同意这一路线。
>
> 2. 过去在李立三领导下的中央政治局的路线，是反共产国际的、反马克思主义的和反列宁主义的路线。三中全会没有对它进行布尔什维克式的无情打击。相反，三中全会怯懦地采取了机会主义的、“市侩式的”和妥协的方针，而且还支持这种路线。把共产国际路线和李立三路线混为一谈，并认为李立三路线是协同一致的——这就明显证明，三中全会是在口头上有条件地接受共产国际路线，同时它在继续坚持李立三路线。三中全会本身还以种种借口从原则上和策略上以及许多重要问题

① 周文琪、诸良如：《共产党国际和中国共产党》，第264页。

② 指共产国际执委会政治秘书处1930年7月23日通过的《关于中国问题的决议案》，见中央档案馆编：《中共中央文件选集》第6册，中共中央党校出版社1989年版，第584—595页。

③ 指1930年11月16日在中国收到的共产国际执委会《关于立三路线问题给中共中央的信》，见中央档案馆编：《中共中央文件选集》第6册，中共中央党校出版社1989年版，第644—655页。

④ 指1930年11月25日中共中央政治局《关于最近国际来信的决议》，见《中共中央文件选集》第6册，中共中央党校出版社1989年版，第501—502页。

（如对国际形势的估计、世界革命与中国革命的相互关系、革命的不平衡性、关于土地革命、关于中国革命的前景等问题）上歪曲共产国际的路线，并且继续坚持中央过去在李立三领导下执行的路线。

3. 三中全会后，政治局在对帝国主义者和国民党进攻红军问题的分析上，又重复了“吉德”（?）[①]式的分析。在实践中没有带来任何变化。李立三路线在领导机关中仍然很有势力。政治局11月25日决议只是耍外交手腕承认了自己的错误。还在试图使人们的注意力离开关于路线问题的原则性分歧。这表明，他们仍不愿意放弃李立三路线，不愿意坚决按照共产国际的路线进行工作。

4. 因此，我们认为，党中央领导已经垮台，他们不能保证执行共产国际的路线。为了贯彻执行共产国际的路线，我们应该做好以下工作：

（1）我们应该把那些坚决支持李立三路线的不肯悔改的机会主义分子驱逐出（中央、各局、省委）领导机关。

（2）我们应该在党的报刊上向中央过去的路线（李立三路线）开火。在秘密工作环境允许的范围内，我们应该站在共产国际的路线上开展广泛的自我批评和加强两条战线的斗争。

（3）我们应该把那些在与李立三路线和其他错误倾向的斗争中表现坚定的同志推举和吸收到领导机关中来。

（4）我们认为，中央不重视同志们的政治性意见，不答复我们的声明，这是不能容忍的。本小组对这种态度表示抗议。

（5）至于一般政治性意见和其他问题，我们将向中央和共产国际递交另一个声明。[②]

12月6日，周恩来在中央政治局会议上，严正地批评了这种“小组织倾向”。他说：党内的不满情绪，“中心问题是不承认三中全会、要求改组中央的原因造成的，在人的活动上可以看出显然是小组织倾向的”，“首先是

① 原文如此。

② 《临时小组的决定》，中共中央党史研究室第一研究部译：《共产国际、联共（布）与中国革命档案资料丛书》第9册，中央文献出版社2002年版，第468—470页。

陈、秦信对中央文件批评，对立三路线反没甚揭发”，“他们把这认为紧急任务，简直可以放弃一切中心任务”。周恩来强调：“政治意见可以发表，但不可妨害工作。小组织活动是有计划的，完全不站在拥护党的立场，可以肯定地说，他们的政治意见也不是正确的；若是正确的，在组织上便不会如此。”①

王明等人将中央的一再批评置于不顾。他们的小组织活动不仅没有丝毫收敛，反而步步升级。这时，他们对揭发李立三错误，已经没有多大兴趣，而把反对三中全会、要求改组中央作为紧急任务。

第七节　结　婚

1930 年 11 月 23 日，王明与孟庆树在上海结婚了。

孟庆树，夏历 1911 年 10 月 12 日（公历 12 月 2 日）生于安徽省寿县瓦埠镇孟家圩。祖父是有名的内科中医和中国同盟会会员。父亲孟宪洲，是本县很有名的外科中医。对她比较有影响的还有祖母的弟弟张之屏（号树侯），也是中国同盟会会员。1925 年春，孟庆树在寿县安徽省立第三女子师范学校加入共产主义青年团和国民党。1926 年春至夏，在上海大学附属中学学习。1926 年秋进入设在武昌的安徽军事政治干部学校，在那里加入中国共产党，并任支部委员、女生队长。1927 年初转入武汉中央军事政治学校，继续担任党支部委员、女生队分队长，参加过讨伐军阀夏斗寅的战斗。武汉政府反共后到张发奎部军医处做护士，并随该部到九江。因南昌起义已经失败，于是撤到

孟庆树像（年代不详）

① 1930 年 12 月 6 日中央政治局会议记录。

上海，11 月到莫斯科中山大学学习。①

曹仲彬在《王明的传奇婚恋》中说："年方16岁的孟庆树，正值妙龄花季，且眉清目秀、身材窈窕、落落大方、风度翩翩，很自然地成为男学生们注目的对象。时年 23 岁的王明一见钟情，从此就把追逐目光投向比自己小七岁、充满青春活力的安徽老乡身上。虽然，孟庆树入学时王明已经赫赫有名，成为学校'无冕之王'，但孟庆树对他只是充满敬意和羡慕，并未产生爱恋之意。无奈小个子王明的身高并没有像他的地位那样显赫，没有能够扰动孟庆树的芳心。孟庆树也未把王明频频示爱放在心上，而是先于王明结交了一个男朋友。"②

曾担任过国务院副秘书长、国务院参事室主任的徐志坚回忆说：孟庆树原来的恋人叫丁景吉（又名丁晓、丁晓波、丁云波，安徽省宿县西五铺人），1926 年冬相识在"安徽党务干部学校"。那时孟庆树只有 15 岁，为英俊厚道的丁景吉所吸引，很快就成为他的未婚妻。1927 年，丁景吉也来到莫斯科中山大学学习，但患肺结核住进了医院。他听说孟庆树经常跟陈绍禹在一起，不少人说他俩正在谈恋爱，开始时他也不相信，但不久他俩一齐来医院，看陈绍禹对孟庆树的那种毫不掩饰的亲热样子又不得不信，因此悲愤之极，不久就死了。那时，孟庆树还是很难过的样子。丁景吉的好友徐风笑对她说：丁景吉生病，你不该再跟别人谈恋爱！孟庆树仍是说，其实自己并没有答应陈绍禹什么。只是他的一帮朋友老是开玩笑，弄得好像真有那么回事儿似的。徐风笑说："那么，现在丁景吉已经死了，你是不是准备答应

---

① 孟庆树整理的《陈绍禹——王明传记与回忆》附录Ⅴ《孟庆树的简历》说：她 1931 年年底又到苏联，曾在国际列宁学校高级班学习，并参加中共驻共产国际代表团的工作。1937 年冬回国后，任中共中央长江局妇委书记和妇女界抗日民族统一战线的中共女代表之一。1938 年秋回延安，从这时起到 1942 年秋是中共中央妇女运动委员会常委。1939 年至 1941 年任延安中国女子大学政治处主任，1941 年秋做过抗日军政大学女生队政治委员。1945 年春被选为中共七大代表。1947 年至 1948 年参加土改工作。从 1948 年冬到 1950 年冬是中共中央法律委员会委员。1950 年到 1955 年是中央人民政府法制委员会委员。据佟英明 1988 年 3 月 17 日采访甘宁的记录，其父孟宪洲"文革"中被从北京送回老家，又揪回北京扫地，又赶回老家，气不过，自杀身亡。其弟孟庆渊（孟侃），曾在延安财政处、第七机械工业部等单位工作。

② 《百年潮》2000 年第 6 期。

他？”“不。”孟庆树的态度很坚决。徐凤笑说：“对，不能答应他。我看这个人品质不好。”①

谢怀丹回忆说：王明追求孟庆树，开始时并不顺利，但王明态度很坚决，当时“孟不理他。他就经常给孟写情书。孟厌烦了，接到后就一把撕破，连看也不看。撕破的信丢在字纸篓里，好事者拾起来，一片一片地拼好，然后贴在墙报上，供大家共赏。这种恶作剧，也没有挫折陈绍禹追求的决心。”② 袁溥之也回忆说：“一九二八年中共‘六大’之后，我同孟庆树住一间房，王明经常跑到我们房间里来。孟庆树起初不喜欢他。他个子矮小、外表的确配不上她，但他却死皮赖脸地缠着，有时甚至跪在孟庆树床前。有一次，孟庆树生气打了他，他还嘻［嬉］皮笑脸不以为耻。我当时就认为，这个人在女人面前没有一个男子汉的气概，在外国人面前没有一个中国人的气概。但是，由于历史的误会，这个人却统治我们党长达四年之久。他使无数同志牺牲在他的机会主义路线之下，白区损失百分之百，苏区损失百分之九十五，差一点葬送了中国革命。”③

在中共六大期间，王明和孟庆树都参加了大会的会务工作，接触更多了。在此前后，王明作《七夕观星》诗一首，表达了对孟庆树的爱慕之情，诗曰：

女郎银汉各西东，暮暮朝朝顾盼中。
一旦两心成一体，鹊桥不架也相逢。④

由于王明紧追不舍，两人之间就逐渐有了感情，并确定了恋爱关系。1929 年 3 月王明回国后，孟庆树继续留在中山大学学习，1930 年秋回国，

---

① 徐志坚口述、王海燕整理：《从父亲徐风笑的遭遇看王明宗派主义干部路线》，《中华儿女》2003 年第 4 期。

② 《岁月屐痕——一个莫斯科中山大学女生的回忆》，福建人民出版社 1991 年版，第 47 页。

③ 袁溥之：《往事历历》，中共广东省委党史资料征集委员会办公室、中共广东省委党史研究委员会办公室编：《广东党史资料》第 3 辑，广东人民出版社 1984 年版，第 156 页。

④ 《王明诗歌选集（1913—1974）》，莫斯科进步出版社 1979 年中文版，第 58 页。

被分配在上海沪东区委妇委会工作。孟庆树在《陈绍禹——王明传记与回忆》附录Ⅴ《孟庆树的简历》中说，她先在中央机要处工作，从这年冬开始在上海做职工运动，主要在东、西、南等区委和工会工作，曾任区委和工会的妇女部长、宣传部长。从1930年夏到冬，曾三次被捕。1930年冬到1931年冬任中共江苏省委妇女部长、中央巡视员等工作。

1930年7月30日，孟庆树被捕，关押在上海龙华看守所。恋人身陷囹圄，王明万分焦急，写了一首《三度七夕》的七绝：

天上当然织女好，星间难怪牛郎痴。
真情岂受银河隔，有限长空无限思。①

孟庆树的二叔孟涵之，听说孟庆树被捕，特来上海，设法营救。他与王明一起，于10月19日、26日、11月2日，三次到监狱探视。王明于1958年6月曾写诗追忆探监的情形：

化装三探龙华监，亲织背心递我穿，
高话家常低话党，铁窗加紧两心牵。②

10月间，王明还作《秋夜观星》诗一首，赞美他和孟庆树的结合：

牛郎织女久钟情，强隔银河仍比邻。
如此良缘天作合，工农联合好家庭。③

11月22日，孟庆树出狱，第二天二人便宣布结婚。孟庆树回忆说："23日，我和绍禹结婚，在一个小客栈里。不仅没有任何婚礼仪式，而且没有换洗的衣服，没有住处。24日，绍禹和我来到他和博古住的小面馆楼上亭子

---

① 《王明诗歌选集（1913—1974）》，莫斯科进步出版社1979年中文版，第78页。
② 《王明诗歌选集（1913—1974）》，莫斯科进步出版社1979年中文版，第289页。
③ 《王明诗歌选集（1913—1974）》，莫斯科进步出版社1979年中文版，第79页。

间里。三人很高兴地谈笑着。我觉得像回到‘家’里来了。但是，博古还盖着我的棉被，绍禹的一床棉被很破，而且小得可怜。我们又只好离开这个小屋，另找住处去。”[①]一份题为《关于王明同志的几件历史事实》的材料说：小孟同王明结婚，我记得是在四马路云南路的一个小旅馆里，他们结婚后即去江苏省委工作了。[②]

为纪念这个喜庆日子，王明写了一首诗《结永伴》：

出狱两天便结婚，双心结合胜千军，
三年多少悲欢剧，银汉女郎不可分。[③]

王明、孟庆树 1938 年于武汉

① 孟庆树：《陈绍禹——王明传记与回忆》（未刊稿）

② 这份材料存在王明档案中，未署名。

③ 《王明诗歌选集（1913—1974）》，莫斯科进步出版社 1979 年中文版，第 80 页。

第四章　上　台

第一节　米夫来华

1930年11月中旬，共产国际远东局领导人米夫来到上海。①

盛岳在《莫斯科中山大学和中国革命》中说："为了确保中共完全忠于共产国际，国际派米夫为代表于一九三〇年十一或十二月去中国。米夫到中国去的重要使命是：用把二十八个布尔什维克拉进中共中央的办法，来对中共中央加以改组，从而加速实现中共'布尔什维克化'。换句话说，他的使命就是把中国共产党人置于俄国共产党人的绝对控制之下。"②

张国焘在《我的回忆》中也说：米夫到中国的目的，就是"准备将他手下的'布尔什维克分子'，取李立三而代之"，并说："李立三的异动给予陈绍禹等米夫派在中共内抬头的机会。恰于此时到达中国的米夫，和那时已经回国的陈绍禹，立即里应外合的行动起来，站在拥护共产国际的正确路线的旗帜之下，反对李立三。陈绍禹等因曾受李立三的压抑，早就满肚皮怨气，

---

① 张国焘：《我的回忆》中说米夫"于一九三〇年夏季由共产国际派往中国"，见《我的回忆》第2册，东方出版社1998年版，第411页。盛岳在《莫斯科中山大学和中国革命》中说11月或12月去中国，东方出版社2004年版，第240页。《米夫与中国革命关系纪事》说是12月上半月到中国，见《米夫关于中国革命言论》，人民出版社1986年版，第585页。黄允升认为是12月10日到中国，见《毛泽东开辟中国革命道路的理论创新》，中央文献出版社2006年版，第298页。戴茂林的《关于王明研究中几个问题的考证》说米夫是1930年11月中旬来华的，见《中共党史研究》2010年第12期。

② 盛岳：《莫斯科中山大学和中国革命》，东方出版社2004年内部版，第240页。

现在有此机会，自然要摩拳擦掌。”[①]

但从 12 月 17 日王明写给萨发罗夫、米夫、马季亚尔和马耶尔的信可以看出，他这时并不知道米夫早已到上海。信中说：“现在情况十分严重。领导人正经受着最深刻和最严重的危机，因此在全公司[②]也出现了危机。开始出现消极情绪，走头［投］无路，绝望，各种各样的人逃离公司。工作到处还是老样子。领导完全陷入了泥潭并且已经绝望了。到处呈现出不满情绪。组织和个人递送的声明、决定、决议一天天多起来。斗争不仅在上海，而且在其他地区，如北方和苏区，也已经开始。执委[③]的决议和来信在各处引起了巨大的反响。但是领导不仅陷入了系统的实用主义路线，而且还对利波夫路线[④]采取了继承人的立场[⑤]。在执委干部[⑥]和强硬实践家的强大压力下，现在领导者圆滑而灵活地承认了一些东西。但是与其说他们认识和承认了自己的错误，还不如说他们在公开地或半公开地捍卫和粉饰利波夫路线。遗憾的是，直到现在我们与多布罗夫[⑦]还没有直接的联系，因此他不了解也不可能了解全面情况。所以他甚至承认三次全会[⑧]的路线总的说来是正确的。当然，我和其他人决不能同意他的看法。昨天我们与老板[⑨]进行了交谈，结果他认为三次全会及以后的所有文件都是不正确的，是调和主义的，是偏离执委路线的产物，并且同意我们关于取消所有上述文件的主张。”“机关几乎还完全处于‘利波夫人’[⑩]或还‘没有意识到这一点的人’的手中。斗争进行得很艰难。不过我们还是赢得了相当不少的先进分子，斗争还在继续并且以很快的速度在发展。当然，一切都要靠斗争的力量和群众来解决，但是来自

---

① 张国焘：《我的回忆》第 2 册，东方出版社 1998 年内部版，第 411、441 页。

② 指中国共产党。

③ 共产国际执委会。

④ 李立三路线。

⑤ 原文如此。从意思看应为“继承的立场”。

⑥ 共产国际代表。

⑦ 可能指共产国际执委会远东局。

⑧ 指中共六届三中全会。

⑨ 可能是向忠发。

⑩ 李立三路线的支持者们。

上面的压力具有重大影响。我们希望得到巴黎[①]的帮助。不对所有领导机构进行认真的改组，贯彻执委路线[②]是不可想象的。请尽快派几位可靠的和熟练的工程师来柏林[③]。”[④]

本来，中央政治局已经制定了解决党内问题的方针。为了贯彻这个方针，中央发表了《中国共产党中央委员会告同志书——为反对和肃清立三路线问题》和《反对立三路线的讨论大纲》等文件。

但是，在贯彻这个方针中，遇到了强大的阻力。当时反对三中全会的，不仅有王明等人，而且有何孟雄、李求实、林育南等同志，还有罗章龙、徐锡根、王克全等。

何孟雄、李求实、林育南等都是较早起来反对李立三错误并受到错误打击的。他们在共产国际“十月来信”后，提出了召开紧急会议、改选中央领导机构的主张。

罗章龙和徐锡根、王克全等一起，也认为“三中全会是公开保证立三路线继续执行，是更加有力阻遏党内同志反立三路线的运动，所以三中全会的‘调和’主义只是立三路线的变本加厉，只是扩大和延长立三路线的恶果，只是推迟了对于国际正确路线的执行达6个月之久，增加党与革命更浩大的损失，是比立三路线更危险的东西”。他们主张召开紧急会议，从根本上解决政治上组织上诸问题。

这样，王明等人和何孟雄、罗章龙等都要求党中央召开紧急会议，以解决“立三路线”和三中全会的“调和路线”。

米夫经过一番了解情况以后，于12月2日给共产国际写信，汇报中国党内的情况。12月9日，共产国际执委会主席团扩大会议讨论米夫等《关于中国党三中全会与李立三同志的错误的报告》。有的人在发言中把要改造中共中央核心组织的意图说得更明白。例如皮同志在发言中，按“教条化”标准吹嘘王明、博古等人，说“在苏联有许多学校有好几百中国同志在那里

① 指莫斯科。

② 共产国际路线。

③ 中国。

④ 中共中央党史研究室第一研究部译：《共产国际、联共（布）与中国革命档案资料丛书》第9册，中央文献出版社2002年版，第540—541页。

学，他们之中有很好的同志知道列宁主义布尔塞维克的理论和实际。他们回去了，但是不能够作到领导工作，为什么我们以前不明白，而现在明白了，因为有一种小团体利益妨碍他们加入领导机关。费了很多力量和钱才能够把他们派回中国去，然而秋白或者立三不要他们作党的工作，我以为这是无论如何是不能够允许的。现在怎么办呢？我以为应当发动一个公开的运动反对立三主义和那一部分政治局”①。

同日，中共中央接受了王明、何孟雄、罗章龙等人的意见，作出《中央政治局关于召集紧急会议的决议》。

但是，米夫认为通过紧急会议，并没有充分把握使王明等人占据中央领导地位。所以，他向中央提出召开六届四中全会的建议。中央政治局于12月14日开会，接受了米夫的建议。

王明从米夫那里得知召开四中全会的消息后，立即公开攻击和他共同要求召开中央紧急会议的何孟雄、林育南、罗章龙等人。

米夫为了给王明上台铺平道路，就向中央施加压力，要中央撤销对王明等人的处分，并吹嘘王明在中山大学的斗争中已是一个天才的领导者，搞中国革命没有他是不行的。11月23日，共产国际远东局在决议中说：“远东局完全同意共产国际执委会关于李立三路线的来信”；并“通知中共中央，未经与远东局事先协商，不应把党的负责工作人员，特别是由于政治原因而开除出党”；“鉴于古德科夫、戈卢别夫、博古列洛夫等人提出的声明，责成奥斯藤同志审查所有材料并向局阐述自己的意见”②，已表示要对王明等人的问题进行翻案。中共中央在米夫催促下，于12月16日发出《关于取消陈韶玉、秦邦宪、王稼祥、何子述四同志的处分问题的决议》，说立三路线是“一贯的反共产国际的路线”，“当时在中央工作人员会议中，韶玉等四同志反对此观点，是合乎国际路线的观点，但立三同志固执自己的观点，认为韶玉等四同志的意见是右倾机会主义的路线，这显然是很大的错误。中央政治局当

① 《共产国际执行主席团关于立三路线的讨论》，《布尔塞维克》第4卷第3期，第60—61页；又见中共中央党史研究室第一研究部编译：《共产国际、联共（布）与中国革命档案资料丛书》第12卷，中央文献出版社2002年版，第430页。

② 中共中央党史研究室第一研究部译《共产国际、联共(布）与中国革命档案资料丛书》第9册，中央文献出版社2002年版，第466—467页。

时因为赞助与执行立三路线的缘故，竟因韶玉等四同志批评中央的路线而妄加他们以小组织的罪名，给韶玉同志留党察看六个月的处分，给其他三同志以最后严重警告，这显然是更不正确的"；"中央政治局现在站在拥护与执行国际路线与反对立三路线之不调和的立场上，认为过去对陈韶玉等四同志的斗争与处分是错误的。现在除正式取消对他们的处分外，并将此错误揭发出来，以加重韶玉等四同志对立三路线之不调和斗争的责任。"①在同一天，政治局还发出《关于何孟雄同志问题的决议》，肯定何孟雄的意见一般是正确的，取消对他的错误处分，并决定公布他的意见书。

在米夫的压力下，中央政治局于12月22日发出第96号通告，再次申明要"深刻的检查自己过去的工作"，承认"三中全会的路线仍然成为立三路线的继续，并对立三路线加了一层保障"；还承认"直至国际来信后，中央政治局虽承认了立三路线的错误，但在11月25日、12月9日两决议案中，在中央告同志书中还是保持着调和主义的态度"。《通告》表示，要"采取非常紧急的办法"，"产生新的政治决议来代替三中全会的一切决议"；要在"党内实行改造"，"必须引进积极反立三路线反调和主义的干部尤其是工人干部到指导机关，必须坚决的反对以派别观念对抗反立三路线的分子，而造成掩护立三路线的小组织行动"②。这样一个对自己的"错误"上纲上线、申明要引进反"立三路线"、反"调和主义"的干部以改造指导机关的通告，王明还不满意，说它有三个错误：(1) 没有宣布"立三路线"的破产。(2) 说通告中的"反立三路线的本身便是两条路线的斗争"，是在反对右倾分子的斗争面前解除了党的武装。(3) 说通告对中央转到国际路线的过程一字不提。这三条没有一个是实质性的问题。这显然是故意挑剔。

与此同时，米夫提议由王明担任中共江南省委书记。中共中央政治局没有完全接受，于12月23日决定这时还在苏联的刘少奇担任江南省委书记，只是归国前由王明代理。还决定将博古补选为团中央委员，参加团的中央局工作。但米夫仍不满意，进一步对中共中央施加压力。中央无奈，于12月

---

① 载《党的建设》1931年第1期，1931年1月25日出版。

② 《中央紧急通告（中央通告96号）》，中央档案馆编：《中共中央文件选集》第6册，中共中央党校出版社1989年版，第477—478页。

25日任命王明为中共江南省委（习惯上仍称江苏省委）书记。这个省委是当时党在白区中最重要的一个地方领导机构，领导着江苏、浙江、安徽的党组织和党中央所在地——上海的党组织（上海没设立市委，由中共江苏省委兼管）。米夫要王明担任这一职务，是给王明进入中央设置一个台阶。正如李维汉所说：1930年12月22日，江南省委曾进行部分改组，但“因没有实现共产国际代表米夫要安排王明等的意图，受到米夫的干涉而很快流产，省委工作陷于瘫痪。后来在米夫操纵下，中央于12月25日决定委派王明担任改组后的临时江南省委书记，博古为团中央宣传部长，这就为王明等人取得中央领导权在组织上作了准备”①。

王明被任命为中共江南省委书记以后，就以江南省委为据点，进行了一系列的宗派活动。关于这一点，刘晓回忆说：

> 中央政治局的1930年11月补充决议和12月的第96号通告下达以后，12月间，江苏省委作出了在上海党组织中对这两个文件进行广泛讨论的决定。王明等人即借此机会，在上海党组织中公开攻击中央，并进行夺取上海党组织领导权的活动。王明派出他的亲信到上海各区委参加讨论，并授权这些人必要时可以改组区委。这样，上海各区委都召开了会议，攻击中央这两个文件是以调和主义反对调和主义等等。同时，王明把他赶写出来的《两条路线》……小册子印发给各级党组织，以新的“左”倾纲领同六届三中全会的决议相对抗。
>
> 王明采取这种公开反对六届三中全会的对抗态度，理所当然地遭到各区的许多党员干部的反对和抵制。王明宗派集团就采取撤销工作，停发生活费，强迫迁移居处等卑鄙手段，使这些人在政治上受到孤立，在生活上受到折磨，陷于厄境。然后，王明再对他们进行分化、拉拢。如沪中区委书记蔡博真同志（龙华二十四烈士之一）当时是坚决反对王明的。王明在打击他之后，又亲自两次找他谈话，强要他改变观点，甚至还让人向蔡博真同志传话，说蔡如能改变立场，王明就可以提名蔡为江苏省委委员。但遭到蔡博真同志的怒斥。王明见蔡博真同志不肯就范，

① 李维汉：《回忆与研究》上册，中共党史资料出版社1986年版，第316页。

便撤掉蔡的区委书记职务。

1930年12月底，王明又以讨论九十六号通告为名，由江苏省委出面，召开了一个扩大的区委书记联席会议，进一步进行他的反党宗派活动。王明集团布置召开这个会议的意图，是要公开打击以何孟雄为首的一批反对他们的干部。会前，王明集团预先组织好了发言内容，会上王明作报告，除几个省委和区委的干部作简短的表态性的发言之外，主要是由沈泽民和陈昌浩发言。陈昌浩的发言，主要是以他在上海搜集到的所谓材料来吹捧王明的报告的正确，攻击中央和江苏省委的某些干部（实际是指何孟雄等同志）是在"反立三路线的掩盖下发挥自己的一贯右倾机会主义的思想"，煽动到会者要"与之进行坚决斗争"。陈昌浩还指名攻击了何孟雄等同志，并对有人要求改组中央的意见表示支持。在他们之后的发言，都把矛头指向了何孟雄等同志，实际上是对何孟雄同志进行围攻。

王明还利用他主持会议的权力，几次阻止何孟雄等同志的发言，直到何孟雄、蔡博真等同志严正地提出抗议，他才不得不作让步。

何孟雄同志的发言，以立三路线使上海工作受到损害的实际教训为据，有力地驳斥了王明一伙的错误主张，指出他们的纲领是"新的立三路线"，并指责他们在上海党组织内进行宗派分裂活动，是破坏党的团结的；号召上海各区委的党员干部起来反对王明宗派集团的错误主张和分裂党的活动。

这样，在会上就展开了激烈的争论。两种意见一经交锋，有的原来站在王明一边的转过来反对王明了，有的采取沉默态度了，王明看到会议的发展对他不利，就马上宣布休会，并急忙密商对策。当会议继续进行时，王明集团就更加猛烈地围攻何孟雄同志，污蔑何孟雄等同志是"右派"，帽子满天飞；并且限制何孟雄等同志的发言，后来便匆匆结束了会议。最后王明作结论说：会议通过了对九十六号通告的意见和对中央的建议。何孟雄等同志当即表示不同意这个结论，更不同意王明对他们的批评。王明就借口"少数服从多数"的原则，蛮横地宣称：谁不遵守这个原则，将按组织纪律处理，以此来压制反对他们的同志。这次会议以后，反对王明的干部反而增加了，何孟雄等同志的活动也更加积极了，王明并没有达到完全控制上海党组织的目的。①

12月底，王明操纵的中共江南省委扩大的区委书记联席会议还通过了一个反对中央，要求改组中央政治局的决议。其要点是：

1."只有迅速采取适当的而紧急的办法，将中央政治局加以组织上的改造，对立三路线、调和主义负重要责任之同志执行纪律，才能巩固国际路线的中央领导，否则是没有保障的。"

2."在中央政治局未改选以前，要求国际加强对中央的领导，参加中央政治局政治上组织上的一切决定。"

3."江南省委在12月18日以前，在政治上、在组织上犯了执行立三路线与调和路线的严重政治错误……因此要求中央即刻改组省委。并在中央新的政治决议以后……改选各级指导机关(从省委起直至支部)。"

4."要防止用各种方式掩护立三路线，继承立三路线的派别观念的小组织活动，以及把原则斗争恶化为无原则斗争的倾向，诬蔑拥护国际路线的同志为派别，以掩护立三路线的诡计等，尤须给以无情的打击。"②

有的论著评论说："王明主持下通过的这个决议是极其反常的，省委竟然对中央发出指令性决定，甚至决定要国际代表直接决定中央的一切工作，为米夫进一步干预中国党内一切事务提供依据；王明是抬国际以令中央；又为打击不同意见的同志发出信号。"③

在进行宗派活动的同时，王明还于12月14日在《实话》第3期上发表《立三路线与战后资本主义第三时期》一文，首先把反"立三路线"和反调和派，抢先捅到全党，以争夺反"立三路线"和反调和派的功。王明这一系列的活动，给他上台创造了条件。

① 刘晓：《党的六届三、四中全会前后白区党内斗争的一些情况》，中共中央党史资料征集委员会编：《中共党史资料》第14辑，中共党史资料出版社1985年版，第99—101页。

② 金立人等：《王明"左"倾冒险主义在上海》，上海远东出版社1994年版，第53页。

③ 金立人等：《王明"左"倾冒险主义在上海》，上海远东出版社1994年版，第53—54页。

第二节 《两条路线》小册子

1930年11月底，王明抛出了那本在中共历史上颇有名气的《两条路线》，再版时改为《为中共更加布尔塞维克化而斗争》的小册子。

王明写的这本10万字的小册子，共分引言、李立三路线底理论与实际、结论三大部分。在“李立三路线底理论与实际”中，又分为国际形势与中国革命、中国革命底根本问题、时局估计与党的任务、长沙事变与立三路线的破产、三中全会与调和态度、三中全会后维它[①]同志继续立三路线的错误等六个部分。其宗旨就是小册子最前面的两句话：“拥护国际路线，反对立三路线”。同时，他又把三中全会其后的中央说成是“立三路线”的继续，要把它和“立三路线”放在一起。

王明在反“立三路线”时，确实申明了共产国际观点中一些正确的内容，并用它作武器，反对李立三的错误。诸如革命发展不平衡论；革命高潮是表示革命开始复兴到直接革命形势的长过程，绝不是高潮就等于直接革命形势，等等。但是，王明在许多基本问题上坚持了共产国际的“左”的错误，例如“战后资本主义第三时期”问题。共产国际执委会第十次全体会议的政治决议提出的这个理论，认为战后特别是俄国十月革命后，开始了资本主义总危机。当时，许多国家有直接革命形势，是第一时期；随着革命的失败，资本主义进入相对稳定发展的第二时期；现在，革命开始复兴，即进入新的革命高潮的第三时期。这是共产国际对当时国际形势分析得出的总结论，是制定斗争策略的基础。从这样的估计出发，必然要发生一系列“左”的倾向。王明却把这个理论放在卷首加以论述，以此作为立论的基础。实际上，小册子的全部内容就是从这里展开的。

从根本上说，李立三的错误也是在共产国际的“第三时期”理论指导下发生的。“立三路线”源于共产国际，在某些方面又超过共产国际。王明在坚持共产国际“左”的观点的同时，批评了李立三超过共产国际的明显的冒

① 即瞿秋白。

险主义。但王明小册子的主要着力之处，却是反李立三的“右倾”，认为李立三是“左倾空谈掩盖下的右倾机会主义的消极”。这就是说，在王明看来，李立三的“左”，是词句，是空谈，是形式；右，才是本质；“左”，主要表现在盲动冒险上；右，则表现在许多方面，是系统的。他在批判李立三的部分将要结束时，写了一段概括的话：

> 据上所说，我们可以看出以李立三为领导的中国党中央政治局一部分的领导同志在这一时期的错误，绝不是简单的‘个别的策略的错误’，而是整个的总的政治路线的错误……这些错误相互间是有一贯的密切的联系，错误的工作方式和方法是产生于错误的组织任务和策略任务，错误的策略任务和组织工作，是产生于错误的政治路线，错误的政治路线是产生于错误的时局政治分析和估计，现在时局的错误估计，是产生于对中国革命根本问题（革命性质、革命动力、革命领导权、革命前途、政权等）的错误了解；革命根本问题的错误了解是产生于对世界政治经济系统（帝国主义）对中国经济性质的不正确了解和认识。①

王明就是按照这个体系批评李立三“一贯右倾机会主义的理论与实际”的。

王明的小册子用了很大篇幅批评李立三，但这并不是他的主要目的。李立三经过三中全会，虽然还是政治局委员，但已离开领导岗位，很快到了苏联；真正影响王明“作到领导工作”的是维它（瞿秋白）。所以，王明在批判李立三之后，接着就批评三中全会及其后的中央，并点名对维它进行个人攻击。

他不顾三中全会结束了作为“立三路线”主要特征的那些错误的事实，说维它在三中全会上“对于立三为领导的用‘左’的空谈掩盖着右倾消极的整个机会主义路线的理论与实际和许多盲动冒险的策略”，只作了“轻描淡写”的批评。

---

① 《王明言论选辑》，人民出版社第1982年内部版，第164—165页。

他不顾“立三路线”就是“左”倾路线的事实，说维它“对于立三路线的一贯右倾机会主义的理论与实际”，“未加丝毫的揭破和打击”。

他不顾自八七会议以来党内存在着浓厚的“左”倾情绪的事实，说维它“对于因立三路线的冒险策略失败后……将不可避免地要更加引起与加重党内右倾机会主义危险……的事实，未加严重的指出”。

他还全盘否定维它及其领导的三中全会后的中央，说“三中全会后维它同志继续立三路线的错误”，“现时的领导同志维它等，已经没有可能再继续自己的领导，他们不能执行布尔塞维克的政治策略来解决当前的革命紧急任务”，“只是使一般同志对于现在政治局的领导同志维它等更表示绝望”。王明还说维它等人“是自觉地对立三路线调和、投降，是立三路线的拥护者”，不但“不能领导全党工作”，而且产生了“党的领导的深刻危机，有引起党的危机的可能”。

既然维它等人“不能领导全党工作”了，那该怎么办呢？王明在小册子的末尾（不算小册子的《再版书后》，因为那是1932年再版时写的，这里暂时不讨论它），提出了9条所谓救世良方。主要精神是：必须召开七大，在七大以前“由国际负责帮助成立临时的中央领导机关”；“对于政治局的成分应有相当的改变”；“立刻在党报上公布同志们的反立三路线的一切政治意见书”；“立刻在党报上公布同志们的反立三路线的一切政治意见”；“以能积极拥护和执行国际路线的斗争干部——特别是工人干部，来改造和充实各级的领导机关”。

这就是说，立三垮了，维它等也不行了，要“相当的改变”政治局成分，要“改造”各级的领导机关，要以积极拥护和执行国际路线的“斗争干部”来代替现有干部。

其实，王明的小册子并不只是反三中全会及其后中央的纲领。因为他在批评立三、维它的过程中，涉及中国革命所有的根本问题，涉及政治、经济、军事、外交、土改、肃反、党的建设等所有重大政策问题，实际上是统治中共四年之久的、给中国革命造成极大损失的第三次“左”倾冒险主义的总纲领。刘少奇在详细阅读了小册子之后，于1943年9月21日写了如下的《阅后感》。他说：

> 1. 王明等人与李立三的争论，在路线上说来，是没有严格的原则区别的。王明在许多地方的谈话，比李立三更“左”些。2. 王明等人与维它同志等争论，更少原则上的区别。维它同志的错误绝不比王明更多。3. 王明等人在四中全会前所进行的反对立三路线的斗争，完全是布尔什维克党的纪律所不能容许的小组织的派别斗争，它起了极大瓦解党破坏党的作用。这是一种标本的无原则的派别斗争。4. 因为立三路线的错误，又因为王明等人派别斗争的错误，如是使得另一个派别得以组织起来，这就是罗章龙的捣乱派；并使许多同志甚至不坏的和很好的同志也一时参加了罗章龙派。5. 四中全会上斗争主要表现为无原则的派别斗争，并且是王明一派人所准备和操纵主持的。它完全批准了王明一派人那些非纪律的行动，而穿上国际路线与布尔什维克党的外衣来进行欺骗。从此开始了党的危机以致使党使革命受到空前的损失。如果完全照事实和真理来说，四中全会对党是不独无功，而且有莫大的罪。6. 这本罪恶的小册子记载着罪恶的党内斗争材料不少。然而它使我们能从这些材料中窥见四中全会及其前后党内斗争的黑幕，使我们对于党内这段历史有完全新的了解。马克思主义者必须利用这本材料将党内这段历史重新写过，并作出结论说：王明一派人在其所谓“反立三路线”斗争中，不独没有真正反对立三路线，不独没有任何功绩，而且有莫大的罪过。

1943 年 9 月 21 日到 27 日，周恩来对王明的小册子也进行了系统的分析和批判，写出了《关于新立三路线的研究》的长篇笔记。他明确指出王明小册子中表现的严重错误：在国际形势上，王明是急于证明中国能首先胜利；在中国革命基本问题上，王明是急于要实行由资产阶级民主革命向社会主义革命的转变；在时局估计与任务上，王明是强调高潮，急于争取一省数省首先胜利；在党的任务上，王明是急于实行进攻路线；对占领长沙的估计上，王明认为是一省数省能首先胜利的证明，怪李立三没有采取正确而有力的措施，所以不能坚持。

周恩来也透彻地分析了王明小册子对李立三错误的批评。他认为王明的批评有三种情况。第一，李立三的观点是基本正确的，而王明“站在‘左’

倾观点来反对”。如关于革命对象问题，王明在反对李立三中强调反富农、反资产阶级、反对中间营垒，这“反而更错了”。第二，李立三的观点是“左”的、错误的，王明在他的小册子中把这些观点保留了下来。例如，李立三急于实行革命转变，王明和李立三一样，他“自己也是急于转变论者”。第三，李立三的观点确实错了，而王明的观点也错了，他同李立三“只有程度之差”。如对革命形势的估计上，李立三是估计得过高了，王明的估计虽和李立三略有不同，但也超过了当时的客观现实。总之，“王明对当时立三路线之批判，完全是站在‘左’倾之不正确的观点上去发表意见”，“不仅未击中要害”，“还暗藏了许多托洛茨基的观点”，“这就给了［予］新立三路线以全部思想根据与理论根据”。

对王明小册子中《关于三中全会与调和态度》一节，周恩来作为三中全会主要主持人之一，明确地指出它有许多地方不符合事实。如说国际指示以后，仍然命令进攻长沙并举行武汉、南京、镇江、上海暴动。周恩来针对王明全盘否定三中全会的错误观点，对三中全会给予客观的评价。他认为，三中全会是按共产国际指示工作的，基本上取消了李立三指示下的全国暴动、攻长沙、兵暴、总行委、总罢工的方针。他说，三中全会“说立三错误是个别的‘左’倾的策略上的错误，‘个别’两字很不对，但‘左’倾并未错，而王明却说立三路线是一贯右倾机会主义的理论与实际，乃是大错”。

周恩来还深刻地分析了王明错误的社会根源和思想根源。指出：“这些小资产阶级不能忍受民族战争亦即农民战争的长期性。他们企望一下子就进入社会主义，以避免破产痛苦。从这一点就产生政治上的冒险主义与发狂性。如果这样没有可能的话，就对大地主大资产阶级作不惜任何代价的让步。从这一点就产生了在政策上的投降性。”他认为，由于前一种情况，就产生了第二次国内革命战争时期的王明“左”倾错误；由于后一种情况，就产生了抗日战争初期王明的右倾错误。

周恩来在1960年11月所作的《共产国际和中国共产党》的报告中还说：“米夫一来，更造成了党内的危机。王明写了小册子，要求中央召开紧急会议，撤换中央的领导。所以，召开了四中全会……四中全会后，王明的小册子更加发挥了作用。他站在更‘左’的立场来反对立三的‘右倾’和三中全会的‘调和路线’，形成了更‘左’的路线，再加上中央几个负责人叛变，使我们党受到了很大的破坏。”①

周恩来、刘少奇对王明小册子的分析和批评都是正确的、深刻的。

第三节　进入政治局

王明是通过米夫直接插手的六届四中全会上台的。

四中全会前，米夫越俎代庖，起草了四中全会决议，拟定了参加会议的人员，规定扩大的四中全会除中央委员、候补中央委员及各地方、各部门的代表以外，还要让莫斯科回来的一些学生代表参加，而且凡参加会议的人都有表决权。

六届四中全会是1931年1月7日在上海武定路修德坊6号（现在的武定路930弄14号）举行的，会期一天，约15个小时。有的中央委员、候补中央委员因为被视为持不同意见，没有通知他们到会。徐兰芝时任全国铁路总工会的负责人，在中共六大上当选为中央候补委员，按理应通知在上海的他参加六届四中全会，只因为他赞成全总党团书记罗章龙的观点，就没有得到参会通知。正巧六届四中全会召开那天，他偶然得知开会消息，便气愤地闯入会场。据目击者张金保回忆当时情景说：“会议开始不久，全国铁路总工会负责人徐兰芝闯进会场，质问向忠发：‘你们开的什么会？’有人替向忠发回答：‘六届四中全会。’徐兰芝拍着桌子大声责问：‘我是候补中央委员，为什么不通知我来参加六届四中全会？’问得向忠发张口结舌说不出话。这时，王明站起来帮助向忠发解围。他拍着徐兰芝的肩膀，把他拉到另一间房子去了。”他还说：“通知去开紧急会议，到会后却宣布四中全会。他们设圈子，让我们往里跳。结果把我们骗了，他们学了马列主义，吃的洋面包，却学会资产阶级的一套，他们品质太恶

① 《周恩来政论选》下册，人民日报出版社、中央文献出版社1993年版，第818页。

劣了。”①

会议开始后，向忠发主持选出了由向忠发、徐锡根、罗登贤、任弼时、陈郁五人组成的主席团，主持会议，但主要是向忠发主持。他首先宣布六届四中全会的议程，共8项，主要有：向忠发作中央政治局报告；讨论；国际代表作结论；改选政治局委员等。向忠发刚宣布完，韩连会、王凤飞、罗章龙等人就起来反对召开四中全会，要求改期召开紧急会议。这就引起了一场关于会议性质的激烈争论。主张召开四中全会和主张召开紧急会议的人各持己见。米夫说：“召开四中全会，已经得到国际来电批准，四中全会可以解决一切问题，坚决要求四中全会立即开始。”于是，便以赞成还是反对国际代表意见付诸表决。结果，以19票赞成，零票反对，通过了国际代表意见。表决以后，史文彬、王凤飞、韩连会等人纷纷表示不同意这种表决办法，不同意四中全会的议事日程。他们主张除了原定日程以外，还要讨论和通过土地问题、职工运动、红军问题、经济政策问题、组织问题、军事工作、妇女青年问题的决议，要求把会期延长3到4天。他们这种主张被否决后，马上提出“立刻退席”。米夫立即加以制止，强调“多数同志同意，要马上进行中央政治局报告”。

中共六届四中全会旧址（上海武定路修德坊6号，现在的武定路930弄14号）

向忠发的《中央政治局报告》讲了10个问题，接受了王明关于改造中央及各级领导的要求，说要“引进在反立三主义斗争之中拥护国际路线的同志，尤其是工人同志到中央委员会来”。报告还

① 曹仲彬、李海文：《访问张金保谈话记录》，转引自曹仲彬、戴茂林：《王明传》，吉林文史出版社1991年版，第212、213页。

王明像（年代不详）

检查了处分王明等 4 人的错误，并点名批评了瞿秋白。

向忠发讲完后，大家就《中央政治局报告》进行讨论。先后有 30 多人发了言。王明在张金保、韩连会简短发言之后，以马列主义理论家的姿态作了长篇发言。他第一句话就说："我的关于立三路线及对立三路线的调和态度的理论与实际的意见书（指他写的《两条路线》小册子——作者注），今天没有拿来，现在因为时间关系，我不能多讲，我希望同志们详细看我的意见书"。接着，他着重讲了 4 个问题。

第一，"立三路线的理论与实际"。他虽然也批评了李立三的"左"倾冒险，但主要是批评李立三的"右倾机会主义"，他说：

> （他）否认中国革命在现在世界革命高潮生长的基础上，在国内几万万劳苦群众力量的基础上，可以首先胜利和保障这一胜利的"持续"。他只看到帝国主义是中国革命最危险的敌人，只看到中国半殖民地革命这一特点，于是感到无办法。而看不到中国革命的优点……他不相信苏联的力量，不相信全世界无产阶级革命运动及殖民地半殖民地的革命运动的力量，不相信中国几万万劳苦群众的力量，以为中国革命只可以爆发，但不能胜利和保障这一胜利的"持续"……他在没有办法中想办法，他想出来的是：中国革命只有在全世界革命大爆发中与全世界无产阶级共同取得一齐战胜帝国主义的胜利。在全世界革命同时一齐胜利的"左"倾空谈之下否认中国革命可以先于其他资本主义国家胜利和保障这一胜利持续的可能，他是在全国革命同时一齐胜利的"左"倾词句之下来否认和取消中国革命在全国新高潮之下有一个或几个主要省区首先胜利的可能！

王明在批评了李立三之后，把话锋一转，又批评三中全会及其后的中央，并点名批评瞿秋白。他说：三中全会“在接受国际决议的名义之下，来曲解国际决议，来继续立三路线。三中全会的主要政治领导者瞿秋白同志思想上与李立三有不可分解的联系，而且是立三路线的思想来源，所以瞿秋白领导的三中全会对立三路线采取公开的调和态度，这并不是偶然的”。

第二，“党的改造问题”。王明说：“有些同志提出党的改造口号，其内容只是撤换某几个中央负责人问题，这是不正确的，而且不够的”。他强调党的改造的积极真正内容应该是：开展“全党的政治讨论”，“发展党内政治斗争”；“培养新的干部”，“代替旧的干部”。

第三，“党内斗争与党的进步”。他说：“党在反立三路线的斗争中，表现很大的进步”。但是，反“立三路线”的斗争，只是两条路线的斗争的一部分，“不能包括全部两条路线的斗争”。“现在需要加紧两条路线的斗争，特别是反对右倾机会主义”。

第四，“目前形势及党的任务”。他说：“现在的形势是：在世界及中国革命运动一般的高潮当中，在国际方面，敌人用很大的力量向苏联进攻；在中国方面，（国民党）动员了25师兵力进攻苏区及红军，同时加紧改善敌军的装备。所以我们的任务，在国际方面是拥护苏联，在中国方面是反对帝国主义国民党进攻红军苏维埃，反对国民会议，为苏维埃政权而斗争”。王明在发言结束时强调国际路线是绝对正确的，对它，只是执行的问题。

王明发言之后，有几个人相继发言。何孟雄提议让政治局的同志先发言，听听他们是否改正了错误。何孟雄的发言得到了一些人的支持。于是周恩来、关向应、瞿秋白、向忠发、李维汉等人发了言。不少同志作了自我批评，承担了责任，批评了“立三路线”和“调和主义”的错误。政治局的同志发言后，何孟雄、王稼祥、罗章龙等十几人又发了言。

米夫看到已经有不少人发了言，就说：在四中全会之前，远东局与中共中央共同致信国际，保证扩大的四中全会安全的举行，因此今日晚7时半必须结束讨论，10时半必须结束会议。米夫的话刚完，一些人又表示对四中全会不满，有的人要求瞿秋白等马上离开中央。这时，米夫提出停止讨论，由他作结论。

米夫的结论和王明的发言同唱共产国际谱写的调子，不仅内容一致，就连形式逻辑也一点不差。米夫也是按“李立三主义”、“调和主义”、“四中全会和党以后应该如何去工作”的顺序讲了三个问题。他没有像王明那样专列一个题目谈党的改造问题，但这方面的内容他却讲了不少，因为这正是他召开四中全会的主要目的。在这方面的内容中，有四点值得特别注意：

第一，保政治局的一些人，反瞿秋白。他说，三中全会犯了“调和主义”错误，但国际来信后，“中央开始明了而渐渐转变到国际路线方面……虽然中央在转变中仍是对立三路线取调和态度，及转变迟缓，但不能说他没有转变，决不能说他是立三路线的继续”。“过去中央号召软弱，但还不是根本不能领导”。他对瞿秋白则采取了严厉的态度，三次点了瞿秋白的名，一次暗示说瞿秋白马列主义水平低，不能敏锐地发现问题；一次暗示瞿秋白是两面派；一次说瞿秋白写的文章“比三中全会的决议还退后”。

第二，吹捧王明。他说：王明、沈泽民这些同志“是坚决的站在国际路线上面来反对立三路线的，这里记起立三同志说有同志送到莫斯科学习结果就没有希望了，但现在证明这些同志将他们所学的东西应用出来，坚决的先执行国际路线”。

第三，严厉批评罗章龙等。他说：“锡根、于飞、章龙，反对立三路线是对的，但不能掩饰自己的错误”。“如果全总党团再继续下去，那将要可以成为一小组织”，“如果发展下去，可以分裂党”，因此应“立即消灭这种派别观念”。

第四，温和地批评了何孟雄。他说：何孟雄“在与我们谈话中说现在没有右倾，因为有国际来信的保证，不管他是有意无意的，但这是错误的，是放松了右倾”。

因为会上进行了激烈的争论，费了许多时间，打乱了原定的会议进程，米夫起草的《中共四中全会决议案》来不及讨论通过。米夫在结论的最后说：“决议案由我们与政治局组织委员会审查，并且以此草案为基础”。接着，会议执行主席徐锡根提出了一个“修改决议案委员会的名单”，包括周恩来、温裕成、罗章龙、王明、徐锡根五个人。会议责成这个委员会在会后进行修改工作。

会议的最后一项议程是补选中央委员会和改选政治局。首先，由周恩来宣读共产国际远东局和中央政治局共同提议的名单：

1. 三中全会补选的中央委员应退出的：罗迈、贺昌；

2. 新加入的中央委员：韩连会、王荩仁、沈先定、黄苏、夏曦、陈绍禹、徐畏三、沈泽民、曾炳春；

3. 政治局应退出的：李立三、瞿秋白、罗迈；

4. 新加入政治局的：陈郁、卢福坦、陈绍禹、王克全、刘少奇。

这个名单一宣布，就遭到罗章龙、余飞、史文彬等人的反对。罗章龙一派的韩连会另提出一个政治局委员候选名单；史文彬也提出一个补选中央委员的名单。米夫立即制止这样的讨论，要求照远东局和中央政治局提出的名单先行表决，然后再提议其他人。会议通过了罗迈、贺昌退出中央委员会的提议，但有人仍提出三中全会补选的中央委员统统退出，另选中委。由于争执不下，付诸表决。结果，赞成三中全会补选的中委统统退出的只占少数，在这样的情况下，罗章龙、史文彬、王凤飞等人仍坚持己见，罗章龙威胁要退出会场，被人拉住。他说：请国际代表指定，我不表决。米夫说：应当安静地解决问题，捣乱会场是不许可的。米夫压下不同意见后，要求进行表决。有人提出：什么人有表决权？米夫说：现在都有表决权。米夫这个决定，就是给了不是中央委员的与会者如王明等人以表决权。由于米夫的操纵，表决结果，以20票赞成，2票反对，通过了远东局和中央政治局提出的补选的中央委员名单。接着，又以21票的多数通过了远东局和中央政治局提出的补选中央政治局委员的名单。同时，撤销了李立三、瞿秋白、罗迈的政治局委员。

通过这个名单后，连同以前的委员，总计有政治局委员9人：向忠发、项英、周恩来、张国焘、徐锡根、卢福坦、陈绍禹、陈郁、任弼时；候补政治局委员7人：罗登贤、关向应、温裕成、毛泽东、顾顺章、刘少奇、王克全。这样，一方面过分地打击了犯“立三路线”错误的同志，错误地打击了以瞿秋白为首的所谓犯“调和主义”错误的同志；另一方面又使原来不是中央委员的王明，不仅成了中央委员，而且进入了党的最高领导机关，成了政治局委员。

李维汉在《回忆与研究》中说：“远东局和中央政治局事先拟定了一个名单，这个名单是让我和贺昌从三中全会补选的中央委员中退出来，让瞿秋白、李立三和我从三中全会的政治局中退出来，并提出向忠发、王明等十六人为新的政治局委员或候补委员。这个名单一宣布，即遭到罗章龙、余飞、史文彬等人的反对。罗章龙不仅要求把李立三、我和贺昌开除出政治局和中央委员会，而且要求彻底改造政治局，说政治局的大半是立三路线的执行者……在米夫的操纵下，又由于罗章龙等人对原中央领导人采取打倒一切的态度，远东局和政治局提出的名单获得多数通过。结果，退出的中委是我和贺昌，补选的中委是韩连会、王荩仁、王明、许畏三、沈先定、沈泽民、黄苏、曾炳春、夏曦等九人；退出政治局的是瞿秋白、李立三和我三人，新选入政治局的是刘少奇、王明、王克全、任弼时、陈郁等五人。这样，在米夫支持下便实现了王明等人取得中央领导权的计划，使原来连中央委员都不是的王明，进入党中央最高领导机关——政治局。向忠发名义上虽然继续担任政治常务委员会主席，但实际上由王明等人独揽中央领导大权。”“王明等人之所以能够上台，我认为：一是得到共产国际的赏识和支持，这是最主要的原因；二是教条主义唬住了一些人，一部分同志对他们实行妥协和支持；三是八七会议以来党内一直存在着的‘左’倾情绪和政策还浓厚地存在着，容易为王明的一套更‘左’的理论和政策所迷惑。”“总之，六届四中全会的召开，没有什么积极的建设的作用，其结果就是接受了以王明为代表的新的‘左’倾冒险主义在中央的统治，它给中国共产党和革命事业带来了更加严重的灾难。”①

从一份题为《关于王明同志的几件历史事实》的材料看，王明等人在四中全会前搞了很多非组织活动。这份材料说：决定我去参加四中全会，首先是王明告诉我的。当四中全会开会前三数分钟，陈原道来告诉我两件事情：一件是说罗章龙是右派，要我发言反对；另一件是说“右派”坚持要开紧急会议或预备会议，反对开四中全会，但国际代表与中央都主张开四中全会，要我反对开紧急会议的主张。所谓“右派”问题，当时对我不仅是一个突然的问题，而且我自己根本无法理解。那时我只觉得罗章龙他们有两个意见我是不赞成的：一是说中央过去没有做任何工作；另一个是主张中央全部改造。但我思想中绝无他们是右派的感觉，所以我没有发言。四中全会上，关于这

① 李维汉：《回忆与研究》，中共党史资料出版社 1986 年版，第 327—328 页。王明在延安写的简历说“31 年 1 月四中全会当选为中央及中央政治局委员”。

个问题有些争论，开展反“右派”斗争还是四中全会以后的事情。四中全会只开了一天，决议与补选中央委员的名单，都是事先预备好的。在会议过程中，虽然发生过一些争论，但结果都照原来准备好的通过了。①

六届四中全会虽然没有正式通过决议，但它经过对中央政治局报告的讨论，实际上是批准了王明小册子提出的完全错误的“反右倾”的“左”倾冒险主义的总纲领；通过表决，使王明上台，掌握中央大权，又从组织上保障了这一总纲领得以贯彻执行。所以，四中全会是使中国革命遭受极大损失的王明路线统治中国共产党的开始。

六届四中全会召开不久，就很快得到了共产国际的承认。1 月 27 日中央政治局在《关于开除罗章龙中央委员及党籍的决议案》中就说：“四中全会的结果，又已为共产国际所承认”②。

对于六届四中全会上的“胜利”，米夫高度赞扬说：“因为三中全会（1930 年 9 月）采取了调和立场的结果，党在当时，还未能走上正确的道路。可是，再过不久，在扩大的四中全会上（1931 年 1 月）党中央的政治路线，已经完全纠正了。四中全会，革新了党的领导，揭发了立三路线反列宁主义的实质，同时又坚决排斥了右倾机会主义分子要党走上失败退却道路的企图。四中全会在中共更加布尔什维克化的事业上，起了极大的作用。”③

直到晚年，王明还在肯定六届四中全会的功绩，他说：“至于中共中央六届四中全会的共产国际路线，是受全党拥护和享有很高威信的，在遵义会议上不仅谁也没有提出，而且也不可能，也不敢反对它的。因此，毛泽东在‘整风运动’中伪造的并到现在还在宣传的中共中央六届四中全会路线是什么‘王明左倾机会主义路线’，是完全不符合历史事实的。”④

但六届四中全会在中国共产党内一直受到批评。1945 年中共六届七中

① 这份材料存王明档案，未署名。

② 中央档案馆编：《中共中央文件选集》第 7 册，中共中央党校出版社 1991 年版，第 48 页。

③ 《英勇奋斗的十五年——中国共产党成立十五周年纪念》，1936 年，《米夫关于中国革命言论》，人民出版社 1986 年版，第 523 页。盛岳：《莫斯科中山大学和中国革命》的译文与此不同，见东方出版社 2004 年内部版，第 246—247 页。

④ 《中共半世纪与叛徒毛泽东》，莫斯科进步出版社 1979 年中文版，第 21 页。

全会通过的《关于若干历史问题的决议》，即对六届四中全会做出了全面的否定。决议认为："这次会议的召开没有任何积极的建设的作用，其结果就是接受了新的'左'倾路线，使它在中央领导机关内取得胜利，而开始了土地革命战争时期'左'倾路线对党的第三次统治。"①

1958年3月18日，毛泽东在成都会议上陈伯达发言时插话批评说："他②历来就自己封为'百分之百的布尔什维克'，反对布尔什维克，就是反共产国际。中国过去不是共产国际支部吗？但是没有从组织上反对共产国际。在思想上，我是不赞成共产国际的一些不正确的东西。一个时期，共产国际有许多东西是违背马克思列宁主义的，搞了教条主义。一个共产国际的东方部长叫米夫，跑到中国来，强迫中国的党推翻自己的三中全会，封为调和主义、调和路线，由外国人（米夫）起草一个决议案，叫四中全会决议案，强迫通过，王明这条路线从此登台，愈搞愈'左'。批评李立三，不是批评他的'左'，而是批评他的右。他有一本小册子，叫做'为更加布尔什维克化而斗争'③，那是他的理论纲领。就是那个决议案本身，也是不正确的。"

胡乔木在1990、1991年《关于党的历史文献的编辑和批判第三次"左"倾路线的九篇文章》的谈话中说："四中全会时，王明等人在米夫支持下夺权，当时的中央招架不住。""毛主席批评瞿秋白在党内没有多大经验，是一介书生。王明、博古在党内没有什么地位，当时连中央委员都不是，结果让他们夺了权。四中全会上王明实际上做了总书记。"他还说："四中全会是夺权。""四中全会不太合法，是闹出来的。推选的领导人不能反映出党的情况。王明、博古等人原先都不是中委，都是米夫等人搞的鬼。"④在1985、1986年《关于党的历史问题决议的起草》的谈话中他还说："为什么叫做王明路线，为什么说王明是四中全会及四中全会以后错误路线的主要负责人？这是因为四中全会以前就是王明在那里闹，米夫与他是搭档，互相配合，互相利用。四中全会把王明搞上来，非常不正常，不是像康生所说的什么既反'左'又

① 《毛泽东选集》第三卷，人民出版社1991年版，第953页。

② 指王明。

③ 即《为中共更加布尔塞维克化而斗争》。

④ 《胡乔木回忆毛泽东》，人民出版社1994年版，第46、49、47页。

反右，而是把‘左’当作右来反，大家对四中全会义愤很大……不能说，四中全会是正确的，‘九一八’以后党的路线才是错误的。四中全会就错了，不仅是政治路线错误，所采取的组织形式也是从来没有过的，所以很多同志说是篡权。”① 在1991年《关于历史问题的决议和七大》的谈话中他还说：“毛主席对四中全会时国内领导人的批评，主要是讲为什么拱手把中央的领导权交给王明，王明走了，又把中央的领导权交给博古。他最不满意的是在这里。这在决议里也有表现。”②

盛岳在《莫斯科中山大学和中国革命》中说：“所谓的二十八个布尔什维克是俄国人精心培养的。俄国人这样做的唯一目的，是为了控制中共，把它改造成一个无限忠于苏俄和共产国际的政党。二十八个布尔什维克一回到中国就成了反立三路线的主力。在国际尤其是国际代表米夫的协助下，他们在一九三一年一月的六届四中全会上大获全胜。在一九三五年一月遵义会议之前，他们一直牢牢控制中央。”③

第四节　掌握中央实权

过去的一般说法是，王明在中共六届四中全会上台，以他为代表的第三次“左”倾冒险主义在中央占据了统治地位。对于这种说法，有的学者提出了异议，例如施巨流在《王明问题研究》中说：“王明上台，也只是上到一个政治局委员的台，一个政治局委员就能把持一切，为所欲为，就能形成以王明为首的‘左’倾错误占统治地位的中央，有些解释还缺乏说服力。”④

这种质疑不是没有道理的。但是，王明不仅在六届四中全会上一步登天成为中央政治局委员，而且在会后很快成为政治局常委。

① 《胡乔木回忆毛泽东》，人民出版社1994年版，第66—67页。

② 《胡乔木回忆毛泽东》，人民出版社1994年版，第75页。

③ 盛岳：《莫斯科中山大学和中国革命》，东方出版社2004年内部版，第243页。

④ 施巨流：《王明问题研究》，香港天马出版有限公司2006年版，第11页。

王明成为中央政治局常委，有一个过程。

1 月 9 日，中共中央政治局开会讨论分工及中央常委人选等问题。共产国际远东局提出王明为候补常委，周恩来提议王明仍应做江南（江苏）省委书记，会议未同意远东局提议。①

2 月 6 日及 13 日的中共中央政治局会议，将原定由任弼时、沈泽民、刘峻山三人组成的苏区委员会扩大至五人，增加周恩来、王明两人，负责讨论远东局交来的五个文件稿，并对苏区军委和共和国临时政府委员名单提出方案。②

同月，王明开始成为中共中央政治局常委。

杨奎松在《王明上台记》中说：共产国际远东局与向忠发、周恩来等于 1 月 9 日确定中共中央政治局正式常委向忠发、周恩来、张国焘，候补常委为陈郁、卢福坦、徐锡根后“不过一周，即发现徐锡根、陈郁均卷入罗章龙一派人的分裂活动之中。因此，从 2 月份开始，王明就再度得到提名进入常委了。从这以后，王明渐渐在政治局里，因而也在中国党内，成了举足轻重的重要人物了”。③

孟庆树也明确地说：“四中全会后，由向忠发、周恩来和陈绍禹组成中央政治局常委会。向忠发在被捕叛变前，也只是挂名的总书记，因为他政治文化程度都很差，实际上的主要领导人是绍禹。毛泽东在七届二中全会上说：‘博古、洛甫都是名义上的总书记。从反立三路线四中全会到整风运动前，你（王明）是中国共产党的总司令，你实际上是总书记。’”④

中共中央组织部、中共中央党史研究室、中央档案馆编写的《中国共产党组织史资料》，也说王明在这个时期是中共中央政治局常委。⑤

但有的学者认为，王明是 1931 年 4 月张国焘到鄂豫皖以后才成为中共

---

① 杨奎松：《民国人物过眼录》，广东人民出版社 2009 年版，第 360 页。

② 中共中央文献研究室：《任弼时传》，中央文献出版社、人民出版社 1994 年版，第 200 页。

③ 杨奎松：《民国人物过眼录》，广东人民出版社 2009 年版，第 360—361 页。

④ 孟庆树：《陈绍禹——王明传记与回忆》（手写复印稿）。

⑤ 《中国共产党组织史资料》，中共党史出版社 2002 年版，第 2 卷上册，第 62 页。

中央政治局常委的。①

根据上述情况可以看出，王明 2 月份进入常委会后可能还只是候补常委，到 4 月张国焘到鄂豫皖以后才增补为正式的常委。

不管是后补常委，还是正式常委，王明很快就成为中共中央的核心领导成员了。

当时，王明还只是一个 27 岁的小伙子，即使成了中央政治局常委，怎么很快就掌握了中央实权呢？这与当时共产国际的鼎力支持是分不开的。

前已说过，王明的小册子《两条路线》，实际上为中共六届四中全会提供了指导思想。而这本小册子的内容，基本上是根据共产国际的指示写成的。1931 年 2 月 10 日，王明为《两条路线》小册子写了《几点必要的声明》，"请求中央"将小册子"全文向全党同志发表"，《两条路线》在上海出版。②自此之后，这本小册子更成为全党的指导思想了。因此，王明俨然就是共产国际的代表。

对于王明本人，共产国际的代表、有关人员和文件更是一再加以肯定和赞扬。在中共六届四中全会召开后的第六天，即 1 月 13 日，米夫即以共产国际代表的身份在上海英租界沪西花园洋房内，召集在四中全会上不同意王明当选的二三十个同志开会。在会上，米夫极力美化王明，说他是中国党马列主义水平很高的真正布尔什维克，是百分之百能够执行国际路线的。四中全会是国际领导的，你们信任他，就是信任共产国际。国际指示是绝对正确的，四中全会就是体现国际路线的。米夫宣布：反四中全会便是反国际，你们都应该受处分。王明在中山大学的同学谢怀丹也回忆说："陈绍禹之所以青云直上，仅在五六年时间内，就掌握了中共中央的领导权，和米夫对他的赏识、宠爱是分不开的。"③

① 金立人等：《王明"左"倾冒险主义在上海》，上海远东出版社 1994 年版，第 60 页；戴茂林：《六届四中全会前后有关王明研究的几则史实辨析》，《中共党史研究》2011 年第 11 期。

② 《为中共更加布尔什维克化而斗争》第三版序言，《王明言论选辑》，人民出版社 1982 年内部版，第 114 页。[日] 田中仁：《王明著作目录》说 1931 年此书还曾以《两条战线》（绍禹著）名字出版，见日本汲古书院平成 8 年版，第 41 页。

③ 《岁月展痕——一个莫斯科中山大学女生的回忆》，福建人民出版社 1991 年版，第 47 页。

2月20日，埃斯勒在共产国际执行委员会东方书记处会议上的报告中赞扬王明，他说："在上海、天津……和唐山，尤其是在上海，在支部、基层组织、党员积极分子中、在共青团和中华全国总工会党团中，出现了广泛的运动，要求无条件地执行共产国际的政策，克服立三路线和调和主义。戈卢别夫① 和其他许多中国同志，特别是几个月前刚刚从苏联回国的青年同志在这种情况下起了特别积极的作用。他们是保证贯彻执行共产国际政策的动力。"②

2月22、23、25、28日，共产国际执行委员会远东局在给共产国际的信中谈到王明，说当时中国共产党分成了两派，第一派当时号称"青年共产国际派"，即王明、王稼祥、沈泽民、夏曦、陈原道等，他们在共产国际来信前早就对李立三路线进行了原则性的斗争，把党内优秀分子（其中包括旧领导的优秀部分）聚集和团结在自己周围。③

正因为有共产国际撑腰，王明在中共中央才能起到别的常委不能起的重要作用。

而担任政治局常委的其他几个人，情况就完全不同了。

六届四中全会后，党的总书记虽然仍为向忠发，但他是个工人，而且刚受过批评，作过检讨，因此不能不听信于深受共产国际信任和重用的王明。正如杨奎松在《向忠发是怎样一个总书记?》一文中所说：在中共六届四中全会上，"虽然向忠发仗着工人出身的金字招牌保住了总书记的位置，但反复公开地承认错误并把自己说得几乎一无是处，结果使他明显不再象［像］过去那样争强好胜了。他开始把宝押在陈绍禹的身上，极力想让刚刚当上中央委员和政治局委员的陈绍禹进入政治局常委，来帮助把关。因为他这次政治上的严重挫折使他清楚地意识到自己再不能象［像］过去那样逞英雄了，

① 即王明。

② 《埃斯勒在共产国际执行委员会东方书记处会议上的报告》，中共中央党史研究室第一研究部译：《共产国际、联共（布）与中国革命档案资料丛书》第10卷，中央文献出版社2002年版，第93页。

③ 《共产国际执行委员会远东局给共产国际的信》，中共中央党史研究室第一研究部译：《共产国际、联共（布）与中国革命档案资料丛书》第10卷，中央文献出版社2002年版，第117—118页。

他几次提出需要有个‘帮手’。而这个帮手最好就是陈绍禹。其实他早就知道，陈绍禹是共产国际东方部米夫的最得力的干将。但过去他过于自信，竟没有把陈绍禹放在眼里。如今他翻然悔悟。虽然米夫和远东局最初并未同意让陈绍禹迅速进入常委工作，但他还是每每必定拉上陈绍禹来开会，并且一反过去那股从不服输的劲头儿，即使是陈绍禹当面顶撞他，他也尽量不动肝火，通常只是诺诺而已”①。

周恩来虽然仍然留任常委，但刚在六届三中全会后受过批评，属于留任观察性质，可能很多事不好多说。张国焘早在中共驻共产国际代表团期间就转向了王明，而且在这年 4 月就离开中央，到了鄂豫皖革命根据地。

至于中央政治局的三名后补常委，陈郁、徐锡根很快卷入了罗章龙的分裂活动，受到批判。卢福坦也是个工人，估计起不了多大的作用。

鉴于上述情况，说王明在中共六届四中全会上台，以他为代表的“左”倾冒险主义开始在中央占据统治地位，是符合实际的。

① 《近代史研究》1994 年第 1 期。

第五章　推行“左”倾错误

第一节　反“右倾”

为了迅速推行六届四中全会的错误路线，王明首先在他担任书记的江南省委积极加以贯彻。

1 月 8 日，王明参加中共江南省委常委会议，传达《中共四中全会决议案》。①

1 月 17 日，王明参加中共江南省委常委会议，对上海各区委书记进行大调整。

1 月 18 日，王明在中共江南省委召开的上海活动分子会议上作了《六届四中全会的总结与上海工作》的报告。② 据李初梨回忆，他先在会上讲了一个小时，大家发言时他就埋头写决议。大家发言完毕，他先作总结，回答同志们提出的问题，然后拿出几千字的决议读给大家听，当场通过。③

1 月 25 日，中共江南省委作出关于六届四中全会总结及目前任务的决议，认为四中全会是完全正确的，赞同全会对中央领导机关的部分改组，并

---

① 中共中央文献研究室编：《陈云年谱》上卷，中央文献出版社 2000 年版，第 110 页。

② 中共中央文献研究室编：《陈云年谱》上卷，中央文献出版社 2000 年版，第 112 页。

③ 李初梨：《六届四中全会前后纪事》，载中共中央党史研究室、中央档案馆编：《中共党史资料》第 73 辑，中共党史出版社 2000 年版，第 49 页。

批评江苏省委内部反四中全会的部分领导人。①

为了推行“左”倾错误，中共六届四中全会后的中央发了许多文件，以“反右倾”为纲，部署各项工作。这些文件虽然不都是王明起草的，但因为四中全会实际上批准了王明的小册子，文件就不能不体现小册子的“反右倾”精神。这些文件的主要内容是：

（一）夸大革命形势的有利方面，要求各条战线都实行“进攻路线”。

《四中全会告全党同志书》提出：“千百万劳动群众，在中国共产党领导之下，冲上前去，反对敌人的总进兵——这是现在的口号！”在这一口号的要求下，中央一方面训令红军在冲破三次“围剿”后，“必须占领一个两个顶大的城市”；另一方面，对非苏区的工作作了“左”的错误部署，违反“长期隐蔽，积蓄力量”的正确方针。

对非苏区的工人运动，虽然也指出要注意组织工人的日常经济斗争，要到黄色工会去做争取工人群众的工作，但总的说是要求领导工人进行政治罢工、游行示威、飞行集会等等。如：5月9日的中央决议案要求在五卅当天，“举行示威和飞行集会”。10月18日的中央紧急通知说：“在反动统治区域中，党必须准备动员和组织11月7日（即苏联十月革命节——作者注）的罢工与示威。”对于非苏区的农民运动，中央绝大多数文件，都强调组织农民暴动。如1931年2月的中央训令说：“各种党部的中心任务之一，就是扩大全国的农民武装斗争，特别是在湖北、湖南、江西、安徽、广东、福建等省。”有的文件还否认农民运动发展的不平衡性，要全国各地党组织都要领导农民开展游击战争。②

关于在国民党军队中进行兵运工作，中央许多文件都有指示，还有一个专门的决议。这些文件的一个共同问题就是“要兵不要官”，要求向国民党军队的士兵说明，“只有推翻自己的长官”，“才能够得到士兵群众的真实出

① 中共中央文献研究室编：《陈云年谱》上卷，中央文献出版社2000年版，第112页。孟庆树整理的《陈绍禹——王明传记与回忆》附录Ⅳ《王明同志写作要目》说：这个决议是《江苏省委常委会议对中央第四次扩大会议总结及目前党的任务的决议》由王明撰写，后作为附录收入《为中共更加布尔塞维克化而斗争》一书。

② 《中央关于苏维埃区域五月运动的工作决议案》（1931年3月21日），中央档案馆编：《中共中央文件选集》第7册，中共中央党校出版社1991年版，第250页。

路”。许多文件还要求组织士兵暴动和兵变。

实行所谓“进攻路线”，必然遭到主张从实际出发开展斗争的人的反对和抵制。有些人开始并没有怀疑，但是“进攻路线”遭到失败和挫折以后，就产生了怀疑，或在行动上进行了抵制。对于这些怀疑、反对和抵制，王明掌握实权的中央统统称之为“右倾”，加以反对和批判。

把中间势力看成是“革命的最大危险”，要求全党对他们进行坚决的斗争。

当时的中央文件，把主张争取、中立中间势力一概斥之为是“离开阶级立场之机会主义观点”，都要加以反对，强调各种中间阶级和统治阶级的当权派毫无二致。有的文件把富农、资本家等和地主、豪绅等无区别的并列为苏区的“阶级敌人”，把“邓演达社会民主党”等称之为蒋介石领导的走狗，把反蒋各派成立的广东政府，说得比当权的蒋介石南京政府更坏，不但不分统治阶级的当权派和在野派，而且不分统治阶级与非统治阶级，把当时存在的除共产党之外的各种政治力量和派别，统统称为南京政府的“走卒”。有的文件虽然看到“中小商人”，即民族资产阶级和中上层小资产阶级，在一般群众反帝反国民党的情绪日益高涨的影响下，“表示出对国民党反对情绪的增涨［长］”，并举行罢业等行动，但仍不改变下层统一战线的政策。有的文件把改组派、人权派、第三党、取消派等，无区别地说成是“反动派别”，并批评“对于一切反动派别的斗争还不够”。

“九一八”事变后，党中央虽然及时地于9月20日、22日、30日连续发出宣言和决议，谴责日本帝国主义的强盗行为，揭露国民党的不抵抗主义，号召全国人民用革命的铁拳，驱逐帝国主义滚出中国，但是没有对“九一八”事变引起的民族矛盾上升、国内阶级关系的变化给予充分的注意，因而没有对中间阶级采取正确的政策。“九一八”事变后的中央文件虽然也看到日本帝国主义的凶狠，但没有把日本侵占东北看成是它企图灭亡全中国的重要步骤，反而说成是反苏战争的序幕，因而没有根据民族矛盾上升的情况对斗争任务作相应的适当调整，仍然坚持说：“目前中国政治形势的中心的中心，是反革命与革命的决死斗争”。

广泛开展“反右”斗争。这是王明掌握实权的中央推行“左”倾政策的一种重要手段。

这里所指的“右倾”，从中央文件的指责批评来看，主要是认为各地、各部门缺乏“阶级观点”，不执行“阶级路线”。其表现是：

第一，在苏区，把不执行过左的土地政策、经济政策、劳动政策、肃反政策的，都说成是“缺乏明确阶级路线”，都是“右倾”，要坚决反对。

第二，在非苏区，凡是不贯彻“左”倾政策、不执行盲动冒险命令的，都是消极、怠工、取消主义，并戴上“右倾机会主义”的大帽子，给予无情打击。不在节日、纪念日的当天举行活动的，都被斥之为“极可耻的取消主义与逃跑主义，党必须予以坚决的斗争”。

中央文件反复指出：“右倾在中国革命这个阶段上，是最危险的倾向”；“要不加强反右倾机会主义的斗争”，“则必不能正确的解决当前任务，而执行国际路线”；对右倾“必须做最残酷的斗争”，必须在“党报上党的一切会议上一刻不可忘记的”反对，“那怕是极微小的和刚萌芽的倾向，都要给以[予]残酷无情的斗争”；不仅要反“右倾”，还要“对右倾调和作无情的斗争”；对“反右倾”执行得迟缓或松懈的，便是对执行国际路线不坚决，上级党部及党员间应执行自我批评的检举。有的文件还把“反右倾”与反托陈取消派、反罗章龙右派，甚至和肃反联系起来，把党内问题和党外问题，甚至和敌我问题联系起来，实际上是用极不正常的手段强迫全党犯“左”倾错误。

王明的上述错误思想，自然会受到很多同志的反对和抵制。即使在中央领导成员中，有的也与他产生了分歧。例如1931年3月20日，张闻天在给雷利斯基的信中就谈到他和王明的分歧，说：“由于我对工人运动的估计不同于戈卢别夫①同志，我们之间发生了争论。我说，上海工人运动放慢了发展速度，这是无可争辩的，但不能闭眼不看它还带有分散的、自发的、而主要是经济的性质。它正在经历由防御向反攻过渡的时期。而在戈卢别夫同志看来，工人运动正由反攻走向进攻。显然，他过高估计了我们的情况。”“今天在政治局会议上，我们对此又争论了起来。我高兴的是我取胜了。”②

① 即王明。

② 《张闻天给雷利斯基的信》，中共中央党史研究室第一研究部译：《共产国际、联共（布）与中国革命档案资料丛书》第10册，中央文献出版社2002年版，第180页。

第二节　组织改造

中共六届七中全会通过的《关于若干历史问题的决议》指出：“六届四中全会直接实现了新的‘左’倾路线的两项互相联系的错误纲领：反对所谓‘目前党的主要危险’的‘右倾’，和‘改造充实各级领导机关’。”① 在以“反右倾”为纲布置各项工作的同时，“左”倾错误占统治地位的中央，还开始有系统地改造党。

所谓“有系统地改造党”，主要包括两个方面：第一，实行“顺我者提，逆我者撤”的宗派主义干部政策，用“斗争干部”、“新生力量”“改造和充实”党的各级领导机关；第二，实行“钦差大臣满天飞”的领导体制，用中央代表、巡视员，就地指导和监督地方党组织执行“进攻路线”。

当时“改变省委和地方党部书记”和其他领导成员成分的办法，主要是通过选举和重新委派，也有通过所谓“清除富农分子”和各种“反革命分子”来实现的。选举，在严酷的白色恐怖条件下，很难实行；在苏区，也要有一定准备，不是一下子就能办到的。最简便、迅速的办法是委派。当时的中央，确实派了不少人去“改变省委与地方党部书记”。

王明在担任江南省委书记后，就对江南省委（习惯上仍称“江苏省委”）进行大改组。据杨尚昆回忆说：“王明进入政治局的初期，兼任中共江苏省委书记，那时江苏省委的管辖范围包括中共中央所在地的上海在内，不同于其他省委，用向忠发的话来说：‘江苏工作是领导全国的。’他肆无忌惮地排除异己，对坚决批评王明的‘政纲’是‘新的立三路线’的原沪东区委书记何孟雄，进行‘无情打击’。同时，又点名要了一批干部，把上海的沪东、沪西、沪中、闸北和法南区的区委书记进行大‘调整’，有的调离或撤职，有的降为委员，据当时担任江苏省委秘书长的刘晓说，从省委到上海的区委，因对王明不满而受处分的有20多人。”② 刘晓也回忆说：六届四中全会

① 《毛泽东选集》第三卷，人民出版社1991年版，第963页。

② 《杨尚昆回忆录》，中央文献出版社2001年版，第49页。

以后，“王明直接向中央要了一批干部由省委使用。事先，陈昌浩、李竹声在王明家里和王明密商人选，后来向中央点名要这些干部。陈昌浩、李竹声、殷鉴、朱阿根、潘问友等都是王明向中央要来的。这些人到省委后，王明就将上海各区的区委书记作了一番调整，不听话的撤职、调动，由这些人接任，如陈昌浩到沪东区委，朱阿根到沪西区委，殷鉴到沪中区委，焦明之到闸北区委，夏采曦到法南区委。原来的区委书记或调动或担任区委委员。凡是不同意他的意见的同志，他就一律加以无情打击，从批评直到撤职，有的还不发给生活费。我曾奉命到沪西区委去谈判，要区委的同志不要去反对省委，否则就不发给生活费。这些同志当时没有公开职业，没有任何收入，为生活所迫，他们不得不服从省委，从而使王明控制了上海的党组织。”①

王明的宗派主义干部政策，还和“钦差大臣满天飞”的领导体制相结合，为推行“左”倾政策提供了有力的组织保证。这种领导体制，主要有两条措施。

第一，对地方党组织“加强中央成分”。

中央政治局于1931年1月20日通过的《关于军阀进攻苏维埃区域的决议案》指出，为了“得着新的胜利”，“必须执行以下的迫切的任务”，其中第一项就是：“最高限度的集中并巩固我们在苏维埃区域斗争的领导”②。

1931年5月9日，中央又作出决议：“中央政治局本身对于加强对苏区的领导任务，必须更实际的进行。中央派赴各苏区的中央的组织或中央代表，必须加强他的成分。有些苏区如赣东北湘鄂边还没有实行这一制度的，必须立即派遣得力的中央代表前去。”③

中央给派往各地的中央代表以莫大的权力。“中央局或中央分局是代表

---

① 刘晓：《党的六届三、四中全会前后白区党内斗争的一些情况》，中共中央党史资料征集委员会编：《中共党史资料》第14辑，中共党史资料出版社1985年版，第101页。

② 《中央政治局关于军阀进攻苏维埃区域的决议》(1931年1月20日)，中央档案馆编：《中共中央文件选集》第7册，中共中央党校出版社1991年版，第30页。

③ 《目前的政治形势及党的紧急任务》(1931年5月9日)，中央档案馆编：《中共中央文件选集》第7册，中共中央党校出版社1991年版，第288页。

中央的，他有权可以改正和停止当地最高党部的决议与解散当地党委”，而“中央局或中央分局只能由中央派遣或指定”①。把民主选举的党委置于中央派遣的代表绝对控制之下，实际上就是让他们派出的中央代表执掌各地的大权。

对于这种情况，盛岳曾回忆说：“党的六届四中全会以后，他们强调右倾机会主义者是中共的最大威胁。‘他们向全国各地派了他们的代表，去开展所谓的反右斗争’。他们不仅要控制中共在国民党统治区的最高领导机关，而且企图控制每一个苏区。根据他们的庞大计划，他们先让陈绍禹当江苏省委书记，那是中共的最重要职位。殷鉴、王云程和朱阿根留在上海参加工人运动或搞共青团工作。李元杰派去山东工作；陈原道在满洲；何子述在河北。王稼祥调到瑞金当中国红军政治部主任。陈昌浩当鄂豫皖苏区徐向前指挥的第四方面军的政治委员。之后，沈泽民和他的妻子张琴秋也被派到那里，以加强党的领导。夏曦担任中共中央驻洪湖——湘鄂西苏区代表。”②

据黄药眠回忆，王明上台后提拔和派往各地的大批干部，很多都是从莫斯科回国的。他说：“在瞿秋白、李立三领导之下，常常有人说外国人不懂中国的国情，就是从莫斯科学习回来的学生也是如此，学习了外国的马列主义，但不懂中国国情。王明上台之后，一下子翻了过来，认为中国共产党的领导没受到国际教育，没有学好马列主义，都是土包子，执行土政策，不懂得马列主义的政治路线，是土派共产党。于是，王明上台之后，就让这一批洋派人掌权了。”③

第二，建立巡视员制度。

《中央关于全国组织报告的决议》说：“为着彻底实行全部工作的转变，废除过去文件的指导方式，改用活的领导，必须建立完善的巡视制度，为着肃清委派制度，也必须改用巡视的方法，来加强对各级党部的领导”④。为实

① 《中央关于苏维埃区域党的组织决议案》（1931 年 5 月），中央档案馆编：《中共中央文件选集》第 7 册，中共中央党校出版社 1991 年版，第 293 页。

② 盛岳：《莫斯科中山大学和中国革命》，东方出版社 2004 年版，第 247—248 页。

③ 黄药眠：《动荡：我所经历的半个世纪》，上海文艺出版社 1987 年版，第 199 页。

④ 《中央关于全国组织报告的决议》（1931 年 5 月 1 日），中央档案馆编：《中共中央文件选集》第 7 册，中共中央党校出版社 1991 年版，第 281 页。

现这一制度，1931年5月1日中央专门通过了《中央巡视条例》，具体规定了巡视员的任务：

（1）具体切实地传达国际和四中全会以后，中央一切决议案特别是最近的决议案；研究一切决议不能充分执行的原因，找出一切工作中的具体缺点和错误，并及时想出纠正和转变的方法。遇有当地发生的新事变，必须迅速予以解决和布置，然后再报告中央关于处理事变的详情。《条例》作这些规定的目的很明确，就是“保证国际和中央路线百分之百的执行”。

（2）严格地检查各地党部的领导成分与领导方式，坚决肃清“立三路线”的残余；具体地揭发一切实际工作的机会主义和两面派，真正的在工作中发展两条路线的斗争，严重的打击对于反倾向斗争的自由主义。“在组织上，巡视员有加强和改造各地党部的任务，但直属中央的党部，必须报告中央取得批准”。

（3）查各地的政治经济状况，仔细地研究各地党的工作环境。

（4）各地党部领导下的青年团、工会、反帝同盟、妇女组织、士兵组织、农民组织、互济会及其他群众与辅助组织的工作，彻底转变一切党团的领导方式。

（5）在巡视中必须执行教育和提拔工农干部的任务，同时必须检查各地现有的干部，将检查的结果报告中央。

（6）下层党部的（特别是支部）实际状况，与各种问题的解决办法，详细报告中央。

《条例》还明确规定了巡视员的身份和权限，指出他们是“中央对各地党部考查和指导工作的全权代表”，“对中央须负绝对的责任”①。

这一《条例》实施的结果，就形成了“钦差大臣满天飞”的领导体制。这是推行“左”倾政策的有力工具。当然，这不是说中央派遣的所有中央代表、巡视员都是教条主义者、宗派主义者，而是说王明的干部政策、领导体制是错误的，是为贯彻错误政治路线服务的。实践证明，实行这套组织措施，给苏区和白区的工作，都带来很大损失。

① 《中央巡视条例》（1931年5月1日），中央档案馆编：《中共中央文件选集》第7册，中共中央党校出版社1991年版，第274—278页。

在实行错误的干部政策的同时，四中全会后的中央推行“左”的肃反政策，使各根据地的肃反斗争进一步扩大化。

1930年，赣西南革命根据地开展了错误的肃清“AB团”运动。“AB团”是1926年年底于南昌成立的一个反对共产党的国民党右派组织，1927年4月初被摧垮，以后便不再存在。可是到1930年，革命根据地的党组织将敌人的一些破坏活动与已不存在的“AB团”联系起来，误认为是由“AB团”发动的，于是普遍开展了肃“AB团”运动。这年12月，红一方面军总前委派李韶九到江西省行委和红二十军抓“AB团”。由于李韶九严刑逼供，滥抓滥杀，逼出了震惊一时的富田事变。红二十军少数领导人眼看自己也将被错定为反革命并遭逮捕，于是在12月12日带领部队包围当地苏维埃政府，释放了被错捕的近百名同志，并提出分裂红一方面军领导的错误口号，将全军拉往赣江以西地区。以项英为代理书记的苏区中央局，一方面指出发动富田事变是严重错误的，另一方面采取解决党内矛盾的方法，将红二十军动员回到赣江以东。至此，这件事就基本上解决了。

可是，中共中央政治局在看了有关富田事变的材料和听取了有关汇报后，却作出与苏区中央局意见相反的决议，即1931年3月28日作出的《中央政治局关于富田事变的决议》。据王明自己后来说，这个决议是他起草的。这个决议指出：红二十军一部分人的行动，“实质上毫无疑问的是阶级敌人以及他们的斗争机关‘AB团’所准备所执行的反革命行动，他们企图消灭党与红军的队伍，破坏党与红军的领导，他们的目的是帮助着南京政府来进攻和消灭红军和苏维埃运动”。为此，决议发出了如下的号召：

> 苏区中央局以及一切党和团的组织，要严格地执行以下的任务：(一）严厉的消灭“AB团”，一切反革命组织，一直使它们在苏区内无法抬头与进行它们反革命活动；(二）立时将一切反动分子剥削分子，由党、团、苏维埃、工会的以及一切群众组织中清洗出去，特别是旧官僚分子；(三）建立严密的苏区，肃清苏区内一切反动的武装来武装农民，并打破苏区内反革命的集群——这些我们还未实现的最主要的军事

任务；（四）在城市与农村中组织与扩大阶级斗争……[①]

正是根据这个精神，被派往江西的中央代表团全盘否定了苏区中央局的意见，重新按照总前委的观点，把参与富田事变的人均作为敌我矛盾处理，并把红二十军相当数量的排长以上干部先后处决，致使许多党和军队的优秀领导者和大批忠实于革命事业的同志，没有牺牲在敌人的屠刀之下，却无辜丧生于错误的肃“AB 团”运动中。

不仅如此，王明起草的决议还为“福建的社会民主党，湘鄂西的硬肚会、北极会，各苏区的改组派、取消派”等定了基调，说它们都是“反革命的组织”，从而为这些地区的肃反扩大化提供了根据。事实上，这些所谓“反革命的组织”，绝大部分是根本不存在的。但由于中央作出了决议，各根据地也就可以理直气壮地大规模进行“肃反”了，从而造成了一场场悲剧。

对于这个起了很坏作用的决议，王明后来却一再加以辩护，把各苏区肃反扩大化的错误推给周恩来。在《王明同志对于 50 个问题的回答（一）》中，王明即说：“富田事变后，毛泽东利用反 AB 团口号扩大肃反斗争，已经快肃到项英（原中央局书记）和曾山头上了，问中央政治局怎么办？政治局常委开会讨论，决定由我（绍禹）起草一指示信，经常委讨论通过。信内除指出肃反运动错误外，并指出肃反错误的主要原因是：阶级路线不明显，群众工作不充分。此信到中央苏区后，才停止了这种所谓肃反运动。可惜当时恩来同志……没有把中央政治局常委的上述这封信送到各苏区去，因而后来其他苏区犯过乱杀人的错误，未能即时纠正和防止。”孟庆树在《陈绍禹——王明传记与回忆》中也说：“1931 年春，绍禹代中央写的‘中共中央给中共苏区中央局关于纠正肃反工作错误’信，是一个非常重要的文献……信中除批评扩大肃反运动错误外，同时指出肃反错误的主要原因是由于阶级路线不明显，群众工作不充分。可惜此信未发到其他苏区，因而湘鄂西和鄂豫皖苏区亦曾犯过扩大肃反运动的错误。”

但是，事实俱在，对于富田事变的错误处理和对于各根据地的错误“肃反”，王明是难辞其咎的。

① 《六大以来》上册，人民出版社 1981 年版，第 126—127 页。

第三节　打击异己

在对各地党组织进行组织改造的过程中，王明等人采取了"残酷斗争，无情打击"的手段，极力地打击异己。其中最典型的例子，就是对瞿秋白、何孟雄、陈郁、邓中夏等人的打击和迫害。

（一）打击瞿秋白

王明在回忆中说，中共六届四中全会决定撤销瞿秋白的中央政治局委员时，他并不同意。据孟庆树说："在四中全会开会的前一天，政治局常委和远东局开了联席回忆，讨论了四中全会问题……不料在这次联席会议上，决定除撤销李立三政治局委员外，也撤销瞿秋白的政治局委员。结果秋白不高兴，他未出席四中全会。关于这点，绍禹在四中全会开会前两小时，才在中央接头处看见四中全会的议事日程上，有开除瞿秋白政治局委员一项。当时绍禹即提出疑问。向忠发说：'秋白也犯过很多错误。'绍禹说：'……但他已承认了这些错误，并愿到四中全会上批评这些错误。为什么要和对立三一样，开除秋白的政治局委员？我们党内有马列主义修养，政治上比较强的人并不多。所以我不赞成开除秋白的政治局委员。'……'……我提议，找远东局同志谈谈，把秋白留在政治局内。'"但周恩来、向忠发却说来不及了。他认为"这样做是不合适的，应该留秋白的政治局委员，让他在四中全会上作自我批评更好些"。"后来，米夫仍然坚持不同意留秋白作政治局委员。"①

瞿秋白像

不知他说的是不是真的。但从以后的行动来看，王明打击瞿秋白的行动在六届四中全会后并没有停止。

王明等人打击瞿秋白，既有宿怨，也有

① 孟庆树：《陈绍禹——王明传记与回忆》（手写复印稿）。

近因。瞿秋白在莫斯科担任中共驻共产国际代表时，曾支持过中山大学的多数学生反对王明小宗派的斗争，王明一直怀恨在心；瞿秋白主持三中全会，不但没有奖赏、提拔王明，就连李立三时期给他的处分也没有撤销，王明对此更是耿耿于怀。

六届四中全会结束以后，瞿秋白立即于1月17日写出声明书，声明对于四中全会对他的指斥“完完全全的接受”，对于四中全会的决议案，“完完全全的拥护”，并检讨了自己所犯的调和主义的错误。①

但是，中央还嫌瞿秋白所作的自我批评不够，在1月27日作出的决议中，特别点名要瞿秋白“须写声明书表明积极反右派与立三路线的政治态度”。正在重病中的瞿秋白被迫于1月28日写了第二次声明书，表示“完全抛弃自己的一切错误和离开国际路线的政治立场——三中全会至四中全会间之调和主义立场，而站在共产国际路线的立场之上，拥护四中全会。在中央政治局的领导之下来为党为革命而奋斗”；并说：“我的调和主义的错误，是与莫斯科代表团对于‘学生问题’的错误相联系的。当时对于莫斯科学生中反对中大支部局的李剑如等同志，对于这个小组织，我采取了保护的态度，以至不但不能反对派别斗争，反而自己陷于派别斗争的泥坑”②。

一个“在病中不能多写”的人，已经按照中央决议的要求，被迫承认有错误，表明了态度，按理应该就此罢手，不能再对他加以批判和打击了。实则不然。2月20日，中央政治局又专门作出了《关于1929—1930年中共中央驻国际代表团行动问题的决议案》，宣称李立三处分王明等人是瞿秋白施加影响的结果，认为瞿秋白对“立三路线”的调和态度，对国际路线的“两面派态度”，对国际代表“极不尊重的态度”，“决不是偶然的”，和他“以右倾政治意见”来领导中山大学学生反王明小宗派有密切关系。③

① 原载《党的建设》第3期。见中共中央党史研究室第一研究部译：《共产国际、联共（布）与中国革命档案资料丛书》第12册，中央文献出版社2002年版，第483页。

② 《瞿秋白同志声明书》，载《党的建设》第3期。

③ 《中央政治局关于1929—1930年中共中央驻国际代表团行动问题的决议案》(1931年2月20日)，载《党的建设》第4期。

王明等人在对瞿秋白实行政治打击、组织处理的同时，不仅长期不给他安排工作，还在经济上减发了他的生活费，每月只象征性地发给他十六七元钱。1930—1932 年间，上海工人每月最高工资为 50 至 90 元，中等工资二三十元，最低工资 8 元到 15 元。给瞿秋白的这点生活费，仅能维持他们夫妇的最低生活需要，连温饱都谈不上，更不能求医治病了。

（二）**打击何孟雄**

对于何孟雄，王明在六届四中全会后更是不断地进行打击。对此，刘晓作为见证人，有详细的回忆：

> 六届四中全会以后，王明接着召开了江苏省委扩大会议，会上王明宣布：上海党组织在贯彻四中全会精神时，首先要集中力量开展反对何孟雄等人的斗争；要把这一斗争与反对罗章龙的斗争结合起来。
>
> 1. 他强调何孟雄等反对四中全会，不服从新的中央，是贯彻四中全会决议的主要障碍。他诬蔑攻击何孟雄同志是“老机会主义者”，“长期对党不满”，“有个人野心”，“与罗章龙右派同流合污”，等等。把何孟雄同志反对王明宗派集团的斗争说成是江苏省委的主要危险，强令大家对何孟雄同志要“提高警惕”，进行坚决斗争。
>
> 2. 他要求各区委紧急布置上述工作，把这一斗争从党内扩大到赤色群众组织和党的外围团体中去。他宣布何孟雄同志的活动是“反组织的非法活动”，已超出“党内斗争的范围”。他规定凡是参加何孟雄等同志组织的活动的党员必须立即退出并进行检讨，违者，一律开除出党。当时受到处分的江苏省委和区一级干部就有 20 余人之多。
>
> 3. 他要检查各级组织、各级干部与何孟雄等人之间的关系，宣称那些不与何孟雄等划清界限的干部要清洗出党。对于那些一时不能与何孟雄割断联系的组织，要省委主动与这些组织切断关系。
>
> 4. 他还派人对何孟雄等同志进行“分化”工作，并密切注意他们的动态。王明决定：江苏省的干部除指定者以外，都不准与何孟雄等有任何来往；对何孟雄等正在使用的一些机关和宿舍，省委就此撒手不管，并另外建立机关，不与何等发生联系；江苏省委还停发何等一切生活费

和工作经费。①

在王明加紧迫害、打击持不同意见同志的情况下，一部分反对王明掌权的干部1月17日在东方旅社（一说是中山旅社）开会，商量对策。由于叛徒唐虞告密，② 参加会的何孟雄、李求实、林育南、欧阳立安、冯铿、柔石、殷夫、胡也频等人，被租界巡捕房逮捕，不久即遇难。

有的人在回忆和文章中说，王明等人虽然事先得到了有关情况，却不去通知何孟雄等人，致使这些同志全部被捕，事后也不积极营救。例如刘晓回忆说：

记得有一次省委会议上，王明以紧张的口气提到：国民党特务已在东方旅社住下，随时可能逮捕何孟雄等人。还一再声称何等人情况复杂，活动暴露，有可能遭到敌人破坏，要省委和各级组织都提高警惕；并说要中央特科去通知何孟雄等人，是有危险的，恐怕已经来不及了。……

何孟雄像

当何孟雄等被捕的消息传到江南省委时，省委正在开会。好像是潘汉年或李竹声来会上通知的，当时王明的表情异常冷淡，只说，这是他早就意料到的。后来，他又幸灾乐祸地分析：这是何孟雄等反党反中央，搞分裂活动的必然结果，是什么"咎由自取"；他们是"右派反党分子"，是在反党活动中被捕的，与一般同志在工作中被捕性质有所不同等。接着就布置兼管特科的潘汉年同志进一步了解情况。

当大家提到如何处理善后，如何设法营救时，王明说他将与中央商量解决，叫省委不要

① 刘晓：《党的六届三、四中全会前后白区党内斗争的一些情况》，《中共党史资料》第14辑，中共党史资料出版社1985年版，第102页。

② 熊廷华认为是王掘夫告密，见熊廷华著：《王明的这一生》，湖北长江出版集团、湖北人民出版社2009年版，第131页。

管。在以后的省委会议上，王明没有主持过如何营救这些被捕同志的讨论，也没有详细地提到这批同志被捕的原因以及中央准备如何营救他们。只是在有人问起时，他回答说：“正在了解中。”……

一九三一年二月十九日，何孟雄等大批同志英勇就义的噩耗传来，王明的冷淡态度简直令人寒心。他不但没有提出上海党组织如何追悼纪念这些壮烈牺牲的烈士的问题，相反的，还继续向烈士身上泼“污水”，继续攻击污蔑他们。他胡说他们的牺牲是“个人野心”“反党分裂党”的必然结果，并提出要以此为教训来警告、争取那些何孟雄的支持者们，乘此时机进行分化、瓦解工作。他还恶狠狠地布置：何孟雄等虽然已经牺牲了，但对这些人的错误还要严肃对待，彻底清算；并罗织了何孟雄的若干条错误，要省委宣传部根据中央精神组织批判文章在党内刊物上发表。他还要省委宣传部根据他的讲话起草一个文件，指出何孟雄等同志被捕牺牲的所谓教训，和继续批判他们的错误，发给各级组织。

在江苏省委会议上，王明嘱咐大家：对下面一定要讲清楚中央、省委虽然采取了营救被捕同志的种种措施，但毕竟无效。

从上述事实可以看出，王明不仅是一个个人野心家，也是一个阴险毒辣的人。

何孟雄等同志在王明宗派集团排斥异己、无情打击下壮烈牺牲了。①

李海文、余海宁在《东方旅社事件》一文中说：何孟雄等被捕前，“当时工部局内潜伏有我党中央特科的敌工人员，得到情报，立即通知了组织。可是，王明这时已酝酿将何孟雄等激烈反对四中全会的同志开除出党……王明早已视他们为反对中央、分裂党的右派敌人。结果，林育南等同志没有得到敌人即将进行逮捕的通知，他们全部被捕了。”②

有的人甚至认为是王明告密的。张金保就曾说是张文秋告诉她何孟雄等

① 《党的六届三、四中全会前后白区党内斗争的一些情况》，中共中央党史资料征集委员会编：《中共党史资料》第 14 辑，中共党史资料出版社 1985 年版，第 105—107 页。

② 《社会科学战线》1980 年第 3 期。

人被害的事情的，并说这是陈绍禹（王明）告密的。她说我听了如同火上加油。何孟雄他们大纯洁了、太傻了。王明他是在借刀杀人啊！[①] 麦阳在《谁是告密者——龙华 24 烈士被捕之谜》一文中，也说龙华 24 烈士被捕是王明告的密。他说，是王明告密的说法最早由当时任中央政治局委员，也反对王明和六届四中全会的王克全传出的。他说，王明是通过他在淞沪警备司令部做事的一个安徽籍同乡告的密。麦阳在文中还说，据曾任过中共中央委员的张金保回忆，解放大连接收伪公安局时，发现有一本日本出版的书，里面也说到林育南、何孟雄等人被捕是王明告的密。他还分析说：这次集体被捕事件，不可能与反对六届四中全会及王明无关。被捕人员几乎全是反对六届四中全会及王明的，而烈士们被捕时所在的中山旅社 6 号房间、东方旅社 31 号房间则是他们聚会商议的地方。1 月 17 日江苏省委也在此开秘密会议，因这些人都是拥护六届四中全会的，一个也没有被逮捕。[②]

还有的人认为是康生告的密。1992 年，美国著名学者翰拜伦在纽约出版的康生传《龙爪》一书中，谈到康生当年出卖林育南、何孟雄等人一事时写道：事实上，真正杀死这 30 多个共产党员的凶手不是蒋介石。最近发现的证据表明，向国民党密探提供情况的不是别人，而是康生。

对王明、康生叛卖林育南等人一事，鲁訇在《康生迫害张文秋的历史恩怨》，还说出了另一层原因。即康生做中央组织部长时，利用职权，包庇他的情人、妻妹、叛卖山东省委负责人的曹文敏，引起已知道曹文敏叛变的张文秋及山东地下党组织负责人的强烈不满。他们向中共中央揭发了曹文敏的罪行，并要求将曹文敏清除出党组织。中央派人调查这件事时，张文秋如实揭发了曹文敏的问题，并写了书面材料。张文秋的正义之举，深深地触犯了康生。康生认为是林育南保护了张文秋，因此也向林育南下了毒手。当林育南等人开会时，事先得到消息的王明、康生一伙，把他们开会的时间、地点和人员名单，故意泄露给敌人，使敌人突然包围会场，将林育南等同志一齐

① 奚金芳整理：《张金保谈何孟雄及四中全会》，载《何孟雄研究文集》，江苏人民出版社 1992 年版，转见《王明是怎么进入中央的?》，载“王金昌博客”2012 年 4 月 5 日（http://blog.sina.com.cn/s/blog_50d4ea0e0102e1w9.html?tj=1）。

② 原载《炎黄春秋》，转引自汪幸福：《林氏三兄弟》，湖北人民出版社 2004 年版，第 240—241 页。

捕获，很快全被杀害于上海龙华。①

有的书还说王明反对营救何孟雄等人：“东方旅馆大破坏，一下子被捉去二十几个人。在中央政治局会议上他曾提出，利用关系在国民党将他们从工部局引渡到龙华时打一个埋伏，劫囚车。恩来也同意了，说可以试试。但陈绍禹坚决反对，说他们是老右倾机会主义分子，犯不着替他们冒这么大的险。结果二十几个人就白白丢了命！对于何孟雄、林育南、李求实等，他②说不上与他们有多少交情，但毕竟是在一张饭桌上吃过饭的人。他很怀疑这是陈绍禹让人告的密，借刀杀人来排斥异己。”③

（三）打击陈郁

陈郁是一位著名的工人运动领袖，虽然在六届四中全会上被选为中央政治局后补常委，但他在会后立即起草了《海总党团呈中央的声明书》，反对四中全会的决议，建议“重新召开一次会议，解决当前政治任务提出的实际问题”。于是，米夫和王明亲自出面找陈郁谈话，要陈郁收回《声明书》，并向党中央写一个“悔过书”，被陈郁拒绝。在一次由王明亲自主持的中华全国总工会党团会议上，王明指责陈郁说：“陈郁的观点，是一贯的右倾机会主义的观点，是‘立三’路线和‘调和路线’的典型观点，他根本没有从反对‘四中全会’的反党立场上转变过来，他的《声明书》是欺骗党的、欺骗国际的文件，就是在这个骗人的文件中，也充满了许多荒谬的、许多为自己开脱的论点。战斗的布尔什维克，必须同陈郁的反国际、反党的立场划清界限！”他在最后作结论时还说：“陈郁事件暴露了党在思想上、组织上的严重不纯！正如列宁主义的党中央一再指出的那样，必须彻底改造各级党的领导，要用懂得马克思主义理论的、忠于国际的斗争干部，代替仍然窃据着领导岗位的形形色色的机会主义分子！对他们不能仁慈，不能存丝毫幻想。陈郁事件就是一个极好的教训。我们必须在工会系统以及各级党组织、根据地全力开展反对右倾机会主义、右倾调和主义路线的斗争，把那些悲观失望、在敌人面前畏首畏尾的机会主义分子清除出党。”当他结束自己的“结论”

---

① 原载《博爱》1994年第4期，转引自汪幸福：《林氏三兄弟》，湖北人民出版社2004年版，第238—243页。

② 指顾顺章。

③ 吴基民著：《谜一样的一段情》，上海远东出版社1999年版，第205—206页。

时，向忠发附和说："绍禹同志讲得好，我完全同意，陈郁要在三天内写出检讨。"第二天，陈郁感到不好在上海工作，于是提出到苏联学习，这正中王明等人的下怀，王明马上同意。向忠发还说："他还未就'陈郁事件'写检讨呢？"王明说："不必检讨了。叫他去吧！他不提出来，我还想派他去呢！他留在国内有害无益，他那些蛊惑性的观点，会涣散工会系统的斗争意志，他在工会系统有一定影响，又不能马上开除他，叫他马上去，越快越好！他到了苏联再不改正错误，我们另有办法！"陈郁后来在《自传》中写道："'四中全会'后，我与王明等人讨论工人运动时，王明骂我是右倾机会主义，后来，到了莫斯科也是这样。"在王明等人心中，把陈郁送出国不过是"流放"而已。①

（四）打击邓中夏

和瞿秋白一起曾在驻共产国际代表团工作的邓中夏，也因为同情中山大学多数学生反对王明小宗派，而受到残酷打击。王明上台后，中央在2月20日的决议中说："中夏同志当时（指三中全会时——作者注）也没能接受国际代表的意见来反对立三同志的错误，反而到鄂西以后尽量去发展立三路线的错误"。决议还说：过去中央政治局"对于邓中夏、李剑如、余笃三三同志回国工作不久即派往苏区负责重要工作，都是不合适的"，并说周恩来对此"要负相当的责任"②。3月10日，王明等人又以党中央名义致函湘鄂西特委，除指责邓中夏执行了立三路线外，又硬说他执行了"富农路线"，犯了带领二军团"上山逃跑"的错误，并很快派其宗派集团成员夏曦，作为党中央的代表到达湘鄂西苏区，取代邓中夏在苏区所担任的领导职务。1931年10月起，邓中夏本着从严要求自己和实事求是的原则，对到湘鄂西苏区一年多的工作进行了全面系统的回顾与反思，写出了一份长达七万多字的报告送交检查。然而，夏曦为了达到彻底打倒邓中夏的目的，竟于1931年12月9日做出了《对邓中夏同志的决议》，除重申邓中夏所犯的严重错误外，还以认错态度不好为由，决定给邓中夏严重警告处分，并要求党中央讨论他

① 周焱等著：《陈郁传》，工人出版社1985年版，第101—106页。

② 《中央政治局关于1929—1930年中共中央驻国际代表团行动问题的决议案》(1931年2月20日)，载《党的建设》第4期。

的党籍问题。1932年初邓中夏奉命来到上海后，执行王明路线的党中央既不及时对他做审查结论，又不分配适当的工作，只让他在党的一个基层组织沪东区委宣传部参加活动，写写传单，刻刻钢版。后来区委要邓中夏和匡亚明一道办了一份名叫《先锋》的油印小报。沪东区委书记是一个王明类型的“左”倾机会主义分子，处处以“百分之百的革命派”自居（此人被捕后很快成为叛徒），而把邓中夏作为机会主义者对待，极不尊重。同时，还不给他发生活费用，致使邓中夏只能依靠爱人李惠馨在一个工厂中做工而领得的微薄工资，来维持连稀饭都难以吃饱的艰苦生活。①

邓中夏像

王明等人这种宗派主义的干部政策，不仅施于党的高级干部，而且也施于一般干部。除在政治上、组织上进行压制以外，还往往对他们在生活上进行刁难，对很多人不发或少发生活补助费，使他们的生活陷于极端困难的境地，以迫使他们就范。不少人卖光仅有的一点值钱的东西，晚上只好睡在水泥地上，白天到难民救济处喝点稀饭。在无法生活的情况下，有的同志把妻儿送回老家，有的沿街叫卖瓜子。哈尔滨特委的两名成员，因为反对王明上台，写了两次检讨书，承认所谓错误，可王明还是不让他们工作，停发生活费。有一个青年学生，是一般党员，因为对四中全会有意见，写了三次检讨书。在交了第三次检讨书后，有人还代表组织问他：你是真悔过还是假悔过？他说：真悔过。代表组织的人又说：你要是真悔过，就去卸警察的枪，以表明你的确悔过了。这位青年同志结果却因抢枪被敌人抓走了。

对于王明残酷迫害、打击异己的做法，很多人都非常反感。正如陆定一所说：“在共产党内进行‘残酷斗争，无情打击’，是从王明开始的。只要不同意王明的意见，就是反对‘国际路线’，就是‘反党’。‘反党’就是反对革命，反对革命就是反革命。斗争要残酷，打击要无情。”②

① 晓北、姜伟：《邓中夏》，中国青年出版社1994年版，第118—119页。

② 陆定一口述：《关于不要戴政治帽子》，《光明日报》1984年11月23日。

第四节　离沪赴苏

1931年7月至8月间的王明，在严重的白色恐怖下，犹如惊弓之鸟。

由于王明控制的中共中央极力推行“左”倾冒险主义政策，经常不顾条件地号召和组织政治罢工、同盟罢工、罢课、罢市、飞行集会和游行示威，使白区的党组织不断地被破坏，共产党员和革命群众经常遭到捕杀。1931年4月以后，接连发生了几起大的事件。

4月25日，中共中央政治局候补委员、党的情报保卫工作（中央特科）负责人顾顺章在武汉被捕，随即叛变，供出了党的机关和领导人地址。武汉国民党特务如获至宝，速将情况电告南京。幸而电报被打入国民党特务机关的共产党员钱壮飞收到，他迅速到上海通过李克农、陈赓报告给周恩来。周恩来、陈云等人立即组织中央机关于当夜全部转移，才避免了更大的破坏。①

孟庆树回忆当时的情况时说：“顾顺章向陈立夫保证他能设法逮捕向忠发、周恩来和陈绍禹。”“为了躲避敌人的追踪，时常一日两三次搬家。某日我们搬到新闸路上的一个小尼姑庵里去住（她们楼上的房子出租）。三个尼姑日里穿着袈裟，敲木鱼，夜晚擦［搽］脂抹粉地‘招待顾客’。我们住在她们的楼上，被她们吵得不能安静，正想搬走，恰好陈庚〈赓〉同志来了。他首先说：‘你们为什么住到这里来了，这一带有很多流氓来往。’”② 为纪念这段日子，王明于这年夏天写了一首《尼庵小住》的“口吟”诗：

警犬觅踪何所之？尼庵同隐学禅师。
党人本领通天大，结伴神仙鬼不知。③

---

① 据孟庆树说，在钱壮飞报告以前，秘密共产党员、上海英租界巡捕房的包探长老鲍（老包），在接到国民党特务总部陈立夫要他立即破获顾顺章供出的12个机关的命令时，立即报告了中央特科。见孟庆树：《陈绍禹——王明传纪与回忆》（手写复印稿）。

② 孟庆树：《陈绍禹——王明传记与回忆》（手写复印稿）。

③ 《王明诗歌选集（1913—1974）》，莫斯科进步出版社1979年中文版，第85页。

6月15日，设在上海的赤色职工国际太平洋劳动书记处被破坏，牛兰夫妇等在上海公共租界被捕，并移送南京国民政府。

6月22日，向忠发违反秘密工作纪律，被国民党上海警备司令部逮捕，无耻地叛变，并带领敌人逮捕周恩来、王明等领导人。由于中央得知向忠发叛变并采取了应急措施，使敌人的搜捕落了空。然后，向忠发又带敌人去破坏中央机关，也落了空。为躲避敌人追捕，王明、周恩来等住进了东方饭店。他们和特科的负责同志曾设法营救向忠发，可是没有成功。敌人觉得向忠发这个叛徒已经没有什么利用价值，就根据蒋介石的命令，于6月24日处死了他。

7月25日，中共中央农民运动委员会委员兼农民部副部长杨匏安等23人因叛徒出卖被捕，他们所在的中央宣传部机关和一个秘密印刷所被破坏。8月上旬，杨匏安被杀害于上海龙华。

在这险事屡发、噩讯频传的情况下，王明成天惊魂不定。这年夏天，王明曾到上海郊区一个疗养院去隐居。盛岳在《莫斯科中山大学和中国革命》中说：当时王明“就像惊弓之鸟，很少在中央的会议上露面，不敢住旅馆、公寓甚至单独的私人房屋。他经过深思熟虑，决定搬到上海郊区的一座疗养院去住……他们要康生、陈云去同疗养院院方商谈此事。康、陈二人力劝，这样做反而只会引起怀疑和危害他们的安全，但陈绍禹不听，坚持按他的话去做。康、陈没法，只好租了一整层楼。中共中央为此支付了一笔可观的租金。陈氏夫妇搬进疗养院后，足不出户，实际上成了隐士。陈绍禹事无大小，全都交给康生、陈云去办。由于缺少得力领导，中共的工作实际上陷于停顿。陈绍禹夫妇的隐居生活一直延续到一九三一年七、八月间”①。

中共中央文献研究室编的《陈云年谱》说：向忠发被捕叛变后，“中共中央政治局由王明临时主持”②。还有的书也说：向忠发被捕叛变后，王明开始“主持中央政治局领导工作”③。但王明一直否认这一点。他1944年2月27日写给周恩来的信中说：“向忠发被捕，你和我即不能参加任何会议，我

① 盛岳：《莫斯科中山大学和中国革命》，现代史料编刊社1980年内部版，第268页。

② 中共中央文献研究室编：《陈云年谱》上卷，中央文献出版社2000年版，第118页。

③ 王荣华主编：《上海大辞典》上册，上海辞书出版社2007年版，第136页。

两个月住在医院，两月住在陈云同志处前楼上，我和你每月接头一次，我未担任中央任何部门工作。”王明 1950 年填的简历表，也只说自己“1931.6—10，在上海，中共中央管理江苏省委工作”。

由于当时国民党派出大批叛徒、特务搜捕共产党人，并悬赏捉拿周恩来和王明，因而他们二人已无法在上海活动。共产国际远东局报告共产国际后，共产国际便决定调周、陈二人去莫斯科，半年后再回上海。据孟庆树说：“向忠发被捕后，情况更加紧急严重，敌人更增加赏额捕捉周、陈。他俩根本不能活动，虽然时常搬家，但仍是随时可以发生危险。共产国际远东局报告了国际，国际决定调周、陈去莫斯科，半年后再回上海。周、陈因工作无人负责，不愿离开。但国际不同意，屡电催周、陈早日离开”，同时派一保加利亚人“为周陈布置到莫斯科去的交通”①。

8 月 30 日，王明与周恩来在听取欧阳钦关于中央苏区全面情况的报告后，于离开上海前起草了《中央给苏区中央局并红军总前委的指示信——关于中央苏区存在的问题及今后的中心任务》。信中一方面从五个方面指出“中央苏区是获得了他的伟大成功”，一方面指出：“中央苏区现时最严重的错误是：缺乏明确的阶级路线与充分的群众工作”，主要表现在巩固根据地和红军问题、解决农民土地问题、党与政权的关系和群众在政权中的作用、工人运动和反帝斗争、党内和群众中缺乏思想斗争和教育工作等五个方面。现在中央苏区的中心任务应是：最大范围地发动群众，巩固并扩大红军，支持长期的艰苦的阶级战争，以冲破敌人的“围剿”，并扩大苏区和建立巩固的根据地，在这个根据地上建立苏维埃临时中央政府，最大限度地实施苏维埃政纲。第一，为着进行阶级战争，首先应建立起巩固的根据地；第二，为着进行阶级战争，必须彻底地解决土地问题与实行苏维埃政纲；第三，为着进行阶级战争，必须更着力于改造和扩大红军的任务；第四，为着进行阶级战争必须加紧地进行苏维埃改选运动与建立全国苏维埃临时中央政府；第五，为着进行阶级战争必须坚决地执行发展党巩固党的任务；第六，为着进行阶级

① 《关于临时中央政治局和博古当总书记问题》（未刊稿）。此处的回忆并不准确，共产国际已经于 1931 年 5 月决定让周恩来去苏区，期限为 6—12 个月，见中共中央党史研究室第一研究部译《共产国际、联共（布）与中国革命档案资料丛书》第 10 册，中央文献出版社 2002 年版，第 312 页。

战争和上述的各项任务，必须有明确的反“AB 团”斗争与反一切错误思想和一切反革命政治派别的斗争，以巩固阶级战线。[①]

盛岳在《莫斯科中山大学和中国革命》中说：“这一指示信是给所有苏区的通报，但它实际上是攻击毛泽东直接控制下的中央苏区。指示信指出，中央苏区的主要问题是没有一条内容明确的阶级路线，群众工作不够先进，这两者都是立三路线影响的产物。信中提到的苏区党政领导的严重错误，尤以中央苏区为甚。例如，关于红军和苏区，指示信指出没有很好地建立稳固的总部，坚持必须解放和占领一个到几个大城市，以此作为总部。关于对富农的政策，指示信反对给富农分好田。它还攻击红军愚蠢地单纯打游击，强调红军的编制不适应准备进行大规模作战。”[②]

9 月，国民党政府向各地发出密令，悬赏通缉共党要人瞿秋白、周恩来（赏金各为两万元）和张闻天、陈绍禹、沈泽民、罗登贤、秦邦宪（赏金各为一万元）。[③]

王明与博古（年代不详）[④]

① 中央档案馆编：《中共中央文件选集》第 7 册，中共中央党校出版社 1991 年版，第 355—375 页。

② 盛岳：《莫斯科中山大学和中国革命》，东方出版社 2004 年版，第 255 页。

③ 据《中国国民党中央执行委员会秘书处第 19126 号公函》（1931 年 9 月），原件存中国第二历史档案馆。转引自程中原：《张闻天传》（修订版），当代中国出版社 2006 年版，第 95 页。

④ 戴茂林：《王明与莫斯科》，辽宁人民出版社 2013 年版，第 92 页。

9月中旬，共产国际派来为周恩来、陈绍禹安排交通的人到上海，远东局提议成立中共临时中央政治局。据孟庆树回忆说：共产国际派来的人“9月中到上海，他又传达了国际要周、陈立即离开上海的意见。因而共产国际远东局决定成立临时中央政治局，请国际领导批准。国际领导回电批准了。临时中央政治局共有5人，即把平时已经参加处理日常工作的4人：博古、陈云、洛甫、康生加上卢复坦①（原为政治局委员，在全国总工会工作）”②。

9月18日晚，本来决定周、王二人即日起程，但王明看到“九一八”事变的消息，于是马上回去让博古起草一个《中央关于日本帝国主义强占满洲事变的决议》。22日，这个决议由临时中央政治局发出。很快，上海、南京等地掀起了反日爱国运动。周、王二人认为：“现在这样忙，怎能离开?”于是二人商量，既不能出去活动，就在家里合编刊物好了，并决定刊物的名称叫《南针》。王明用“韶玉”等笔名，周恩来用“苏庚”等笔名，写了不少文章。孟庆树回忆说：当时王明还写了一封信致中共中央（伪称发自庐山），内容是关于批评立三路线不懂得利用公开（合法）和争取公开（合法）的分别，因而使工作受到损失等。此文起了很好作用，可惜因陈、周相继离开上海，《南针》只出了几期就停刊了。”③

9月20日，临时中央政治局发出《由于工农红军冲破第三次“围剿”及革命危机逐渐成熟而产生的党的紧急任务》。这个指示指出：“目前中国政治形势的主要特点，是江西工农红军冲破了敌人第三次的‘围剿’与其他苏

① 即卢福坦，下同。

② 《关于临时中央政治局和博古当总书记问题》（未刊稿）。中共中央组织部、中共中央党史研究室、中央档案馆编的《中国共产党组织史资料》却说是9人，由秦邦宪（博古）、张闻天（洛甫）、康生、刘少奇、卢福坦、黄平、陈云、李竹声、王荩仁（王云程）9人组成，博古负总的责任，见《中国共产党组织史资料》第2卷，中共党史出版社2000年版，第62页。张培森主编：《张闻天年谱（1900—1976）》上卷、程中原《张闻天传》（修订版）亦持此说，分别见中共党史出版社2000年版，第135页，当代中国出版社2000年版，第172页。中央文献研究室编写的《周恩来年谱》和《周恩来传》，却说临时中央政治局由“秦邦宪、张闻天（洛甫）、康生、陈云、卢福坦、李竹声六人组成”，见中央文献研究室编：《周恩来年谱（一八九八——一九四九）》，人民出版社1989年版，第212页；《周恩来传（1898—1949）》（修订本），中央文献出版社1998年版，第294页。吴葆朴等编：《博古文选·年谱》亦持此说，见当代中国出版社1997年版，第368页。

③ 《关于临时中央政治局和博古当总书记问题》（未刊稿）。

区红军的胜利，是普及全中国的灾民斗争，与澎湃着冲击前来的反帝潮流”，“对于帝国主义国民党在中国的统治，是最大的威胁，而且将加速的促进中国反革命内部的崩溃过程”，“国民党统治的崩溃，正在加速的进行着”，“因此，目前中国政治形势的中心的中心，是反革命与革命的决死斗争”。为了取得中国革命的胜利，应该立刻执行12条“紧急任务”，其中有苏区的党应“集中力量追击敌人退却部队，消灭它的一方面，在政治军事的［顺］利的条件之下，取得一两个中心的或次要的城市”，“尽可能的把零散的分散的苏区连成一片”；非苏区方面应“尽可能的在某些城市（如上海，唐山，天津等）中努力去准备和组织某一产业的同盟罢工”等等。这个指示还说“目前主要危险还是右倾机会主义”，“党必须对他们作思想上与组织上的斗争”。[①]后来，毛泽东在《驳第三次“左”倾路线》的长文中称这篇文章是王明路线时期，“从文件到实际在全国大打所谓‘右倾机会主义’的第一个纲领性文件”。“左”倾机会主义路线从此形成并以此为起点，向前发展成为一条比立三路线更加完备的系统路线。[②]很多论著认为这个决议是王明起草的，但王明一直否认这个决议由他起草。1944年2月27日王明写给周恩来的信即说这个决议“是博古（或李竹声）起草的，绝非我起草的”。

10月18日，王明和周恩来参加临时中央政治局会议，解决开会时谁当主席的问题。过去都说王明走后临时中央由博古负总责，是由王明选定的。但据孟庆树说：“在恩来和绍禹离开上海前，开了一次临时中央政治局会，到会的有卢复坦[③]、陈云、博古、赵容（康生）。恩来和绍禹参加。在这次会上，解决了临时中央政治局开会时，谁当主席的问题。因为卢复坦坚持要由他一人当主席，而他的工作能力不够（他基本上是个文盲）。当时周、陈说明临时中央政治局开会时，应轮流当主席。绍禹说明：临时中央政治局是由远东局建议，国际批准成立的。等将来正式中央政治局回上海，或迁到有相当人数正式政治局委员的地方，临时中央政治局应当结束，交出工作

① 中央档案馆编：《中共中央文件选集》第7册，中共中央党校出版社1991年版，第401、402、406、413、414页。

② 转引自中共中央文献研究室：《任弼时传》，中央文献出版社、人民出版社1994年版，第216页。

③ 即卢福坦。

任务。”①

这样，周、王二人推迟了一个月，还未离开上海。这时，共产国际又来电催他们立即去莫斯科参加共产国际第十二次执委会。因周恩来要到中央苏区去。于是，王明就于1931年10月18日，与孟庆树、吴克坚、卢镜如一起，秘密乘日本船离沪赴苏联。先到海参崴，然后改乘火车到莫斯科。②其中吴克坚、卢镜如是中央特科工作人员，特科决定让他们护送王明并留苏学习。

不少论著说王明到苏联担任中共驻共产国际代表，是他自己提出的。例如盛岳《莫斯科中山大学和中国革命》一书说：“七月间，中共中央宣传部的一个机关及一个秘密印刷所被破获，包括罗绮园、杨匏安在内的二十三名宣传部重要人员被捕。陈害怕再留在上海，在一九三一年七、八月间辞去了中央总书记③。他被任命为中共驻共产国际代表，回到了莫斯科，直到一九三七年才去延安。”④杨奎松也说：“共产国际远东局负责人建议王明等人撤到中央苏区去，王却坚持要去莫斯科。又是米夫推荐，共产国际特批王明为中共中央驻共产国际代表。结果，王明就成了莫斯科与中共中央之间的中介和传声筒。”“然而，这一特殊地位，使他两面讨巧。对中共中央，他俨然是莫斯科的代表，可以居高临下，随意发号施令；对莫斯科，他俨然又是中国革命的化身，因而各种光环纷纷落到他的身上，使他身价百倍。正是这种扭曲的地位，造成了王明多少有些扭曲的心态。当然跟‘得’紧也是王明这种人致［制］胜的法宝之一。”⑤

在王明到达莫斯科的当天，第一次全国苏维埃代表大会在江西苏区瑞金召开，会议宣布成立中华苏维埃共和国临时中央政府，王明等63人被选为中央执行委员，毛泽东为主席。⑥

---

① 《关于临时中央政治局和博古当总书记问题》（未刊稿）。

② 见王明：《中共半世纪与叛徒毛泽东》，莫斯科进步出版社1979年中文版，第31页。王明1945年4月20日致六届七中全会的信说9月25日动身赴苏联。

③ 王明从来没有担任过中共中央总书记。

④ 盛岳：《莫斯科中山大学和中国革命》，东方出版社2004年版，第252页。王明当时并不是中共中央总书记，此处说法有误。

⑤ 杨奎松：《毛泽东与莫斯科的恩恩怨怨》，江西人民出版社1999年版，第67页。

⑥ 孔永松等编著：《中央革命根据地史要》，江西人民出版社1985年版，第253—254页。

王明虽然走了，但后来的中共党史仍然认为中共中央在遵义会议前执行的是王明"左"倾路线，认为这条错误路线在党内统治4年之久。为什么呢？1985、1986年胡乔木在《关于历史问题决议的起草》的谈话中说："王明走了，博古上台，可还是说王明路线，因为第一，没有王明就没有博古上台，当时博古连中央委员都不是，完全是小宗派。第二，博古执行的路线与王明是一脉相承的。第三，王明到共产国际搞的还是四中全会那一套。"①

① 《胡乔木回忆毛泽东》，人民出版社1994年版，第67页。

第六章　驻共产国际代表（上）

第一节　驻共产国际代表

1931年11月7日，王明一行到达莫斯科。王明后来回忆说："到车站时没有人接，我提着小箱到共产国际去找人。值班的同志说：今天是节日，哪有人办公呢？我不知别的地方，还有谁都住在哪里，只记得米夫住的地方，因而就从国际到米夫家里，时已夜深了。"①

11月13日，共产国际执委会政治书记处政治委员会听取了米夫关于批准王明同志为中共中央驻共产国际执委会的代表的建议，会议决定："建议共产国际执委会主席团成员通过飞行表决暂时任命王明同志为〈共产国际执委会〉政治书记处成员。这个问题的最终决定必须征询中共中央的意见。"②

作为"负责中国党的事情"的王明，参与制定的第一个共产国际文件是1931年12月29日给中共中央的《共产国际指示》。这个文件中有许多

---

① 见王明回忆录：《曼努伊尔斯基、王明与毛泽东》（未刊稿）。王明1950年填的简历表说自己"1932—1937.11，在莫斯科，中共中央代表"。

② 中共中央党史研究室第一研究部译：《共产国际、联共（布）与中国革命档案资料丛书》第13册，中共党史出版社2007年版，第66页。王明在《中共半世纪与叛徒毛泽东》中说自己从11月10日起担任中国共产党驻共产国际代表，并担任共产国际领导机关的职务，见莫斯科进步出版社1979年版，第31页。王明在延安写的简历说："1932年至37年1月中共中央驻共产国际代表"。

共产国际办公大楼

"左"倾思想。第一，在"九一八"事变以后，它仍把"反对一切帝国主义"作为中心口号，根本不讲斗争策略。第二，它明确提出"推翻国民党是反对帝国主义民族革命胜利的先决条件"，意味着不先打倒国民党就不能取得反帝斗争的胜利。照这种说法，首先就要集中力量反对包括国民党在内的各个派别，然后再去反帝，因而不可能提出与各爱国党派、爱国军队建立抗日统一战线的方针政策。第三，它依然坚持"城市中心论"，指出"发展工人运动，经过你们的纠察队将抵货（指抵制日货——引者注）运动抓到你们的手中来"，"领导学生运动，利用学生来煽动起国民党统治区域的农民群众"①。这个指示根本没有提到建设、巩固和发展农村革命根据地问题。

王明不仅通过共产国际政治书记处向中共中央发指示，而且极力向共产国际的干部作宣传。他到莫斯科后，就在共产国际作了反"立三路线"及中国红军苏维埃发展的报告，说他在共产国际"十月来信"之前，就独立地

① 《共产国际指示——关于反帝斗争问题》(1931年12月29日)，中央档案馆编：《中共中央文件选集》第7册，中共中央党校出版社1991年版，第552页。

发现了李立三的错误并进行了坚决的斗争；强调六届四中全会的路线是正确的，因此四中全会后中国红军和苏维埃运动取得了很大胜利。

王明出席了1932年8月27日到9月15日召开的共产国际执委会第十二次全会。这次会议的主要议题是：讨论国际形势和各国支部的任务，总结失业者罢工斗争的经验，反对帝国主义战争和对苏联的武装干涉。会议先后听取了库西宁、台尔曼的报告，接着用十六七天的时间讨论两个报告。在讨论中，王明两次作了长篇发言。第一次是在9月2日上午举行的第十次会议上，他强调中国革命胜利条件已经成熟。他讲了国民党的迅速崩溃和苏维埃及红军的重大胜利，夸耀四中全会后苏区的革命成绩；他讲了工农运动的高涨与工作中的弱点，借以掩盖白区工作的失败；他还讲了反帝运动的高涨和在民族革命斗争中的统一战线问题。实际上，他只要“下层统一战线”。在9月12日晚举行的第二十六次会议上，王明作了第二次长篇发言。

王明的发言得到会议的充分肯定。在他第一次发言的第二天，即9月3日晚上，他被破格提拔担任了第十二次全会第十三次会议的执行主席。在这次会议上，他还被选为共产国际执委会委员，会后被选为执委会政治书记处书记。

从此，王明有了双重身份。正如有的论著所说：“一方面王明是中共代表，另一方面又是共产国际的化身，王明所拥有的这种双重身分［份］使他可以随时向共产国际的下属支部——中共，表述其个人的意见……王明作为六届四中全会上台的一批人的精神领袖，对在国内的博古等人无可置疑地具有影响力。”①

除参与共产国际活动、影响共产国际发决议指示以外，王明还撰写了不少文章。从他到莫斯科至1932年，共写了七八篇文章，在《共产国际》（俄文）、《国际工人运动》（俄文）、《布尔什维克》（俄文）和《革命的东方》（俄文）等刊物上发表。有的文章发表后，他加以补充修改，又印成中文单行本，或编入中文的文集中。

这时王明写的东西，除了重复过去的观点以外，又有四个新的发挥。

① 高华：《红太阳是怎样升起的——延安整风运动的来龙去脉》，香港中文大学出版社2002年版，第97页。

1. 面对日本侵略的步步加紧，不突出抗日斗争，反而坚持打倒一切帝国主义。

继“九一八”事变之后，又发生了“一二八”事变，日本帝国主义大举进攻上海。这表明，日本不仅要变东三省为殖民地，还要南下吞并全中国。在这种情况下，就必须在反帝反封建斗争中把反帝放在突出地位，在反帝斗争中把反日放在突出地位。王明却不是这样，他虽然也承认帝国主义之间有矛盾，但他不充分利用这种矛盾，不突出反对日本帝国主义这个主要敌人，仍然赞扬“反对美帝国主义，反对国际联盟，打倒一切帝国主义，反对美英法德等帝国主义乘机瓜分中国，反对太平洋帝国主义战争”等口号。

他在“一二八”事变以后写的文章中，还坚持日本帝国主义占领东三省“是进攻苏联的序幕”，“是进行武装进攻苏联的直接步骤”①。基于这种认识，他根本不提抗日救国，反而强调“拥护苏联”。与此同时，他多次重复“推翻国民党是反帝国主义民族革命战争胜利的先决条件”②。这实际上是先反国民党后反日。这种做法不利于揭露国民党“攘外必先安内”的卖国政策，教育群众；不利于争取、团结国民党内主张抗日反蒋的派别和军队共同斗争，在爱国主义的旗帜下调动千军万马去抗日。

2. 面对民族民主运动的新高涨，没有提出正确的政策，反而继续坚持“左”倾冒险主张。

“九一八”事变、“一二八”事变以后，日本帝国主义的强盗行径激起了工人运动、农民运动、学生运动的新高涨。在这种情况下，王明没有提出正确的政策，引导抗日救亡运动健康发展，反而提出错误的主张。他要求红军占领“比较重要的中心城市”，以实现“湘鄂赣豫皖形成打成一片的苏区”；要求白区普遍地实行武装工农、各企业实行总罢工等，号召“用一切力量去武装工人、农民、贫农及革命学生群众”，“用一切力量去组织工人群众的经济罢工、政治罢工以至总罢工”。

3. 面对中间阶级的变化，没有采取争取、团结的方针，反而视为最危险

① 《王明言论选辑》，人民出版社 1982 年内部版，第 289 页。

② 《共产国际指示》(1931 年 12 月 29 日)，中央档案馆编：《中共中央文件选集》第 7 册，中共中央党校出版社 1991 年版，第 552 页。

的敌人，坚持关门主义。

由于“九一八”事变、“一二八”事变的发生，中日民族矛盾上升，中间阶级阶层的抗日民主要求增强了。在国民党内部，同蒋介石集团有矛盾的派别也积极活动起来，反对蒋介石的卖国政策，要求抵抗日本帝国主义的侵略。在国民党军队内部，有些爱国将领，在爱国士兵的支持下，违抗蒋介石的不抵抗命令，奋起抗日。

在这种情况下，中国共产党本来应该及时地转变政策，团结一切可能团结的阶级、团体，共同抗日。王明却不是这样。他不仅反对一切帝国主义，而且反对国民党内一切派别，反对在野的一切党派。他看不到日本帝国主义变中国为殖民地的行动能够变动中国革命和反革命的阵线，因而看不到争取中间阶级阶层的可能性。由于他过高地估计革命力量，因而也看不到争取中间阶级阶层的必要性，仍然宣传“下层统一战线”的主张。

基于这种理论，王明把资本家和地主、官僚、军阀、高利贷者列在一起，称之为“应被打倒的敌人”；对官僚、军阀更是不加分析，甚至说领导“一二八”上海战争的爱国将领“时时刻刻找投降和休战的机会”。他还以赞扬的口吻引《上海各工厂工人抗日总同盟罢工宣言》的话说：“十九（路）军的官长蔡廷锴、蒋光鼐和一切失意的军人张发奎、黄琪翔等又想用革命士兵的血肉和我们革命群众的头颅去实行升官发财，用卖国贼马占山用过的方法去更巧妙地来软化革命的兵士，实行投降帝国主义。”他还写道：“国民党的任何派别及其高级将领们都是奴性十足的帝国主义的走狗。他们之中有些是公开无耻的投降者——如蒋介石、汪精卫、张学良、张景惠、熙洽等，有些是狡猾无耻的叛卖者——如马占山、孙科、陈友仁、蒋光鼐、蔡廷锴、张发奎、黄琪翔等。他们之中有些是不战而降的奴才，有些是利用民众英勇牺牲的热血来与帝国主义讲生意”。①

王明不仅反对国民党一切派别和所有高级将领，还反对在野的任何党派。他把这些党派通通称之为“反革命派别”，说“在目前形势之下，在实际上思想上反对一切反革命派别的斗争，比以前任何时候都更加重要”，“特别要反对那些表面拿些‘左’的词句——什么‘民主政治’、‘保障民众利益’、

① 《王明言论选辑》，人民出版社1982年内部版，第302、307—308页。

‘保护工农’等等来欺骗民众的那些国民党派别——改组派、第三党等，用一切方法去揭穿他们投降帝国主义和反对人民的假面具；尤其是要用一切方法去抓破那些表面上站在国民党的政府反对派地位的那些反革命派——国家主义派、人权派、社会与教育派、托陈派等的假的‘保障中国民族利益’的鬼脸。使广大群众认识和相信：这些反革命派别实际上都是帝国主义的走狗与中国民族及工农劳苦民众的死敌”①。

王明这种主张，是极端的“左”倾关门主义。毛泽东讽刺说：“革命的力量是要纯粹又纯粹，革命的道路是要笔直又笔直。圣经上载了的才是对的。民族资产阶级是全部永世反革命了。对于富农，是一步也退让不得。对于黄色工会，只有同它拚［拼］命。如果同蔡廷锴握手的话，那必须在握手的瞬间骂他一句反革命。哪有猫儿不吃油，哪有军阀不是反革命？知识分子只有三天的革命性，招收他们是危险的。因此，结论：关门主义是唯一的法宝，统一战线是机会主义的策略。”②

4. 面对“左”倾错误造成的危害，不认真总结教训，纠正错误，反而继续反右，发展错误。

1932 年，上海人民反日大同盟为纪念“九一八”一周年，在一个戏院召开上海各界反对日本帝国主义侵略大会。参加会议的代表都是党团员或赤色群众中的骨干分子，每人胸前都挂上红绸代表证。结果 200 多名代表全部被捕，其中有 30 多人在南京雨花台被敌人用机枪扫射，壮烈牺牲。到 1932 年“一二八”事变以后，白区的革命形势就转入了低潮。在这种情况下，王明仍然写文章说：右倾“是目前的主要危险”③。他还把党员干部给中央某些个人提意见，说成是“进行反党的企图”；把不积极执行“左”倾冒险主义，说成是“妨碍党的紧急任务的执行”。

1932 年 2 月，王明还为《两条路线》写了长达 4 万多字的《再版书后》，并改名为《为中共更加布尔塞维克化而斗争》，在莫斯科再版。

《再版书后》写了三个问题：1.“关于反立三路线斗争中的几部分问题”；

① 《王明言论选辑》，人民出版社 1982 年内部版，第 316—317 页。

② 《毛泽东选集》第一卷，人民出版社 1991 年版，第 154—155 页。

③ 《王明言论选辑》，人民出版社 1982 年内部版，第 317 页。

《为中共更加布尔塞维克化而斗争》封面

2.“关于反对革命的罗章龙派底斗争问题”；3.“党内目前两条路线上的斗争问题”。

在第一个问题中，王明在反立三“‘左’倾词句下掩盖的右倾机会主义的消极”的总思想下，继续宣传“左”的主张，鼓吹苏区实行过“左”的政策。他在谈到苏区“进行激进的”反帝革命与土地革命时，以称赞的口吻说：在苏区“富农的土地被重分”，资本家的企业“开始实行工人监督生产”，工人群众得到“八小时工作”等新权利。他继续鼓吹攻打大城市，说：“我们无论如何不应该因为1930年夏季占领长沙的错误，便根本作出无论如何都不能占领重要城市的结论”①。

王明用大量篇幅赞扬“真正拥护国际路线”的人在反“立三路线”中的功绩。在夸大自己功绩的同时，他极力贬低别人，尤其是贬低何孟雄。他说何孟雄反“立三路线”不仅不是最早的，而且还是最不坚决的。事实怎样呢？李立三是当事人，是最有权威的证明人。他在共产国际执委会主席团讨论“立三路线”的会议上说：“中国党内当时只有他（指何孟雄——作者注）一个人是公开起来反对我的错误的。根据这一点来责备他右倾是没有理由的。”② 在反对罗章龙问题上，王明也不顾事实，抬高自己，贬低别人。他说：罗章龙的右倾意见刚抬头，以他为书记的江苏省委便坚决与这种错误倾向斗争。而别人不是对罗章龙“调和”，就是“不愿批评”。事实根本不是这样，周恩来、李维汉等都对罗章龙等人进行了坚决的斗争。

王明在《再版书后》中两次谈到六届四中全会后苏区、非苏区的伟大成绩，并把这些成绩说成是“在国际路线的基础上，进行实际工作的转变”的结果，是四中全会后的中央领导的结果。实际上恰恰相反，是广大党员、干

① 《王明言论选辑》，人民出版社1982年内部版，第215页。

② 《共产国际执委主席团对立三路线的讨论》，载《布尔塞维克》第4卷第3期。

部和战士、群众抵制“左”倾错误的结果。

为了反对“右倾机会主义”，王明用了《再版书后》三分之一的篇幅讲“党内目前两条路线的斗争问题”。他说：“无情的两条战线上的斗争，集中火力反对主要危险——右倾，同时，丝毫不放松反对‘左’倾的斗争，是使党更加向布尔塞维克化的保证，是使党能够领导革命运动顺利地向前发展和得到更伟大的成功的保证。”王明把“反右倾”看得如此重要，正说明他要进一步把党推向“左”倾，使党犯更严重的“左”的错误。

11月7日，在莫斯科再次翻印《为中共更加布尔塞维克化而斗争》小册子。《编辑部的话》说：“韶玉同志底这本小册子，是中共进行两条战线上斗争的武器之一。因此，这本小册子不仅有很大的历史的原则的理论兴趣，而且有很大的迫切的实际政治意义”①。

从这年秋冬开始，共产国际曾与中共中央联系让王明回国的问题。10月3日，共产国际执委会东方书记处在给中共中央的电报中说：“王明很快返回”②。10月25日，共产国际执行委员会收到中共中央的电报，其中提出让王明回国。此后，在莫斯科和上海之间的电报往来中，多次讨论了派王明到中央苏区去的具体途径。③12月21日，共产国际执委会东方书记处致电中共中央说：“中共中央五中全会只应在王明到来后召开，他应是这次全会上的主要报告人之一”④。12月22日，共产国际执行委员会政治书记处政治委员会在给中共中央的电报中询问：“王明能否直接去香港。你们能否从那里把他及其夫人送到中央苏区？请立即回复。”⑤1933年3月27日，共产国际执行委员会国际联络部上海分部还致电共产国际，讨论王明回国的具体

① 《中共党史教学参考资料》第1册，人民出版社1980年版，第327页。

② 中共中央党史研究室第一研究部译：《共产国际、联共（布）与中国革命档案资料丛书》第13册，中共党史出版社2007年版，第457页注①。

③ 中共中央党史研究室第一研究部译：《共产国际、联共（布）与中国革命档案资料丛书》第13册，中共党史出版社2007年版，第211页。

④ 中共中央党史研究室第一研究部译：《共产国际、联共（布）与中国革命档案资料丛书》第13册，中共党史出版社2007年版，第283页。

⑤ 中共中央党史研究室第一研究部译：《共产国际、联共（布）与中国革命档案资料丛书》第13册，中共党史出版社2007年版，第285页。

1934 年王明为回国制作假护照时用的照片

途径。[①] 7 月 27 日，共产国际执委会政治书记处政治委员会又做出决定，“同意中共中央关于王明同志回国的建议”。[②]

直到 1933 年下半年至 1934 年春，王明还想回国。据盛岳说：“陈绍禹曾试图在一九三三年下半年至一九三四年春回中国。一九三三年下半年，中共中央上海局，我当时是成员之一，接到国际指示，要为陈绍禹去江西瑞金作好安排。指示说，陈将经由欧洲到香港，要我们把他从香港转送到瑞金。上海局接到国际指示后，两次派人去香港进行安排，但均告失败。第一次，派去安排的人很快被捕。第二次，地下电台台长、接收国际关于陈绍禹问题指示电的李晋永被捕，李原是中山大学学生，在莫斯科受过专门无线电训练。自然，上述两个情况都影响了安全。再进一步试图把陈绍禹送去瑞金，实在风险太大，这样，陈就又在莫斯科待了四年，直到一九三七年才回国到延安。”[③]

从以上情况可以看出，当时王明想回国，共产国际和中共中央也企图让他回国，并多次讨论其回国的途径，但由于种种原因，他终未成行。

值得一提的是，王明在 1932 年冬已提出将中共中央机关迁往苏区的建议。11 月 2 日，王明在给联共（布）驻共产国际执行委员会代表团的信中就提出：“关于中共中央的所在地问题。根据一般政治上的考虑和由于骇人听闻的恐怖，党的领导中心几乎没有可能在上海存在，因此提出了最大限

① 中共中央党史研究室第一研究部译：《共产国际、联共（布）与中国革命档案资料丛书》第 13 册，中共党史出版社 2007 年版，第 457 页注①。

② 中共中央党史研究室第一研究部译：《共产国际、联共（布）与中国革命档案资料丛书》第 13 册，中共党史出版社 2007 年版，第 457 页。

③ 盛岳：《莫斯科中山大学和中国革命》，东方出版社 2004 年版，第 253 页。

度地减少我党在上海的机构并将中央迁往中央苏区的问题。"①12 月 3 日，共产国际执行委员会政治书记处政治委员会会议决定："采纳王明同志的建议，将中共中央、〈中国〉共青团中央和赤色工会总理事会从上海迁往苏区，在上海只留下这些机构的全权代表。""责成米夫（负责人）、王明和瓦西里耶夫同志拟订给中共的必要指示。"② 正是根据这个决定，中共中央机关于1933 年 1 月迁往中央苏区。

第二节　反日统一战线的提出

从 1933 年年初到 1935 年 7 月的共产国际七大，王明的思想是复杂的、变化的。

这时，临时中央正按照王明的"左"倾政策和主张，指导中国革命，并通过六届五中全会，把"左"倾错误推向最高峰。王明对临时中央及其做法是肯定的，赞扬在它领导下取得了伟大的胜利和成绩，鼓励临时中央继续推行"左"倾政策。与此同时，王明的思想随着苏联对外政策及共产国际主张的转变开始发生变化。在一些问题上，他的思想变化是明显的，例如，为抗日反蒋开始主张争取中间阶层；主张在日本帝国主义占领的东北建立广泛的抗日民族统一战线；主张在一定程度上改变苏区"左"的政策；不赞成临时中央经常点名批评各地区、各部门，给他们戴机会主义的帽子；等等。

但是，王明的思想变化，有许多是不彻底的，有些变化是羞羞答答的、文过饰非、甚至诿过于人的。例如，有的政策和策略本来就是错误的，他却不承认错误，说是情况变了，需要改变；有的错误政策和策略，就是在他的倡导下制定的，他却不作自我批评，反说别人错了，甚至说是下面执行中的

---

① 《王明给联共（布）驻共产国际执行委员会代表团的信》，中共中央党史研究室第一研究部译：《共产国际、联共（布）与中国革命档案资料丛书》第 13 册，中共党史出版社 2007 年版，第 224—226 页。

② 中共中央党史研究室第一研究部译：《共产国际、联共（布）与中国革命档案资料丛书》第 13 册，中共党史出版社 2007 年版，第 253 页。

问题。

在这一时期，王明由于对临时中央的一些做法不满意，就使用越俎代庖的方法，不经中央同意就以中央名义直接发文件；经常以王明、康生的个人名义，用发号施令的口气给中央写信。临时中央对王明的意见，一般地说是贯彻执行的。上海中央局经常把王明的信改头换面，变变口气，作为中央文件发给全党。

这个时期，王明向中共中央发的指示和代中共中央起草的文件，主要有以下一些：

1933 年 1 月 17 日，他起草了以毛泽东、朱德名义发表的为反对日本帝国主义侵入华北愿在三条件下与全国各军队共同抗日的《中华苏维埃临时中央政府工农红军革命军事委员会宣言》，明确宣布：“在下列条件之下，中国工农红军准备与任何武装部队订立作战协定，来反对日本帝国主义的侵略。(1) 立即停止进攻苏维埃区域；(2) 立即保证民众的民主权利（集会、结社、言论、罢工、出版之自由等）；(3) 立即武装民众创立武装的义勇军，以保卫中国及争取中国的独立统一与领土的完整，将反对日本及一切帝国主义的斗争与反对帝国主义的走狗国民党军阀的卖国与投降的斗争联结起来，开展武装民族革命战争，反对日本及一切帝国主义”①。这个宣言，实际上开始突破下层统一战线的框

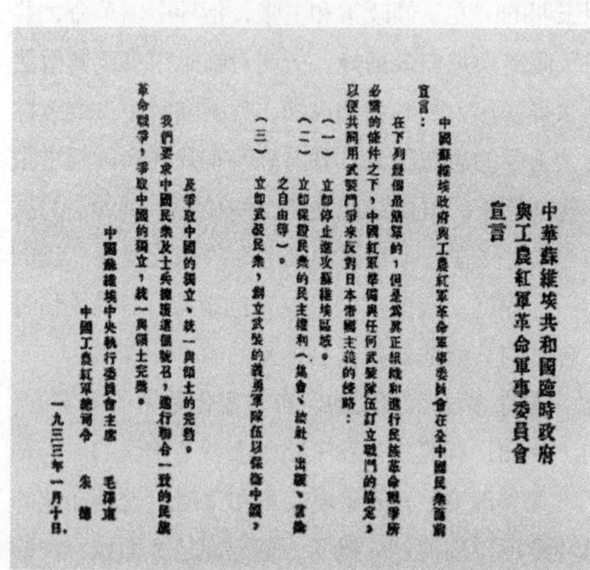
中華蘇維埃共和國臨時政府
與工農紅軍革命軍事委員會
宣言

中國蘇維埃政府與工農紅軍革命軍事委員會在全中國民衆面前宣言：

在下列幾個最簡單的，但是爲眞正組織和進行民族革命戰爭所必需的條件之下，中國紅軍準備與任何武裝隊伍訂立戰鬥的協定，以便共同用武裝鬥爭來反對日本帝國主義的侵略：

（一）立卽停止進攻蘇維埃區域。

（二）立卽保證民衆的民主權利（集會、結社、出版、言論之自由等）。

（三）立卽武裝民衆，創立武裝的義勇軍隊伍以保衛中國，及爭取中國的獨立、統一與領土的完整。

我們要求中國民衆及士兵擁護這個號召，進行聯合一致的民族革命戰爭，爭取中國的獨立，統一與領土完整。

中國蘇維埃中央執行委員會主席 毛澤東

中國工農紅軍總司令 朱德

一九三三年一月十日。

1933 年 1 月 17 日《中华苏维埃共和国临时政府与工农红军革命军事委员会宣言》

① 中央档案馆编：《中共中央文件选集》第 9 册，中共中央党校出版社 1991 年版，第 458 页。

框，有了向建立抗日反蒋的统一战线转变的萌芽。

与上述宣言的精神相一致，根据共产国际的有关指示，这年春天中共驻共产国际代表团和中共上海党的领导人决定，要中共驻北平办事处与有抗日要求的冯玉祥进行联系。为此，李德化名奥托·斯特恩，携带史沫特莱写给埃德加·斯诺的一封信，以新闻记者身份从上海到北京进行活动。由于上海派去的帮助他与中共北平办事处联系的人被捕，同冯玉祥联系的工作只好停止，李德在北平逗留几天后又回到上海。

1933 年 10 月 27 日，王明、康生给临时中央政治局写来一封长信，主要是说反日运动和组织民族革命战争的策略问题，还附了一个《中国人民对日作战的具体纲领》。信中提出："所谓'抗日救国'是目前中国民众最中心最主要的问题，谁能在实际上证明他能解决这个政治问题，谁就能取得广大民众的拥护，谁就成为政治斗争的胜利者"。目前中国的政治环境，"非常迫切的需要广大的非常灵活的具体运用这一民族革命战争的策略"。信中还说，"他们起草《中国人民对日作战的具体纲领》，其目的主要有下列几点：1. 给全国民众一个具体的明显的容易懂的对日作战的行动纲领。2. 尽最大可能团结一切反日力量，来建立真正广大的民众的反日统一战线。3. 尽可能的取得公开或半公开的活动的可能，以便在实际的群众斗争上来揭穿国民党卖国的真相，在事实上将反日斗争和反国民党的斗争联系起来。信中还强调指出：在实行这个策略时要防止两方面不正确的倾向：一方面要防止误解为减低阶级斗争和减低反国民党斗争，实际上恰恰相反，正确的实行这个策略是在实际上加强阶级斗争加强反国民党斗争；另一方面要防止我们许多同志和同情分子惯用'左'倾词句的情绪，而企图将这纲领马上修改成为非常红的，要说服他们使他们懂得在群众斗争有了广大发展时，我们有一切的可能逐步提出更加'左'倾更加激进的纲领来补充。"

《中国人民对日作战的具体纲领》主要提出了下列各点：(1) 全体海陆空军总动员对日作战；(2) 全体人民总动员；(3) 全体人民总武装；(4) 立刻设法解决抗日经费；(5) 成立农兵学商代表选举出来的全中国民族武装自卫委员会；(6) 联合日本帝国主义的一切敌人。其中明确"要求把一切海陆空军立刻开赴前线，对日作战，立刻停止一切内战"，"立刻成立广大的千百万人的群众的反日民众义勇军"及"组织广大的人民的参战组织"，要求国民党中央政府和地方政府立刻把已有的正在制造的和将来制造的各种武器“完全发给人民义勇军”，“没收日本帝国主义在华一切财产”，“没收一切卖国贼的财产”，“国家一切收入，都用作对日作战的经费”等等。这个宣言经宋庆龄、何香凝等1779人于1934年4月20日签名发表后，立刻在国内外产生了广泛的影响。

王明、康生1933年10月27日这封信的基本思想，可以说比1月17日的宣言又进了一步，统一战线的对象已从愿意实行三条件的武装部队，扩大到愿意抗日的除国民党以外的党派、团体等中间势力及其上层人物。可能是根据这封信的思想，在宋庆龄等签名发表《中国人民对日作战的具体纲领》前10天，即1934年4月10日，上海中央局以中共中央名义发表了《为日本帝国主义占领华北并吞中国告全国民众书》，其中提出：“一切真正愿意反对帝国主义的不甘做亡国奴的中国人，不分政治倾向，不分职业与性别，都联合起来，在反帝统一战线之下，一致与日本和其他帝国主义作战吧!”并于4月20日以中共中央名义发出《中央致各省委、县委、市委的一封秘密指示信——关于开展反日反帝运动和组织民族革命战争的策略问题》，将王明、康生1933年10月27日的来信转发全党。

1933年秋，王明曾让即将返国的中国共青团驻青年共产国际代表黄药眠捎话给中共上海中央局，说中共应在战略上实行转变，逼迫蒋介石抗日。黄药眠回忆说：

> 正式要通知我动身的时候，我去找王明，因为这时他是代表团团长……他把我领到走廊角落上同我谈：他说你要回去，好。现在有个重要的事情交待给你，回去后转告党中央。就是现在我们在战略上需要有个大的转变。我们同蒋介石的反动军队打了好几年了，现在看来，他们消灭不了我们，而我们的力量目前也消灭不了他们，因为他们背后有帝国主义支持。长期这样打下去，就会使日本帝国主义有机可乘，他们已经占领了东三省，现在正在逐步侵占华北。很明显，这样打下去对中国人民不利。所以现在要改变一下策略，就是要同国民党妥协，建立抗日统一战线，抵抗日本帝国主义的侵略。目前我们坚持要打倒国民党，而蒋介石就说：他们本来是想抗战的，只是因为共产党在后面打他们，他

们腾不出手去打日本。这样，对中国人民不利，而且很多的人也不能够理解和踊跃支持我们。所以应该从战略上作个大的转变，组织“抗日统一战线”。

我问他：“组织统一战线，我们和蒋介石是什么关系？如果蒋介石要领导我们，要我们服从他的指挥，怎么办？”

“这个，我们要采取让步的政策。我们组织爱国统一战线，是为了动员广大人民群众，争取广大的中间阶层的人士，这样才能壮大我们的声势，逼着蒋介石不能不同意抗战。”

我听了之后，觉得这个主张很对，是个很大胆的战略上的转变，就说：“你是不是打电报去，或者用文件寄到国内去？”

“我们共产国际的联络局很不健全，常常拖的时间很长，而且往往传达得不够全面，或不够清楚，所以还是专人口头传达比较好。”

“这个意见我是接受的；不过，我不清楚，这是你自己的意见呢，还是共产国际的意见呢？这一点我应该知道，并应该向党中央说个清楚。”

“这是共产国际的意见。”当时在中国党内，共产国际的威信比党中央的威信还高些。我想，既然是国际的意思，党中央会听从的，我答应一定传达，而且我心里也相信这个战略决策是正确的，因为那时全国人们最关心的，是不要作亡国奴。

我们两个人就在这走廊角里约莫谈了四十分钟，这是我和王明谈话最长的一次，也是最后一次谈话。①

回国以后，黄药眠就向中共上海中央局派来和他联系的黄文杰转达了王明的建议。黄文杰说他将把这些意见转达给中央。上海局还通过地下电台将此意见向江西苏区作了传达，但是王明的建议如同石沉大海，没有得到博古等中共领导人的任何响应。②

① 黄药眠：《动荡：我所经历的半个世纪》，上海文艺出版社1987年版，第219—221页。

② 高华：《红太阳是怎样升起的——延安整风运动的来龙去脉》，香港中文大学出版社2002年版，第104页。

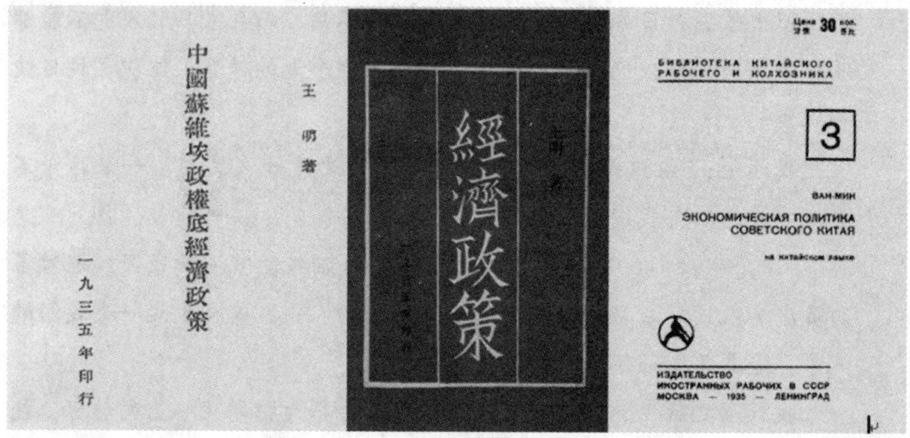

1935 年莫斯科出版的王明《中国苏维埃政权底经济政策》和《经济政策》封面

1933 年 11 月 30 日，王明写了《中国苏维埃区域底经济政策》一文，提出了一些修改对富农、土地、工商业、劳动政策等方面的“左”倾错误的意见。应该承认，王明对在富农、土地、工商业、劳动等方面一些“左”倾错误的批评，与他原来积极推行这些方面的“左”倾政策相比，是一个进步；他所说的当时不能从苏区经济中铲除资本主义，而应利用它振兴苏区的经济，不能消灭富农和频繁地重新分配土地，应当保护、发展工商业和允许自由贸易等，各苏区这时已经解决或已经注意了，他在这里不过是重新加以肯定而已；另外，他在文章中的批评、指责也多于“提议”，对有些问题，如不能消灭富农等，虽然指出来了，但并没有提出多少切实纠正的政策和办法。

1934 年 4 月 20 日，王明、康生在写给中共中央政治局的信中，指出在党内两条路线斗争问题上有“不可忽视的严重的弱点”，其中主要的是：

A. 对于缺点和错误的过分和夸大的批评，时常将个别的错误和弱点都解释成为路线的错误……没有一个白区主要的省委或直接在中央领导之下的群众团体的党团，不被指出过（甚至不只［止］一次的）犯了严重的或不可容许的机会主义的、官僚主义的、两面派的错误……如江苏省委几次的被中央指出过犯了机会主义、官僚主义、两面派等路线上的错误，如满洲、四川、陕西等省委都曾被中央指出过犯了一次或二次的机会主义的错误，如C.Y.中央全总党团同样的被指出过犯了路线上的错误，当然，在指出的一些党部的错误中，有许多带有非常严重性的，但是绝不能说他们都是路线上的错误，或者都是有了自己机会主义的路线……决没有领导机关的路线正确，而一切被领导的机关的路线都不正确的道理，此种过分和夸大的批评，既不合乎实际，结果自不免发生不好的影响，一方面不能真正推动工作，另一方面使地方党部的工作人员发生害怕困难，对困难投降的情绪，而且甚至于使一部分幼稚的同志发生跳不出机会主义的泥坑的烦闷心理，以致有的发生对党和革命抱悲观失望的态度。B.对于党内斗争的方法有时不策略，比如在中央苏区反对罗明路线时，有个别同志在文章上，客观上将各种的错误，都说成罗明路线的错误，甚至于把那种在政治上和个人关系上与罗明路线都不必要联在一起的错误，都解释成罗明路线者。这样在客观上不是使罗明孤立，而恰恰增加了斗争中可以避免的纠纷和困难。

在这里，王明批评了党内路线斗争的扩大化和斗争方法的不策略。但是，他不肯承认当时所开展的反对“右倾机会主义”、“罗明路线”等等的斗争，从根本上就是错误的。更不肯承认这些斗争，以至反对邓小平、毛泽覃、谢唯俊、古柏的所谓“江西的罗明路线”的斗争，从根本上说，是在他本人一再强调“反右倾”的号召下开展起来的，自己对此负有极大的责任。这说明，王明对当时的“左”倾错误还是缺乏认识的。

1934年1月15日到18日，由临时中央在瑞金召开的六届五中全会，把“左”倾冒险主义发展到顶点。全会通过的《政治决议案》送到莫斯科后，王明和康生于1934年8月3日给中央写了一封长信，对《决议案》提出了意见：

第一个问题是六次“围剿”问题，政治决议讲将冲破六次“围剿”，作为目前党的中心任务，这是完全正确的。但是六次“围剿”的政治意义是这样的估计：“粉碎六次围剿的斗争，那是阻止中国走殖民地道路的斗争，那是争取苏维埃中国完全胜利的斗争”。像这样的措词，很容易引起不正确的结论。即是使一些人感觉到六次“围剿”的斗争，就是决定中国命运的斗争……事实上中国革命是一种长期性的坚（艰）苦斗争，六次“围剿”，虽然是革命与反革命之间的残酷斗争的严重的步骤，然而它不仅不是最后决定中国命运的斗争，并且也不是决定胜负的斗争。

第二个问题是扩大百万红军的口号问题，这口号在热河战争时提出。换言之在蒋介石公开禁止抗日时提出，在政治上完全是正确的。这样使中国的民众可以认识只有苏维埃是真正准备力量，武装抗日，但是这一口号作为目前实际行动的口号，便不可避免的发生许多难于解决的困难（像武装、干部、供给等），同时还可以发生把地方武装都集中到红军来的现象，因之不能不减弱在敌人后方两翼的广大的游击战争……所以我们提议中央向苏区各级党明白解释这一口号的意义。

第三个问题是一省数省首先胜利，与占领中心城市的问题。在五中全会决议上说，冲破六次“围剿”来实现这个一省数省首先胜利的任务。对于一省数省首先胜利的了解，在很久是当作占领中心城市的问题。实际上六次大会指出的中国革命有一省数省首先胜利的可能，这个任务，一般的说是已经实现了，苏维埃革命在江西、湖南、福建、四川等地已经胜利的发展着……虽然我们还没有占领这些省的一个中心城市，但决不能因此否认苏维埃革命在这些区域的首先胜利。如果现在还把争取一省与数省首先胜利的口号，作为目前的中心任务，不可避免的一方面否认了这些省份内苏维埃革命的胜利，另一方面是把这个任务了解成占领一省与数省的中心城市。根据中国革命实际斗争的经验，证明占领中心城市口必须在下列的条件下才有可能，或者红军有了攻取敌人中心城市的新的军事技术，或者红军的进攻配合着郊区的暴动，口么在敌人内部的广大的兵士暴动……再者在敌人营垒中发生最大事变……但是像以上的那个条件目前还是没有的……当目前没有这些条件的时候，如果将占领一省数省的中心城市作为中心任务，就会发生这样的情形，(1) 使党员和群众觉到党提出的行动口号在几年斗争中不能实现；(2) 使红军与苏维埃的发展方向，就不能适应目前环境和将来的前途的需要；(3) 不能有计划的适当的分配和蓄积我们的力量。

另外，在这封长信中，王明等人还针对博古等人的打倒一切和关门主义主张，对统一战线问题，提出了自己的意见。信中说："建立反日反蒋的广大联合战线问题——我们党在原则上是反对一切帝国主义和一切地主资产阶级的派别，但是根据目前国际和中国形势，根据敌我力量对比，根据广大群众的迫切需要，根据利用敌人内部矛盾和策略原则，我们必须首先提出反日反蒋的口号。在这口号之下，团结一切有可能参加这个运动的力量，来反对目前革命最主要最凶恶的敌人，在这个口号之下，不仅团结工农小资产阶级，而且尽可能的利用和联合一切统治阶级内部反日反蒋的派别，如果这方面过去我多半是处在等待被动的地位（指利用和联合一切统治阶级内部反日反蒋派别方面），那末现在应当走到积极的和主动的地位，同一切力量组织一个反日反蒋的最大运动，能够使中国革命走到新的有利阶段。同时也就是真正的帮助红军冲破六次'围剿'的有效方法。"

王明等人这封信，虽然没有从根本上指出六届五中全会的路线是"左"的、错误的，也没有提出切实的、具体的改正"左"的错误的政策和措施，更没有先作自我批评，说明五中全会"左"的错误是在他们和共产国际的影响下发生的。但是，这封信毕竟触及到了某些重要问题，毕竟是给"左"倾错误泼了冷水，降了温，因而是应该肯定的。

值得注意的是，这封信肯定了毛泽东在第二次全国苏维埃代表大会上的报告和结论，信中说：毛泽东同志的报告和结论，除了个别地方有和五中全会同样的措词缺点外，是一个很有意义的历史文件！我们与国际的同志都一致认为，这个报告明显地反映出中国苏维埃的成绩和中国共产党的进步。同时认为，这个报告的内容也充分反映出毛泽东同志在中国苏维埃运动中的丰富经验。这个报告的中文单行本，不日即将出版（其中欠妥的词句已稍加编辑上的纠正），其他俄、德、英、法、日、高丽、蒙古、西班牙、波兰、印度等十几个国家的译本也正在译印。

9 月 16 日，王明、康生在给中共中央政治局的信中，在谈到反蒋问题时又说：

> 要请同志们注意的是，不要像过去只等人家来找我们，而要我们去成为反蒋运动的发起人和领导者，这不是说要名义上到处去抬出我

们党的招牌，而是说我们在实际上进行一切工作，在这运动中我们要利用一切可能反蒋的力量，即是军阀国民党内部一切反蒋的力量，我们都必须尽量利用。因此我们希望不要将北方已经有的以吉鸿昌为首的反法西斯蒂大同盟运动放松，这个运动在目前反蒋的运动中有很大的意义，因此我们提议中央要派很有力的同志去加强和扩大这个运动，特别是要注意已经与吉鸿昌等有联系的军队、土匪、义勇军等当中的工作。

10月1日，王明就中国共产党为迎接共产国际第七次代表大会做准备一事写出给中共中央的信的草稿，信中分别谈了关于红军和苏维埃的斗争，争取和瓦解敌人武装力量方面的工作，反帝斗争和统一战线，工会运动，农民运动，满洲问题，几个党内问题等七个方面的工作。在关于反帝斗争和统一战线问题中，信中说："应该坚决而具体地谴责在这个工作领域中的宗派主义。指出在这一斗争中利用一切可能的反帝的和诚实的'爱国'力量[①]、组织和人士的必要性。指出为建立广泛的抗日反蒋统一战线而利用敌人营垒中的一切矛盾和对抗的可能性和必要性。要使党意识到，我们的口号和争取组织和进行武装人民的神圣民族革命战争的斗争，只有在这样的情况下，才可能是现实的和有成效的，如果它们带有真正深刻的民族性和深刻的人民性，也就是说，在'武装保卫祖国'的总口号下，它们涵盖最广泛的，哪怕是暂时的、不稳定的和同路的一切可能的阶层和力量。"[②]10月4日，共产国际执行委员会东方书记处处务委员会会议基本上通过了这个草稿，责成王明、康生、米夫、萨法罗夫对该信作最后修改。[③]

11月底，王明在苏联外国工人出版社中国部全体工作人员会议上作了题为《六次战争与红军策略》的报告，11月30日在《布尔什维克》(俄文)

① 原文如此。

② 《王明就党为迎接共产国际第七次代表大会做准备一事给中共中央的信草稿》，中共中央党史研究室第一研究部译：《共产国际、联共（布）与中国革命档案资料丛书》第14册，中共党史出版社2007年版，第267—270页。

③ 中共中央党史研究室第一研究部译：《共产国际、联共（布）与中国革命档案资料丛书》第14册，中共党史出版社2007年版，第271页。

上发表了一篇与报告内容基本相同的文章，题为《中国红军反对蒋介石第六次围剿的斗争》。在报告和文章中，王明对抗日反蒋统一战线问题，又有进一步的论述。

报告说明了时局的新特点：(1) 因为空前的民族危机和广大民众的反帝高潮，所以许多军阀的军队都不能不带有情愿为武装保护祖国而对日作战的情绪；(2) 红军在最近两年来已经成为全中国内一个强有力的军事力量……因此，一切反日反蒋的军事和政治派别，不管他们是从真正爱国的和爱民族的观点出发也好，或者是根据帝国主义矛盾和军阀派别冲突的背景出发也好，自觉地或不自觉地不能不把红军看作是反日反蒋的一种巨大军事力量；(3) 根据几年来的事实经验，我们可以看出，在组织和进行武装人民反对日本帝国主义的民族革命战争事业中，不仅是可能的，而且是必然的和必需的，不仅有工农红军和一切觉悟的广大民众参加，而且有各种各样的政治的和军事的力量参加，虽然这些参加者之中有一部分是暂时的、动摇的和不坚决的力量。

王明说，根据这些新特点，我党在做国民党军队的工作及利用军阀冲突问题上，就“不能不按照新的观点和新的办法来解决”。就是：“第一，在中国现在条件之下，我们不仅能够夺取士兵群众，而且在武装保护祖国底战斗旗帜之下能够夺取很大一部分中下级军官成分；第二，在一定条件之下，甚至一部分高级将领，在自己军队和广大民众底革命情绪逼迫之下，不能不实行公开的反日反蒋武装行动……第三，我们党在敌人军队中工作的目的，已经不仅是在于使之瓦解，而且更多注意于夺取他们到武装挽救祖国的斗争方面来”①。利用军阀之间矛盾的新观点和新办法是：第一，使军阀之间的矛盾和冲突有利于红军的武装斗争；第二，首先应该注意设法打碎蒋介石这个主要敌人的军事力量集团。据此，“红军领导不仅不应拒绝任何反蒋派别向他们提出的订立作战协定，以便反对共同敌人（蒋介石）底要求，而且自己应当加倍地积极起来进行这一方面的工作；而当蒋介石与反蒋派别之间的战争真正开始了的时候，不管反蒋派别与红军方面是否订立过共同反蒋的作战协定，红军领导都应当在一定战线上实行最积极的军事行动去

---

① 《王明言论选辑》，人民出版社1982年内部版，第410页。

反对蒋介石的军队”；第三，我们“不应当对反蒋派别的军事行动采取旁观态度”，而应当使之成为反对日本帝国主义及其走狗的民族解放斗争的组成部分。

这说明，王明不仅提出了建立抗日反蒋统一战线的口号，而且主张在政治上、军事上主动地采取积极行动，促成这个统一战线的形成。

对于王明的思想变化和他在这方面做的工作，是应该肯定的。但是，也应该指出，他的转变是不彻底的，是有反复的，也没有采取更有力的措施去贯彻执行。这不是偶然的，因为他提出统一战线的口号，很重要的原因之一就是为揭露蒋介石而采取的策略行动。王明曾写过：“国民党的主要欺骗口号是：‘上海战争失败是因为红军捣乱后方’，因此，抗日剿共必须并重，但‘对外必先对内’”。“我们党怎样揭穿国民党这些骗人把戏呢？为的揭破国民党这副假面具，我们党在中央领导之下做了很多事情”。其中之一，就是党“制定了建立民族革命统一战线的策略”。“当日本进攻山海关时，中央苏维埃政府和革命军事委员会所发的告全国人民和军队的宣言，在这个宣言上，苏维埃政府和红军表示出他们要武装抗日底诚恳热望和积极准备，他们公开宣言愿在最简单条件之下……与任何军队订立共同武装抗日底战斗协定。结果，使蒋介石和国民党被逼迫得自动地公开地揭破自己的假面具”①。这说明，王明代中央起草这个宣言的指导思想，更多地是为了作宣传，并没有准备马上去真正实行。

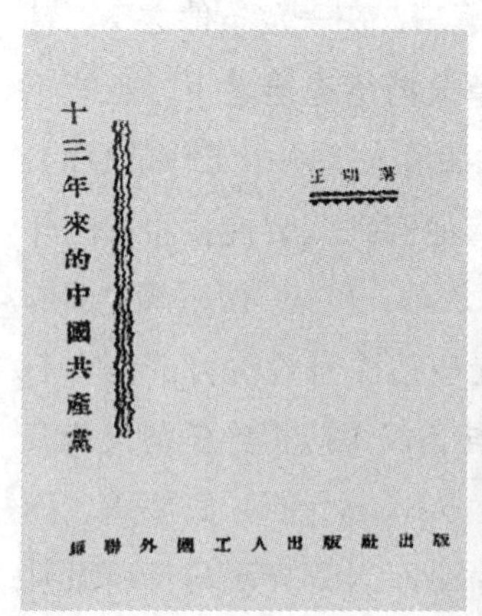

在莫斯科出版的《十三年来的中国共产党》、《新条件与新策略》封面

1934年，王明还撰写了《十三年来的中国共产党》（又名《中共布尔塞维克化的道路和列宁主义在中国的胜利》）、《新

① 《王明言论选辑》，人民出版社1982年内部版，第356—357页。

条件与新策略》等文章，后来都在莫斯科出版了小册子。

在这期间，发生了著名的福建事变。1933年11月20日李济深、陈铭枢、蒋光鼐、蔡廷锴等人以国民党第十九路军为主力，在福州成立中华共和国人民革命政府。本来，红军应该与福建事变领导人联合起来一起反蒋。可是，共产国际派往远东局的军事代表夫列得的“两个电报把事情弄坏了”。据孟庆树根据王明回忆谈话整理的回忆录说：“第一个电报，政治上他对福建事变的估计说：中国没有第三条道路，他认为或者是苏维埃道路，或者是国民党道路。他说：福建政府那边有军阀和社会民主党（指第三党），不能和他们建立统一战线。”接电后，王明起草，经皮亚特尼茨基同志同意并签字回电说：“对福建政府的这种估计不正确，他们既接受我们提的三条件，应和他们建立抗日联盟和反蒋的军事行动。但此电去后，未见回电。接着又来了第二个电报说：为的使蒋介石便于进攻十九路军，已将红军主力从赣江东岸（即江西福建一带）调去赣江西岸（江西湖南一带）。”“皮亚特尼茨基、王明和米夫接电后都大吃一惊！立即复电，叫他们把红军从赣江西岸调回赣江东岸。”但夫列得拖了些时才回电说：“红军东征已来不及了！”“而当时中共中央的领导竟同意了夫列得的意见！毛泽东、周恩来、博古、洛甫等都同意了夫列得的意见。”“结果，很快连城失守，十九路军瓦解了。”在共产国际小委员会开会时，王明说：“原来红军守住连城，连城是福建北部之枢纽地带。蒋介石要打十九路军，必须经此处，否则他们过不去。现在情况非常危险，因为红军一去，连城则守不住了。而连城一失，蒋即可南下。十九路军见我军西调就会瓦解，而其他各地方军阀虽都反蒋，但见十九路军不能成功，对我们失去信心。而我们中央苏区就有遭受蒋介石从东北两方面夹攻的危险！”事情的发展正如王明所估计的那样，连城一失守，十九路军很快瓦解，福建事变宣告失败。因此，皮亚特尼茨基曾不止一次地夸奖王明说：“王明是个有天才的人，他离苏区很远，却知连城对我们的重要。为什么在战争进行地方的中共中央不知道这一点？”曼努伊尔斯基也说：王明“不管军事，又离得这样远，他知道连城的重要，为什么他们离那么近也不懂得呢？”① 由孟庆树整理的《王明同志对于50个问题的回答（一）》也说：当时共产国际领导

① 《陈绍禹——王明传记与回忆》（未刊稿）、《曼努伊尔斯基、王明与毛泽东》（未刊稿）。

根据王明的提议给中共中央发的电报，关于福建事变的有两次：1. 纠正中央对福建事变的错误的政治估计，就是所谓“第三条道路不可能”，“不能和福建政府中的社会民主党建立上层统一战线，因而不能和福建政府建立真正的合作；2. 纠正把红军军主力从赣江东岸调去赣江西岸，使十九路军单独抵抗蒋介石进攻的军事错误。但后来才知道，这两个错误是共产国际远东局提出的，而共产国际的电报要经过远东局转发，所以他们没有发给中共中央。由于福建事变的失败，红军打破国民党军队的第五次“围剿”已不可能，共产国际不得不决定红军撤出中央苏区。如果孟庆树的回忆是真实的，红军与福建事变的领导人像王明所说的那样联合起来反蒋，事情的发展就可能是另外一种局面。

第三节　指导东北抗日斗争

“九一八”事变以后，共产国际和苏联认为日本帝国主义侵占满洲，“这不是对蒋介石和国民党的战争，这是对中国劳动群众、对中国革命的战争，这也是对我们的战争”，“对华战争就是进攻苏联的序幕”①，因而是十分重视的。1932 年 8 月 27 日到 9 月 15 日召开的共产国际执行委员会第十二次全会，针对日本帝国主义已经侵占满洲的形势，认为中国共产党应该“在群众的反帝斗争中，广泛而彻底地运用下层统一战线策略，在革命的民族解放战争的口号下把群众组织起来”，“开展游击运动，在满洲提出建立农民委员会、抵制政府的捐税和命令、没收汉奸的财产、组织人民政权的选举等”。根据这一精神，王明以中共中央的名义起草了于 1933 年 1 月 26 日发出的《给满洲各级党部及全体党员的信——论满洲的状况和我们党的任务》(简称“一二六指示信”)。

这封信共分四部分，其主要内容如下：

① 《共产国际有关中国革命的文献资料》第 4 辑，中国社会科学出版社 1982 年版，第 166、168—169 页。

1. 分析了日本占据满洲后的政治、经济形势，提出联合一切可能的力量，建立全民族的反帝统一战线的策略方针。信中指出，在满洲群众运动现在发展的阶段上，我们的总策略方针，是尽可能地造成民族的（计算到特殊的环境）反帝统一战线，来聚集和联合一切可能的，虽然是不可靠的动摇的力量，共同的与共同敌人——日本帝国主义及其走狗斗争。这样，就实际上开始突破下层统一战线的框框，使它初步具有了广泛的全民族抗日统一战线的性质。

2. 分析了东北抗日武装的不同情况，提出了对他们应分别采取的不同态度。信中指出，满洲的反日游击队主要的有如下四种：第一种是纯由旧吉林军部队所组织者，其领导属于张学良部下的各将领（马占山、李杜、丁超、苏炳文、朱霁青等），他们服从国民党的指挥，是不可靠的、动摇的，而且战斗力较低。第二种如王德林这一部队，不是大部的旧吉林军，大部分是农民小资产阶级甚至是工人的反日义勇军，国民党的影响较小，有一时期在某种程度上曾经允许我们党反帝国主义及革命煽动的自由，在政治方面内部开始分化。第三种是各种农民的游击队（大刀会、红枪会、自卫团），其中有工人小资产阶级和知识分子参加，其成分多数是农民，因为他们政治的成熟不够及军事技术的弱点，一部分（现在仍然是大多数）还在地主富农及旧吉林军官的影响和指挥之下，而不能真正走上革命的轨道，有时简直被反动领袖利用了；一部分是在革命分子的影响和领导之下，然而也还未能找着正确的彻底的革命的方法和道路。第四种是赤色游击队，这是我们党领导下的工人农民革命兵士及其他革命分子的队伍，是一切游击队伍中最先进最革命具有最大战斗力的队伍，然而它现在不但不是满洲整个反日游击运动的领导者和左右一切的力量，而且还不能成为这一运动的基本力量。针对以上情况，信中指出：

在实际执行统一战线的策略时，必须具体的注意的计算到客观的环境和主观的因素，须分别的对付各种不同的对象，如对上述的第一种游击队（朱霁青本人的队伍，这里不包括群众的反日义勇军，这些义勇军是暂时的和形式上的服从他的指挥）主要是从下面和兵士组织统一战线。并且在有共同作反日斗争必要时，订立具体的作战行动的协约。对第二种游击队，除下层统一战线外，在某种程度和范围内，或能实行上层的统一战线。对第三种游击队，根据其反对反动领袖的斗争，以及我们在他们中间的革命政治影响的程度而决定具体的实行统一战线的程度和范围，甚至可与他们订立某种反帝联盟的形式。

3. 强调要夺取统一战线的领导权，保持党的独立性。信中指出："在政治上和组织上发展和巩固我们在满洲的组织，是目前我们党最要紧最主要的任务之一"。在建立统一战线过程中，"要坚决的为夺取和巩固我们党——无产阶级唯一的彻底革命的党——在满洲反日游击运动及各种革命群众运动中领导权而斗争"，"无论在什么时候，都坚持和保存自己政治上和组织上的独立性，即无产阶级的政党自由的和不留情的批评和揭穿统一战线内团体中的一切不彻底、动摇、叛变、变节、投降的企图和事实。坚决地无情的反对右倾分子，把夺取无产阶级领导权的策略，变为投降和作资产阶级尾巴的一种企图和趋势。但同时要和'左'倾关门主义，及在政策的实际工作中想跳过现在阶段的企图和趋势宣布无情的战争，因为这可过早的破坏或完全不可能造成现在所规定的必须的统一战线"。

4. 改变了过去"北方会议"提出的要普遍地组织工人罢工、农民没收地主土地、军队实行兵变组织红军、建立苏维埃政权等"左"的做法，根据东北的特殊情况，指出党在目前的中心工作是没收日本帝国主义及一切民族叛徒的财产；保障工人、农民、小资产阶级和朝鲜、蒙古等少数民族的基本权益，改善群众生活；在伪军中组织兵变，在反日武装斗争中由最好的游击队编成人民革命军；建立选举的民众政权和反日会等，强调了斗争策略的灵活性。

总之，这封指示信第一次提出在东北建立全民族的反帝统一战线的策略方针，提出针对不同的抗日武装采取不同的态度，在群众斗争中注意斗争的灵活性，并提出在统一战线中要保持党在政治上和组织上的独立性，夺取无产阶级领导权，是有重要意义的。比过去中央推行的"左"倾政策是一个很大的进步，推动了抗日游击战争的开展和反日民族统一战线的形成。但是，这封指示信的内容也有很多错误，仍保留了许多"左"的思想。例如，在提出建立全民族的反日统一战线的同时，又提出要准备进一步的阶级分化及统一战线内部阶级斗争的基础，准备满洲苏维埃革命的前途；在肯定马占山、李杜等部队是抗日武装的同时，过分强调了他们的缺点，错误地认为他们是“依靠着地主资产阶级和富农”，“绝对仇视工农的各种带群众性质的革命运动”，同时对一切中间势力缺乏正确的分析，如认为张学良及一切军阀“是帝国主义最狡猾的奸细”，“整个国民党的各个派别，一贯的继续对各帝国主义的基本政策——投降政策”，他们“对满洲的反日运动，执行着最可耻最狡猾的策略”，冯玉祥、阎锡山等军阀官僚，实际上要建立“变相的第二个满洲国”，而国家主义派、社会民主党、托陈取消派、罗章龙派等都是反革命的团体，他们对于满洲事变采取的是投降叛卖政策；另外指示信还强调，在党内斗争上，“首先是反对右倾”，并认为“这是主要危险”，要开展“无情的斗争”，等等。这都与联合一切可能的力量，建立全民族的反帝统一战线的思想相矛盾，不能不影响反帝统一战线的建立工作。信中这些缺点与错误的存在，与王明当时的思想是连在一起的。

在“一二六指示信”发出的前后，王明还于1933年1月撰写了《东北情形与抗日统一战线策略》（又名《东三省情形和日本对中国的新进攻》）一文，发表于《共产国际》（中文）第2期和《共产国际》（俄文）第4、第5期。这篇文章的基本内容和思想与“一二六指示信”大体相同，不同的是它明确批评了“中国共产党的东三省组织，犯了许多策略上的错误，东三省组织不懂得和不善于实行反日的统一战线的策略”。文章根据“尽可能地建立一般民族的反日的统一战线”的策略方针，提出如下的“一般的政治口号”：没收日本帝国主义者及卖国贼的财产，对日本帝国主义和“满洲国”政府实行总抵制，发展广大的反日运动，建立选举的人民革命政府等等，并说为要实现这些一般的政治口号，首先就要正确地和敏捷地实行特殊的一般民族统一战线的策略，首先是反日的统一战线和策略，且要取得和保证无产阶级在这个统一战线的领导作用。①

“一二六指示信”送到中共满洲省委以后，经过讨论，中共满洲省委于5月15日作出《关于执行反帝统一战线与无产阶级领导权的决议》，并向下作了传达。自此以后，东北的党组织改变了临时中央根据王明过去“左”的

① 《陈绍禹（王明）救国言论选集》，中国出版社1938年版，第306—307页。

思想所规定的一些“左”的做法，反对“左”倾关门主义，主动地团结和争取各种抗日力量，收编和改造各种义勇军。到这年年底，中国共产党领导的游击队很快发展成东北抗日游击战争的主力。这年6月5日，中共上海中央局还以中共中央名义将这封信发给全党。

但是，中共中央在1934年2月12日给满洲省委的指示信中，却根据中共六届五中全会“左”的精神，在批评中共满洲省委存在“浓厚的关门主义的倾向”的同时，还批评他们没有正确地了解统一战线内部的阶级斗争的基本路线，而发生机会主义的曲解，把阶级利益与民族利益对立起来，例如在义勇军中时常拿上层勾结代替下层的统一战线，过分地估计了有产阶级“敌视”日本强盗的作用，过低地估计了反日群众的阶级觉悟，特别是无产阶级的政治力量，对反革命派别的作用的估计是不足的，甚至有些同志根本否认反革命派别的欺骗作用，这实际是减轻以至否认了统一战线，特别是下层统一战线的必要。指示信强调：“必须首先纠正党内这方面所作的许多错误。这首先要反对那种学究式的背诵‘四种游击队’的公式，必须坚持下层统一战线的基本策略，必须把建立和扩大革命政权与革命根据地的任务，提到实际的工作日程上来”，“把反日游击运动提到土地革命的阶段，同时必须用极大力量去进行城市工作，特别是工人运动的极大的转变”。

中共中央这封指示信虽然一再肯定了“一二六指示信”的正确，但强调的重点明显是不同的。针对中共中央的不同意见，王明、康生在9月16日写给中央政治局的信中明确指出：我们正准备给满洲党几个问题的文件，例如游击战争与政权问题、职工运动问题等，在此之前希望中央不要再给满洲省委关于游击运动等策略问题的文件，因为两方面的文件时常有不一致的意见，使满洲同志发生许多难以解决的困难，另外省委组织问题非解决不可。与此同时，中共驻共产国际代表团直接派吴平（杨松）到东北，重申党的巩固与扩大反日统一战线和积极实行游击战争的主张。吴平在东满各地以及在写给中共满洲省委的信中，反复论述了东北不同于国民党统治地区，业已沦为日本帝国主义的殖民地，以及由此而来的中日民族矛盾上升、全民反对日本侵略者的局势与特点，阐明了结成反帝统一战线的历史条件及其必然性，以及一部分资产阶级、地主及其领导的抗日武装的抗日爱国行动的意义，坚持无产阶级领导权与执行策略的灵活性，上层联合与下层统一战线的关系，批判了“左”倾关门主义的错误。1935 年 2 月，上海中央局遭到敌人的破坏，东北党组织与中共中央断绝了联系。在此以前，王明、康生超越中共中央，直接给东北党组织发指示信，这是违反组织原则的。至于要中共中央只能听他们的，更是错误的。在东北党组织与中共中央断绝联系以后，东北党的工作及抗日游击运动直接由中共驻共产国际代表团领导。6 月 3 日，王明、康生根据共产国际七大关于建立反法西斯统一战线的精神，给中共吉东特委负责同志发出一封秘密信（通常简称“六三指示信”），论述了在东北如何开展游击运动等问题，其主要内容如下：

1. 游击运动的新特点与我们的策略。认为“目前的状况，不是最后决定胜负的时期，而是准备群众的时期，准备争取最后胜利条件的时期”。因此，我们的策略现时不是将所有的反日力量，孤注一掷，而是要更大的准备群众，蓄积力量，保存和发展游击队的主力，培养大批军事干部，以作为准备将来的更大的战争和更大事变的基础。

2. 关于游击队的问题。首先是扩大游击运动与联合一切反日力量共同抗日。因此，第一，要打破各地的关门主义，吸收一切愿意参加武装抗日的分子来扩大游击队的组织；第二，要实行全民的统一战线，现在东北各种反日队伍一般的都有建立反日统一战线的必要与可能，我们不应机械地背诵过去四种游击队的方式，而现在是要普遍的与各种反日武装队伍建立下层与上层统一战线，共同抗日。信中说只有有了巩固的下层基础才可以结成上层战线，是错误的；统一战线的纲领不要太高，与各种反日武装的临时的作战协定条件不要太严格，要从实际环境和具体条件出发；各地军队的名称，不要加以“赤色”或“工农”字样，而应称作“抗日救国军”或“人民革命军”等；除了现在各地的游击队，还要创造不脱离生产的、只是一定条件下行动的游击队；政治部的工作，不要机械地运用红军的政治工作条件，要适合当地的情形与民众的觉悟程度；在军事上，要用灵活的战术反对敌人的“讨伐”。

3. 政权与根据地的问题。为要广大的组织反日游击战争与群众的反日运动，党应在各地进行广泛的群众运动，准备召集反日代表大会，成立或改造地方的反日政权机关，名称或叫“抗日救国政府”，或最初仍用“反日会”、“农民委员会”的名称，要看各地的具体情形而定，政纲要适合广大人民抗日救国的需要。

4. 群众工作与士兵工作。对于反日会的工作，要打破一切关门主义，取消种种的限制（如一家只准一人等），吸收一切愿意反日的民众到反日会里来。

5. 党的工作。首先要在党内进行广大的教育解释工作，并加强组织建设，改善干部政策。为了要使党的组织强有力的领导游击运动，必须将党的机关一部设在游击区里，改造党组织庞大的机构（尤其是上层领导机关），缩小管理区域，使之灵活的巧便的独立工作，适合于战争环境。

此信在 1935 年秋经中共吉东特委传达到东北各地的党组织和抗日部队，并由他们分别加以贯彻。但是事过一年之后，即从 1936 年秋开始，北满与吉东两地区党组织与抗联部队的主要领导人之间，由于对这封信及其补充信件的认识不一致而发生了争论。前者认为这封秘密信的总的精神是右倾的，后者认为它是共产国际和中央的正确路线，争论一直未能取得一致。

从这封秘密信的内容本身来分析，应该认为基本上是正确的，并且是对 1933 年“一二六指示信”的一个发展和深化，其基本精神与不久召开的共产国际七大及“八一宣言”是一致的，并且是从东北的特殊情况出发的。从这封信贯彻执行的实际情况来看，它对于促进东北抗日民族统一战线的发展，对于促进抗日联军的形成以及党的领导机构的相应改变，起了积极的促进作用。当然，由于对东北抗日游击运动的实际情况缺乏全面、具体的分析，信中也提出一些片面的、不切实际的主张，从而使东北党组织和抗联部队的思想上产生了一些分歧，造成了一些混乱。

以后，中共驻共产国际代表团多次研究东北的抗战问题，如 1935 年 10 月 2 日的会议，把满洲问题作为第一项议程，决定成立满洲问题委员会，由杨松、赵一民、冯空、白林、史宾、唐谷、王明、康生、孔原组成，由杨松、赵一民、冯空共同负责写一小册子，并决定以后要继续讨论满洲问题。1936 年 2 月 10 日，中共驻共产国际代表团制定了《为建立全东北抗日联军总司令部决议草案》，提出为适应反日统一战线的需要，决定统一东北抗日军队的名称，将东北人民革命军改为“东北抗日联军”。2 月 20 日，中共驻共产国际代表团又以杨靖宇、王德泰、赵尚志、李延禄、周保中、谢文东和汤原游击队、海伦游击队的名义，发表《东北抗日联军统一建制宣言》。自此以后，东北各地的抗日武装先后改编为东北抗日联军。1936 年 3 月 12 日，中共驻共产国际代表团发出撤销中共满洲省委，以四大游击区为中心另行成立南满、东满、吉东、松江四个省委的指示。

从1934年中共驻共产国际代表团发现中共中央在东北一些问题上与他们存在分歧以后，便开始对中共满洲省委不予信任，派人到东北重申巩固与扩大反日民族统一战线和“积极实行游击战争”的主张，并直接到吉东整顿各县党的组织，帮助建立吉东特委，组建东北抗日同盟军第四军与东北反日联合军第五军，同时将中共满洲省委书记马良调到海参崴赤色职工国际太平洋秘书处工作。不久，中共上海中央局派遣在江苏省委工作的杨光华到东北代理中共满洲省委书记职务。杨光华（子才）在江苏工作时，就是王明路线的重点打击对象之一。因王明对白区工作的许多同志不信任，于是在1934年春将他及中共满洲省委主要负责人等调去苏联审查，并令将满洲省委文件一律销毁。杨光华等在临行前于1935年4月5日发出令各地党组织独立自主工作的通知，并令共青团省委书记一人作为中共满洲省委代表留守。至此，中共满洲省委组织实际上便被撤销了。从此以后，中共驻共产国际代表团即通过吉东特委，或用吉东特委、中央驻东北代表等名义，向东北各地党组织转发指示，并通过吉东特委转告各地（包括北满）党组织，说“满洲省委有奸细”，令各地党组织与中共满洲省委切断联系。

杨光华到莫斯科以后，立即受到不公正的待遇。1935年10月2日，他在中共驻共产国际代表团会议上作了满洲工作报告，但王明借故不让他拿笔记本，反而说他故意丢失一个秘密的本子。接着，杨光华便被拘留审查。这次被审查除了王明在上次见面时提出的四个问题外，又加上个“本子泄密事件”。后来杨光华被下放工厂劳动，又被判处5年徒刑，流放到北冰洋一个集中营服苦役，直到1956年才被允许回国。杨光华做梦也没有想到，曾任过中共高级领导人的王明，竟会用这种手段平白无故地加害一个地方组织负责人。①

1936年2月10日，中共驻共产国际代表团正式决定撤销中共满洲省委，不久即分别成立了中共南满、东满、吉东三个省委和哈尔滨特委。中共松江省委没有成立，而成立了中共北满临时省委。这年夏天，中共满洲省委作出

① 参见冯晓蔚：《杨光华遭王明迫害始末》，《文史月刊》2006年第6期。

“旧省委正式取消”的声明。

自1927年冬成立中共满洲临时省委，翌年改为正式省委以后，中共满洲省委在它存在的八九年的时间中，虽然在工作中存在一些缺点和错误，但仍然做了大量的工作，成绩是主要的。南满、东满、吉东、北满四个省委和哈尔滨特委分别成立后，虽加强了对各个地区的领导，整个东北地区却失去了如同中共满洲省委那样的统一领导。中共驻共产国际代表团远离东北，并不十分了解东北的实际情况，靠它来统一领导，就不可避免地给东北的抗日斗争和党的工作带来许多困难，致使东北各地党组织和抗日联军遇到的许多问题和产生的许多不同认识，得不到及时的解决，引起了一些不必要的混乱与误解，并使一些同志受到无辜的伤害，给抗日事业造成许多损失。这些问题，主要是由王明、康生等人的主观主义、宗派主义和“左”倾思想造成的。

总之，王明在对东北抗日斗争的指导中，一方面对于打破“左”倾关门主义，建立和发展广泛的反日民族统一战线，开展游击运动和建立东北抗日联军等方面提出许多正确的意见，是有成绩的；另一方面也存在许多缺点和错误，产生了一些不好的后果。

第四节　思想上的反复

如果说从1933年年初以来，王明思想有了某些变化的话，那么，他在共产国际执委会第十三次全会上的演讲，就是他思想变化的一次大反复，标志着他“左”倾思想的重新抬头。在共产国际执委会第十二次全会以后，世界法西斯势力迅猛发展。1933年1月德国希特勒上台,2月炮制国会纵火案，使德共在举行革命前就遭到镇压。这表明共产国际执委会第十二次全会先于法西斯执政就举行革命的要求在德国是行不通了。为了重新认识形势，确定任务，共产国际于1933年11月28日到12月12日举行共产国际执委会第十三次全会。

全会的第一天，由皮克主持，库西宁作了《关于法西斯主义、战争危险和各国共产党任务》的报告。当晚，全会继续进行，改由王明主持，库西宁继续作报告。全会最后通过了《关于法西斯主义、战争危险和各国共产党任务》的决议。决议虽然提出建立反法西斯统一战线，但是要求各国共产党反对社会民主党，坚持下层统一战线，要求各国共产党用革命的方法，即建立苏维埃政府的方法，摆脱政治危机。所以，这次全会实际上没有解决建立反法西斯统一战线问题。全会“左”的基调与王明以“左”的指导思想作的演讲，极为吻合。

王明的演讲是在 11 月 30 日晚上和次日上午作的。他这个长篇演讲的题目是《革命，战争和武装干涉与中国共产党的任务》，又名《中国现状与中共任务》。他的演讲有许多问题值得注意。

1. 过高估计当时的革命形势。当时在国民党统治区，由于“左”的错误，使党和革命力量受到很大损失，连党中央也在上海站不住脚了，可王明却不顾这些基本事实，反说国民党在最近一年来“更加表现崩溃塌台”，“国民党和帝国主义反苏维埃的六次‘围剿’①，在基本上已经溃散了”！除赣北战线外，“在其他一切战线上，在福建、广东、四川战线上，英勇的工农红军，已经取得了反六次‘围剿’的决定意义的和完全的胜利”。由于红军的胜利，迫使蒋介石“在许多地方不能不从进攻的策略变成保守的策略”，“逼得有些敌人也不能不换副面孔来和红军说话”，“失败的空气现在充满着蒋家军的后方”。这种对形势的错误估计和推测，就是王明制定“左”倾政策和策略的基础。

2. 夸大红军的胜利和成绩。王明说：“红军在冲破五次‘围剿’（指第四次反‘围剿’——作者注）战争中，打破了国民党 40 师的军队，其中有 18 师差不多完全被打溃了。红军俘虏敌人 8 万人……夺获敌人 14 万支步枪，130 架轻重机枪，20 架军用无线电机，几百架炮，6 架飞机。此外，差不多有 3 万国民党军队的兵士投降到红军方面来。”实际上消灭敌人和缴获武器的数目，远没有像王明虚夸的那么多。在叙述苏区和非苏区工作时，报告也多有夸大之词。王明夸大胜利和成绩的根本目的，在于证明六

① 这里所说的“六次围剿”，就是我们通常说的国民党军队对中央革命根据地的第五次“围剿”。因为王明把 1932 年 7 月中央红军反击广东军阀陈济棠、余汉谋的南雄、水口战役称为第四次反“围剿”，故把通常说的四次反“围剿”说成是五次，把通常说的五次说成六次。

届四中全会的政治路线和四中全会后的中央是正确的。他不顾广大党员群众反对、抵制“左”倾错误的事实，硬说：“现在，根据四中全会后新政治局领导的实际例证，每个共产党员、每个工人和每个劳动者一天一天地更加相信了：中共四中全会所提出的‘对共产国际路线百分之百的忠实’这个口号，是使党更加布尔塞维克化和苏维埃革命更加胜利的唯一道路和保证。”

3. 关于反对日本帝国主义问题。王明在1933年年初思想有所变化，其中重要表现之一，就是反对日本帝国主义问题，尤其对东北抗日问题，提出了一些新的意见。但是，王明在这次演讲中又有明显的反复，在许多问题上有明显的“左”倾错误。例如：(1) 从帝国主义进行瓜分中国的强盗战争这个概念出发，要反对一切帝国主义，而不是突出抗日。(2) 进一步强调“推翻国民党是顺利进行民族革命战争底条件”。这个口号有两个问题认识不清：第一，没有把国民党反动派和其他派别加以区别，而把国民党的所有派别统统列入被推翻的范围。第二，到底是先推翻国民党，还是先抗日。在当时民族矛盾迅速上升的情况下，应该尽可能地与国民党各派结成抗日反蒋同盟，而不应该把推翻国民党各派作为抗日的先决条件。

4. 关于统一战线问题。王明从1933年年初思想有所变化的又一表现是，在统一战线问题上有了新的认识。但他这次讲演不但没有前进，反而继续坚持原来一些错误的东西，甚至出现后退。例如，(1) 仍然把统一战线政策说成是揭露国民党反动宣传的“策略”。(2) 缩小了统一战线的范围，继续宣传“下层统一战线”的口号。主张“推翻帝国主义及其走狗——国民党和一切军阀官僚底统治”。在这种思想基础上，他说联合红军抗日反蒋的十九路军上级将领领导福建事变，是“玩弄手腕和左倾词句”。

5. 关于白区工作。王明不顾白区工作遭受的严重损失，乱吹取得了很大成绩。他甚至把蒋介石屠杀反日游行的工人、学生，也说成是我们的胜利，是我们“策略战斗性和灵活性”逼得蒋介石自我揭穿了“准备对日宣战”的假面具。他鼓励“继续组织、准备和实行工人群众的罢工斗争”；要“党和赤色工会独立地组织和领导工人罢工”，要求经济斗争一定要和政治斗争联系起来，否则，就是“不正确的右的倾向”；要求建立和巩固一切工人“反对资本家和反对帝国主义”的统一战线，如果不建立这种统一战线就是右的倾向。他在要求团结“一切工人”的同时，自相矛盾地要求在黄色工会中“建立赤色反派组织”，这实际是只团结一部分工人。这一套“左”的策略，不但不能争取群众，反而使革命力量更加削弱。1934 年年初，工会会员从 306 万人降到 88.8 万人，白区仅剩下有限的力量。

6. 关于“反右倾”斗争。王明发表演讲时，“左”倾错误给革命事业带来的危害已经非常严重了，但他不是强调反“左”，而要坚决反右。

总之，王明在这次演讲中重新宣扬了不少“左”倾观点。

刚来莫斯科 4 个月的康生，也参加了这次会议。当王明的演讲一结束，康生就像运动场上的拉拉队长一样，立刻带头鼓掌，各兄弟党的代表也跟着鼓掌。

在这次全会上，王明被选为共产国际执委会主席团委员和执委会政治书记处书记。

1934 年 1 月中旬，中共六届五中全会在江西瑞金召开。王明虽然没有参加，仍被选为中共中央政治局委员和书记处书记。据孟庆树说：“在六届五中全会前，博古曾给国际电：提议在新选书记处成员中，不选王明、张国焘（此二人原为中央政治局常委）和毛泽东三人。理由是：王、张不在中央苏区，毛做政府工作。同时提出：选陈云、张闻天做书记。国际复电不同意这些意见。博古又来电说：‘可以不选陈云、张闻天为正式书记，但请批准他们作候补书记，不然书记处无人工作。’至于整个书记处、总书记和政治局名单问题，博古事前未和国际领导商量。但他在五中全会上提出一个书记处名单，即正式书记为：博古、王明、周恩来、毛泽东、张国焘。候补书记为：陈云、张闻天，他说他的这个名单是和共产国际商量决定的。然后，由罗迈同志提议选举博古做总书记。”① 但这种说法似不可信。其一，博古是坚决拥护和执行共产国际指示的，对新的书记处、总书记和政治局名单，不可能不和共产国际商量，不向共产国际请示。其二，六届五中全会选举的书记处成员中并没有毛泽东，他只是被选为中央政治局委员，并不是书记处书记，书记处书记是秦邦宪（博古）、周恩来、张闻天、陈云、陈绍禹（王

① 《关于临时中央政治局和博古当总书记问题》（未刊稿）。

明）、张国焘、项英。其三，既说博古曾给国际电，提议在新选书记处成员中，不选王明、张国焘（此二人原为中央政治局常委）和毛泽东三人，又说整个书记处、总书记和政治局名单问题，博古事前未和国际领导商量，也前后矛盾。

同月，第二次全国苏维埃代表大会在瑞金召开。随后在2月3日举行的中华苏维埃共和国第二届中央执行委员会第一次会议上，选举毛泽东为中央执行委员会主席，张闻天为人民委员会主席，王明被选为中央执行委员会委员。王明得知后特地通知中共中央说：共产国际很不满意，并批评博古："关于选举名单，我们还没收到。此地同志都感觉到关于苏维埃政府的选举和改组这类重大问题，事先没有通知，作意见交换，事后许久不能得到确切消息，不能不是工作当中一个大的缺陷。"①

1934年6至7月间，共产国际复电中共中央，同意中央红军撤离中央苏区。据孟庆树整理的《王明同志对于50个问题的回答（一）》说，这个电报是王明参加起草的。其中说：为的避免红军遭受蒋介石军队从东北两线来的包围，为的保存红军有生力量，1934年夏，根据苏军参谋部第四侦查局局长的提议，曾由王明和康生等一起共同起草了一个关于中央苏区红军应准备突围，放弃中央苏区，转移到四川区建立新的根据地的电报。正是根据这个电报，中央红军于这年10月撤离中央苏区，开始艰苦的万里长征。

1935年1月15日至17日，中共中央在贵州省遵义召开政治局扩大会议，结束了王明、博古"左"倾冒险主义在中央的统治。1945年4月20日中共六届七中全会通过的《关于若干历史问题的决议》指出：

> "第三次'左'倾路线在革命根据地的最大恶果，就是中央所在地区第五次反'围剿'战争的失败和红军主力的退出中央所在地区。'左'倾路线在退出江西和长征的军事行动中又犯了逃跑主义的错误，使红军继续受到损失。党在其他绝大多数革命根据地（闽浙赣区、鄂豫皖区、湘鄂赣区、湘赣区、湘鄂西区、川陕区）和广大白区的工作，也同样由

① 熊廷华：《王明曾经称颂毛泽东》，《党史天地》2004年第2期。

于‘左’倾路线的统治而陷于失败。”

“犯教条主义错误的同志们披着‘马列主义理论’的外衣，仗着六届四中全会所造成的政治声势和组织声势，使第三次‘左’倾路线在党内统治四年之久，使它在思想上、政治上、军事上、组织上表现得最为充分和完整，在全党影响最深，因而其危害也最大。但是犯这个路线错误的同志，在很长时期内，却在所谓‘中共更加布尔什维克化’、‘百分之百的布尔什维克’等武断词句下，竭力吹嘘同事实相反的六届四中全会以来中央领导路线之‘正确性’及其所谓‘不朽的成绩’，完全歪曲了党的历史。”

这次会议“胜利地结束了‘左’（倾）路线在党中央的统治，在最危急的关头挽救了党”①。

过去，很多论著都说王明到共产国际以后，仍然在对中共中央进行遥控，成为中共中央的“太上皇”。事实是不是这样呢？对此，有的著作曾分析说：“从现在已披露的历史资料看，王明和代表团一般不对国内的具体活动进行直接干预，但是在某些时候，王明也曾就重大政策问题向江西表达自己的意见。在 1931 至 1935 年，王明与国内的中共中央既有一致的方面，也有分歧的方面。”②

第五节　顺我者昌，逆我者亡

王明到莫斯科以后，继续实行他的“顺我者昌，逆我者亡”、“残酷斗争，无情打击”的宗派主义干部政策。最典型的有以下一些事例：

① 此处据 1945 年中共六届七中全会通过的原稿。

② 高华：《红太阳是怎样升起的——延安整风运动的来龙去脉》，香港中文大学出版社 2002 年版，第 97 页。

（一）继续打击迫害周达文等人

王明这次到莫斯科时，中山大学早已撤销。中国到苏联学习的人散在有关的其他学校中，其中最集中的是列宁学院（也称“列宁学校”）的中国部。

列宁学院的负责人是老布尔什维克凯撒诺娃。她早在中山大学时，就看不惯王明的整人作风，同情被王明打击的周达文、俞秀松、董亦湘。她了解这三个人，并重用他们，让周达文任中国部主任，俞秀松、董亦湘任教员。这三人不但在以前抵制和反对过王明的错误，而且在四中全会以后，旗帜鲜明地反对“左”倾错误，反对王明掌权。王明到莫斯科后，周达文还说：共产党人要正派，不能跟王明这样的人走，他要自立为王。王明得知这些情况后，暴跳如雷，决心要新仇旧恨一齐报，并借以控制列宁学院的中国部。

王明到莫斯科后，在列宁学院作了一次民族革命战争的报告。在讨论时，他与周达文发生了争论。王明完全站在宗派主义的立场上，压制不同意见，要学校领导人检查过去中国部民族组的工作，并要在莫斯科的中国同志都来参加讨论，想借检查工作撤销中国部周达文等人的职务。为了打垮周达文，王明大造周达文等人的舆论，发动了对他们的斗争。例如，有两位同志从苏区到苏联学习，他便找去谈话，说：“你们学校有一个大的斗争，还未结束，这就是反托派的斗争。托派的人有周达文、俞秀松……他们都反对中央，反对四中全会，反对民族革命战争的口号，怀疑中国有苏维埃和红军，也怀疑你们是否是红军里的人。学校的领导人那个老太婆……是包庇托派，同托派勾结在一块的……如果不把他们赶出去，你们就没有办法读书，因此你们的任务是在于回去团结中央苏区来的同志，团结在中央和国际的周围，拥护中央，拥护代表团，反对这些托派分子。”王明还告诉这两位同志，在学校里谁是“左派”，就要听谁的领导。过了几天，王明又找这两位同志谈话说：当前“主要的要斗周达文”。据这位两次被王明召去谈话的人后来回忆说：我们按照王明意见做了，斗争的结果是把周达文、俞秀松、董亦湘等赶出了列宁学院。据其他材料记载，周达文被分配到远东地区的伯力去了。这样，王明就控制了中国部。

王明这种打击报复的行为，引起了在苏联学习的同志的愤怒，带头起来反对的还是因抵制四中全会而被派到苏联学习的政治局委员陈郁。林铁、杨秀峰和何一鸣等人也认为，王明的行为“太恶劣了”，要起来营救无辜。他们向王明提出批评：党员给领导提点意见，便下毒手，这是恶霸作风。王明听到这种刺耳的批评，说：谁替周达文说话，谁就同周达文一路货，就是反党。反党，是绝不会有好下场的。果然，林铁、杨秀峰于1932年6月被送往乌拉尔附近的伽里第一矿当矿工，何一鸣也于这年8月被送到该厂劳动。①

（二）继续打击迫害陈郁

王明把周达文等人赶走以后，曾点名批评陈郁，并想通过改选，撤掉陈郁的中国学生党支部书记的职务。但是，"陈郁同志为人正派，工作积极"，大家就"热情地推举他继续担任支部领导"。结果，"陈郁同志仍然以最多的票数当选为支部书记"②。

王明见不能撤掉陈郁的党支部书记，就煽动一些人反对、孤立和打击陈郁。他们散布谣言，污蔑陈郁是"右派首领"，"到莫斯科组织右派和党对抗"，"勾结周达文派反对中央代表团"。陈郁在传达国际执委十二次全会精神时，根据大会决议"争取工人阶级大多数"的精神，提出了这样的意见：中国今天处在民族战争环境中，我们的任务不仅要争取工人阶级，而且要争取工农小资产阶级大多数，这是符合中国革命迫切需要的。这个意见立即引起王明及其宗派的人的反对，他们马上全体动员开大会，斗争陈郁。说他公开反抗国际决议，是一贯的右倾机会主义。结果撤掉了他的支部书记职务，并强迫他承认错误。

陈郁像

1934年1月，王明以中共驻共产国际代表团名义，指定陈郁参加"清党"。在"清党"会上，王明严厉地指责陈郁对自己的错误认识不够，瞒骗党，在莫斯科学习犯了许多原则错误，并与周达文等人反对领导，在实际和理论原则上非常严重，严重到要开除党籍。但由于"清党"委员会不同意，只给了陈郁严重警告处分。"清党"结束后，王明、康生便以中共代表团的名义，决定

① 何一鸣：《留学苏联片断》，《革命史资料》编辑部编：《革命史资料》第18辑，中国文史出版社1987年版，第185—186页。

② 何一民：《在莫斯科——和陈郁同志的一段经历》，《革命史资料》第11辑，文史资料出版社出版，第90页。

把陈郁送到斯大林格勒拖拉机厂劳动改造，并且不给陈郁介绍党的关系。陈郁给代表团写了8次信，直到王明、康生回国，还没有转。他们回国也不把此事向继任代表团负责人交代，直到任弼时任代表团团长，在清理一团乱麻似的档案时才发现了陈郁的8次申述，立即要陈郁到莫斯科谈话，然后报共产国际干部部要求复查陈郁问题。在任弼时的督促下，共产国际干部部才着手解决这个问题。同年11月，周恩来、邓颖超到达苏联，听了任弼时的汇报，立即通知陈郁到莫斯科，并会同共产国际监察委员会撤销了对陈郁的处分，决定陈郁回国工作。1940年2月，陈郁随周恩来回国。

（三）继续打击和迫害李立三

王明打击李立三，既有私人报复的历史原因，也有当时政治需要的现实原因，即把打击李立三当作推行自己的错误主张和吓唬有不同意见的同志的手段。据李立三夫人李莎回忆说："在莫斯科，王明继续打着'反对李三路线'的旗号，俨然以'正确路线代表'自居，在中国留学生中开展'批判立三路线'运动。立三在列宁学校学习期间曾多次申请回国工作，均被他一口回绝，并责令立三在大会、小会上反复检查。"①

唐纯良在《李立三传》中也说：李立三是1930年年底达到莫斯科的，向共产国际作了检查。王明到了莫斯科以后，"李立三虽然被吸收作了代表团成员，并兼任中华全国总工会驻赤色职工国际的代表。但是，打击李立三是王明执行自己的错误路线和吓唬不同意见同志的手段。自从王明到达莫斯科就在东方大学、中共代表团和共产国际东方部等处，没完没了地召开批判李立三和'立三路线'的会议。即使别的内容的会议也往往在开会前加上一段批判李立三的内容作为前导。通常的作［做］法是先由主持会议的人（多数是王明亲自主持）讲一通开会的意义，然后就联系到'立三路线'的错误和王明路线的正确。于是李立三就被叫起来，站在那里作一通自我检查和批判。如果这次会是专门批判李立三的会，就要由很多人接着发言批判，说李立三检查不深刻，态度不老实，必须有深刻反省，彻底改变反马克思列宁主义、反共产国际的立场，必须真诚拥护以王明为代表的共产国际路线等等；

---

① 李莎：《我的中国缘分——李立三夫人李莎回忆录》，外语教学与研究出版社2009年版，第45—46页。

如果不是专门批判李立三的会议，那就要直接联系到会议的目的，要会议参加者按照反‘老实联系’的战斗精神，把当前的斗争搞好。当时在莫斯科的同志回忆说：这样的会，重重复复，没完没了，一直搞了三、四年。李立三曾经回忆说：‘我在王明直接领导下工作了七年，好象［像］是过了七年小媳妇的生活，终日提心吊胆，谨小慎微，以免触怒，但还是不免经常受到斥责。’”①

1936年夏天，王明还以丢失文件包为由严厉批评李立三。唐纯良在《李立三传》中说：“一九三六年夏天，李立三在上班的路上丢了一个皮包，里边本来没有机密文件，而且第二天就由车站工作人员送还了李立三，但王明硬说李立三泄露了共产国际的重大机密，给予严厉批评。当时的苏联正处在阶级斗争扩大化的错误时期，这件事引起了苏联内务部的注意，从此开始正式指定内务部人员监视李立三的行动。这也是后来逮捕李立三的借口之一。”②李立三夫人李莎也回忆说：

> 不久，王明、康生便主持召开了一次中共代表团会议，专门讨论立三丢失皮包一事。立三在会上不厌其烦地将事情的来龙去脉仔细陈述了一遍，并作了深刻的自我批评。但王明、康生一再牵强附会，硬说立三欺骗党组织和苏维埃机关，还节外生枝地提出一些新的问题向立三发难，说什么立三不该去找于辛超，擅自将秘密任务交给“不可靠的人”等等。王明甚至借机向立三栽赃，说立三负责中央工作期间，江苏省委有九个月未向中央提供财政报告。这期间的党务经费肯定是被立三贪污掉了。王明还故弄玄虚地说道：“我掌握的事实还很多，这里暂且不提啦。”由此得出结论说，立三完全是个“官僚主义政客”。立三平时的只言片语在会上也成了罪状。王明打着官腔说道：“李立三还经常抱怨，不给他出路，这种论调十分危险。谁不给他出路？出路是有的，而且很

① 唐纯良：《李立三传》，黑龙江人民出版社1984年版，第114—115页。其中李立三的回忆见李立三在1956年9月23日在中共八大上的发言。

② 唐纯良：《李立三传》，黑龙江人民出版社1984年版，第118—119页。李思慎、刘之昆在《李立三之谜：一个忠诚革命者的曲折人生》中说是1937年夏天，见人民出版社2005年版，第245页。

宽广，但是李立三必须彻底交代自己的错误，这才是根本出路。”

这次会议记录存入共产国际档案，六十多年后我才看到，心里愤愤不平：这叫什么“民主生活会”，明明是小型批斗会嘛！立三自从受到共产国际连续不断的批判，在言行上变得比较谨慎，特别是有了王明这个“顶头上司”之后，他更是像“小媳妇”一样，整天担心有“小鞋”穿。但是，尽管他出言慎重，他的只言片语还是传到了王明的耳朵里，成为打击他的把柄。

会上，王、康借机向与会者施加压力，要求解除李立三中共代表团成员、《救国时报》负责人等职，当即引起其他同志的反对，未予通过。最后仅作出决议对立三提出一般性批评，也未将此问题提交共产国际审理。王、康的阴谋未能得逞，但陷害立三之心不死。就在这次会后不久，他们又将立三的材料罗织成罪名，秘密送到共产国际干部局，并要求报告给共产国际监察委员会……1937年秋天起，苏联内务部开始了对立三的跟踪，进行秘密监视。①

1937年夏天，王明还抓住印刷厂工人排错字的机会，与康生再次严厉批判李立三。李思慎、刘之昆在《李立三之谜：一个忠诚革命者的曲折人生》中说：“不久，又发生了一件工作责任事故：外国文工人出版社中文部在出版共产国际七大文献时，印刷厂排字工人在‘七次大会’一词中，错将‘大’字排为‘犬’字。两字词意不同，写法上只差一点。校对员发现后向李立三作了汇报。李立三经过认真调查，确认是一个偶然错误。原因是当时有一个学徒工把铅字分格放进字盘时，错把‘犬’字放入‘大’字格里，排字工人没有发现，偶然弄错。所以只限于在生产会议上向这个工人提出批评而已。王明、康生得知后，更是抓住这个问题，不依不饶，借题发挥，小题大做，提到阶级斗争的高度，说是故意所为，定性为一起反革命事件，要追究李立三的政治责任。”②

① 李莎：《我的中国缘分——李立三夫人李莎回忆录》，外语教学与研究出版社2009年版，第67—68页。

② 李思慎、刘之昆：《李立三之谜：一个忠诚革命者的曲折人生》，人民出版社2005年版，第245—246页。

直到1937年回国时，王明仍不放过李立三。1937年11月，本来谈定李立三和王明、康生等同机回国参加抗日战争，但启程前夜，王明没有说明任何理由，就宣布李立三留下。两个月以后，即1938年2月23日，李立三就被苏联内务部逮捕，无辜坐了1年零9个月的牢，受尽了折磨。

李立三像

（四）借苏联“大清洗”之机迫害干部

1934年12月1日，联共（布）中央政治局委员、中央书记、列宁格勒州委书记谢·米·基洛夫在列宁格勒被人杀害后，1935年1月18日，联共（布）中央向各级党组织发出一封秘密信，要求各级党组织开展“坦白和承认错误运动”。许多人被迫承认自己“警惕性不高”，“和敌对分子有联系”，因而被开除党籍或被捕。趁此机会，王明、康生也在代表团内成立肃反办公室，并在他们所住的招待所内召开布置开展运动的会议，康生、王明先后讲话。他们说：苏联共产党内部有问题，我们内部也不干净，我们要把党内的奸细、叛徒、汉奸、坏人彻底清理出来。并说，每个人都可揭发、怀疑周围的人，当面揭发、背后揭发都可以。他们的讲话，杀气腾腾，会场气氛十分紧张。但是，运动开展得并不顺利，一个月后还没有抓住大鱼。于是康生赤膊上阵，亲自审讯肖寿煌。肖是广东人，1932年曾在中共中央某机关工作过，知道康生的底细，了解他害了不少人。康生就先从他下手，进行逼供。肖最后死在康生手里。

武胡景也是在王明、康生手下冤死的。他又名林大生、吴福敬，是山东人，曾任中共山东省委负责人，1929年调中央组织部工作，和康生是同乡、同事。1931年在东北工作，1932年又调回中央机关工作，后调莫斯科学习。先期到达莫斯科的康生对武很热情，并让他住院治病。康生到医院看他，并征求意见。老实巴交的武胡景说：王明对人一打二拉，独断专行，他在国内就让人们怨声载道，在莫斯科也不得人心。有人说你是他的帮手，希望你不要跟着他转。康生听后口称感激，心生杀机。在这次运动中，康生指使人不

武胡景像

分昼夜地围攻武胡景，一口咬定他是叛徒、特务“双料货”。武没有屈服，结果被送交苏联保安机关，关进监狱，处了死刑。

像武胡景这样被王明、康生无辜被害的还大有人在。如东北抗日联军某师王政委，奉命到苏联学习。在穿过戒备森严的日军封锁线向莫斯科去的路上，遇见一位朝鲜族女人，带着全家老小逃难，面黄肌瘦，衣衫破烂。她是黑龙江富锦人，日本特务怀疑她是反满抗日分子，到处抓她，她无法立脚，就逃到苏联。王政委得知原委后，甚是同情，就带她们一起到了莫斯科。康生听说这个女人是从敌占区来的，就妄加断定是日本特务机关派来的特务，结果使该女人被苏联当局逮捕、判刑，王政委也因此被判刑 8 个月，刑满后又到北极地区劳改了 8 年。

作为白区党组织的代表出席共产国际七大的孔原，由于对王明大搞个人崇拜表示不满，王明等人就对他罗织罪名，成立专门小组进行审查，甚至不让他工作，开除他在列宁学院的学籍，并严重警告，不准回国。孔原说：1936 年至 1937 年我在党内生活历史第一次受到最严重的打击，当时处境十分艰难。后来王稼祥到中共驻共产国际后，他的问题才得到公正的解决。[①] 杨尚昆在回忆中也谈到这种情况。[②]

在列宁学院学习的曾涌泉，由于在党的会议上批评了学校负责人的严重错误，也遭到忌恨。肃反运动时，不让他工作，甚至要开除他的党籍。曾涌泉不服，找王明、康生申述。他们借口不了解情况，不管他的事。曾涌泉无奈，只得向共产国际监察委员会提出控告，但由于王明的阻挠，一直未予处理。王稼祥到苏联后，查清了情况，并据理力争，才由监委主席宣布撤销对曾涌泉的处分。

---

① 徐则浩：《王稼祥传》，当代中国出版社 2006 年版，第 184 页。

② 《杨尚昆回忆录》，中央文献出版社 2001 年版，第 219 页。

在这一时期，王明、康生迫害的干部还有很多。其中有老干部，也有新干部；有知识分子，也有工人出身的干部；有从苏区去的，也有从白区去的。只要谁批评、抵制或反对他们的错误政策，或了解他们的历史，谁就会受到整肃。王明、康生紧跟斯大林，苏联搞什么运动，他们就如法炮制，在中国旅苏干部党员中也搞什么运动，并且动辄开除、劳改、流放、坐牢，甚至处死，冤枉了许多好同志。

在打击、迫害其他同志的同时，王明和康生却大搞对自己的个人崇拜。

早在1933年，王明就批评列宁学院、东方大学中国学生支部的负责人对他不尊重。据李国华1943年9月20日写的《关于王明同志的一些材料》说：有一次请各国的代表来参加一个纪念会，王明上台讲话的时候，中国的同志喊口号喊的不多，送花的时候是先送各国代表，后送王明同志。结果王明同志大发脾气，第二天专门将列宁学院的吴克坚、黄波、周立及东方大学的克利莫夫等同志（他当时为东大的中国部主任）叫到共产国际去，大骂一顿，说什么你们不尊重你的父母，叫人家来尊重你的父母；你们不尊重自己的党和领袖，要别人尊重你们的党和领袖啊！学了这么久，尊重领袖就是尊重党都不知道，真是岂有此理！

仲侃在《康生评传》中说：1935年上半年，康生就以共产国际招待所——“留克斯”为基地，串联国际列宁学院和东方劳大的一些中国学生，联名写信给共产国际，要求批准王明出任中共中央总书记。事后，康生承认确有此事，但是多方辩解，说自己没有参与此事。在中共驻共产国际代表团庆祝共产国际第七次代表大会胜利闭幕的宴会上，康生又突然出面向与会者提议“拥护王明同志担任中共中央总书记”，并带头举杯，“为王明提出的抗日统一战线而干杯！”与此同时，康生还指示莫斯科东方劳大中国部举办了一个“中国共产党历史展览”，突出宣传王明路线的“正确”，吹捧王明“是中国共产党的领袖”。①

师哲回忆说：“康生与王明一唱一和，在驻共产国际的同志中间发起签

① 仲侃：《康生评传》，红旗出版社1982年版，第52页。引号中的话分别见吴坚于1979年的揭发、侯志于1979年2月25日至3月5日的《谈话记录》。书中说这个庆祝会是11月15日召开的，恐有误，因为不可能在共产国际七大闭幕后那么久才召开庆祝会。

名，要求让王明当中共领袖，高呼‘王明万岁!’”① 他还说：“我们在共产国际工作时，为了培养自己的干部，将十五岁以上的孩子都送到专设的中学学习。但对他们的教育却很成问题。这些青年虽然都是中国人，可是对中国的历史和革命斗争情况一无所知，只知道一个王明。学校甚至让他们只喊‘王明万岁’。”②

唐纯良在《李立三传》中还说：“在会议期间，王明曾经策划篡党的阴谋，他嗾使几个人发起倡议，以出席共产国际‘七大’的中国代表充当代表，召开‘中国共产党的临时代表大会’，并企图让这次非法的‘临大’选举王明作中共中央总书记。有两个人拿着倡议书，请李立三签名，也作为发起人之一。李立三认为尽管中共中央失去了同共产国际的联系，但是中共中央及全党是在国内；在莫斯科这些党员不能代表中国共产党，这里显然是有阴谋的。因此他严词拒绝了这个倡议，并立即采取行动进行抵制。他向代表团的其他领导汇报并指出了这种活动的非法性，表明了自己的反对态度，因而引起了其他人的坚决反对，迫使王明假称自己不知道此事，并在一次代表团会议上假意批评了发起签名的人，把事情掩饰过去。这个阴谋就这样破产了。从此王明对李立三更加仇恨了。”③

1936 年 7 月 1 日，莫斯科为中共诞生十五周年举行庆祝宴会。康生又在会上连连举杯，虔诚地“祝王明同志身体健康”，并领头高呼“王明同志万岁!”④

中共中央文献研究室编的《任弼时传》说：任弼时 1938 年到共产国际后，“发现王明和康生政治上极其不正派，一是许多场合竟悬挂着王明的像。据国际列宁学院中的中国学员反映，康生到处鼓吹王明是中国共产党的领袖，甚至串联一些人上书共产国际执委会，要求批准王明为中国共产党的总书记。蔡畅也听到反映说，这里经常有人喊王明万岁的口号。而王明竟然心安

① 师哲：《在历史巨人身边——师哲回忆录》，中央文献出版社 1991 年版，第 121 页。

② 师哲：《在历史巨人身边——师哲回忆录》，中央文献出版社 1991 年版，第 100 页。

③ 唐纯良：《李立三传》，黑龙江人民出版社 1984 年版，第 118 页。

④ 仲侃：《康生评传》，红旗出版社 1982 年版，第 53 页；李思慎、刘之昆：《李立三之谜：一个忠诚革命者的曲折人生》，人民出版社 2005 年版，第 245 页。

理得。”①

阎明复在《康生其人其事》一文中说：“1933年7月至1937年11月，康生在莫斯科作为王明的助手，竭力推行王明路线，把王明写的《为中共更加布尔什维克化而斗争》的小册子说成是体现了党的路线，在莫斯科的中国人中搞了一次要王明当总书记的签名运动，串联一些人向共产国际写请愿书，要求批准王明为中共中央总书记。”②

杨尚昆在回忆录中也说：孔原从莫斯科回延安后，曾“找毛主席，说康生一直是宣传王明的，他不但没有反对过王明写的《为中共更加布尔什维克化而斗争》，而且在列宁学院讲中国革命史课时就以王明这本小册子作教科书；有一次，在中国代表团举行的招待会上，他还带头在祝酒时喊：‘王明同志万岁！’孔原跟毛主席谈话后，中央决定恢复他的党籍。这件事是孔原自己告诉我的。像这样去说的不只孔原一个人，从莫斯科回来的还有好几个人也去跟毛主席讲。”③

从以上材料可以看出，王明、康生在莫斯科期间打击、迫害别人的同时，大搞对自己的个人崇拜，确实是存在的。

---

① 《任弼时传》，中央文献出版社、人民出版社1994年版，第437页。

② “中华热血”网（http://hi.baidu.com/pp369456/blog/item/efe5fc180ba893b14bedbcb0.html）2008年5月7日。

③ 《杨尚昆回忆录》，中央文献出版社2001年版，第219页。

第七章　驻共产国际代表（下）

第一节　起草“八一宣言”

1935 年 8 月 1 日，中共驻共产国际代表团根据共产国际七大的精神，以中国苏维埃中央政府、中国共产党中央委员会的名义，发表《为抗日救国告全体同胞书》，即著名的“八一宣言”。概括起来，这篇宣言的主要内容有以下几点：

1. 客观地分析了“九一八”事变特别是华北事变以后国内的政治形势，指出中华民族已处在千钧一发的生死关头，揭露了日本帝国主义灭亡中国的野心，并痛斥国民党蒋介石集团的投降卖国政策。宣言沉痛地指出：“日本帝国主义加紧对我们进攻，南京卖国政府步步投降，我北方各省又继东北四省之后而实际沦亡了！”宣言明确指出：“抗日则生，不抗日则死，抗日救国，已成为每个同胞的神圣天职！”除少数汉奸卖国贼以外，绝大多数工农军政商学各界同胞，正前仆后继地英勇作战，我民族抗日救国必须胜利。

2. 提出停止内战、一致抗日的要求。宣言指出：“我同胞抗日救国事业之所以还未得到应有胜利的原因，一方面是由于日寇蒋贼的内外夹攻，另方面是由于各种抗日反蒋势力互相之间存在有各种隔阂和误会，以致未能团结一致。”苏维埃政府和共产党特再次郑重宣言：“只要国民党军队停止进攻苏区行动，只要任何部队实行对日抗战，不管过去和现在他们与红军之间有任何旧仇宿怨，不管他们与红军之间在对内问题上有何分歧，红军不仅立刻对之停止敌对行为，而且愿意与之亲密携手共同救国。”

3. 号召组织全中国统一的国防政府和全中国统一的抗日联军，提出国防政府应实行的抗日救国，收复失地；救灾治水，安定民生；没收日寇在华一切财产，充作对日战费；没收汉奸卖国贼财产、粮食，交给贫苦同胞和抗日战士享用；废除苛捐杂税，整理财政金融，发展工农商业；加薪加饷，改良工农军学各界生活；实行民主政治，释放一切政治犯等10项方针，并明确宣布"苏维埃政府和共产党愿意作成立这种国防政府的发起人"，"红军绝对首先加入联军，以尽抗日救国的天职"。

从上述主要内容可以看出，"八一宣言"显然比1933年1月17日以中华苏维埃临时中央政府和工农红军革命军事委员会名义发表的《为反对日本帝国主义侵入华北愿在三条件下与全国军队共同抗日宣言》，以及1934年4月20日以中国民族武装自卫委员会筹备会名义发表的《中国人民对日作战的基本纲领》的思想，大大地前进了一步。它提出的除蒋介石等少数卖国贼和汉奸以外一切抗日的党派、团体、阶级和阶层抗日大联合的思想，冲破了关门主义的小圈子和下层统一战线的框框，反映了全国人民团结一致、抗日救国的愿望，适应了抗日救国的新形势。因此，这是中国共产党历史上的一个非常重要的文件。

这一重要宣言的产生不是偶然的，它是在共产国际策略转变的推动下并根据共产国际七大精神写出的。王明在他1935年11月所写的《新形势与新政策》一文中说：

> 在筹备共产国际第七次代表大会时，在讨论大会基本的策略方针的过程中，在总结党的历来的工作和斗争经验，首先是总结最近七年来的工作和斗争底经验和教训的过程中，在详细分析国内局面和国际状况的时候，中国共产党在中央领导之下，十分郑重地研究了反帝统一战线这个策略问题。研究的结果，使中国共产党深刻相信：在民族危机日甚一日的条件之下，除了我们的伟大民族全体总动员去进行坚决的、无情的、英勇的反日斗争而外，别无其他的救国方法；同时在共产党方面，除了抗日救国的人民战线这个策略而外，没有其他任何办法能动员全体中国人民与日本帝国主义作神圣的民族革命斗争。开始认真应用这个新政策的具体表现，就是本年（1935年）8月1日中国苏维埃政府和中国

共产党中央共同署名发表的《为抗日救国告全体同胞书》。①

“八一宣言”的产生，也是中共驻共产国际代表团共同努力的结果。据当时在中共驻共产国际代表团工作的吴玉章回忆：“1935 年 6 月在莫京听到‘何梅协定’及天津日寇屠杀我爱国人民及上海新生事件等等难忍的消息，我们急电王明同志共商对策，出了展开革命新局面的八一宣言”。②

有的文章说王明回莫斯科后，中共驻共产国际代表团开了数天会议，决定发表一个宣言，集体讨论了内容之后由王明起草。据孟庆树说，“八一宣言”的产生过程是这样的：

> 1935 年 6 月初，即在王明去莫斯科疗养后从基斯洛沃德斯克回来的第一天，他在和来看望他的同志们谈话时就曾说过：“日本加紧了对华北的侵略，形势很紧张。还在基斯洛沃德斯克疗养院里我就想到，必须以中共中央的名义起草并发表一份新的文件，以便进一步贯彻抗日民族统一战线的政策。”第二天他就开始写《为抗日救国告全体同胞书》，即后来叫做“八一宣言”的文件。一连三天，他一直工作到深夜三点，首先完成了草稿。第四天，他又进行修改。第五天就召开中共驻共产国际代表团会议来讨论这个草稿。讨论继续了好几天，会上，王明做了关于起草告同胞书的报告，而后又在讨论结束时发了言。③

据中共驻共产国际代表团会议记录记载，1935 年 7 月 14 日代表团召开了一次会议，参加的有王明、康生等 13 人，第一个问题即讨论王明起草之中共和苏维埃政府《为抗日救国告全体同胞书》，依照原文一致通过，决定组织一个委员会对文字加以修改并写一解释的信，委员会由王明、康生等 7 人组织之，宣言要在 7 月 15 日修改完，解释信则由委员会推一人于 7 月 20 日以前起草、办好。由此可见，“八一宣言”由王明起草后，代表团对之进

① 《王明言论选辑》，第 475—476 页。

② 《吴玉章自传》，载《历史研究》1981 年第 4 期。

③ 孟庆树：《陈绍禹——王明传记与回忆》（手写复印稿）。

行了认真的讨论和集体修改。据孟庆树说："在中共代表团讨论这个文件草案的会议上，王明同志对当时中国的国内外形势作了必要的分析，不仅提出了必须使苏区各项政策转变，以适应抗日民族统一战线的建立的意见，不仅提出了我们向国民〈党〉要求的各项条件，而且提出了在国共谈判时期，为达成国共合作抗日的目的，我们方面可能提出的所谓让步条件，即：(1) 为的真正达到停止内战，我们必须停止没收地主土地的政策，因为反对或赞成土地革命是国共内战的中心关键；(2) 为的组织全中国统一的国防政府，可能将中国苏维埃政府改名为地方民主政权；(3) 为的组成全中国统一的抗日联军，可能将中国工农红军改名为中国人民革命军。王明同志说明：这三个条件表面上是我们让步，实际上不仅是必要和可能的，而且是对我们有利的，因为这种政策使我们扩大社会基础，使全中国人民更加清楚地认识到：中国共产党的政策是真正合乎人民利益和真正合乎民族利益的政策。在会议上，这个文件引起米夫、郭绍棠和康生的原则反对……但是，中共代表团会议一致同意王明同志起草的上述文件。文件的俄文稿送请共产国际政治书记处批准。"①

7月19日，王明致信米夫，将《为抗日救国告全体同胞书》② 初稿俄译稿送上，说"这个呼吁书是我和出席〈共产国际〉七大的中共代表团一起起草的。中文稿相当简短，写得不错，但由于我的俄文知识浅薄，译稿刚好比中文稿多出一半。因此，请首先注意文件的基本思想和含义。此外，恳请你腾出一点时间，以便〈我〉在两天内能得到你的指示和修改意见，好尽快结束文件的审定工作并把它发下去"。③

在"八一宣言"的形成过程中，王明曾向斯大林作了口头汇报并受到赞许。据王明说，在共产国际七大主席团上，他和斯大林讲道："抗日政策问题"。他告诉斯大林，中共中央准备发表抗日救国的宣言，在宣言中提出建立抗日民族统一战线的政策，并组织全国统一的抗日联军和全中国统一的国防政府的口号。斯大林说，中共这个路线是正确的，但主要的问题在于统一

---

① 孟庆树：《陈绍禹——王明传记与回忆》（手写复印稿）。

② 即后来发表的《中国共产党告全国同胞书》（《八一宣言》）。

③ 《王明给米夫的信》，中共中央党史研究室第一研究部译：《共产国际、联共（布）与中国革命档案资料丛书》第15册，中共党史出版社2007年版，第33页。

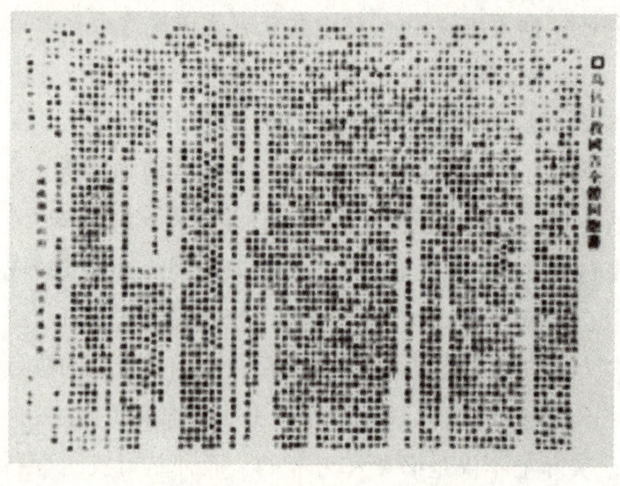

“八一宣言”全文

战线的具体条件。当王明讲到“中国人民要武装抗日”时，斯大林指出，“日本军阀有一个特点就是怕打，就是软欺硬怕”。“你们中国这么多的人民，只需团结合作，只要抗战到底，一定能得到胜利”。斯大林这次谈话，给了王明个人和中共驻共产国际代表团“对统一战线新政策的了解和发展上有很大的帮助”①。由孟庆树整理的《王明同志对于50个问题的回答（一）》中还说：共产国际七大时，王明曾请斯大林给中国红军以军事技术援助，苏共中央政治局同意了。从那时起，就做了实际准备，经过新疆给1936年年初向甘肃西部进军的红四方面军的西路军以军事援助。

“八一宣言”定稿后，由王明译成俄文，送交共产国际七大主席台上的斯大林，斯大林、季米特洛夫看后都表示同意。会后，中共驻共产国际代表团在莫斯科将宣言编入在巴黎出版的《救国报》第10期，然后航寄到巴黎，于10月1日全文刊载。

“八一宣言”发表以后，很快在国内传播开来。到这年年底，北平、上海、天津、南京、太原等各主要城市都流传着这一宣言；到第二年春天，一些边远地区如海南岛等地也看到这个宣言。同时，它也在国外40多个国家的华侨中广泛传播了开来。随着它的广泛传播，“八一宣言”在国内外都产生了很大的影响。首先，极大地鼓舞了青年学生和知识分子的抗日爱国热情，推动了“一二九”爱国运动的爆发，从而掀起抗日救亡运动的高潮。许

---

① 王明在延安各界庆祝斯大林60周年寿辰大会上的演词，载1939年12月30日《新中华报》。

多学生读到宣言后，“如濒临死亡的人突然获救一般，高兴得夜不成寐”[①]，“觉得政治上有了方向，目标明确，行动更坚决了”[②]。毛泽东也曾肯定“一二九学生运动发生于八一宣言之后”[③]。其次，“八一宣言”对民族资产阶级和地方实力派等中间势力产生了深刻的影响，推动了他们与共产党的合作抗日。当时，退居泰山的冯玉祥看到“八一宣言”后，就公开提出联合抗日的主张。流亡在莫斯科的方振武，从中共驻共产国际代表团成员吴玉章那里见到“八一宣言”后，“大受感动，潜到美国去宣传”[④]。张学良在1935年11月间从杜重远那里了解到中国共产党不久前发表了“八一宣言”后，当即表示同意与红军联合抗日，并要杜重远帮他寻找与共产党联系的线索，可见“八一宣言”对张学良的思想转变起了不小的影响。其三，“八一宣言”客观上推动了国共两党间的直接接触，为国共两党重新合作开辟了道路。当蒋介石看到“八一宣言”关于各党派组织全国统一的国防政府的呼吁后，认为或可借此达到从政治上解决共产党的目的，立即要宋子文、陈立夫、曾养甫等人设法“打通共产党关系”。1935年年底，国民政府驻苏武官邓文仪通过苏联政府与中共驻共产国际代表团王明、潘汉年等人进行了接触，曾养甫派人与中共中央北方局和长江局取得了联系。从1936年1月起，中共中央北方局代表周小舟、吕振羽到南京同曾养甫等人进行了谈判。2月，国民党也派人到瓦窑堡与中共中央联系联合抗日的问题。这些谈判虽未成功，却为两党重新合作开辟了道路。其四，“八一宣言”也激发了国外侨胞和流亡国外的爱国人士的爱国热情，使他们更加了解和拥护中国共产党的抗日主张。一位身居国外的同胞当时在伦敦写信给《救国时报》说：“我以最高的感激与兴奋，一而再、再而三地看了救国报上所转载所翻印的……《为抗日救国告全体同胞书》。这不独是中国共产党的一篇空前的伟大的文献，就是在全世界全中国的文书中，也是最庄严伟大最沉痛悲愤的一篇。”又说：中国共产党“提出的政纲，不只是代表他们党和无产阶级的利益，而且是代表全体人民利益

① 《一二九运动回忆录》第1集，人民出版社1982年版，第215—216页。

② 张承宗：《参加上海职业界救国会前后》，载《上海文史资料选辑》1981年第1辑。

③ 《一二九运动资料》第1辑，人民出版社1982年版，第24—25页。

④ 《吴玉章自传》，载《历史研究》1981年第4期。

的民族民主的政纲……任何人，只要是一个中国人，都应该庆幸和欢迎。”①在美国纽约，全体华侨于1935年12月听完方振武的演说后，立即致电南京政府：要求即行建立国防政府。

对于“八一宣言”在推动抗日民族统一战线的建立方面的积极作用和王明起草宣言的工作，中共中央领导人和党的文献都是加以肯定的。例如从1936年1月到8月中共中央北方局代表周小舟、吕振羽到南京与国民党代表曾养甫、谌小岑谈判的过程中，周小舟带有毛泽东、朱德、周恩来、林伯渠等给宋子文、孙科、冯玉祥、程潜、覃振、曾养甫等人的信件，每信都附有“八一宣言”。又据李德《中国纪事》说：1937年12月王明回国后，“我听说，毛泽东赞扬了王明在起草1935年8月1日宣言时的积极行动，这一行动为民族统一战线打下了基础”②。1945年4月党的六届七中全会通过的《关于若干历史问题的决议》指出，《为抗日救国告全体同胞书》号召成立国防政府和抗日联军都是正确的。毛泽东在他的许多著作中，也是把“八一宣言”同1935年12月瓦窑堡会议的决议、1936年12月对西安事变通电、1937年2月致国民党三中全会电等并列的。

但是，从国内建立抗日民族统一战线的实际情况来看，抗日民族统一战线的政策主要还是中共中央根据共产国际七大的精神和对国内形势的深刻分析，在瓦窑堡会议上制定的。对于“八一宣言”的产生和发表，当时正在长征途中的中共中央并不知道。中共驻共产国际代表团成员、中华全国总工会驻红色职工国际的代表张浩（林育英），在共产国际七大后于1935年11月间取道蒙古回到陕北，传达了共产国际七大的精神，中共中央才了解了共产国际关于建立反法西斯统一战线的号召，在瓦窑堡会议上制定了抗日民族统一战线的政策。当然，张浩在传达共产国际七大的精神时，也谈到“八一宣言”。从瓦窑堡会议的决议中，也会看到“八一宣言”的影响。但是，瓦窑堡会议的决议主要是根据共产国际七大的号召和中共中央对国内形势的深刻分析作出的，而不是主要根据“八一宣言”作出的。因此，对于“八一宣言”在建立抗日民族统一战线方面的作用，既应充分肯定，也要实事求是，不

① 1935年12月4日《救国时报》。

② 李德：《中国纪事》，现代史料编刊社1980年版，第298页。

能过分夸大。另外，“八一宣言”本身也有它的缺点和不足，这主要是它对“九一八”事变特别是华北事变后中国各阶级各党派的态度还缺乏具体的深入的分析，因而只能一般地提出合作抗日的号召，而不能进一步提出促进各阶级各党派团结合作的具体政策。这个缺点和不足，与王明长期住在国外，对国内的情况缺乏深刻的了解是分不开的。

对于“八一宣言”这个重要文件的产生，长期以来王明一直把它作为自己的功劳。王明作为中共驻共产国际代表、中共中央政治局委员，为党做一些工作完全是应该的，是他分内之事。何况“八一宣言”是根据共产国际七大精神写出的，是经过中共驻共产国际代表团集体讨论和认真修改的，不能完全归功于王明一人。

第二节　共产国际七大

1935年7月25日到8月20日，共产国际第七次代表大会在莫斯科召开。

从1934年5月28日成立共产国际七大筹备委员会起，王明即参加了这个委员会并参加了大会的筹备工作。在大会召开前夕，即1935年7月中旬前后，中共驻共产国际代表团开会讨论了参加共产国际七大的代表名单、组织及分工问题。因为中共中央正在长征路上，无法派出出席共产国际七大的代表，只能由中共驻共产国际代表团成员及从国内来的同志，如李立三等，和一些在苏联学习的一般干部，组成中共代表团，并决定中共中央正式代表为王明、康生；代表团主任代表为王明，秘书处主任康生；在各个议程中的发言人中，第一议程为王明。7月19日，中共驻共产国际代表团还开会讨论了在七大上的发言大纲。大会召开以后，王明与康生、周和生（高自立）、王荣（吴玉章）、张浩、孔原、梁朴（饶漱石）、欧阳生、沈元生、李光（滕代远）、赵毅敏、宗一平等参加了大会，王明、康生、周和生被选为大会主席团成员。

在共产国际七大上，季米特洛夫作了《法西斯的进攻和共产国际为工人阶级的反法西斯主义的统一而斗争的任务》的报告，大会根据这个报告通过了《论共产国际在帝国主义者准备新的世界大战的情况下的任务》的决议。季米特洛夫的报告和大会决议都强调，根据国际形势的发展，应在无产阶级统一战线的基础上建立广泛的反法西斯人民战线，并明确表示："我们赞同英勇的兄弟的中国共产党这一倡议：同中国一切决心真正救国救民的有组织的力量结成反对日本帝国主义及其走狗的广泛的反帝统一战线"①。

1935年8月7日，王明在共产国际七大第23次会议上讨论季米特洛夫的报告时，作了《论殖民地和半殖民地的革命运动与共产党的策略》的长篇发言。这篇发言后改名为《论反帝统一战线问题》，在巴黎和国内分别出版。在这个发言中，王明分析了帝国主义的加紧进攻与殖民地革命力量日益发展的形势，指出建立、扩大和巩固反帝统一战线，是殖民地和半殖民地国家中共产党员的最重要任务，强调在中国建立反日民族统一战线的必要性和重要性。他在发言中说："事实已经证明而且正在证明：在目前的中国，反帝的人民统一战线问题，不仅具有头等的意义，而且我可以说，具有决定一切的意义"；"在目前的时候，顾［估］计到我们过去好和坏两方面的经验，顾［估］计到目前中国的形势，顾［估］计到我国人民底民族生存权已经处在千钧一发的紧急关头，我们的党应当继续发展反帝人民统一战线的策略，应当把这个策略极彻底地、极大胆地、极广泛地和极坚决地运用起来，以便把全国人民在最短期间内真正联合起来，去进行抗日救国的共同战斗"②。

怎么实行和发展这个抗日救国的策略呢？具体步骤是："中国共产党和中国苏维埃政府共同向全国人民，向一切政党、派别、军队、群众团体以及一切政治家和名流们，提议与我们一起组织全中国统一的国防政府和全中国统一的抗日联军"③，并宣布中国共产党和中国苏维埃政府愿意做成立这种国防政府的发起人和首先加入这种抗日联军。接着，发言还提出国防政府抗日救国的十条政纲，提出必须在党工作的各方面都要实行转变，不仅应当反对非苏维埃区党的组织中对于人民反帝战线和工会统一战线问题上所表现的很

---

① 季米特洛夫在共产国际七大上的报告，《共产国际有关中国革命的文献资料》第2辑，中国社会科学出版社1982年版，第392页。

② 《王明言论选辑》，人民出版社1982年内部版，第440—441页。

③ 《王明言论选辑》，人民出版社1982年内部版，第455页。

厉害的关门主义倾向和传统等等，而且也应当重新审查苏区经济政策方面的许多问题。

这个发言还强调指出："反帝统一战线的问题以及无产阶级领导权和苏维埃政权问题，具有极重大的政治意义"，批评了一些人以为共产党参加反帝统一战线就是减弱为无产阶级领导权和苏维埃政权的斗争的思想，提出，"在革命运动中的无产阶级领导权——这绝不是一个抽象的口号，也不是一句空话，而是具体的事情，它的表现，首先就是无产阶级及其政党在革命运动中对同盟者（农民、城市小资产阶级）加以思想上、政治上和组织上的领导，由争取日常要求的局部斗争起，直到斗争底国家形式止。无产阶级领导权不会自己来到的，共产党员应当进行有系统的、不顾牺牲的实际斗争，去夺取这种领导权。"①

王明的这个长篇发言，从总的看是符合共产国际七大的精神的，是正确的。但是，其中也有错误，如在谈到国内革命力量时有所夸大，说："在一切苏维埃区域里，在近年来艰难困苦的战斗中，红军底实力不但没有减少，反而扩大了许多。根据敌人的中外报纸的消息，现时全国红军底人数已将近 50 万人"，并说："还有一个事实，也可以证明红军在最近时期内获得了新的大胜利，这就是中共中央所提出的口号：扩大正式红军到 100 万人，扩大苏区到 1 万万人口，在最近的将来已经可以成为实际行动的口号"②。当时中央红军因为执行以王明为代表的"左"倾冒险主义，第五次反"围剿"已经失败，并且在长征初期遭到惨重的损失，可是王明还吹嘘为"新的大胜利"。

王明在 1967 年冬谈的《关于共产国际七大后书记处名单问题和其他》的回忆中说：当天他在共产国际七次大会上发言至一半时，斯大林打电话给苏共驻共产国际代表团党组书记，叫他把王明带去一同见斯大林。到后，斯大林谈了他对共产国际执委会名单的意见，其中有王明，并说："王明同志！你在主席团时和我谈到的抗日民族统一战线问题，我已向你说过：我同意你的意见。要考虑一下实现这一统一战线的具体条件。我同意你关于帮助中国

① 《王明言论选辑》，人民出版社 1982 年内部版，第 456 页。
② 《王明言论选辑》，人民出版社 1982 年内部版，第 448—449 页。

1935 年共产国际第七次代表大会时执委领导人合影（前排自左至右：季米特洛夫、陶里亚蒂、福洛林、王明；后排：库西宁、哥特瓦尔德、皮克、曼努伊尔斯基）

红军的要求，以后要商量一下具体办法。暂时就这些。”

在共产国际七大上，王明及周恩来、张国焘、毛泽东被选为执行委员会委员，康生、秦邦宪被选为候补执委会委员，周和生被选为监察委员会委员。大会结束后，王明又当选为执委会主席团委员、政治书记处候补书记，康生当选为执委会主席团候补委员。师哲回忆说：“在共产国际第七次代表大会上，王明当选为执行委员会常委、书记处书记，分工管理亚洲和拉丁美洲各国共产党的工作。于是，他把中共驻共产国际代表的头衔给了康生。这样，康生成了正式代表，而王明则成为中共代表的‘太上皇’。”①

共产国际七大结束以后，中共驻共产国际代表团立即于 8 月 25 日到 27 日在莫斯科开会，讨论在中国建立抗日民族统一战线的问题。王明在会上作了《为争取建立反帝统一战线和中国共产党的当前任务》的报告，指出中央制定新策略的出发点，一是中国发生了深刻的政治危机，二是“红军和苏区本身存在弱点”，“仅仅依靠红军力量，还不能战胜日本帝国主义及其走狗，而从政治趋向的观点看来，还有很大一部分人民没有脱离其他政权和其他党派的影响，他们今天还不拥护苏维埃，而在其他政党中，国民党在当前则是

① 师哲：《在历史巨人身边——师哲回忆录》，中央文献出版社 1991 年版，第 119 页。

一个最大和最有影响的党"[①]。因此，党的任务是吸收一切可能的、哪怕是暂时的动摇的同盟者及同路人，甚至不排除同蒋介石建立统一战线的可能性，只要"他真正停止反对红军的战争并调转枪头去反对日本帝国主义者"[②]。在这里，王明由过去夸大红军和苏区的作用，转而开始对国内的政治形势作出较为切实的估计，正视国民党的力量及其在反日战争中的作用，并开始提出了联蒋抗日的思想。这种转变是应该肯定的。

这年秋天，王明与即将返国的中国共青团驻青年共产国际代表黄药眠谈话，说中共应在战略上实行转变，逼迫蒋介石抗日。黄药眠回忆说：

> 正式要通知我动身的时候，我去找王明，因为这时他是代表团团长……他把我领到走廊角落上同我谈：他说你要回去，好。现在有个重要的事情交待给你，回去后转告党中央。就是现在我们在战略上需要有个大的转变。我们同蒋介石的反动军队打了好几年了，现在看来，他们消灭不了我们，而我们的力量目前也消灭不了他们，因为他们背后有帝国主义支持。长期这样打下去，就会使日本帝国主义有机可乘，他们已经占领了东三省，现在正在逐步侵占华北。很明显，这样打下去对中国人民不利。所以现在要改变一下策略，就是要同国民党妥协，建立抗日统一战线，抵抗日本帝国主义的侵略。目前我们坚持要打倒国民党，而蒋介石就说：他们本来是想抗战的，只是因为共产党在后面打他们，他们腾不出手去打日本。这样，对中国人民不利，而且很多的人也不能够理解和踊跃支持我们。所以应该从战略上作个大的转变，组织"抗日统一战线"。
>
> 我问他："组织统一战线，我们和蒋介石是什么关系？如果蒋介石要领导我们，要我们服从他的指挥，怎么办？"

---

① ［苏］K. B. 柯柯什金：《共产国际和中国共产党抗日民族统一战线的策略》，许俊基译自苏联《共产国际与东方》一书，载《马克思主义研究参考资料》1981年第21期。转引自向青：《共产国际和中国共产党关于建立抗日民族统一战线的策略》，《党史资料通讯》1983年合订本，红旗出版社1985年版，第254—255页。

② 周文琪、褚良如：《共产国际和中国共产党》，中共中央党校科研办公室1986年发行，第303—304页。

"这个，我们要采取让步的政策。我们组织爱国统一战线，是为了动员广大人民群众，争取广大的中间阶层的人士，这样才能壮大我们的声势，逼着蒋介石不能不同意抗战。"

我听了之后，觉得这个主张很对，是个很大胆的战略上的转变，就说："你是不是打电报去，或者用文件寄到国内去？"

"我们共产国际的联络局很不健全，常常拖的时间很长，而且往往传达得不够全面，或不够清楚，所以还是专人口头传达比较好。"

"这个意见我是接受的；不过，我不清楚，这是你自己的意见呢，还是共产国际的意见呢？这一点我应该知道，并应该向党中央说个清楚。"

"这是共产国际的意见。"当时在中国党内，共产国际的威信比党中央的威信还高些。我想，既然是国际的意思，党中央会听从的，我答应一定传达，而且我心里也相信这个战略决策是正确的，因为那时全国人们最关心的，是不要作亡国奴。

我们两个人就在这走廊角里约莫谈了四十分钟，这是我和王明谈话最长的一次，也是最后一次谈话。①

回国以后，黄药眠就向中共上海中央局派来和他联系的黄文杰转达了王明的建议。黄文杰说他将把这些意见转达给中央局。上海中央局还通过地下电台将此意见向江西苏区作了传达，但是王明的建议如同石沉大海，没有得到博古等中共领导人的任何响应。②

然而，共产国际七大的精神却得到了长征到达陕北的中共中央的肯定和响应。1935 年 11 月，中共驻共产国际代表张浩在瓦窑堡向中共中央领导人传达了共产国际七大的精神，"八一宣言"的各项内容，还传达了为季米特洛夫所肯定和赞同的王明在演讲中的重要论断和倡议。这些精神的传达，对于中共中央确定建立抗日民族统一战线，起了重要的作用。1936 年 5 月 20

① 黄药眠：《动荡：我所经历的半个世纪》，上海文艺出版社 1987 年版，第 219—221 页。

② 高华：《红太阳是怎样升起的——延安整风运动的来龙去脉》，香港中文大学出版社 2002 年版，第 104 页。

日，张浩、张闻天、毛泽东、周恩来等就“对外宣传口号及国内外政治形势与国焘关系”致电朱德、张国焘、徐向前等，其中说：“党的十二月政治决议及七次政治宣言与绍禹同志在七次国际大会的报告，均得到全国广大人民包括知识界最大多数人的同情与拥护。”6月23日，中共中央书记处自陕北瓦窑堡致电王明，报告西北地区的局势和打算。①6月30日，中共中央书记处再次致电王明，说：“中共中央2月的政治决议，完全贯彻了共产国际七大决议精神。已着手坚决贯彻执行共产国际的抗日反蒋广泛统一战线路线。”②

第三节 “联蒋抗日”的提出

共产国际七大召开以后，王明按照大会的精神，一直为建立反帝统一战线而努力。

11月7日，王明在《救国报》第15期上发表《答反对反帝统一战线者》一文，驳斥了蒋介石及其谋士关于中国共产党“无论如何都不愿与我和我们的军队发生关系，因此我们不得不与红军作战”的“诳话”，明确提出了“联蒋抗日”的思想：

> 中国共产党、苏维埃政府和红军，已屡次宣言，表示我们准备与任何军队和任何将领，订立战斗协定去共同进行反日斗争，南京政府的军队当然也在内。至于讲到蒋介石个人，那么，我们公开宣称：虽然他作了无限卖国殃民的罪恶，但是，如果他真正停止与红军作战，并掉转枪头去反对日本帝国主义的话，那么，中国共产党和苏维埃政府不但给他以向人民和国家赎罪的自新之路，而且准备与他及南京军队一起，在共

① 《季米特洛夫给斯大林的信》，中共中央党史研究室第一研究部译：《共产国际、联共（布）与中国革命档案资料丛书》第15册，中共党史出版社2007年版，第223—228页。

② 《季米特洛夫给斯大林的信》，中共中央党史研究室第一研究部译：《共产国际、联共（布）与中国革命档案资料丛书》第15册，中共党史出版社2007年版，第228页。

同的一条战线上，去反对日本帝国主义。

这年11月，王明还写了《中国共产党的新任务》和《中国共产党新政策的基础》两篇文章，1936年1月将这两篇文章合在一起，以《新形势与新政策》为名发表于《救国时报》，还在苏联出版了中文小册子。组成这本小册子的两篇文章，驳斥了反日战线反对者的各种论调，强调建立抗日救国的人民统一战线的重要性、必要性，并从四个方面论述了中国共产党这个新政策所产生的根据，指出为了适应建立抗日救国统一战线的新形势，中国共产党在经济政策如土地政策、工商业政策，以及在劳动问题、政治制度、对外政策等方面，都应实行转变。据孟庆树说："这两篇论文发表的直接结果，一方面是蒋介石被迫派遣代表团同王明同志进行关于国共合作共同抗日的谈判，另一方面是北京学生发动著名的'一二·九'抗日运动。""蒋介石之所以被迫派遣代表，是由于王明同志把原来逼蒋抗日的策略，发展成为联蒋抗日的策略，也就是在他的论文里说：如果蒋介石停止反共战争，而掉转枪头去反对日本的国主义的话，中国共产党和苏维埃政府准备同他和南京政府及军队一起，在共同的一条战线上，反对日本帝国主义。"①

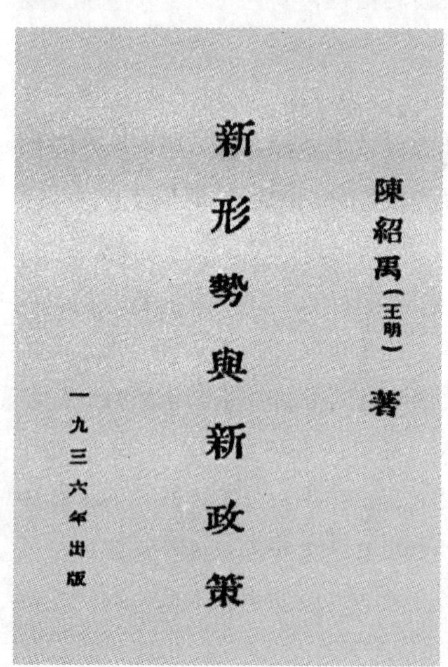

1936年莫斯科出版的《新形势与新政策》

1936年春，王明在《为中国的抗日统一战线而斗争》一文中，继续发挥《新形势与新政策》小册子的思想，指明共产国际七大以来中国共产党在执行广泛的抗日统一战线中所取得的成就及存在的弱点，认为存在弱点的原因，一是国民党地区中共党组织存在脆弱性；二是许多同志没有在实践中实行统一战线；三是在各项政策方

① 孟庆树：《陈绍禹——王明传记与回忆》（手写复印稿）。

面还没有实行决定性的转变。文章提出应立刻纠正中国共产党原来的错误和克服原来的弱点，首先必须在国民党地区确立真正的巩固的党的领导机构，党的干部必须通过再教育掌握新政策的精神，还必须用事实表明改变苏维埃区域的党的政策，其中应把苏维埃改为不但是劳动阶级的而且是为抗日救国而战的一切人民的民主的机关，可以让资产阶级分子也参加苏维埃，并扩大红军的社会成分；应和各种军队建立起统一战线，把包括蒋介石为首的南京政府指挥的军队在内的一切国民党军队的基本兵力争取到统一战线方面来。

4 月 16 日，王明与康生联名提出《近期中国建立抗日统一战线的资料和计划》，其中说：根据他们得到的消息，“最近中国发生了很大变动，就是说建立抗日统一战线的条件已经成熟”。因此，提出下列计划：

1. 近期计划

（1）把党的精力集中在争取张学良在甘肃和陕西的 12 到 15 万军队上，以便在中国西北省份建立抗日同盟（参加同盟的除了红军外，还应有大约 30 万军队参加，即张学良的 12 到 15 万军队，阎锡山的 8 到 10 万军队，杨虎城的 3.5 到 5 万军队，傅作义的 2 万军队）。

（2）党要在红军同桂军、粤军和川军建立统一战线方面开展活动，以便共同同蒋介石作斗争。

（3）成立一个共同的政治组织，也就是以集体或个人资格参加的所有抗日政党和团体的同盟，以便在统一的政治领导下，联合一切抗日力量和群众组织，首先是把 19 路军集团、原满洲抗日将领、方振武集团（方至今还在等待我们对他的请求作出具体答复），以及所有著名的抗日人士和群众组织的活动联合起来。

如果我们能够成功地做到这一切，那么全国的形势将会完全不同于现在，特别是南京政府军的状况必然会发生有利于抗日斗争的变化。

2. 今天的直接行动计划

（1）必须争取使张学良的东北军以及阎锡山的军队切实停止在山西和陕西对红军的作战行动。

（2）在我们的江西和福建的游击队同隶属于 19 路军集团的所谓人民军及其他队伍之间缔结统一战线，进行共同的抗日活动。

(3) 同19路军集团和其他组织在抗日宣传和鼓动方面进行合作。

实施这一计划的必要条件如下:

(1) 加强党在国统区的领导工作，改善它同共产国际的联系。

(2) 加速同中国红军和中共中央的直接实际联系。

(3) 确定红军的行动方向，以保证它有最佳的内外斗争条件。

(4) 共产国际和联共（布）中央的相应帮助。

(5) 加强党对满洲抗日游击队斗争的领导工作，安排好满洲抗日游击队和军队同国内政界人士之间的经常性接触。①

不过在此之后，王明对蒋介石的态度一度发生变化。因为国民党政策在1935年年底的“一二九”运动后残酷镇压示威学生，并于1936年2月发表反动宣言，共产国际和中共驻共产国际代表团从2月中旬到4月底停止“联蒋”宣传，重新进行“反蒋”的宣传。后来因奉蒋介石之命秘密到苏联谈判签订对日军事同盟的陈立夫回国，不仅同苏联驻华全权代表鲍格莫洛夫进行接触，而且同共产国际也开始来往，共产国际和中共驻共产国际代表团从5月份起又恢复“联蒋”的宣传。王明4月30日在《救国时报》发表的《怎样准备抗日?》等文章，正反映了共产国际和中共驻共产国际代表团在“联蒋抗日”问题上这一态度的变化。在《怎样准备抗日?》一文中，王明号召：“不要再误信蒋介石和南京政府的准备抗日的欺骗宣传了，大家起来！共产党、苏维埃、红军和东北反日部队一起赶快完成真正的抗日准备工作，停止内战，发展民众救国运动，实行各党派的合作抗日。”但是，这篇文章同以前“反蒋抗日”宣传的调子毕竟还是有所不同的。文章在批判蒋介石之后，仍然认为在一定的条件下，蒋介石和南京政府还是有可能参加抗日的。他在批判“安内攘外”的口号以后，实际上又规劝蒋介石说，“不能再采取这种自杀的政策”，要“赶快调转枪口”，“如果不停止自杀的‘内剿’，那就谈不上什么抗日了……当局如果有立即抗敌的决心，那就必须立即停止‘剿匪’”。

① 《王明和康生关于抗日统一战线问题的书面报告》，中共中央党史研究室第一研究部译：《共产国际、联共（布）与中国革命档案资料丛书》第15册，中共党史出版社2007年版，第189—195页。其中第5点是王明的手迹。

1938 年中国出版社出版的王明《新中国论》封面

1936 年 7 月 23 日，季米特洛夫在共产国际执行委员会书记处会议上指出："中国共产党目前的任务不是扩大苏区和红军，而是寻求将绝大多数抗日的中国人民团结起来的道路。"并说："蒋介石愿意建立统一战线并害怕统一战线，但应创造这样一种局面，要在蒋介石的军队和国民党中进行这样的运动，使蒋介石不得不同意抗日统一战线。这一运动的发起者和组织者，只能是中国共产党。"在这里，季米特洛夫实际上提出了"逼蒋抗日"的思想。共产国际执行委员会还于同月召开会议，放弃七大所决定的必须把扩大苏维埃运动和人民反帝运动连结起来，把国内战争同民族战争结合起来，以建立反帝统一战线的方针，反对国内战争，强调民族战争，主张巩固蒋介石和国民党的领导地位，以统率全国军队，结成苏联和南京政府的反日联盟。王明于 7 月写成的《新中国论——为中共成立十五周年纪念和中共新政策实行一周年而作》（又题为《为独立、自由、幸福的中国而奋斗》），实际上是贯彻了共产国际和季米特洛夫的这一思想。

《新中国论》明确提出了"抗日民族统一战线"的口号，指出中国共产党的新政策，就是"八一宣言"所提出的"建立抗日民族统一战线的政策"。文章进一步宣传"联蒋抗日"的主张，强调指出："我们共产党员应当把国民党和蒋介石不与日寇一样看待，因为中国人民的基本敌人是日寇，在现在阶段上一切应当服从抗日。此外，也不能把整个国民党及其部队，看成是日本帝国主义的同盟军和助手；尤其主要的是，为的真正的和严重的武装抵抗日寇，必须要国民党军队或其有决定意义的大多数部队来参加。"并说："如果蒋介石今天能够同意与我们进行共同斗争去反对外国仇敌对于我们国家和人民利益的侵犯，那末，为的反对共同的和强大的敌人，为什么我们不可以

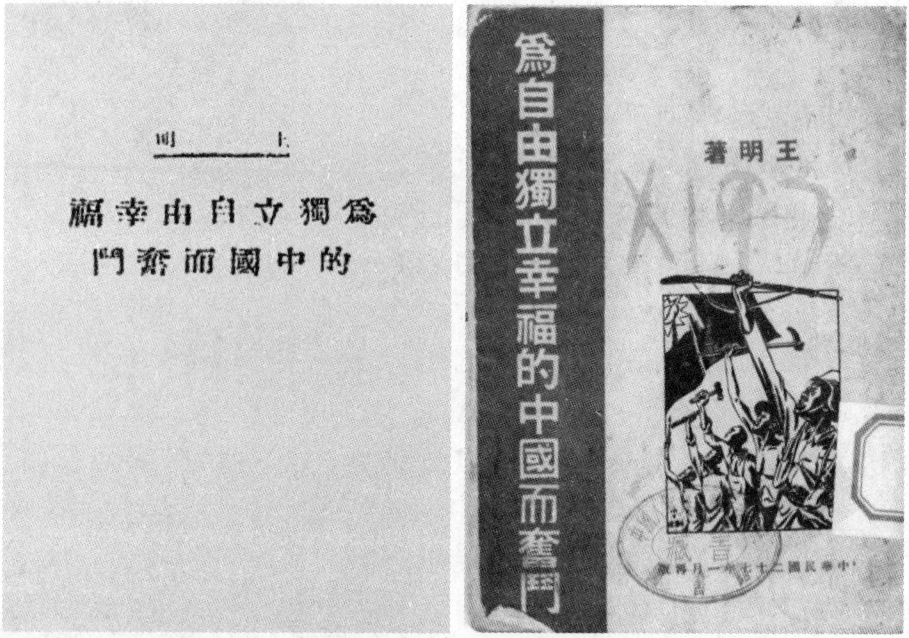

1936 年莫斯科及 1938 年国内出版的王明《为独立自由幸福的中国而奋斗》封面

与蒋介石建立统一战线呢?”①

这篇文章系统地论述了中国共产党要组织什么样的抗日民族统一战线、国防联军和国防政府的问题，指出:“建立抗日民族统一战线，具体地应当表现在共产党与国民党及其他组织在共同抗日斗争纲领的基础上订立政治的协定，同时，保存各党派在政治上和组织上的完全独立性”;“全中国统一的抗日联军，应当是红军与国民党军队及其他军队根据共同反日武装斗争的政治协定而组成的联合军队……所有参加的武装力量，均完全保存其原有政治制度，均保存其原有的军官成分和政治工作人员成分”，“没有得到同盟军方面自愿的同意，任何一个参加联军的部队，没有权利去干涉另一参加部队的内部事情”;“全中国统一的国防政府，应是一切参加抗日民族统一战线的党派和组织的真正的代表机关”，“这个政府不是任何一党一派的政权，而是抗日民族战线的政权”②。

① 《陈绍禹救国言论选集》，中国出版社 1938 年版，第 131、140 页。

② 《陈绍禹救国言论选集》，中国出版社 1938 年版，第 137、140 页。

这篇文章还强调了共产党在抗日民族统一战线中保持政治上和组织上的完全独立性的问题，提出要反对陈独秀等机会主义错误的倾向。文章说，关于保存各党派独立的问题，“对于我们共产党员，就是说：在为建立反日民族统一战线的斗争或者已经建立了这种统一战线的条件之下，我们不仅一分钟也不应当允许减弱我们自己的共产党及其组织，而且特别应当用尽一切力量比以前任何时候都更加在思想上政治上和组织上巩固党，更加保障党的纯洁和统一”。“因此，必须坚决反对那些可以在实际上使共产党与某种反日斗争的政治同盟相混合的一切倾向，必须反对那些以为可以不加选择地允许一切宣布赞成或实际参加反日的人入党的提议。同时必须反对那些实际上可以造成重复1927年陈独秀等机会主义错误的倾向，这种错误的实质，就是……使共产党丧失独立性和使工人阶级及其政党变成民族资产阶级的尾巴”①。

1937年，王明又写了《拯救中华民族的唯一出路》（又题为《中华民族之出路》、《团结救国论》、《救中国人民的关键》）、《日寇侵略的新阶段与中国人民斗争的新时期》、《苏联社会主义革命二十周年与中国人民的对日抗战》等文章，继续宣传共产国际七大和“八一宣言”的精神。他自1935年下半年以来写的这些文章，对于使国内人民了解共产国际七大的精神，使国内外人士了解“八一宣言”的精神及中国共产党团结抗日的主张，起了一定的作用。他在这些文章中提出的一些好的主张，如“联蒋抗日”的主张，对于中国共产党从“反蒋抗日”到“逼蒋抗日”政策的转变以及国内抗日民族统一战线的形成，也是起了一定的促进作用的。但是，从1936年下半年开始，他的一些文章中已经包含了右倾思想的萌芽，而且越来越明显，造成了不良的影响。

王明在撰文宣传共产国际七大精神、呼吁建立抗日民族统一战线的同时，还与南京政府驻莫斯科武官邓文仪等人进行了接触。

1936年1月13日，王明安排潘汉年到胡秋原家与中国驻苏联大使馆首席武官邓文仪进行接触，了解其意图。1月17日，王明与邓文仪在莫斯科中共代表团驻地会谈。他说：“关于我们建立抗日统一战线的主张，中国共

① 《陈绍禹救国言论选集》，中国出版社1938年版，第129—130页。

产党与苏维埃政府已经屡次发表宣言和各种文件加以说明，我也多次在文章中谈论过这个问题。我们主张，对于任何政党和任何军队，只要他们愿意参加抗日战争，我们都愿意与他们谈判建立统一战线。我甚至公开说明，不管蒋介石过去对国家和人民犯过多少罪行，只要他掉转枪口，对准日本帝国主义，我们也一样给他以自新赎罪的机会。”当邓文仪询问对于成立抗日同盟协定的具体意见时，王明说：“我们准备和一切决心参加抗日斗争的党派团体及军队共同组织统一的国防政府和抗日联军。”邓文仪说明了蒋介石关于国共合作的如下意见：第一，关于政府问题，取消中国苏维埃政府，邀请所有苏维埃政府的领导人和工作人员参加南京政府的工作；第二，关于军队，红军应当改编为国民革命军，因为同日作战必须有统一指挥；第三，关于党的问题，有两个办法：首先是恢复1924—1927年的两党合作形式，其次是共产党继续独立存在。这个问题可以以后再来解决他。第四，关于防线问题，南京政府打算派一些军队和红军一起到内蒙区参加抗日斗争。王明说：“红军与国民党如果要建立密切的联盟，第一位的条件恐怕是：(1) 互相信任；(2) 停止内战。如果国民党不能结束对红军的战争，红军的领导人是不会信任你们的。因此你们必须首先采取措施证明你们与红军合作的想法是真实的。”“有关具体的谈判条件问题，你们必须同毛泽东、朱德他们去谈去。”①

1月22日，王明与邓文仪在莫斯科中共代表团驻地进行第二次会谈。他批评了蒋介石关于国共合作的意见，说：“我党代表团嘲笑过南京政府的协议条件，因为代表团认为，你们关于协议条件的谈话是不严肃的，因为蒋介石作为政治家不能只向红军和中国苏维埃政府提出那些不会给我们带来任何好处而只会带来害处的条件。例如在政府问题上，你们建议取消苏维埃政府，而在军队问题上，你们建议改组红军。关于抗日前线，你们提出最困难最艰苦的前线条件，即你们给红军提出内蒙古战线。那么蒋介石给红军提出了什么有利条件呢？代表团不相信，蒋介石希望同我们谈判而只提出这些条

① 《王明与邓文仪谈话速记记录》，中共中央党史研究室第一研究部译：《共产国际、联共（布）与中国革命档案资料丛书》第15册，中共党史出版社2007年版，第89—102页；又见陈晖：《前苏联档案中关于王明和邓文仪的会谈纪要》，《民国档案》2006年第1期。

件。因此最好你也说一说蒋介石委托你转达给我们的、能给红军和中国苏维埃政权带来某种好处的另外一些条件。”他还说：“谁会相信蒋介石会像对待自己的军队一样对待红军？这不仅我们不会相信，而且所有中国军人，例如，甚至广东集团都不会相信蒋介石。”①

1 月 23 日，王明与邓文仪在莫斯科中共代表团驻地进行第三次会谈。当邓文仪说两党之间的协议是一定要达成的时，王明说：“我已经对您说过，无论如何，协定只能在苏区签署，因为我们不知道红军目前的具体要求，所以不能代替毛泽东和朱德来签署这份协议。关于原则问题，我们当然可以在这里谈。这不仅取决于我们，而首先取决于你们。如果你们继续提出这三个对我们不利的条件，那么我们很难和你们进行具体的谈判。如果你或者其他来这里的人，确实提出所有具体的不利或有益的条件，而且蒋介石也提出这些与我们谈判的条件，我们才能对你们的条件发表若干意见。但现在还难说，因为你方仍然没有（提出）对我们有益的具体条件。此外，你们还缺乏诚意。”②

孟庆树回忆说：王明“在莫斯科旅馆内，和邓文仪举行谈判。一共举行了四次。在头两次谈判中，达到了国共合作共同抗日的原则协议。对一般条件，如停止进攻红军和苏区，给人民民主自由和抗日自由，停止压迫共产党和释放一切政治犯等，也达到了双方原则上的同意。但是关于何时国民党实行抗日战争，红军驻防地区和担任抗日作战防线地带，给红军发饷和武装等具体问题，未能达成协议，以及其他某些问题未能谈妥，而暂时告以终结。一直到 1936 年年底，西安事变时，才恢复国共谈判。”③

但王明在《曼努伊尔斯基对抗日民族统一战线政策的态度和意见》中，

---

① 《王明与邓文仪谈话速记记录》，中共中央党史研究室第一研究部译：《共产国际、联共（布）与中国革命档案资料丛书》第 15 册，中共党史出版社 2007 年版，第 104—107 页；又见陈晖：《前苏联档案中关于王明和邓文仪的会谈纪要》，《民国档案》2006 年第 1 期。

② 《王明同邓文仪谈话速记记录》，中共中央党史研究室第一研究部译：《共产国际、联共（布）与中国革命档案资料丛书》第 15 册，中共党史出版社 2007 年版，第 108—110 页；又见陈晖：《前苏联档案中关于王明和邓文仪的会谈纪要》，《民国档案》2006 年第 1 期；杨奎松：《邓文仪与王明、潘汉年莫斯科谈判实录》中说是 2 月 23 日，文字也与上文有不同，见《炎黄春秋》1997 年第 2 期。

③ 孟庆树：《陈绍禹——王明传记与回忆》（手写复印稿）。

却是另外一种说法，他说："在第三次谈判中，邓文仪提出要潘汉年同他一起回国，首先到南京，再一同到陕北去时，曼努伊尔斯基坚决地主张要邓文仪代表蒋介石写一份保障潘汉年安全的声明书，并且给中共代表团 30 万美元作保证金！结果便［使］谈判破裂，推迟了一年多，直到西安事变时，才又恢复国共谈判。"

同日，王明就邓文仪谈判之事，给毛泽东、朱德、王稼祥写信，向陕北中共中央作了书面汇报，信中说："南京军事委员会介石先生于本年 1 月曾派驻苏使馆武官邓文仪为代表亲与弟及汉年面谈数次，表示同意我们所提出之抗日救国统一战线原则，惟对于抗日救国之具体合作办法有待于蒋与诸同志直接商洽，故决定由邓君与汉年同志亲赴南京与蒋面商，并言定再由南京去苏区与诸同志协商抗日救国的合作具体办法。"①

这年 4 月，王明派潘汉年与胡愈之一起启程回国。② 潘汉年回国后，立即进行了广泛的统一战线工作。7 月 1 日他在给王明的信中说："陈济棠已经同意同我们的项英和张鼎丞部队缔结协议（这两支部队驻扎在江西和福建——王明注）。已经派人去找他们，但没有把握会找到，因为他们的驻地不详，而且也没有他们认识和信任的人。很希望唐古③ 同志立即来中国，否则就可能错过时机。陈济棠、李宗仁和白崇禧都希望同我进行谈判，但是眼下未必能达成具体的协议，因为他们都希望弄清楚有关苏联援助的可能性问题。""有消息说孔祥熙（南京财政部长——王明注）和宋子文（前南京财政部长——王明注）希望同我们进行谈判，这得到了实际情况的证实。宋〈子文〉已经派董健吾牧师去苏区，他是穿过张学良军队的辖区到苏区去的，但没有结果。""同张学良已经达成协议，我们在他那里已设有代表"。"董健吾牧师派人带一封信通过朱德去见毛泽东④。""为了谈判，陈立夫和陈果夫积

---

① 潘合定：《周恩来与抗日民族统一战线的形成》，《中共党史资料》第 29 辑，第 107 页；《王明给毛泽东、朱德和王稼祥的信》，中共中央党史研究室第一研究部译：《共产国际、联共（布）与中国革命档案资料丛书》第 15 册，中共党史出版社 2007 年版，第 111 页。

② 李良志著：《度尽劫波兄弟在——战时国共关系》，广西师范大学出版社 1993 年版，第 42 页。

③ 即曾山。

④ 原文如此。在王明的翻译手稿上为：见毛泽东和朱德。

极寻求同我们联系，但是他们没有同邓〈文仪〉联系”。①

4 月 13 日，福建事变领导人陈铭枢到达莫斯科，与王明进行了交谈，并向王明提交了《中华民族革命同盟为同中共就建立抗日民族统一战线问题进行谈判提出的建议》。7 月 1 日，陈铭枢在致中共中央委员的信中谈到与王明等人的谈判，说“这次我们到这里来同王明和康生同志谈判，了解了贵党实际的和果敢的新政策，再一次使我们相信贵党对革命事业的坦诚和忠贞”，并说：“王明同志在其《抗日救国的政策》小册子中提出了‘工作转变’、‘经济和土地政策’、‘商业和工业政策’、‘劳动’、‘政治制度’、‘对外政策’等问题，我认为，所有这些都是王明合作的基点”②。

7 月 22 日，王明在共产国际执委会书记处会议上曾严厉批评中共中央瓦窑堡会议作出的“抗日反蒋”的决议。对此，季米特洛夫当场说：“我认为，王明同志在书记处面前对政治局决议的批评，很大程度上也是适用于王明同志本人的。”③不过在第二天，季米特洛夫在共产国际执行委员会书记处会议上的关于中国问题的发言中又说：“王明同志对党的批评态度绝不意味着破坏中国共产党的影响。这种批评态度应该是有利于党的。”并“建议以王明同志的建议为基础委托王明同志和一些中国同志”跟他一起校订即将发出的《共产国际执行委员会书记处给中共中央书记处的电报》④。

1937 年 2 月 10 日，中共中央发出致国民党五届三中全会电。其中提出停止内战，一致对外；保障言论、集会、结社的自由，释放一切政治犯；召开各党各派各界各军的代表会议，集中全国人才，共同救国；迅速完成对日作战的一切准备工作；改善人民生活等五项要求，并提出如果国民党将五项要求定为国策，共产党愿意实行四项保证：停止武力推翻国民党政府的方针；苏维埃政府改名为中华民国特区政府，红军改名为国民革命军；特区实

① 《潘汉年给王明的信》，中共中央党史研究室第一研究部译：《共产国际、联共（布）与中国革命档案资料丛书》第 15 册，中共党史出版社 2007 年版，第 220—222 页。

② 中共中央党史研究室第一研究部译：《共产国际、联共（布）与中国革命档案资料丛书》第 15 册，中共党史出版社 2007 年版，第 211—212、216—217 页。

③ 杨奎松：《毛泽东与莫斯科的恩恩怨怨》，江西人民出版社 1999 年版，第 68 页；李东朗：《王明到底有什么国际背景》，《百年潮》2008 年第 12 期。

④ 中共中央党史研究室第一研究部译：《共产国际、联共（布）与中国革命档案资料丛书》第 15 册，中共党史出版社 2007 年版，第 233 页。

行彻底的民主制度；停止没收地主土地的政策。这四项保证是对国民党的重大让步。这种让步是有原则的，在国难当头的情况下也是必要的。这五项要求和四项保证引起巨大反响，并得到国民党内部抗日派的赞同。据孟庆树说，王明在此之前曾提出三个让步条件，即：(1) 为停止内战，停止没收地主土地；(2) 为组织全国统一的国防政府，将中国苏维埃政府改名为地方民主政府；(3) 为组织全中国统一的抗日联军，将中国工农红军改名为人民革命军。在中共中央发出致国民党五届三中全会电前，斯大林曾指示将王明提出的三个让步条件电告中共中央。她说："1937 年 2 月 10 日，中共中央给国民党三中全会的电报，奠定了国共合作共同抗日条件的基础。当时蒋介石召集国民党三中全会，主要地为的解决国共合作抗日的问题。可是，以汪精卫为首的亲日派和盲目反共分子对蒋介石和国民党三中全会施加很大的压力，攻击蒋介石在西安被捕后，向中共和张、杨投降，接受他们的条件；借口中国存在两种完全不同的政府和军队，而且进行长期的内战，没有团结全国进行抗日战争的可能；妨害国民党三中全会通过国共合作抗日的决议。斯大林同志此时打电话给季米特洛夫同志，要他告诉王明同志：立即把王明同志原来拟定的、在国共谈判最后时期为促进两党合作抗日、而向国民党提出的所谓王明的让步的三个条件……正式电告中共中央，以便中共中央将我们要求国民党让步的条件，加在一起，发电报给国民党三中全会，打破亲日派的各种借口，促成国共合作的协定。""中共中央给国民党三中全会的电报，基本上起了上述预期的作用。"[①] 按照她的说法，中共中央致国民党五届三中全会电中提出的让步条件，与王明的提议是有关系的。

在 1936 年，王明有几件事还值得一提：

第一件是辞去共产国际分管拉丁美洲事务的职务。

王明在 1935 年 8 月当选为执行委员会常委、书记处书记后，分工管理亚洲和拉丁美洲各国共产党的工作。鉴于中国共产党方面的工作已经很繁重，而且"应为预期的回〈国〉做准备"，1936 年 7 月 14 日，他给共产国际执行委员会书记处季米特洛夫写报告，"向书记处提出解除我所担负的拉

① 孟庆树：《陈绍禹——王明传记与回忆》（手写复印稿）。

美国家方面工作的问题”①。7月26日，共产国际执行委员会书记处成员听取了王明请求解除他的中南美国家党的领导职务的申请，飞行表决接受他的申请，委托曼努伊尔斯基同志暂时担任中南美国家党的领导职务。② 对此，王明在1966年1月27日《关于拉丁美洲工作问题》的回忆录中说：1933年年底（或1934年年初），在莫斯科开过一次拉丁美洲共产党代表会议。拉丁美洲工作那时归曼努伊尔斯基管。他认为拉丁美洲已处于俄国十月革命前夜的情况，党的主要政治路线是孤立小资产阶级政党，推翻资产阶级，实行无产阶级革命。共产国际执委第十三次全会后，1934年春决定我去管拉丁美洲部的工作。我一看到上述关于拉丁美洲的决议，就开始研究巴西、智利、阿根廷、乌拉圭等国家的情况。研究的结果，认为这些国家的主要任务应该是建立反帝的民族统一战线（有些国家是反美帝的，有些国家是反英帝的），同时反对本国的与帝国主义有密切关系的大买办阶级和大农场主。因此，不仅不应当孤立小资产阶级政党，而且要联合反帝的民族资产阶级党派。因为那里当时的革命性质是反帝国主义的资产阶级民主革命，所以不能在巴西马上就组织苏维埃政权。巴西当时有个民族解放联盟，参加的有一切反帝的党派，是一个反帝联盟。我告诉巴西同志要参加进去并发展它，不能马上组织苏维埃政权，因为苏维埃是阶级斗争发展到一定阶段的结果，而不是斗争的开始。巴西同志同意我的意见。拉丁美洲部和巴西同志一起开会起草了一封信给巴西党，要他们不要搞苏维埃红军，而搞反帝统一战线。在共产国际七次大会时，我在讲话里实际上纠正了拉丁美洲共产党三次代表大会的错误。拉丁美洲同志都同意我在共产国际七大的讲话，曼努伊尔斯基也不好反对。但是，曼努伊尔斯基瞒着我和季米特洛夫等国际领导同志，他经过共产国际驻巴西的代表，又直接去指挥巴西共产党，还是搞原来的一套：要他们武装起义，首先在巴西的京城起义！在1936年夏天的某日，曼努伊尔斯基

---

① 《王明致共产国际执行委员会书记处的报告》，中共中央党史研究室第一研究部译：《共产国际、联共（布）与中国革命档案资料丛书》第15册，中共党史出版社2007年版，第239页。

② 《根据共产国际执行委员会书记处成员飞行表决结果整理的第61（A）号记录（摘录）》，中共中央党史研究室第一研究部译：《共产国际、联共（布）与中国革命档案资料丛书》第15册，中共党史出版社2007年版，第238页。

拿出电报来给我们看，并且说："收到巴西党来电，今晚就要在巴西京城起义，明天可以胜利！"我们都很吃惊地问他：为什么事先不和我们商量？结果，次日起义失败。因此，我向季米特洛夫提出辞去管拉丁美洲部工作的任务，季米特洛夫也只好同意了。

第二件事是在肃反运动中揭发米夫。

在肃反运动前，王明一直吹捧米夫。李国华于1943年9月20日写的《关于王明同志的一些材料》说：王明说米夫是斯大林的门生，是七十几个人的训练班的学生，苏联现在大多数的省委书记是那个训练班的人担任的，斯大林的《列宁主义问题》就是在这个训练班讲授时用的讲义。米夫是个中国通，中国党的八七会议、六次代表大会，米夫都是积极参加者和领导者，①四中全会上米夫为国际的全权代表，现在又著了《中国革命问题》一本，这是中国革命的指南，也是我们的党史。因此，米夫在中国革命的功劳是不可抹杀的。

但是，米夫在肃反运动中被清查以后，王明立即起来揭发。据师哲回忆说："1935年清党，1936年肃反，接着几个案件，都牵扯到米夫。米夫被揪出来，在共产国际全体人员大会上斗。有人揭发米夫是托派，说他和季诺维也夫、布哈林、拉迪克都有联系。这时米夫一手提拔起来的王明，看见米夫倒台了，摇身一变，大力揭发米夫，打得米夫晕头转向。有一次，季米特洛夫曾告诉周总理：唉！事情已经过去三、四年了。王明可不得了，他本来是米夫一手提拔和培植起来的，米夫又是他的老师，但在肃反时，王明反戈一击，把米夫搞得体无完肤，这个人太机灵了。弦外之音，即此人危险。"②他还说："王明平时在米夫面前俯首帖耳，唯命是从，两人俨然是师生父子。但在1936年至1937年米夫被揭发为政治反革命、托派分子时，被米夫一手提拔和培养起来的王明立即来了一个一百八十度大转弯，他反戈一击，把米夫揭批得体无完肤。王明这么摇身一变，又成了百分之百的布尔什维克。共

① 米夫没有参加中共八七会议，此处回忆有误。

② 《师哲的点滴回忆》，中国社会科学院青少年研究所青运史研究室1983年编印：《青运史资料与研究》第3辑，第251页。

产国际执行委员会总书记季米特洛夫感叹道：‘王明真机灵！’”[1]1939年末季米特洛夫在同周恩来的谈话中还说：“王明本来是米夫的学生，也是米夫一手培养、提拔起来的，同米夫共事多年。王明是很机灵、精明的，当他一嗅到米夫出了问题时，就立即转过头来同米夫做斗争，而且极力揭发批判他。这样，王明就站在了正确一边，同米夫划清了界限。王明是个很机灵、很会转弯子的人。”[2]

第三件事是对西安事变的态度。

1936年12月12日，西安事变爆发。王明撰写《论西安事变》，并在回忆中说他预见到有和平解决的可能，在文章中阐述了这种观点，后来得到斯大林的肯定。孟庆树在回忆中也说：“西安事变发生的当夜，斯大林同志派人送给季米特洛夫和王明同志一个亲手用铅笔写的纸条。其中写道：‘西安事变是直接有利于日本帝国主义’，并要他们立即发电给中共中央，作为共产国际对西安事变的指示。季米特洛夫同志问王明同志对这个指示有什么意见，王明同志回答说：‘我感到这个指示只讲到问题的一个方面，而西安事变有两种解决的可能：一种是刚同希特勒会谈后，兼程赶回中国的亲日派领袖汪精卫到达南京后，能够发动空前大规模反共、反张（学良）杨（虎城）[3]的内战，那么西安事变客观上会产生有利于日本帝国主义的结果；另一种可能：西安事变和平解决，在中国共产党、张学良和杨虎城同蒋介石之间达成停止内战一致抗日的协议，那么西安事变就将产生有利于中国人民，而不利于日本帝国主义的结果。’季米特洛夫同志说：‘公开地说：我同意你的意见。’王明同志说：‘那就请你马上打个电话给斯大林同志，请他立即接见我们，以便向他陈述我们的意见。’季米特洛夫同志说：‘斯大林同志既然直接派人送来指示，要我们立即发出去，那就是他完全相信自己的意见的正确，没有同我们交换意见的必要。在这样情形下，不能向他提出不同的意见，只能照他的指示办。’次日，斯大林同志要王明同志马上写一篇《论西安事变》的文章，在《共产国际》上发表。王明同志把写好的文稿送给季米特洛夫同

---

① 师哲：《在历史巨人身边——师哲回忆录》，中央文献出版社1991年版，第117—118页。

② 师哲：《在历史巨人身边——师哲回忆录》，中央文献出版社1991年版，第142页。

③ 即杨虎城，下同。

志看时，季米特洛夫同志提议把文章前面的一小段对西安事变两种可能的估计，改成为基本上符合斯大林同志估计的内容。王明同志说：‘我作为中共驻共产国际的代表，如对西安事变只写一种如斯大林同志作的估计，那将给中共代表团在西安同张、杨接洽，以及同张、杨一起向蒋介石进行谈判，造成很大的困难。’季米特洛夫同志说：‘我了解你的意思。我叫人把那小部分改一下，不用你的签名，而用伊·杰克签名好了。’（斯大林同志见到此文后，问季米特洛夫同志：‘为什么王明同志的文章用伊·杰克签名发表？’季米特洛夫同志把王明同志对西安事变的意见，以及为何不用自己签名发表的经过，都告诉了斯大林。斯大林同志当时未表示任何意见。在西安事变和平解决一个半月后，斯大林同志告诉季米特洛夫同志说：‘假如王明给中共中央关于西安事变的指示像王明同志提的那样，可能更合适些。’同时，他请季米特洛夫同志把他的这个意见转告王明同志）。”① 但12月14日深夜12点，斯大林在收到一份电报后忽然给季米特洛夫打电话，询问：“王明在你们那里做什么事？他是个挑衅者吗？他想发电报让他们枪毙蒋介石”。季米特洛夫说：“我不知道有这种事！”② 这说明王明对西安事变的分析并不像他说的那样。

第四节　回国前后

1937年8月10日，共产国际执委会书记处举行会议讨论中国问题。王明在会上作了题为《日本帝国主义侵略的新阶段和中国人民斗争的新时期》的报告。季米特洛夫对王明的报告作了肯定，并认为需要派他这样的人回国。他说：“王明同志的报告是有点儿鼓动性，有点儿乐观的。他很清楚，我们也不止一次地同他谈过，摆在中国党面前的问题是极其复杂的，党内

① 孟庆树：《陈绍禹——王明传记与回忆》（手写复印稿）。

② 《季米特洛夫日记》，又见中共中央党史研究室第一研究部译：《共产国际、联共（布）与中国革命档案资料丛书》第17册，中共党史出版社2007年版，第523页。

情况是很特殊的”；“需要很了解国际形势的新人去援助中共中央。中央本身也需要援助，特别是在战争时期”；“王明的这篇很好的报告需要改写成文章。要从这篇报告为国际新闻写这样一篇文章，使它能动员群众保卫中国人民”。[①]会议决定成立由王明（负责人）等组成的专门委员会，并责成该委员会在五天内制定出具体建议。[②]

1937年10月11日，王明、孟庆树与女儿芳妮在一起

10月21日，王明与康生联名致信斯大林，要求在回国前能接见他们，以便得到斯大林“对一系列重大问题的建议”[③]。11月王明启程回国。之前，前去会见了前去苏联养病的王稼祥，以及斯大林和季米特洛夫。

王明与斯大林会见时，在座的有康生、王稼祥、邓发、季米特洛夫等人。关于这次会见的情况，王稼祥在1968年5月写的《我的履历》中说：

① 马贵凡译：《季米特洛夫关于中国革命的两个文件》，《党史资料通讯》1987年第10期。

② 中共中央党史研究室第一研究部译：《共产国际、联共（布）与中国革命档案资料丛书》第18册，中共党史出版社2012年版，第5页。

③ 中共中央党史研究室第一研究部译：《共产国际、联共（布）与中国革命档案资料丛书》第18册，中共党史出版社2012年版，第12页。

> 当我进入斯大林办公室时，我被介绍说，这是不久才从陕北来到莫斯科的。斯大林就问红军有多少人？我说，在陕北约 3 万人。王明就插上来说是 30 万。因为俄文中没有“万”字，而是说 30 千或 300 千。斯大林就说，重要的是红军每个战士都是真正的战斗员，而不是吃粮的。后来谈话就涉及到同国民党的统一战线。斯大林曾说，不要害怕共产党会淹没在民族解放斗争中，共产党人应该积极地参加到民族解放斗争中。①

王稼祥 1941 年 10 月 8 日下午在中央书记处工作会议上的发言中，也谈到这次会见的情况：

> 当王明问中国革命战略阶段时，斯答复现在主要的是打日本，过去这些东西现在不要谈。当谈到军事工业问题时，斯说没有大炮是很困难的，苏联愿给以帮助。谈到政权问题时，斯说将来你们军队到了那里，政权也会是你们的。谈到战略问题时，斯说打日本不要先打头，这实际便是要打游击战争。②

王稼祥在《回忆毛主席革命路线与王明机会主义路线的斗争》一文中还说，王明这一次又居心不良，他利用会见斯大林的机会来报私仇，说周达文、俞秀松二人是坏人，并在斯大林面前指责马列学院的凯撒诺娃包庇他们两人。不久，周达文被捕，凯撒诺娃也被撤了职。在王明、康生回国前，他们还同王稼祥一起会见了季米特洛夫。王稼祥 1941 年 10 月 8 日下午在中央书记处工作会议上的发言中，也谈到这次会见的情况。他说：“季对王明说：你回中国去要与中国同志关系弄好，你与国内同志不熟悉，就是他们要推你当总书记，你也不要担任。”“对于中国党的路线，我的印象没有听过国际说过路线不正确的话。”“对于张国焘的问题，记得季米特洛夫说过张国焘在中

① 朱仲丽：《王稼祥同志传达共产国际一次重要指示的前前后后》，《革命史资料》第 7 集，文史资料出版社 1982 年版，第 29 页。

② 徐则浩：《王稼祥对六届六中全会的贡献》，载《文献与研究》1986 年第 4 期。

央不是一个好家伙”。①

师哲在回忆任弼时的文章中曾说，有一次季米特洛夫同任弼时谈话说，在王明回国前，他们就提醒过王明：虽然你在国际工作了多年，而且是执委会成员和书记处书记之一，但你回国去并不代表国际，而且你长期离开中国，脱离中国革命实际，所以回去以后，要以谦逊的态度，尊重党的领导同志，中国党的领导是毛泽东，不是你，你不要自封领袖。可是王明回国以后，处处以国际代表和领导自居，动辄指责别人，甚至把自己凌驾于中共中央之上，在工作中闹独立性，完全辜负了季米特洛夫的提醒和期望。

11 月 14 日，王明、康生等乘苏联军用飞机离开莫斯科到达新疆迪化(今乌鲁木齐)。孟庆树说，王明这次回国是由于蒋介石的邀请。她说：“从 1932 年到 1934 年，中国工农红军离开苏区前，王明曾几次地要从苏联回中国去，都因交通联系被破坏而未回成。1936 年也曾几次地作过回去的打算，没有成功。而 1937 年抗日民族统一战线建成了。蒋介石派其代表张冲到莫斯科来‘请王明先生回国去共商国是’。于是我们于 1937 年 11 月 14 日晚离开了莫斯科。”“我们乘火车到阿尔马阿塔，又乘飞机（重轰炸机 T.Б.3）到新疆的迪化。蒋介石的代表和我们同机到达。当时新疆的督办盛世才和苏联和中共的关系都很好，所以招待得很周到。”②

在此期间，他还不放过对俞秀松的迫害。俞秀松与周达文、董亦湘被赶出列宁学院后，于 1933 年由联共（布）派到伯力做文化教育工作。周达文、董亦湘一直在伯力工作到 1937 年被捕，以后下落不明。俞秀松到伯力后担任《工人之路》报的副总编辑。这个报纸是远东边区区党委领导的唯一的中文报纸，是向该地区的中国工人介绍国际形势、进行思想政治教育的。1935 年，新疆军阀盛世才与苏联拉关系，向苏联要干部。联共（布）就从苏联各地的中国同志中选了 25 名干部派到新疆，其中就有俞秀松。俞到新疆后，化名王寿成，担任新疆民众反帝联合会秘书长兼新疆学院院长、省立第一中学校长等职。盛世才是反帝联合会的名誉会长，实际工作由俞秀松主持。俞秀松作风正派，善于团结群众、干部，刚直不阿，敢于同邪恶势力作斗争，

① 徐则浩：《王稼祥对六届六中全会的贡献》，载《文献与研究》1986 年第 4 期。

② 孟庆树：《陈绍禹——王明传记与回忆》（手写复印稿）。

俞秀松像

工作很有成绩，威信很高。老牌国民党反动分子邱宗溶是盛世才的岳父，任伊犁河警备司令，作风恶劣，贪污盗窃，抢劫民财，民愤很大。俞秀松得知后非常生气，亲找盛世才，力主严肃处理。盛世才无奈，只得组织调查团调查。因为证据确凿，邱被撤职。伊犁百姓拍手称快，但俞秀松却因此而遭盛世才忌恨。再加上俞秀松在新疆的威信越来越高，使盛世才感到害怕。这样，盛世才就想除掉俞秀松。但是俞秀松是在他的要求下由苏联正式派来的，他不敢轻易动手。正好这时王明、康生由苏联回国路过新疆，在迪化（今乌鲁木齐）见到盛世才。王明以“可以保证得到苏方更多的支持”，“可以从延安派人来新疆帮助盛工作”为条件，向盛世才提出“必须肃清此间的反革命托派分子”。盛世才不知谁是托派，就把苏联派到新疆的25名干部的照片，拿给王明、康生识别。王、康当即指示，新疆反帝总会秘书长王寿成（即俞秀松）、保安局长张义吾、副局长任岳夫妇、汽车局副局长江泽民、外交办事处长（后任喀什区行政长）万献廷、和田行政长郑一俊夫妇等都是托派。并指出上述这些人应当立即关押，就地处理。结果，由苏联派去的25名干部，除一人外全部被捕。王明、康生离开新疆时还说：对于俞秀松等人的问题，我们直接给共产国际去信反映，以便配合苏联正在进入高潮的肃反运动。

盛世才捕了人，但不敢“就地处理”。他把事情经过向苏联总领事馆和盘托出后，领事馆报告了莫斯科。莫斯科派了调查组，经过调查，认为俞秀松等人不是反革命，也没有进行反革命活动。他们既然是由苏联派来的，应由苏联调回复查，不能就地处理。1938年4月，俞秀松、万献廷被送回苏联，其余人均被释放。王明、康生到延安后，一方面向共产国际写信，一方面公开发表文章。康生在1938年2月8日出版的《解放》第30期上，发表题为《铲除日寇侦探民族公敌的托洛茨基匪徒》一文，说周达文、俞秀松、董亦湘等人“是在苏联的中国托洛茨基匪徒、日寇的奸细、陈独秀最好的干部”。王明、康生的信及文章不能不影响到苏联对俞秀松等人的处理。和俞秀松一起被送回苏联的万献廷，1958 年回国探亲，对曾在新疆工作的赵云容说：他和俞秀松是同机飞回苏联的。到莫斯科后，他们两人便同时下了大狱。在审问万献廷时，问他是否反对王明。万说，他反王明，但没在旅莫支部待过(因为较俞秀松晚一年到苏联)。结果，他被流放到北冰洋一个煤矿的劳动营里做苦工，关了几年后才放出来。而俞秀松在审问时，承认自己是反对王明的，而且在旅莫支部待过，结果就受了重刑。开始还听到他受刑时的凄惨叫声，后来声音渐微，就再也听不见了。俞秀松是在监狱里受重刑致死的，时间大约是 1938 年夏。

对于这种情况，江泽民[①]回忆说："一九三七年冬王明和康生从莫斯科回延安，中途在新疆停下，见到盛世才。会见时，盛世才把我们的相片拿出来。盛世才问王明这些人怎么样。王明说：这些人都不是好人。王明还答应说，回延安后，我们把这些人的材料，给你送来。这样，盛世才才敢把我们逮捕。以前碍于这些人是苏联派来的，不敢动手。"结果江泽民和俞秀松等人都被捕了。后来江泽民被放出，俞秀松和万献廷被送回苏联。[②]嵇直也回忆说："一九三七年我回到莫斯科，被安排在内务部边防总局工作。这期间，我听从新疆来的人说，王明、康生由莫斯科去延安，路经迪化时，利用盛世才向共产党投机的意图，抛出他们可以介绍盛世才加入中国共产党，并可以从延安派人来新疆帮助盛工作为诱饵，向盛提出，必须肃清此间的反革命托派分子方可。假使这样，还可以保证得到苏方更多的支持。由于盛不知谁是托派，乃收集了有关照片，请王、康识别。王、康当即指出：新疆反帝总会秘书长王寿成、保安总局长张义吾、副局长任岳夫妇、汽车局副局长江泽民、外交办事处长（后任喀什区行政长）万献廷、和田区行政长郑一俊夫妇等都是托派。并指示：上述这些人，应当即关押，就地处理。"盛世才将这些情况报告了苏联总领事，苏联总领事报告了莫斯科，莫斯科便派工作组去帮助审讯，结果将其他人释放了，"由于共产国际中国部得到王、康的来信，致使俞秀松和万献廷被送回苏联严肃处理"，后来得知"俞秀松已牺牲

① 原名江克明。

② 《江泽民谈俞秀松》，中国社会科学院青少年研究所青运史研究室 1983 年编印：《青运史资料与研究》第 3 辑，第 244 页。

1937年11月29日，王明（正中）与欢迎者们在飞机前合影

在苏联”。[①]

俞秀松、周达文、董亦湘的被害，使中国共产党失去了一批优秀的党员和干部。

11月29日，王明、康生等由新疆回到延安。当时，中共中央领导人毛泽东、张闻天、朱德等前往机场热烈欢迎，毛泽东以《饮水思源》为题致欢迎词说：“欢迎从昆仑山上下来的‘神仙’，欢迎我们敬爱的国际朋友，欢迎从苏联回来的同志们，你们回到延安是一件大喜事，这就叫做‘喜从天降’。”[②] 据张国焘回忆说，当时“彼此握手拥抱”，“一堂欢叙，所谈都是高兴的事”[③]。

当晚，毛泽东请王明、康生吃饭。[④] 以后在陕北公学大院，毛泽东、张

① 《我所知道的俞秀松》，中国社会科学院青少年研究所青运史研究室1983年编印；《青运史资料与研究》第3辑，第270—272页。

② 刘俊民：《试论王明右倾投降主义的形成》，《齐齐哈尔师范学院学报》1982年第1期。

③ 张国焘：《我的回忆》第3册，现代史料编刊社1981年内部版，第417页。

④ 曹仲彬等：《访问陈永录谈话记录》，曹仲彬、戴茂林：《王明传》，吉林文史出版社1991年版，第287页。

闻天主持召开欢迎大会。据参加这次欢迎大会的李光灿回忆："毛泽东、张闻天主持会议，欢迎驻共产国际代表王明、康生、陈云回国。王明有一个讲话，极有煽动性。他首先讲，他们能回来，是共产国际派回来的，斯大林派回来的；其次他讲，我们几个人都是中国共产党派驻共产国际的代表，没有什么地方值得欢迎的，应当欢迎的是毛泽东同志，并举了几个例子加以说明。康生、陈云也讲了话，讲得很短。张闻天讲完话后，毛泽东才讲话，他讲得很热烈、很兴奋。毛泽东很高兴，好象[像]喝了点酒。"①

1937 年年底王明与毛泽东在延安

李德回忆说："当晚，在小范围内举行了欢迎仪式……我听说，毛泽东赞扬了王明在起草 1935 年 8 月 1 日宣言时的积极行动，这一行动为民族统一战线打下了基础。洛甫特别提到王明在克服 1931 年李立三路线时的作用，和他多年来在共产国际中的卓有成效的活动。""王明是共产国际主席团和书记处的成员，又是共产国际的发言人，据说他可能强调了毛泽东在党内的领导作用，但同时也指出了加强包括张国焘在内的集体领导的必要性，并主张在维护中国共产党的独立和自主的情况下，在民族统一战线中加强同国民党和蒋介石真诚紧密的合作。""至于这次欢迎会上的讲话（如果我转述是正确的话），只是一种在国内流行的客套，还是具有什么深远的含意，这对于我这个没有参加欢迎会的人来说，就很难判断了。面面俱到的赞美之词很象［像］是空洞的客套，然而，王明

① 戴茂林等：《访问李光灿谈话记录》，曹仲彬、戴茂林：《王明传》，吉林文史出版社 1991 年版，第 287 页。

的讲话也可以被看作是对毛的党内政策以及全国政策的十分谨慎的批评。”①

对于王明这次回国的原因，很多人认为王明是被共产国际派回来夺毛泽东的权的。理由是这一时期，共产国际同以毛泽东为首的中共中央发生了矛盾：毛泽东要坚持独立自主，而共产国际却要求中国共产党人不惜放弃政权与军队，一切服从于蒋介石国民党。但陈松友在《王明回国是向毛泽东夺权吗？——抗战初期共产国际派王明回国原因之我见》中，认为“王明回国向毛泽东夺权”的说法是站不住脚的。首先，这一时期毛泽东在党中央不居领袖地位，而且在共产国际的认识当中，也并不存在一个以“毛泽东为首”的党中央，“向毛泽东夺权”在逻辑上说不通。其次，王明回国前，共产国际认为王明不适合作中共领袖。最后，如果共产国际派王明回国向毛泽东夺权，那么，在王明回国前后也不会极力宣传毛泽东，并公开支持毛泽东做中共领袖。②郭国祥、丁俊萍在《论抗战初期王明与毛泽东的合作和分歧》中也说：说王明回国是夺毛泽东的权，或者说是挑战毛泽东的权威，实际上这种看法是不符合当时实际的。首先，当时中央的总书记是张闻天而不是毛泽东。其次，王明当时的地位要高过毛泽东，他的权威和影响也要高过毛泽东。③

对于途中和回到延安后的感想，王明曾作《飞过大西北》和《不胜今昔之感（离上海与到延安）》两首诗以记之。其中《不胜今昔之感》诗曰：

国际连番命启程，日船悄悄四人行；
六年中外风云变，蒋请苏机万众迎。④

王明回国的兴奋之情跃然纸上。

① 《中国纪事》，现代史料编刊社 1980 年版，第 298 页。
② 《西南师范大学学报（人文社会科学版）》2004 年第 2 期。
③ 《武汉理工大学学报（社会科学版）》2008 年第 1 期。
④ 《王明诗歌选集（1913—1974）》，莫斯科进步出版社 1979 年中文版，第 168 页。

第八章　推行右倾错误

第一节　右倾思想的形成

王明回到延安后，中共中央真诚地期望他能同心同德，与其他中央领导者一起工作。然而，他却以钦差大臣自居，一回来就反对中共中央关于抗日民族统一战线的路线、方针、政策。

为了贯彻共产国际和斯大林的主张，王明回国后即提议召开中央政治局会议。1937 年 12 月 9 日到 14 日，中共中央政治局会议在延安召开。9 日，王明在会上作了《如何继续全国抗战与争取抗战胜利呢?》的报告。此报告有一个文字的报告大纲，但他所讲的与这个大纲并不完全一样。在这个报告中，他主要讲了如下一些问题：

1. 怎样实现党的策略问题。目前决定中日战争胜负的根本因素：第一个因素是决定中国人民的团结与统一，今天在抗战中全国人民更加团结统一起来，国民党在抗战中是有进步的表现：(1) 南京政府开始走向统一的政府；(2) 开始实行国防政府的任务。其次，表现为全国军队的统一指挥，“没有统一的国防军和统一的正规军是不能战胜日本帝国主义的，游击战不能战胜日本”。其三，表现为中国政府开始走向民主自由，救国运动在各地发展。上述三点说明中国民族开始走向团结统一，开始走向统一的军队与政府，这是向着好的方面发展的，是基于国共合作上得来的。第二个因素决定于日本帝国主义内部的矛盾。第三个因素是，国际对于中国抗战的援助。以上三个条件对中国是有利的。

2. 4个月来抗战的经验教训。

3. 目前的中心问题是如何争取抗日战争的胜利，如何巩固统一战线，即是如何巩固国共合作问题。民族统一战线的国共合作的内容是：(1) 各党派的合作；(2) 建立全国统一的军队；(3) 建立统一的政权。统一战线是包含两个或两个以上党派的合作，“今日中国共产党帮助谁，谁是朋友，就是要看谁抗日不抗日，决定敌友主要标准是抗日不抗日，不应以其他条件为友敌”。在统一战线中，国共摩擦是不可免的，我们不要害怕也不要企图完全消灭摩擦。在统一战线中，两党谁是主要力量？“在全国政权与军事力量上，要承认国民党是领导的优势的力量。我们不能提出要国民党提高到共产党的地位，共产党也不能投降国民党，两党谁也不能投降谁。现在不能空喊资产阶级领导无产阶级或无产阶级领导资产阶级问题，这是将来看力量的问题，没有力量，空喊无产阶级领导是不行的。空喊领导只有吓走同盟军。如西班牙现在实际上已是无产阶级领导，但没有喊无（产阶）级领导。现在欧洲资产阶级也看马列主义，资产阶级知道无产阶级领导是无产阶级专政的萌芽。因此我们不能说是谁领导谁，而是国共共同负责共同领导”。“现在国民党不能用分成左、中、右三派的分法，我们要看到国民党主要力量是黄埔系，如果这样分法会帮助蒋介石团结他们的力量，他们也知左中右提法的意义，我们应分为抗日派与降日派”。“对于CC与复兴社过去是叫法西斯蒂，现在应公开纠正过来，法西斯蒂是侵略殖民地的。要说明法西斯蒂是侵略主义，复兴社是主张民族独立与社会进化，要用这种理论去对付日本。同时CC、复兴社也不同（于）法西斯主义，对于叛徒只是一部分问题，不能因此而使许多革命青年离开我们”。“我们对于阎锡山的态度应非常慎重，要与阎锡山建立好的关系来影响全国，不要使人家感觉与共产党联合便要失败”。“我们的斗争方式也要注意，如章乃器说多建议少号召在一定的程度上是有意义的。我们对蒋介石也要采用与他们商量的办法，不要说这些纲领是共产党提的，非要蒋介石执行不可，这样反不好”。“今天的中心问题是一切为了抗日，一切经过抗日民族统一战线，一切服从抗日，现在我们要用这样的原则去组织群众，今天不是组织狭小的群众团体，而是利用现在合法的团体，要登记，读总理遗嘱也可以，要利用合法，取得合法，争取一切宗教的合法的团体，只有采用公开的合法的办法才能扩大统一战线，否则还是没有办法去扩大统一战线的”。

报告还说：“我们对政权问题，不要提出改造政权机构，而是要统一的国防政府。我们的口号不是过早提出肃清汉奸分子，而是在政府逐渐驱逐汉奸分子，其次是有能力有威信的分子加入政府”。“特区是新中国的雏形，它的政权实质是要成为抗日模范。要使人家一到特区便感觉特区是中华民国的组成部分”。“行政制度在山西等地区不能建立与特区同样的政策，要同样用旧县政府、县长，不用抗日人民政府等。少奇同志写的小册子提得太多，提打大地主当作政策是不对的，提出单打维持会也是不对的，这样便帮助日本建立社会力量的基础”。“对于中国的军队不是说旧军队不行，要改造旧军队这是不策略的口号，总的口号是在旧的军队基础上改造军队。同时不能说旧军队是军阀军队不能打仗，这样便使人不满，而应在现有基础上扩大与巩固军队。我们主张反对地方不服从中央，同时反对中央歧视地方……不要使蒋阎等感觉他们自己是军阀，将来是被打倒的，要说明抗日军队不是军阀，说明军阀也可变为抗日军队。”“我们要拥护统一指挥，八路军也要统一受蒋指挥，我们不怕统一纪律、统一作战计划、统一给养，不过注意不要受到无味［谓］的牺牲”。“红军的改编不仅名义改变，而且内容也改变了。现在要保存红军的独立，(1) 保障党的领导；(2) 保障自己干部的领导；(3) 建立自己的教育与政治工作；(4) 打胜仗的模范。我们要将我们的军队扩大到 30 万，但方式上不要使人害怕”。“我们八路军新四军是要向着统一的方向发展，而不是分裂军队的统一”。

报告还说：“中国要争取抗战胜利，只有动员几万万人民参加抗战才能取得胜利，但国民党害怕民众起来。过去提出国民党片面抗战，是使他们害怕，要提出政府抗战很好，要动员广大人民来帮助抗战，不要提得那样尖锐，使人害怕，只好在党内提，不能在外面提出来”。“现在中国需要统一的群众组织，不要分裂的群众组织，在抗战条件下不怕国民党限制，而是我们的方法不好，我们一定要争得合法，到国民党去立案，市党部来参加，利用合法来组织群众”。“关于改善人民生活问题，工人简单的只提出行会的要求也是不对的，防止过左的口号”。

在一个更详细的记录稿上，这个报告还有如下的内容：

第一，说全国抗战后政治制度“开始民主化”，对国民党“不能用分成左、中、右三派的分法"，"过去提出国民党片面抗战，是使他们害怕，要提出政府抗战很好"，"对于CC与复兴社过去是叫法西斯蒂，现在应公开纠正过来"等。

第二，说"现在不能空喊资产阶级领导无产阶级或无产阶级领导资产阶级问题，这是将来看力量的问题，没有力量空喊无产阶级领导是不行的，空喊领导只有吓走同盟军"，"因此我们不能说是谁领导谁"。在军队问题上，报告虽然谈到"八路军如何保障独立性问题"，但认为"我们要拥护统一指挥，八路军也要统一受蒋指挥"，并说"红军的改编不仅是名义改变，而且内容也改变了"。报告提出："今天的中心问题是一切为了抗日，一切经过抗日民族统一战线，一切服从抗日"。

第三，说"不要提出改造政权机构"，不要"过早提出肃清汉奸分子"，"行政制度在山西等地区不能建立与特区同样的政策，要同样用旧县政府、县长，不要用抗日人民政府等"，并批评刘少奇写的小册子"提得太多，提出打大地主当作政策是不对的，提出单打维持会也是不对的"，还说"对于中国的军队不是说旧军队不行，要改造旧军队这是不策略的口号，总的是在旧的军队基础上改造军队"。

第四，说"今天不是组织狭小的群众团体，而是利用既在合法的团体，要登记，读总理遗嘱也可以，要利用合法，取得合法，争取一切宗教的合法的团体"；"现在中国需要统一的群众组织，不要分裂的群众组织，在抗战条件下不怕国民党限制，而是我们的方法不好，一定要争得合法，到国民党去立案，市党部来参加"。

第五，说"没有统一的国防军和统一的正规军是不能战胜日本帝国主义的，游击战不能战胜日本"等。

王明所作的《如何继续全国抗战与争取抗战胜利呢?》的报告，虽然在坚持国共合作、坚持抗战等问题上，发表了一些正确的意见，但在怎样巩固与扩大抗日民族统一战线及国共合作，怎样继续全国抗战和争取抗战胜利的问题上，很多主张与洛川会议以来中共中央所制定的正确的路线、方针和政策，是有很大的不同的。因为他打着传达共产国际精神的旗号，因而迷惑了一部分人，对以后的工作造成了一定的影响和损失。正因为如此，这次会议便成了王明右倾思想形成的标志。

12月10日，王明在中共中央政治局会议上作第二次发言，着重讲中共驻共产国际代表团所做的工作及取得的成绩，列举了“代表团对中国党的政治上的帮助”。最后说：“我们现在估计党中央的路线一般的是正确的，要估计到较大的错误便是五中全会的决议。”

12月12日，会议决定增补王明、康生、陈云为中央书记处书记，中央常委增为九人：张闻天、毛泽东、王明、康生、陈云、周恩来、张国焘、博古、项英。会议决定中央实行集体领导并有分工：日常来往电报“党的交洛①，军队交毛②，统战交王③，王外出时交洛”。④

据张国焘回忆：“在我们讨论组织问题的时候，王明事先没有和任何人商量，就提出一张中央政治局委员和候补委员共十六人的名单。毛泽东对王明的这种单独举动似感不安。王明所提出的名单，在人选上只增加了和他同回国的赵云⑤、陈云两人，其余多是旧人，不过将席次略加调整而已，所以原则上毛是赞成的。毛所不愉快的似是事先没有征求他的同意。因而毛极力推崇王明为中共中央领袖，并说自己在抗日统一战线政策上和反托派斗争上，都没有把稳住这个舵，愿意减轻自己的责任，力主将王明的名字列为第一名。经王明极力表明，他之提出这张名单，决无‘夺帅印’的意思。毛知道了王明的真意之后，没有再发言，名单也算通过了。”他还说：“身为中央书记的张闻天的名次，在王明的名单上被降至第七名了。王明的表现似有取张闻天而代之的意向。张闻天却在那里一言不发，除了表示过赞成王明从莫斯科带回的政治主张外，从不对实际问题作任何表示，尤其不谈到改选书记的问题。”⑥

12月13日，会议通过《关于中共驻共产国际代表团工作报告的决议》及《关于召集七次全国代表大会的决议》，规定了中共七大召开的时间、任务和议程，决定成立由25人组成的筹备委员会，由毛泽东任主席、王明

---

① 洛甫，即张闻天，下同。

② 即毛泽东。

③ 即王明，下同。

④ 张培森主编：《张闻天年谱》上卷，中共党史出版社2000年版，第529页。

⑤ 即康生。

⑥ 张国焘：《我的回忆》第3册，东方出版社1998年版，第424—425页。

1937年12月13日，参加中央政治局会议的人员合影（前排居中者为王明）

为书记和秘书处成员。并决定在七大上由王明作政治报告，毛泽东作工作报告。[①]对此，有的学者评论说："实在不知道一个筹备委员会，在'主席'之外如何出来一个不伦不类的'书记'职务？大概是王明不想要那个'副'字想出来的办法吧？无论如何，王明推举毛作'主席'，自己又弄个'书记'坐，这种一山二虎的架式，很符合王明的作风，显示了他不甘寂寞的扭曲心态。而更让人要猜疑王明用心的是，在这个文件上，参加会议的政治局全体成员还破天荒地被要求依次签名以示赞成。这在中共历史上大概也是绝无仅有的一次。"[②]

这天的会议，还决定由项英、周恩来、博古、董必武组成中共中央长江局，领导南部中国党的工作。由周恩来、王明、博古、叶剑英组成中共代表团，负责继续与国民党谈判。[③]由项英等组成东南分局，领导新四军工作。

① 关于王明作报告的决定，见《胡乔木回忆毛泽东》，人民出版社1994年版，第367页。

② 杨奎松：《毛泽东与莫斯科的恩恩怨怨》，江西人民出版社1999年版，第69页。

③ 张培森主编：《张闻天年谱》上卷，中共党史出版社2000年版，第529页。

因当时蒋介石需要了解共产国际对中国抗战特别是对国民党的态度，特邀王明赴武汉一谈，因此会议决定王明会后即去武汉，但应很快回中央（延安）工作。

12月14日，中共中央政治局会议结束。

对于这次会议，张国焘在回忆中说："王明当时俨然是捧着'尚方宝剑'的莫斯科'天使'，说话的态度，仿佛是传达'圣旨'似的，可是他仍是一个无经验的小伙子，显得志大才疏，爱放言高论，不考察实际情况，也缺乏贯彻其主张的能力与方法。他最初几天的表演就造成了首脑部一些不安的情绪，我当时就料定王明斗不过毛泽东。"① 他还说："王明这些话使毛泽东的神情，显得有些尴尬，似是受到当头一棒。他也许想到他以往发表过的言论和所做的一切，竟与莫斯科的简直大有出入。现在莫斯科竟要他与国民党形成长期而巩固的合作。"② 倒是刘少奇提出"一切经过统一战线的口号须［需］要具体解释"③。

由于王明说是传达共产国际的指示，那时共产国际在中国共产党内有很高的威望，对与会者自然产生了很大的影响。毛泽东也做了自我批评，在会议第三天的发言中，表示同意王明所说的"抗战发动后对国民党的转变估计不足"。但同时对不同意王明的一些意见，作了基本的辩白和正面的阐述。他强调："国民党与共产党谁吸引谁这个问题是有的，不是说要将国民党吸引到共产党，而是要国民党接受共产党的政治影响。""如果没有共产党的独立性，便会使共产党低到国民党方面去。""八路军与游击队应当使成为全国军队的一部分，但是要政治上的区别，要在政治工作上、官兵团结上、纪律上、战场上起模范作用。"由于毛泽东的抵制，会议没有对王明的报告形成决议。正因为如此，尽管王明的错误主张影响了不少与会者，对工作带来一些干扰，但从全局来看，它在党内并没有取得统治地位。④

---

① 张国焘：《我的回忆》第3册，东方出版社1998年版，第424页。

② 张国焘：《我的回忆》第3册，东方出版社1998年版，第419、421页。

③ 1937年12月中共中央政治局会议记录。转引自田子渝：《1938年毛泽东与王明政治关系评析》，《抗日战争研究》2006年第3期。

④ 金冲及主编：《毛泽东传（1893—1949）》下卷，中央文献出版社1996年版，第584—586页。

与会人员明显地看出了会议上的分歧。彭德怀在回忆这次会议的时候即说："我认真听了毛主席和王明的讲话，相同点是抗日，不同点是如何抗法。王明讲话是以国际口吻出现的，其基本精神是抗日高于一切，一切经过统一战线，一切服从统一战线……从王明这些论点看来，显然同毛泽东同志的正确论点有很大的原则上的分歧。对无产阶级在抗日民族战争中如何争取领导权的问题，他是忽视的。这就可以肯定他这条路线，是一条放弃共产党抗日民族统一战线的领导、失去无产阶级立场的和投降主义的路线。什么西班牙、法国和满洲的经验，所有这些经验都是失败的教训。假如真的按照王明路线办事，那就保障不了共产党对八路军、新四军的绝对领导，一切事情都得听从国民党反动集团所谓合法政府的命令；就不可能有敌后抗日根据地和民主政权的存在；同时也区别不开谁是统一战线中的领导阶级，谁是无产阶级可靠的同盟军，谁是消极抗日的右派，谁是动摇于两者之间的中间派。这些原则问题，在王明路线中是混淆不清的。"他还说："会议时间很长，似快天明才散会的。会议上的精神是不一致的，感觉回去不好传达。王明所说的内容，没有解决具体问题。蒋介石根本没有承认统一战线，工农红军要改编为国民革命军，强迫戴国民党军队的帽子，与国民党军成一种隶属关系；企图改变八路军性质，同化于它的体系，根本没有承认合作。一切经过统一战线，就是经过蒋介石，他决不会容许八路军扩大，决不会容许我们有任何独立自主，也不会有平等待遇。回去传达就只好是，毛主席是怎么讲，王明又怎么讲，让它在实践中去证明吧。"①

还有的学者说："把自己凌驾在中共中央之上，颐指气使，这在做惯了莫斯科代言人的王明来说是不可避免的。"②"王明自恃有斯大林作靠山，在十二月政治局会议上踌躇满志。毛泽东为欢迎他回国而刻意作出的友好姿态麻痹了王明，无形中膨胀了他的自我中心意识，使他陷入了错误的判断。王明在报告中无视毛的权威，将他个人自1934年以来与毛修好的努力毁于一旦。王明以为刘少奇没有实力，以批刘来影射毛，也造成严重的后果，促使毛泽东与刘少奇在反对王明的基础上进一步加紧联合。"在这次会议上毛泽

① 《彭德怀自述》，人民出版社1981年版，第224—226页。

② 杨奎松：《毛泽东与莫斯科的恩恩怨怨》，江西人民出版社1999年版，第69—70页。

东虽“暂时处于下风，王明虽然获得普遍响应，但王明获得的成果也仅此而已。毛泽东、王明一时势均力敌，谁也不具特别优势……事实上形成了毛泽东、王明分享中共最高权力的格局。”更为严重的是，这次会议“在毛泽东与王明之间投下了长长的阴影，王明在严重冒犯了毛泽东之后，也许并不知道自己已被毛视为必欲除之而后快的党内头号敌人。正当王明自鸣得意，陶醉在眼前的胜利时，毛泽东则在妥协、退却烟幕的掩护下，为打败王明卧薪尝胆、积蓄力量。”①

对于毛泽东、王明之间即将展开的政治斗争，盛岳在《莫斯科中山大学和中国革命》中也说：王明回国后，“无疑他满以为是凯旋而归。也许他和俄国人都以为，他将在抗日统一战线中领导党，并以为在此过程中可能要由他重新担任中央总书记。他是一个骄傲自大的人，他到达延安后，就着手在党内培植他的势力。毛泽东看出了陈绍禹的野心，机智地设法让陈和另一些人先去武汉后去重庆，担任与国民党谈判的中共代表，商谈有关在加强抗日民族统一战线中的两党关系事宜。毛把陈送出延安，暂时从党的总部去掉了一个强大的政治对手。还可以说，毛深知陈享有国际声望。这时张国焘对毛的威胁已被解除，但毛泽东一定感到，他在对付陈的时候，一定要精心策划才是。于是，一场毛、陈之间隐蔽的权力斗争随之展开。”②

对于这次会议，尽管任弼时在1938年4月14日代表中共中央向共产国际作的报告大纲中作了充分肯定，但后来毛泽东仍提出了批评。1943年11月他在延安整风时的政治局会议上批评说：“十二月会议上有老实人受欺骗，作了自我批评，以为自己错了。”“而我是孤立的。当时，我别的都承认，只有持久战、游击战、统战原则下的独立自主等原则问题，我是坚持到底的。”③1945年6月10日他在中共七大关于选举候补中央委员问题的讲话中还说：“遵义会议以后，中共的领导路线是正确的，但中间也遭过波折。抗战初期，十二月会议就是一次波折。十二月会议的情形，如果继续下去，

① 高华：《红太阳是怎么升起的——延安整风运动的来龙去脉》，香港中文大学出版社2002年版，第125、126、131页。

② 盛岳：《莫斯科中山大学和中国革命》，东方出版社2004年版，第263—264页。

③ 转引自金冲及主编：《毛泽东传（1893—1949）》下卷，中央文献出版社1996年版，第586页。

那将怎么样呢？有人说他奉共产国际命令回国，国内搞得不好，需要有一个新的方针。所谓新的方针，主要是在两个问题上，就是统一战线问题和战争问题。在统一战线问题上，是要独立自主还是不要或减弱独立自主？在战争问题上，是独立自主的山地游击战还是运动战？”①

由孟庆树整理的《关于一九三七年十二月中共中央政治局会议的路线和抗日战争时期中共内两条路线的斗争》的回忆中，却一再为这次会议辩护，说“在讨论中，所有政治局委员和候补委员（包括毛泽东）一致同意王明同志的报告及报告中提出的政治路线，即以进一步巩固和扩大建立在国共合作基础上的抗日民族统一战线为主要内容的路线，以便进一步动员和组织几亿中国人民及其武装力量抗日救国，直到在苏联全面帮助下和其他各国反日力量的同情下，取得最后胜利。同时，政治局一致赞同斯大林和季米特洛夫的指示和上述王明同志的报告”。说“中共中央政治局1937年12月会议根据王明同志的报告所通过的路线，是什么‘右倾投降主义路线’”，因而整个武汉时期“全党是在这条‘右倾投降主义路线’统治下”，这完全是“毛泽东的伪造”。②

在这次中共中央政治局会议上，王明还大讲加紧反对托派，以反对中国共产党联合陈独秀等一起抗日。

陈独秀原是中国共产党一到五届中央委员会的主要领导人，在新文化运动、宣传马克思主义和建立党的过程中，作出了巨大的贡献。在第一次大革命后期，他犯了右倾的错误，后来又参加了“托陈取消派”，1929年11月15日被开除出党。但为时不久，便于1932年10月15日被国民党逮捕入狱。抗日战争爆发后，在全国人民强烈要求释放政治犯的情况下，他于1937年8月23日在南京被释放出狱。当时，有人曾劝他回上海重整旗鼓，但他当时非常不满上海的托派组织，他觉得宗派的做法没有出路，因此他决定不回上海，而前往武汉。这时，蒋介石派亲信朱家骅拉他，要他“组织一个新共党”，并答应供给10万元经费和国民参政会的5个名额，他也“不为所动，

---

① 《关于王稼祥的评价》，载《文献与研究》1986年第4期。

② 孟庆树：《陈绍禹——王明传记与回忆》（手写复印稿）。

坚决表示不干"[1]。与此同时，他一再表示他不是托派，并多次写文章，作讲演，宣传抗日，还托罗汉向中国共产党在南京的代表谈自己"愿意回到党的领导下工作"。其后，他曾与中共代表叶剑英和博古见面，表示赞成抗日民族统一战线，叶剑英等也向他提出公开脱离托派等要求。9月中旬他到汉口以后，又见了董必武，董必武也督促他实行中共中央提出的三项条件。因接触过程中，周恩来、叶剑英等明确指出，陈独秀、罗汉这一派人是"赞成抗日的"，以后对他们"可以将'匪徒'二字停止使用"[2]。

据张国焘回忆说，罗汉在1937年10月间曾以陈独秀代表的身份到了延安，会见了毛泽东、张闻天、张国焘等人，谈托派内部意见不一，派系甚多，但陈独秀和其他多数重要人物主张与中共恢复合作，还说明陈独秀等是坚持抗战的，赞成中共现行抗日民族统一战线的策略。但据《林伯渠传》说，罗汉只到了西安，未能到达延安。9月9日，林伯渠将罗汉致中共中央的电报拍发延安。9月10日，张闻天、毛泽东电告林伯渠，提出对托派分子的几条原则，并要他转告罗汉。这几条原则是：1. 我们不拒绝与过去犯过错误而现在真心悔悟、愿意抗日的人联合，而且竭诚欢迎他们的转变。2. 在陈独秀等托派分子能够实现下列三条件时，我们亦愿与之联合抗日。（1）公开放弃并坚决反对托派全部理论与行动，并公开声明同托派组织脱离关系，承认自己过去加入托派的错误。（2）公开表示拥护抗日民族统一战线政策。（3）在实际行动中，表示这种拥护的诚意。至于其他关系，则在上述三条件实现之后可以再考虑。张闻天、毛泽东还将这一电报内容，转告在南京的博古、叶剑英和上海的潘汉年、刘晓，望他们在同陈独秀及其他托派分子接触中，掌握上述原则。

不管罗汉有没有去延安，从以上材料可以看出，只要陈独秀等能够实现上述三个条件，中共中央是愿意与之联合抗日的。

可是正在这时，王明、康生回到国内。他们不但反对与陈独秀等联合抗日，而且诬指陈独秀为"汉奸"，主张加紧反托派斗争，关于这一情况，

---

① 《黄理文谈陈独秀》(吴信忠整理)，上海社会科学院历史研究所资料。转引自唐宝林：《旧案新考》，载《党史研究资料》1980年第16期。

② 罗汉：《致周恩来等一封公开信》，载1938年4月24、25日汉口《正报》。

张国焘在回忆录中说，王明知道了这件事，不问情由，便声色俱厉地表示反对。王明在这次中共中央政治局会议上的报告中，一再批评中共中央“过去忽视托派危险”，“对托派实质认识不够”。他说：“过去国际曾三次电报，中共没有回答，国际很不满意，另有一电限国际一天答复，国际不满，今后应特别慎重，一字一句都注意”。“托派是军事侦探的组织，主要是两面派的办法，运私货的办法，不采取两面派的办法会使人认识，我们要特别注意。”在以后的许多讲演和文章中，王明也一再把陈独秀等人说成是“汉奸”。

在王明反对与陈独秀等联合抗日的同时，康生接着写了《铲除日寇侦探民族公敌的托洛茨基匪徒》一文，公开诬陷陈独秀等与上海的日本侦特机关“进行了共同合作的谈判”，陈独秀等“不阻碍日本侵略中国”。而日本给陈独秀的“托匪中央”每月300元的津贴，并由托派中央的组织部长罗汉领取了。[①]这样，陈独秀回到党内的大门不仅关上了，还从此成了领取日本津贴的“汉奸”。

王明、徐特立等著《托派在中国》封面

对于王明、康生的造谣诬陷，陈独秀十分愤慨。他于1938年3月17日写给《新华日报》的公开信中说，“近阅贵报及汉口出版之《群众周刊》及延安出版之《解放周报》，忽然说我接受日本津贴，充当间谍的事，我百思不得其解”；“是否汉奸应该以有无证据为断”[②]，要求拿出真凭实据来；同时还对包惠僧说：“老干们（指王明等人）

① 载《解放》周刊第1卷第29、30期，1938年1月28日、2月8日出版。

② 《血路》周刊1938年第12期，转见水如编：《陈独秀书信集》，新华出版社1987年版，第475—476页。

陈独秀像

不会欢迎我，我也犯不着找他们”[1]。就是其他很多人，也深为陈独秀不平。因此，在当时武汉的报纸上发生了一场公开的辩论。1938 年 3 月 16 日，傅汝霖等 9 人在《武汉日报》发表公开信说：“诬及陈独秀先生为汉奸匪徒……殊出情理之外”，是“莫须有之诬蔑”；九人之一的张西曼还单独给《新华日报》写信说，他之所以“敢负责为陈独秀先生辩护”，就因为“由他那抵抗倭寇侵略的坚决态度”等等，“可以证明他至少是个爱国的学者”[2]。当事人罗汉也在汉口《正报》上发表公开信辩驳：“以这样严重的卖国谈判，参加者又有当时政府要人在内，而其结果乃以 300 元之代价成交，真可谓极廉价之高峰。”又说：“康生君说去年六七月间我和独秀曾与美国侦探接洽……只管造谣造得高兴，竟连陈、彭那时尚在南京狱中的事实也忘记得干干净净了！”[3]

后来陈独秀等未能回到党内，中国共产党与他们联合抗日的愿望未能实现，当然与陈独秀等不肯接受中共中央提出的三项条件有关，但与王明、康生的反对也有直接关系。王明、康生的上述行径，完全是照搬苏联大反托派的做法。他们对陈独秀的造谣诬陷，造成了很坏的影响。当时，全国人民在日军的疯狂侵略面前，正强烈要求团结对敌，一致抗日，党的抗日民族统一战线政策深入人心。但是，由于王明、康生的造谣诬陷，硬要把陈独秀这个刚被从国民党监狱中营救出来、主张抗日的人打成“汉奸”，便使很多具有正义感的人们十分费解和不满，并为那些热心反共的人提供了口实，致使中国共产党的威信蒙受了损失。

---

① 包惠僧：《我所知道的陈独秀》，见王树棣等编：《陈独秀书信集》下册，河南人民出版社 1982 年版，第 304 页。

② 载 1938 年 3 月 18 日《新华日报》。

③ 载 1938 年 4 月 24 日、25 日汉口《正报》。

第二节　长江局书记

1937年12月18日，王明同周恩来、邓颖超、博古、孟庆树等到达武汉，住在第十八集团军驻汉办事处（简称“八办”）内。“八办”设在汉口原日租界中街89号（今汉口长春街57号）四层楼的大石洋行内，中共中央长江局也将机关秘密设在这个楼上。

12月20日，王明与周恩来、博古同国民党代表陈立夫进行了接触和交谈。21日晚，王明又同周恩来、博古与蒋介石进行谈判，先由王明说明抗战形势、两党关系、合作任务、国际活动情形与某些提议，再由博古将边区、联络参谋、办事处、参观等问题作了回答，然后由周恩来说明具体建议，如成立两党关系委员会，议定共同纲领，出版日报，成立国防军事工业、机关军事工业部、征兵委员会，补充扩大和改造军队，协助政府组织扩大国防参议会为民意机关。蒋介石对他们的谈话完全同意，答复今后两党关

第十八集团军驻武汉办事处（简称“八办”）旧址

系已告陈立夫等与他们商谈一切，最后提出留王明在汉相助。当日王明、周恩来等向中共中央报告了这次会谈的情况，并说两党关系委员会闻国民党方面代表为陈立夫、康泽、张冲，我们提议加入邵力子，不久即可开始商谈合作事宜；各项具体提议，既已取得其同意，拟再以书面交蒋，并与有关各方讨论计划实行；宣言决定即起草，共同纲领待与陈立夫等见面后即写，等等。

在与蒋介石会谈后，王明、周恩来与陈立夫再次谈判，王明明确提出：为了更加巩固和扩大两党合作，现在应争取以下具体办法：第一，须协商和通过一个抗日民族统一战线的具体纲领；第二，须成立一个由国共两党代表组织的经常协商和计议各种问题的组织；第三，在军事问题、政府问题和民运问题各方面，国共两党应该更加巩固和扩大合作的范围和程度，以便达到巩固和扩大全中国统一的革命军，加强和充实中国统一的国民政府，以及真正达到全中国人力、武力、智力、物力、财力总动员，对日战争并取得最后胜利的目的。陈立夫表示同意中共的看法，并将与王明谈判的情况向蒋介石

1937 年 12 月 20 日王明与周恩来、博古、叶剑英、项英、张云逸、曾山等在武汉合影

主持中共中央长江局会议的王明（1938，武汉）

作了汇报。①

12 月 23 日，中共中央代表团与长江中央局召开第一次联席会议，在讨论组织问题时作出了以下决定：1. 因为代表团与长江局成分大致相同，为了工作便利起见，决定合为一个组织，对外叫中央代表团，对内叫长江中央局；2. 长江局的委员是项英、博古、周恩来、叶剑英、王明、董必武、林伯渠；3. 暂以王明为书记，周恩来为副书记；4. 代表团（长江局）下设五个部分：（1）参谋处，叶剑英任参谋长；（2）秘书处，李克农为秘书长；（3）民运部，董必武兼部长；（4）组织部，博古兼部长；（5）党报委员会，王明任主席。另外，会上还讨论了新四军问题和“八办”组织问题。会后，长江中央局将以上决定报告了中央政治局。以后，中共中央政治局对以上决定虽未明确批示，但亦未予否认。这样，王明就当上了中共中央长江局书记。

据金冲及主编的《毛泽东传（1893—1949）》下卷说：“王明在十二月会议结束后前往武汉，是因为蒋介石想了解共产国际对国民党的态度而特地邀请他去的。那时，蒋介石和国民党党政军机关的大部分在南京局势危急的情况下已先后迁到武汉。中共中央原来要王明见过蒋介石后很快就回延安，在中央工作。可是，王明离开莫斯科时就已把国民党看得比共产党更重要，把武汉看得比延安更重要，因此，到武汉后就留了下来，把中共中央代表团和长江局合并，由他担任长江局书记，周恩来为副书记。”②

① 范小方、毛磊：《国共谈判史纲》认为这次接触是在 12 月 20 日，武汉出版社 1996 年版，第 110 页。

② 金冲及主编：《毛泽东传（1893—1949）》，中央文献出版社 1996 年版，第 588 页。

12 月 26 日，由国共两党代表组成的、经常协商和计议各种问题的组织——两党关系委员会成立，王明是中国共产党方面的委员。[①]

从此以后，中共中央长江局在各个方面积极地开展了工作。在这中间，王明做了不少有益的事情。

第一，积极宣传坚持抗战、抗战必胜，宣传坚持抗日民族统一战线、坚持国共合作的重要性和必要性。他在武汉所作的许多报告和发表的许多文章中，宣传了右倾主张，但他对坚持抗战、坚持抗日民族统一战线和国共合作的宣传，对于驳斥投降派的"亡国论"和挑拨，对于让国民党统治区人民了解中国共产党的抗日主张，还是起了积极的作用。

第二，广泛接触了国内外的各界人士，频繁参加了各种会议和慰问活动，对于宣传中国共产党的抗日主张，扩大中国共产党在国民党统治区及国外的影响，团结各方面的人士一起抗战，起了积极的作用。

第三，同国民党建立了比较融洽的关系，在国共关系问题上向中共中央提出了一些较好的建议，同时又对国民党的反共活动进行了斗争。

中国出版社 1938 年出版的陈绍禹（王明）所著《救国言论选集》封面

王明本来是作为中共代表团的成员到武汉与国民党代表谈判的。他到武汉后，同周恩来、博古等与蒋介石及国民党代表陈立夫等就国共关系问题进行了多次谈判，重要的问题立即向中央作了报告。对于国共关系中的一些问题，长江局还专门进行了讨论，向中央提出了一些建议。例如 1938 年 1 月 1 日，长江局讨论了国民政府和军委会下各部改组及国防参议会扩大问题，认为有利于坚持对日抗战和挽救目前危局起见，我们对国民党所提出的政府和军委会下各部改组及国防参议会扩大

① 中共中央文献研究室编：《周恩来年谱（1898—1949）》，中央文献出版社 1989 年版，第 395 页。

1938年5月，王明（左二）与周恩来等
到国民政府空军司令部送锦旗

1938年，王明、林伯渠、吴玉章同一群青年记者合影①

① 王明《中共半世纪与叛徒毛泽东》，莫斯科进步出版社1979年中文版。孟庆树编著的《陈绍禹——王明传记与回忆》说是王明等人“和青年文学家们在一起”。

1938 年，王明与周恩来、博古等在武汉合影

1938 年王明与中央长江局和八路军汉口办事处部分同志在一起

的意见，一般采取赞助的立场；目前与坚持抗战和挽救时局最有关系的是军事委员会及其各部，因此我们至少应达到在军委会的政治部内去积极直接帮助工作，等等。后经中共中央批准，周恩来担任了国民政府军事委员会政治部副部长，使周恩来利用这个职务为党的工作和抗战事业作出了重要的贡献。从5月6日开始，王明还与周恩来、博古等就三青团的性质、组织原则及我们的态度问题多次致电中央交换意见，说“我们认为对青年不能长期缄默，更不宜无条件赞助”。实践证明，他们的以上意见是正确的。

1938年1月17日，国民党特务机关指使暴徒捣毁新华日报营业部及印刷厂。中共中央长江局立即就此事作出决议，决定“王明要利用这一事件的发生，揭露汉奸托匪在日寇特务机关指挥下破坏团结的阴谋”；具体办法是由周恩来、叶剑英出面同武汉国民党党政军当局交涉，要求采取有效措施，保证今后不再发生类似事件等。1月24日，王明与周恩来、博古、董必武、叶剑英致电中共中央书记处，报告康泽、刘健群等在昨天的国共两党关系委员会会议上诬蔑八路军在华北“游而不击”，宣传“一个党、一个领袖，一个主义”的情况，提议用争取八路军在敌后取得新的、较大的军事胜利和新四军迅速出动抗日前线，在长江南北创造新的军事力量等办法来给予回击。①

2月6日，中共中央代表团与中共中央长江局召开联席会议，针对国民党中有一部分人拟取消国民党、共产党，另外成立新党，决议“起草向国民党建议书，指出取消各党派、限制信仰的错误，提议建立民族革命联盟，以更加巩固统一战线，并先电中央及国际请示”②。

2月6、7日，受国民党操纵的《武汉日报》及《扫荡报》，接连发表关于“一个党、一个政府、一个军队”的反共文章。针对国民党的这种反共宣传，王明与周恩来、博古等于2月9日致电中央书记处并朱德等说：“关于一个党一个主义问题，已成街谈巷议之资料，对于这一切问题，我们已到不

① 中共中央文献研究室编：《周恩来年谱（1898—1949）》，中央文献出版社1989年版，第400—401页。

② 《中共中央代表团与中共长江中央局第九次联席会议》记录，1938年2月6日，中共中央文献研究室编：《周恩来传（1898—1949）》（修订本）下册，中央文献出版社1998年版，第488页。

能不答复之机会。我们决定，对于党和主义问题，用泽东名义发表一篇2月2日与延安新中华报记者其光的谈话，此稿由绍禹起草，经过长江局全体同志校阅和修正，现用油印发各报馆杂志及通信社，明日《新华日报》一次登完，此稿所以用毛泽东名义发表者，一方面使威信更大，另方面避免此地负责同志立即与国民党起正面冲突，不过因时间仓促及文长约万字，不及事先征求泽东及书记处审阅，请原谅。”2月10日，《新华日报》发表由王明起草的《毛泽东先生与延安新中华报记者其光先生的谈话》，第二天出版的《群众》周刊第1卷第10期亦全文刊载。据王明1938年2月27日在政治局会议上的报告中说：“毛宣言发表后，蒋在政治上受了一个打击，说扫荡、武汉日报的言论他不能负责”，并说，“蒋介石感觉不要用毛的名义，不必小题大作[做]。蒋企图利用《新华日报》与《扫荡报》来闹，蒋介石出来作结论。现在各处都取消了一个政党的口号”。1959年11月12日，毛泽东在同王稼祥等人的谈话中提及这篇文章，说蒋介石当时要封我们武汉的报纸，封《新华日报》，王明用我的名义写了一篇文章，顶了一家伙，蒋介石不封了。①

王明与周恩来、叶剑英、吴玉章合影

1938年5月18日，王明与周恩来、博古写出《答复XX先生的一封公开信》，指出最近长沙、常德、广州、武汉、重庆各地发现所谓《从共产党机关报（〈解放〉周刊）看共产党的真面目》的传单，无非企图破坏抗战，

① 《王明的文章为何被编入〈毛选〉》，原载《展望》1993年10月4日，转自《江淮文史》1994年第1期。

1938 年王明与周恩来、林伯渠、博古于武汉

破坏统一战线，挑拨国共合作关系，客观上只能有利于日寇。这种不负责任的行为，不但不足以损坏共产党的威信，而且恰好激起人民对他自己的不良反感。此信 21 日在《新华日报》发表，对这种挑衅行为是一个有力还击。

第四，对南中国党的工作和新四军工作给予了一些指导，提出了一些好的意见。

例如 1937 年 12 月下旬，王明与周恩来、博古等，在八路军武汉办事处会见了红二十八军军长高敬亭和郑位三、郭述申等，传达了毛泽东关于开展敌后游击战争、发展抗日人民武装力量的指示，商定了红二十八军的改编问题，部署了新四军东进的行动计划。

1938 年年初，王明与周恩来、博古等致电毛泽东、洛甫，要求派"能做游击队工作"的干部来武汉，以便"迅速发展我们的军事工作"。说明"长江流域各种条件均逊华北"，若没有"一批军事干部，工作发展将陷入极大困难"。

1 月 7 日，中共中央代表团和中共中央长江局召开联席会议，分析河南、湖南的政治形势，讨论党在这些地区的任务，指出河南将成为中日战争的重要地区，党的总任务是实行武装保卫；湖南已成为抗战的近后方或不久将成为前线，党的总任务是建立广大的抗日民族统一战线和发展党的力量，并对这两个省的工作作了具体部署。

1 月 14 日，中共中央代表团和中共中央长江局召开联席会议，听取林恺汇报鄂豫边的工作，并就此进行讨论，决定河南省委须以这个地区为中心发展工作，鄂豫边特委须加强对由该地区游击队改编而成的新四军第四支队第八团队的领导，并帮助做好巩固和发展工作，同时加紧发展党组织。会议还决定，第八团队的行动由长江中央局参谋处指挥，开出作战时归第四支队司令员高敬亭指挥，林恺代表河南省委指导该地工作。①

1 月 21 日，王明与周恩来、博古等致电中央书记处，报告周恩来起草的关于四川工作的意见。1 月 23 日，中共中央书记处同意王明、周恩来等对四川工作的意见，要求迅速加强四川党的工作，使上层联络活动能尽力掩护和帮助党的影响及组织力量的发展，并派王维舟等赴川工作。

1 月 22 日，中共中央代表团和中共中央长江局再次召开联席会议，讨论鄂豫皖特委的工作，作出《关于鄂豫皖工作的决议》，批准四支队②党的高级干部会议的决议，决定特委的主要任务是：在巩固和扩大统一战线基础上尽力扩大部队；加紧培养干部，健全党的组织和工作；尽可能在最近期间集中队伍加以训练后参加抗战；留一部分队伍保护后方根据地。③

2 月 13 日④，鉴于日军以突破黄河、夺取武汉为新的战略中心，王明、周恩来、博古、叶剑英联名致电朱德、彭德怀、任弼时并毛泽东、中央书记处，提出：为确实建立长江、黄河间的党的力量，必须急切地发动鲁、豫、皖、苏群众参加战争。为此，拟调彭雪枫由晋来豫，组织和领导鲁、豫、苏、皖四省的军事工作。⑤

直到这年 8 月 1 日，王明与周恩来、博古还致电毛泽东、洛甫、康生、

---

① 中共中央文献研究室编：《周恩来年谱（1898—1949）》，中央文献出版社 1989 年版，第 397—399 页。

② 即新四军第四支队。

③ 参见中共中央文献研究室编：《周恩来年谱（1898—1949）》，中央文献出版社 1989 年版，第 401 页。

④ 原件无年月，此年月是中共中央档案中注明的。

⑤ 中共湖北省委党史资料征集编研委员会、中共武汉市委党史资料征集编研委员会编：《抗战初期中共中央长江局》，湖北人民出版社 1991 年版，第 158 页。

1938年王明与周恩来、博古在武汉

陈云，说估计江淮河汉之间的游击战争将有较大发展，建议中共中央抽调二百名军事干部到武汉。①

8月28日，由于收到新四军军长叶挺与项英两人关系不和，叶挺准备辞去新四军军长职务的电报，王明与周恩来、博古致电叶挺表示挽留，并说："项英同志已赴延安，王明不日也往延开会。关于新四军工作，请兄实际负责。""当前战役已到紧急关头，兄必须到前方督战，万万勿误。我们深知兄在工作中感觉有困难，请明告。我们正帮助你克服这一困难。延安会毕，我们拟来一人帮助整理（新）四军工作。"②

第五，对逃跑到武汉的张国焘做了一些工作。

1938年4月初，张国焘借清明节祭黄帝陵之机叛逃。有的文章认为，除了他不思改悔，反而对中共中央和毛泽东产生怨恨，对共产主义理想产生动摇，萌生了脱离中共的念头外，王明对他说原红四方面军领导人李特、黄超已被当作"托派"杀害，使他非常惊慌，也是他叛逃的一个重要原因。③张国焘在《我的回忆》中也说："王明反托派的矛头，竟是指向着我的。有一次我和王明的单独谈话中，他问我毛儿盖会议争论的症结究竟何在？我答：'除批评党中央政治路线外可以说是争军事领导权。'他说：'这不尽然，

① 中共中央文献研究室编：《周恩来年谱（1898—1949）》，中央文献出版社1989年版，第418页。

② 中共中央文献研究室编：《周恩来传（1898—1949）》（修订本）下册，中央文献出版社1998年版，第546页。

③ 晓农：《张国焘延安叛逃的两个原因》，《党史文汇》2005年第7期。

另一个主要原因是托派在暗中作怪。’他告诉我：‘李特、黄超就是托派，他们在迪化经邓发审问，已招认是托派，并已枪决了。’”“由于这种重大的刺激，我经过一番考虑，最后决定脱离中共。”①

4月11日，张国焘从西安乘国民党军用列车到达汉口大智门车站，王明与周恩来等前往迎接。当日晚，王明与周恩来、秦邦宪、何克全赶到旅馆和张国焘见面，批评他来汉口不报告中央是错误的，希望他搬到办事处去住，便于商量问题，还做了很多教育和争取工作，希望他回心转意继续为党工作，② 劝他搬到八路军办事处，并于17日根据中共中央指示向他提出三点办法：(1) 纠正错误，回党工作；(2) 向党请假，暂时休息一个时期；(3) 自动声明脱党，党宣布开除他的党籍。他们劝他最好从一、二点考虑，张国焘说可从二、三条考虑，并说请求允许他闭门二日考虑答复。但谈话后一小时，张国焘竟跑到太平洋饭店见了国民党特务机关负责人，写信给王明、周恩来、博古说：“弟已决定采取第三条办法，已移寓别处，请不要派人找，

1938年王明同中共中央长江局成员及八路军代表们合影

① 张国焘：《我的回忆》第3册，东方出版社1998年版，第426、428页。

② 吴葆朴、李志英：《秦邦宪(博古)传》，中共党史出版社2007年版，第282—283页。

张国焘像

至要”，声明自己最后脱党。[①]长江局立即将这一情况报告中央，中央于 18 日作出了《关于开除张国焘党籍的决定》。长江局立即向所属党组织作了部署，并于当晚召开机关支部党员大会。对于王明和长江局所做的挽救工作，张国焘在回忆中也承认，他说：“在汉口的时候，周恩来、王明、秦邦宪等曾对我的脱党行动加以阻难，但我意已决，无法挽回，因而他们发表指责我的文件。”[②]

4 月 26 日，王明与周恩来、秦邦宪接到一封署名为子健的来信，其中对中国共产党对于国民党临时代表大会所通过的宣言及抗战建国纲领的态度，以及中央对张国焘的处理提出了疑问。王明、周恩来、博古认为这不是他一个人的疑问，有必要加以公开澄清，于是在 4 月 28 日[③]，他们共同署名写了《答复子健同志的一封公开信》，第二天在《新华日报》发表。信中就中国共产党是否准备最近致函国民党表明自己对国民党及五届三中全会的态度，共产党对于国民党临时代表大会所通过的宣言及抗战建国纲领的态度，以及中央为什么开除张国焘党籍这两个问题作了答复。关于开除张国焘党籍问题，信中除写明了中共中央决定开除张国焘党籍的基本内容外，又详细地叙述了张国焘叛变的经过。最后说：“由此可见，确如来信所说：‘共产党中央对每个党员的党籍问题，素持慎重的态度。而对于处理张国焘问题，真是已仁至义尽。由此可见，张国焘在声明中假装声势地说，好像他正在拿诚恳的态度与我们三人谈判政治问题时，中央忽而开除了他的党籍，是一种完全抹杀事实的欺人自欺之谈。”“但凡知道张国焘的为人

① 陈绍禹、周恩来、秦邦宪：《答复子健的一封信》，李志英主编：《秦邦宪（博古）文集》，中共党史出版社 2007 年版，第 380 页。参见张海：《张国焘从延安到武汉叛逃的经过》，湖北人民出版社编辑《楚晖》丛书第 3 辑，湖北人民出版社 1982 年版，第 63—64 页。

② 张国焘：《我的回忆》第 3 册，现代史料编刊社 1981 年内部版，第 432 页。

③ 吴葆朴、李志英：《秦邦宪（博古）传》一书认为是 4 月 26 日，有误，见中共党史出版社 2007 年版，第 286 页。

及此次事实经过者，相反均恰恰异口同声地说党中央对张国焘太宽大了……有不少同志要求中央开除张国焘党籍以维党纪，中央始终希望以教育方法改正一个较老同志的错误。但是，张国焘既已不能再留存于共产党的队伍之内，共产党为党的纪律、党的统一和党的政治纯洁起见，只有将张国焘这类自甘暴弃于革命队伍之人驱逐出党。”① 这篇文章对澄清社会上的各种传谣，批驳张国焘的《声明》起了明显的作用。

从 1938 年 6 月起，王明与毛泽东、秦邦宪、林祖涵（伯渠）、吴玉章、董必武、邓颖超一起担任了国民参政会参政员，当时被称为“中共七参政员”。从此以后，王明一直是国民参政会一到四届的参政员。1945 年他写的简历说：从这时起到 1944 年年底，由我党提做国民参政会参政员。

7 月 5 日，包括王明在内的中共七参政员写了《我们对于国民参政会的意见》，刊登于当天的《新华日报》上。7 月 6 日至 15 日国民参政会第一届会议在武汉召开，王明与董必武、邓颖超等中共代表出席会议。会议一致通

1938 年，王明（左七）、孟庆树（右三）与周恩来等在十八集团军办事处屋顶花园合影

① 李志英主编：《秦邦宪（博古）文集》，中共党史出版社 2007 年版，第 381 页。

过了《抗战建国纲领》。7 月 12 日，王明等提出了《拥护国民政府实施建国纲领案》，同汪精卫投降派进行了斗争。据孟庆树说，这场斗争的经过是：

由各党派代表参加的参政会，每五个参政员有权提出提案。在以下五个重要问题上，我们要和反对分子作斗争：

(1) 我们提出拥护抗战建国纲领的提案（国民党在 1938 年开的临时代表大会上通过此纲领，现在拿到参政会来通过）。这是签名最多的提案，以陈绍禹领头提的。在参政会上所以作了解释，说明虽然我们还有自己的最高纲领，但我们拥护此纲领。这样就把抗战团结的旗帜拿在我们手里……

(2) 我们提出保卫武汉的提案……

(3) 揭露汪精卫和平救国的主张的实质是向日本投降……绍禹讲话驳斥时，汪亲自出马，他手指着孙中山的“和平奋斗救中国”叫喊着。绍禹说：“你知道孙先生什么时候讲的吗？那是他主张停止内战，一致反帝。现在完全是另一回事。日本帝国主义打到中国来了，谁主张对日和平，就是投降。现在进行的是抗日民族解放战，现在要抗战救国，不是要和平救国。谁主张对日和平，谁就主张对日投降，即是汉奸路线，谁即是亲日派。”……这也是轰动一时的：谁都知道陈绍禹揭露了汪精卫的汉奸投降路线。

(4) 马乘风（又是CC，又是复兴社的反苏反共分子）主张反共……绍禹驳道：“抗日救国是那个党首先提出来？国共合作和抗日民族统一战线是哪个党首先提出来的？是不是共产党首先提出来的？……马乘风是国民党员，他讲这样的话，不仅反对我们共产党人，而且是反对以蒋介石先生为首的国民党人，因为现在的国民党正在联合中国共产党一起抗日救国，所以我们要求马乘风参政员公开的向我们道歉，声明他的话说错了。我们要求国民党的领导出来纠正马乘风的这种破坏抗战团结的言论。”

汪精卫说：“在这个参政会里，各方面都有表示自己意见的自由。”这时所有中共参政员都一齐走上主席台。绍禹说：“汪先生，我们国民参政会是抗战团结的机关。这里不允许宣传反苏反共的言论，更不允

第一届国民参政会全体代表合影（前排左三为王明）

许宣传德意日路线。你是参政院的议长，又是国民党的副总裁，你必须责成马乘风公开道歉，承认错误，否则我们下午不出席你这个参政会了。”

汪精卫脸色发白，一面向后退一面说：“这个兄弟一定考虑照办。”

下午会上，马乘风交了一份短的声明，让汪精卫宣读。其中说明对自己上午的发言“深感不安”……

绍禹说：“既然马乘风参政员承认他错了，那么这个问题也就结束了。”

（5）保护工人阶级：王云五（商务印

第一届国民参政会上的王明

书馆总经理——资本家的代表）的提案说：“在国难期间，资本家不得关厂，工人不能罢工。”理由是很公道的，说是为了劳资合作抗战，为了增加生产（王本人很会讲话）。绍禹驳道：“王云五先生说了很多理由，好像是为了国难，为了抗战，实际上是中国资本家企图利用抗战，利用国难的名义，是实现旨在无限制地剥削中国工人阶级的提案……”

绍禹的说话，不仅得到我们的朋友和同情者的热烈鼓掌，而且引起了许多中间人士的鼓掌赞同。王云五自己也离开座位到绍禹面前来。他说：“陈先生，我的提案的意思和你的意思差不多。我并不想反对工人阶级。”……

《大公报》的总编辑张季鸾走到绍禹面前，拉着绍禹的手说：“绍禹先生真雄辩也！”①

7月15日会议闭幕时，王明、董必武、秦邦宪、沈钧儒等25人被选为驻会委员。

但对于王明在参政会期间的表现，有的参政员并不满意。例如梁漱溟在1977年11月16日写的《一个英雄两个恶人》中说：“陈绍禹为斯大林主持的第三国际内中国党的代表，其在党内权势高，气焰凌人。我初遇之于武汉，当时他对蒋记国民党的态度忽左忽右，传为笑柄。”“陈虽气盛而身躯则短，在参政会场发言，有时或纵身跳跃起来。”②

在武汉期间，王明还作了许多诗歌，会见了他阔别多年的家人。他于1938年春在武汉作的七律《记长江》诗云：

众水通天涪万会，合劈三峡竞东流。
瞿塘一泻蛟龙舞，千里荆扬下海游。
多少英雄成过客，连绵吴楚入边愁。
三来武汉无穷感，风雨又唤黄鹤楼。

① 孟庆树：《陈绍禹——王明传记与回忆》（手写复印稿）。

② 中国文化书院学术委员会编：《梁漱溟全集》第7卷，山东人民出版社1993年版，第434、435页。

1938 年春王明全家在武汉合影

从以上活动可以看出，王明在担任中共中央长江局书记和中共代表团代表期间，在与国民党代表进行谈判、加强国共合作并与其反共及投降妥协活动进行斗争，与各方面人士及国际友好人士进行统一战线工作，指导新四军及长江流域的斗争，开展党的工作与群众工作，宣传党的主张与扩大党的影响等方面，都做了不少有益的工作。中共中央长江局的成绩是主要的，武汉时期是国共两党关系最好的时期，也有王明的一份努力在内，对于这方面是应该肯定的。

第三节　过分相信国民党

王明到武汉后，在一些讲话和文章中宣传了一些正确的观点，但同时也宣扬了一些右倾主张。

1937 年 12 月 25 日，王明在武汉以中共中央名义发表了他起草的《中共中央对时局的宣言》，其中说："共产党不仅诚意在抗战阶段中与国民党并肩携手地共同救国，而且决心在抗战胜利后和衷共济地共同建国。"为达巩固国共两党的亲密合作的目的，要"有统一指挥、统一纪律、统一武装、统一待遇、统一作战计划的足够数量的有新式武装的和政治坚定的国防军队"，"充实和加强全中国统一的国民政府"，等等。[①] 王明起草这个宣言报告过中央，并经中共中央长江局集体讨论通过。毛泽东在 1938 年 10 月作的《论新阶段》的报告中曾对此加以肯定，说在 1937 年"十二月，为着巩固与发展抗日民族统一战线，我们党又发表了愿与国民党不但合作抗日而且合作建国的宣言"[②]。但王明 1938 年 2 月 27 日在中共中央政治局会议上的发言中也承认，这个宣言"在词句上是太让步了"。

12 月 27 日，王明在《挽救时局的关键》一文中，宣扬国民党同共产党一样也是"中国一大部分优秀进步青年的总汇"，说国民党中"没有什么法西斯蒂派"，蒋介石等是"坚决领导抗战的人物，将成为中国的不朽的民族英雄"，应解除一部分人误认"国民党内某部分人为'法西斯蒂派'的误解"，完全否认国民党内法西斯势力的存在，甚至把他们都说成是"优秀青年"。

同日，王明在汉口抱冰堂对广西学生军作了题为《抗战中的几个问题》的讲演，再一次提出要求得抗日救国的群众运动的统一，"诚恳亲切地与当地党政军各界社会团体的合作，取得合法的地位"[③]，主张把群众运动统统置于国民党的领导管制之下。

1938 年 1 月，王明在武汉大学作了《抗日的民族统一战线》的讲演，除了继续强调必须建立统一的政府、统一的军队以及统一的民族组织以外，进一步阐述了他关于民主、民生和游击战问题上的错误主张。他说："目前我们把民族问题提高，对外抗日高于一切，一切服从抗日；对内民权和民生不是主要问题，而是附属于抗日问题的。"并说："在对内的问题上，现在也

---

① 中央档案馆编：《中共中央文件选集》第 11 册，中共中央党校出版社 1991 年版，第 411—412 页。

② 《论新阶段》，新华日报馆 1939 年印行，第 3 页。

③ 《陈绍禹救国言论选集》，中国出版社 1938 年版，第 234 页。书中说王明去作报告是 12 月 17 日，疑为 27 日之误，因王明 18 日到武汉，不可能 17 日作报告。

有一种恶倾向，就是先问民主自由够不够，然后再谈统一战线。这是不对的。统一战线的建立，抗日之外没有其他的条件。”“抗日的就是友，不抗日的就是敌，其他问题在抗日中慢慢解决，民生民权问题不是不谈，而是在抗日的总题目下谈，不能妨碍统一战线。”① 不适当地解决民主民生问题，广大群众的抗日积极性调动不起来，抗日的胜利就很难保障。王明在这里借抗日来贬低解决民生问题的意义，显然是错误的。

王明还进一步贬低游击战的作用和意义，他说：“我们相信没有统一的正规国防军队决不能战胜日本帝国主义，现在大家都在喊游击战，好像有了游击战什么都不成问题似的，其实单游击战，没有与正规军队配合，是不能有决定作用的，将来与日本帝国主义最后决战必须是强有力的正规军。”② 王明在这里的批评和指责，明显是针对中共中央和毛泽东强调敌后游击战的作战方针的。

1938 年 1 月 10 日，晋察冀边区军政民代表大会在阜平召开，民主选举产生了晋察冀边区临时行政委员会，并从延安发出了晋察冀边区军政民代表大会通电。王明等在武汉收到这一通电后，立即于 1 月 28 日致电中共中央书记处，并请转告朱德、彭德怀、任弼时、胡服（刘少奇），提出下列意见：(1)“关于我军在华北驻区应遵守形式上维持原有政权形式……此次所采取之已成事实方式，通电逼蒋阎承认，对全国统一战线工作，将发生不良影响”；(2)“以边区名义出面，在客观上帮助‘抗战胜利后是共产党天下’的谣传”；(3)“通电不从临汾发出，而从延安，更增加对国民党之刺激”。接着他们提议：(1)“以后务须避免此种工作方式”；(2)“对此事应首先设法取得阎百川之谅解，然后由阎批准，再经过阎呈报中央”；(3)“最好不用边区名称”。这份电报是王明“一切经过统一战线”之最好注脚。

当时，抗日局势出现了一些新的问题。一方面，日本继续施展政治阴谋，企图利用国共两党的分歧制造国共分裂；另一方面，国民党大肆鼓吹“一个党、一个政府、一个军队”的谬论，妄图取消共产党及其领导的军队和根据地。为了及时克服这些问题，王明与周恩来等联名致电中共中央书记

---

① 《王明言论选辑》，人民出版社 1982 年内部版，第 558、559 页。

② 《王明言论选辑》，人民出版社 1982 年内部版，第 563 页。

1938年春，王明与张闻天、康生、周恩来、凯丰、毛泽东、任弼时、张国焘在延安（右起第四人为王明）

处，建议在2月20日前召开一次政治局会议。中共中央同意王明、周恩来等的提议后，王明同周恩来返回延安。可是在2月27日至3月1日召开的中共中央政治局会议上，王明却继续坚持发展了他的右倾主张。

在谈到怎样继续争取抗战的胜利时，他说，在蒋统治区域内不允许组织游击战争，只允许在敌人后方组织游击战争。一是认为只有打游击战争，另一偏见便是不要游击战争，这都是不好的；现在蒋介石等国民党不承认国共合作，陈立夫也认为只有共产党投降国民党。国民党认为军事统一，只有服从国民党军委的命令。所谓军政统一，便是人事的统一，八路军干部要由他们调动，我们认为统一军令是统一指挥、统一纪律、统一供给、统一武器。此次苏联来的炮不肯发给。枪支允许发给一些。国民党现在提出只要一个军队，我们也不能反对这个口号，现在《大公报》认为国家要有超党派的国家军队，关于统一军队问题，须在党内外进行教育。

关于统一政府与拥护中央政府问题，他说：现在有人说武汉失守后，将来有政府分割的可能，我们要说明反对不要中央政府的倾向，我们说明要统一的中央政府，拥护中央政府，现在四川造成川人治川，反对中央的行动，我们要立即表明不愿地方与中央分裂；现在蒋介石拉拢各党派来孤立我们，我们要说明愿意与各派联合，谈到边区政府问题时，他说：（1）现在边区政府要开放党禁，允许国民党的公开活动，现在特区不允许国民党活动是不好的，我们现在要允许国民党活动，允许其他党派活动。以小的区域允许其他党派活动来换取全国共产党的活动。(2) 边区民主问题，应选举党派代表参加，使之成为民主政治的模范区域。并说：八路军新占领的区域还是中华民国的一部分，还是服从中央政府的。

关于群众运动问题，他说：现在应按新的方针，确定民运工作方法，如职工运动要进行统一工会，不分赤色黄色工会，说明新的职工运动方针；农民运动，过去造成说（土地法）有土地出租自己劳动的便是地主，这是不对的，至少要有 500 亩土地的才算地主。我们要首先解决中心区域的土地问题，所谓小地主实际是土地小私有者，我们要主张研究这个问题，争取广大的阶层小有产者来参加中国革命；青年工作，我们在青年中不要强调党派的口号，要实行不分党派的运动，季米特洛夫说要进行非党的青年运动。

这个报告还提出，要在全国解释民主共和国即是中华民国。

3 月 11 日，王明将他这个报告的内容加以发挥，写成《三月政治局会议的总结——目前抗战形势与如何继续抗战和争取抗战胜利》一文，公开发表。

在关于抗战形势和保卫武汉问题上，该文认为：“保卫山西、河南、陕西以达到保卫武汉的目的，是一切抗日党派和全国军民今天最紧急最重要的任务。”并说政治局会议对这个问题的意见是：“我国军民现在应当尽一切可能用一切力量来达到武汉不被敌占领的目的，同时，并且应当对保卫武汉事业具有最高度的热忱和抱着最坚强的信心。”

在军事问题上，该文明确提出必须“确定和普遍地实行，以运动战为主，配合以阵地战，辅之以游击战的战略方针”，为了能够真正顺利地实行这一战略，必须：(1) 组织相当数量的野战军团，在运动战中来消灭敌人、打击敌人和消耗敌人；(2) 组织相当数量的挺进军团，深入敌人后方游击；(3) 扼守几个重要支点，以阻止敌军的前进深入。另外，还要“建立几十师新的有新式武装的部队作为全军的骨干”。在建立统一的国民革命军的问题上，该文将过去所提的“五统一”正式发展成了“七统一”，提出统一军队“应有下列几个基本条件：(1) 统一指挥；(2) 统一编制；(3) 统一武装；(4) 统

解放

三月政治局會議的總結

王明《中共政治局三月会议的总结》封面　　《解放》周刊发表的《三月政治局会议的总结》

一纪律；(5) 统一待遇；(6) 统一作战计划；(7) 统一作战行动”。

在群众运动和群众工作上，该文明确提出：“在我政府统治区域的民众运动的工作方法，应该是以合法、统一和互助合作为原则。”

据杨尚昆说：对这个《三月政治局会议总结》，毛泽东很不满意，“认为它是个纲领，非常恼火的。”①

总之，按照王明的观点，在国共两党关系上，要尽量迁就国民党，服从中央政府；在军事问题上，要巩固统一的军队，服从国民党、国民政府的统一指挥；在群众工作上，要求得合法和统一；在战略方针上，要以运动战为主，不能以游击战为主；在当时的工作重心上，要集中力量保卫大武汉，用不着去建立敌后抗日根据地。由于当时在许多方面贯彻了王明的右倾主张，所以造成了不小的损失。

首先和最重要的，是王明不积极贯彻中共中央关于在长江流域及敌后开

① 张培森整理：《杨尚昆1986年谈张闻天与毛泽东》，《炎黄春秋》2009年第3期。

展游击战争的指示，一心保卫大武汉。

当时，在华中地区开展游击战争有许多有利条件。在日军侵占上海、南京等大城市时，国民党军队狼狈溃退，国民党在华中的统治迅速土崩瓦解。在大片的敌人占领区里，日军烧杀抢掠，汉奸横行霸道，土匪蜂拥而起。在这种严重的局势下，广大人民对国民党丧失了信心，热望共产党人来把人民组织和武装起来，抗击日军，镇压汉奸。而在国民党军队溃退时，又丢弃了大量的枪支弹药，为开展游击战争提供了武器装备。但是，王明却不积极贯彻中央关于开展敌后游击战的指示，没有利用这些有利条件。

中共中央长江局成立后，中共河南省委归长江局领导。省委根据中共中央的精神，作出以准备游击战争为中心任务开展各方面工作的部署，并报告长江局。但王明不同意这一布置，派专人去河南，说河南省委报告“政治思想上有问题”。后来省委书记朱理治到长江局开会时，周恩来发言支持省委的意见，这才有了长江局关于河南工作的正确决定。自 5 月以后，中共中央连续致电长江局及东南分局，指示在长江流域开展游击战争，建立敌后抗日根据地。可是，王明对中共中央的这一系列指示根本不积极执行。当时，武汉受中国共产党影响和领导的学生、工人、革命分子很多，武汉沦陷时返回农村的工人也很多（如汉口某码头有工人 18 万人，回乡避难的有 8000 人），如果按照中共中央的指示，及时地组织他们到农村去开展游击战争，建立抗日根据地，本来是大有可为的。可是王明以种种理由，不去积极执行中共中央的指示。例如，武汉党组织召集部分工厂支部负责人开会，有人提出把工人组织到农村去打游击，王明却说：“军队干部派不出来，打游击不行。”马识途在回忆中说：“我听过王明的报告，他要我们坚持在国民党地区工作，要支持国民党抗日，大量的人要留下来，跟着退到大后方去。批评我都想到农村去打游击。”在王明的影响下，武汉党组织动员工人到农村打游击的工作虽然抓了一下，但抓得不及时、不得力。如汉阳兵工厂工人早就提出要求到农村打游击，但上级党组织不支持，只是片面强调工人随厂后迁。直到 8 月大部分工人随厂走了，没随厂走的也到别处谋生去了，上级党组织才通知动员工人到农村去，但此时已经晚了。由于武汉没有输送兵工技术人员及兵工生产设备到农村，新四军五师的兵工生产不得不白手起家。正是由于王明不重视组织人去开展游击战争，华中地区的农村游击战和抗日根据地没有得到应有的发展。

有的著作还说：在1938年春的一次中共中央长江局会议上，王明要把爱国侨胞和外国友人给八路军、新四军的捐款交给国民党，还要共产党在广东不搞抗日游击队，周恩来严厉批驳了他。

对于广泛发动敌后游击战争不积极，对保卫大武汉却非常积极和热心。1938年5月15日，王明与周恩来、博古电请蒋介石不惜任何牺牲坚决保卫武汉。电文中说：必要时，当以武装工人，负防御任务，俾不让马德里工人防守西班牙城之事迹得专美于前。“对于能否保障武汉之问题，吾人可答之曰‘当然能’。盖以大军数百万，若干武装民众，及素有革命历史之武汉工人等力量，当可保卫武汉而无虞，何况该处地势而极利于华军耶”①。6月15日，王明与周恩来、博古在《新华日报》联名发表《我们对于保卫武汉与第

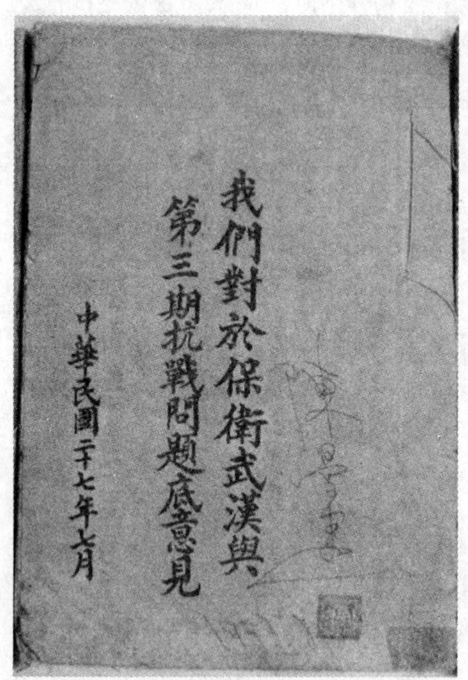

王明等《我们对于保卫武汉与第三期抗战问题底意见》封面

① 原载《每日译报》1938年5月18日。转引自中共湖北省委党史资料征集编研委员会、中共武汉市委党史资料征集编研委员会编：《抗战初期中共中央长江局》，湖北人民出版社1991年版，第752页。

三期抗战的意见》，认为“武汉是我国最后一个最大的政治经济中心，武汉的得失，不仅对于整个第三期抗战有极大的影响，而且对于整个内政外交方面均有相当的影响”，因此要实行“总动员”，向各界居民“指明保汉的必要”，使他们“一心一意地为保卫武汉而共同奋斗”；认为“保卫武汉的最好方法，是能够将敌军击败和消灭在一切进入武汉的门户之外”，因此“要认真地进行建立有新式武装和能担负对敌决战的几十师坚强部队的工作”，“只有认真地建立起几十个战斗力强的现代国防师，只有使中国几百万武装部队中有几十个这种新国防师作骨干，才能说得上与敌人进行决定最后胜负的战斗，才能在长期抗战和顽强决战中最后战胜拥有全副新式武装的敌寇”。在这同时，还应“积极进行民众动员与民众组织”，“领导和帮助民众武装和实行武装民众”，“领导和辅助民众武装和发展游击战争”①。全力保卫武汉是应该的，中共中央也曾就这一问题发出指示。但是，那么重视保卫武汉，对敌后游击战争则不那么重视，则是不对的。

其次，由于王明强调群众组织要求得合法和统一，致使中国共产党领导下的武汉的先进群众组织被迫解散。

武汉原有三个接受中国共产党领导的先进青年的群众组织，即青年救国团（简称“青救”）、中华民族解放先锋队（简称“民先”）和蚁社。“民先”是 1936 年 2 月 1 日在平津学生联合会扩大宣传团的基础上于北京成立的，其总队部驻汉办事处于 1937 年 9 月 30 日在武昌成立，由于光远任主任。“青救”是以华北流亡同学会和武汉秘密学联为基础，在武汉各界青年纪念“一二九”运动大会上宣布，1937 年 12 月 28 日在武昌正式成立的，以袁汝镛为总务，杨世诚任党团书记。蚁社是 1938 年 1 月 23 日在汉口成立的以职业青年为主的抗日救亡团体，由沈钧儒、沙千里任常务委员，除了组织和参加各种宣传工作外，还特别设立了战时工作委员会，以支援和参加抗战。这些先进青年的群众组织成立后，为抗日救亡做了大量的工作。

为了将各种群众组织置于自己的控制之下，国民党武汉卫戍司令部于 1938 年 8 月 8 日公布《民众团体高级组织办法》，规定各民众团体均联合为

① 李志英主编：《秦邦宪（博古）文集》，中共党史出版社 2007 年版，第 386—401 页。

“高级组织”，由该部指定负责人并派员指导，各负责人均须宣誓服从政府命令，如违背则予以严厉制裁。接着，该部又发布《武汉民众团体战时行动规约》28条，规定一切民众团体召开会员大会，须三日前呈请批准，党部派员指导，并禁止民众团体召集联席会议及开办训练班和讲演会。当武汉卫戍司令部要求“青救”等团体登记报送名单时，“青救”等进行了抵制，但王明却要求报送，最后名单还是送去了。结果，武汉卫戍司令部于8月20日下令解散青年救国团、中华民族解放先锋队和蚁社等14个抗日救亡团体。

上述团体被解散后在《新华日报》上发表宣言、启事和敬告各界人士书，抗议国民党的倒行逆施。《新华日报》也在第二天为此发表社论进行抗议，指出：“当武汉危急的时候，正是需要动员民众保卫武汉的时候，而最有工作历史、最有群众基础的三个团体却被解散，这不但违背了全国人民一致动员保卫武汉的呼声，而且也违背了政府坚守武汉的国策。”①

其三，下令解散七里坪抗日军政干部训练班和汤池训练班。

七里坪抗日军政干部训练班是中共湖北省委工作委员会利用新四军第四支队驻地的合法名义，于1937年11月底在湖北黄安七里坪举办的，方毅任班主任，聂鹤亭任总队长。它共办了5期（包括一期党员训练班），培养游击干部600多人，成为华中游击战争和新四军五师的干部来源之一。汤池训练班是董必武通过湖北省建设厅厅长兼农业合作社事业委员会主任石瑛的关系，由中共湖北省委工作委员会派陶铸与湖北省建设厅农村合作社事业委员会委员、汤池农村改进实验区的负责人李范一合作，以训练农村合作社干部的名义，于1937年12月20日在湖北应城汤池正式开办的，实际上也是培养抗日游击战争干部。它一共举办了4期（第四期在武昌举办）。另外还从1938年4月初办起了汤池临时学校。汤池训练班和临时学校，也为开展游击战争培养了600多名干部。

七里坪抗日军政干部在办第一期时，蒋介石对王明说，你们延安办了个抗大，为什么又在七里坪办训练班呢？于是，王明就对中共湖北省委郭述

① 《抗议解散三团体——民族解放先锋队、青年救国团、蚁社》，《新华日报》1938年8月21日。

申、钱瑛说，训练班不要办了。湖北省委进行了抵制，坚持办了第二期，并且扩大了规模，这时蒋介石又质问王明，王明便又三令五申要省委解散训练班。湖北省委不得已，只得将公开的训练班停办，暗地办了个党员训练班，可是王明又批评说是“破坏统战”，湖北省委只好把这里的干部训练工作转移到汤池训练班和后来的汤池临时学校去。

可是汤池训练班也同样受到王明的批评、压制。这个训练班开办不久，便受到国民党特务的注意，蒋介石也对王明说，汤池训练班将会影响统一战线。于是王明指责陶铸“太左了”，还说什么“国民党出钱办合作社训练班，讲贷款就讲贷款，为什么搞游击战呢?”“汤池训练班讲马列主义、党的建设，是‘挂羊头卖狗肉’”，并下令停办。在周恩来、董必武的支持下，陶铸对王明的错误进行了抵制，才在武昌办了第四期。

其四，主张公开发展党员，甚至要党组织公开。

1938 年 3 月 15 日，中共中央根据抗日战争的需要，作出了《关于大量发展党员的决议》。3 月 24 日，中共中央长江局据此发出了关于恢复党组织关系的通知，并发出了“猛烈地十倍百倍地发展党员”的指示，规定了“细心考虑，大胆发展”的方针。在不长的时间内，长江局所辖地区从省委（工委）到支部，各级党组织迅速建立，党员数量大量增加。但据王瀚回忆，王明曾提出“发展一千，进来一个坏人也没关系”的论调，给发展工作带来了不好的影响。又据《董必武传》说，在台儿庄战役胜利后，王明得意忘形，对湖北省委负责人钱瑛说：“怕什么，要公开（指党组织）！”还要中共湖北省委打着省委的旗帜到街上游行，甚至要“共产党员必须时时、事事、处处服从国民党当局领导”[①]。当时国共两党虽然实行了合作，但合作之中并不是没有斗争，蒋介石在抗日的同时，仍处心积虑地压制和削弱共产党。在这种情况下，主张公开发展党员甚至还要党组织公开，可见王明在政治上是多么幼稚，对国民党相信到了什么程度！

但是对于上述问题，也有不同的看法。例如有的论者认为：王明在武汉时期对于农村游击战争抓得不及时、不得力，使华中地区的敌后游击战争没有得到应有发展的看法“是对历史的歪曲，不符合王明的实际”。王明到武

① 胡传章、哈经雄：《董必武传》，湖北人民出版社 1985 年版，第 147—148 页。

汉虽然主要是为了与国民党进行谈判，但对这方面的工作也是重视的，“王明是拥护支持游击战争的，华中游击战争的开展是迅速的，华中游击战争的迅速开展与王明的支持是分不开的，这是王明对待游击战争的主流。当然，也可以找到王明对开展游击战争一些缺点和错误，但是不是主流。因之过去对王明‘反对游击战争’的一切不实之词，应予以推翻，以恢复王明和华中游击战争的本来面目。”① 又例如对于武汉14个群众团体被解散一事，有的论者也认为，不能看做是王明右倾错误贯彻的结果。解散抗日民众团体，禁止民众抗日活动，是国民党统治区各地都存在的问题，这是蒋介石反共的一面所决定了的。“怎么能把武汉卫戍区解散的14个抗日团体，从整个情况中孤立突出出来，而说成是王明在民众运动中‘统一’、‘合法’的右倾投降主义所造成的结果呢？怎么能把蒋介石等和武汉卫戍区反动行为的账而挂在王明头上呢？”②

第四节　无视中央

王明到武汉以后，不仅在政治上极力推行他的右倾主张，而且俨然以共产国际和中共中央的代表自居，把自己凌驾于中共中央之上，不经请示，即以中共中央名义发表宣言、发出指示，把持中共中央长江局另搞一套，在组织上搞独立性。

前已说过，长江局曾于1937年12月25日以中共中央名义在武汉发表了《中共中央对时局宣言》。这个宣言的起草，在12月21日王明等向中央汇报与蒋介石谈判情况时虽提到过，但未经中央审查批准即以中共中央名义发表，这在组织上仍然是不妥当的。

1937年12月9日到14日召开的中共中央政治局会议，本来决定王明会后去武汉后应很快回中央工作，后因蒋介石留他“在汉相助”，他便在武

① 施巨流《王明问题研究》，香港天马出版有限公司2006年版，第100页。

② 施巨流《王明问题研究》，香港天马出版有限公司2006年版，第224页。

汉留了下来。1938 年 2 月他回延安后，毛泽东在 2 月 27 日到 3 月 1 日召开的中共中央政治局会议上提出，“在今天的形势下，王明不能再到武汉去”，最后会议虽然同意他同凯丰去武汉，但明确指出，“王明同志留一个月再回来”。可是王明去后，未执行这一决定，直到召开六届六中全会时才回到延安。关于这一点，他后来在 1941 年 10 月 8 日中共中央书记处会议上的发言中承认，他当时“不愿留在延安工作”，“是不对的”。

1938 年 2 月 10 日，未经毛泽东本人同意，《新华日报》便发表了由王明起草的《毛泽东先生与延安新中华报记者其光先生的谈话》，对国民党关于“一个党、一个政府、一个军队”的言论提出批评。这种批评虽然是必要的，但王明不经过毛泽东本人同意就借用他的名义发表公开谈话，也反映了王明把自己凌驾于中共中央之上的心理。①

1938 年 3 月 29 日，国民党临时全国代表大会在武汉召开。3 月 21 日，王明起草了《中共中央对国民党临时全国代表大会的提议》，未经中共中央同意，他就于 3 月 24 日擅自送交国民党，同时报中央一份。这个提议，仅就关于巩固和扩大各党派的团结等问题、关于健全民意机关问题、关于动员和组织民众问题提出了一些意见，并且提出应根据地域原则，在各地方组织统一的各界群众团体的领导机关，在全国范围内成立统一的全国性的领导机关。青年、妇女、文化界等应根据其切身利益和特殊需要，而组成各种统一的群众团体，并且所有群众团体及其领导机关，均应向政府登记，并采取政府及党部的领导。中国共产党愿赞助国民党在抗日救国的大前提下，造成统一的群众运动和统一的群众组织。

中共中央收到王明起草的这个提议后，感到其中没有明确提出以下重要问题：(1) 克服困难坚持抗战到底和坚持反对妥协投降、悲观失望的倾向问题；(2) 武装群众的问题；(3) 改善民生的问题。为补救其错误，中共中央立即于 3 月 25 日另外起草了《中共中央致国民党临时全国代表大会电》，提出如下八条意见：(1) 用一切宣传鼓动方法，号召全国人民以必胜的信心，克服一切困难，忍受一切牺牲，誓与日寇抗战到底。(2) 继续动员全国武力、人力、财力、物力，为保卫西北、保卫武汉而战。(3) 继续扩大与巩固抗日

① 金冲及主编：《毛泽东传(1893—1976)》下卷，中央文献出版社 1996 年版，第 589 页。

民族统一战线。(4) 继续扩大与巩固国民革命军。(5) 继续改善政治机构。(6) 继续全国人民的动员。(7) 为使政府与民众进一步结合起来，为更能顺利地动员民众参加抗战，必须采取具体的办法，实施改善民生的法令。(8) 组织抗战的经济基础，建立国防工业，发展国防工业，改进农业。

可是，王明收到中共中央起草的《中共中央致国民党临时全国代表大会电》以后，不但不立即送交国民党，反而拖到国民党临时全国代表大会闭幕的 4 月 1 日给中共中央复电说，我们根据政治局决议原则所起草的致国民党临时全国代表大会建议书于 24 日已送去，国民党临时代表大会昨夜开幕，你们所写的东西既不能也来不及送国民党，望你们在任何地方不能发表你们所写的第二个建议书，否则对党内党外都会发生重大的不良政治影响。对此问题的详细情形，我们有信交可靠同志带给你们。

从这里可以看出，王明根本不把中共中央看在眼里，他不但不执行中央的决定，反而要中央服从他。后来当同志们批评他时，他还辩解说，“因怕 K（指国民党临时全国代表大会——作者注）闭幕，所以就发出去”。“而延安中央提出的八条是在国民党临时大会开会第二天才收到，来不及交国民党”。国民党临时全国代表大会是 3 月 29 日开幕、4 月 1 日闭幕的，他的提议是 3 月 24 日送去的，离开幕还有 4 天，离闭幕还有 7 天，用电报请示中共中央完全来得及，哪里是没有时间？中共中央重新起草的致大会电是 3 月 25 日起草的，离国民党临时全国代表大会闭幕还有 6 天，怎么会来不及送呢？即使如他所说是在国民党临时全国代表大会开会第二天才收到的，也完全可以送交国民党。更为严重的是，王明收到中共中央重新起草的致国民党临时全国代表大会电后不但不立即送去，还在 4 月 28 日写的《答复子健同志的一封公开信》中，将他起草的致国民党临时全国代表大会的提议全文公开发表。

1938 年 5 月 26 日到 6 月 3 日，毛泽东在延安抗日战争研究会作了《论持久战》的讲演，批驳了“亡国论”、“速胜论”，指出抗日战争是持久战，要经过战略退却、战略相持和战略反攻三个阶段，最后胜利是中国的。这是中国共产党关于抗日战争的战略方针和战略战术的一个重要文献，对于认识抗日战争的特点和夺取抗日战争的胜利有着重要的意义。可是，王明对毛泽东的《论持久战》并不以为然。据李国华 1943 年 9 月 20 日写的《关于王明同志的一些材料》说：关于持久战的战略思想，“一九三八年王明同志告诉是斯大林同志的思想和方针，毛主席不过把他具体化和充实了内容而已，民主共和国是季米特洛夫提出的”。

7 月上旬，中共中央致电长江局，要他们在《新华日报》上刊登这一重要文献，可是王明等借口文章太长不予登载。随后中共中央再次致电长江局，要他们分期刊登，但王明等仍不同意。由于同样的原因，《群众》周刊也未刊载。以后，只是在《新群丛书》中作为第 15 种出了个单行本。1941 年 10 月初，毛泽东在与王明谈话时对王明的这个做法提出批评。10 月 8 日王明在中共中央书记处工作会议上的发言中搪塞说：“我对这小册子只有两点不同意见的，一点是认为西安兰州会失守，另一点是国际援助问题”，根本不承认他不同意关于抗日战争是持久战的结论。在 1949 年 3 月中共七届二中全会上，当有的同志再次批评他时，他在 3 月 7 日的发言中更把拒不刊登《论持久战》的责任推到别人身上，说什么好像他是同意发表的，不同意的只是别人，对《新华日报》不刊登《论持久战》一事，他没有任何责任！但很多材料说明，不同意《论持久战》观点的正是王明本人。晚年他在《中共半世纪与叛徒毛泽东》一书中说：“这篇文章在延安发表后，毛泽东曾把它送到武汉，要求在《新华日报》上发表（该报编辑部是由我领导的）。我和秦邦宪（博古）、项英、凯丰及其他同志一致不同意这篇论文的内容，因为它的主要方针是对日消极抗战和坐待日本进攻苏联。这是既不合乎中国的民族利益，也不合乎中共的国际责任的……因而我们决定不把《论持久战》一文在《新华日报》上发表。此外，我曾把我们对毛泽东《论持久战》一文的意见，请当时在武汉的一位苏联同志转告斯大林和季米特洛夫同志。季米特洛夫同志下令不准该文在《共产国际》杂志上发表”①。

不过，有的学者认为，王明那时不在《新华日报》发表《论持久战》，并不是对毛泽东的不尊重。文章说：“1938 年 7 月，正是武汉会战的关键时刻，我广大爱国官兵正与敌人浴血奋战，此时应该宣传的是‘杀身成仁，舍生取义’的民族精神、奋斗精神，‘宁为玉碎、不为瓦全’的牺牲精神，来激发斗志，鼓舞士气，而抗战前期失败不可避免的理性分析显然不符合当时

① 见王明：《中共半世纪与叛徒毛泽东》，莫斯科进步出版社 1979 年中文版，第 149 页。

的气氛。所以当时《新华日报》、《群众》周刊主要刊登的是鼓动军民保卫大武汉的社论、文章和报道。当然，到8月下旬，知道武汉失守已经不可避免的时候，就需要镇定人民的情绪，不致因为一时的失败而对前途悲观绝望，此时对抗日战争是持久战的理性分析显然就是鼓舞人民长期奋斗的最好的精神食粮了。所以王明马上就大张旗鼓地宣传毛泽东的持久战思想。专门出了单行本，并在8月的《新华日报》上刊登了37次广告，并将它誉为'划时代的重要文献'、'坚持抗战争取抗战胜利的指南。'"①

王明在组织上闹独立性，即使在平常的言谈行动中也经常表现出来。例如，当时有一个兄弟党召开代表大会，毛泽东从延安把贺电发往武汉，要武汉转发给兄弟党代表大会，王明竟扣下电报不发。又如，在1938年7月召开国民参政会一届一次会议前后，林伯渠曾向王明提出，发表文章时"应与中央商量"，王明不但不接受，反而说"不必要"，"在外面的中央政治局同志还占多些"②。

王明把持中共中央长江局另搞一套，在组织上搞独立性的做法，在当时是很多人都知道的。李德在回忆录中说："我们把华中局（应为长江局，下同——作者注）叫做'第二政治局'。事实上以后在华中局和延安中央委员会之间已经有了某种程度的分工，华中局贯彻的是1937年12月决定的并得到共产国际委员会支持的统一战线的路线，而毛泽东在延安却采取了他自己的政策。"③1941年10月初，毛泽东向王明提出长江局与中央的关系等问题后，王明在10月8日中共中央书记处会议上的发言中，虽然仍坚持说自己"路线是对的，个别问题有错误"，但也不得不承认"在客观上形成半独立自主"。

为什么王明会在组织上闹独立性呢？他在10月8日的发言中解释说："这个作风是我在过去在国外单独发表文件做惯了，没有像毛主席那样慎重。"王明在组织上闹独立性，虽然不能说同他在国外时的"习惯"没有关系，但最主要的，是他这时仍然以共产国际的"钦差大臣"自居，根本不把以毛

---

① 王明：《中共半世纪与叛徒毛泽东》，郭国祥、丁俊萍：《论抗战初期王明与毛泽东的合作和分歧》，《武汉理工大学学报（社会科学版）》2008年第1期。

② 《林伯渠传》，红旗出版社1987年版，第227页。

③ 李德：《中国记事》，现代史料编刊社1981年内部版，第306页

泽东为首的中共中央放在眼里。

第五节　家长式作风

《新华日报》是中国共产党在国民党统治区所办的一份公开报纸，是以周恩来为首的中共代表团1937年7月在庐山与蒋介石谈判的结果。它于1938年1月11日在汉口创办，因武汉失陷，于1938年10月24日在武汉出版最后一期，然后迁往重庆。从创刊到停刊的这段时间里，它在武汉积极地宣传了中国共产党的政治纲领和政治主张，扩大了中国共产党在国民党统治区的影响，推动了国民党统治区爱国抗日运动的发展，同时在国际上也产生了重大影响。

但是，在武汉时期相当长的一段时间里，王明极力插手并企图控制报社的工作。在1937年12月23日中共代表团与中共中央长江局召开的第一次联席会议上，曾决定成立党报委员会，由王明任主席。1938年1月11日报纸创刊后，由潘梓年任社长，王明、博古、吴玉章、董必武、凯丰、邓颖超等组成董事会，王明为董事长。因此，王明在把持中共中央长江局的同时，直接干扰和影响了《新华日报》的工作。据石西民回忆，当时王明对《新华日报》的控制是非常专横的，他说：

> 王明的领导作风完全是家长式的，架子大，盛气凌人，常常抓住一点差错，一骂就是半天。当时报馆的主要干部，从社长、总编辑、总经理起，对王明的作风都很反感。工作之余，大家谈论也很多，很不满王明那种浮夸的好出风头的作风。那时，王明经常要发表谈话或文章，每次都要报纸把它登在最显著的地方，还要登上他的照片。署名忽儿是王明，忽儿又是陈绍禹，也很不合中国人的口味。王明的老婆孟庆树，老爱跟在宋美龄的屁股后面，参加一些上层的妇女界座谈会、茶话会，每参加一次，同样要报纸在显著的地方登载出来，标题还要突出，稍不满意，王明那里的训斥电话就来了。平时，王明借故把报馆一些同志找去

训斥的次数也很多。其结果，除了增加大家对他的作风厌恶外，什么也没有得到。而他每次把报馆主要同志找去痛骂时，从来没有看到过中共长江局其他负责人参加，这也可以看出他的独断与专横。①

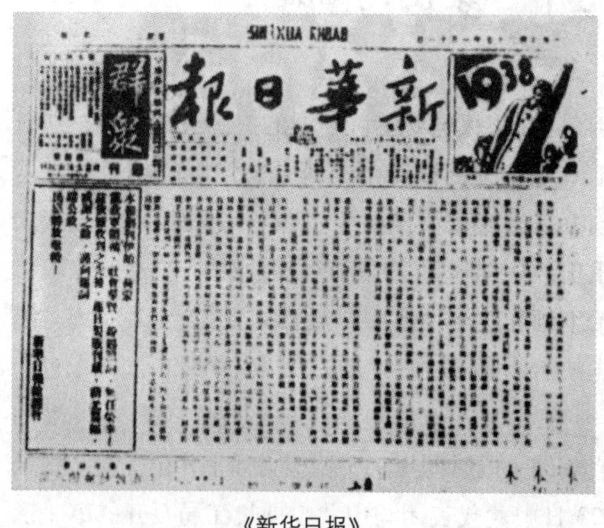
新華日報

1938

《新华日报》

王明为了控制《新华日报》，对一些同志进行打击和排斥，1938年春，担任总编的华西园（华岗），被派往东南战场作战地记者，回到武汉不久，又被派往重庆去筹办《新华日报》。《新华日报》创刊后，王明说："我要用欧洲的经验来抓宣传工作"②。由于王明的严重干扰和影响，武汉时期的《新华日报》在作出重大成绩的同时，也宣传了王明的右倾主张，其主要表现是：

第一，宣扬"一切经过统一战线"等错误口号。这个问题，在《新华日报》初期的一些社论中就有反映。例如《新华日报》创刊第二天，即1938年1月12日题为《团结救国》的社论，在谈到怎样巩固和扩大民族力量的团结时说：

首先要大家相见以诚，其次要大家一切为公，再次要大家互相尊重互相信任互相帮助，再其次要大家共同工作共同负责共同发展。抗日高于一切，一切服从抗日，应当是大家公守的信条；一切为着抗日民族统

① 石西民：《峥嵘岁月——〈新华日报〉生活的回忆》，载《〈新华日报〉的回忆》（续集），四川人民出版社1983年版，第99页。

② 杨效之、徐迈进：《从南京到武汉——记〈新华日报〉创办时期的几个片断》，载《〈新华日报〉的回忆》（续集），四川人民出版社1983年版，第153页。

> 一战线，一切经过抗日民族统一战线，应当是大家工作的方针；凡是有利于敌寇的事情都不为，凡是有益于抗敌救国的事情都要做，应当成为大家坚守的法规；抗敌朋友一方面的成败，就是大家共同的成败，抗敌力量任何方面的得失，就是大家共同的得失，应当成为大家互助的基础；巩固各党各派的抗日救国合作，拥护领导抗战的统一政府，巩固和扩大坚决抗战的统一军队，拥护领导军民抗战的最高统帅，实现军民一体，做到各界一致，达到举国一心，应该是巩固和扩大民族力量团结的具体表现；驱逐日寇出境，建立独立自由幸福的新中华，应该是民族力量团结的奋斗目标！

这里面，有些话是正确的。但是，整个社论的精神，是只要团结、统一，不要斗争；只要“一切经过统一战线”，不要中国共产党和人民军队的独立自主。这种错误倾向，还突出表现在如何建立新的军队的问题上。例如1938年1月29日《新华日报》发表的《关于建立新的军队》的社论提出：

> 建立新的军队的目的，是要建立真正的统一指挥、统一编制、统一组织、统一武装、统一待遇、统一补给、统一政治工作和统一作战计划的国防军，就是说，完全统一的国防军。

在这里，不仅基本照搬了王明在1937年12月中共中央政治局会议上提出的“五统一”（只是少了“统一纪律”，并将“统一供给”改成了“统一补给”），而且加上了统一编制、统一组织、统一待遇和统一政治工作，变成了“八统一”，比后来王明在《三月政治局会议的总结》一文中提出的“七统一”还多一个“统一”！

第二，主张运动战，反对游击战。例如1938年1月26日《关于游击战争》的社论说：

> 游击战争只能作为正规战的一种辅助战术……游击队及游击战争本身，都不能进行有决定意义的战斗。
>
> 有人将运动战误作游击战，以为提倡游击战争，便可阻止敌人前

进，这是应当改正的。

欲争取抗战的胜利，只有正规战方能歼灭敌人，赶走日寇。

社论中对于游击战的批评，明显的是王明反对中共中央强调游击战的表现。

第三，极力宣传保卫大武汉。宣传保卫武汉一般来说并没有错，问题是王明按照他的城市中心论的思想，过分强调保卫大武汉的意义。在王明的控制和影响下，《新华日报》对这个问题的宣传，篇幅之多、所用力量之大，也是其他问题远远不能比拟的。1938 年 1 月 13 日，该报就发表《怎样保卫大武汉?》的社论。到 6 月份，这个问题就逐渐成了报纸的主题，8、9 两个月每月关于这个问题的社论竟多达 9 至 10 篇。这些社论提出：

武汉的得失关系中国继续抗战和争取最后胜利的前途非常重大；

把武汉变成牢不可破的马德里；

武汉是必须用全力保卫的！武汉是能够保卫的！①

6 月 15 日，王明等在《新华日报》发表的《我们对于保卫武汉与第三期抗战底意见》，也宣传了同样的观点。

毛泽东曾指出："中国的马德里在什么地方，看什么地方具备马德里的条件。"② 王明根本不看中国抗战的具体条件，不执行和宣传中共中央关于把工作重心放在敌后农村的指示，放手发动和组织长江流域的敌后游击战争，一味坚持城市中心论，极力宣扬保卫大武汉，就不能不给这里的抗战造成很大的损失。

8 月 29 日，王明与周恩来离武汉前往延安参加中共扩大的六届六中全会。

关于在武汉期间的工作，孟庆树在《关于一九三七年十二月中共中央政

① 转引自闵太洪：《武汉时期的〈新华日报〉》，载《〈新华日报〉的回忆》(续集)，四川人民出版社 1983 年版，第 476—477 页。

② 转引自闵太洪：《武汉时期的〈新华日报〉》，载《〈新华日报〉的回忆》(续集)，四川人民出版社 1983 年版，第 476—477 页。

治局会议的路线和抗日战争时期中共内两条路线的斗争》的回忆中说：

政治局在会议①结束后，也和共产国际领导一样，决定王明同志应当马上到武汉去见蒋介石，代表中共中央向他表示坚决支持反对国民党内外亲日派的捣乱和阴谋，继续抗日救国，并向他转达斯大林关于坚决支持和继续帮助中国进行抗日战争的委托，以及季米特洛夫关于共产国际和国际共产主义运动坚决支持他和中国人民进行抗日战争的委托。此外，中央政治局委托王明同志飞抵武汉后，以中共中央名义写篇《关于时局的声明》。同时王明同志还发表了《救时局的关键》一文。所有这一切都是为了达到一个主要目的——支持国民党内以蒋介石为首的反日力量，揭露和打击以汪精卫为首的亲日派的阴谋；而后者当时正用散布各种反共亲日的说法和谣言的方法来达到其在国内外瓦解和分裂抗日阵营的目的，正全力勾结德国驻华大使陶德曼，力图促成所谓"中日和解"，实际上是等于要中国投降日本。正是由于他们这一卖国亲日活动的加紧和日军不断的进攻，使南京失守后中国新的首都武汉处于危机中。大家知道，王明同志完成了上述共产国际和党的领导赋予他的使命。

在武汉这段时期，王明、周恩来、秦博古及其他同志在执行斯大林和季米特洛夫的指示及政治局十二月会议路线时，不仅同以汪精卫为首的亲日派作了尖锐的、不调和的斗争；同时他们也同蒋介石及其一伙对抗战的动摇和没有信心及对内反共反人民的行动作了系统的，有时是尖锐的斗争。这一斗争，他们不仅是在同蒋介石谈判和在国共两党委员会谈判中进行，而且也在刚建立的中共中央全国性的公开报纸《新华日报》和中共中央长江局公开的机关报《群众》上，在战时中国民意机构的会议上，在各政党团体的活动中，在民众面前演讲时，在国际宣传方面等等进行。这一斗争比反对亲日派更困难，更复杂。它要进行得既原则，又灵活，因为这一斗争是为了及时揭发和克服蒋介石一伙的有害的和反动的活动，而另一方面继续巩固和扩展作为抗日民族统一战线和抗日战

① 指1937年12月的中共中央政治局会议。

争基础的国共合作。

所有这些，当时不但国内各界知道，而且国外也知道。

许多当时国内外报刊上的文件和材料也可以说明这点。

正因为在日本在军事上不断进攻的严重情况下，中国共产党在武汉和全国执行了正确的共产国际路线，所以武汉时期成为抗日战争史上一个著名的时期。在这一时期：

以国共合作为基础的抗日民族统一战线政策实行得最顺利，最有效；

中国各军队对日寇作战次数最多，规模最大；

中国共产党在全国的影响、威信和力量很快地、广泛地增长，它领导下的八路军、新四军和东北抗日联军的影响和力量很快的增加了。

所有这些都早已成为众所周知的不可辩驳的历史事实了。

由此可见，毛泽东的这种造谣伪造不只是为了反对王明同志和其他所谓“莫斯科派”或“国际派”的中共领导人，而且也是为了反对列宁的党和共产国际的领导人，是为了“抬高自己，打击别人”。①

但是，王明在武汉时期的工作，后来一直受到批评。

1941 年 10 月 8 日，毛泽东在中共中央书记处工作会议上批评说：“王明在武汉时期的工作，我和他谈过在下面几个问题上有错误：(一) 对形势估计问题——主要表现乐观；(二) 国共关系问题——忽视在统战下的独立性与斗争性；(三) 军事策略问题——王明助长了反对洛川会议的独立自主的山地游击战的方针；(四) 组织问题——长江局与中央的关系是极不正常的，常用个人名义打通电给中央与前总，有些是带指示性的电报。不得到中央同意，用中央名义发了许多文件。这些都是极不对的。”

1945 年 4 月，周恩来在中共第七次全国代表大会上发言时，谈到武汉时期的错误时说：“当时在武汉做领导工作的同志，我也在内，着重在相信国民党的力量可以打胜仗，而轻视发展我们自己的力量；在战争上强调运动

① 孟庆树：《陈绍禹——王明传记与回忆》(手写复印稿)。

战，轻视游击战。”[①] 他在 1960 年 7 月作的《共产国际和中国共产党》的报告中还说：“一九三七年年底王明从共产国际回来，说他跟斯大林谈过话。他打着共产国际的招牌，提出‘一切经过统一战线’，说国民党和共产党都是中国优秀青年的总汇。王明回来后，主持了长江局，蒙蔽了一批人，搞了第二次王明路线。第二次王明路线虽然时间不长，但对北方，对新四军，对上海，都有影响。第二次王明路线与共产国际不无关系。斯大林信任王明，季米特洛夫和王明的关系也好。后来我去莫斯科对季米特洛夫谈王明的错误，季米特洛夫听了还表示惊讶。”[②]

胡乔木在 1990、1991 年《关于党的历史文献的编辑和批判第三次“左”倾路线的九篇文章》的谈话中说：“在抗战中，共产党、八路军、新四军的力量发展壮大起来了。这都是坚持统一战线中独立自主原则的结果，都是与王明的右倾主张相反的。王明回国后在延安指责党中央坚持独立自主的许多正确作［做］法，到武汉时发表了许多宣扬右倾思想的文章。蒋介石对王明的那一套根本不感兴趣。蒋介石并不认为王明是共产国际派来的什么大人物，有什么分量。所以王明搞的那一套在武汉完全碰壁。以后王明要用他的那一套保卫武汉，结果越来越保不住了。仅仅靠讲演、游行、宣传，是保卫不了武汉的。”“王明搞了几个月，犯了右倾错误。”[③]

1984 年 3 月 25 日，邓颖超在与廖似光的谈话中谈到王明的右倾错误时认为，“应该承认有一点影响”，“但是影响不大，不是全局性的影响”[④]。

近年，有的学者认为王明在武汉时期的错误，主要的是认识上的错误，“只看到蒋介石国民党积极抗战的一面，普通民族主义者的气味比较浓。对蒋介石的反动阶级本质，缺乏牢固的深刻的认识，缺乏警惕性与戒心，因而没有采取革命的防范和对策，没有象［像］中央和毛泽东同志那样，既看到

---

① 《周恩来选集》上卷，人民出版社 1980 年版，第 197 页

② 《周恩来选集》下卷，人民出版社 1984 年版，第 311 页。

③ 《胡乔木回忆毛泽东》编写组编：《胡乔木回忆毛泽东》，人民出版社 1994 年版，第 45 页。

④ 《邓颖超谈长江局及其妇女工作》，中共湖北省委党史资料征集编研委员会、中共武汉市委党史资料征集编研委员会编：《抗战时期中共中央长江局》，湖北人民出版社 1991 年版，第 473 页。

了蒋介石国民党抗战的一面，又看到了他们反动本质，因而能够采取马克思主义的对策。”[①]

有的学者则认为，王明在武汉时期的右倾错误，主要不是在理论、认识方面的问题（虽然也存在认识方面的错误）。他在提出“一切经过抗日民族统一战线，一切服从抗日”口号的同时，又强调了维护中国共产党根本利益的内容，似乎认识是全面的，谈不上右倾错误的问题。他的问题是在处理统一战线和国共关系的具体问题上，不能坚持原则，应对乏力，表现右倾。王明在抗战初期的最大错误是把个人凌驾于中央之上，在组织上闹独立性。这是王明抗战初期错误的主要问题，也是其犯错误的根源。[②]

有的学者认为，王明在武汉时期的错误，主要是“目无中央”，甚或有另立“第二中央”之嫌。这突出地表现在：第一，不经过延安同意，即以中共中央名义发表各种宣言、声明，及擅自以毛泽东个人名义发表谈话。第二，直接或间接地与延安的中共中央书记处分庭抗礼，竟至发展到公然否认延安中共中央书记处权威性的地步。早在十二月政治局会议时，毛泽东就已经对王明必欲在中共七大准备委员会中设一个“书记”的职务感到疑惑。王明此后的种种作为，或者打着“使（毛）威信更大”[③]的幌子，或者强调工作上的必要，更是不可避免地要让毛泽东和在延安的书记处的其他领导人深感不满了。毛泽东后来干脆说：“十二月会议后中央已名存实亡。”他认为：“王明的所作所为，确实与他在莫斯科形成的工作作风有相当关系。但不可否认，心理多少有些扭曲的这位前共产国际执行委员在政治上未必没有某种野心。像他一面表示希望‘使（毛）威信更大’，一面暗中请在武汉的苏联人把他对毛泽东《论持久战》的批评意见转达到莫斯科去，就足以说明他内心其实并不真心尊重毛泽东的领袖地位。”[④]

对于过去一直批判的“五统一”、“七统一”，有的学者也提出了新的看法。例如有的学者认为，王明提出的军队的“五统一”、“七统一”，“是有原则的，是有条件的”，“是统一战线的需要，而不是什么屈服于国民党的压

---

① 施巨流：《王明问题研究》，香港天马出版有限公司2006年版，第76页。

② 李东朗：《关于王明右倾错误的几点思考》，《党史研究与教学》2009年第5期。

③ 《陈、周、博、董、叶致书记处电》，1938年2月9日。

④ 杨奎松：《毛泽东与莫斯科的恩恩怨怨》，江西人民出版社1999年版，第75—77页。

力问题。七个统一中有几个统一我们是执行了的，并没有束缚我们的手脚，相反游击战争还是得到很大的发展”。因此，不能“像批判‘两个一切’一样，不管其总的意思如何，斩头去尾，只抓住‘五个’或‘七个’统一，就认为是取消共产党所掌握的武装，拱手交给国民党蒋介石，就是向蒋介石投降，这样做显然是简单化了”①。有的学者甚至认为，王明提出的七个“统一”，即“统一指挥、统一作战计划、统一作战行动、统一纪律、统一待遇、统一武装、统一编制”，主要是针对国民党的，是在第二次国共合作的条件下，为中国共产党和抗日武装争取待遇的，应该说出发点没有错误。

还有的学者指出，王明在抗战初期犯的并不是右倾错误，仍然是“左”倾错误。文章说：“第二次王明路线是第一次王明路线‘城市中心论’的继续”，它的上台“是其‘左’倾抗战观迎合了当时党内高涨的民族情绪的结果”，它的被克服“是其‘城市中心论’抗战观破产后的必然结局”②。

---

① 施巨流：《王明问题研究》，香港天马出版有限公司2006年版，第107、270页。

② 王献玲：《试析第二次王明路线的实质》，《华北水利水电学院学报（社科版）》2009年第3期。

第九章　回到延安

第一节　留延安工作

1938 年 3 月，根据王明的提议，中共中央书记处决定派任弼时前往莫斯科，向共产国际汇报中共工作。①

有的学者对王明提议任弼时赴苏提出自己的看法，认为很“具有讽刺意味”。因为“任是王明的老熟人，在 1931 年初六届四中全会上，两人同时进入政治局，王明返国后，任也和政治局其他同事一样，对王明传达的共产国际指示表示拥护，于是王明就认为任是自己可以联合的盟友。殊不知，上层风云可以瞬息万变，到了 1938 年春，已有迹象显出任已明显偏向毛泽东一边，而王明竟浑然不知。于是王明无意中就做了一件令毛拍手称快的事，毛实在有太多的理由为王明的这项提议感到高兴。”这“客观上为毛‘借洋师助剿’王明提供了便利的条件”②。

据任弼时后来说，他在汇报中共工作时，首先是曼努伊斯基向他提了有关王明的三个问题：第一是问王明是否有企图把自己的意见当作中央意见的倾向？第二是问王明是否总是习惯于拉拢一部分人在自己周围？第三是问王明与毛泽东是否处不好关系？在这种情况下，任弼时自然不能不介绍了王明

---

①　杨奎松：《毛泽东与莫斯科的恩恩怨怨》，江西人民出版社 1999 年版，第 77 页。

②　高华：《红太阳是怎样升起的——延安整风运动的来龙去脉》，香港中文大学出版社 2002 年版，第 140—141、140 页。

向延安中央争权力及闹意见分歧的种种表现。据任弼时回忆说，季米特洛夫听了介绍之后明确讲，他对王明的印象一直不好，说“这个人总有些滑头的样子”。说根据共产国际干部部反映，王明在一些地方不很诚实，在苏联时就总是好出风头，喜欢别人把他说成是中共领袖。杨奎松认为：季米特洛夫等人这时对王明表现得如此反感，还有一个十分微妙的背景。那就是，前共产国际东方部负责人，那个扶植王明上台的俄国人米夫，在斯大林发起的肃反运动中被怀疑为反革命，这时已遭到整肃。米夫的倒台和被怀疑有敌对背景，不仅使王明失去了一张强有力的保护伞，而且也促使莫斯科的领导人对米夫一手扶植起来的干部表示出严重的不信任态度。此后中共领导人到莫斯科时，季米特洛夫和曼努伊斯基又曾几次谈到王明的问题，除了对王明表示不信任以外，都特别提出过王明与米夫之间的关系值得怀疑的问题。①

1938 年 6、7 月间，王稼祥从莫斯科回国。临行前，共产国际负责人季米特洛夫约见他和前去汇报工作的任弼时。季米特洛夫首先对王稼祥在中共代表团的工作表示赞许，询问了他的健康状况，然后就中国革命问题作了重要指示。王稼祥在 1967 年年底撰写的历史自述材料中说：“季米特洛夫同我和任弼时谈了话。其主要内容是：应该承认毛泽东同志是中国革命实际斗争中产生出来的领袖，请告诉王明，不要竞争了吧！此外，又谈到援助时说：共产国际从他的外汇中拨出 30 万美元送给中国共产党。并问我手续办好了没有？我说由我亲自带去。他说，至于给八路军以武器援助，这要苏联政府决定，不过照他的看法，假若援助了，这可能不是帮助了你们，而是害了你们。我带着这些意见和物件回了国。”王稼祥在 1968 年写的《我的履历》中回忆说：“他② 说：应该告诉大家，应该支持毛泽东同志为中共领导人，他是在实际斗争中锻炼出来的。其他人如王明，不要再去竞争当领导人了。”③ 在《回忆毛主席革命路线与王明机会主义路线的斗争》一文中，王稼祥还说：“临动身时，季米特洛夫向我和任弼时同志说了一番语重心长的话，主要内容是：‘应该告诉全党，应该支持毛泽东同志为中国共产党的领导人，他是

---

① 杨奎松：《毛泽东与莫斯科的恩恩怨怨》，江西人民出版社 1999 年版，第 77—78 页。

② 指季米特洛夫。

③ 徐则浩：《王稼祥传》，当代中国出版社 2006 年版，第 187 页。

在实际斗争中锻炼出来的领袖。其他的人如王明，不要再争领导人了。’我当时很高兴，毛主席的威信已使共产国际的最高领导人信服了。”①

8月7日，听说王稼祥已经回国，王明与周恩来、博古、凯丰致电毛泽东、张闻天等，请求中央派王稼祥速来武汉传达共产国际的指示，如王万一不能来时，请将共产国际指示的主要内容迅速电告。②8月10日，毛泽东、张闻天等复电陈绍禹等："王稼祥不能来汉，决议原文尚未到达，为有充分时间研究共产国际内容起见，请长江局负责人在政治局会议前早几天回到延安。"③8月18日，毛泽东、洛甫、陈云、王稼祥、胡服致电陈绍禹、周恩来、博古、项英、凯丰并告朱德："我们同意提早开政治局会，日期定于本月二十八日，请你们按时动身，如期赶到。延安政治局扩大会仍照旧不改。"④

对此，王稼祥在《回忆毛主席革命路线与王明机会主义路线的斗争》中说："毛泽东同志指定我在六届六中全会上传达共产国际的文件，并且打电报叫王明回延安，参加六届六中全会听取传达共产国际的文件。王明不服从，竟然蛮不讲理，反而要毛主席、党中央到他那儿——汉口或西安召开党的六届六中全会。这是一个狂妄的阴谋，他是要以国民党统治地区作为开会的地点，而不以我党自己的根据地延安为党的开会地点。不难看出，王明仍一心要抬高国民党蒋介石的统治地位，妄想把无产阶级革命政党随时随地奉送给蒋介石，连我党中央的重要会议也要在国民党统治区开。不仅如此，王明还妄想拉拢我个人，要我去武汉向他单独透露共产国际讨论问题的经过，和传达文件内容，以及在莫斯科谈话的情况。我及时看穿了他的诡计，没有上他这一圈套。我打了电报，告诉他速来延安，听取传达共产国际季米特洛夫同志的重要意见，应服从毛泽东同志的领导，否则后果由他自己负责。"⑤

---

① 《红旗飘飘》第18辑，中国青年出版社1979年版，第58页。

② 徐则浩:《王稼祥传》，当代中国出版社2006年版，第192页；徐则浩:《王稼祥年谱》，中央文献出版社2001年版，第192页。

③ 徐则浩:《王稼祥传》，当代中国出版社2006年版，第192页；徐则浩:《王稼祥年谱》，中央文献出版社2001年版，第192页。

④ 张培森主编:《张闻天年谱》上卷，中共党史出版社2000年版，第582页。

⑤ 《人民日报》1979年12月27日。

王明只好回延安。

萧劲光也回忆说："一九三八年九月，中央通知在武汉的王明回延安参加党的六届六中全会，听王稼祥同志传达共产国际的指示和季米特洛夫同志的意见。王明不仅推故不参加，竟无理要求把六届六中全会搬到武汉去开，毛主席坚决反对，并讽刺王明是涂了胭脂抹了粉送上门去的。毛主席说：我住在清凉山，靠留守兵团吃饭，哪里也不去。随后，王明又提出要稼祥同志去武汉向他单独传达，当即遭到稼祥同志的严辞拒绝，并在复电中向王明严肃地指出，由此产生的一切后果概由他自己负责。"①

9 月 14 日，中共中央政治局召开会议，王稼祥传达了季米特洛夫的指示。他在当时写的《国际指示报告》中说："根据国际讨论时季米特洛夫的发言，认为中共一年来建立了抗日统一战线，尤其是朱、毛等领导了八路军执行了党的新政策，国际认为中共的政治路线是正确的，中共在复杂的环境及困难条件下真正运用了马列主义。""在领导机关中要在毛泽东为首的领导下解决，领导机关中要有亲密团结的空气。""在我临走时他特别嘱咐，要中共团结才能建立信仰。在中国，抗日统一战线是中国人民抗日的关键，而中共的团结又是统一战线的关键。统一战线的胜利是靠党的一致与领导者间的团结。"② 会议决定召开六届六中全会，并决定让王稼祥打电报叫王明回延安，参加六届六中全会听取传达共产国际的文件。

季米特洛夫指示的传达，对于确定毛泽东在中共中央的领导地位，具有极为重要的意义。李维汉曾回忆说："季米特洛夫的话在会上起了很大作用，从此以后，我们党就进一步明确了毛泽东的领导地位，解决了党的统一领导问题。"③ 很难设想，如果季米特洛夫不支持毛泽东，而是支持王明的话，那对中国共产党将会是一种什么样的后果。因此，1963 年 9 月 9 日毛泽东在同新共主席威廉斯的谈话中谈到季米特洛夫的时候，充满感激之情，他说："季米特洛夫同志是个好同志，他帮过我们很多忙。抗日战争中，他帮助我们抵抗了右倾机会主义，这个右倾机会主义的领导就是过去'左'倾机会主

---

① 《服从真理　坚持真理——回忆王稼祥同志》，《王稼祥选集》编辑组编：《回忆王稼祥》，人民出版社 1985 年版，第 12 页。

② 徐则浩：《王稼祥对六届六中全会的贡献》，载《文献与研究》1988 年第 4 期。

③ 李维汉：《回忆与研究》（上），中共党史资料出版社 1986 年版，第 416 页。

义的领导人王明。”①

有的学者也认为：“王稼祥传达的莫斯科这一重要口信，在1938年充满强烈亲苏气氛的中共党内所发生的巨大效力，非局外人所能想象，它简直就是一封莫斯科对毛泽东中共领袖地位的承认书。从此尘埃落定，毛泽东虽未立即成为中共中央总书记，但已成为事实上的中共最高领导人。至于王明，一旦遭莫斯科冷遇，则完全丧失了政治上的回旋余地，开始迅速走下坡路，最终被毛泽东一脚踢进‘历史的垃圾堆’。”“王稼祥返回延安所带回的季米特洛夫‘口信’，对毛泽东具有决定性的意义，毛泽东终于得到莫斯科的承认。现在他的地位已得到加强，下一步就是要对王明等发起全面反击，来巩固自己的中共领袖地位。”②

但有的学者指出，关于季米特洛夫对王稼祥讲的这段话，前苏联中国问题专家季托夫对它的真实性予以了否定。季托夫在《抗日战争初期中共领导内部的两条路线斗争（1937—1939）》一文中声称，王稼祥传达的季米特洛夫的“指示”，是毛泽东和王稼祥联手搞的“阴谋诡计”。季托夫说：“共产国际根本没有（决定毛泽东为中共领袖）那个意思。王稼祥是在1937年年初作为毛泽东密使被派往莫斯科的。为了完成毛泽东的委托，王稼祥本人同共产国际个别工作人员（指季米特洛夫——引者注）进行了交谈。曾谈到似乎中共中央认为必须选毛泽东当党的总书记。但是共产国际执委会并没有提出什么建议，认为这个问题应由中共第七次代表大会决定。”③

孟庆树则说：王稼祥传达的意见主要是曼努伊尔斯基的意见。④王明在1965年秋关于《由宣传毛泽东到提毛泽东做中共总书记》的谈话中也说：

六届六中全会是毛泽东取得党权的最重要的一步。这是因为曼努伊

① 中共中央文献研究室编：《毛泽东著作专题摘编》，中央文献出版社2003年版，第2369页。

② 高华：《红太阳是怎样升起的——延安整风运动的来龙去脉》，香港中文大学出版社2002年版，第145、147页。

③ A. 季托夫：《抗日战争初期中共领导内部的两条路线斗争（1937—1939）》，原载苏联《远东问题》1981年第3期。转引自高华：《红太阳是怎样升起的——延安整风运动的来龙去脉》，香港中文大学出版社2002年版，第146页。

④ 孟庆树：《陈绍禹——王明传记与回忆》（未刊稿）。

尔斯基用季米特洛夫和共产国际的名义叫王稼祥在六届六中全会上传达说："季米特洛夫同志说：'中共应团结在毛泽东同志的周围，中共第七次代表大会应选毛泽东同志作总书记。'毛泽东叫王稼祥不要把真实情况说出，而且不要在政治局传达，只在六中全会上并且等王明、周恩来、秦博古等离开全会到重庆去（开第二次国民参政会）才作了上述的通知，在王稼祥作了上述传达后，到会的人谁也没有表示反对的意见……"

1950年年底我们来莫斯科后……[①] 见到时说："曼努伊尔斯基说好几次和王稼祥一起去见季米特洛夫谈这个问题，季米特洛夫都没有同意。在王稼祥临走的那一天，曼努伊尔斯基先去找季米特洛夫哭着说：'一定要选毛泽东做中共总书记。'他请季米特洛夫同意用季米特洛夫名义。季米特洛夫说：'就用你的名义好了。'曼努伊尔斯基说：'我不是ИККИ的总书记，又不管中国问题，不好提。无论如何你和王稼祥谈话时要表示同意我的意见。请你点点头表示同意就可以了。'后来王稼祥临走前又来见季米特洛夫时，曼努伊尔斯基当着王稼祥面又说：'要选毛泽东做总书记。'曼努伊尔斯基说这句话时看着季米特洛夫，意思是要他点点头。结果，季米特洛夫[②] 就点了一下头！"

王稼祥回去后把这种情况告诉了毛泽东。所以毛泽东不准王稼祥先在中央政治局会上通知，而只能在六届六中全会上通知。王稼祥就这样办了。所以毛泽东在1949年春的七届二中全会上说："稼祥有两大功劳：一是遵义会议时助毛反博；二是六中全会时助毛反王。"

但是，1945年中共七大时，毛泽东还是把王稼祥的政治局委员和中央委员都取消了，只给他留了一个候补中央委员。所以七大后（1945年秋）某日，我到王家坪（当时八路军总政治部所在地）去讨论宪法起草工作时，王稼祥就把上述曼努伊尔斯基的意见提出经过告诉了我。他说他回来后把这种情况告诉了毛泽东时，毛泽东说："不必先在政治局会上通知，而你在六中全会上就说是季米特洛夫提的，其他一句多的话

① 原文为俄文，不清。

② 原文为俄文。

也不要说。”王稼祥就这样办了！而毛泽东事前知道重庆什么时候召开第二届国民参政会，所以要我们将去重庆开会的人先在六中全会上发言，等我们离开全会时才叫王稼祥通知曼努伊尔斯基的意见。因此从1938年10月——11月初六届六中全会到1941年9月开始‘整风’前，毛泽东就实际上作了总书记了。①

但是，王明的这个回忆并不可信。第一，中共六届六中全会前是召开了中央政治局会议的，王稼祥作的《国际指示报告》也是在这次中共中央政治局会议上传达的，王明也参加了这次会议；第二，王明说曼努伊尔斯基“哭着”向季米特洛夫要求选毛泽东做总书记，这也不可能；第三，王明说曼努伊尔斯基找季米特洛夫的情况是另外一个人告诉他的，那个人怎么会知道曼努伊尔斯基与季米特洛夫的谈话，以及曼努伊尔斯基、季米特洛夫与王稼祥的谈话呢？

9月15日，王明同周恩来、徐特立等回到延安，各机关群众团体及学校前往欢迎，毛泽东、朱德也前往迎接。有的学者说：王明一到延安，就迫

1938年9月，延安各界为王明等返延安召开的欢迎大会合影（前排居中者为王明）

① 《曼努伊尔斯基、王明与毛泽东》（未刊稿）。

不及待地找王稼祥问共产国际的重要指示，王稼祥把季米特洛夫的重要指示告诉了王明，还特别要王明注意：季米特洛夫说，毛泽东是中国革命实际斗争中产生出来的领袖，请你不要竞争了吧！王明听后出了一身冷汗。因为，此意见与他回国时季米特洛夫提醒的意见相同，觉得自己回国后太不以为然了，并且在这个关键时刻转达这种意见，就非同寻常了。尽管如此，作政治报告还是要力争的。①

9月20日，在中共中央政治局会议上，王明作了一个政治报告，一共讲了五个问题：(1) 一年来中日战争的基本总结；(2) 目前抗战形势与保卫武汉问题；(3) 怎样持久抗战与争取最后胜利；(4) 新工作条件下的中国共产党；(5) 抗战前途与民主共和国问题。这个报告与他以前的报告、文章相比，内容上有不少改变，如开始改变速胜论的观点，也主张持久战，认为非长期抗战不能胜利，即是说非击破日本速决战的计划，以长期持久战去消耗敌人，逐渐地消灭敌人，不能达到最后反攻的胜利；不再贬低游击战和敌后抗日根据地，提出战略上要以运动战游击战为主，敌人深入中国领土几千里，我们应在敌人后方要道设置必要数量的部队，组织发动广大民众，发动游击战争，给敌人造成极大困难，调动更多的部队，配合正面作战；并说，建立抗日根据地，是八路军这一年得来的伟大成绩，同时并证明平原游击战也可存在和发展成为根据地；报告还提出，国共合作的更大责任还在国民党，现在许多坏现象应停止应纠正，在合作中应保持中共在政治上组织上的独立性。

但是，王明在这个报告中继续坚持了他的一些错误主张。首先，继续强调保卫大武汉的特殊意义；其次，继续宣扬军队的“统一”；其三，虽然不再贬低游击战，但仍强调运动战，提出在战略上应“以运动战游击战为主，以阵地战为辅的方针，来进行持久的战斗”。

9月27日，鉴于王明在1937年12月会议以来一系列严重违背组织原则的做法，毛泽东在中共中央政治局会议上建议在六中全会上通过一个中央

---

① 黄允升：《毛泽东开辟中国革命道路的理论创新》，中央文献出版社2006年版，第373页。

工作规则。①

9月29日到11月6日，扩大的中共六届六中全会在延安召开，王明作为主席团委员参加了会议。按照既定的议程，王稼祥在会上传达共产国际和季米特洛夫的指示；10月12日到14日，毛泽东在会上作了《论新阶段——抗日民族战争与抗日民族统一战线发展的新阶段》的报告。在这个报告中，毛泽东强调提出坚持统一战线和坚持党的独立性问题，他说："坚持民族统一战线才能克服困难，战胜敌人，建设新中国，这是毫无疑义的。但是在同时，必须保持加入统一战线中的任何党派在思想上、政治上和组织上的独立性，不论是国民党也好，共产党也好，其他党派也好，都是这样……没有问题，统一战线中的独立性，只能是相对的，而不是绝对的；如果认为它是绝对的，就会破坏团结对敌的总方针。但是决不能抹杀这种相对的独立性，无论在思想上也好，在政治上也好，在组织上也好，各党必须有相对的独立

中共六届六中全会主席团合影（前排右起第一人为王明）

① 金冲及主编：《毛泽东传（1893—1949）》下卷，中央文献出版社1996年版，第595页。

性，即是说有相对的自由权。如果被人抹杀或自己抛弃这种相对的自由权，那就也会破坏团结对敌的总方针。这是每个共产党员，同时也是每个友党党员，应该明白的。”[①] 报告还指出，阶级斗争和民族斗争的关系也是这样，在抗日战争中阶级斗争的利益必须服从于抗日战争的利益，但是阶级和阶级斗争的存在是一个事实，否认这种事实是错误的。

在这个报告中，毛泽东提出了“马克思主义中国化”的任务。有的学者认为：“‘马克思主义的中国化’是毛泽东经长期酝酿，为彻底打倒王明和党内的留苏势力，铲除中共党内根深蒂固的对斯大林的崇拜，最终确立自己在中共党内的‘导师’地位，而在中共六届六中全会上提出的一个具有重大战略意义的口号。”对于参加六中全会的许多中共领导干部来说，他们“没有觉察到毛的有关‘马克思主义的中国化’的讲话掩藏着不久后将向党内留苏派势力开刀的预兆”。“在1938年秋冬的延安，毛泽东抓住‘中国化’这面旗帜，已使自己处于完全主动的地位。莫斯科的‘承认’大大提高了毛泽东的威望，毛泽东‘奉天承运’，一手牢牢掌握中共军队，一手挥舞‘马克思主义的中国化’的大旗，名正言顺，师出有名。相形之下，王明等已陷入无以自拔的窘境。”[②]

王明在这次会议上除作《共产党员参政员在国民参政会中的工作报告》外，还于10月20日临时要求作了《目前抗战形势与如何坚持持久战争取最后胜利》的发言。

关于国共关系问题，报告明确指出：“巩固和扩大国共两党的合作不只是靠共产党一方面的努力，而且还需要国民党方面的努力，尤其因为国民党是在国家政权中及军队中居领导地位的政党，对这个问题不能不负更大的责任。为巩固和扩大国共两党的合作以利于抗战的事业起见，我们希望国民党及国民政府方面对于许多不利国共合作的严重现象，立即加以合理的解决。”

关于国民党内存在不存在法西斯蒂的问题，报告也改变了过去的看法，指出：“中国虽然今天没有明目张胆的法西斯组织，但是确有一小部分人相

① 《毛泽东选集》第二卷，人民出版社1991年版，第524—522页。

② 高华：《红太阳是怎样升起的——延安整风运动的来龙去脉》，香港中文大学出版社2002年版，第154、155、158页。

当地受了外国法西斯思想的渲染，有时自觉地或不自觉地自命为法西斯蒂的学徒——至少是法西斯的手段和方法的学习者。正因为如此，不仅有些局外人有时不免把他们看作是中国法西斯蒂派的分子，而且他们本身也时常过着思想混乱和行为矛盾的生活……我们诚恳地希望和忠告他们说：你们之中许多人是勇敢有为的青年，应该赶快从这种思想混乱和言行矛盾的环境中解脱出来，换句话说，应该毅然抛弃那些反民族解放和反社会进化的反动的法西斯思想，诚诚恳恳做三民主义的忠实信徒。”①

值得注意的是，王明在这个报告中也提出了马克思主义民族化、中国化的问题。他说：“马列主义理论中国化问题——马列主义理论民族化，即是将马列主义具体应用于中国，是完全对的。的确，只有使马列主义深广的中国化，成为中国人民血肉至亲的东西，成为中国历史发展和社会进化的必然产物，成为继承中国文化的优秀传统（从孔子到孙中山），才能够真正家喻户晓和深入人心。季米特洛夫在国际七次大会上对此问题指示的重要，毛、洛报告提出的全对。同时，要注意以下几点：(1) 首先必须学习马列主义——不仅政治理论，而且军事理论；只有学习马列主义理论，然后才能运用和民族化；(2) 不能庸俗化和牵强附会；(3) 不能以孔子的折衷和烦琐哲学代替唯物辩证法；(4) 不能以中国旧文化学说来曲解马列主义，而要以马列主义来了解和开发中国文化；(5) 不能在‘民族化’的误解之下，来忽视国际经验的研究和运用。具体例子，联邦共产党经验的国际意义（列宁说布尔塞维克主义原则对于各国均是适用的）……”②

报告最后提出：“全党必须团结统一，我们党一定能统一团结在中央和毛同志的周围（领袖的作用，譬如北辰而众星拱之)。”③

但是，王明在这个报告中，仍然继续宣扬“一切经过抗日民族统一战线”等口号，并说“毛、洛④均指出，我们要做模范，即是：一方面我们要以‘抗日高于一切，一切服从抗日’、‘一切为着抗日民族统一战线，一切经过抗日民族统一战线’、‘一切服从抗战利益，一切为着抗战胜利’的原则，对友

① 《王明言论选辑》，人民出版社 1980 年版，第 623—624 页。

② 《王明言论选辑》，人民出版社 1980 年版，第 637—638 页。

③ 《王明言论选辑》，人民出版社 1980 年版，第 594、625、628—639 页。

④ 即毛泽东、张闻天。

党、友军采取大公无私，仁至义尽，言行如一，表里一致，互相帮助，互相尊重，互相友爱，共同工作，共同发展，同生死、共患难，祸福与共，相依为命的工作方法和方式”①。

有的学者对王明也提出马克思主义民族化、中国化的问题提出如下看法：“在毛泽东提出‘马克思主义的中国化’的1938年，真正能够一眼看穿毛之动机的人，在中共党内唯有王明。”“王明在发言中表示拥护毛的意见，但是他又对‘马克思主义的中国化’在实行中可能出现的偏差忧心忡忡。”王明提出的五个方面的问题“显然出自其亲莫斯科的立场，表达了中共党内留苏势力对毛泽东有可能利用这个口号背离正统马列的警戒和担心”②。孟庆树在回忆中也说：王明的这个报告是“对抗毛泽东的《论新阶段》报告中的错误观点，批判了所谓‘马克思主义中国化’的谬论”③。

11月5日，毛泽东在六届六中全会上的结论中，突出地强调统一战线中的独立自主问题，肯定刘少奇对“一切经过统一战线”的批评。他说：“国

1938年10月，参加六届六中全会的中央政治局委员合影（前排右三为王明）

① 《王明言论选辑》，人民出版社1980年版，第629页。

② 高华：《红太阳是怎样升起的——延安整风运动的来龙去脉》，香港中文大学出版社2002年版，第157—158页。

③ 孟庆树：《陈绍禹——王明传记与回忆》（手写复印稿）。

民党是当权的党，它至今不许有统一战线的组织形式。刘少奇同志说的很对，如果所谓‘一切经过’就是经过蒋介石和阎锡山，那只是片面的服从，无所谓‘经过统一战线’。在敌后，只有根据国民党已经许可的东西（例如《抗战建国纲领》），独立自主地去做，无法‘一切经过’。或者估计国民党可能许可的，先斩后奏。例如设置行政专员，派兵去山东之类，先‘经过’则行不通。听说法国共产党曾经提出过这个口号，那大概是因为法国有了各党的共同委员会，而对于共同决定的纲领，社会党方面不愿照做，依然干他们自己的，故共产党有提此口号以限制社会党之必要，并不是提此口号以束缚自己。中国的情形是国民党剥夺各党派的平等权利，企图指挥各党听它一党的命令。我们提这个口号，如果要求国民党‘一切’都要‘经过’我们同意，是做不到的，滑稽的。如果想把我们所要做的‘一切’均事先取得国民党同意，那末，它不同意怎么办？国民党的方针是限制我们发展，我们提出这个口号，只是自己把自己的手脚束缚起来，是完全不应该的。在现时，有些应该先得国民党同意，例如将三个师的番号扩编为三个军的番号，这叫做先奏后斩。有些则造成既成事实再告诉它，例如发展二十余万军队，这叫做先斩后奏。有些则暂时斩而不奏，估计它现时不会同意，例如召开边区议会之类。有些暂时不斩不奏，例如那些如果做了就要妨碍大局的事情。总之，我们一定不要破裂统一战线，但又决不可自己束缚自己的手脚，因此不应该提出‘一切经过统一战线’的口号。‘一切服从统一战线’，如果解释为‘一切服从’蒋介石和阎锡山，那也是错误的。我们的方针是统一战线中的独立自主，既统一，又独立。”[①] 在这里，毛泽东有力地批判了王明把法共提出的“一切经过”人民阵线的口号照搬到中国来的教条主义做法。法国的人民阵线，是法共占优势。法共为限制社会党做出不利于人民阵线的事情，提出了“一切经过”人民阵线的口号。而中国的抗日民族统一战线，从当时的实力看，是国民党占优势。若提出一切经过统一战线，无异于说一切经过国民党。这是不利于抗日战争的。因此，这个口号是错误的。我们不能“一切经过”国民党，应分别情况或先斩后奏，或先奏后斩，或斩而不奏。

在这个报告中，毛泽东还强调指出：“为了长期合作，统一战线中的各

---

① 《毛泽东选集》第二卷，人民出版社 1991 年版，第 539—540 页。

党派实行互助互让是必需的，但应该是积极的，不是消极的。”[①] 他还进一步强调了民族斗争和阶级斗争的一致性，指出：“用长期合作支持长期战争，就是说使阶级斗争服从于今天抗日的民族斗争，这是统一战线的根本原则。在此原则下，保存党派和阶级的独立性，保存统一战线中的独立自主；不是因合作和统一而牺牲党派和阶级的必要权利，而是相反，坚持党派和阶级的一定限度的权利；这才有利于合作，也才有所谓合作。否则就是将合作变成了混一，必然牺牲统一战线。”[②]

在这个结论中，毛泽东还批评了中共六届四中全会及其以后的“左”倾错误，指出：“一九三一年一月的六届四中全会，在名义上反对政治上的‘左’倾机会主义，在实际上重新犯了‘左’倾机会主义的错误……一九三三年党的中央迁至红色区域以后，情形有了根本的改变，但对于战争问题（以及一切主要问题），又犯了原则性的错误，致使革命战争遭受了严重的损失。”[③]

对王明本人，毛泽东采取温和的同志式的帮助态度，希望他能改正错误。毛泽东说：王明在全会上已表示“完全同意各报告”，“王明在部分问题中说的有些不足或过多一点，这是在发言中难免的。这些问题已弄清楚了。王明在党的历史上有大功，对统一战线的提出有大的努力，工作甚积极，他是主要的负责同志之一，我们应原谅之。”[④] 后来，毛泽东对这样对待王明问题做过解释：“在六中全会的文件上，在六中全会的记录上，看不出我们尖锐地批评了什么东西，因为在那个时候，不可能也不应该提出批评，而是从正面肯定了一些问题，就是说在实际上解决了问题。”[⑤]

周恩来在 1960 年 7 月作的《共产国际和中国共产党》的报告中说：“党的六届六中全会批判王明，很多干部逐渐觉悟了，王明就逐步地孤立了。当

① 《毛泽东选集》第二卷，人民出版社 1991 年版，第 537—539 页。

② 《毛泽东选集》第二卷，人民出版社 1991 年版，第 537—539 页。

③ 《毛泽东选集》第二卷，人民出版社 1991 年版，第 548 页。

④ 黄允升：《毛泽东开辟中国革命道路的理论创新》，中央文献出版社 2006 年版，第 380 页。

⑤ 《毛泽东在七大的报告和讲话集》，中央文献出版社 1995 年版，第 163 页。见金冲及主编：《毛泽东传（1893—1949）》下卷，中央文献出版社 1996 年版，第 599 页。

时蒋介石也不要王明，连个部长都没有给他当。毛泽东同志说，要是给他一个部长当，也许情形更坏。”①

对于“一切服从统一战线，一切经过统一战线”这两个口号，孟庆树在《关于一九三七年十二月中共中央政治局会议的路线和抗日战争时期中共内两条路线的斗争》的回忆中进行了辩解，她说：“一切服从统一战线，一切经过统一战线”“这两个口号的真正含义是：1. 强调和突出中国共产党提出的并得到中国一切抗日党派承认的抗日民族统一战线政策，作为他们合作抗日救国的牢固基础，使他们都尊重和执行这一政策。2. 强调蒋介石将来也像以往一样，只有经过与中共谈判来解决有关中共及其武装力量和地方民主政权的所有问题，而防止他利用自己的总司令和南京政府实际首脑的地位进行军事指挥和下达行政命令。毛泽东故意把抗日民族统一战线政策和蒋介石、阎锡山等同起来，这是完全不对的。”她还说：毛泽东“叫刘少奇在全会上把季米特洛夫与王明商量提出的两个口号中的一个——‘一切经过抗日民族统一战线’——也就是说一切经过中共在抗日战争的历史时期的总路线——歪曲成为‘一切经过蒋介石和阎锡山’（另一个口号是‘一切服从统一战线’），以便准备反对整个抗日民族统一战线政策……”②

有的论著也认为：“一切经过统一战线，一切服从统一战线，这两句话太绝对、太极端，意思是强调团结，但任何一个组织和地方也办不到，参加统一战线的各党派之间，不可能把一切大大小小的问题都拿来讨论和协商。王明所说的，一切经过统一战线，就是指抗日战争和统一战线中的重大问题，而不是指一切大大小小的问题。事实上，抗日民族统一战线中的重大问题，都是由两党派出代表协商讨论同意了的，所以才形成了第二次国共合作，才形成了抗日民族统一战线。否则，统一战线也建立不起来。建立了如果不继续协商、讨论，统一战线也会破裂，一切重大问题经过协商讨论是必要的；一切服从统一战线，这句话本身没有错。一切抗日党派团体都要照顾到统一战线的整体利益，都要服从整体利益。所以六届六中全会决议指出：一切服从抗战利益，一切为了抗战的胜利，一切为着统一战线。只有统一战

① 《周恩来选集》下卷，人民出版社1984年版，第311—312页。

② 孟庆树：《陈绍禹——王明传记与回忆》（手写复印稿）。

线的巩固和发展，才能取得抗战的胜利。不能简单化的认为，一切经过统一战线，一切服从统一战线就是服从蒋介石、阎锡山，就是向蒋介石国民党投降，就是投降主义。王明就是投降主义的代表，这种认识显然是错误的。”①

有的论著则对比了中共六届六中全会上的有关文献，认为毛泽东和王明在要不要抗战、以谁为主抗战等问题上是基本一致的。对于抗日民族统一战线中原则性的问题，两人也是没有根本分歧的。问题的关键就在于怎样和如何抗日这个方面，这也是学界争议最大的地方。对这个问题，毛泽东形式上采取了退让的政策，更具策略性；王明采取的则是把问题摆到桌上说的态度。两人是围绕一个共同目标而采取了不同的实现手段。②

11 月 6 日，扩大的六届六中全会通过《政治决议案——抗日民族自卫战争与抗日民族统一战线发展的新阶段》，强调“应该坚持保证共产党本身在政治上组织上的独立性”，并指出必须正确地开展两条战线的斗争，反对“左”、右倾不正确的倾向，其中，“右倾机会主义分子的危险，在于执行抗日民族统一战线政策中，牺牲党的政治上和组织上的独立性，把无产阶级为了反对共同敌人而与其他阶级建立抗日的民族统一战线的政策，曲解成为使无产阶级及其政党成为资产阶级的尾巴；同时，他们在困难面前失望，而发生对抗战形势及前途的悲观主义”③。另外，决议案还明确提出：“应当彻底肃清马克思列宁主义的凶恶敌人——思想上及工作中的公式主义、教条主义与机械主义”，加强党的团结和组织纪律性，“认真实行党的民主集中制——个人服从组织，少数服从多数，下级服从上级”④。

有的论著认为，这个决议案是“由王明起草的”，并说“决议案没有充分反映毛泽东在闭幕式讲话中有关反对‘右倾投降主义’的内容，而是根据《论新阶段》报告的精神，并且吸取了 10 月 20 日王明在六中全会上报告的精神，提出各级党组织应防止统一战线中的‘左’、‘右’两种倾向，保证党在政治上和组织上的独立性，强调不要给党内同志乱加‘左’、‘右’的

---

① 施巨流：《王明问题研究》，香港天马出版有限公司 2006 年版，第 103—104 页。

② 王健：《毛泽东与王明对抗日民族统一战线的认识——以六届六中全会的有关文献为研究视角》，《德州学院学报》2013 年第 3 期。

③ 《中共党史教学参考资料》(二)，人民出版社 1979 年版，第 228、229 页。

④ 《中共党史教学参考资料》(二)，人民出版社 1979 年版，第 230 页。

1938 年王明在延安杨家岭

帽子。”①

同日，中共扩大的六届六中全会还通过了《关于召集第七次全国代表大会的决议》，将 1937 年 12 月会议关于七大由王明作政治报告、毛泽东作工作报告的决定，改为毛泽东作政治报告，不要另外的工作报告，王明作组织报告。②

根据武汉已于 10 月下旬失守的情况，这次会议在组织上也作了相应的调整，决定撤销中共中央长江局，分别成立中共中央南方局和中原局，将东南分局改为东南局，王明留延安工作，担任中共中央统一战线工作部部长等职务。这样，就结束了王明对长江局的领导。

从以上情况可以看出，王明在扩大的六届六中全会上虽然仍坚持他的右倾主张，但会议批评了他提出的“一切经过统一战线”的错误口号，强调了中国共产党在统一战线中的独立自主原则，通过了以毛泽东为代表的正确路线，并从组织上作了调整，从而基本上克服了王明右倾思想的影响。

第二节　讨好毛泽东

1938 年 10 月下旬，王明同博古、林伯渠、吴玉章等经西安飞往重庆，参加国民参政会会议。

10 月 25 日，王明与吴玉章、林伯渠上午 10 时由西安飞抵成都，会见了国民政府军事委员会委员长重庆行营副主任、川康绥靖公署主任邓锡侯

① 高华：《红太阳是怎样升起的——延安整风运动的来龙去脉》，香港中文大学出版社 2002 年版，第 74 页。

② 《胡乔木回忆毛泽东》，人民出版社 1994 年版，第 367 页。

及刘文辉等川军将领。刘文辉在其《走到人民阵营的历史道路》中回忆说："1938 年夏季，中共中央代表董必武、林伯渠、陈绍禹等由陕北去汉口[①] 参加国民党参政会会议，途经成都，与我会面于我方正街住所。这是我同中共中央同志第一次正式接触。当时正是日本帝国主义的逆流泛滥于国民党的权贵之中，抗日形势非常险恶，所以我们这次的话题也是以如何团结地方力量，坚持抗日战争，反对蒋介石投降妥协为中心。从他们三人的谈话中，我已初步了解了党的抗日救国方针和人民民主统一战线政策；同时我也把自己反对蒋政权和拥护中共抗日方针的态度向他们作了明确的表示。经过这次会晤，我同党相互间有了了解，为我进一步亲共开辟了一条坦途。"[②] 有的著作还说："1938 年夏以后，中共领导人董必武、林伯渠、陈绍禹和周恩来先后会见刘文辉，致使刘文辉与共产党的关系变得密切，中央在他的部队设立电台，与延安直接通报。"[③]

10 月 28 日，第一届国民参政会第二次会议在重庆召开。会上，王明列名提出了 6 个议案。会后，他于 11 月 8 日在重庆青年团体举行的招待会上，发表了关于这次国民参政会的成绩及抗战形势和抗战前途的演说。

12 月 12 日，王明与周恩来、博古、吴玉章、董必武在重庆同蒋介石进行谈判。关于两党关系问题，蒋介石说：共产党员退出共产党，加入国民党，或共产党取消名义整个加入国民党，我都欢迎，或共产党仍然保存自己的党我也赞成，但跨党办法是绝对办不到的。我的责任是将共产党合并国民党成一个组织，国民党名义可以取消，我过去打你们也是为保存共产党革命分子合于国民党，此事乃我的生死问题，此目的如达不到，我死了心也不安，抗战胜利了也没什么意义，所以我的这个意见，至死也不变的。共产党不在国民党内发展也不行，因为民众也是国民党的，如果共产党在民众中发展，冲突也是不可免，三民主义青年团章程如果革命需要可以修改，不过这是枝节问题。根本问题不解决，一切均无意义。王明等分别解释一个组织的办法做不到，如跨党办法做不到，则可采取中共代表提议的其他方式合

① 应为重庆。

② 刘文辉：《走到人民阵营的历史道路》，北京三联书店 1979 年版，第 76—77 页。因 1938 年夏王明一直在武汉，不可能从西安经成都到武汉，故他们在成都的见面可能是这一次。

③ 应金华、樊丙庚主编：《四川历史文化名城》，四川人民出版社 2001 年版，第 677 页。

作，蒋介石说其他方式均无用。他见王明等对于一个组织问题不同意，即说绍禹同志到西安时再谈一谈。晚上，蒋介石派张冲来看他们。第二天，王明与周恩来、博古、吴玉章、董必武向中共中央书记处汇报了与蒋介石谈判的情况。

1938 年年底，王明从重庆回到延安。据他在延安时写的简历说，自 1939 年到 1941 年 10 月中，他担任“中央统战部长兼管南委、东委、党校委员会、妇女及女大等工作”。这里说的南委即中央南方工作委员会，东委即中央东北工作委员会，女大即中国女子大学。孟庆树说，在 1941 年中毒以前，王明还担任过“中共中央党报委员会主席”；“中共中央西南委员会主席，管理川、贵、滇、康四省工作”；“国民参政会中共党团书记”、马列主义研究会主任等职务。①1941 年 7 月 31 日，中共中央政治局会议还决定让王明接替任弼时负责西北中央局和陕甘宁边区工作。②

1939 年，王明（右三）在延安召开的中央政治局会议上③

① 孟庆树：《陈绍禹——王明传记与回忆》（手写复印稿）。

② 杨奎松：《毛泽东发动延安整风的台前幕后》，《近代史研究》1998 年第 4 期。李东朗：《在坚持错误中坠落的王明》说是 7 月 30 日中共中央政治局会议决定的，见《领导科学》2002 年第 7 期。

③ 丁晓平：《王明中毒事件调查》，中国青年出版社 2012 年版，第 89 页。

1939 年 6 月 1 日毛泽东、王明（右三）等在抗日军政大学检阅学员队伍①

有的论著认为：“为了将王明置放于自己的监督之下又不让他掌握实权，毛让王明担任了中央统战部部长的闲职并兼任了几个中央文宣方面的职务。”“从表面上看，王明一时担任了许多重要职务，然而，王明的这些职务大多为空头闲职。”中央南方委员会、东北委员会这两个机构“形同虚设”。“任命王明负责中央党校工作委员会，却是毛泽东的别出心裁之举。毛以此举有意挑起王明与张闻天等的矛盾，指望坐收渔人之利。王明真正负责的工作岗位，只是中央妇委和中国女子大学。而安排王明担任中央妇委书记和女大校长，则有明显羞辱王明的含义。”②

在这个期间，王明频繁出席各种会议，作了很多报告和讲演，发表很多文章，显得十分活跃。

1939 年 1 月，国民党五届五中全会在重庆召开，蒋介石在开幕词中提出要清理国内问题，并在会上提出了“溶共”的主张。在此次会议以后，国

① 选自金寨县革命博物馆图片。

② 高华：《红太阳是怎样升起的——延安运动的来龙去脉》，香港中文大学出版社 2002 年版，第 165、219 页。

民党加紧了对共产党的斗争，国共关系发生重大转折。会后不久，王明写了一个《国民党五中全会与国共两党现存关系问题》的报告提纲，分析了国民党五中全会后政策的变化及国共发生摩擦之原因，认为“抗战同时反共不可能的，但磨擦增加是必然的——暂时消长是相对的（斗争是绝对的，统一是相对的暂时的规律）”。我们的对策是：（甲）用一切力量继续抗战（揭露和说服和平幻想）；（乙）用一切力量巩固和扩大统一战线；（丙）思想上必要的反攻和方式；（丁）对民族国家统一等问题的态度；（戊）对三民主义与马列主义的态度；（己）巩固和扩大八路军新四军等革命军事力量；（庚）巩固和扩大党（教育与组织，秘密与公开）；（辛）爱护同盟者同情者；（壬）争取群众争取青年争取舆论；（癸）准备应付一切非常之事变。其总结论是：“目前形势——主要的仍为抗战，和联共抗日，但和平妥协的企图加强，防共溶共的政策加紧，抗战及团结力量仍强大，一切决定于斗争，我们向既定的正确目标前进，困难虽多，可能克服，向前更复杂更艰苦的局面到来。”

1939 年 1 月 15 日，王明在延安各界民众抗日讨汪大会上发表长篇演讲《旧阴谋的新花样》，声讨汪精卫的卖国投降行为，并揭露汪精卫的投降历史。演讲承认毛泽东是“中共领袖”。在这前后的一次演说中，当有人问为什么毛泽东从来不去重庆参加国民代表大会时，王明幽默地回答说，你们下过中国象棋吗？下棋的时候，双方的老将和老帅是不能直接面对面的，否则

1939 年，王明在延安群众大会上讲话

王明《旧阴谋的新花样》封面

棋就“将”死了。这个例子似乎从一个侧面反映出，王明当时已经明确地承认，毛泽东已经成为中共党内的“第一把手”。①

1939 年 5 月，王明写出《抗日民族统一战线诸问题》。后来，他在留守兵团军事会议上作过这个报告。这是王明关于抗日民族统一战线理论的一个总结。其中有些方面表现了他思想上的进步，如基本正确地论述了抗日民族统一战线的内容、特点及与国共合作的关系，批判了国民党关于“一个主义，一个政府，一个领袖，一个党”的口号，认为“一个党”的口号就是破坏统一战线，指出国共之间的摩擦是不可避免的，国民党的摩擦是反动的，共产党的反摩擦是进步的，革命的；在统一战线中，共产党要在政治上组织上保有自己的独立性，“人不犯我，我不犯人，人若犯我，我必犯人”是“正确的原则”，“是非常必要的，没有这条，就是没有统一战线，而且只有这样，才是抗日民族统一战线的最正确最坚决的执行者”等。但是，其中仍有不少错误的观点和思想，如还在讲“一切为了统一战线，一切经过统一战线”，“是最标本［准］的执行政策的办法”。在讲产生摩擦的原因时，说什么“进步与摩擦是分不开的，越进步越有摩擦，进步与摩擦是同时并进的。进步在客观上便是摩擦，譬如，国民党进步，他拉青年，在敌人后方工作发宣言，宣传政纲，这在客观上便产生了摩擦”；还说什么摩擦产生的原因是“因为他们只晓得升官发财，不顾国家民族利益，他们的生活是与共产党不相容的”，因此就产生了摩擦，等等。报告中虽然批评了国民党顽固派制造摩擦的行径，但又错误地认为，国民党执行的是“民族资产阶级的路线”，“自从发表了停止‘剿共’后，也没有再‘剿共’的人了”，国民党军队“不会再反人民反共产党了”，“现在所有国民党军队，共产党军队都在一

① 周大伟：《1945—1950：新中国建国前后担任过“立法大臣”的王明》(一)，“北大法律信息网”(http://www.chinalawinfo.com/)。

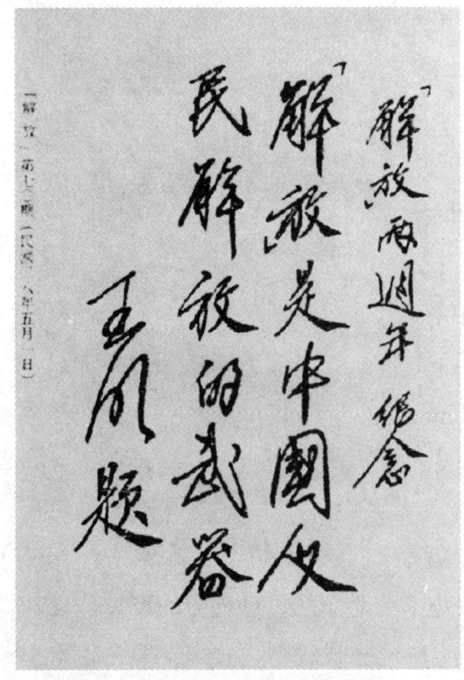

王明1939年5月1日为《解放》周刊创刊两周年题词

起流血，不分彼此，共艰苦，共患难，以后要叫他们再自打自，谁还愿意呢”?!

报告中还有一些错误观点，如说什么三民主义“是走向共产主义的必由之路”，“就是今天的中国具体化了的共产主义”，“共产主义包括了三民主义”；“现在可以把满族取消”；民族自决权在当时中国的环境中“是不适合了”等。有人看了这个报告后在旁边写了很多批语，指出了王明的错误思想，例如在三民主义“是走向共产主义的必由之路”，“就是今天的中国具体化了的共产主义”等话旁，批有“除了王明之流，谁信仰三民主义？说三民主义就是今天中国具体化的共产主义？这完全是叶青①思想”；在“越进步越有摩擦”一段话旁批有：“这不仅是错误的，而是为国民党制造的反共理论根据。共产党说：国民党反共是投降的准备。王明说：国民党反共是进步的必然，共产党是国民党进步的障碍”。

1939年9月9日至18日，国民参政会第一届第四次会议在重庆召开，王明参加了这次会议，与董必武等提出《请政府明令保障各抗日党派合法地位案》②，强烈要求国民党政府取消各种政治压迫行为，保障各抗日党派的合法权利。黄炎培日记记载此会辩论激烈情形：“你起我立，火并似的舌战，没有一分一秒的停止。”同时，各进步民主势力的参政员也纷纷要求国民党结束党治，实施宪政，使得要求实行宪政成为会议上最强烈呼声。会议合并审查讨论通过了《召集国民大会实行宪政案》，明确要求政府明令定期召集

① 曾任三青团中央常务干事，国民党中央宣传部副部长。

② 孟广涵主编：《国民参政会纪实》上册，重庆出版社1985年版，第581—682页。

国民大会，制定宪法，实行宪政。① 这是王明最后一次参加国民参政会。

1939年9月，毛泽民到著名的旅游和疗养胜地雅尔塔休养，按照季米特洛夫要他写一份全面反映中国共产党工作情况的报告的要求，写出了题为《读后感》的汇报材料，其中几乎用了三分之二的篇幅，重点历数了"左"倾错误路线给中共带来的教训。他重点剖析了"立三路线"产生的背景和基础，一针见血地戳穿了由米夫和王明一手操纵的党的六届四中全会反对"立三路线"的真正立场，认为正是在四中全会新的"左"倾路线的指导下，在1932年至1935年这一时期，党不仅没有清除盲动主义和立三路线，相反，某些忠于错误路线的人仍然掌握着党的高层领导权，由此带来一系列沉痛的教训。在《关于对某些事实的造假和歪曲》一节中，毛泽民驳斥了王明在联共（布）十七大上关于红军反"围剿"中缴获、俘敌以及中共党员等极端夸大了的数字，最后得出如下结论："我不知道王明同志从何处得到的这些材料。如果这些材料的依据是上海党组织的报告，那么，这些材料毫无疑问是虚假的，是不可信的，因为上海党组织当时被叛徒李竹声控制。如果是这样，王明同志是被叛徒欺骗了。""如果王明同志被欺骗了，那么他也欺骗了曼努伊尔斯基同志，因为曼努伊尔斯基同志在他的报告中说，他是根据王明同志提供的材料写的。""总之，中国共产党的代表和共产国际执行委员会都被李竹声这个坏蛋欺骗了。除此之外，别无解释！"②

1939年王明在延安

这年年末，周恩来在向季米特洛夫汇报时也曾批评王明回国后的表现。

① 参见韩剑飞编著：《中国宪政百年要览（1840—1954）》，山西人民出版社2008年版，第224页。

② 耕山、周燕：《清算王明错误路线的斗争从莫斯科开始》，《党史博览》2010年第1期。

据师哲回忆："1939年末，周恩来到了莫斯科，有一次同季米特洛夫的谈话中，季米特洛夫问周恩来：王明回国后的表现如何？同毛泽东的关系如何？周恩来回答说：不够好，甚至有一个时期，王明跑到武汉去，拉了一部分同志，企图组织自己的班底，另立中央。季米特洛夫立即严肃地说：'王明回国前，我们再三告诫他：不要以为自己是国际执委会成员，又是书记之一，就可以翘尾巴，不听党领导的话，把自己凌驾于党中央、毛泽东之上。须知，他（指毛泽东）才是在人民群众中，在实际斗争中成长起来的，所以他才是中国人民、中国革命和中国党的真正领袖，而绝不是别人。希望王明回国后放下架子，尊重毛泽东，服从党的统一领导。我和斯大林都这样告诫过他，可是他竟然不听我们的劝告，这使人很失望。他，看起来是个精灵的人，为什么在实际活动中又这么愚蠢呢？'"①

1940年1月中旬，共产国际执委会开会讨论中国问题，周恩来将他起草的长达5万多字的《中国问题备忘录》向共产国际进行了详细的宣讲，同时向共产国际汇报了中共干部问题，以及中共七大的召开时间及人事安排，等等。当听到周恩来报告中提到"七大组织报告由王明同志作"这件事以后，毛泽民立即提笔给季米特洛夫写信，言简意赅地提出三点书面意见。他认为，由王明作七大组织报告是不妥当的，"因王明同志从未做过中国党的组织工作"，"也不参加中国党的实际工作"，"如果他作组织报告，恐如在国际七次大会、联共（布）十七次大会中的演词一样，成为漂亮的外交式的演词，这是不应该的"。毛泽民建议，最好由周恩来同志作统战工作报告，由做了几年实际工作的洛甫同志作组织工作报告。②

1940年3月26日前，周恩来和任弼时即将离开莫斯科回国，季米特洛夫和曼努伊尔斯基都明确讲过，王明有一些明显的个人缺点，如总是企图把自己的意见当做中央的意见，一向喜欢拉帮结派，比较滑头，不够诚实，缺乏工作经验，等等。季米特洛夫委托周恩来、任弼时告诉毛泽东，对王明要进行帮助。③

① 师秋朗整理：《峰与谷——师哲回忆录》，红旗出版社1992年版，第213—214页；参见师哲：《在历史巨人身边——师哲回忆录》，中央文献出版社1991年版，第141—142页。

② 耕山、周燕：《清算王明错误路线的斗争从莫斯科开始》，《党史博览》2010年第1期。

③ 耕山、周燕：《清算王明错误路线的斗争从莫斯科开始》，《党史博览》2010年第1期。

1940年秋，周恩来从莫斯科回国时带回共产国际执委会书记曼努伊尔斯基关于王明的四点意见。王明在《所谓“关于王明的四点意见”》的回忆中说：

1940年秋，周恩来从莫斯科回国前，曼努伊尔斯基叫周带回去“关于王明的四点意见”，就是：①王明被捕后怎样出来的要考查；②考查王明和……、……[①]的关系（因为他俩当时早已被捕）；③考查王明在莫斯科作的有系统的反对毛泽东的活动；④据得到的消息（情报），康生是王明的人，而康生做社会部长，是王明、康生要消灭毛泽东（当时国民党CC派也造过这种谣言）。

关于这个问题，1941年4月3日夜（4日晨）毛泽东亲自送季米特洛夫电报（给中共中央的）时，曾谈到说：“恩来从莫斯科回来，带来了曼努伊尔斯基对你的四点意见。季米特洛夫不同意曼努伊尔斯基的意见。但当恩来走前住在医院检查身体时，曼努伊尔斯基派国际干部部的人……告诉恩来说，要把曼努伊尔斯基的意见只告诉毛泽东一人，不要告诉别人。”接着毛泽东又说：“曼努伊尔斯基讲了有关你的四个问题，我们认为都是不成问题的问题。我没有什么兴趣。我只调查了一个问题——就是他说你在莫斯科组织小组织反对我。我调查了许多人，他们都说没有这样的事。他们说政治上你批评过我——在中共代表团会上和你的文章里（虽未提名），这是事实。从调查里我知道你和曼努伊尔斯基之间有过很多矛盾，关系不好；这次是曼努伊尔斯基对你的报复行动。”

毛泽东只说了这一点，曼努伊尔斯基对王明的其他三点意见是后来周恩来说出来的。当时周还说：你和曼努伊尔斯基的关系问题，不止[只]是看我们怎样看法，还得看莫斯科怎样看法。

……

毛泽东说对曼努伊尔斯基提的“四点意见”除第③点外都没有兴趣，但他在“整风”前已在中央同志中散布这“四点意见”（只是我们本人不知道）。“整风”时他除了公开宣传曼努伊尔斯基对王明的“四点意见”

① 原文为俄文，不清。

外，还更加伪造了许多污诬王明的谣言。

随着毛泽东在党内领袖地位的确立，王明的受批评，他开始玩弄起两面派手法来，表面上极力赞扬、吹捧毛泽东。

在很多报告、演讲和文章中，王明一反前态，大讲毛泽东是“中共领袖”，是“我们最敬爱的”同志。有些并不十分重要的问题，他也主动写信向毛泽东请示。例如，1939 年 12 月 21 日，延安各界举行盛大集会庆祝斯大林 60 寿辰，王明在会上作了《论斯塔林》的长篇报告。1940 年 6 月 27 日，他写信给毛泽东说：“关于斯塔林同志六十生辰报告，因亮平同志的催促，最近将前三部分已整理出来，第四部分正整理中，后四部分还只有提纲待写，兹特将前三部分送请阅正，即请抽暇于 3 日至 5 日内看完（如只看一部分或两部分，即请先赐还）并提示意见，以便修正为感。”

1940 年 5 月 3 日，延安“泽东青年干部学校”举行开学典礼，王明到会作了《学习毛泽东》的讲演。他说：“对于青干学生学习问题，我只贡献五个字：‘学习毛泽东！’青年干部学校既以毛泽东同志的光辉名字来命名，

1940 年，王明在延安群众大会上讲话

那就要名副其实，就是要学习毛泽东同志的生平事业和理论。”那么怎样学习呢？王明在这个讲演中说：

第一，“学习毛泽东同志的始终一贯地忠于革命的精神”。毛泽东同志在青年时代就努力于革命事业。从党的一大以后，“毛泽东同志便是我们党的主要领导人，便是中国革命一个优秀的领导者”。1927 年中国革命失败后，“毛泽东同志则如鹤立鸡群一样英勇坚决地继续革命工作”，“领导党和红军经历了无数的痛苦，克服了各种的困难，在任何条件下，在任何艰难困苦环境中，能始终如一地忠于革命事业”。

第二，“学习毛泽东勤于学习的精神”。毛泽东同志没有进过任何专门学习革命理论的学校，“但毛泽东同志却比我们党内任何同志都学得多，比我们党内任何同志都学得好，真正地学习了马列主义，真正地善于把马列主义灵活地应用到中国革命的实践中。正由于毛泽东同志不断地工作，不断地学习，不断地从工作中学习马列主义，从马列主义学习中处理工作，所以他才能把理论与实际联系起来，所以他才不仅成为中国革命的伟大政治家和战略家，而且是伟大的理论家”。

第三，“学习毛泽东同志勇于创造的精神”。“毛泽东同志在其理论和实践中很多新的创造”，例如在建设苏维埃政权的问题上，在建设中国工农红军的事业上，在创造革命的军事战略战术问题上，在建立民族统一战线问题上，在建立新民主主义政权问题上。“《游击战争的战略问题》、《论持久战》等军事著作，不仅是抗日民族解放战争的军事指南，而且是马列主义在军事问题上的新发展”；“《新民主主义论》不仅是中国现阶段国家问题的指南，而且是一切殖民地半殖民地关于建立革命政权问题的指针，同时也就是对马列主义关于国家问题的新贡献”。

第四，“学习毛泽东同志长于工作的精神”。毛泽东同志做过各种工作，“他能做最下层的群众工作，他也能做最上级的领导指挥工作，在农民工作中，他是一个有名的农民工作大王，在军事工作中，他是伟大的战略家，在政权工作中，他是天才的政治家，在党的工作中，他是公认的领袖。不管什么工作，只要放在他手里，他都能做好，只要你向他请教，他都能告诉你经验和方法”。

第五，“学习毛泽东同志善于团结的精神”。“毛泽东同志现在不仅是共

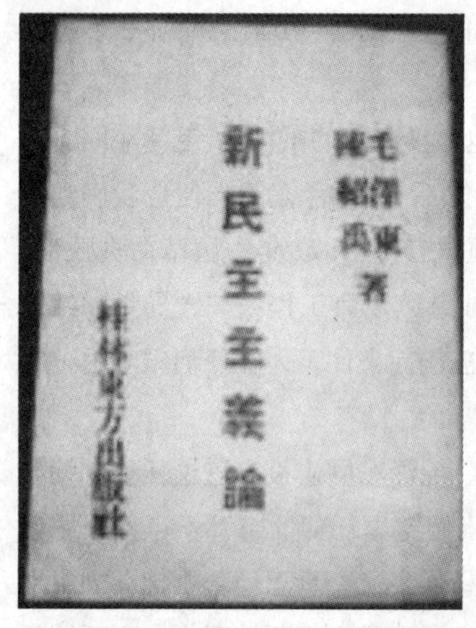

1940 年桂林东方出版社出版的毛泽东、陈绍禹合著《新民主主义论》封面

产党中央和共产党全党团结的核心，不仅是八路军和新四军团结的中流砥柱，而且是全中国无产阶级和人民大众众望所归的团结中心”。

最后他说，毛泽东同志的生平事业和理论各方面的特点多得很，上述五点，不过是举例而已。“我的总的意思，还不过是一点，就是泽东青年干部学校学生以及全国的优秀青年，应该以毛泽东为模范，应该学习毛泽东。”①

在这篇讲演中，许多好听的名词都用上了，好像王明对毛泽东是十分敬重的，对毛泽东的思想是完全赞成的。可是，这只是他为了取得干部群众的信任，改变自己的形象，扭转自己挨批评的被动局面而作出的。正如 1945 年 4 月 1 日王明曾向任弼时所说的：“六中全会后，我觉得在外不好就想回来。回来时是想搞好的，故 1939 年(应为 1940 年——作者注）青干开学时弄好稿子，题为《学习毛泽东》，给毛看过，毛客气说，理论一点不好，不要发表，后来还是发表了。”②

有的学者认为，王明颂扬毛泽东，除了消除昔日的积怨和隔阂，保住他目前在党内的地位外，另一层用意是迷惑毛泽东，以图东山再起。但他提出了毛泽东理论的概念，客观上促进了毛泽东思想概念的形成，这可能是王明始料未及的。③

有的学者认为：“王明的这番表演十分拙劣，这种丧失了意志力和自尊的行为，使其在毛泽东心目中原本就不高的形象，更加一落千丈。毛在得意

① 1940 年 5 月 7 日《新中华报》。

② 《任弼时同志日记》(1945 年 4 月 1 日)，转引自中央档案馆党史资料研究室：《延安整风中的王明——兼驳王明的〈中共五十年〉》，载《党史通讯》1954 年第 7 期。

③ 梁磊：《王明为什么要写〈学习毛泽东〉》，《党史纵横》2002 年第 2 期。

之余，不仅毫不领情，反而视王明为一具可以任意摆弄的政治僵尸。”[①]

在心里，在别的场合，王明对毛泽东却不那么尊重和赞成了。例如1941年5月，毛泽东在延安干部会议上作了《改造我们的学习》的报告，批评理论脱离实际的教条主义，强调理论要联系实际，王明在向中国女子大学全体同志传达这个报告时说：虽说今后学习中对理论联系实际的问题要注意，但仍应注意好好学习理论，适当地联系实际，反对这也联系那也联系，变成“乱联系”。他还说：“不要怕说教条，教条就教条，女大学生学他几百条，学会了，记住了，碰见实际自然会运动（用），如果一学就怕教条，一条也记不住，哪里谈得到运用？把理论运用于实际是对的，但是先有了理论才能运用，一条也没有哪儿去运用？”由于他的这种态度，致使女大教育中的教条主义倾向仍未改变，谁也不敢“乱联系”。强调学习理论是对的，反对“乱联系”、庸俗化也没什么错，但王明的本意显然不是真正强调学理论、反对“乱联系”，而是旨在反对毛泽东提出的“理论联系实际”。

第三节　女大校长

为了加强对妇女干部的培养，中共中央于1939年7月在延安创办中国女子大学。当时在中共中央分管妇女工作的王明被任命为女大校长。7月20日，女大举行开学典礼，王明到会作报告，说明女子大学创办的意义、宗旨，介绍女大的情况。他说，为什么要创办女大？第一个原因是为了适应抗战建国大时代的需要，第二个原因是根据妇女运动的特点，第三个原因为的是使中国妇女运动起一个历史的转变，第四个原因为的是特别提高妇女的地位。女大需要培养什么样的干部？他说，从女大的简章、校训、校歌所标明的宗旨和方向看来，“一般地讲，女大要培养的是为民族解放为社会解放为妇女解放而奋斗的妇女干部。特殊地讲，女大要培养的是能在抗战建国时代

---

① 高华：《红太阳是怎样升起的——延安整风运动的来龙去脉》，香港中文大学出版社2002年版，第221页。

忠诚献身于妇女解放运动的妇女干部”；其次，“就是女大培养出来的干部，不仅在革命工作革命事业方面是优秀的妇女代表，而且在个人生活家庭生活方面，也应当是新时代的新女性”。总而言之，女大培养出来的人才，应当具备两方面的特点：“一方面，她们是不依赖男子，有独立人格、独立生活、独立工作、独立斗争的能力的革命女性”；“另方面，她们是新时代的新贤妻新良母新孝女的模范。凡是女性，差不多都要经过女儿、妻子、母亲这三个阶段。所以，新时代的妇女，应当在社会事业社会生活中是先进革命的战士，在个人生活家庭生活中，是高尚模范的人物”。关于女大的现状，他说学生人数将近500人，一般生活如衣食住行与延安其他学校没有什么差别，与他们一样很艰苦，各方面还有很多的困难和缺点，课程一般地分为必修与选修两种，教育方法是“理论与实践的统一，集体学习与个人专修并重”。最后他说，女大是中国共产党创办的学校，它有着共产党的坚定的政治方向和艰苦的工作作风，一定能克服一切困难，它有中共中央领导的热烈关心和各方面的爱护与帮助，经过本校工作人员和全体学生的努力，女大的成功是有保证的，定能完成任务的。李逸平在延安整风中写的一份材料还说，王明说“要从女大出现几十个卢森堡”。

这年春天，他就应女大校友会主席丁雪松等之请，并根据她的意思作了一首歌词，经冼星海修改和谱曲后，就作为《延安中国女子大学校歌》发给了女大同学。这首校歌的歌词是：

我们是妇女先锋。我们是妇女榜样。
来自不同的四面八方，在女大亲爱地欢聚一堂。
女大是我们的母亲，比母亲更慈祥。
女大是我们的太阳，比太阳更光亮。
要努力学习革命方法；学习理论武装；
学习职业技能；学习道德修养。
我们要深入农村工厂，
我们要英勇地走上战场。
一个个锻炼得如铁似钢；
一个个锻炼得如铁似钢！

争取民族社会和妇女的解放！①

据孟庆树说，王明在女大讲联共党史时，很受欢迎，很多单位的领导都去听。② 袁溥之也说："当时，王明还是以共产国际的'钦差大臣'自居，经常口若悬河、哗众取宠作报告，很能迷惑一些青年。当时，鲁迅艺术学院就常有一些学生，从桥儿沟跑很远的路到女大去听王明的报告，听完报告回家天都快亮了，有个别人甚至还叫出'王明万岁'来。"③ 有的论著说："王明还凭借其对马列原典的熟稔在延安各机关、学校广作报告。在当年的延安知识分子中'王明同志'是一个令人敬仰的名字，其受尊敬的程度和'毛主席'不相上下。口若悬河的王明，作起报告来条理清晰，出口成章，几个小时的报告可以不要讲稿。报告完毕，'再从头到尾归纳一遍，一二三四大项，下边又分甲乙……再分，大家对照记录竟能丝毫不错'，有时一席演讲，竟受到数十次掌声的欢迎。王明的'口才'和'理论水平'赢得了延安广大青年知识分子的尊崇，人们普遍认为王明是'天才'，被公认为是'活马列主义'。"④"王明口才极佳，天生擅长演

王明在三八国际妇女节纪念大会上讲话

① 《王明诗歌选集（1913—1974）》，莫斯科进步出版社 1979 年中文版，第 128 页。

② 孟庆树：《陈绍禹——王明传记与回忆》（手写复印稿）。

③ 《一生保持工人本色的共产党员》，《回忆陈郁同志》编写组编：《回忆陈郁同志》，工人出版社 1982 年版，第 53 页。

④ 参见吴介民主编：《延安马列学院回忆录》，中国社会科学出版社 1991 年版，第 112 页；刘家栋：《陈云在延安》，中国方正出版社 2005 年版，第 130 页；司马璐：《斗争十八年》（节本），香港自联出版社 1967 年版，第 73 页。

讲，面对台下听众，他始终是精神饱满，神采飞扬，引经据典，信手拈来，口若悬河，滔滔不绝，一讲就是三四个小时，王明的演讲风格和理论功底为所到之处听众所陶醉，特别是延安的年轻人更是将王明奉若明星，当他作完报告时，甚至有人当场高呼'王明万岁'"①。有的文章还说：王明在延安作大会讲演时，手里总习惯捧着一大摞书，身后的警卫员也抱着一堆书，到讲台前就往身边的桌子上一放，立即堆积起一座书山。虽然带许多书来，王明讲话时却又不拿稿子。在那个年代，照本宣读被认为是低能的表现。他滔滔不绝地讲到某个问题时，总要说："正如列宁同志所说的……""正如斯大林同志所说……"然后顺手拿起旁边桌上的一本俄文原版的列宁或斯大林著作，迅速地翻到他要引用的一页，流利地念出一段语录来。扔下一本，一会儿又抄起另外一本，动作极为熟练。王明这种表演，对于没有多少文化的工农干部和一些刚刚参加革命的青年学生来说，真有唬人的功效，一时对他钦佩不已。可是，急于寻找中国革命战争具体方法的人听了王明的话，却感觉里面全是空洞的口号，解决不了任何实际问题。②有的甚至指出："这一切不仅把王明捧毛的效果冲得一干二净，更增添了毛对王明的憎恶"③。

王明漫画像

在领导女子大学的过程中，王明做了许多有益的工作，但是也犯了不少错误，造成了不好的影响。

首先，他在女大散布了一些错误的言论，还反对自我批评，说"这也批评，那也批评，弄得大家都胆小，因为批评把同志关系弄坏了，要反对"。

① 李嘉：《擅于挟洋唬人的王明》，《老年生活报》2012年12月19日。

② 高华：《红太阳是怎样升起的——延安整风运动的来龙去脉》，香港中文大学出版社2002年版，第221页。

③ 孟庆树编著：《陈绍禹——王明传记与回忆》（手写复印稿）。

其次，王明在女大拉拢一部分人，打击一部分人，执行了不正确的干部政策。他在女大打击、排挤老同志，如张琴秋、胡嘉宾、项中华、李初梨等；同时又拉拢一些人，引起了许多人的不满。

一份题为《王明及小孟[①] 的材料》说：王明在女大提拔干部的标准“主要是出风头，会讲话，敢强调问题，恭维他们的人”。他拉拢女大干部及同学的做法是：首先使大家佩服他，觉得他是天才，是少有的领导者，是党内最正确的，听他的话不会错。其次，在全校大会上常表示他是最关心爱护女大同学的，是无微不至的。有一次在全校大会上大骂总务工作不注意，使同学受了委屈，有些人感动得说他是“妈妈”。又如说别人骂女大是阿房宫，说女大学生作风不好，使同学觉得真正关心我们的只有学校，只有王明校长。另外还用党籍送礼，大骂总支是关门主义。总之，拉拢的办法不胜记述，主要办法是利用群众干部的弱点，恭维、夸奖、拍马，使干部群众从他这里得到满足，反过来再恭维他，拍他马，于是他威信更提高。

这份材料还说，对于与他意见不同的人，他则不满、轻视和打击。如看不起张琴秋，反对项中华、李初梨，而胡嘉宾在女大最受打击，总之老同志在女大受排挤，吃不开。打击的方法多半是会议上批评打击，如在大会上骂胡嘉宾，孤立他，谁也不和他接近，等等。但是，对于和他观点一致的人，则极力加以吹捧。例如柯庆施任女大副校长、统战部副部长，在女大很少有独立意见，大多附属于王明，王明常夸他是老实人，有很大进步，过去在上海吃喝嫖赌，现在能思考问题了。

其三，向中央组织部闹独立性，反对中央组织部从女大调干部。王明常常在大会上强调，不许从女大乱调人，谁也没有权力调人，同学们要放心好好读书。这样，就使女大的学生养成习惯，只要中央组织部一谈话，干部科一分配工作，自己认为不合适，就去找王明校长，而王明便批准不去，并大骂干部科去谈话的人。结果引起学生对中央组织部和干部科的人的不满，说“只有校长是关心我们前途的，愿意培养我们的”。例如，有一次河防吃紧，中央组织部要调女大的三四个人，去乡下帮助妇联会工作，女大干部科长陆

---

① 即孟庆树。

光给中央组织部介绍后，结果王明大发脾气，给陆光打电话说："什么组织原则？谁允许调人给她们?"那时女大才成立，把大家都吓坏了，最后陆光写信向王明承认错误，才算了事。又如1940年，因延安广播要在新年开放，中央组织部想从女大要几个广播员，谈话后有的人不愿去，找到王明，王明便说可以不去，并当着她们的面说：什么人敢调，为什么不经过我?！立刻让她们带一封信给干部科，问谁敢乱调人！在女大第一、二、三班学生100多人毕业后，孟庆树和王明的意见是应多送给妇委，分配做妇女工作，当时担任中央组织部部长的陈云要分些给地方，孟庆树去商谈后未获同意，便大骂陈云态度不好。总之，王明和孟庆树不许调一个女干部出去，所有来延安的女干部全归妇委管。为了和中央组织部斗争，他们经常挑拨中央组织部和女大学生、干部的关系。

就中央组织部从女大调干部这件事，王明还于1941年2月13日写信给中央组织部部长陈云，要求由中央组织部调女大学生做其他工作者的比例降到25%，来延安的女学生均送女大，各校女同志归妇委分配等，反对中央组织部调女大学生去做其他工作。第二天，陈云便给王明复信，根据党的组织原则，明确地回答他提出的问题。信中说：(1）你提出女大学生给中组部随时调动别项工作者均降低比例为25%，在现状下恕我不能同意。因我们党已经不是秘密党而是领导着政权的军队的党，因此必须有大量干部分配到各方面工作上去，没有各方面工作的配合全盘工作做不好。因此，我们彼此以服从书记处多数同志所通过的决定为好。(2）1939年书记处决定妇女工作系统中专任妇运领导工作的妇女干部，中组部在分配工作时需征求妇委意见以外，任何干部出入一律均经中组部，同时也并无各校女同志归妇委分配的决定。中央书记处也并未有过来延安女学生一律均送女大的决定。女大是党的学校，全部学生都应归中组部在中央总的意图之下分配工作，但估计到女大等各个专门性的学校有某些特殊的意义，因此留了一半学生将来做妇运工作，我认为我已充分估计了妇女工作的特殊性。(3）我向你声明，妇女工作是全党工作的一部分，我是党的工作者，我的责任和我的要求，也仅仅是"一视同仁"四个大字。陈云这封复信，实际上是对王明闹独立性和无理要求的严肃批评。

王鹤寿在《沉痛悼念陈云同志》一文中回忆说：当时中央组织部把各地

到延安的女青年大部分介绍到“女大”学习，学习毕业后分配到各地、各部门，或做妇女工作或做其他方面的工作。开始两期学习结业的学员，都是按照规定的原则，由中央组织部分配一部分给中央妇委，请他们分配作妇女工作，绝大部分由中央组织部根据需要情况，分配到党政军各部门及地方党委工作。但是后来这种分配原则行不通了，因为王明决定在“女大”学习结业的所有党员与非党员的革命女青年，都由他直接分配。对这种不合理的事，我们根据原则与“女大”具体负责的同志交涉，无效。他们声称这是校长王明的决定。我们把情况报告给陈云同志，为此陈云同志给王明写了一封信，请他改变他的决定。而王明坚持己见，声言他是“女大”校长，他有权对学员的工作进行分配。我们对王明的无理态度很不满，因而向陈云同志建议：如果“女大”不改变他们的方针，我们就不再介绍女青年去“女大”学习。陈云同志经过郑重思考后说：“我同意你们提的这个意见和办法，你们再和富春同志谈一下，如果他也同意，就照此办理。”与富春同志谈后他完全同意。因此，对到延安学习的党与非党的女青年，基本上就很少介绍去“女大”，而直接介绍到陕公、抗大、鲁艺、党校、自然科学院等院校学习。这样，“女大”的学员来源就成了问题。因为除了陕北地区的女青年直接由党的西北局介绍去的以外，绝大部分是中央组织部介绍去的。为此王明亲自到中央组织部找陈云同志，气势汹汹地说：中央组织部不向“女大”介绍学员是不合理的。陈云同志向他作了解释，王明只得说：“那好吧，就按组织部的办法，但是你们分配时一定要给中央妇委一个大的比例。”①

1940 年王明与大儿子明明于延安杨家岭

其四，反对中共中央撤销女大和《中国妇女》杂志。1941 年 9 月 1 日，

① 《人民日报》1995 年 7 月 21 日。

中共中央根据形势的发展和工作的需要，决定撤销女子大学，将它与陕北公学、青年干部学校合并为延安大学。《中国妇女》杂志的暂时停刊，是中共中央在 1941 年 3 月 26 日《关于调整刊物问题的决定》作出的，决定中说明，由于目前技术条件的限制及某些书籍小册子的急于出版，决定《中国妇女》与《中国青年》、《中国工人》自 4 月起暂时停刊。为了反对女大的撤销和《中国妇女》杂志的停刊，王明进行了许多活动。在 1941 年 2 月初的一个晚上，他派人将已经睡觉的一位同志叫起，要她写篇文章，内容是反对取消妇女刊物，理由有三个：第一条是根据共产国际的决议；第二条是国民党也出版妇女刊物；第三条是由于妇女工作的需要。第二天早晨这位同志去王明那儿，王明给她一本共产国际的决议，叫她当天交卷，以便在《新中华报》上发表（因恐取消之令已下，无法挽回，故拟早日发表）。但过了两三天，又听王明说，“中央尚在考虑，暂缓发表”。

1941 年王明、孟庆树夫妇和儿子王丹之在杨家岭①

① 肖里昂提供，见丁晓平：《王明中毒时间调查》，中国青年出版社 2012 年版，第 177 页。

1940 年王明和孟庆树于延安杨家岭

一份题为《王明及小孟[①] 的材料》还说，孟庆树在女大还经常散布对毛泽东的不满，并吹嘘王明的功绩。例如她说："毛主席在抗战前理论很差，抗战后才稍有进步"；"毛主席和朱总司令的国际威信是王明给提起来的，在苏联很少（有）人知道朱毛，国际七次大会时就没有中国领袖的挂像，王明去力争才添上"；"毛主席担心得很，看见了王明在武汉左有博古，右有周恩来的发表文章，而周、博又是一贯反对过他的，他就更担心王明了。""毛主席劝王明……一定要经得起打击，不怕打击，为什么让一个好好的同志准备受打击呢?""王明刚从苏联回来，想去前方根据地做实际工作，毛主席不让，怕王明搞出局面来"；"康生真有一套，见了毛主席就毕恭毕敬地脱帽鞠躬，我们不会，所以别人也不喜欢"。

1941 年 9 月 1 日，中共中央决定撤销女子大学，将它与陕北公学、青年干校合并为延安大学。从此，王明的女子大学校长实际上也就被撤销了。

① 即孟庆树。

第十章　对抗整风

第一节　拒不检查

1940年3月19日，王明在延安三版他的《为中共更加布尔塞维克化而斗争》一书，并在“三版序言”中说：“我们党近几年来有很大的发展，成千累万的新干部新党员，对我们党的历史发展中的许多事实，还不十分明了。本书所记载的事实是中国共产党发展史中的一个相当重要的阶段，因此，许多人要求了解这些历史事实，尤其是延安各学校学习党的建设和中共历史时，尤其需要这种材料的帮助”。并说“不能把昨日之是，一概看作今日之非；或把今日之非，一概断定不能作为昨日之是”。①

胡乔木在1990年、1991年《关于党的历史文献的编辑和批判第三次“左”倾路线的九篇文章》的谈话中说：“王明在延安时，重印了他在1930年写的《为中共更加布尔塞维克化而斗争》。这样一来，王明究竟是个什么人，他搞的一套究竟是对还是错，就成了一个问题了。这就要算历史账，才能搞清楚。这样才开始编《六大以来》。”②

金冲及主编的《毛泽东传（1893—1949）》下卷评论说：“这是一个挑战性的行动。应该怎样看待党的历史上的路线是非这个问题，便更迫切地摆到中共中央面前。”于是，“毛泽东就从一九四〇年下半年开始，亲自主持收集、

① 《王明言论选辑》，人民出版社1980年版，第114、115页。

② 《胡乔木回忆毛泽东》，人民出版社1994年版，第45页。

编辑和研究中国共产党在六大以来的主要历史文献。他对编辑这部历史文献集十分认真，花了不少工夫。在这个过程中，毛泽东读到许多他过去在中央苏区时没有看到过的材料，使他对问题有了一个系统的了解和认识，更深刻地感受到教条主义对中国革命的严重危害”①。

1940 年解放社再版的《为中共更加布尔塞维克化而斗争》封面

有的学者评论说：“他选在全党学习运动刚刚起来的时候，重新出版这本书，不但说明他仍然坚持右倾投降主义错误，而且还在坚持土地革命战争时期后期‘左’倾教条主义错误，企图以他的错误观点影响更多的人，来改变自己的形象。这是对党中央、毛泽东提出学习马列主义要联系实际、‘把马列主义中国化’的严重挑战。”②

还有的著作说：“毛泽东深知，王明的言行有明确的政治意图，前有古人，后有来者，决不是空穴来风、无的放矢，它是前有古人，后有来者。不对它进行反击，势必会影响到目前的政治路线、思想路线和组织路线，甚至会断送伟大的全民族抗战事业。”“毛泽东决定予以反击，首先是向全党揭露王明错误思想的历史渊源。”③

1940 年 11 月 20 日，王明在《共产党人》第 12 期发表《论马列主义决定策略的几个基本原则》的长篇文章，后改名为《论马列主义决定策略的几个基本问题》，由胶东联合出版社出版。这篇文章肯定和宣传了毛泽东的一些学说和思想，如谈到对同盟军的团结和斗争问题时说：“对同盟者只知团结，而不知斗争，便使无产阶级及其政党失去其政治上、组织上的独立

① 金冲及主编：《毛泽东传（1893—1949）》，中央文献出版社 1996 年版，第 724 页。

② 黄允升：《毛泽东开辟中国革命道路的理论创新》，中央文献出版社 2006 年版，第 389 页。

③ 尚定：《胡乔木在毛泽东身边工作的 20 年》，人民出版社 2005 年版，第 19 页。

王明《论马列主义决定策略的几个基本原则》封面

性，而成为同盟者的尾巴，结果一定不免于失败，陈独秀机会主义便是标本的范例。对共产党以外的一切力量，只知斗争而不知团结争取，使无产阶级及其政党完全从社会各阶级各阶层中孤立起来，而成为狭隘的宗派主义的小团体，结果也不免于失败，李立三路线便是明显的例证。”

有的论著说：“该文在歌颂毛泽东革命策略思想的同时，把批评的矛头指向了博古。王明不点名地批评了在博古领导下的中共在三十年代中期所犯的错误，声称‘苏维埃革命后半期，我们不能利用反动统治阶级各派别及各种军事、政治力量的许多矛盾和冲突，以利于苏维埃革命的发展’。固然，王明的上述看法并非首次发表，早在1934年王明就有类似的意见，但当1940年博古正面临毛的巨大压力时，王明再次重申这类批评，无疑具有与博古划清界限、着意摆脱干系的明显意图。对于王明此番表演，毛只会暗中称好。因为至此以前，毛还没有充分的把握，公开批判苏维埃后期的错误。王明对博古的攻击，使毛看到了国际派即将土崩瓦解的景象。”①

1940年12月4日，毛泽东中共中央政治局会议上首次对苏维埃后期极“左”的政策作出判断，认为这实际上是路线上的错误，“所以遵义会议决议须有些修改”。他说：我党在历史上有三个时期。在大革命末期，陈独秀主张联合一切，下令制止工农运动。到苏维埃时期，在初期暴动时实行打倒一切，到六大时纠正了。但到苏维埃末期又是打倒一切，估计当时是苏维埃与殖民地两条道路的决战。实行消灭富农及小地主的政策，造成赤白对立。这种“左”的政策使军队损失十分之九，苏区损失不止十分之九，所剩的只有

---

① 高华：《红太阳是怎样升起的——延安整风运动的来龙去脉》，香港中文大学出版社2002年版，第225、172、226页。

陕北苏区，实际上比立三路线时的损失还大。遵义会议决议只说是军事上的错误，没有说是路线上的错误，实际上是路线上的错误，所以遵义会议决议须有些修改。在苏维埃后期土地革命潮流低落了，但民族革命潮流高涨起来。在过去这两个时期的“联合一切”、“打倒一切”的东西，的确不是马列主义，当时主持的人认为是马列主义，实际上这都是绝对主义。现在我们的统一战线的路线是又联合又斗争，不是绝对的联合或斗争。我们总的政策是在团结中要斗争，在斗争中又要团结，是统一中的独立，统一是主，独立是辅。

在王明等人发言后，毛泽东再次发言。他说：抗战以来的倾向，在统一战线初期是“左”倾（主张苏维埃与国民党对立），国共合作后有一时期是右倾，反摩擦后又是“左”倾。一九三七年十二月会议否认独立自主的方针，提出“一切经过统一战线”是错误的，这一口号到六中全会才取消。在战略问题上，洛川会议确定了独立自主的山地游击战，但前方的同志不服从，到十二月会议及六中全会才得到正确的解决。总结过去的经验教训，大体上要分大革命、苏维埃与抗战三个时期，总的错误是不了解中国革命的长期性、不平衡性。苏维埃末期犯了许多“左”的错误，是由于马列主义没有与实际联系起来。①

1940 年 12 月 25 日，毛泽东在为中共中央起草的党内指示《论政策》中，批判了土地革命战争后期的“左”倾冒险主义错误，指出：“过去十年土地革命时期的许多政策，现在不应当再简单地引用。尤其是土地革命的后期，由于不认识中国革命是半殖民地的资产阶级民主革命和革命的长期性这两个基本特点而产生的许多过左的政策，例如以为第五次‘围剿’和反对第五次‘围剿’的斗争，不但在今天抗日时期，一概不能采用，就是在过去也是错误的。这种过左政策，是所谓革命和反革命两条道路的决战，在经济上消灭资产阶级（过左的劳动政策和税收政策）和富农（分坏田），在肉体上消灭地主（不分田），打击知识分子，肃反中的‘左’倾，在政权工作中共产党员的完全独占，共产主义的国民教育宗旨，过左的军事政策（进攻大城市和

---

① 中共中央文献研究室编：《毛泽东年谱（1893—1949）》中卷，中央文献出版社 1993 年版，第 264—267 页。

否认游击战争），白区工作中的盲动政策，以及党内组织上的打击政策等等，适和第一次大革命后期陈独秀领导的右倾机会主义相反，而表现其为‘左’倾机会主义的错误。在第一次大革命后期，是一切联合，否认斗争；而在土地革命后期，则是一切斗争，否认联合（除基本农民以外），实为代表两个极端政策的极明显的例证。而这两个极端的政策，都使党和革命遭受了极大的损失。”①

1941 年 1 月，皖南事变发生，新四军所属军部兵力与皖南部队遭到严重的损失。有的文章指出：皖南事变为毛泽东整倒王明提供了“最好的契机”。“当他认为项英在江西苏区时犯了‘左’的错误、在抗战初期犯了右的错误时，作为整风主要对象的王明已经呼之欲出了。”“新四军的失败和项英错误的暴露，使王明难逃被彻底清算的命运。正像西路军血洒祁连后，张国焘再也无力与毛抗衡一样。”②

1941 年 5 月 19 日，毛泽东在延安干部会议上作了《改造我们的学习》的报告，延安整风运动进入一个新的阶段。有的论著说：这是毛泽东当着王明等人的面，向王明发起的“新的一轮攻击”。“在向王明发起的最新挑战中，一组组最具隐喻性和挑战性的新词汇被毛创造出来——‘言必称希腊’、‘希腊和外国的故事’、‘教条’、‘留声机’，尽管皆有其针对意涵，却并不明确所指，这就更加容易在词语与现实之间引发疑问和联想，从而猛烈动摇王明等的老语汇的神圣地位，为毛通过改变词语、夺取意识形态解释权扫清障碍”③。

7 月 13 日，刘少奇给宋亮（孙冶方）复信，不指名地批评王明等人理论脱离实际的倾向。有的论著指出：这封信和 7 月 2 日的演讲，是刘少奇配合毛泽东“向国际派发起攻击”。他“顺应党内干部要求缓和党内斗争的心理，谴责王明等在党内人为制造斗争，‘借用布尔什维克的名义和形式在党内进

---

① 《毛泽东选集》第二卷，人民出版社 1991 年版，第 762—763 页。

② 《“皖南事变”助毛泽东整倒王明》，“星岛环球网”（http://www.stnn.cc/culture/reveal/t20051206_86643.html）2005 年 12 月 6 日。

③ 高华：《红太阳是怎样升起的——延安整风运动的来龙去脉》，香港中文大学出版社 2002 年版，第 175—176 页。

行投机’，是一伙嗜好斗争的‘斗殴家’”[①]。

9 月 10 日到 10 月 22 日，中共中央政治局召开扩大会议，讨论党的历史特别是土地革命战争时期的历史问题，确认在土地革命战争后期，王明、博古等人领导的党中央所犯的“左”倾错误是“路线错误”，一些受王明影响而犯过错误的同志作了自我批评，王明却千方百计地推卸责任，拒不承认错误。

在这次会议召开以前，他可能已经意识到毛泽东可能会批判他的错误，不止一次地在背后告诫博古：毛泽东是那种睚眦必报的人。因此，他深信这回毛泽东肯定是要借着这个机会和他算总账了。[②]

9 月 10 日，毛泽东在中共中央政治局扩大会议上发言，详细分析王明“左”倾冒险主义的错误及其根源，指出过去我们的党很长时期为主观主义所统治，“立三路线”和苏维埃运动后期的“左”倾机会主义都是主观主义。苏维埃运动后期的主观主义表现更严重，它的形态更完备，统治时间更长久，结果更悲惨。

毛泽东报告后，张闻天和博古都紧接着表了态。张主动承认：过去的错误，我是最主要的负责者之一。博古也表示，他应当对 1932 年到 1935 年之间的错误负责。任弼时在发言中也同意毛泽东的报告。但王明在 9 月 12 日的发言中，不但没有作一点自我批评，反而批评别人。他抓住李维汉发言的一句话大作文章。李维汉表示，经过检查后，思想上放下包袱，觉得“轻松愉快”。这句话并无不妥，但王明咄咄逼人地指责他“不诚恳”，“不彻底”，说：“1932 年至 1935 年的主观主义危害很大，罗迈认为轻松愉快，是没有法子纠正的”，“如认为自己可以马虎过去，这是不能改正错误的”。然后，他转移目标，凭着六大期间他担任翻译时知道的一些内情，随意指责，点了许多同志的名，这个是右派代表，那个是立三派，或暗藏的托派、奸细，唯独对他自己的错误讳莫如深。[③] 发言到最后，他突然又一本正经地提出，他还

① 高华：《红太阳是怎样升起的——延安整风运动的来龙去脉》，香港中文大学出版社 2002 年版，第 190 页。

② 杨奎松：《毛泽东与莫斯科的恩恩怨怨》，江西人民出版社 1999 年版，第 130 页。

③ 章学新：《推动延安整风的关键性会议——真诚革命者的反躬自省和王明的诿过、倒算》，《党的文献》1997 年第 6 期。

要揭穿一个"秘密"。他要揭穿一个什么样的"秘密"呢?据他说,博古、张闻天当年领导的中央其实是不合法的。因为当年,即1931年秋,他与周恩来离开上海时,虽然推荐博古、张闻天等组织上海临时中央政治局,但当时已经说明,由于博古他们既不是中央委员,更不是政治局委员,将来到政治局委员多的地方要将权力交出来。没想到,博古、张闻天他们到中央苏区后却不提此事,竟领导起那些真正的政治局委员来了。这个"秘密"顿时在不明真相的部分政治局领导人中间引起震动,并且也极大地刺激了毛泽东本人。几天后,原定的全党动员的计划,和研究自六大以来的党的决议的提议被暂时取消了。毛泽东决定:成立高级学习组,先花半年时间,"研究马、恩、列、斯的思想方法论与我党20年历史两个题目"①。一场触及灵魂的党史问题大讨论在中共中央高级领导人内部迅速展开了。②

由编写组帮助胡乔木写的《整风运动:1941年"九月会议"前后》稿说:"在九月会议上,王明的表现使与会者普遍感到不快。尽管他发言两次,但未作丝毫的自我批评。他表示同意毛主席的报告,承认1932—1935年的错误是路线错误,但是强调四中全会的路线是正确的,他对博、洛在中央苏区的政策和做法是不同意的;还说博古是苏维埃运动后期最主要的错误负责者,与他没有关系。他还抓住罗迈同志的一句话(在检查和认识了错误之后会感到'轻松愉快')作文章,说'轻松愉快'就会检讨'不诚恳'、'不彻底'、想'马虎过去','这是不能改正错误的',云云。谁都听得出,这是恣意歪曲,节外生枝。他在发言中谈论了到会的与未到会的、担任中央领导的与未任中央领导的、活着的与去世的约二十人的这样那样的'错误',惟独未说他自己有什么政治性错误。这无疑是在转移目标,把水搅浑来保护自己。"③有的学者也评论说:"王在12日会议上幸灾乐祸,落井下石,明显地是想进一步表白自己,以争取毛泽东的信任。然而众怨难犯,这次他做得太过头了,终于引火烧身了。"④

---

① 中共中央文献研究室编:《毛泽东年谱(1893—1949)》中卷,中央文献出版社1993年版,第329页。

② 杨奎松:《毛泽东发动延安整风的台前幕后》,《近代史研究》1998年第4期。

③ 《胡乔木回忆毛泽东》,人民出版社1994年版,第199页。

④ 杨奎松:《毛泽东与莫斯科的恩恩怨怨》,江西人民出版社1999年版,第130页。

9月中旬，毛泽东找王明谈话，想要具体了解王明所说的那个所谓篡位问题的来龙去脉。在谈话当中，毛泽东也顺便委婉地提到了希望王明能够正视他在抗战初期所犯错误的问题。[①]

9月29日，中央学习组开始深入检讨江西时期党的历史问题。博古、张闻天、李维汉、邓发等人均先后发言，具体说明自己当年所犯错误的情况，并指出了他们的错误和王明的关系。在这之后，毛泽东约任弼时等人一起正式向王明提出他在武汉工作时期犯有四个方面的错误，并具体提到了王明当时对独立自主原则的态度问题；王明当时拒绝发表毛泽东的《论持久战》的问题；王明在武汉会战期间的形势估计问题；和王明领导的长江局与中共中央的不正常关系问题。[②]

10月初，季米特洛夫给中共中央发来一封措辞严厉的质询电，一连提了15个问题，主要是针对皖南事变以来毛泽东对蒋介石的不妥协立场，和苏德战争爆发后毛泽东对苏联求援的冷漠态度而发的。[③]10月3日，毛泽东给王明看了季米特洛夫的电报后，两人发生了激烈的争论。王明后来在《中共半世纪与叛徒毛泽东》一书中说："一九四一年十月三日夜，毛泽东把季米特洛夫同志的电报拿来给我看。这个电报向中共中央提出十五个同题，其中几个问题是关于在法西斯德国进攻苏联的条件下，中国共产党准备采取什么办法在中日战场上加强抗日军事行动，使德国在东方的同盟国日本不能开辟进攻苏联的第二战场。毛泽东请我研究一下这个电报，并说：'明天我们一起讨论怎样回答。'""十月四日和五日，在我们之间展开了异常尖锐的原则争论。我的意见是，应当加强中国抗日军事行动，使日本不能配合德寇攻苏。毛泽东不同意，但也说不出理由。但是，我有充分根据的论证，时常使他瞠目结舌，无话可说。尤其当我提醒他实行的反苏和联日路线时，他除了拍案狂叫怒吼外，全无道理可讲。"他还说：在这次谈话里，"毛泽东实际上

① 章学新：《推动延安整风的关键性会议——真诚革命者的反躬自省和王明的诿过、倒算》，《党的文献》1997年第6期；杨奎松：《毛泽东发动延安整风的台前幕后》，《近代史研究》1998年第4期。

② 中央档案馆资料党史研究室：《延安整风中的王明——兼驳王明的〈中共五十年〉》，《党史通讯》1984年第7期。

③ 杨奎松：《毛泽东与莫斯科的恩恩怨怨》，江西人民出版社1999年版，第130页。

解答了他为什么把王明、博古、洛甫、王稼祥、凯丰、杨尚昆、朱瑞等当作所谓‘教条主义主要代表’，把周恩来、彭德怀当作‘经验主义主要代表’来打击。”“毛泽东后来给这些人加上‘教条主义者’、‘经验主义者’、‘主观主义者’、‘宗派主义者’等罪名，作为他打击的主要对象，不过是他打击别人抬高自己的手段。”①

10月7日晚，毛泽东、王稼祥、任弼时与王明谈话。②王明以为有机可乘，便滔滔不绝地提出许多原则问题，责难中共中央和毛泽东。王明事后悄悄对博古说，他之所以这样做，是因为“那边的方式我是知道的，先提问题，后来就有文章的”。③毛泽东在第二天中央书记处工作会议上的发言中说：“昨晚王明与我、稼祥、弼时等同志谈话，提出了许多原则问题，今晚他说的有些问题和昨晚谈的不同，经过了一些修改。昨晚说我们现在只要与中产［阶级］关系弄好，当现在苏联与中国异常困难的时期，须［需］要与大资产阶级弄好，说边区施政纲领与新民主主义只要民族资产阶级便不好，而要与大资产阶级蒋介石关系弄好。王明认为我们过去的方针是错误的，认为我们太左了。恰好相反，我们认为王明的观点太右了，对大资产阶级让步太多了，只是让步是弄不好的”。④

10月8日，中共中央书记处工作会议继续批评王明的错误，王明在发言中全面阐述自己的政治主张，并对大家的批评进行辩解。他郑重声明：昨晚和毛泽东等“是随便谈的，今天我对时局及过去武汉的工作发表我的意见”。他讲了两个方面的问题：

第一，关于时局。他主要讲了以下几个方面：

在国共关系问题上，他说，最近国际来电，要我们考虑如何改善国共关系，我认为目前国际提出这个问题是有原因的，我们与国民党的关系弄得更好些是有必要的，而且是可能的；现在中央军与地方实力派同我们关系都不

① 王明：《中共半世纪与叛徒毛泽东》，莫斯科进步出版社1979年中文版，第31、51页。

② 王明在《中共半世纪与叛徒毛泽东》中说是10月6日和7日，见莫斯科进步出版社1979年中文版，第31页。但据毛泽东10月8日的发言，这次谈话应在10月7日。

③ 杨奎松：《毛泽东与莫斯科的恩恩怨怨》，江西人民出版社1999年版，第131页。

④ 中央档案馆资料党史研究室：《延安整风中的王明——兼驳王明的〈中共五十年〉》，《党史通讯》1984年第7期。

好，各小党派除救国会、第三党与我们关系较好外，其他党派与我们关系也不好。我们应与地方实力派关系弄得更好些；我党虽在国共摩擦斗争中仍能执行统战政策，仍然拥护蒋介石，但在军事摩擦中对地方实力派消灭过分，对地主搞得太过火，如冀中苏北等地政策过左，这是妨碍统一战线的。

关于中国革命的特点问题，他说，中国革命过去各时期都是反帝反封建的，但有一个是主要的。毛泽东在《新民主主义论》中说中国革命要完成反帝反封建，我认为在目前统一战线时期，国共双方都要避免两面战争，要把反帝反封建加以区别。含混并举是不妥的。

关于新民主主义政权问题，他说，中国革命的政权是各阶级联合的政权，目前需要工农、小资产阶级、资产阶级及地主各阶级联合的政权，毛著《新民主主义论》中只说工农、小资产阶级与民族资产阶级联合的政权，只说要联合中产阶级，未说要联合大资产阶级。在《新民主主义论》说到经济政策时，说不要大地主大资产阶级，这是缺点。目前政权是各阶级联合专政，今天的政府要有大地主大资产阶级参加，新民主主义只是我们奋斗的目标，今天主要是共同打日本，我们今日还不希望国民党实行彻底的民主共和国。这个问题要向蒋声明，向国民党说清楚。我认为《新民主主义论》许多问题都是对的，但有上面的缺点。

关于统一战线问题，他说，过去我们的口号，或者是苏维埃政权或者是国民党政权，现在是改为共同的抗日政权；过去我们的军队也同样，或者是红军或者是国民党军队，现在是共同的抗日军队；国民党五中全会实行军事限共后，便发展到政治摩擦，此后合作的条件也变了，发生了两个战争，打掉一些地方政权，阶级斗争也尖锐了，这是我们被逼迫进行的。但有些地方执行政策是“左”了，有些斗争是可以避免的；现在要与国民党关系弄好，可否采取下列办法：我们要求释放叶挺，对八路军新四军除发饷外，我们的政权与国民党政权是大同小异（形式上），而实际内容是小同大异；今后阶级斗争要采用新的方式，使党不站在斗争的前线，而使广大群众出面，党居于仲裁地位，可有回旋余地。

第二，关于过去武汉的工作。王明说：“我认为十二月会议（1937年）与六届六中全会的政治路线是一致的，我与中央也是一致的，但个别错误是有的”。第一，强调斗争性不够，“但我在武汉工作时是讲独立性的”；第二，论持久战问题："我对这小册子只有两点不同意见的，一点是认为西安、兰州会失守，另一点是国际援助问题"。第三，对时局估计问题："因为当时武汉形势很好，对形势估计是乐观的"。第四，组织上的问题："我当时不愿留在延安工作是不对的"。"我的总结：路线是对的，个别问题有错误，在客观上形成半独立自主，（这个作风是我过去在国外单独发表文件做惯了，没有像毛主席那样慎重）在这个范围内给我任何处分我愿意接受"。

王明的说法当即就引起了与会者的一致反对。王明讲话期间，不时有人插话。他发言刚一结束，凯丰、陈云等人就明确表示不能同意王明推卸责任的态度，指出许多问题的发生并非与王明无关，尤其是与中央的关系问题，是各种错误的根源，王明并没有实事求是地加以说明。而王稼祥和任弼时关于共产国际尖锐批评王明的发言，完全出乎王明的预料之外，本来还决心仗着共产国际的电报与毛泽东一搏的王明，一下子被打蒙了。据王稼祥和任弼时介绍说，王明关于斯大林、季米特洛夫的谈话的说法，有许多不准确，有些关键部分没有谈到。如斯大林明确主张用军队创造自己的政权，主张搞游击战争；季米特洛夫强调现在不要谈领导权问题，当面告诫王明要与国内同志弄好关系，不论谁推举，也不要当总书记等。另外，季米特洛夫委托周恩来、任弼时告诉毛泽东，对王明要进行帮助，因为季米特洛夫和曼努伊斯基都明确讲，王明有一些明显的个人缺点，如总是企图着把自己的意见当作中央的意见，一向喜欢拉帮结派，比较滑头，不够诚实，缺乏工作经验，等等。①

有的学者评论说："由于自信有共产国际指示为依据，王明在发言时极力做出有恃无恐的样子，破釜沉舟，背水一战，以求一逞。但王明这回再度错误地估计了形势，'聪明反被聪明误'了。"②

还有的学者评论说："王明在 10 月 8 日的发言是他最后的背水一战。1938 年共产国际在斯大林大清洗中遭到严重摧残，王明的恩师米夫因与布哈林有牵连，已被处决，王明失去了保护伞。共产国际出于现实的考虑，实际上已半抛弃了王明。在近三年的时间里，季米特洛夫未与王明直接联络

① 杨奎松：《毛泽东发动延安整风的台前幕后》，《近代史研究》1998 年第 4 期；杨奎松：《毛泽东与莫斯科的恩恩怨怨》，江西人民出版社 1999 年版，第 132—133 页。

② 杨奎松：《毛泽东与莫斯科的恩恩怨怨》，江西人民出版社 1999 年版，第 132 页。

（或许有联络，但电报被毛截留），倍感凄楚的王明只能审时度势，违心地向毛低头。正当王明独自一人承受来自毛的巨大压力时，季米特洛夫的电报犹如一剂强心针，顿时给王明注入了活力。他抱着孤注一掷的心理，向毛作最后一搏。”但是，“王明的反击被毛泽东当场粉碎”。①

毛泽东在王明发言后对他进行了批评，说：“王明同志在武汉时期的许多错误，我们等待了他许久，等待他慢慢地了解，直到现在还没有向国际报告过。最近我和王明同志谈过几次，但还没有谈通，现在又提出目前时局的原则问题，我们大家来讨论是好的。王明在武汉时期的工作，我和他谈过在下面几个问题上有错误：（一）对形势估计问题——主要表现乐观；（二）国共关系问题——忽视在统战下的独立性与斗争性；（三）军事策略问题——王明助长了反对洛川会议的独立自主的山地游击战的方针；（四）组织问题——长江局与中央的关系是极不正常的，常用个人名义打通电给中央与前总，有些是带指示性的电报。不得到中央同意，用中央名义发了许多文件。这些都是极不对的。”王明发言说：“前几天我与毛主席谈过下面四个问题：（一）统一战线下独立性问题；（二）《论持久战》问题；（三）对武汉时期形势估计问题；（四）长江局与中央关系问题。”②

会议结束时毛泽东提出：“准备在政治局会议上讨论王明提出的政治问题。王明提议检查中央政治路线，我们要提前讨论一次。关于苏维埃后期错误问题，停止讨论。希望王明对六中以前即武汉时期的错误及对目前政治问题的意见，在政治局会上说明。”③

可是，王明一听说要他在政治局会议上说明他在武汉时期的错误及对目前政治问题的意见，并在政治局会议上进行讨论，便突然于 10 月 12 日宣布有病，不能参加政治局会议。

由编写组帮助胡乔木写的《整风运动：1941 年“九月会议”前后》稿说：

---

① 高华：《红太阳是怎样升起的——延安整风运动的来龙去脉》，香港中文大学出版社 2002 年版，第 242 页。

② 中央档案馆资料党史研究室：《延安整风中的王明——兼驳王明的〈中共五十年〉》，《党史通讯》1984 年第 7 期。

③ 中央档案馆资料党史研究室：《延安整风中的王明——兼驳王明的〈中共五十年〉》，《党史通讯》1984 年第 7 期。

"书记处会议后，领导同志们准备三天，拟定 12 日开政治局会议。毛主席准备了较为详细的讲话大纲，介绍 7 日谈话和 8 日会议情况，逐项批驳王明的观点，对前些天指出的王明四个方面的错误作了进一步展开。'大纲'认为王明的首要错误是统一战线中的迁就倾向，不分左中右，只分抗日不抗日，'一切经过统一战线'，全无列宁主义原则；否认政治上我党有提高国民党的任务，民主、民生要求不提了，没有了开放民众运动的任务；认为国民党一切都好，要求立即加入政府，全无阶级警惕性，全然忽视它们反共；放弃了阶级立场，只有一个民族立场，混同于国民党，一切迁就国民党，离开共产主义者的原则。这种倾向，说好一点，没有清醒头脑，被民族浪潮冲昏了；说坏一点，实际上是资产阶级思想在无产阶级队伍中的反映，是陈独秀主义、孟塞维克主义、张国焘主义。这是严重的原则性问题……毛主席认为，王明的其他错误是：在中日战争问题上，不作具体分析，有盲目乐观偏向；军事问题上，只是空谈五个统一与七个统一①，以对抗'独立自主的游击战争'，对中央关于发展长江流域游击战争的意见置之不理；在处理党内关系上，坚持要到武汉去，使武汉长江局成为实际上的中央，反对延安用书记处名义，对延安、华北下命令，不印《论持久战》小册子，开六中全会不肯回来，到了西安还想回武汉去，形成'独立自主局面'。'大纲'也指出了王明还有一些'对的地方'，还指出他犯错误的原因是主观主义（唯心形式），宗派主义（个人主义），这两个病根如不拔去，将来是很危险的。"②

杨尚昆回忆说："会上，洛甫和博古带头作了自我批评和批评，会议对所谓'国际路线'的错误取得了共识，连王明也不能不表示：苏维埃运动后期的错误，毛主席'说是路线问题，今天洛甫和博古的讲话，我都同意。'但是，一涉及抗战初期王明在武汉工作中的严重右倾错误，他便以攻为守，指责毛泽东的《新民主主义论》和中央通过的《陕甘宁边区施政纲领》'太左'，同斯大林的观点不一致。这自然遭到同志们的批驳。从此，王明便称病不出席会议，大家只好等待他的觉悟。""王明为什么那么傲慢？他说"八一宣

① 即统一指挥、统一编制、统一武装、统一纪律、统一待遇、统一作战计划、统一作战行动。

② 《胡乔木回忆毛泽东》，人民出版社 1994 年版，第 201—202 页。

言”是他起草的，民族统一战线理论是他创造的。实际上这些都是从共产国际的季米特洛夫那里来的。他主张的‘一切经过统一战线’、‘一切服从统一战线’，事实上就是一切经过蒋介石，一切服从蒋介石，放弃独立自主。有同志问我，如果王明老老实实认错，事情的发展是否可能会不一样。我认为王明根本不可能老老实实认错，他自以为有后台，有资本，顽固地坚持所谓‘国际路线’，而把创造性的马克思主义说成是离经叛道。”①

有的学者评论说：“以王明此前极力违心地颂扬毛泽东的表现来看，可以了解王明并不是一个一贯勇于坚持己见的人。他在整个形势一边倒的情况下破釜沉舟，不顾一切反过来批评毛泽东，是冒了极大风险的，其内心之紧张和压力之大可想而知。他这时唯一的赌注就是季米特洛夫的电报。8 日会议的结果，特别是王稼祥和任弼时讲述的季米特洛夫等国际领导人对他的不信任态度，不能不使他如坠深渊，心理上受到相当大的刺激。惶惶不安一天之后，王明竟因过于紧张使心脏承受不住突发休克病倒了。原定 12 日举行的政治局会议被迫延期。”②

还有的学者评论说：“毛泽东在 10 月 8 日书记处工作会议上对王明的批驳，及会上出现的一边倒局势，使王明深感孤掌难鸣，只得全线撤退。”③

10 月 13 日上午，中共中央书记处派中央副秘书长李富春去医院参加医生会诊。医生们提出，王明目前的情况，至少应当卧床休息三个月。王明亦托李富春转告中央政治局，请求休养期间不参加书记处工作会议，只参加政治局会议。毛泽东听说后，马上又派任弼时去医院看望。王明见到任弼时时，已经没有了 8 日会议上的那股勇气了。他明确表示，他接受毛泽东在 8 日会议上对他在武汉期间错误问题所作的结论，即在政治上组织上有原则性错误，但不是路线错误。他很抱歉暂时不能出席政治局会议了，但关于对目前时局的意见，仍可请政治局同志到他房间去谈，然后由政治局讨论，他病好之后再看记录。与此同时，他最关心的还是莫斯科对他的看法，故拐弯抹

---

① 《杨尚昆回忆录》，中央文献出版社 2001 年版，第 210—211 页。

② 杨奎松：《毛泽东与莫斯科的恩恩怨怨》，江西人民出版社 1999 年版，第 133—134 页。

③ 高华：《红太阳是怎样升起的——延安整风运动的来龙去脉》，香港中文大学出版社 2002 年版，第 243 页。

角地向任弼时打听，季米特洛夫到底还说了他一些什么。[①]

10 月 13 日下午，任弼时在中央政治局扩大会议上转达了王明的意见，毛泽东说：王明生病，关于武汉时期工作只好停止讨论。关于王明在武汉时期工作中的错误，就以 10 月 8 日书记处工作会议的意见作为定论。对他说明，他在武汉时期的工作，路线是对的，但个别问题上的错误是有的，我们就是这些意见。如他还有什么意见，等他病好后随时都可以谈。以上意见委托弼时同志向他说明。关于政治局会议讨论苏维埃后期“左”倾机会主义错误的结论问题，我准备在此次政治局会议上只作一个结论草案，提交七中全会。七中全会也只作结论草案，再提交七次大会作成党内的结论。结论的要点是：（一）说明这一时期“左”倾机会主义错误比之立三路线，形态更完备，时期更长久，结果更悲惨。（二）这一错误的时期问题，从一九三二年开始，到一九三四年五中全会时便发展到最高峰。（三）我党二十年来的历史问题。五四运动到大革命时期，是唯物辩证法运用比较好的时期，是我党生动活泼时期。一九二七年下半年，是陈独秀右倾机会主义统治时期，其思想是机械唯物论的。立三路线与苏维埃后期是“左”倾机会主义时期，是主观主义与形式主义。四中全会虽在形式上克服了立三路线，但在实际政策上没有执行正确的转变。[②]

从此，王明就因病长期没有参加中央的会议和整风运动。

尽管如此，中央对王明错误的清算仍然继续进行。

在 10 月 22 日前[③]，毛泽东写了题为《关于一九三一年九月至一九三五年一月期间中央路线的批判》的长篇文章。金冲及主编的《毛泽东传（1893—1949）》下卷说：这篇文章“从思想上、政治上、组织上以及策略方面逐篇地系统地批判了王明‘左’倾路线统治时期的九篇有代表性的重要文献，指

---

① 《关于王明治病和出国的材料》，《中央档案馆丛刊》1986 年第 3 期；杨奎松：《毛泽东与莫斯科的恩恩怨怨》，江西人民出版社 1999 年版，第 134 页。

② 中共中央文献研究室编：《毛泽东年谱（1893—1949）》中卷，中央文献出版社 1993 年版，第 374—375 页。

③ 金冲及主编的《毛泽东传（1893—1949）》下卷说这篇文章是在起草《关于四中全会以来中央领导路线结论草案》之前写的，而《关于四中全会以来中央领导路线结论草案》是 10 月 22 日开始起草的，故可以判定这篇文章是 10 月 22 日之前写的。见中央文献出版社 1996 年版，第 734 页。

出它们的主观主义、冒险主义、宗派主义和关门主义的特征。毛泽东当时只把这篇文章给刘少奇、任弼时看过，一直没有发表……因此，当时这篇文章不但在社会上，并且在党内也没有直接发生影响。但通过写作这篇长文，使毛泽东对那个时期中央的路线错误的认识大大深化了。”①

在这篇文章中，毛泽东开始使用“从‘九一八’至遵义会议的‘左’倾机会主义路线”的提法。这说明他已经把王明的错误包括在“‘左’倾机会主义路线”之中。文章说：“从‘九一八’至遵义会议的‘左’倾机会主义路线领导者们的所谓两条战线斗争是主观主义的”②，并说王明等人的路线并不是真正的“国际路线”：

> “左”倾路线随时都把自己的路线冒称为国际路线，许多文件上都可见到。这是不对的……我们不说共产国际在这个时期内对中国革命的指导上没有错误，这是有过的，并且是严重的；但共产国际指导中国革命的基本路线就是纠正李立三冒险主义的那个路线，就是反对先锋队不顾主客观条件，脱离群众，冒险激进的“左”倾机会主义，同时又反对不顾主客观条件、脱离群众、畏缩不前的右倾机会主义的那种路线。王明、博古、洛甫的路线并不是共产国际的路线，共产国际并没有叫我们举行上海暴动，又没有叫我们号召罢操、抢劫军粮与举行飞行集会，又没有叫我们强迫示威与强迫罢工，又没有叫我们率领灾民在武汉、九江、芜湖、江北成立苏维埃，又没有叫我们否认革命不平衡，又没有叫我们在华北建立苏维埃，又没有叫我们在广东、江苏、山东组织义勇军，又没有叫我们指挥红军打大城市，又没有叫我们成天地说什么帝国主义全体一致地进攻苏联，又没有叫我们成天地说什么国民经济总崩溃或国民党统治总崩溃，又没有叫我们成天地说什么兵变潮流普及全国，又没有叫我们不顾实际地实行那些错误的脱离群众的土地政策、劳动政策、肃反政策与文化政策，又没有叫我们指定几个毫无经验的新党员成

---

① 金冲及主编：《毛泽东传(1893—1949)》，中央文献出版社1996年版，第734—735页。

② 《驳第三次“左”倾路线（节选）》，《毛泽东文集》第二卷，人民出版社1993年版，第345页。

立临时中央这样一件大事也不告诉大多数政治局委员与中央委员一声，就大摇大摆地垄断一切与命令一切……又没有叫我们幼稚得像个三岁小孩子，蠢笨得像个陕北的驴狗子，滑稽得像个鲁迅的阿Q，狂妄得像个塞万提斯的堂·吉诃德。一切这些，共产国际都并没有叫我们做过，都是我们这批坚决执行“左”倾机会主义的老爷们自造自卖的道地货色，这一点是断不可以不辨的。[①]

胡乔木在1990年、1991年《关于党的历史文献的编辑和批判第三次“左”倾路线的九篇文章》的谈话中说：“‘九篇文章’表示毛主席对第三次‘左’倾错误的认识深化了，以前没有这样深化。尽管里面对有些问题的认识后来还有发展，但当时毛主席的这种认识是比较系统的，从毛主席的思想上来说是弄清楚了的。”[②]

10月22日，中共中央政治局会议进一步讨论通过了前此中央学习组有关过去历史的基本结论之后，毛泽东当即开始起草《关于四中全会以来中央领导路线问题结论草案》。

这个草案长约两万字。主要观点是：“中央政治局在收集详细材料经过详细讨论之后，一致认为四中全会及其以后一个时期，中央领导路线虽有缺点、错误，但在基本上是正确的。‘九一八’事变至遵义会议这一时期内，中央的领导路线是错误的。遵义会议及其以后，中央的领导路线是正确的。”

关于六届四中全会至“九一八”事变这个时期的中央路线，草案首先肯定了“四中全会的成功方面”，接着指出了四中全会的五条错误：（一）四中全会没有揭发立三路线的思想根源是与马克思主义的辩证唯物论水火不相容的主观主义与形式主义，埋伏了后来“左”倾路线的思想根源。（二）四中全会没有对于当时的国际关系与国内阶级关系作出任何具体的马克思主义的分析，没有具体指出中国革命特点的极大的不平衡性和长期性，因而没有具体规定当时苏区和白区的策略任务。他们只是抽象地了解立三路线，而不能反对其具体的错误策略，并认为白区的工人运动和群众斗争应当继续“举行集

① 杨奎松：《毛泽东与莫斯科的恩恩怨怨》，江西人民出版社2008年版，第132页。
② 《胡乔木回忆毛泽东》，人民出版社1994年版，第50页。

会、游行示威”一类的盲动策略，这就埋伏了后来“左”倾路线的政治根源。（三）四中全会在组织路线方面犯了类似立三路线“压迫政策”的错误，打击了太多的人，如瞿秋白、关向应，还有何孟雄、林育南等，这些同志在本质上都是好的，这就埋伏了后来的“左”倾路线采取宗派立场的根源。在组织政策上的宗派立场还表现为，不相信苏区党与红军的原有领导，派遣自己相信的人去取而代之。所谓“钦差大臣”制度自此始。（四）四中全会认为“右倾是目前党内的主要危险”，对反罗章龙来说是对的，但对全党来说是错的。当时党内情绪以反映小资产阶级的革命急躁性为多，四中全会没有指出党内“左”倾危险的严重性，并强调反对所谓“实际工作中的机会主义”，这就埋伏了后来“左”倾路线在全党大反“右倾机会主义”的根源。（五）四中全会“全靠共产国际”，只克服了当作政治形态（其主要部分）的立三路线，不能克服当作思想形态的立三路线，这是后来形成新的立三路线的最主要原因。他们强迫推行共产国际东方部制定的极左的土地政策，大反其所谓“富农路线”，造成了在经济上消灭富农，在肉体上消灭地主，影响中农利益的严重局面。①

关于“九一八”事变到遵义会议期间的中央路线，草案认为在思想上、政治上、军事上、组织上各方面都犯了严重的原则错误，形成了一条形态最完备、时间最长久、危害最严重的错误路线。草案概括地说明：“这条路线的性质是‘左’倾机会主义的，而在形态的完备上，在时间的长久上，在结果的严重上，则超过了陈独秀、李立三两次的错误路线。”草案分析：这条路线在思想方面犯了主观主义与形式主义的错误；在政治方面，对形势的估计，对策略任务的提出与实施，对中国革命许多根本问题都犯了过“左”的错误；在军事方面，犯了从攻打大城市中的军事冒险主义转到第五次反“围剿”中的军事保守主义（同时也包含着拼命主义），最后在长征中转到完全的逃跑主义的错误；组织方面犯了宗派主义错误。草案还指出，1935 年 1 月召开的遵义会议“实际上克服了当作路线的‘左’倾机会主义，解决了当时最主要的问题——错误的军事路线、错误的领导方式和错误的干部政策，实际上完成了由一个路线到另一个路线的转变，即是说克服了错误路线，恢复了正确路线。”这个结论草案的许多重要内容后来被吸收到中共六届七中全

① 以上见《胡乔木回忆毛泽东》，人民出版社 1994 年版，第 224—226 页。

会通过的《关于若干历史问题的决议》中。①

这次会议，对十年内战后期中共中央领导犯了“左”倾机会主义路线错误的问题，基本上取得一致的认识。所说的“十年内战后期”，是指从一九三一年九月开始的中共临时中央领导的时期。②

关于“九一八”至遵义会议这个期间错误路线的主要负责人，原来只写了博古，后来在修改时才加上王明的名字，将这条路线的主要负责人改为“王明同志和博古同志”，认为“王明同志与博古同志领导的这条路线是在思想上、政治上、军事上、组织上各方面都犯了严重原则错误的，集各方面错误之大成，它是形态最完备的一条错误路线”③。

为什么当时没有提王明路线呢？1985 年、1986 年胡乔木在《关于历史问题决议的起草》的谈话中说：“1941 年历史问题草案稿为什么写博古路线而没有提王明路线，这一方面是因为博古的错误时间较长，另一方面是王明 1937 年第二次回国，又是作为共产国际的代表，对毛主席的领导大有取而代之的味道。虽然六中全会批评了王明，不让他去南方局作负责人，留在延安，但王明始终不承认自己的错误，而说是博古的错误。”“《决议》最初不提四中全会是路线错误，这里有认识方面的原因。毛主席对四中全会不完全了解，情况不熟悉，对王明小组织也不很清楚。对博古的错误虽然知道，但还牵涉一些同志，他对这些同志的来龙去脉是逐步弄清楚的。至于共产国际这个因素，一般都会考虑到的。四中全会蒙上一个共产国际的影子，不了解内幕的人不容易理解。开始，中央没有集中力量考虑这些历史问题……毛主席最初把‘九一八’看得比较突出，因为‘九一八’后国内形势发生根本的变化。”④

有的学者评论说：“从毛泽东此时就王明问题所作的结论，和他起草的

---

① 金冲及主编：《毛泽东传（1893—1949）》下卷，中央文献出版社 1996 年版，第 733—734 页；中共中央文献研究室编：《毛泽东年谱（1893—1949）》中卷，中央文献出版社 1993 年版，第 396—397 页；杨奎松：《毛泽东发动延安整风的台前幕后》，《近代史研究》1998 年第 4 期。

② 中共中央文献研究室编：《毛泽东年谱（1893—1949）》中卷，中央文献出版社 1993 年版，第 369 页。

③ 《胡乔木回忆毛泽东》，人民出版社 1994 年版，第 226 页。

④ 《胡乔木回忆毛泽东》，人民出版社 1994 年版，第 67 页。

这一决议草案的定性都可以看出，他对王明的问题及反抗虽有诸多不满，但至少在这段时间里仍抱与人为善之心，对其在武汉时期的问题只提到个别的原则性错误的高度，对其在苏维埃后期的表现只提出反立三路线不够彻底。即使是对王稼祥、任弼时在书记处会议上介绍的共产国际领导人对王明个人品质方面的种种批评，毛泽东也明确提议不要扩散，包括在政治局会议上也不必再讲。这显示毛泽东这时并不感觉王明对他的领导地位存在任何威胁，仍准备王明病好之后重回政治局和书记处工作，没有借机上纲上线，把王明搞臭，一棍子打死，一了百了的想法。”①

有的学者还评论说：“1941 年 9 月政治局会议的结果表明，共产国际对中共的控制力已基本丧失，在中共政治生活上曾经发挥过重大作用的国际派已经土崩瓦解。王明实际上已退出中共核心上层，从此不再对中共重大决策起任何作用。”②

第二节 “中毒”事件

王明在生病期间，曾发生“中毒”事件，并认为是毛泽东在毒害他。

王明在晚年写的《中共半世纪与叛徒毛泽东》一书中说，他 1941 年 10 月 12 日住院是被迫的。他说：“我同毛泽东关于季米特洛夫同志来电问题，从十月四日到九日在他家里发生争论。因此从一九四一年十月四日起，我至少每日一次在他家吃饭。八日我开始严重胃痛腹泻并大量便血，头晕目眩，心脏衰弱。经医生检查，认为我的情况很象 [像] 中毒症状。九日我已病重，但毛泽东派他的机要秘书叶子龙把我从床上拉起来去开会。十日我完全病倒不能再起。”“而毛泽东以‘紧急修建’中央大礼堂和中央办公厅为名下令李富春立即组织动工。在离我住处几十米的地方工人们日夜不停地用炸药炸

① 杨奎松：《毛泽东与莫斯科的恩恩怨怨》，江西人民出版社 1999 年版，第 136 页。

② 高华：《红太阳是怎样升起的——延安整风运动的来龙去脉》，香港中文大学出版社 2002 年版，第 248 页。

石头。剧烈的爆炸声昼夜不断地轰鸣，使我完全不能休息，以致病情加重。我向李富春要求停工两天或另炸别处，他回答就：'这是毛主席的命令。工一分钟也不能停。'十月十四日李富春和傅连暲（中央军委卫生部副部长兼中央保健局局长）同来我处，用汽车把我送进中央医院，指定金茂岳为我的主治医师。""入院后，金茂岳用一些有害疗法，使我衰弱无力，不能出院。"①

王明在这里的说法并不可信：第一，王明当时已经被批判，毛泽东不可能从 10 月 4 日起每天至少让王明在他那里吃一顿饭；第二，9 日中央并未开会，叶子龙不可能从床上把王明拖到会上；第三，中央大礼堂和中央办公厅的施工可能对养病的王明会有影响，但这并不是为了摧残他。

延安中央医院大门②

① 见王明：《中共半世纪与叛徒毛泽东》，莫斯科进步出版社 1979 年中文版，第 32—33 页。

② 吴印咸摄影，吴筑清提供，见丁晓平：《王明中毒事件调查》，中国青年出版社 2012 年版，第 283 页。

但据延安十多位医生1943年7月20日所作的《关于王明同志病过去诊断与治疗的总结（自一九四一年九月到一九四三年六月）》说，自王明同志病到服用“Streptoclde”（自1941年9月到1942年3月13日）的治疗是存在问题的。《总结》中说：金茂岳大夫及1941年10月12日对王明心脏病的会诊，以及对病人有痔疮、扁桃腺炎的结论，是正确的，“但当时金主任对王明同志心病估计不足，只能想到王明同志官能性的心脏病而未想到既往的心脏器质的变化”。在治疗方面，有以下五个问题：第一，服Mistalla（盐酸泻剂）的时期过长，一共连续地服用八天，共120C.C，这样可引起肠胃衰弱，以致消化不良。第二，Mistalla可使盆腔充血，而致痔疮便血增加，不得已时偶用一次即可，最好用油类泻剂，或用油来灌肠，“而金主任却长期使用‘Mistalla’，这是不适合的”。第三，当时病人在吃了Mistalla后，已经通便，而至每天大便数次，便血及量亦增加，“金主任对此还没有注意，对病的经过缺乏严密的观察，没有即时吩咐停止使用‘Mistalla’”。第四，“在病人便血时金主任用腹部按摩是不对的”。第五，病人所患的是心脏病，“而金主任的治疗却是劝病人打铁球、打麻将、过劳的到河边散步，而致使病人过劳又犯病，但在休息几天后，金主任仍强叫病人继续作，这是违反治疗原则的”。有人根据这个《总结》做出结论：医疗过程中有缺点错误，属于医疗事故，与王明说的陷害无关。

10月21日，王明于延安中央医院作七律《阴谋毕露》，说毛泽东阴谋谋害他，内容是：

季电力争尚未完，王突病倒毛开颜。
令轰岩石山腰畔，直逼我窑门面前。
日夜炮声无止息，身心疾患更加添。
因知理屈阴谋使，危害行污共党员。①

1942年3至5月间，王明在医院治病时又发生了对他用错药的情况。

王明在《中共半世纪与叛徒毛泽东》一书中说，这是毛泽东通过李富春

① 《王明诗歌选集（1913—1974）》，莫斯科进步出版社1979年中文版，第144页。

指示主治大夫金茂岳用大剂量的含汞药物来毒害他。他说:“在一九四二年三月至五月多次用大量汞剂毒害我。这期间正是毛泽东公开实行反共产国际、反苏、反党、反王明和其他所谓‘莫斯科派’的‘整风运动’之时。我时常昏迷不醒。只因陪我住院的我的妻子孟庆树同志细心警惕,我才免于一死。可惜,她当时还不懂医药,但每见服药后反应不好,她就不再给我服用或把它抛弃。后来她就把可疑的药方收起,不再取药,并找中西医同志们急救。”①

金茂岳晚年在接受采访时详细说了给王明治病的经过,认为自己在治疗中没有多少责任。② 但据1943年7月20日延安医生所作的《关于王明同志病过去诊断与治疗的总结(自一九四一年九月到一九四三年六月)》说,王明在服用了金茂岳开的药以后确实发生了严重的肝胆病,以及汞中毒。

在服“Streptoclde”到服甘汞(自1942年3月13日到1942年3月21日)这个阶段,金茂岳在回忆中是这样说的:大概是1942年四、五月间,他给王明检查后,认为为了防止心脏病继续恶化,应把扁桃腺割掉,并向傅连暲讲了,又找黄树则、马海德一起进行了研究,决定了割扁桃腺,可是还没等手术,王明扁桃腺又发炎了,不能再做手术,于是改吃黄胺,但吃了两片后,王明感到肝脏的右边有些疼痛,发现后就停了这个药。但是,第二天不但肝区痛没有停,又发生了黄疸角膜发黄,诊断为卡塔尔性的黄疸。③ 可是据会诊总结,决定给王明割扁桃腺、割痔疮等不是发生在1942年四、五月间,而是在3月份。决定割扁桃腺也没有向傅连暲汇报,而是“在金主任决定要开刀割扁桃腺的前两天,由付处长(即傅连暲——笔者注)、魏一斋临时不赞成,而才作罢”,“金主任对一个负责同志作如此大的手术,不经向上级商妥,也不顾客观条件就贸然决定,是不对的”。“至于割痔疮,金主任也没有估计到病人的身体,而要割那样大的面积的痔疮,也不对的”。决定不割扁桃腺后,金茂岳与侯健存主任、傅连暲处长商量,决定给王明服Streptoclde。但当时所服之药是否Streptoclde,还值得调查,因为“该药六粒是由

① 王明:《中共半世纪与叛徒毛泽东》,莫斯科进步出版社1979年中文版,第33页。

② 《关于王明治病和出国的材料》,《中央档案馆丛刊》1986年第3期。

③ 《给王明治病始末(金茂岳同志谈话记录)》,《关于王明治病和出国的材料》,《中央档案馆丛刊》1986年第3期。

金主任直接给王明同志的，没有第三人证明，也没有药方”；“直到大讨论会的第二天会上（1943 年 7 月 18 日）金主任的答复是模糊的”；“病人的记忆与卫生部拿来的大小形状也不相同”；“服此药后病人的中毒症状与某些其他药品中毒症状是相同的，例如砒制剂，服后肝脾都可肿大”。“即令金主任给王明服用的的确是‘Streptoclde’，但直到小组研究材料时，金主任对此药药理作用，用法禁忌，及副作用、特异质等仍没有很好的研究，当时轻易给王明同志用此药是冒险的”。正如金茂岳回忆所说，王明在服用了 Streptoclde 之后，就发生了严重的肝胆病，但会诊总结说并没有在吃了两片后就立即停药。会诊总结说：“王明同志服了此药（所谓 Streptoclde）就发生反应与副作用，三月十三日服一片即头晕，三月十四服二片，即呕吐头晕、肝剧痛、脾肿大、心区痛、体温上升，金主任全未注意，未即时停止服药，在三月十五日又叫病人吃一片，于是吐及其他症状更加剧烈，肝区痛……这种情形说明金主任是未负起责任来的，这也是不对的。”“总之，王明停止服所谓 Streptoclde 的药以前，只有心脏病、扁桃腺炎、痔疮。吃此药后，就发生严重的肝胆病。”这说明，金茂岳是不是给王明吃的是 Streptoclde，当时还不能确定。但吃了这种药后，王明就发生了严重的肝胆病。

在服甘汞时期（自 1942 年 3 月 21 日到同年 6 月），金茂岳在回忆中说，王明发生黄疸病以后，当时内科一般采取的治疗方法是清泻，清泻药当时就用甘汞。英国有个内科专家叫霍曼，他出的书中也是这么说的，用甘汞加点苏打，防止分解成氯化汞。服用这个药后王明吃饭就好一点了，于是就把它停了。但白班护士没通知夜班护士，夜班护士还继续给他吃，于是黄疸不但没继续减轻，而且又加重了。他并不知道夜班护士没有停药，以为他病的加重是甘汞用的不够，于是又用了药，没想到用药之后病情加重了。在这之后请李鼎铭先生开了中药，情况才很快好转。① 但会诊总结并没有把服用甘汞的责任归于夜班护士，而是认为金茂岳用甘汞清泻和采用的剂量、方法都是错误的。《总结》中说：“金主任认为甘汞是治肝的唯一的圣药，是没有理论根据的。一切内科书上，对肝胆病的治疗，固可用甘汞，但还有其他盐类

① 《给王明治病始末（金茂岳同志谈话记录）》，《关于王明治病和出国的材料》，《中央档案馆丛刊》1986 年第 3 期。

泻剂（如硫酸美[①]、硫酸钠、人工盐等），所以并非唯一的”。至于剂量，也存在很多问题：第一，剂量不清。“第一次服用甘汞的处方（三月二十一至三十一日共服二十六包）是找不到了。在金主任的吩咐上甘汞每包剂量是 0.02 克，但我们遍寻中央总卫生处下的各药房，也未查出此方，而各司药都一致说没有配过 0.02 如此小量的甘汞，而且在一般的药房是不好配的……同时有人认为王明同志服甘汞后病情变化的程度，也不像 0.02 的剂量所致。因此，第一次甘汞处方到底是 0.02 或是 0.1，或是 0.2（0.1 及 0.2 的剂量以后都开过）还是疑问，待调查研究”。第二，剂量过大。“用甘汞自小量加到最大量（曾开过一天 0.4 的甘汞的处方），同时甘汞粉子，一开就是十或二十或三十包，放在病人处是危险的，特别是见光后，可以分解，就更毒”。第三，用药时间过长。“第一次自 1942 年 3 月 21 日到 1942 年 4 月 3 日服用了十三天的甘汞”；“第二次自 1942 年 4 月 29 日到 1942 年 5 月 5 日又吃甘汞七天，而且在病人回杨家岭以后，直到今年二月金主任还开过两次甘汞，其中并有一日总量为 0.6 克者。据中华药典及中国人体质，这是超过极量的（幸而病人未吃）”。“因处方与吩咐与护病记录的记载都有出入，处方不全，所以王明同志到底吃了多少甘汞，是难于计算的。即仅就已经确实服下之甘汞而言，总量确实是大量的（若按医生吩咐服法，续服下去，则可吃到 20.4mg 的甘汞，如此大量足以引起数人中毒或致死）而致中毒，影响心肝脾肾肠胃、口腔、牙齿、神经等器官，这是事实”。第四，甘汞用法错误：“甘汞本不溶于水，而金主任给王明配甘汞水剂吃，服药前摇荡，□是不匀，可能先吃的含少量甘汞，而甘汞沉下去，最后一次服下更易中毒”。第五，甘汞配合不当：“甘汞与小苏打或与硫酸钠、硫酸美、溴化物等配在一起，可使甘汞变为升汞。或把汞变为可溶性的水银盐，则吸收更易，增加毒力。而金主任给王明服甘汞时又是把禁忌品配在一齐用，有时禁忌药品虽不与处方开在一个处方上，却把两个处方同时间给王明服，这是很不对的”。第六，“关于甘汞服法剂量等，都没有在会诊时向会诊医生报告、商讨”。第七，记载不合乎规则：“金主任的病历表中在服甘汞期间记载很简单（别的时期也有这样的现象），重要症状及处方没有记上，对护

---

① 即硫酸镁，下同。

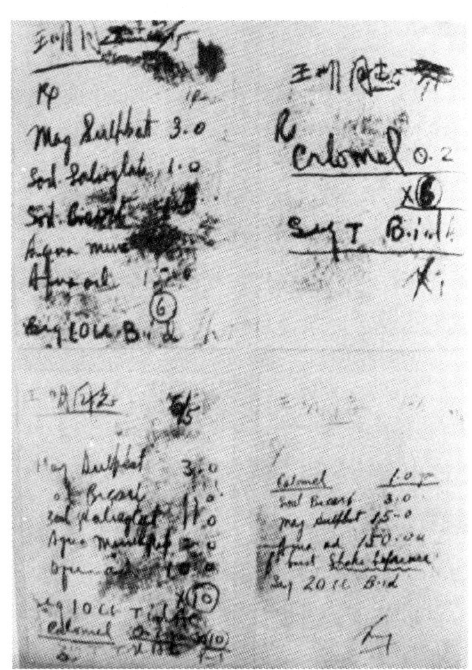
王明同志
Rp
May Sulphat 3.0
Sod. Salicylate 1.0
Calomel 0.2
×6
Calomel 1.0
Sod. Bicarb 3.0
May sulphat 15.0
Sig 20cc. B.i.d.

1942—1943 年金茂岳为王明开的部分处方
（上面两张处方是同时服用的）

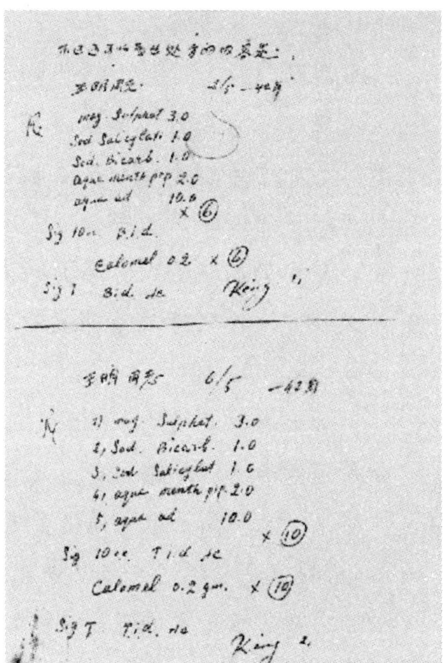
王明同志
R
mag. Sulphat 3.0
Sod. Salicylat 1.0
Sod. Bicarb. 1.0
Aqua menth pip 2.0
aqua ad 10.0
× 6
Sig 10cc. B.i.d.
Calomel 0.2 × 6
Sig I Bid. ac
King
王明同志 6/5 -42年
R
1) mag. Sulphat. 3.0
2) Sod. Bicarb. 1.0
3) Sod. Salicylat 1.0
4) aqua menth pip 2.0
5) aqua ad 10.0
× 10
Sig 10cc. T.i.d. ac
Calomel 0.2 gm. × 10
Sig T T.i.d. ac
King

1942 年 5 月金茂岳大夫为
王明开的两张处方

士的口头吩咐，与文字吩咐有时不一致，特别是甘汞的处方有改的，这都是不合乎医生规则的”。另外，这份《总结》还指出，在发现问题后，金茂岳并没有立即停药，而是坚持给王明服用甘汞。第一，病情恶化，出现汞中毒现象后，“金主任仍叫病人坚持服用”。第二，“司药提出甘汞不溶于水，请金主任改处方，金主任看了药典，仍继续又开数日处方”。第三，“护士报告金主任药水变色了，但金主任仍叫病人继续吃，病人不吃，金主任不高兴”。

3 月 22 日，苏联国防人民委员部总侦查局局长伊利切夫在致季米特洛夫的信中，详细说明了王明汞中毒的情况，信中说：

> 直到不久前，王明的主治医生是金（茂岳），他曾被病人信任。还在王明的肝和肾有病之前，金就给他开了一个处方，其成分中有甘汞。到药房去时，值班司药对甘汞与其他成分的不寻常配伍表示惊奇。照顾王明的护士也有同样的说法，去找开药方的金，他确认病人必须服这种

药。甚至当这药因久放都坏了，变成完全另一深绿色的了，金还强迫病人服这药。

经过五六个月不断服这药，王明开始了肝肾生病和牙齿毁坏的过程。尽管这样，甘汞还是继续服下去，直到这一处方偶然落入中央卫生处处长傅（连暲）之手，他说这种剂量这样配伍的甘汞是不能内服的。正在延安的苏联医生阿洛夫也证实了这点，傅大夫向中央报告了这事。不久前中央委员李富春来要这个处方，但王明妻子没有给他，说处方丢了。

金大夫拟定的处方，我局工作人员按王明请求经电台发给我们，以便请药物专家们对它鉴定。我们把这个处方以不说明来历的形式送给红军军事卫生局局长，他通报了专家们的下述鉴定：

“处方开的不对。虽然药水里甘汞含量在内科治疗剂量之内，时间长了它在碱性介质中还是分解成升汞和水银，这就是药水变成深绿色所显示的。

在五六个月中内服这药水能引发各消化器官、肾脏和中枢神经系统慢性中毒（所谓汞中毒）而致病，这种中毒严重情况下可致死，其先发现像是整体严重贫血。”

附注：从延安给我们发来的处方。

“甘汞 1 克。重碳酸苏达 3 克。硫酸镁 15 克。蒸馏水 150 克。每次服 29 毫升。签字”①

不过，也有的著作认为，尽管当时王明服用了甘汞，但金茂岳开的甘汞剂量是正常的，服用的量并不大，不一定引起汞中毒。B 金茂岳大夫的女儿金星在《我所了解的王明中毒事件》（未刊稿）中也说王明当时没有汞中毒。之所以在病历讨论乃至《会诊总结》中确定“汞中毒”，又迫使金茂岳在《会诊总结》上签字，承认发生了“汞中毒”，这就是整风、审干的结果。

① 转引自孟庆树：《陈绍禹——王明传记与回忆》，（手写复印稿）。

② 丁晓平：《王明中毒事件调查》，中国青年出版社 2002 年版，第 220—221 页。

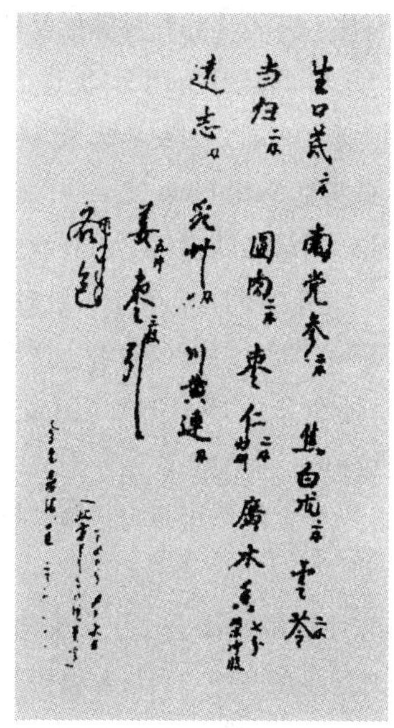

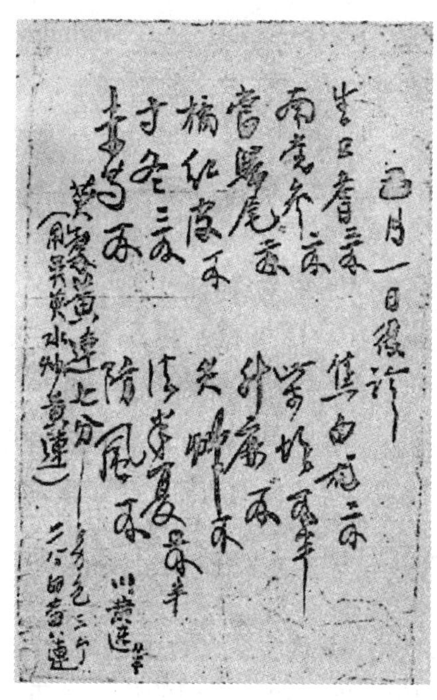

李鼎铭先生1943年4月6日和5月1日为王明开的两张处方

4月6日，王明请李鼎铭先生为其开中医处方，服后病情才有所好转。[①]

6月29日，苏联医生阿洛夫到延安后，王明吃黄胺后又得了急性肾炎。[②]金茂岳在回忆中说：苏联医生阿洛夫来了以后，他请阿洛夫给王明看病，阿洛夫说吃黄胺应一个星期一个疗程，七六五四三二一，即第一天吃七克，第二天吃六克，依次类推。但第二天王明刚吃了两片，就肚子疼，尿血，得了急性肾炎。[③] 1943年7月20日延安医生所作的《关于王明同志病过去诊断与治疗的总结（自一九四一年九月到一九四三年六月）》，也把这个责任归于

① 孟庆树所写关于王明中毒的《补充说明和材料（附中医李鼎铭的处方两页）》，1974年10—11月。

② 金茂岳在回忆中说阿洛夫是1943年5、6月间到延安，见《给王明治病始末（金茂岳同志谈话记录）》，《关于王明治病和出国的材料》，《中央档案馆丛刊》1986年第3期。但1943年7月20日延安医生所作的《关于王明同志病过去诊断与治疗的总结（自一九四一年九月到一九四三年六月）》说，在1942年6月29日至8月13日这个阶段，阿洛夫已经在为王明治病，所以可以断定金茂岳的回忆是不准确的。

③ 《给王明治病始末（金茂岳同志谈话记录）》，《关于王明治病和出国的材料》，《中央档案馆丛刊》1986年第3期。

阿洛夫，说："王明同志在吃 Sulfhldine 前，内脏主要器官如肝肾等部曾被所谓'Streptocidum'及甘汞所侵害，在中毒的肝与肾上用 Sulfidin 促进 Sulfhldine（下面并列写有 Sulfidin——笔者注）可能有的副作用发展起来，所以在一九四二年六月廿九日到七月三日中间共服九克 Sulfhldine 使王明同志血尿，尿中有蛋白，肾区痛得难忍，为肾脏炎症。阿洛夫同志为了治肝病而未经详查病人肝病的缘[原]因，就用 Sulfhldine，是不对的。在发生肾脏炎后，阿洛夫同志仍认为不是 Sulfhldine 所致，所以在治疗上主张少吃水，这更是不对的"。但季米特洛夫否认阿洛夫有责任。他在 7 月 16 日的日记中记载："通报说，王明卧病治疗九个月后，现已濒临死亡。中国人认为，造成的原因是苏联医生奥尔洛夫[①] 使用了磺胺吡啶，此地专家的结论否定了磺胺吡啶的这种作用。"[②]

8 月 13 日，王明从中央医院回到杨家岭家中，继续由金茂岳大夫治疗。据延安十多位医生会诊的总结说，在治疗中仍然存在一些"缺点和错误"。

1943 年年初，王明的病情加重。据〔苏〕弗拉基米洛夫在 1 月 8 日的《延安日记》中记载："中央医院的医生起草了一份电报稿，谈到王明的病情，提出需要把他送到成都或苏联去治疗。""电报是在王明的健康状况急剧恶化之后起草的。他的病情进一步恶化，现在生命垂危。肝和肾的功能都在衰退。他说他头痛欲裂，而且浑身无力。""一次，主治医生开会时，提出需要电告蒋介石派飞机来接病人的问题。中共中央主席勾掉医生们拟的电文，另拍了自己的一份：要求重庆派一名有经验的医生来延安会诊——如此而已!"[③] 他在 1 月 26 日的《延安日记》中还说："王明的景况不佳。他长期卧病在床，已经虚弱不堪。康生把他隔离起来，由金医生给他治病。"[④]

但是，实际情况并不完全像他说的那样。2 月 7 日，中共中央致季米特洛夫的电报是这样说的："王明在 1941 年 9 月再次得了心脏病。同年 10 月他被送进医院治疗，1942 年 9 月回家疗养。在一年多时间里，他不仅没有

① 即阿洛夫。

② 《季米特洛夫日记选编》，广西师范大学出版社 2002 年版，第 203 页。

③ 〔苏〕弗拉基米洛夫：《延安日记》，东方出版社 2004 年版，第 99 页。

④ 〔苏〕弗拉基米洛夫：《延安日记》，东方出版社 2004 年版，第 102 页。

康复，相反还得了肝病和肾病。由于在延安缺少起码的医疗设备，至今这些病都没有治愈。他的病因也没有确诊。医生认为，在这里的气候和物质条件下不可能治愈王明的病。他们建议他去重庆治疗，但因为政治形势不允许这样做，我们没有同意。最近王明请求送他去苏联治疗。我们同意他的意见。请您考虑一下派飞机到延安来的可能性，以便把王明送到苏联治疗。请电告您的决定。"①

季米特洛夫收到电报后，建议有关人员"去找苏联驻华大使潘友新，要其取得蒋介石对王明赴苏的认可"②，并于2月12日复电毛泽东说："我们正在为王明来这里治疗采取可行的措施。要克服一切困难，问题的积极解决可能要拖一些时间。"③ 但征询了潘友新的意见后，"潘友新同志认为，现在不能向蒋介石提出派我们的飞机去延安接王明来苏的问题，因为反苏分子和特别是CC派会利用这件事反对我们。周恩来同志也不认为可以同中国当局谈此事，因为他们表示愿意为他提供飞机，把王明接到成都治疗，那里具有治疗的所有条件。"④3月30日，毛泽东在致季米特洛夫的电报中仍说："我们建议周恩来正式向蒋介石提出允许苏联飞机到延安接王明和王稼祥去苏联治病的问题。"⑤ 但是，王明到苏联治病的问题始终没有得到解决。

王明在晚年写的《中共半世纪与叛徒毛泽东》一书中说，从3月开始，金茂岳对他的"危害活动更加剧了"。"按毛泽东的命令，一九四三年三月十二日金茂岳给我开了大量甘汞，并同能使甘汞变为升汞的小苏打和硫酸镁一起配成内服的水剂；二月十九日又开百分之十的旦宁酸浓剂给我灌肠。这两次处方都是企图把我立即消灭。"⑥

---

① 中共中央党史研究室第一研究部译：《共产国际、联共（布）与中国革命档案资料丛书》第19册，中共党史出版社2012年版，第342页。

② 《季米特罗夫日记选编》，广西师范大学出版社2002年版，第231页。

③ 中共中央党史研究室第一研究部译：《共产国际、联共（布）与中国革命档案资料丛书》第19册，中共党史出版社2012年版，第344页。

④ 中共中央党史研究室第一研究部译：《共产国际、联共（布）与中国革命档案资料丛书》第19册，中共党史出版社2012年版，第347页。

⑤ 中共中央党史研究室第一研究部译：《共产国际、联共（布）与中国革命档案资料丛书》第19册，中共党史出版社2012年版，第354页。

⑥ 王明：《中共半世纪与叛徒毛泽东》，莫斯科进步出版社1979年中文版，第33—34页。

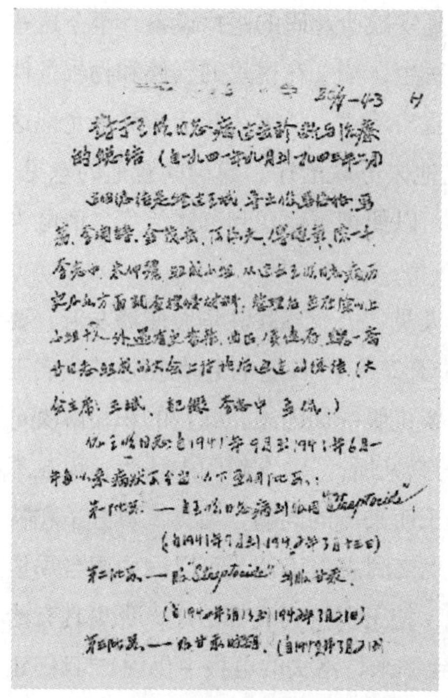

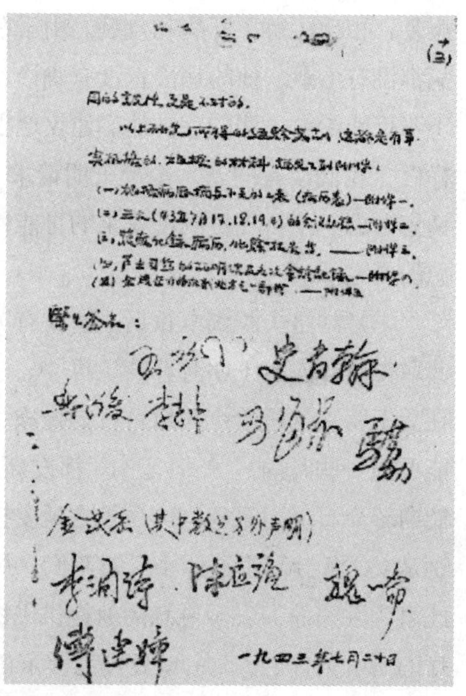

《关于王明同志病过去诊断与治疗的总结（自一九四一年九月到一九四三年六月）》第 1 页和最后一页

但 1943 年 7 月 20 日延安医生所作的《关于王明同志病过去诊断与治疗的总结（自一九四一年九月到一九四三年六月）》会诊总结并没有这么说，只是指出在治疗上有些“缺点和错误”。会诊总结说：“回杨家岭后，王明同志是由傅（连暲）、金（茂岳）、阿（洛夫）共同治疗的，决定权由傅处长。但在此时期中（十个月）没有很好推求病因，及仔细研究治疗办法，因而在治疗上有以下的缺点和错误”：第一，“从 1942 年十二月廿六日到三月五日共服硫酸美十三包，每次一包，每包十五克，平均三四天吃一包，以致在此期间，病人拉了八十多天黄疸，王明同志卧床不起，这也是重要原因之一”。第二，“只顾王明同志有慢性肾炎，都没有注意营养，而减少吃蛋白质，也没有确定一个饮食谱（这是对肾脏患者应有的），因而营养不够，每天的卡路也是少得太多（每天要差一千），以致使病人连发十天的心脏病”。第三，“注射葡萄糖与胰岛素的比重□也不对”。第四，“病人不能睡眠，未用其他办法，专靠服安眠药，安眠药用的过长，致使病人头晕”。第五，“二月十九日，金主任为王明同志开‘单宁酸’灌肠，处方是4%，未说明用法，取回来的药，瓶子上也未注明成分及用法（过了两天病人问他，他始加注10%的标记），这是不对的。幸而病人未用此药灌肠……如果用了，则更有严重危险”。

对王明的这次会诊，是非常慎重的。6月13日，延安医生鲁之俊、马海德、王斌、傅连暲、李润诗为王明进行第一次会诊，于第二天形成会诊记录《关于王明同志患病经过及诊断治疗的讨论》。6月30日，延安医生傅连暲、王斌、曲正、何穆、侯健存、金茂岳、陈应谦、鲁之俊、李润诗、史书翰、马荔、马海德、李志中、阿洛夫再次为王明会诊。[1]7月7日，李志中将6月30日的会诊记录整理好，形成《一九四三年六月三十日为王明同志会诊记录》，连同毕道文的诊断意见，一起交傅连暲等人审阅，然后呈送给李富春。[2]毕的意见是：“王明同志没有什么显著的病”；“王明的肝从前确实是胆囊炎”；“汞中毒的现象，如口腔炎可能是有的，但病历我没有详细看，若只吃0.02的量几日不一定因此而发。”[3]

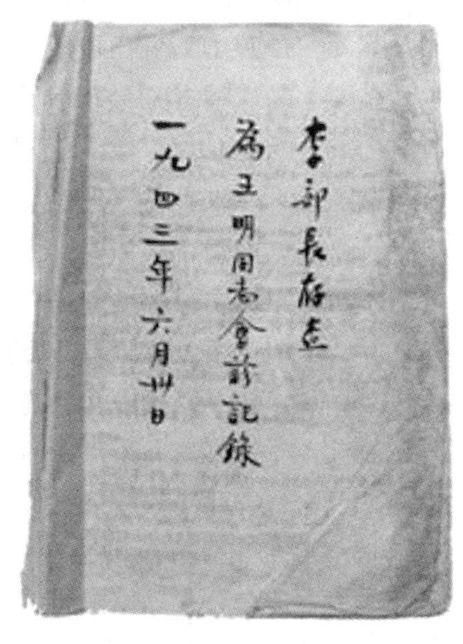

《一九四三年六月三十日为王明同志会诊记录》封面

7月14日，由中国医科大学校长王斌为主席，有鲁之俊、马海德、马荔、李润诗、金茂岳、阿洛夫、傅连暲、陈应谦、李志中、朱仲丽等11位专家参加的专家组再次对王明进行临床会诊，形成《王明同志现病临时诊断和今后治疗初步意见》。[4]7月20日，专家组经过17、18、19日的研究，并由史书翰、曲正、侯健存、魏

① 丁晓平：《王明中毒事件调查》，中国青年出版社2012年版，第239、241—246页。

② 丁晓平：《王明中毒事件调查》，中国青年出版社2012年版，第247页。

③ 丁晓平：《王明中毒事件调查》，中国青年出版社2012年版，第247页。

④ 丁晓平：《王明中毒事件调查》，中国青年出版社2012年版，第249页。

一斋参加的大会上，讨论通过了《关于王明同志病过去诊断与治疗的总结(自一九四一年九月到一九四三年六月)》。①

这份会诊总结开头即说："这个总结是经过王斌、鲁之俊、马海德、马荔、李润诗、金茂岳、阿洛夫、傅连暲②、陈一千、李志中、朱仲丽组成小组，从过去王明同志病历史及各方面调查搜得材料；整理后，并在除以上小组十一人外，还有史书翰、曲正、侯健存、魏一斋等同志组成的大会上讨论后通过的总结（大会主席：王斌。记录李志中、孟侃)"。接着，会诊记录把王明自 1941 年 9 月到 1943 年 6 月一年以来的病状和治疗分为五个阶段：第一阶段：自王明同志病到服用"Streptoclde"（自 1941 年 9 月到 1942 年 3 月 13 日）；第二阶段：服"Streptoclde"到服甘汞（自 1942 年 3 月 13 日到 1942 年 3 月 21 日）；第三阶段：服甘汞时期（自 1942 年 3 月 21 日到同年 6 月）；第四阶段：服用"Sulfidine"时期到出中央医院（自 1942 年 6 月 29 日到 1942 年 8 月 13 日)；第五阶段，回杨家岭后到现在（自 1942 年 8 月 13 日到 1943 年 6 月)。会诊总结最后说："以上研究所得的经验教训，这都是有事实根据的，根据的材料，详见下列附件"：(一）根据病历摘要下来的三表（病历表）——附件一；(二）三天（1943 年 7 月 17、18、19 日）的回忆记录——附件二；(三）护病记录、病历、化验报告等——附件三；(四）护士司药的证明信及各次会诊记录——附件四；(五）金茂岳开的汞剂处方之一部分——附件五。在会诊记录上最后签名的有：王斌、史书翰、鲁之俊、李志中、马海德、马荔、金茂岳（其中数点另外声明)、李润诗、陈应谦、魏一斋、傅连暲，标明时间为"一九四三年七月二十日"。

7 月 30 日，苏联国防人民委员部总侦查局局长伊利切夫致信季米特洛夫，报告王明的病情和治疗情况。信中说：

> 我们在延安的工作人员（孙平）报告说，王明的情况在继续恶化。为了研究他的病和寻找更好的疗法召集了延安 12 名最好的医生来会诊，会诊会议也有我们苏联医生（阿洛夫）参加。

① 丁晓平：《王明中毒事件调查》，中国青年出版社 2012 年版，第 249 页。

② 即傅连暲。

在研究各种问题的过程中，会诊揭发了对王明使用甘汞的不正确治疗。开处方的中国医生金（茂岳）曾企图回避对他开出了一些不正确处方的指控，但他还是被公认是这一事件的过错者。此外，我们苏联医生查明，金大夫用纯升汞代替氨苯磺安给王明服用，而且给他用百分之十的单宁来代替百分之一的这一水剂。

会诊工作是在中共中央代表（李富春）领导下进行的，他可以任意中断会诊会议，禁止提出某些问题。例如，当金的一些处方被公认是显然有害的，他就把会议中断了几天，这期间金有了可能改变这些处方，在下次会议上若无其事地把它们拿出来。

在以后一些会议上，部分医生采取不干涉的立场，而有些人开始公然支持金。留在原有立场上的是我们苏联医生和当地医务工作者中的一位女医生（李润诗）。这样，大部分会诊者的结论认为金是正确的。但是，王明的妻子继续揭发金，她向会诊大会提供了几份原先金为了“治疗”王明而开的甘汞处方，这一事件迫使中共中央代表再次中断医生们的会议，只是在一段时间后，在又一次会议上，金医生眼见走投无路而开始歉悔，把自己的行为拿粗心和马虎来解释。

目前金还是自由人，在执行医院外科主任的职务。①

8月6日，关于王明中毒事件的调查委员会开会，《委员会记录》标明到会人员有：刘少奇、任弼时、康生、邓发、李富春、李克农、傅连暲、王斌、王鹤峰、廖鲁言、陈一新，对金茂岳进行了审讯。金茂岳“承认犯了很大的错误”，承认王明是“甘汞中毒”，但认为“不是有意的，而是主观主义的错误”。②

8月14日，王明的主治医生金茂岳写出给康生转中央各首长的亲笔信，即检讨书。其中说：“这次我为王明同志治病，不但没有治好，反而因用药治病而加了其他别的病，因而使王明同志身体失了健康，而使党的事业受了极大的损失，这个责任我应完全负。”但“我再诚恳地向党坦白地讲，我

① 转引自孟庆树：《陈绍禹——王明传记与回忆》（手写复印稿）。

② 丁晓平：《王明中毒事件调查》，中国青年出版社2012年版，第269—271页。

没有一点意思来用药毒害我亲爱的王明同志，也没有受任何人的指示、利诱、威胁等等，及利用红十字会而来害王明同志及破坏党、破坏边区的情形及行动，这完全是因药发生的副作用，肝炎，而又用其他药来治发生中毒现象。”①

同月，关于王明中毒事件的调查委员会写出《王明同志现病临时诊断和今后治疗初步意见》，其中说：根据王明同志全部病历研究，原只有心脏病、慢性扁桃腺炎、痔疮，在治疗过程中，因为药物而引起中毒，其中以慢性汞中毒为主，以致全身衰弱并存在下列各种病变，即：慢性胆囊炎、心肌衰弱症、慢性轻度肾炎、自主神经失调、多发性神经炎等。②

王明在《中共半世纪与叛徒毛泽东》一书中说：“金茂岳在总结上签名后，跑到我处，跪在我的床前，哭诉”，说他下毒是“李富春叫我做的”③。

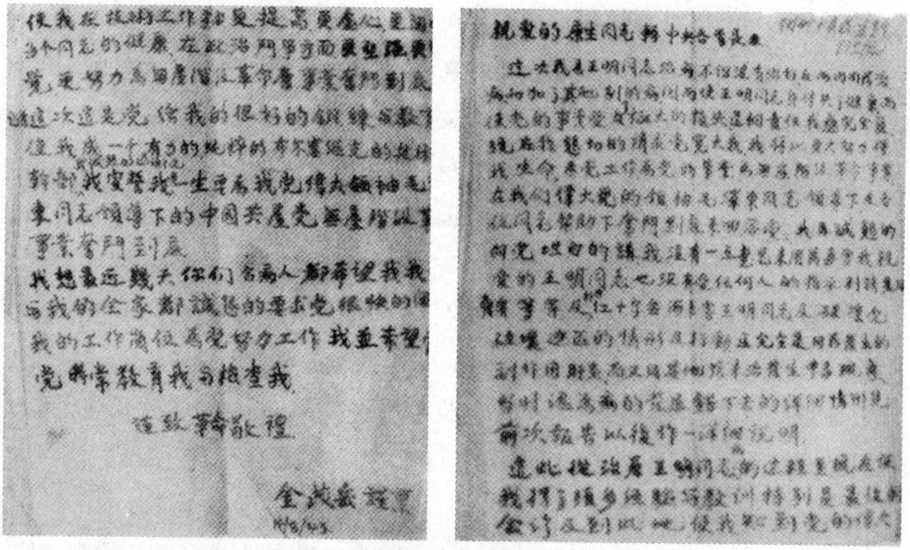

金茂岳 1943 年 8 月 14 日的检讨

① 丁晓平：《王明中毒事件调查》，中国青年出版社 2012 年版，第 272—273 页。

② 丁晓平：《尘封 66 年的“王明中毒事件”调查材料惊现民间》，《党史博览》2009 年第 12 期。

③ 王明：《中共半世纪与叛徒毛泽东》，莫斯科进步出版社 1979 年中文版，第 35—36 页。

金茂岳坚决反对这种说法，说并没有人指示他下毒，王明中毒只是“技术事故”。[①] 不过，据 1937 至 1944 年给王明当警卫员的巴方廷回忆说，金茂岳由于在给王明治病时用药不当，感到很痛心，确实曾经去向王明承认错误，赔礼道歉，“金抢着叫他哥哥，叫原谅”。[②]

同月，王明和孟庆树还拟出一份给莫斯科的《王明患病经过报告》稿，共两个部分：第一部分简要讲了“王明同志患病的开始”；第二部分从四个方面具体讲述了“王明患病的经过”，“希望来一专门内科精于内科学的医生同志来延治疗与指示研究（方法）。来时并携带内科一切的理学检查、化学检查、血液核查及细菌核查所需用的器械与药品。并请将王明同志病史研究后，携带治疗上所需用一切药品。”但这份电报稿是否发出，不得而知。[③]

9 月 9 日，毛泽东、周恩来致电在重庆的董必武说，“如有此机会，你可顺带交谈王明、王稼祥等大小 7 人乘这次来延飞机去苏治病。此间亦经过联络参谋向国民党交涉。如得许可，苏机当可照办。”[④] 由此可见，苏联驻延安军事记者彼得·弗拉基米洛夫在《延安日记》中说中共中央不让王明去苏联治病的说法，是不符合事实的。

11 月 11 日，中央卫生处处长兼中央医院院长傅连暲和中央医院党支部书记兼副院长石昌杰，写出《关于王明同志住院的经过情形的报告》。其中详细说明了王明住院及治疗的经过，内容是：

> 先申明一点，因在办公厅研究王明同志病的治疗过程时，一切病历与护病记录均取走了，医院一点也没有材料，有好多我们都没有直接参加（尤其是石），现在所写的材料，都是凭记忆与各方面所搜集来的材料，虽然有的还是可以作参考。
>
> 王明同志是因为“神经性的心脏病”于一九四一年十月下旬住院，

---

① 《关于王明治病和出国的材料》，载《中央档案馆丛刊》1986 年第 3 期。

② 曹仲彬：《访问巴方廷谈话记录》，曹仲彬、戴茂林：《王明传》，吉林文史出版社 1991 年版，第 345 页。

③ 丁晓平：《王明中毒事件调查》，中国青年出版社 2012 年版，第 266—267 页。

④ 中央档案馆资料党史研究室：《延安整风中的王明——兼驳王明的〈中共五十年〉》，《党史通讯》1984 年第 7 期。

四二年八月十三日出院，共十个月之久，本人指定金茂岳为主治医生，未住院前在杨家岭即会诊两次（第一次的详情已记不清了，第二次参加医生有饶飞锡、巴苏华、马海德、毕道文、何穆、朱涟、朱仲丽、李润诗、金茂岳等，当时诊断结论是血压150，有些期外收缩，心扩大到一个米立米特（即毫米，引者注），当时因睡不着觉，会诊后打了少量吗啡和阿托品，大家都认为会诊后应以休养为主，金主任提议在医院住几天，以便进行各种化验，因此才决定住医院）。到医院后，正式会诊七次（有外面医生参加者），小会诊有三四次（几个医生交换意见者）。在正式会诊方面，第一次会诊时间大约在十一月初，参加的医生有毕道文、李志中、侯健存、何穆、金茂岳等人，会诊检查结果与上次检查（指入院前在杨家岭最后一次会诊）差不多，只是期外收缩没有听着，又决定继续休养。

第二次大约在一二月间，因以下原因抽风（洗了足，与裁缝吵架，李冰［克农女］按摩），遂邀请马海德、侯健存、李志中、毕道文、何穆、傅处长、金茂岳等人会诊。检查结果其他各部与前同，抽风的原因系煤气关系。王明同志在会诊、讨论时也抽了风的，原因是烧了两盆火。病人因检查动了几次，治疗仍照以前。

第三次大约在二三月间，参加医生有鲁之俊、马荔（?）、马海德（?）、侯健存、李志中、何穆、魏一斋、金茂岳等人。会诊讨论是心脏的病，是官能性？或是神经性？结果都没有结论。

第四次会诊，大约在四月底，参加的有李副主席、郭子华、毕道文、侯健存、李志中、何穆、金茂岳等人。会诊讨论是肝部问题（因用汞的时间过久、分量过多，配合不宜，以致慢性中毒，在医院因金主任主治没有把药方拿出来看，故未发觉，待至今年春始知中了汞毒）。当时，孟庆树同志提问西医对肝病是否有特效药，金答：没有。小孟又说：中医有特效药。因此，即决定吃一时期中药。即由李副主席处方，金可以帮忙，为检查体温，及大小便的变化等。但金云：中西不能混合（毕道文、李副主席亦同意）。由李副主席治疗后，金的态度即消极了。我还记得有这种印象，好像曾征求过王明同志的意见，是否改变主治医生（但王明同志表示仍要金主任主治，大约是在肝发炎的时候）。

第五次会诊，大约在五月间，参加会诊的医生有阿洛夫（师哲翻译）、侯健存、何穆、李志中、毕道文、傅处长。会诊讨论，其他差不多。但发生了肝不太好（?）。到七月一号，吃了阿洛夫“所罗非丁”，吃后王明同志即小便便血（他与此药有特异性质），立即停止了此药，又吃中药，小便便血即好些。

第六次会诊，大约在吃“所罗非丁”以后，出院前在办公厅专门讨论吃“所罗非丁”问题。参加的医生有魏一斋、李志中、何穆、金茂岳、阿洛夫、侯健存（他参加一会即走了），还有傅处长。讨论没有什么结果。当时，金云：系“所罗非丁”引起了肾炎。阿洛夫提出了许多材料作根据，证明绝对不会引起肾炎。其他医生说“有可能性”。

第七次会诊，是出院时（在八月间），有阿洛夫、魏一斋、侯健存、何穆、傅处长、金茂岳等。讨论时各有不同意见，主要的是金的意见：认为一切是由肠不好才影响到肝、心，又由肝影响到痔疮。

以上是治疗上主要的经过情形。

在护理方面有郁彬、刘正绘、王心、潘莉、乐峰、纪敏、宁光、栾朴、李坚、张万霞、周易等十一个人。这些人在当时的工作上、技术上、政治上，都是比较好的（当然现在来看有些是特务），其中如，有在外面学过的，在医院也任护士长的，如：郁彬、刘正绘。其他都是二班的护士，在住院期间，没有间断过，到出院也曾派过特别护士。

在他的生活方面，开始是由我们管理的。当时需要什么即买什么，一切费用都是实报实销，都经陈一新同志向邓洁同志报销的。以后由他们自

1943 年 11 月 11 日傅连暲和石昌杰写的《关于王明同志住院的经过情形的报告》

己管理，我即不知道了。他所住的房子除了三个窑洞外，还有三间平房。在他住院期中，大家都觉得他是很特殊的，好多特殊的药品（如像割扁桃腺时的药品等）及医生、护士、生活等问题仍不能满足他的需要。

关于孟庆树同志，在王明同志住院时，所有医生、护士都觉得她表现不好。这表现在常常发牢骚（另有材料），与王明同志经常吵嘴，常常影响到王明同志的病不好。对于医生、护士的态度也不好，特别是对于护士看不起，把护士当佣人使用，没有一个护士不背后议论她的。（当时）护士们好多都不愿意在王明同志处工作。有一次，陈一新同志来调查小孟在医院表现，与小孟面谈过后，小孟即与王明同志讲了。王明同志也责备她对护士的态度是不好的。结果她与王明同志大吵一顿，一天不吃饭，三天不去照顾王明同志。这是我们记得起的一些主要问题。

另外，王明同志与小孟刚入院时，对金的关系是非常好的。王明与小孟似乎对金谈过，有关中央有关他病的一些问题。因为我脑中有这样一个印象，是金从谈王明赴苏联治病谈起谈到的。但我总想不起来了，这还可以问金茂岳即知。①

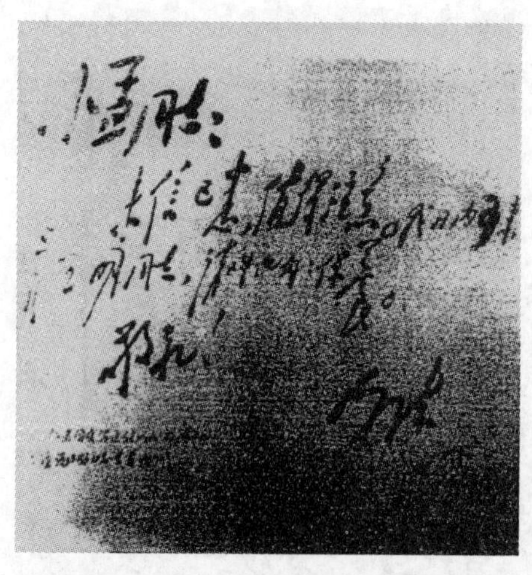
小孟同志：
来信已悉，值得注意。我日内可来看王明同志，请叫他好好保养。
毛泽东

1943年7月24日毛泽东给孟庆树的复信

当时，王明和夫人孟庆树都没有说是毛泽东派人毒害他，反而向毛泽东汇报过病情。当毛泽东收到孟庆树汇报王明病情的报告后，还于1943年7月24日给她复信，说：“小孟同志：来信已悉，值得注意。我日内可来看王明同志，请叫他好好保养。”②

11月15日，孟庆树给任弼时、李富春写信并请转毛泽东及中央各位同志，否认他曾向李国华说过“王明

① 丁晓平：《王明中毒事件调查》，中国青年出版社2012年版，第278—281页。

② 孟庆树：《陈绍禹——王明传记与回忆》（手写复印稿）。

之中毒是中央或中央某某人所为的问题”。她承认“虽然由于我自己心地狭隘，脾气不好及党性不强，和由于我对王明病重的焦急情绪，以及由于有时药品异常困难——尤其是去年肝胆病重时，连一点葡萄糖的注射剂开始时也找不到——等原因，我承认我有些牢骚，这点，我在那天的大会上也已向中央和大家同志承认过错误，现在，我愿再一次地向中央承认我的这个错误，愿意受到党的处罚和教育”。但她接着“声明：第一，我从来也未对中央对党不满，第二，我从来也未样样不满和经常不满，相反地，有时感觉到为了王明同志的病，党花了很多钱，尤其是在生活各方面，要什么给什么，只要是延安有的，而且富春同志还常去电重庆西安等地为王明同志买药买东西。这些是王明同志和我都常感不安的。假使说我有时还有些牢骚，王明同志确连牢骚也未有过——在治病方面。”最后，她“再一次以十二万分的热忱，感谢毛主席和中央各位同志，为了给王明同志治病，想尽了许多办法……只要是延安办得到的都办了。过去如果没有毛主席和中央各同志之关照，王明同志恐早已不在人间了。将来在毛主席和中央各同志的爱获［护］之下，王明还有恢复健康重新为党工作之可能。并将在毛主席和中央各同志的领导与帮助之下在实际工作中改正他的错误”①

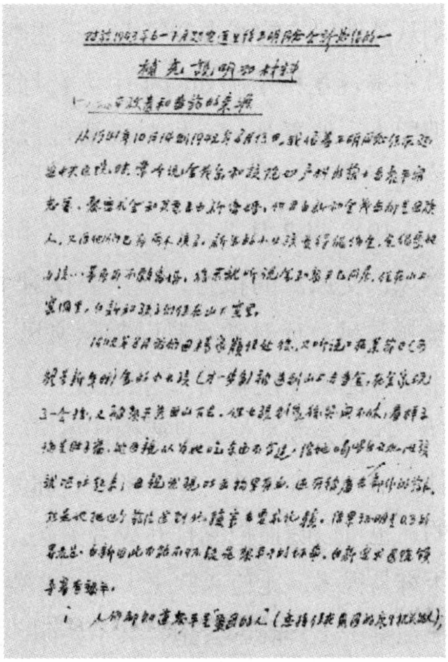

孟庆树关于“对于王明同志病过去诊断与治疗的总结”的“补充说明和材料”第1页

从以上材料可以看出：王明在1942年到1943年确实曾中毒，导致了肝、肾等病，严重损害了王明的健康，使其病情更加恶化。在王明这次中毒的事件中，金茂岳、阿洛夫、傅连暲等都是有责任的。特别

① 中央档案馆资料党史研究室：《延安整风中的王明——兼驳王明的〈中共五十年〉》，《党史通讯》1984年第7期；《关于王明治病和出国的材料》，《中央档案馆丛刊》1986年第3期。

是王明的主治医生金茂岳，更负有主要的责任。但这次中毒是医疗事故，并不存在毛泽东指示李富春安排金茂岳有意害死王明的情况。当时毛泽东已经大权在握，根本没有必要再指示人去毒害他。因此，王明说他的中毒是毛泽东指使金茂岳医生毒害所为，根本不可信。

第三节　继续对抗

有的学者说："王明是于 1941 年 10 月 13 日躺进中央医院的，以后陆续有中共领导人前去探望。对毛泽东、任弼时等，王明总是做足表面文章，表示愿意接受批评，诚心检讨。而对王稼祥、周恩来、博古、张闻天等人，或刚从外地回来的刘少奇等人，王明则每每大吐苦水，甚或宣传他的两面战争打不得，互相牵制如何集中力量打日本援苏联那一套。特别是对在延安的俄国人，他更是一有机会就要进行煽动和挑拨，打探莫斯科有无进一步指示来。"①

1942 年 2 月 1 日，毛泽东在中共中央党校开学典礼上作《整顿党风、学风、文风》的报告，提出要反对主观主义以整顿学风，反对宗派主义以整顿党风，反对党八股以整顿文风。他在报告中，痛斥王明等人搞的教条主义"比屎还没有用"。报告说："他们一不会耕田，二不会做工，三不会打仗，四不会办事……只要你认得了三五千字，学会了翻字典，手中又有一个什么书，公家又给了你小米吃，你就可以摇头晃脑的读起来。书是不会走路的，也可以随便把它打开或者关起。这是世界上最容易的事，这比大师傅煮饭容易得多，比他杀猪更容易。你要捉猪，猪会跑，杀它，它会叫，一本书摆在桌子上，既不会跑，又不会叫，随你怎样摆布都可以……那些将马列主义当宗教教条看待的人，就是这种蒙昧无知的人。对于这种人，应该老实对他说，你的教条没有什么用处，说句不客气的话，实在比屎还没有用。我们看，狗屎可以肥田，人屎可以喂狗。教条呢，既不能肥田，又不能肥狗，有

① 杨奎松：《毛泽东与莫斯科的恩恩怨怨》，江西人民出版社 1999 年版，第 148 页。

什么用处呢?”[①]2 月 8 日，他又在延安干部会议上作《反对党八股》的报告，号召全党一定要把党八股和教条主义等彻底抛弃，全党的普遍整风运动就此开始。

有的学者认为：“坦率地说，整个 1942 年延安整风运动的进行，是挟战胜王明等头号教条主义代表之余勇，一鼓作气将中下级干部统统纳入其思想轨道的努力，目的在于肃清教条主义的余毒，和小资产阶级自由主义的风气，在他领导下造成真正思想统一、行动统一的党。”[②] 对于这样一场运动，王明自然极力反对。2 月 16 日，王明在延安中央医院即作了题为《忆牡丹》的七绝，诗曰：

雍容傲骨岂凡流，荷菊梅兰未可俦。
自是凛然争气节，独逢乱谄不低头。[③]

自古道“诗言志”，王明在普遍整风阶段开始之后，便立即作这样一首咏牡丹的诗，歌颂牡丹的“雍容傲骨”及“独逢乱谄不低头”的气节，显然是在抒发他对于整风运动的对抗情绪。所以有的学者评论说：“王明在这个时候作《忆牡丹》，还有深层次的含义。本编开头已经讲到，他遵照母亲的嘱咐学牡丹之所为，开始了他的人生追求。纵观他走过来的前半生，的确很像牡丹的性格及特点：生长庭园之中，刚长出一根枝条，马上就要向人显示；一件好事未做完，立刻想当众大吹大擂；招引朋友和志同道合的人在一起，手舞足蹈，眉飞色舞。缺乏慎言多思的修养，大有轻浮喧嚣之气。像美女自己欣赏自己，简直不知羞耻。即使外表显得强大，实际是外强中干。名利还未受到毁坏时，贪欲日益强烈。牡丹虽是花中之王，但它只开花不结果，从事业上说断无成就，他母亲教他不学芍药而学牡丹，是要学牡丹有骨气，家穷志不短，不向阔少爷们低头，将来好有出息。但王明对抗整风运动

① 此文在收入《毛泽东选集》时改为《整顿党的作风》，这段文字也全部删去。转引自高华：《红太阳是怎样升起的——延安整风运动的来龙去脉》，香港中文大学出版社 2002 年版，第 249—250 页。

② 杨奎松：《毛泽东与莫斯科的恩恩怨怨》，江西人民出版社 1999 年版，第 138 页。

③ 《王明诗歌选集（1913—1974）》，莫斯科进步出版社 1979 年中文版，第 165 页。

的‘雍容傲骨’，是违背母意的，‘不低头’表示坚持错误到底的决心，也是违背母意的。”①

2月间，王明又作五言诗《所谓整风运动》，露骨地反对整风运动，诗曰：

名为整三风，实为行四反；
一切为个人，其他都不管。②

王明在诗后加注说：“四反”，“即反对列宁主义、反对共产国际、反对苏共和苏联、反对中国共产党”；“一切为个人”是指“毛泽东制造毛泽东主义，建立个人党内专制和个人军事独裁”；“其他都不管”是指“不管所谓整风运动对中国共产党和中国人民造成什么损害，也不管它对国际共产主义运动和世界革命运动造成什么损害”。孟庆树在回忆中还说：王明“1942年春反对毛泽东公开实行‘整风运动’，反对他反共产国际的言行，反对他用伪造中共历史和中国革命史的方法来制造他的个人崇拜和军事独裁。王明同志当时虽因严重中毒住在医院里；但经常利用身体好些时，同来看他的同志们谈谈自己的意见和愤怒，并随时把已经写好的反毛诗歌交同志们传看”③。

1943年春，刘少奇回延安后，找王明谈过几次话，其中谈到一些政策问题及国共关系中的一些问题。王明认为刘少奇新回到中央，又把他1941年夏秋间同毛泽东谈过的意见大略地告诉了刘少奇。刘少奇认为这都是原则问题，立即提议并随后提到政治局会议上。可是当中央政治局决定由刘少奇、任弼时、王稼祥来同他谈这个问题时，他又表示放弃这些意见，不愿再谈。这年12月1日他在写给毛泽东并中央政治局诸同志的信中说：当我和少奇同志谈后，我很快即感到这是不对的，因为我已经向毛主席说过，我不再谈自己的这种意见，所以当少奇同志提议把我的意见提到政治局会议上去

① 黄允升：《毛泽东开辟中国革命道路的理论创新》，中央文献出版社2006年版，第396页。

② 《王明诗歌选集（1913—1974）》，莫斯科进步出版社1979年中文版，第164页。

③ 孟庆树：《陈绍禹——王明传记与回忆》（手写复印稿）。

讨论时，我曾再三的坚决不同意。当少奇同志通知我他已将我的意见提到政治局会议上，并已经政治局决定由少奇、弼时、稼祥三同志来和我谈这个问题时，我又再次地向少奇同志表示，我已放弃这些意见，不愿再谈。同时，我又请了毛主席来我处，向他声明我绝不坚持自己的这些意见，请求不必再谈。毛主席当时也表示同意。

王明不但想拉刘少奇，还想拉张闻天支持他。这年 3 月当张闻天回延安后去看望他时，他便挑拨说，“这次整风，主要是整我们从莫斯科回来的同志的，尤其是你，因为你的教条比我们更多。”并说自己的错误只不过是什么不懂人情世故，说话随便，遭到别人的猜忌等。张闻天回答说：“我们过去确有很多错误，应该好好反省……我这次出发同实际接触，得益不少。”王明见挑拨不成，马上转了口气说：“我过去也要下去工作呵，后来不幸又生了病。”① 结果，他又一次碰了钉子。

对于王明和张闻天的这次会面，吴黎平在回忆中说：“一九四三年，在延安整风期间，有一次，王明生了病，闻天同志同刘英同志一起去看望他。对于过去‘左’倾机会主义路线错误负有主要责任的王明，在整风中一直拒绝检讨。这次他见到闻天同志，一开头就说：这次整风，主要是整我们这些从莫斯科回来的同志的，尤其是你，因为你的教条比我们更多，而他王明自己的错误只不过是什么不懂人情世故，说话随便，遭到别人的猜忌，等等。闻天同志面对王明这种有意挑拨的言论，态度冷冷地说：我们过去是有很多错误，应该好好反省。后来闻天同志确实深刻地检讨了自己的错误。他的严于解剖自己的革命精神，对于王明的挑拨是一个有力的打击，对于整风运动的健康发展起了良好的作用。”②

1943 年 3 月 16 日到 20 日，中共中央召开政治局会议，讨论通过了《中央关于中央机构调整及精简的决定》，决定中央书记处由毛泽东、刘少奇、任弼时三人组成，推选毛泽东为中央政治局主席、中央书记处主席。自此以

① 《任弼时日记》(1943 年 4 月 2 日)；张闻天 1944 年总结党的历史经验时写的历史材料，及吴黎平：《坚持真理修正错误的模范》，中共中央党史研究室图书资料室编：《中共六十年纪念文选》，中共中央党校出版社 1982 年版，第 442 页。

② 《坚持真理修正错误的模范——学习张闻天同志的革命精神》，中共中央党史研究室图书资料室编：《中共六十年纪念文选》，中共中央党校出版社 1982 年版，第 442 页。

后，王明不再是中央书记处成员。

同年5月15日，共产国际执行委员会主席团为适应反法西斯战争的需要，并考虑到各国斗争情况复杂，需要各国共产党独立地处理面临的问题，作出《关于提议解散共产国际的决定》。5月22日，向全世界公布了这个决定。26日，中共中央作出完全同意解散共产国际的决定，指出："中国共产党在革命斗争中曾经获得共产国际许多帮助。但是，很久以来，中国共产党人即已能够完全独立的根据自己民族的具体情况和特殊条件决定自己的政治方针、政策和行动。"6月10日共产国际正式解散后，中国共产党解除了对共产国际章程、决议所承担的义务，并完全摆脱了它的影响。共产国际的解散，也为进一步清算王明的教条主义错误创造了有利条件。

在这前后，王明和毛泽东数次就对方的错误致电斯大林和季米特洛夫，苏联情报部门也不断向季米特洛夫汇报他们驻延安的工作人员所报告的情况，季米特洛夫也数次致电、致信毛泽东，表明自己的态度。

1943年1月8日，王明通过苏联军事记者发电报给季米特罗夫，请求前去报告毛泽东的"罪行"。王明在晚年写的《中共半世纪与叛徒毛泽东》一书中说："一九四三年一月八日两位军事记者同志来看我。我问可否经由他们的电台代我发报给季米特洛夫同志。他们回答说可以。当时我的病情很重。我想也许这是我能尽的最后一次国际主义责任。我请同志们报告共产国际领导，从我一九三七年十一月底回延安后五年来，毛泽东犯了许多原则性政治错误和罪行，特别是他已经实行了一年多的实质上是反列宁主义、反共、反苏和反党的所谓'整风运动'。只是在最后我提出可否派飞机接我到莫斯科治病的问题，以便我同时可以向共产国际领导报告毛泽东所犯罪行的详情。"① 当苏联情报部门人员将所谓毛泽东不想放王明离开延安治疗的电报交给季米特洛夫后，季米特洛夫的态度是："我劝侦查局的这位代表不要干

① 王明：《中共半世纪与叛徒毛泽东》，莫斯科进步出版社1979年中文版，第33页。曹仲彬、戴茂林：《王明传》说这不是1943年1月，而是10月，是他让苏联派驻延安的外科医生奥尔洛夫去看望生病的王明，王明向奥尔洛夫口述了电报稿，然后经他发给季米特洛夫，见吉林文史出版社1991年版，第349页。

涉中国共产党人的这些内部事务。”①

但是，季米特洛夫还是于1月18日致电毛泽东，谈了自己对王明的看法。30日，毛泽东复电季米特洛夫，尖锐地指明了王明的错误。电报说：

王明同志回国后立即在政治和组织方面采取了与中央相对抗的立场。他不想在中央工作坚持要求去汉口。从1937年12月到1938年9月，王明在汉口工作时，采取各种措施孤立中共中央，不承认中央。在这个时期，他不与中央商量以中央名义和中央代表名义发表党内文件。此外，他抵制中央所有指示。王明所领导的中央长江局实际上履行了中央的职责。1938年9月，王稼祥回国带来了共产国际执委会书记处的指示。我们根据这些指示举行了六中全会。此后王明开始表面上服从中央并表示同意在延安工作，但同时他继续进行建立他个人派别的活动。例如，他试图将党的干部和我军指挥员拉到自己一边。1941年夏，我们同王明进行了私下谈话并在中央书记处范围内对他进行了批评。同年秋天的一天，当中央讨论过去工作的总结时，他表示反对中央的政治路线，断言中央的政治路线不符合共产国际执委会的指示，说什么国共之间的军事摩擦和关系的恶化是中央政治路线错误的直接结果。这以后他病了，我们无法把这个问题提到中央政治局会议上，作出相应的结论并及时向您作出报告。王明在生病期间继续采用各种方法反对中央。例如，他作诗表示对中央的不满并散发给无党派人士；通过他的妻子罗莎②散布流言，说什么他的病是由某些人的政治打击所致。除了博古和邓发两名中央委员对王明表示某种同情外，中央一致不同意王明的政治观点和活动方法。鉴于这种情况，王明在党内外寻求支持。对于王明，我们从一开始和至今采取了各种措施，试图同他协调一致，希望他逐步纠正自己的错误。我们表现出对他在汉口工作期间错误的忍耐，而在六中全会之后，我们长时间帮助他，甚至没有批评他的错误。只是1941年夏天，在由任弼时、康生、陈云和我同他进行的谈话中，在有6

① 李东朗：《王明向共产国际状告毛泽东始末》，《党史博览》2004年第6期。

② 即孟庆树。

名政治局委员参加情况下，我们对他作了些批评，希望他纠正错误，但这没有使情况好转，相反却恶化了。他生病后到现在，我们没有同他讨论政治问题。最近他坚决要求去重庆治病。我们没有同意，担心他可能不回来。后来他要求去苏联治病。我们认为，最好安排直接从延安飞往外蒙古。如果要飞经兰州和乌鲁木齐，我们担心他可能停留在兰州和乌鲁木齐，因为，由于心脏病，他在 1937 年回国时就在兰州失去了知觉。正是在考虑这个问题时，收到了您的电报，所以向您讲了这些情况。请您作指示。如果需要的话，我们可以电告他的所有错误。这份电报未给王明看，因为他现在还在生病。①

2 月 1 日，王明又通过苏联军事记者向斯大林和季米特洛夫发了一个长电。据季米特洛夫日记记载，他“收到王明发自中国关于中国共产党领导中存在分歧的电报。他认为毛泽东执行的政策不符合共产国际关于巩固抗日民族统一战线的路线。他请我们加以干预，以避免党分裂。电报是发给斯大林和我的”。② 据孟庆树说：王明这个长电是“俄文，口述，别人代记的。主要内容为从 1937 年到 1942 年年底，毛泽东反对列宁主义，反对共产国际，反对苏联和反对中共的主要事实；王明同志在这些问题方面同毛泽东的分歧；请斯大林同志考虑设法帮助毛泽东克服这些错误等——其中有两三个问题，被笔记人和发报人偷加删改”。③

3 月 22 日，伊利切夫在致季米特洛夫的信中，说苏联情报部门驻延安的工作人员，“根据王明同志的口述，报告了近来在特区共产党领导成员的部分关系中出现的十分紧张的状况”。这些状况如下：

“毛泽东在党内政策和军事政策方面，以及在同国民党的部分关系方面，直到最近都在依靠康生、陈云和其有学问的秘书，并利用王稼祥、任弼时和李富春的支持实行自己的路线，而后面这三个人虽然也不

① 中共中央党史研究室第一研究部译：《共产国际、联共（布）与中国革命档案资料丛书》第 19 册，中共党史出版社 2012 年版，第 339—340 页。

② 李东朗：《王明向共产国际状告毛泽东始末》，《党史博览》2004 年第 6 期。

③ 孟庆树：《陈绍禹——王明传记与回忆》（手写复印稿）。

同意毛泽东实行的某些措施，但没有站出来反对他。所谓的‘教条主义者’（在特区，这样称呼莫斯科人）在被击败之后已不在考虑之列。所有这一切造成一种假象：毛泽东得到了中共中央多数人的支持，他所实行的路线是绝对正确的。而实际上他的路线与共产国际执委会的路线是背道而驰的。延安的情况是这样，没有人向共产国际执委会报告存在的分歧，因为所有渠道都被关闭了。

最近一个时期发生的事件使延安的局势发生了很大变化。从国民革命军第四军回来的中央政治局委员刘少奇，从到来的头几天到现在，一直对延安实行的政策表示强烈不满。他不止一次地要求王明和王稼祥在中共中央政治局会议上提出问题。

王明因病打算去莫斯科，这在特区领导人当中引起了很大的不安。因为他们预料，王明将向共产国际执委会报告中共的真实状况。

所有这一切造成了这样的情况：康生、陈云等人感到很沮丧，而毛泽东在寻找摆脱业已形成的局面的出路，力求找到同王明的共同语言。为此他选出任弼时、王稼祥和刘少奇去同王明谈话，以弄清所有矛盾并加以讨论。王明借口有病予以拒绝。此外，王稼祥通过王明妻子告诉他，这个主意没有用，不要去管它。这时毛泽东通过另一些人建议在王明住处举行中共中央政治局会议，王明也拒绝了。

此后，毛泽东决定派王稼祥同王明一起去莫斯科，看来，王稼祥是作为中央的正式报告人和王明的反对论者。对此行王稼祥在加紧做准备。不排除，毛泽东将试图通过其他人和采用其他途径寻找对付王明的新方式。

毛泽东在采取措施，要把领导层的多数人拉到自己一边。受伤害的‘教条主义者’之一洛甫，已被召回延安并被毛泽东说服。把周恩来召回延安的问题也提出来了，因为毛泽东知道自己不十分稳固，看来，他希望把周恩来拉到自己方面。所有这一切都是打算，在必要时把王明置于孤家寡人的孤立境地。

毛泽东在制造可能破坏飞机来延安的局面，为此，除王明和王稼祥外，还有一些人在做准备，包括凯丰，现在康生在加紧做他的工作，看来，凯丰将作为他的耳目被派到莫斯科去。大家知道，将有一架飞机前来，延安有一大批人准备派出。耍这种花招的目的是让蒋介石知道这种情况和不准许放过我们的飞机。”①

5月26日，毛泽东再次致电季米特洛夫，汇报王明的问题。电报中说：

……

2. 王明自始至终反对中共中央政治路线，认为它不符合共产国际路线。当我们收到您的电报时，就派代表到王明那里了解他的意见。他说：“共产国际解散后，有可能出现大的转折，即在资本主义国家同社会民主党实行更广泛的统一战线，而在殖民地国家同资产阶级政党实行更广泛的统一战线。国民党，除了在十年内战时期，是旨在实行带有民粹色彩的民主革命的民族集团。我在莫斯科时，在同斯大林和伏罗希洛夫同志谈话中，伏罗希洛夫同志向我提出一个问题：‘为什么中国内战已经持续十年还没有取得胜利，而在苏联仅持续五年？’我回答说：‘在苏联，占领了中心城市，获得了工业，加快了胜利，而在中国，我们仅占领了农业地区，因此不能取得胜利。’斯大林同志说：对。”接着王明说：“农民的游击战争不能彻底解决问题。这就是为什么共产国际经常提请我们注意城市工作，注意工人运动和注意建立军事工业。”谈到国共合作还要向前迈出一步时，王明问我们的代表，林彪（李进）从苏联回来时，大胆地提出了国共合并的建议，这是否正确？我们的代表回答说：这只是林彪个人的意见。一句话，王明过去认为，中共应毫无条件地同国民党合作，他为国民党的各种反共行为作辩解，把一切都推卸到中共的错误政策上，认为它是导致国共不正常关系的原因。他反对在日本人后方建立抗日民主根据地，似乎这是国民党对我们不满的主要根源。他反对进行游击战争，而提议建立大的正规军，低估了农村工作的意义。现在他的讲话又重复了这些论断。现在王明在党内已完全孤立了，他建立小集团的企图遭到了彻底失败。他还在生病，因此很难利用

① 中共中央党史研究室第一研究部译：《共产国际、联共（布）与中国革命档案资料丛书》第19册，中共党史出版社2012年版，第351—353页。

共产国际解散进行什么活动，但他还试图去重庆治病。他想干什么，不好说。他的父亲在乌鲁木齐，而叔叔在两个月前从延安逃走，投靠了国民党。逃跑前王明送给他一支左轮手枪。

3. 除了王明，在领导同志当中，暂时还没有明显进行宗派活动和破坏活动的人物，至于将来，难说，因为(以王明、博古和洛甫为首的)那些在1931年满洲事变时期在中央和地方占据统治地位的领导人，在中共中央于1934年8月在贵州省遵义市召开会议之前，明显在实行错误的“左”倾冒险主义路线和最残酷的宗派主义政策，致使一些地区的工作损失了100%，而在苏区和军队中损失了90%。这些人现在失去了统治地位，在党内没有威信，但是他们的升迁欲望没有根除，当局势更加困难或者我们的措施没有取得成绩时，他们会重新开始进行对党有害的活动。①

5月31日，伊利切夫在致季米特洛夫的电报中，再次汇报了他们驻延安的工作人员的报告，说：收到您的电报后，中共中央政治局举行了会议。毛泽东作出了通报，他说，共产国际执委会关于解散共产国际的提议是完全正确的。共产国际过时了，它常常不了解中共的实际情况，而进行了干扰。另外，我们驻延安的工作人员看来是根据王明的话报告说，总的印象是这样：“毛及其拥护者长出了一口气。现在手脚解除了束缚。甚至不会有道义上的责任感。毛在这次政治局会议上的说法特别明显地证实了这一点，他说：现在则可以举行党的代表大会了。”有人认为，对于“不听话的人”（“莫斯科派”，即王明等人）“将施压到极点。有可能把他们开除出党”②。

6月25日，毛泽东在致季米特洛夫的电报中，详细报告了王明、博古、洛甫等人的“错误政治路线和克服这条路线的过程”。电报说：

1931年1月，在米夫领导下中共举行了四中全会，在这次会议上

① 中共中央党史研究室第一研究部译：《共产国际、联共（布）与中国革命档案资料丛书》第19册，中共党史出版社2012年版，第374—376页。

② 中共中央党史研究室第一研究部译：《共产国际、联共（布）与中国革命档案资料丛书》第19册，中共党史出版社2012年版，第377—378页。

王明当选为中共中央委员和政治局委员。此后王明实际上成了中共中央领导人。他派遣自己的追随者到苏区担任党在军队中的领导职务和到苏维埃机关，以及到国统区党的组织中。1931 年 9 月发生满洲事变时，王明起草了一个决议，实际上恢复了李立三“左”倾冒险主义路线。这之后不久，他去了苏联。在动身之前，他不加选择地将博古和洛甫列入中共中央委员和政治局委员，以代替他领导全党。博古和洛甫继续执行王明路线，打击党的正直领导人，唆使红军和党组织采取最冒险的行动。他们断定，所有帝国主义国家将一起进攻苏联和中国革命，而国民党统治已走向全面瓦解。他们认为，小资产阶级和自由资产阶级都是反对革命的。他们唆使具有力量优势的红军占领大城市，同帝国主义和国民党决战，在上海、汉口、芜湖、河北、山东等地建立苏维埃，并号召在全国范围内举行大罢工和武装暴动。他们认为，主要革命力量应该用来打击小资产阶级。他们实行“左”的土地政策和在文化问题上实行“左”的政策。在党内生活方面，他们创造了最不正常的条件。结果共产党和红军蒙受了前所未有的损失。1934 年 1 月，中共中央在贵州遵义城召开政治局扩大会议，才在主要问题上纠正了他们的错误和部分地改组了中共中央领导。在空前困难的条件下（除了外部敌人，还有拥有 6 万军队的张国焘）领导红军的新中央，不得不向陕北地区进行长征。1937 年 11 月，王明从苏联回来，又继续同博古等人联合行动（洛甫未参加），批评中共中央领导，并提出同国民党无条件合作（投降）。他们从事分裂党的活动，将实际政权和重心移至武汉。1938 年 9 月，中共六中全会接到了王稼祥带回来的共产国际执委会书记处的指示，开始纠正王明的错误。1941 年 8 月，中央政治局会议彻底揭发了 1937 年 9 月至 1934 年 1 月间的政治和组织路线，提出了“惩前毖后、治病救人”的任务。因此王明、博古、洛甫等人才留在政治局里工作。至于王明在 1937 年 12 月至 1938 年 9 月间的错误，鉴于王明不同意讨论这个问题，而后他又病了，我们没有作出结论。1940 年 6 月，中共中央开展了反主观主义、宗派主义和教条主义的斗争，号召所有党的干部学习关于这些问题的 22 个文件。部分文件选自列宁、斯大林和季米特洛夫的著作，部分是我们自己的文件。开展了群众性的学习活动。仅在延安就约有 1000 人参加了这次学习。在这年4月，这次学习结束，转入审查干部运动，提出的主要任务是从党内清除日本和国民党间谍。在另一些地区，学习持续到这一年年底，而审干移到来年。目前在中共中央中，绝大多数委员是团结的，而党的主要干部团结在中央周围。由于做了这种准备工作，应在不久的将来举行的党的第七次代表大会可以指望取得党内的完全一致。我们认为，做了这种准备工作和召开党的七大之后，在中国共产党内马列主义领导基本上是有保证的。我们能够战胜国内外共产主义的敌人，确保战胜日本帝国主义和完成民族解放的任务。中国共产党的特点是，它长期处在农村，被敌人分割成一些独立的根据地，而党员的马列主义水平还很低。因此，为了建立巩固的马列主义政党，需要走过艰难的斗争道路。在将来的七大上，我们考虑不选举王明为中共中央委员，因为他依然坚持老的错误，至今未放弃分裂主义活动。此外，有理由认为，他将同国民党进行交易。博古和洛甫，要选为中共中央委员，但不进入政治局。

您的意见如何？请告。[①]

8月30日，毛泽东在中共中央政治局会议上讲抗日时期党的路线问题，再次批评王明在1941年中央书记处会议上所说的中央路线是错误的意见。他说：我们对国民党的斗争是以斗争求团结，中央的路线是正确的，王明同志只要团结不要斗争的路线是错误的。王明同志抹杀国民党内部的区别，反对抗日阵线中有左、

中國共產黨中央委員會
關於共產國際執委主席團提議解散共產國際的決定
（一九四三年五月二十六日）

中共中央关于共产国际执委主席团提议解散共产国际的决定

① 中共中央党史研究室第一研究部译：《共产国际、联共（布）与中国革命档案资料丛书》第19册，中共党史出版社2012年版，第387—389页。

中、右之分，只分抗日阵线和非抗日阵线。他认为中国是被侵略国就没有法西斯主义。现在证明国民党大地主大资产阶级更加反动了，如出版《中国之命运》，调兵进攻陕甘宁边区，同时又更软弱了。毛泽东又说：王明同志一九四一年进中央医院前在中央书记处会议上说中央路线是错误的，《新民主主义论》要修改；两年来他还向人宣传中央路线是错误的。会议根据毛泽东提议，决定继续举行政治局会议，展开讨论抗日时期党的路线问题。①

估计在此前后，毛泽东重读了他于 1941 年写的批判第三次“左”倾路线的“九篇文章”，即《关于一九三一年九月至一九三五年一月期间中央路线的批判》，觉得原来的认识不够了。于是作了修改，不仅加上了王明，而且把王明视为那条“左”倾路线的祸首。这份修改过的笔记，第一篇就是评论 1931 年 9 月 20 日以中共中央名义发布的《由于工农红军冲破第三次围剿及革命危机逐渐成熟而产生的党的紧急任务》的文件。毛泽东改变了 1942 年上半年的估计，否定了六届四中全会，并肯定王明是这个时期“左”倾路线的始作俑者。有的学者认为：“毛泽东在这个时候写下如此激烈的批判王明的笔记，除了发泄其内心的激愤和郁闷之气以外，当然还有别的目的。他需要政治局主要成员在他发动批判王明问题上给予理解和支持。因此，他特地将这篇笔记送给新成立的书记处的另外两位书记刘少奇和任弼时去看。然后，毛泽东越来越激烈地把斗争矛头对准了王明。”②

9 月 7 日至 10 月 6 日，中共中央政治局召开会议，主要批评王明在十年内战时期的“左”倾机会主义错误和抗战初期的右倾机会主义错误。会议开始后，博古、林伯渠、叶剑英、朱德首先发言，点名批判王明在抗战初期的右倾投降路线。博古在会议上明确表态赞同毛泽东关于抗战初期存在两条路线斗争的提法，他说：武汉时期有两条路线，一条是毛泽东为首的党的正确路线——布尔什维克路线；一条是王明在武汉时期的错误路线——孟什维克的新陈独秀主义。这条路线，只看见国民党抗战的一面，忘记了它反动的一面，只看见并夸大它变化的方面，忘记了它不变的方面；对八路军，不敢

① 中共中央文献研究室编：《毛泽东年谱（1893—1949）》中卷，中央文献出版社 1993 年版，第 527—528 页。

② 杨奎松：《毛泽东与莫斯科的恩恩怨怨》，江西人民出版社 1999 年版，第 151 页。

大胆深入敌后，不敢大胆扩充，华中、华南失去许多机会；对根据地，不建立政权，一切要合国民党的法；对国民党不敢批评；对抗战，强调运动战，忽视游击战，对持久战基本观点是不同意的。[①] 林伯渠指出：王明是“洋共”，引用了许多马、恩、列、斯的话来欺负我们许多“土共”；他是“洋钦差”，硬搬外国经验来指导中国革命，这是新陈独秀主义的手法。叶剑英说：我们要同国民党进行斗争。在处理与国民党的关系上，王明是身在毛营心在蒋，不能不犯投降主义错误。朱德批评抗战以来的王明路线的错误，说：王明路线错误的实质，是不要领导权，投降大地主大资产阶级。具体来说，就是不要政权，不要枪杆子，不要游击战争，不了解中国革命的特色就是靠游击战争来发展我们的力量；对党内，是站在共产国际立场来指挥中央，党内关系也采取统一战线一打一拉手段，因此，形成对外一切服从，对内“独立自主”的特点。朱老总还比较了新旧陈独秀主义的异同，指出：王明路线与陈独秀路线的相同点是：(1) 都不要革命的领导权，甘愿让给资产阶级；(2) 不要武装力量，又幻想革命成功，这完全是空想；(3) 看不起无产阶级自己的力量，而把资产阶级的力量看得很强大；(4) 忽视游击战争，陈独秀也骂红军是土匪；(5) 怕统一战线破裂，打烂家当，其实无产阶级是没有家当的，有家当的是资产阶级，怕打烂就会产生投降心理。对两者的不同点，朱老总认为，王明有共产国际招牌，穿上马列主义的外衣，把人吓住了，老陈独秀主义则是反对共产国际的。[②]

毛泽东在会议上第一次坦率地说出了他多年来对王明不满的两大原因：第一是他的正确意见长期被压抑，党的工作不断受到不应有的巨大损失；第二是无论在江西，还是在延安，王明宗派到处篡党夺权，即使在六中全会以后，延安实际上仍是诸侯割据，一国三公的局面。时至今日，王明一面养病，一面还做破坏活动，向一些同志讲怪话，批评中央不对，党仍存在发生破裂的可能。因为，现在的中央并不是“六大”选举的，而是四中全会、五中全会选举的，“六大”选出的中央委员只剩下 6 个人，其中只有毛泽东和

---

① 金冲及主编：《毛泽东传（1893—1949）》下卷，中央文献出版社 1996 年版，第 763—764 页。

② 《胡乔木回忆毛泽东》，人民出版社 1994 年版，第 284—285 页。

刘少奇两人是受“左”倾路线排挤打击的，其余多是拥护王明宗派的。也就是说，王明宗派长期控制了中央码头，并且打着“国际”旗号，用马列的招牌，欺骗了党十多年。要清算他们的罪恶，需要一个相当困难的过程。当然，毛泽东表示，即使在内战时期，错误路线的代表也是王明，博古、张闻天是执行者和发挥者。

毛泽东还说：王明是十年内战时期“左”倾机会主义路线的理论创造者与支持者，博古是执行者与发挥者。1937年洛川会议通过的决议，实际上有人是不同意的，在形势估计、国共关系、战略方针这三个问题上有不同意见。现在党内主要的危险是闹独立性，我们要强调党的一元化领导。抗战初期的右倾投降主义，六届六中全会在政治路线上是克服了，但未作结论，组织问题也没有说，目的是希望犯错误的同志慢慢觉悟。到了1941年5月，我作《改造我们的学习》的报告，毫无影响。6月后编了党书[①]，党书一出许多同志解除武装，才可能召开1941年9月会议，大家才承认十年内战后期中央领导的错误是路线错误。1941年9月会议是一个关键，否则我是不敢到党校去作整风报告的，我的《农村调查》等书也不能出版，整风也整不成。另一个关键就是今年中央的九月会议与高级干部现在的学习。中央检讨党的路线的会议开了很久，现在提议把会议暂停，等前方负责同志回到延安再开。先进行高级干部的学习，时间定为三个月。这次的九月会议是有收获的，以前许多同志未注意的问题引起了注意，例如王明的《为中共更加布尔塞维克化而斗争》一书。现在有几位同志议论四中全会是错误的，此事大家可以研究。[②]

在毛泽东表明内战时期的错误路线创造者也是王明的意见之后，一些发言者干脆断言，王明是身在毛营心在蒋；陈伯达也说，王明的心始终都是放在国民党身上，而不是放在共产党身上的，他实际上可以说与共产党是两条心，对共产党是仇恨的，有许多反共言论，他的理论根本就是叛徒的理论。[③]

---

① 指《六大以来》。

② 中共中央文献研究室编：《毛泽东年谱（1893—1949）》中卷，中央文献出版社1993年版，第529—530页。

③ 参见《胡乔木回忆毛泽东》，人民出版社1994年版，第290—297页；《毛泽东年谱（1893—1949）》中卷，中央文献出版社1993年版，第469—470页。

9月13日，康生在中央政治局会议上发言，对前几天的会议提出批评，说：这样的讨论不仅问题不能彻底解决，还会延误很多应做的工作。因此，会议如何开法要研究一下。他提出，首先要用历史的方法来检讨王明的投降主义，不能孤立地看他抗战时期的问题，还要联系内战时期来找王明主义的来源。王明的《为中共更加布尔塞维克化而斗争》的小册子，在1940年不经中央同意在延安再版发行全党，使新干部新党员误以为他是反立三路线的英雄。我花了两天时间读完了这本书，发现这是一个大骗局。王明是扩大立三路线更加孟什维克化，因为他不是反立三路线的“左”倾机会主义，而是反对立三的右。王明比立三路线“左”得多，要从1930年的小册子算起，这是代表“左”的纲领。第二，要联系实际工作中造成的恶果来检讨。康生说，王明不仅是几篇文章的问题，而是长江局、东南局的领导路线，并影响到华北，这就要求长江局的同志有更多的揭发。博古讲话抽象，不揭发具体事实是不对的。王明说，他有三大功绩：一是反对立三路线，二是“八一宣言”，三是办《新华日报》。《新华日报》完全成为国民党的报纸，有许多反共的言论，如说蒋介石是全面抗战的，要时时、事事、处处帮助政府，这完全是投降主义思想。在武汉工作过的同志应当对这些情况多多揭发。第三，要用自我批评的方法来进行。康生批评博古的自我批评精神不够，对王明也只是抽象地批评一下，这是不行的。同时康生自我吹嘘：在共产国际时期，王明说我要篡他的位，我哪敢？事实上矛盾是有的，政治上虽然跟他走，但组织上不愿与他同流合污。回国后，有组织上的阴谋，我是知道的，他想抓军队。我与王明的关系，如他得势是十年也说不清的。他派了人来侦察我。抗战以来，我在毛主席教育下，没执行王明投降主义路线，真是一个幸福。但假如将来换一个环境，遇到一个不是王明，而是李明，是否受蒙蔽？这可是要常想到的一个问题。①

张闻天听了康生的发言后，回到家中对刘英说：康生这个人过去在莫斯科时候那样抬高王明，现在却这样不加分析的批判，做得太过分了。②

杨尚昆也回忆说：“会议的气氛相当紧张。一方面，从大家揭发的事实

① 《胡乔木回忆毛泽东》，人民出版社1994年版，第285—286页。

② 张培森主编：《张闻天年谱》下卷，中共党史出版社2000年版，第703—704页。

来看，'左'倾教条主义对革命的危害确实十分严重，而王明的态度又令人十分气愤。另一方面，不可否认的，会上也出现了'左'的偏激情绪，有人把教条宗派说成是反革命集团，说王明是特务，让他讲怎样出卖党的利益。也有人向毛主席提出：教条宗派面目已经统统暴露了，现在的问题就在经验宗派，它的危害也很大。康生甚至煽风点火，攻击武汉长江局的机关报《新华日报》'完全成为国民党的报纸，有许多反共言论。'他还企图把矛头转向在长江局工作过的周恩来和叶剑英等同志，要公开批判周恩来。这个时候，毛主席阻止了。他说：周恩来同志自大革命以来做过很多好事，八一南昌起义是周恩来等同志打响的第一枪。这个阻止很重要。如果延安整风中在'抢救运动'以外，再来一个反周，那就很危险。"①

由编写组帮助胡乔木写的《整风运动:1943 年"九月会议"前后》稿说："康生的这个发言，显然含有严重的错误。他对新华日报等的批评不合事实，混淆了错误的性质。他的这些看法对后来会议的进程发生了较大影响。"②

同日，毛泽东在康生发言后指出党内有两个宗派，并严厉批评了教条宗派的错误。由编写组帮助胡乔木写的《整风运动:1943 年"九月会议"前后》稿说："在这次发言中，他③比较展开地讲了这个问题。他说：党从四中全会后，就有两个大宗派，一是教条宗派，一是经验宗派。过去反宗派主义是抽象的，现在要把原则变成实际。教条主义的宗派，是主观主义的第一形态，经验主义宗派是主观主义的第二形态。这是反宗派主义的具体对象，反掉这两个东西，党就统一了。关于教条主义宗派，毛主席认为，要作具体分析，有犯路线错误的，也有只犯个别错误的；有屡次犯错误的，也有后来改正了错误的。他说，教条主义宗派最主要的是王明，四中全会后是博古，这个宗派是相当有计划地派出干部到各苏区之中央局，到各地去改组，只有几十个人。我说的'钦差大臣满天飞'，就是指此而言。他们利用四中全会来夺取中央权力，打击许多老干部，拉拢一些老干部，凭着'国际'的招牌，使许多实际工作者不是盲从就是跟着他们走。他们统治中央计三年又四个月，党

---

① 《杨尚昆回忆录》，中央文献出版社 2001 年版，第 211—212 页。

② 《胡乔木回忆毛泽东》，人民出版社 1994 年版，第 286 页。

③ 指毛泽东。

政军民学，东西南北中，无处不被其毒害，结果白区损失十分之十，苏区损失十分之九。教条宗派只有罪恶无功劳，超过了李立三、陈独秀。王明有何功劳？四中全会已被揭穿，'八一宣言'还能考虑……遵义会议以后、抗战以后，原来教条宗派有的同志还有宗派活动。从1937年'十二月会议'至1938年六中全会，在武汉时期形成两个中央，造成党内危机。""这个发言实际上为1943年9月政治局会议的整风定下了基调。这以后，犯错误的同志都按照这个思路进行检讨，其他同志也按照这个思路展开批评。"①

9月21日，刘少奇在读完了王明《为中共更加布尔塞维克化而斗争》的小册子以后，不仅在阅后感中说王明这一派人在其所谓"反立三路线"斗争中，不独没有真正反对立三路线，不独没有任何功绩，而且有莫大的罪过，而且在王明的《为中共更加布尔塞维克化而斗争》的小册子上作了很多批语，甚至说王明是"托洛茨基主义"。例如在第36页"中国革命的动力"一节左旁批有："李立三是对的，而王明倒是托洛茨基主义"；在第37页"现在阶段的中国革命性质问题"一节左旁批有："强调反对资产阶级，恰是托洛茨基主义"；在第38页"现在阶段的中国革命性质问题"一节后半部分左旁批有："难道因为富农是资产阶级所以反对富农吗？托派！"

10月6日，毛泽东在中央政治局扩大会议上指出王明宗派"在实行篡党"。由编写组帮助胡乔木写的《整风运动：1943年"九月会议"前后》稿说："10月6日，政治局召开扩大会议。毛主席首先通报了书记处会议关于整风检查暂停，高级干部先行学习的决定。在讲话中，毛主席肯定了9月的会有收获，许多以前未注意的问题引起了注意。他回顾错误路线发展的历史，指出：过去错误路线有一个大宗派在实行篡党，至遵义会议受到打击。遵义会议后这个集团分化了，但至六中全会前仍有些同志未改变立场……斗争的性质是两条路线的斗争，错误路线以米夫、王明、博古为首。整风学习的目的是打碎两个宗派，教条宗派是头，经验宗派是脚。教条宗派是经验宗派的灵魂，故克服前者，后者再加马列，事情就差不多了。这些宗派也可以说无组织系统，但有思想方法、政治路线为纲领。我们打碎的方法，是改造思想，以马列为武器，批判自己，批判别人。书记处提议，在整风期间，凡参加学

① 《胡乔木回忆毛泽东》，人民出版社1994年版，第286—287、288页。

习者，人人有批评自由；对任何人、任何文件、任何问题都可以批评。我们希望各人扩大自己头脑中的马列根据地，缩小宗派的地盘，以灵魂与人相见，把一切不可告人之隐都坦白出来，不要像《西游记》中的鲤鱼精，吃了唐僧的经，打一下，吐一字。只有内力、外力合作，整风才会有成效。”①

接着，刘少奇、朱德、周恩来相继发言。刘少奇主要讲党内斗争的传统问题。他说：“四中全会上王明领导的党内斗争搞了许多非法活动，学了莫斯科米夫与支部局斗争的最坏的东西；四中全会后中央苏区反罗明路线的斗争也是不好的。”朱德发言主要谈自己的学习体会，他说王明的教条主义、投降主义现在看来很明显，他们只知道外国，不知道中国。现在看清楚了，我们也要外国，也要中国，从实际出发都对，从教条出发都错。他在发言中回顾党的历史说：中国党的教条宗派最早是彭述之的洋教条与陈独秀的土教条。王明的教条，马列主义的外衣更完备，还有“国际”的帽子，又有米夫作后台，这样才在中央占了统治地位。②

10月10日，中共中央决定党的高级干部重新学习和研究党的历史和路线是非问题，整风运动进入总结提高阶段。10月14日，毛泽东在中共中央西北局高干会议上作报告。其中说：我们党已有22年三次革命的经验，不能再容许王明路线占领导地位了。王明路线曾企图占党的统治地位，1938年时曾危害过党，直到六中全会才在政治上克服了。王明路线的特点是：(一) 以速胜论反对持久战；(二) 以一切经过统一战线反对独立自主；(三) 军事上反对游击战主张运动战；(四) 在组织上闹独立性，不服从中央，闹宗派主义。③ 其中还说：“以斗争求团结的原则，要运用到四个范畴。第一是无产阶级对资产阶级。要从斗争中把资产阶级提高到赞同抗日纲领的地位，无产阶级是可以领导资产阶级的。我们要按实际办事，不是按书本办事，而王明则反对无产阶级领导资产阶级，说列宁没有讲过。”④ 编写组帮助胡乔木写的《整风运动：1943年“九月会议”前后》稿说：这是毛泽东“第一次在

---

① 《胡乔木回忆毛泽东》，人民出版社1994年版，第289—290页。

② 《胡乔木回忆毛泽东》，人民出版社1994年版，第290—292页。

③ 中共中央文献研究室编：《毛泽东年谱（1893—1949）》中卷，中央文献出版社1993年版，第536页。

④ 《切实执行十大政策》，《毛泽东文集》第三卷，人民出版社1996年版，第73页。

比较大的范围公开点名批评王明路线”，他说“这是一条投降主义路线。这条路线在1938年时曾危害过党，全党各地差不多都受了影响，直到六中全会才在政治上克服了。毛主席还揭露说，王明最近两年，一面养病，一面还做破坏活动，向一些同志讲怪话，批评中央不对。我们要有对付党可能发生破裂的准备”。①

10月24日，刘少奇在高级干部会议上作的关于党的历史问题的报告中，系统地回顾了抗战以来党内的路线问题，说“抗战后党内存在有两条路线，一条是以王明为代表的对大地主大资产阶级的投降主义路线，另一条是以毛主席为代表的正确路线”。王明1937年12月回国后，在对于抗战形势的估计问题（中日关系问题）、统一战线问题（国共关系问题）和战略问题这三个问题上同中央对立，此外又有一个党内关系——闹独立性问题。王明在长江局时期的“中心错误是没有利用当时最好的时机在长江流域搞游击战争”，他说：“长江局的路线不论什么都是统一战线的，军队、政权、民运、党报等都是统一战线的，不是党的。这是和蒋介石共产，王明向蒋介石说：‘我的是你的，你的也给我一点。’但蒋介石是‘我的是我的，你的也是我的’。结果就是‘赔了夫人又折兵’。”“这条路线如果在全中国贯彻实行起来，那在全国各地都要发生‘皖南事变’，我们要亡党亡国亡头。”他最后说：在政治上反对投降路线，在组织上要打散教条宗派和经验宗派，在思想上要反对教条主义和经验主义。②

10月，中共中央编辑的《两条路线》一书在延安出版。根据这部书中收录的毛泽东和王明的文章，有的人编写了《抗战时期两条政治路线的对比（根据文件所作的对比）》。这个材料共四个部分：第一，抗战前关于统一战线问题两条路线的分歧（1935年）（王明投降路线的萌芽）：1935年11月王明《新形势与新政策》一文有严重的右倾投降思想。第二，两条路线对立的第二个时期（1937年5—12月）（王明投降路线的形成）：1937年5月毛主席在苏区党代表大会上的报告和同时期王明的《救中国人民的关键》，其立场、观点、政策完全背道而驰；“七七”抗战后毛主席在7月23日发布《论

① 《胡乔木回忆毛泽东》，人民出版社1994年版，第294页。

② 金冲及主编：《刘少奇传》上卷，中央文献出版社1998年版，第499—500页。

反对日本帝国主义进攻的方针、办法和前途》，同期内王明发表了《日寇侵略的新阶段与中国人民斗争的新时期》；王明回国后一反中央与毛主席既定方针，最后形成其右倾投降主义的全部纲领。12月9日在政治局报告大纲是一个完整的投降纲领。第三，两条路线对立的第三个时期（1938年1—10月）（王明投降路线的发展）：在六中全会上毛主席的报告和总结，与王明的发言是极端的两种立场，王明处处都站在国民党的立场提出问题，解释问题。第四，两条路线对立的余波（六中全会以后，王明投降路线的坚持）：六中全会以后，投降路线基本已被克服，但王明1939年9月20日在《新华日报》工作人员会议上的报告，仍然是坚持他的投降主义路线。

从11月1日起，在延安杨家岭中央大礼堂连续举行包括中央机关所有工作人员和来延安参加七大的代表参加的批判王明、博古的大会，但由于孟庆树在第二天的发言，使批判大会出现了一些曲折。她坚认“八一宣言”由王明起草，但今天有人在会上肯定，“八一宣言”是康生写的，我要问一问康生，他敢不敢承认这是他写的？孟庆树继续说：我想问问大家，共产党员应不应该知羞耻？在孟庆树的追问下，康生一言不发。孟庆树情绪激动，泪流满面，直扑坐在台下的毛泽东，要毛主持公道。这一天的大会因孟庆树的发言，造成与会者思想的极大混乱，完全离开了会议揭发、批判王明的主题，遭致毛泽东的震怒，他当众斥责大会主席李富春，指责大会充满低级趣味，毫无教育意义，下令停止召开这类大会。①

11月13日至27日，毛泽东主持中共中央政治局在这一期间举行的会议，继续批评王明在十年内战时期的“左”倾机会主义错误和在抗战初期的右倾机会主义错误。

由编写组帮助胡乔木写的《整风运动：1943年“九月会议”前后》稿说：“在11月13日的会上，毛主席首先讲话。他严厉地批评了王明宗派，指出：现在的中央并不是六大选的，而是四中全会、五中全会选的。王明宗派控制了中央码头。王明宗派中最主要的人物，在政治上以‘左’倾为外衣，用‘国际’旗号，用马列招牌，欺骗了党十多年，现在要揭破这个大欺骗。遵义会

① 高华：《红太阳是怎样升起的——延安整风运动的来龙去脉》，香港中文大学出版社2002年版，第507页。

议为什么不能提出路线问题？就是要分化他们这个宗派。这是我打祝家庄实行内部分化的一幕。当时仅仅反对军事上的机会主义，实际上解决了政治路线问题。因为领导军队的权拿过来了便是解决政治路线。如果当时提出政治路线，三人团便会分化。在前年'九月会议'前没有在党内讲王明路线错误，也是大多数人还不觉悟，等待一些同志是需要的。"①

毛泽东讲完后，博古作第二次检查，说在教条宗派中，除王明外，他是第一名；在内战时期，他在国内是第一名；抗战时的投降主义，以王明为首，他是执行者和赞助者。然后，他检讨了教条宗派形成的历史和个人的错误。②

11 月 27 日，周恩来在中共中央政治局会议上作整风检查。其中谈道：王明路线的本质是：党外步步投降，党内处处独立。在形势估计上，是速胜论、外援论；战略思想是外援论、唯武器论；在统战工作上是投降主义，中心是放弃领导权，取消阶级教育和党的独立宣传；在党的关系上是把党作为私人工具，取消党的正确领导，与延安中央闹独立性，准备使"武汉中央化"。归纳起来，这就是"抗战中的机会主义，统战中的投降主义，党的问题上的取消主义，故本质上是较老陈独秀主义坏得多了"③。

12 月 3 日，伊利切夫在致季米特洛夫的电报中说：

> 我们驻延安的工作人员报告说，现在举行的中共中央政治局会议再次讨论了王明、博古等人的错误。博古已经三次发言承认错误，但是他的所有发言都没有使毛泽东和康生感到满意，要求他作更详细的发言。周恩来、叶剑英和洛甫完全承认了自己路线的错误。
>
> 现在在中共领导内部出现了压抑气氛。大家怕互相交往。王明被说成是反革命分子，根据是 1929 年他在上海被捕过，后来被释放。有人认为王明已投敌，与被揭露出来的敌人关系友好，在中共内实行错误的政治路线，等等。实际上王明现在与外界已被隔绝。最激烈反对他的是

① 《胡乔木回忆毛泽东》，人民出版社 1994 年版，第 294—295 页。

② 《胡乔木回忆毛泽东》，人民出版社 1994 年版，第 295 页。

③ 《胡乔木回忆毛泽东》，人民出版社 1994 年版，第 297 页。

那些在王明当中共领导时受到处分的人。

鉴于现在出现的情况，王明请求我们工作人员给您和斯大林同志再发一份电报。此外，王明打算同毛泽东谈谈，之后想请政治局委员到他家里开个会，谈谈正在进行的反对他的运动。

王明就所有这些问题，请我们的工作人员给他提出建议，但后者没有得到中央的指示，想方设法避免给王明提出任何建议。

请告，您是否认为有必要通过我们的联络渠道就所谈的问题作出什么指示。①

12月28日，中共中央政治局发出《中央关于〈反对统一战线中机会主义〉一文的指示》，指出了王明“左”的及右的错误及传达、讨论、批判的步骤、方法、目的，指示说：

最近经过新华社广播的《反对统一战线中的机会主义》一文，是集合前共产国际各领导者（季米特洛夫、曼努依［伊］尔斯基、爱尔科里）关于反对共产党人在统一战线中的机会主义的文章而成的。我党七次大会时，即将总结我们22年的经验……同时也将批判我党在过去某些历史时期中曾经严重地危害过党与革命的反布尔塞维克主义的“左”倾及右倾的机会主义，批判王明、博古宗派及其机会主义路线的形成，四中全会的篡党，五中全会的达到顶点，以及遵义会议的开始克服，但在1937年12月会议至1938年9月六中全会期间，这个宗派又利用长江局进行其活动，并且王明本人长期地坚持其错误路线，反而说中央路线是错误的，是违背前共产国际方针的。现在共产国际虽已解散，但共产国际领导者们的指导原则依然适用，这些原则完全与王、博路线的机会主义相反，而对于我党中央的布尔塞维克路线则是完全符合的。各地在我党七次大会决议发表以前，可以在中央局及区委的领导机关中及在这些领导机关周围已被历史证明无特务嫌疑的高级干部中初步传达初步讨

① 中共中央党史研究室第一研究部译：《共产国际、联共（布）与中国革命档案资料丛书》第19册，中共党史出版社2012年版，第390—391页。

论内战时期王、博宗派的“左”倾机会主义路线错误及严重损失，抗战时期（1938年）这个反党宗派的右倾机会主义（投降主义）路线错误及严重损失（项英的失败，华中、华北在受其影响时期的损失）。这后一个时期，王明的主要错误是：1. 主张速胜论，反对持久战。2. 迷信国民党，反对统一战线的独立自主。3. 主张运动战，反对游击战。4. 在武汉形成事实上的第二中央，并提倡党内闹独立性，破坏党纪军纪。在一般干部中目前不要传达这些，应研究前共产国际领导者们《反对统一战线中的机会主义》一文，并继续深入整风。要使干部及党员明白，自遵义会议以来，6年之中以毛泽东同志为首的中央的领导路线是完全正确的，一切对于这个路线的污蔑都是错误的，现在除了王明、博古以外一切领导同志都是团结一致的，现在我党已成了中华民族解放战争的核心力量，全党同志均应团结在以毛泽东同志为首的中央的周围，为中央的路线而奋斗。

同日，中央政治局还致电各地区党的负责人饶漱石、罗荣桓、黄敬、邓小平、程子华、林枫，说政治局关于研究王明、博古宗派机会主义路线错误的指示电，日内即刻发给你们，你们应很慎重地组织这一研究，参加研究的高级干部范围目前不宜太多，不要专为此事召集全根据地的高干会，可以先在你们附近组织若干人研究，然后就讨论别的工作机会在全区高干会上传达及讨论，因中央所编《两条路线》一书来不及送给你们，可就你处找得到的关于内战与抗战时期表现两条路线（正反两面）的文件选出若干篇（不要多）给干部看。在干部研究前，中央局及分局委员须作讨论，在思想上酝酿成熟，然后领导干部研究。此种研究的性质是整风的深入与高级阶段，其目的是使干部提高与增进统一团结，并为将来讨论七大决议作思想准备。

这个指示的发出，使几年来对王明的批判达到顶点。不过从1944年1月初开始，毛泽东和中共中央对王明批判的调子有所降低。这种变化，可能与季米特洛夫的电报有关。

1943年12月，王明在给其女儿（寄养在季米特洛夫家）的信里，再一次向季米特洛夫反映了他与中共中央和毛泽东的分歧，要求季米特洛夫干预。[①]可能受到这封信的影响，12月22日，季米特洛夫给毛泽东写了一封要他亲启的关于中共党内问题的信，说像王明这样的人物，最好不要让他们离开党，而要保留下来并尽量为党的事业利用他们。信中说："不言而喻，在共产国际解散之后，它过去的任何领导人都不得干预各国共产党的内部事务。但是从私人友情考虑，我又不能不告诉您我对中国共产党党内状况的担忧……我认为，发动反对周恩来和王明的运动，指控他们执行了共产国际推荐的民族统一战线，说他们把党引向分裂，这在政治上是错误的。不应该把周恩来和王明这样的人排除在党之外，而应该把他们保留在党内，千方百计利用他们为党工作。"[②]

1944年1月2日，毛泽东通过彼得·符拉基米洛夫电复季米特洛夫，将他的意见顶了回去，认为对王明的批判和处理是正确的。其中说："王明进行了各种各样的反党活动。这一切都已通报给全党干部。但是我们不想把此事向全体党员群众公开，更不准备向所有非党群众公布。在党的高级干部中对王明所犯错误进行批判的结果，则是这些干部更加团结一致。""我的看法是，王明是个不可靠的人。王明早期曾在上海被捕。有几个人说他在狱中承认了自己的共产党员的身份，之后被释放。还有人说他同米夫有可疑的关系。王明进行了很多的反党活动。"[③]据有的学者说，毛泽东随后急忙找弗拉基米洛夫，有些不安地询问那封回电是否发出去，说他对季老的电报想了很多，前面的复电可能不十分妥当。他最担心会引起不满的显然是上封电报中他在国共关系和对王明态度问题上的说法。谈到党内王明的问题时，他虽然仍旧强调王明的错误，但没有提到王明的"反党"和政治上可疑的问题。[④]1月7日，毛泽东再次给季米特洛夫复电，其中说："关于党内问题，我们的方针旨在团结。这一方针也同样适用于王明。由于在1943年下半年所做工

① 李东朗：《王明向共产国际状告毛泽东始末》，《党史博览》2004年第6期。

② 郑厚安译：《季米特洛夫就中共党内状况致毛泽东的信》，中国社会科学院近代史研究所《国外中国近代史研究》编辑部编：《国外中国近代史研究》第13辑，中国社会科学出版社1989年版，第2—3页。

③ 刘明钢：《季米特洛夫与王明》，《福建党史月刊》2002年第5期；杨奎松：《毛泽东与莫斯科的恩恩怨怨》，江西人民出版社1999年版，第160—161页。

④ 杨奎松：《毛泽东与莫斯科的恩恩怨怨》，江西人民出版社1999年版，第161页。

作的结果，党内的形势，党的团结都很大程度地得到改善。”[①]1 月 19 日，季米特洛夫通过苏联红军情报部门的电台，将他与毛泽东就有关王明问题的相互来往的电报发给王明。[②]

从此以后，毛泽东和中共中央对王明批判的调子明显地降了下来。

2 月 20 日，中共中央书记处开会讨论统一了对五个重要问题的认识：(一) 陈绍禹、秦邦宪错误应视为党内问题；(二) 临时中央与五中全会因为有“国际”承认，应该是合法的，但必须指出合法手续不完备；(三) 学习路线时，对于历史上的思想问题要弄清楚，对结论必须力求宽大，目前是应该强调团结，以便团结一切同志共同工作；(四) 在学习路线时，须指出六大基本方针是正确的，六大是起了进步作用的；(五) 对四中全会到遵义会议时期，也不采取一切否定的态度，凡是做得对的，也应该承认它。[③]

3 月 5 日，毛泽东在中共中央政治局会议上的讲话中，明确指出王明、博古的错误是“党内问题”，而不是“党外问题”，也就是说，是党内同志“犯错误”，对他们不能一概否定。他说：“在去年党的路线学习中，有部分同志对王明、博古同志的错误怀疑是党外问题，现在确定是党内问题。”“四中全会得到共产国际和中央的承认，这在形式上是合法的，但政治内容是不好的。”“中国社会最基本特点是小资产阶级占人口的大多数，党对这个问题要慎重处理。反映到党内的小资产阶级思想及由于这种思想而产生的错误，也不是个人问题，而是社会现象，是在一定历史条件下的必然现象。”“在四中全会后到中央工作的同志，有一些没有参加过大革命，却认为自己似乎是很高明的。这也是他们犯错误的原因之一。”“我们要强调产生错误的社会原因，不要强调个人问题，因此我们的组织结论可以宽大些。这个方针现在就要宣传解释，使同志们了解实行这个方针的必要。思想要弄清，结论要宽

---

① 刘明钢：《季米特洛夫与王明》，《福建党史月刊》2002 年第 5 期；《伏（符）拉基米洛夫转毛泽东给季米特洛夫电及情况说明》(1944 年 1 月 7 日)，杨奎松：《毛泽东与莫斯科的恩恩怨怨》，江西人民出版社 1999 年版，第 162 页。

② 《季米特罗夫日记选编》，广西师范大学出版社 2002 年版，第 275 页。

③ 张培森主编：《张闻天年谱》下卷，中共党史出版社 2000 年版，第 707 页。吴葆朴、李志英：《秦邦宪（博古）传》、丁晓平：《王明中毒事件调查》说是 24 日，分别见中共党史出版社 2007 年版，第 416 页；中国青年出版社 2012 年版，第 306 页。

大，对党才有利。我们反对四中全会后党内斗争的错误方针，因此要采用宽大政策，否则便成了四中全会的学生，便不能弄清思想问题，吸取经验教训。”他还说：“对四中全会到遵义会议这一段历史，也不要一切否定。当时我和博古、洛甫同志在一起工作，有共同点，都要打蒋介石，分歧点是如何打蒋介石，是策略上的分歧。在土地问题上，对六大决议中关于没收地主阶级的土地，分配给无地或少地的农民的政纲，是没有争论的。争论是在没收后博、洛等主张富农分坏田、地主不分田，而我是不同意的。如果把过去一切都否定，那就是一种倾向。我们对问题要分析，不要笼统地一概否定。”①

4月12日、5月20日，毛泽东在延安高级干部会议上和中央党校第一部，就党内高级干部对历史问题的讨论作了《学习与时局》的讲演，批评了王明等“左”的和右的错误，并指明了讨论历史问题应采取的态度。讲演指出：“对于任何问题应取分析态度，不要否定一切。例如对于四中全会至遵义会议时期中央的领导路线问题，应作两方面的分析：一方面，应指出那个时期中央领导机关所采取的政治策略、军事策略和干部政策在其主要方面都是错误的；另一方面，应指出当时犯错误的同志在反对蒋介石，主张土地革命和红军斗争这些基本问题上面，和我们之间是没有争论的。即在策略方面也要进行分析。例如在土地问题上，当时的错误是实行了地主不分田、富农分坏田的过左政策，但在没收地主土地分给无地和少地的农民这一点上，则是和我们一致的。”在谈到王明右倾的错误时说：在抗战初期，“我党一部分同志，犯了一种错误，这种错误就是轻视日本帝国主义（因此不注意战争的长期性和残酷性，主张以大兵团的运动战为主，而轻视游击战争），依赖国民党，缺乏清醒的头脑和缺乏独立的政策（因此产生对国民党的投降主义，对于放手发动群众建立敌后抗日民主根据地和大量扩大我党领导的军队等项政策，发生了动摇）”。②

5月21日，中共六届七中全会在延安开幕，根据毛泽东代表中央政治局提出的关于党内历史问题的六项意见，对于党的历史问题通过了如下

① 《关于路线学习、工作作风和时局问题》，《毛泽东文集》第三卷，人民出版社1996年版，第92—95页。

② 《毛泽东选集》第三卷，人民出版社1991年版，第938—939、942页。

决议：

1. 中央某些个别同志曾被其他一些同志怀疑为有党外问题，根据所有材料研究，认为他们不是党外问题，而是党风错误问题。

2. 四中全会后一九三一年的上海临时中央及其后它所召集的五中全会是合法的，因为当时得到共产国际的批准，但选举手续不完备，应作历史的教训。

3. 对过去党的历史上的错误应该在思想上弄清楚，但其结论应力求宽大，以便团结全党共同奋斗。

4. 自四中全会至遵义会议期间，党中央的领导路线是错误的，但尚有正确的部分，应该进行适当的分析，不要否认一切。

5. 六次大会虽有其缺点与错误，但其基本路线是正确的。

6. 在党的历史上曾经存在过教条宗派与经验宗派，但自遵义会议以来，经过各种变化，作为政治纲领与组织形态的这两个宗派，现在已经不存在了，现在党内严重存在的是带着盲目性的山头主义倾向，应当进行切实的教育，克服此种倾向。

这就进一步明确了王明所犯错误的性质。尽管中共中央降低了对王明批判的调子，但王明对自己的错误仍不承认，拒绝检查。

这年 2 月 26 日，周恩来找王明谈话，系统地指出他应该反省的问题，希望他认真检查自己的错误。王明第二天便写信给周恩来，表面上虽感谢周恩来给了他“如何反省问题的宝贵的启示”，但又很不服气地提出一系列问题，“以供为你下次来我处谈话时更便于给我以指示”：

（一）关于四中全会至 9 月 20 日决议期间的路线错误问题，我有下列两点，请你考虑给我解释：

（1）为什么四中全会决议及 9 月 20 日决议是路线错误？其具体内容如何？

（2）既假定为路线错误，为什么这是所谓“王明路线”？因为我总不是此时期重要决议的起草人……同时，也不是这一时期的党的主要负

> 责人……
>
> 当然，我并非推卸责任。我认为从四中全会我当选为中委和政治局委员后，我对中央通过的任何决议，都有政治上和道义上的责任，而那些由我看过和同意通过的文件，如其中有错误缺点，更应负一个政治局委员应负的责任。
>
> （二）关于在莫斯科做代表时期的工作——我自信虽在个别问题上有错误缺点，决无大过……此部分问题，虽中央不准备作结论，但我必须反省和说明清楚。
>
> （三）关于12月会议及武汉时期问题——中央虽暂不作结论，但我认为和中央谈清楚，弄清是非，使我了解真实而具体的错误何在，对党的政策了解，对我的教育只有好处。

信的最后说，他深信在毛主席所坚持的调查研究实事求是的作风及现在强调的全党团结精神领导下，党会弄清楚一切问题的是非真相的。

在这里，王明强调起“毛主席所坚持的调查研究实事求是的作风”来了。但是在信中，哪里有一点实事求是的作风？这不是在接受批评，检查错误，简直是质问！如果他有一点实事求是的作风，就应该认真检查自己的错误，而不是要别人来给他“指示”和向他“解释”。正如周恩来3月2日将王明的信送交中央各领导同志传阅时所说的，“他还是站在个人利害上来了解问题”。

王明在晚年写的《中共半世纪与叛徒毛泽东》一书中还说，4月1日下午4时，毛泽东与他谈话，“解答了他实行‘整风运动’的原因和目的，‘整风运动’为什么受到干部很大的反抗等问题”①。孟庆树整理的《陈绍禹——王明传记与回忆》附录Ⅳ《王明同志写作要目》则说：王明曾写“关于毛泽东的‘肺腑之言’的谈话笔记”，主要内容是：“毛谈他反对列宁主义，反对共产国际，反对列宁、斯大林和苏联，同反对王明的原因都是一样的，就是要把中共党史写成他一个人的历史，同时，请求王明同志‘把反对李立三路线和提出抗日民族统一战线两大历史功劳’让给他。”毛泽东怎么会对王明

---

① 王明：《中共半世纪与叛徒毛泽东》，莫斯科进步出版社1979年中文版，第51页。

说这样的话呢？这根本是不可能的。

第四节 万言检讨

1944 年 11 月 29 日，中共中央书记处指示李富春前往与王明谈话，说很快就要召开党的七大，所以组织了七大代表和高级干部 700 余人一起学习，中央政治局正在开会，讨论六大以来的党的路线问题，特别是检讨教条宗派主义的错误问题，其中也讨论到王明的问题，希望他认真作出检讨。①

在这种情况下，王明看到共产国际已经解散，中共中央政治局和全党高级干部都在讨论六大以来党的路线问题，特别是他的错误问题，七大即将召开，于是不得不作出检讨错误的表示。12 月 1 日，王明让孟庆树代笔并经他签名，给毛泽东并中央政治局诸位同志写了一封信。信中说：

> 前天富春同志来，谈到关于很快要开七次大会，所以组织了七大代表和高级干部七百余人一起学习，中央政治局也正在开会，讨论六大以来党的路线问题，特别是检讨教条宗派主义的错误问题，其中也讨论了我的问题。但关于我的问题，孟庆树同志虽然也曾告诉过我，在学习讨论会上，曾有人提到我的个别错误问题，但无论富春同志和庆树同志，都只谈到有些同志提出的一些个别问题。所以中央所讨论的关于我的主要的是那［哪］些问题，我还不知道。等我得到中央的正式通知后，我将尽可能的加以检讨。我现在因病不能参加会议和学习，很觉难过。但关于过去已经毛主席和中央书记处同志指示出我的错误和缺点问题，虽然我现在没有精力详加检讨和说明，但我认为我有向此次政治局会议作原则上明确承认之必要。
>
> 1. 一九四一年九月底十月初时，因为有同志提出一些关于有否改善

① 杨奎松：《毛泽东与莫斯科的恩恩怨怨》，江西人民出版社 1999 年版，第 155 页。

国共关系可能的问题，我曾向毛主席提过关于国共关系问题中一些政策问题的意见，当时我只是想把这些意见提供给毛主席作研究问题时的参考，我不愿把这些意见提到会议上去讨论，故后来毛主席在书记处会上提出并指示出我的意见是不对的时候，我只略为谈到关于上述问题的部分意见，但会后我又向毛主席声明过，既然毛主席认为我的意见是不对的，我不愿再谈这些意见。可是我自己后来未能经常把握住这一点，是个很大的错误。如今年春季少奇同志回延后……主要的由于我有教条主义的错误和爱表现自己的意见，组织观念不够等小资产阶级意识，其次是由于我病后神经容易兴奋，不能自主，因而又向少奇同志谈了起来……现在我再一次地向中央声明：我完全放弃我自己的那些意见，因为早经毛主席指示出那些意见都是错的，一切问题都以党的领袖毛主席和中央大多数同志的意见为决定。

2. 一九四一年夏秋之间，毛主席曾和我谈过几次话，后来并约任弼时、康生、陈云、洛甫等同志共同谈过，在谈话当中曾指示出我在1937年12月的中央政治局会议上的发言和武汉时期的工作，都有错误，就是在政治上有带原则性的错误，组织上有闹独立性的错误，同时指出我的个性和工作方法上有很多缺点。在这以前还指示出我在妇委和女大的工作中也有一些错误。我很感谢毛主席和中央各位同志指示出我的这些错误和缺点，使我有可能和我的这些错误和缺点作斗争。

我请求毛主席将此次中央政治局所讨论的有关我的其他错误和缺点给我以指示和教育，同时我也请中央各位同志都能抽出时间来给我以指导和教育。我愿意尽我力之所能，对自己过去的思想言行加以深刻的检讨，在毛主席和中央各位同志的领导与教育之下，我愿意做一个毛主席的小学生，重新学起，改造自己的思想意识，纠正自己的教条宗派主义错误，克服自己的弱点。

1945年，抗日战争进入最后一个年头。延安，正在准备召开党的第七次代表大会。这年春天，王明作了一首五绝《延安春兴》，反映了他与众不同的心境。诗曰：

延河岸草绿，嘉岭山花红。
春色空依旧，人心感不同。①

在党的七大召开前夕，毛泽东把六届七中全会准备讨论通过的《关于若干历史问题的决议》三次草案都送给王明看了，并连续派人做他的工作，劝他反省自己的错误。3月31日，毛泽东在中共中央六届七中全会全体会议讨论为七大准备的政治报告草案时还表扬了王明，他说：1937年12月会议到六中全会时期的错误倾向是“主张依靠国民党，不要民主、民生，不要三民主义的”。并说：“过去的历史错误主要是一个社会现象，由于党在政治上不成熟，犯错误的同志是因为不自觉，以为自己是对的才要在党内党外打倒一切。现在大家都觉悟了，主要思想都一致了。王明同志最近写信给我，也赞成反对国民党反动派与团结全党两点，这是很好的。”②

孟庆树在延安

4月13日，任弼时与刘少奇、朱德、周恩来到王明住处与其谈话，再次听取他对党的若干历史问题决议草案的意见。③中共中央文献研究室编《任弼时传》说：在这次谈话中，王明说：最近他“稍看了一些毛的旧著，考虑一个基本问题，才找到解决问题的办法。王明表示：对中国的革命‘毛有自己的思想系统’，从《井冈山的斗争》、《星星之火，可以燎原》到遵义会议和《中国革命战争的战略问题》，系统地总结军事的经验，提出最高斗争方式手段——最大的优点是用武装斗争决定一切”，“在这些基

① 《王明诗歌选集（1913—1974）》，莫斯科进步出版社1979年中文版，第181页。

② 《对〈论联合政府〉的说明》，《毛泽东文集》第三卷，人民出版社1996年版，第272—273、276页。

③ 中共中央文献研究室编：《任弼时日记》，中央文献出版社1993年版，第479页。

王明像（年代不详）

本思想上产生建党——一方与资联合，一方在农村斗争；一方反‘左’的拼命，也要反右的逃跑；一方反不要资（产）阶级，一方反迁就资（产）阶级；一方领导农民，一方又不要受农民意识的影响’等等，‘这些都是马克思主义中国化、具体化’。在《新民主主义论》中，王明认为毛对中国革命性质与斯大林估计不同，‘如保留过去的看法则会想不通的’，因为毛泽东有自己的道路，将新旧三民主义加以区别，使国际经验和民族传统结合，所以是‘马恩列斯毛，毛在中国发展了马列主义’。他赞成在决议中‘将毛正面多讲点’。至于他的小册子《为中共更加布尔塞维克化而斗争》，王明说：从现在观点与毛的思想看，则是‘有错的’，但它‘不仅起消极作用，也起了些积极作用’，决议稿‘现在是过了些，把国际的错误都说（成）我的。如以我的小册子做代表我可以接受的”①。任弼时对王明的讲话作了详细的记录。

4 月 20 日，中共七届六中全会通过《关于若干历史问题的决议》，其中严厉地批判了王明的“左”倾错误，指出：

> （中共六届三中全会以后）党内一部分没有实际革命斗争经验的犯“左”倾教条主义错误的同志，却又在“反对立三路线”、“反对调和路线”的旗帜之下，以一种比立三路线更强烈的宗派主义的立场，起来反抗六届三中全会后的中央了。他们的斗争，并不是在帮助当时的中央彻底清算立三路线的思想实质，以及党内从“八七”会议以来特别是一九二九年以来就存在着而没有受到清算的若干“左”倾思想和“左”倾政策；

① 中共中央文献研究室编：《任弼时传》，中央文献出版社、人民出版社 1994 年版，第 545 页。

在当时发表的《两条路线》即《为中共更加布尔什维克化而斗争》的小册子中，实际上是提出了一个在新的形势下，继续、恢复或发展立三路线和其他“左”倾思想、“左”倾政策的新的政治纲领。这样，“左”倾思想在党内就获得了新的滋长，而形成为新的“左”倾路线。

新的“左”倾路线虽然也批评了立三路线的“左”倾错误和六届三中全会的调和错误，但是它的特点，是它主要地反而批评了立三路线的“右”，是它指责六届三中全会“对立三路线的一贯右倾机会主义的理论与实际，未加以丝毫揭破和打击”，指责第九十六号通告没有看出“右倾依然是目前党内主要危险”。新的“左”倾路线在中国社会性质、阶级关系的问题上，夸大资本主义在中国经济中的比重，夸大中国现阶段革命中反资产阶级斗争、反富农斗争和所谓“社会主义革命成分”的意义，否认中间营垒和第三派的存在。在革命形势和党的任务问题上，它继续强调全国性的“革命高潮”和党在全国范围的“进攻路线”，认为所谓“直接革命形势”很快地即将包括一个或几个有中心城市在内的主要省份。它并从“左”的观点污蔑中国当时还没有“真正的”红军和工农兵代表会议政府，特别强调地宣称当时党内的主要危险是所谓“右倾机会主义”、“实际工作中的机会主义”和“富农路线”。在组织上，这条新的“左”倾路线的代表者们违反组织纪律，拒绝党所分配的工作，错误地结合一部分同志进行反中央的宗派活动，错误地在党员中号召成立临时的中央领导机关，要求以“积极拥护和执行”这一路线的“斗争干部”“来改造和充实各级的领导机关”等，因而造成了当时党内的严重危机。这样，虽然新的“左”倾路线并没有主张在中心城市组织起义，在一个时期内也没有主张集中红军进攻中心城市，但是整个地说来，它却比立三路线的“左”倾更坚决，更“有理论”，气焰更盛，形态也更完备了。

一九三一年一月，党在这些“左”的教条主义宗派主义同志从各方面进行压迫的情势之下，也在当时中央一部分犯经验主义错误的同志对于他们实行妥协和支持的情势之下，召开了六届四中全会。这次会议的召开没有任何积极的建设的作用，其结果就是接受了新的“左”倾路线，使它在中央领导机关内取得胜利，而开始了土地革命战争时期“左”倾路线对党的第三次统治。六届四中全会直接实现了新的“左”倾路线的两项互相联系的错误纲领：反对所谓“目前党内主要危险”的“右倾”，和“改造充实各级领导机关”。尽管六届四中全会在形式上还是打着反立三路线、反“调和路线”的旗帜，它的主要政治纲领实质上却是“反右倾”。六届四中全会虽然在它自己的决议上没有作出关于当时政治形势的分析和党的具体政治任务的规定，而只是笼统地反对所谓“右倾”和所谓“实际工作中的机会主义”；但是在实际上，它是批准了那个代表着当时党内“左”倾思想，即在当时及其以后十多年内还继续被人们认为起过“正确的”“纲领作用”的小册子——《两条路线》即《为中共更加布尔什维克化而斗争》；而这个小册子，如前面所分析的，基本上乃是一个完全错误的“反右倾”的“左”倾机会主义的总纲领。在这个纲领下面，六届四中全会及其后的中央，一方面提拔了那些“左”的教条主义和宗派主义的同志到中央的领导地位，另一方面过分地打击了犯立三路线错误的同志，错误地打击了以瞿秋白同志为首的所谓犯“调和路线错误”的同志，并在六届四中全会后接着就错误地打击了当时所谓“右派”中的绝大多数同志……六届四中全会这种对于中央机关的“改造”，同样被推广于各个革命根据地和白区地方组织。六届四中全会以后的中央，比六届三中全会及其以后的中央更着重地更有系统地向全国各地派遣中央代表、中央代表机关或新的领导干部，以此来贯彻其“反右倾”的斗争。

在六届四中全会以后不久，一九三一年五月九日中央所发表的决议，表示新的“左”倾路线已经在实际工作中得到了具体的运用和发展……

自一九三一年九月间临时中央成立起，到一九三五年一月遵义会议止，是第三次“左”倾路线发展的时期……

一九三四年一月，由临时中央召集的第六届中央委员会第五次全体会议（六届五中全会），是第三次“左”倾路线发展的顶点……

第三次“左”倾路线在革命根据地的最大恶果，就是中央所在地区第五次反“围剿”战争的失败和红军主力的退出中央所在地区。……

以上这些，就是第三次统治全党的、以教条主义为领导的、错误的

"左"倾路线的主要内容。

犯教条主义错误的同志们披着"马列主义理论"的外衣，仗着六届四中全会所造成的政治声势和组织声势，使第三次"左"倾路线在党内统治四年之久，使它在思想上、政治上、军事上、组织上表现得最为充分和完整，在全党影响最深，因而其危害也最大。但是犯这个路线错误的同志，在很长时期内，却在所谓"中共更加布尔什维克化"、"百分之百的布尔什维克"等武断词句下，竭力吹嘘同事实相反的六届四中全会以来中央领导路线之"正确性"及其所谓"不朽的成绩"，完全歪曲了党的历史。①

接着，《决议》分析了各次尤其是第三次"左"倾路线在政治上、军事上、组织上、思想上的错误，以及它产生的社会根源。

中共六届七中全会通过的《关于若干历史问题的决议》

在中共中央扩大的六届七中全会讨论并通过《关于若干历史问题的决议》的同一天，王明写信给任弼时，请他阅转毛泽东并扩大的七中全会各位同志，表示赞同这一决议，并高度赞扬毛泽东及毛泽东思想的正确与功绩，检查了自己在土地革命战争时期的错误。信中说：

在阅读这次决议的三次草案过程中，七中全会的5位主席团同志均先后来和我谈过话，对决议内容作了很多的解释，对我应如何反省自己的教条主义路线的错误问题，给了许多宝贵的指示。我在谈话中，说了我对决议草案的基本认识，根据毛主席的思想和作风作了初步的自我思想反省，说了许多重要历史事实的经过。中央要我写一个我对这个决

① 中共六届七中全会通过稿。

> 议的基本认识和态度的文件，我认为这是必要的……
>
> 首先，我对这个决议草案的第一个基本认识，就是这个决议草案在党的历史问题思想问题和党的建设方面，有重大的积极建设性的意义……
>
> 同时，这个决议草案，在党内斗争的立场和方法方面，也表示出与过去某些时期党内斗争的不同点……
>
> 其次，我对这个决议草案的第二个基本认识，就是它将党内在一定历史时期存在过的各种“左”倾思想和“左”倾路线，都作了明确的批评，而对于决议所指出的从四中全会至遵义会议这一时期的中央领导“左”倾机会主义路线的错误，尤其作了最彻底的清算。我对于七中全会根据毛泽东同志的正确思想和正确路线以及近年来全党同志在整风运动与党史学习中的认识，而作出的对各次尤其是第三次“左”倾路线在政治上、组织上、思想上所犯严重的错误的内容实质与其重大的危害以及产生此种错误的社会的和历史的根源底分析和估计完全同意和拥护。这条路线的错误和危害，早已由历史实践所充分证明，又由此次会议所译［阐］明总结。我在此就不去重复决议所说的一切了，我不仅以一个党员的资格，站在组织观点的立场上，完全服从这个决议；而且要如中央所指示者，以一个第三次“左”倾路线开始形成的主要代表的地位，站在思想政治观点的立场上，认真研究和接受这个决议，作为今天自己改正政治、组织、思想各方面严重错误的指南……

在这封信的下面，王明便从各个方面赞扬毛泽东及毛泽东思想的正确与功绩。之后，信中接着说：“把这个决议的立场和方法与毛泽东同志的思想和路线作为检讨的武器，立即就可以发现我在思想上、政治上、组织上错误及其根源来”，并以他1930年10月到11月写的《两条路线》（即《为中共更加布尔塞维克化而斗争》）的小册子为例，作了检讨，说：“所有这一切，就证明了这一决议所指出的在我的反立三路线小册子中存在有‘左’倾路线的各项主要纲领，因而小册子有‘左’倾路线的错误，是正确的。”信中还检讨说：“我在小册子中所提出的对当时中国革命运动的许多意见，是从何而来呢？是从分析当时中国的具体情况和根据当时中国人民的具体要求而来的吗？绝不是的。它是从抄袭各种决议而来的。”在列举了许多事例说明这一点之后，信中接着说：

> 我之所以犯教条主义的“左”倾路线的错误，也不是偶然的，这是由于丝毫不懂马克思主义理论及基础，完全不懂中国社会和中国革命的实际情况，全不研究中国的政治、军事、文化的历史事实和历史经验，以及简直不懂国际经验和民族传统的结果。尤其是由于没有群众工作经验和没有群众观点，以及小资产阶级社会出身的劣根性作祟的结果。

信中还说：“再次，我对这个决议草案的第三个基本认识，就是它把许多历史问题作了新的认识和估计。”接着说，过去认为三中全会没有解决“立三路线”的问题，现在认为三中全会已正确地纠正了“立三路线”的主要错误，“因而认为三中全会的继续反对‘立三路线’和把三中全会决议当作调和路线来反对，是反中央的宗派活动，并造成了当时党与团的严重危机”。并声明说：“在1930年11月20日至12月20日左右期间，在国际关于‘立三路线’问题的信到上海后，我和其他教条主义的同志们，的确未能认识到中央已接受国际来信而应对中央加以帮助和掩护，而仍提出要求中央召集紧急会议，以便改造党的领导机关的错误主张，并进行了为实现此主张的一些活动。这从今天正确的眼光看来，是不对的，是不足为法的与党不利的活动。”当谈到六届四中全会及其以后的错误时，信中说：

> 过去由于以为四中全会纠正了立三路线，并反对了罗章龙右派，实行了正确的政治路线和组织办法，尤其是以为四中全会后中央苏区红军冲破了敌人的四次“围剿”，因而认为四中全会是对党有很大功绩的会议（如我在国际十三次全会演讲中就是这样吹嘘四中全会的）。现在认识三中全会已纠正了立三路线错误，认识了四中全会既过分打击了犯立三路线错误的同志（如停止了立三同志的政治局委员，罗迈、贺昌同志中央委员等），和完全错误地打击了以瞿秋白同志为首的所谓犯“调和路线错误”的同志（如停止秋白同志的政治局委员），又很错误地打击了当时所谓“右派”的大多数同志（如不久后英勇牺牲的何孟雄同志

等)，而中央苏区红军冲破敌人的四次“围剿”胜利，现在知道了不是执行四中全会错误路线的结果，而是在毛主席领导下实行其正确路线的结果。同时，知道了四中全会后派去各苏区的中央代表或中央代表机关不仅未能起加强苏区领导和有利苏区工作的作用，相反的，闯下了许多滔天大祸！尤其重要的，由于四中全会选举的结果，使我这个带有教条主义的“左”倾错误的人，走进中央领导机关中去，构成一个严重的错误。而我自己在四中全会上未能如在四中全会前的政治局会议上一样要求不要把我选入中央及其政治局作委员，更是莫大的政治上和组织上的错误。因此，四中全会的确不仅是对党毫无功绩，而且是并对党造成严重错误的会议，是使“左”倾路线在中央领导机关内取得胜利而成为“左”倾路线第三次统治全党的开始的会议！我对于七中全会对三中全会和四中全会的这些新的认识和估计，表示完全服从和同意。同时，我应该声明，虽然四中全会前后我主要地是作江苏省委书记和代表中央管理江苏工作；虽然四中全会决议及其后的中央5月9日决议和9月20日决议等，以及对四中全会本身（如选举及处分问题）及其以后的组织问题（如派中央代表和中央代表机关到各地等）都没有提出过任何具体的意见；但是，我是反立三路线及反三中全会领导同志的所谓调和路线的有“左”倾路线错误的小册子底主要写作者；是在四中全会上当选为中央及政治局的委员，对四中全会后的中央领导在政治思想上有很大的影响；对四中全会本身及1931年9月底以前的中央一切重大的政治问题和组织问题的决定都曾经同意；所以同意中央的指示，我对四中全会至9月底以前这一时期（9月25日我即动身赴苏联了）的中央错误，应负主要的责任。

在1932年到1935年期间，虽然在共产国际领导的教育和帮助之下……在有些政策问题方面与当时当权的其他教条主义同志有些原则的分歧……在遵义会议前我并未能经过国际去帮助中央改变其错误的路线；所以我对这一时期中央领导所犯的各种错误，仍负有一个中央政治局委员及中央驻国际代表在政治上、思想上、组织上应负的责任。至于我在武汉时期工作中所犯的错误问题，因时间和精力的限制，此时来不及自我学习和自我反省，此后当遵循毛主席所指引的方向，尽可能地去学习和研究抗战时期的一切思想和策略问题，以便改造自己的思想和纠正自己的错误。最后，我郑重声明：中央根据七中全会这一决议的立场和精神与根据对我在各个历史时期中所犯各种错误的性质和程度的认识，对我作出任何政治上和组织上的结论，我都服从接受。首先，我认为中央应立即撤销我在党内的一切领导职务（中央委员及政治局委员，中央统战部长）和党外代表党的职务（向国民党交涉在选聘新届参政员时，不应把我再当作我党的代表之一而加以选聘）。我应该作最接近广大群众的下层群众工作，这不仅是由于我犯了严重错误而应得的处分，而且对于我的思想改造、意识锻炼及工作作风转变，是非常必要的。我决心在党所指定的任何下层工作岗位上，向毛主席和中央各同志学习，向全体干部和党员同志学习，向劳动人民群众学习，一切从头学起，一切从新做起，以便在长期群众工作中，使自己成为一个好的于党有用的党员，为党的事业，为中国人民的解放事业，尽一个小勤务员的能力和责任，以多少补偿由于自己错误缺点而造成的党的工作底重大损失于万一！

在这封长信中，虽然有些问题检查得不够全面、不够深刻，但这是王明一生中对土地革命战争期间所犯“左”倾冒险主义错误的一次最全面、系统的检查。在一些问题上，检查得还是比较深刻的，似乎也是诚恳的。但是，王明后来在晚年写的《中共半世纪与叛徒毛泽东》一书中说这次检讨是被迫的，并不是真心真意的。书中说：

毛泽东想在一九四五年四月召开中共第七次代表大会，所以四月二十日召开了中共六届七中全会。还在四月初他就把《关于若干历史问题的决议》草案送给我看，并派刘少奇、周恩来、任弼时、朱德四人两次来和我谈话，他自己也来和我谈了一次，都是要我写声明书承认七中全会决议正确和作“自我检讨”，我都没有同意。

同时，我也和许多来看我的同志们商量，怎么办更好。我当时考虑到苏联最后战胜法西斯德国的日子已为期不远，因此，即使我不承认七中全会决议，毛泽东也未必敢开除我的党籍。但同志们举出下列几项理由：第一，“共产国际解散了，没有一个能够去申诉意见的机关了。按照党章，少数应服从多数。现在要开的中共第七次代表大会是毛泽东一手准备的。你现在既没有可能，也没有体力向大会说明自己的意见。而大会也不可能改变七中全会的决议”；第二，“目前国内国外都还不十分了解毛泽东搞的‘整风运动’的反动本质。还要进行长时期的反毛斗争。把你保存下来，就是保存了党的真理和反毛斗争的主要领导者……要是不承认七中全会决议，那七次大会还可能再‘通过’一个类似的决议；如果你还是不服从，就可能被开除党籍，那时进行斗争就更困难了……”

这样，我就向七中全会声明：我服从中央决定。①

孟庆树也说：“在六届七中全会前，毛泽东派刘少奇、周恩来、任弼时、朱德两次，毛泽东自己一次来找王明谈话（当时王明在中毒后还不能起床），要求王明接受六届七中全会的决议。经过几次争吵，王明为了避免开除党籍，又听了同志们‘留得青山在，不怕没柴烧’的劝告，不得已声明组织上服从决议。”②

据孟庆树说，王明在《中共半世纪与叛徒毛泽东》一书中，还写了一段话，说4月10日这天，苏联记者弗拉基米洛夫来看他，拿来季米特洛夫给他的电报，并念给他听，他凭记忆记得电报的内容是：“王明！根据获得的情报，您的生命政治上和肉体上都处于非常的危险中，应当做出暂时让步——声明承认中共七中全会决议，以便拯救自己和赢得时间，时间在我们这方面。由于苏联对法西斯德国的伟大胜利，欧洲和世界的形势在发生根本的变化；中国的形势也将会变化的。”③ 但这段话在《中共半世纪与叛徒毛泽东》一书出版时被删去了。如果这封电报是真的，王明的检讨可能与此有关。

同日，毛泽东在中共六届七中全会上《对〈关于若干历史问题的决议〉草案的说明》中，肯定了王明的态度，他说：“四中全会是否根本错了？现在弄清楚了，四中全会在根本上是错误的。”“治病救人的方针证明是有效

① 王明：《中共半世纪与叛徒毛泽东》，莫斯科进步出版社1979年中文版，第124页。
② 孟庆树：《陈绍禹——王明传记与回忆》（手写复印稿）。
③ 孟庆树：《陈绍禹——王明传记与回忆》（手写复印稿）。

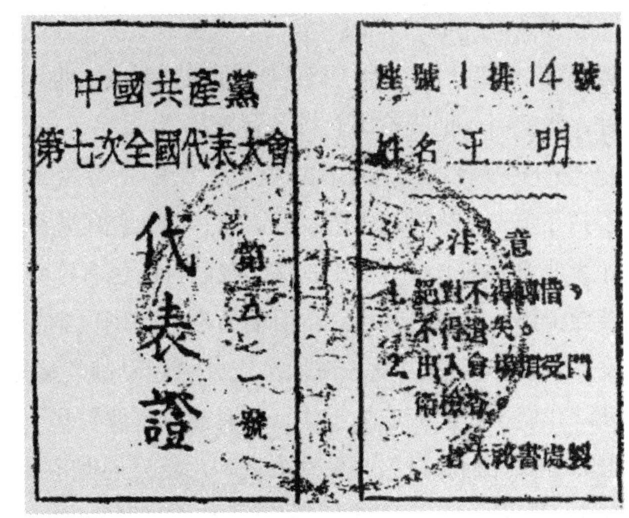

王明的第 571 号中共七大代表证

的，要看什么时候需要强调哪一个方面。前年十二月以后治病太多，救人差一点，所以去年就多加些‘甘草’。最近的情形也是如此。一九四〇年不许提路线，一九四一年谈了路线，以后就发生了王明同志的问题。他养病的时候，我们整了风，讨论了党的历史上的路线问题，‘项庄舞剑，意在沛公’，这是确实的，但‘沛公’很多，连‘项庄’自己也包括在内。发展的过程就是如此。到了现在，这个决议就比较好，把治病救人两方面统一起来了。王明同志写了这封信，内容有无缺点错误还可以研究，但其态度是好的，应该欢迎的。其他许多同志的意见都很好。错误不是少数人的问题，写几个名字很容易，但问题不在他们几个人。如果简单地处理几个人，不总结历史经验，就会像过去陈独秀犯了错误以后党还继续犯错误一样。”①

1945 年 4 月 23 日，中共七大在延安开幕，王明被抬到会场。有的论著说：“王明本属应予检讨的头号人物，但因患重病未能参加全程的会议。王明本来要向大会请假，毛泽东亲自上门劝说，请王明务必参加大会的开幕式。于是，王明被抬着担架送入会场，”② 王明在晚年写的《中共半世纪与叛徒毛泽东》一书中则说：在七大正式开幕前半小时左右，毛泽东走到他的床前客气地请他参加开幕式，说“你到那里躺十五分钟就行了”，以显示全党在毛泽东领导下的空前团结。“我和稼祥坐担架先后到达会场后，毛泽东立

① 《毛泽东文集》第三卷，人民出版社 1996 年版，第 283 页。

② 高华：《红太阳是怎样升起的——延安整风运动的来龙去脉》，香港中文大学出版社 2002 年版，第 525 页。

即登台致简短的开幕词，宣布大会开幕。然后通过主席团名单和议事日程。这一切一共花了的确约十五分钟的时间。当刘少奇宣布毛泽东作政治报告时，我就叫人把我抬出会场了”①。

4月30日，周恩来在中共七大上的发言《论统一战线》中，全面总结了党在统一战线问题上的经验，批评了王明的右倾错误，同时也作了自我批评。他说：抗战初期“在武汉，我们自己也有错误。就是说，当时在武汉作领导工作的同志，我也在内，着重在相信国民党的力量可以打胜仗，而轻视发展我们自己的力量，在战争上强调运动战，轻视游击战。所以在武汉时期，我们在长江流域的工作，没有能象［像］华北一样，利用国民党军队撤退的时候，到农村去，发动农民，广泛发展游击战争”。还说：“一九三七年的十二月会议上，又有人主张不要分什么左、中、右，只要抗日与不抗日之分，抗日与亲日之分，除了亲日派之外，剩下的就是铁板一块，都是坚决抗日的。这是受了大地主大资产阶级的影响。所以第二个武汉时期，就把国民党蒋介石的军阀性、法西斯性都抹杀了，认为站在一起，一般高、一般美、一般漂亮”；武汉时期还有人说我们和国民党“是‘求同而非异’，就是说只有同而没有异”，不懂得领导权问题，“说只要抗战就是统一，说蒋介石的政府已经开始民主化，人民已经得到充分自由。这就是说，大资产阶级很好，很民主，很统一，也就是承认大资产阶级的领导权，因而在政策上也就不要民主改革，不要改善民生”，同时“不重视敌后的发展，不主张建立敌后政权，主张一切经过统一战线”，这“实际上就是一切经过国民党的军令、政令”。②

同日，博古在中共七大讨论政治报告时发言，检讨了自己的教条主义错误，实际上，也分析了王明的教条主义错误。他说，在革命阶段问题上，他们在内战时期混淆了民主革命与社会主义革命的界限，在抗战时期则将新民主主义革命回返到旧民主主义革命；在农民是革命的主干问题上，不了解与轻视农民在中国革命中的伟大作用，在内战时期过度地强调城市与工人的作用，坚持城市观点，在抗战时期则牺牲农民的迫切要求以迁就大资产阶级；

① 王明：《中共半世纪与叛徒毛泽东》，莫斯科进步出版社1979年中文版，第134页。
② 《周恩来选集》上卷，人民出版社1980年版，第197、214、215、219页。

在革命领导权问题上，在内战时期是在教条地空喊，在打倒一切之下把同盟者缩小到只有贫农中农的地步，在抗战时期则从空喊转变为公开否定，提出所谓“共同领导”的口号；在政权问题上，在内战时期死啃所谓工农民主专政的旧公式，在组织形式上完全因袭无产阶级专政形式的苏维埃形式，在抗战时期则把本质上、组织形式上并未改变、只有施政政策有若干改变的国民党政府，认为是全国统一的国防政府和政治制度彻底民主化的开始，强调要时时、处处、事事帮助这种类型的政府，反对建立敌后的抗日民主政府；在革命发展前途上，是民粹式的企图跳过资本主义发展阶段。“总之，在革命根本问题上，战略问题上，教条主义者由于机械地搬用马克思主义底个别结论与词句，无视中国革命具体实践，就曲解了马克思主义，政治上走‘左’右倾机会主义”；在策略基本原则上，则根本忽视和违背了策略必须根据具体情况决定，利用矛盾、争取多数、反对少数，团结中有斗争，斗争为着团结，从群众中来，到群众中去等原则。

5 月 24 日，毛泽东在七大关于选举问题的讲话中，针对很多同志提出的不选王明、博古等人的意见说：“虽然犯过路线错误，但是他已经承认错误并且决心改正错误，王明还可以选他。”中央委员会“要包含一批过去犯过路线错误但今天表示放弃错误路线接受正确路线的同志”。并说：“从遵义会议到六中全会，这时第三次‘左’倾路线已被清算，但没有彻底。凡是一个东西不搞彻底，就总是不能最后解决问题，因此又出了一些乱子。第二段，从六中全会到七大，这时逐步地比较彻底地清算了‘左’倾路线。”①

5 月 31 日，毛泽东在《对〈论联合政府〉的说明》中说：“过去的历史错误主要是一个社会现象，由于党在政治上不成熟，犯错误的同志是因为不自觉，以为自己是对的才要在党内党外打倒一切。现在大家都觉悟了，主要思想都一致了。王明同志最近写信给我，也赞成反对国民党反动派与团结全党两点，这是很好的。”② 再次对王明的态度作了肯定。

6 月 9 日，举行中央委员选举。代表们虽然对王明所犯的严重错误和他

① 《毛泽东在七大的报告和讲话集》，中央文献出版社 1995 年版，第 164、171、173—174 页。

② 《毛泽东在七大的报告和讲话集》，中央文献出版社 1995 年版，第 102 页。

不认真检查错误的态度有很大意见，但在毛泽东的动员下，还是从大局出发，半数以上投了他的票，使他得到 321 票，仍然把他选入中央委员会。

在此前后，毛泽东在同师哲谈话时曾一针见血地指出王明错误的实质。师哲回忆说："王明错误的实质到底在哪里呢？1945 年 6 月的一天，我跟毛主席从枣园出来，赶赴杨家岭参加'七大'会议。在延河岸边，我们边走边谈大会上的种种情况，随之谈及王明错误的实质。相互议论间，涉及到他的这点或那点错误性质，然而仍未超过我对各项文件所谈及的那几点。""毛主席从我的话里揣摩出了什么，摸准了我的思想不明亮的关节所在，于是只用一句话就打开了天窗。他说：'王明问题的关键、症结之所在，就是他对自己的事（指中国革命问题）考虑得太少了！对别人的事却操心得太多了！'""我一听这话，茅塞顿开，思想豁然开朗。觉得这句话真是一针见血。""考虑问题的出发点不同，这就是毛主席同王明的根本区别。王明对共产国际采取盲从、教条主义式的、生吞活剥的态度，盲目接受共产国际的一切指示，他是到斯大林那里领钦令、接圣旨，硬套到中国问题上。如果说斯大林对中国许多问题没有弄清楚的话，倒不如说王明从未介绍、解释清楚；反而将斯大林的指示不加分析地生搬硬套，不问情况照搬。而毛主席则不是这样"①。

7 月 24 日，根据中共六届七中全会、七大和七届一中全会第一次会议期间提出的修改意见，又对《关于若干历史问题的决议》进行了修改。其中和王明有关的几个重要改动是：第一，对党的历史发展过程中的"左"右倾向的叙述，增写了八七会议，并对第一次"左"倾盲动路线、六大、立三路线、三中全会、新"左"倾路线的形成、四中全会及其向苏区白区派遣中央代表、临时中央到中央苏区、五中全会、反五次"围剿"的失败与长征等重大事件讲得更为充实和全面。第二，对第三次"左"倾路线错误内容的分析，把军事方面独立出来，增写了关于军事方面的长段文字，从而使之成为政治、军事、组织、思想四个方面。这是这一稿最大的修改。对政治方面的三个主要错误的概括和叙述也作了一些修改。第三，在论述"左"倾路线产生的社会根源时，首次指出"左倾路线反映中国小资产阶级革命民主派的思

① 师哲：《在历史巨人身边——师哲回忆录》，中央文献出版社 1991 年版，第 263—264 页。

想”，“大批的小资产阶级革命民主分子向无产阶级队伍寻求出路”；小资产阶级的革命的一面“在将来也可能与无产阶级共同走向社会主义”，其落后的一面则是在失去无产阶级领导时有可能变成自由资产阶级以至大资产阶级的“俘虏”；“小资产阶级的革命性，在本质上是与无产阶级的革命性不相同的”，“带着小资产阶级革命性的党员，虽在组织上入了党，思想上却没有入党或没有完全入党”。这些思想的提出及论述使对小资产阶级思想的分析深刻了许多。①

① 《胡乔木回忆毛泽东》，人民出版社 1994 年版，第 324—326 页。

第十一章　主管法律事务

第一节　宪法起草组长

1945年7月29日，延安医生王斌、史书翰、鲁之俊、陈应谦、黄树则、李志中、马海德、苏井观、曲正继续为王明会诊，针对王明的身体方面、食物方面、外用治疗、洗肠用药、内服药物等提出了具体的治疗方案，最后形成《王明同志检查结果》，由周泽昭和陈仲武抄存。《检查结果》说王明“心、肺无特殊发现”，肝脏“无肿大”、“无硬化”，结肠“有显著压迫感”，“可诊断为：慢性结肠炎”。说明王明这时已恢复健康。①

由于王明在党的七大前夕检查了自己的一些错误，以后他的病情又有所好转，1945年12月中旬，中央安排他担任中央政治研究室主任。②

但他于12月25日在中央直属机关党员大会上作的《目前形势与党的任务》报告中，提出了与毛泽东《论联合政府》报告相反的意见。王明在晚年写的《中共半世纪与叛徒毛泽东》一书中说：“一九四五年十二月二十五日，我在中共中央直属机关党委、中共中央西北局和陕甘宁边区党委联合召开的一千多人的干部大会上，作了《关于目前形势和党的任务》的报告。这个报告中提出的政策方针的内容与毛泽东在中共‘七大’上的报告《论联合政府》完全相反。我作报告后，几位同志来向我致贺时说：‘留得青山在，不怕没

① 丁晓平：《王明中毒事件调查》，中国青年出版社2012年版，第286—287页。

② 孟庆树：《陈绍禹——王明传记与回忆》（手写复印稿）。

柴烧呀！’”①

孟庆树也回忆说：这个报告是因中央机要科科长兼中央机关直属党委书记曾三的要求，并经毛泽东同意后作的。王明开始不同意，后来又想：利用这个机会讲讲自己对国际国内问题的意见也好。把自己的意见说出来，看他怎么办?! 就来一个和毛泽东在七大作的估计完全相反的意见。因为毛泽东在不久前召开的中共七次大会上的报告《论联合政府》的主要出发点是：“战时合作决定战后合作”。毛泽东认为，国际上战后仍是英美法苏的合作，国内仍是以国共合作为基础的统一战线。因此，他决定的我们的主要任务是争取建立各党派合作的联合政府。王明决定从另一种观点出发，就是：战后矛盾不同于战时矛盾，因而战时合作不决定战后合作。因为战后没有共同敌人。所以在国际上不再是英美法苏等反对德意日法西斯的联合战线，而是资本主义和社会主义的矛盾，首先是美苏矛盾的尖锐对立；在国内的共同敌人——日本帝国主义——没有了，所以不能再是以国共合作为基础的抗日民族统一战线，因而也不会再建立以国共合作为基础的各党派的联合政府。而且不可免的要发生国共内战。所以党的当前主要任务就是要用全力准备和蒋介石打内战。当然，从现在到公开爆发国共内战还可能有一个暂时和平时期，因为双方都没有准备好，无论是国民党统治区或是解放区，老百姓都希望和平，所以我们现在是处在过渡期间。

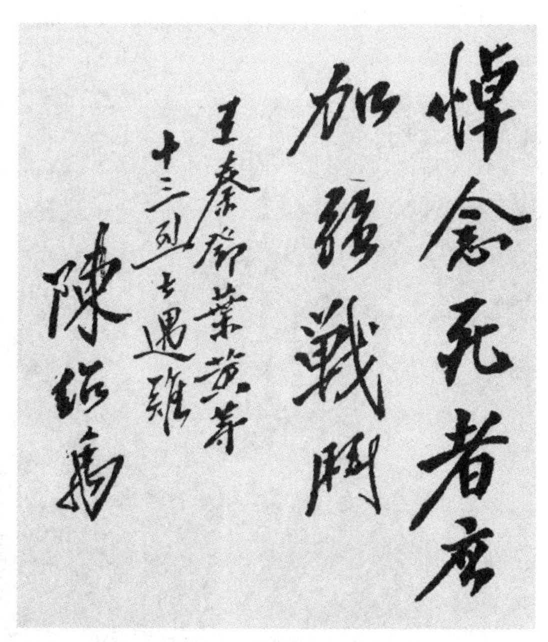

1946 年 6 月，王明为王若飞、博古、叶挺、邓发等 13 位在“四八”空难中遇难的烈士题词

① 王明：《中共半世纪与叛徒毛泽东》，莫斯科进步出版社 1979 年中文版，第 124—125 页。

一方面要全力准备战争；另一方面要争取和平。这样才能博得全国大多数人民的拥护。但必须看清，蒋介石正在极力准备打内战。报告中有几次听众鼓掌表示赞同。1946 年 1 月 1 日到任弼时同志家里拜年时，任弼时同志说："你没有想到毛主席要你做这样的报告；而毛主席没有想到你的报告内容和他在七大的报告内容完全相反。所以你们俩人都没有料想到，双方料想不到！"①

从 1946 年 4 月起，王明开始从事研究法律及起草宪法草案等方面的工作。据《谢觉哉日记》记载，4 月 20 日，王明与谢觉哉、陈伯达、徐特立、廖鲁言在延安杨家岭参加宪法起草。5 月 29 日，王明又找谢觉哉谈组织法律研究委员会事。6 月 17 日，王明与徐特立找谢觉哉说中共中央书记处批准成立中央法律研究委员会，以谢觉哉、林伯渠、李木庵、张曙时、刘景范、马锡五、徐特立、陈伯达、鲁宜、松龄、王明、觉民为委员，嘱早召开成立会。②

1946 年 6 月，中共中央书记处决定成立中央法律问题研究委员会，以

1946 年初王明和孟庆树与孩子们在延安杨家岭

① 孟庆树：《陈绍禹——王明传记与回忆》（手写复印稿）。

② 《谢觉哉日记》下册，人民出版社 1984 年版，第 915、929、932 页。

林伯渠、徐特立、王明、谢觉哉、陈伯达等 12 人为委员，谢觉哉为主任委员。当时，中央法律问题研究委员会和中央政治研究室的任务，都是研究各种法律问题及试拟陕甘宁边区宪法草案。从 7 月到 11 月上半月，中央法律问题研究委员会一部分人员便协助中共中央西北局，研究和起草陕甘宁边区宪法草案。到 11 月中旬左右，初步完成了陕甘宁边区宪法草案起草工作。

1946 年王明和儿子王丹丁在杨家岭[①]

这年 6 月 26 日，蒋介石悍然撕毁停战协定和政协协议，大举围攻各个解放区，其中进攻陕甘边区的有 19 个旅 15 万人。为了保证中央机关的安全，中央一部分机关于这年 11 月撤出延安。11 月 18 日，王明全家也疏散到绥德，直到新年前才返回延安杨家岭。

1947 年 1 月，周恩来代表中央召集了一次会议，要法律研究委员会起草一个全国性的宪法草案，供解放区人民代表大会之用，并限定于 5 月 1 日前交稿。从 1 月 28 日到 3 月上旬，中央法律研究委员会便开始研究及草拟全国性新宪法草案的工作，参加的有徐特立等人，王明被指定为宪法组长，陈瑾昆为法律组长。3 月上旬，因国民党军队重点进攻延安，中央法律研究委员会人员随同其他一些中央机关疏散到晋绥解放区，3 月 28 日到达临县后甘泉村，以后王明即常居于此。

离延安前，王明向毛泽东、刘少奇口头请示过起草宪法草案的原则。4 月底，中央法律研究委员会在晋绥正式开始工作，参加的有王明、谢觉哉、吴玉章等，任务是起草全国宪法及创立新民主主义的法律理论工作。

5 月 5 日，王明对下列问题提出怎样建立人民的司法制度的意见：(一)

---

① 肖里昂提供，见丁晓平：《王明中毒时间调查》，中国青年出版社 2012 年版，第 334 页。

法官之选举与罢免；（二）人民法庭之建立；（三）陪审制之建立；（四）公开审判；（五）公律师制；（六）诉讼免费；（七）口头诉讼之合法；（八）简化程序与形式；（九）巡回法庭；（十）公断（讲理）委员会之组织；（十一）监狱之彻底改革（废除暴政，实行教育）；（十二）严惩违法徇私与确认冤狱赔偿；（十三）废止□刑，慎重死刑；（十四）干部之改造与培养。①

自5月到8月，王明等人起草了一个照顾政协协议原则的新宪法草案，即所谓后甘泉初期宪草初稿。自8月到10月中，又根据形势的发展和中共中央的指示，丢开政协宪草协议原则，试图起草内容与形式皆为新民主主义的宪法草案，即所谓后甘泉后期宪草初稿。因中央当时无暇讨论，同时毛泽东指示宪法草案要待全国胜利后才使用，于是中央法律研究委员会在以后约一年的时间中，未再继续研究及修改这一初稿。据孟庆树说："此件为中共中央宪法小组起草，主要内容均为组长王明同志所写。""到北京后，毛泽东又叫刘少奇、陈伯达、廖鲁言等起草——整个是陈伯达起草的，经济部分写得不成话，很零乱，看来只有发展资本主义。王明同志提出：要写清楚有几种经济，发展前途是什么。廖鲁言说：'不要把资产阶级吓跑了。'但因刘少奇同意王明的意见，所以后来政协纲领上才写了几种经济。毛泽东主张的政体是民主集中制，王明说'这是党和政府的组织原则，而不是政体，政体应当是全国人民代表大会。'"②

1947年王明于临县后甘泉村

在这段时间，王明几次前往河西中央驻地并写信报告请示工作。如1947年5月王明写信给毛泽东、刘少奇，报告中央法律研究委员会又开始起草宪法草案，以及学习理论和准备参加地方土改工作等。7月13日，毛

① 孟庆树：《陈绍禹——王明传记与回忆》（手写复印稿）。

② 孟庆树：《陈绍禹——王明传记与回忆》（手写复印稿）。

1947 年王明（右二）和中共中央法律委员会委员们在山西临县后甘泉村

泽东给王明复信，内容是：“王明同志：大示敬悉。你们都好，法律工作日起正规，指导方针亦正确，甚以为慰。我们在此甚好，我身体较在延安时有进步，无以为念。问小孟同志好。”①

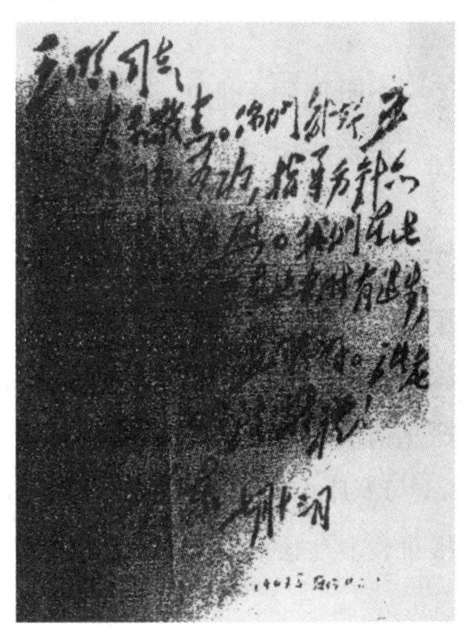

1947 年 7 月 13 日毛泽东给王明的复信

大约 10 月 20 日到 11 月 15 日、12 月 6 日到 1948 年 1 月 2 日前后，王明还同谢觉哉两次赴河西到陕北葭县（今佳县）神泉堡、米脂县杨家沟向中共中央汇报工作和开会，向中央反映康生、陈伯达领导的土改工作团工作中的错误。这段时间，王明还在临县后甘泉村参加

① 孟庆树：《陈绍禹——王明传记与回忆》（手写复印稿）。

1947年11月毛泽东约王明、谢觉哉谈工作（右一为王明）

了一个时期的土地改革工作。

据孟庆树说：康生、陈伯达在后甘泉、前甘泉村搞土改时犯了极左的错误，被打成地主富农成分的至少有90%左右定错了，他们不仅被斗得倾家荡产，而且有些人弄得家破人亡(死七人，卖妻者二人，卖儿女者四人)。“为了使中央知道土改工作团的错误，王明同志和谢老觉哉同志于1947年十月渡黄河到河西去中共中央所在地找毛泽东，想把山西临县土改工作中错误的严重情况告诉他……王明和谢老只好找任弼时、周恩来谈了一点。”①

12月6日，王明与谢觉哉再次赴河西，到陕北米脂县杨家沟向中央汇报工作。② 孟庆树说，王明除报告宪法小组（王明为组长）起草工作总结

① 孟庆树：《陈绍禹——王明传记与回忆》(手写复印稿)。

② 田为本1987年10月30日复郭德宏信说：“王明与谢觉哉二次往中央系一九四七年十二月六日到达，约于一九四八年一月返回”。

外，还参加了土改工作座谈会，就土地改革的理论与实践问题作了重要的发言。这年，王明还曾给卢化蓬写信，谈“关于土改问题”，撰写《关于山西临县前甘泉村和后甘泉村土改工作的基本总结》。“从这两份总结和给卢化蓬同志信，可以看出当时土改关于划分阶级、没收和分配土地及斗争方法——乱打、乱杀等错误情况，这些错误在各地区，都是大同小异的，是带有普遍性的。”①

1947 年 12 月 8 日到 28 日，中共中央在陕北米脂县杨家沟村召开会议，讨论研究当时的形势和党的政策。25 日，毛泽东在会上作了《目前形势和我们的任务》的书面报告，正确地分析了当时的形势，阐明中国共产党在军事、土地改革、整党、经济、统一战线方面的基本政策，提出今后夺取全国胜利的各项任务。在阐述各项政策时，毛泽东还批评了王明在土地革命战争时期和抗日战争时期所推行的“左”的和右的错误，如报告中说：“地主富农应得的土地和财产，不能超过农民群众。但是，曾经在一九三一年至一九三四年期间实行过的所谓‘地主不分田，富农分坏田’的过左的错误的政策，也不应重复。”“对于上层小资产阶级和中等资产阶级经济成分采取过左的错误的政策，如像我们党在一九三一年至一九三四年期间所犯过的那样（过高的劳动条件，过高的所得税率，在土地改革中侵犯工商业者，不以发展生产、繁荣经济、公私兼顾、劳资两利为目标，而以近视的片面的所谓劳

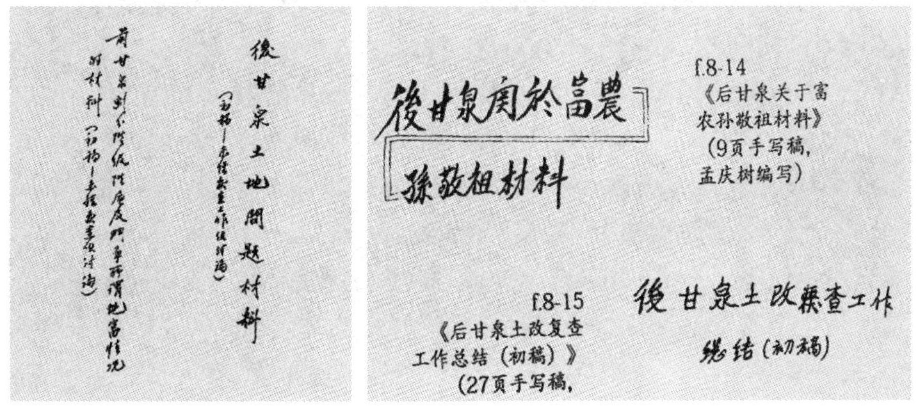

在王明领导下中共中央法律委员会工作人员编写的关于后甘泉土地改革的材料

① 孟庆树：《陈绍禹——王明传记与回忆》（手写复印稿）。

动者福利为目标)，是绝对不许重复的。这些错误如果重犯，必然要损害劳动群众的利益和新民主主义国家的利益。”① 对于王明在抗日战争时期所犯的右倾错误，报告也作了精辟的分析。

王明参加了这次会议，并于 26 日在讨论毛泽东的报告时发了言。他说，毛泽东的报告“恰恰回答了现在需要解决的问题。国际国内形势分析完全正确”。他主要讲了以下几个问题：

统一战线问题。他说：“统一战线问题现在也非常需要解决，过去我们的确孤立了蒋介石，但现在也要防止苏维埃时期‘左’的错误，否则客观上帮助敌人孤立自己的危险不是没有的。总结历史，指出历史上的错误，我都同意。现在只讲几个问题：打击与消灭之不同，不但过去苏维埃时期没有弄清楚，以后也有许多人没有弄清楚。我就是这样。大革命时期对农民问题是右的，但城市政策是‘左’的。内战时期福建事变恐怕也是在这个问题上的糊涂。打击当然包含准备消灭在内，但不是现在就消灭。中农问题过去常常

1947 年“十二月会议”期间，王明（右四）与毛泽东等于陕北米脂县杨家沟

① 《毛泽东选集》第四卷，人民出版社 1991 年版，第 1251、1255 页。

是：第一，注意了领导方面，而忽视了被领导方面；第二，不知道如何去领导，除了做先锋队还要注意被领导者的物质福利，佃中农可以得地，在必要时拿他的东西可以在农民内部解决，政治教育也要采取说服解释方法。对中农联盟与对资产阶级的统一战线性质上不同，这是劳（动）人民内部的、带永久性的统一战线。中国没有农民党，没有在农民中有影响的资产阶级政党，这帮助了我们团结中农。”

群众路线问题。他说：“偏向是尾巴主义（只要是几个非党员的意见，不论是代表多少人什么人什么意见，都是对的），包办代替，与尾巴主义的外衣，包办代替的内容。”

学习思想方法问题。他说：“毛泽东思想是马列主义普遍真理与中国革命的具体实际相结合，马列主义的普遍真理就是辩证唯物论与历史唯物论，毛主席文件中提出的区别临时起作用的因素与永久起作用的因素就是很重要的方法论，斯大林论德苏战争就是如此，党内很长期的不能运用这个方法。区别现象与实质，毛主席首先指出美帝国主义是纸老虎，如同马克思主义对资本主义，列宁对帝国主义，斯大林对战后帝国主义的分析一样。区别全部与局部，轻视全部的一般的敌人，重视局部的具体的敌人。战略上以少胜多，战役上以多胜少，就是从这个原则而来。区别根本的决定的东西与派生的服从的东西，如分阶级的方法。党内要提倡学毛主席的方法论。”

关于宪法草案。他说：“因为用的时间没有看清楚，以为三五个月就要用，故带临时政策性宣传性。各同志的意见兼容并收，以供中央采择，故内容形式都有毛病。宪草的事实出发点：解放区现存的事实。领导思想：新民主主义。参考：苏联社会主义宪法，英美资产阶级宪法与法国新宪法。基本内容：新民主主义的政治、经济、文化、作风。政治上：国体与政体。国体表现于第一条，政体则为宪法的主体。总纲中讲了政治经济军事文化。经济除总纲外在人民权利义务与政策等部分也讲到了。作风是这个草案的特点，其他各国没有。政体中的几个问题：两院制。为了照顾小省、小民族、非农民阶级、华侨，为了考虑问题更慎重，主席团制还是总统制、联合政府。民族问题。聚居、杂居、散居。政府、军队、法庭。民族自治与民族联邦问题。司法：越级、选举、人民法庭、检查制度。”

王明的这个发言，很多内容虽然是正确的，但大道理多，联系实际少，特别是联系自己过去所犯的错误少。正如李维汉在回忆中所说的："讨论报告时，王明和我在一个小组，他讲了不少的话，根本不接触报告中的批评。"①

随着解放战争的胜利进展，1948 年 3 月，中央法律研究委员会的部分人员开始离开后甘泉，向河北转移。3 月 7 日，王明写信给任弼时，送上《中央法律委员会需要各解放区下列问题之材料》（共 6 条）一份，请他以中央名义代拟一个电文发出，并说"我因小孩病，暂不能走"等等。

5 月 3 日，他们一行抵达河北阜平县城南庄，以后又移住建屏县（今平山县的一部分）。这时王明又患病，在朱豪村治疗休养，化名王仲石。孟庆树回忆说：他们一行"由后甘泉出发，经过五台山等处到了河北省阜平县的李家口。在这里王明同志第一次发结石性胆囊炎，痛得厉害。又搬到朱壕②医院附近……"③

6 月 19 日，王明写信给周恩来说："承中央和您的关注，我已移来朱豪治疗休养，此地环境及水较好，饮食有增进，请勿为念。"但到 6 月 25 日，王明在中央医院治病时再次中毒。

王明在晚年写的《中共半世纪与叛徒毛泽东》一书中说，这是毛泽东"又采取措施企图加速"他的"死亡"。书中说："一九四八年六月二十五日在朱濠④中央医院时，主治医生黄树则开了来苏代替药用石碱给我灌肠，而这种做法是能使人中毒致死的。"⑤

黄树则后来在接受采访时说，当时的问题是司药对药物不熟悉，把他开的药物石碱错拿成了石碳酸，他说：

> 我是一九四八年三、四月间和中央一起到的朱豪。王明那时已经在朱豪那了，但不是在医院里边，而是在医院附近的一个村子，由朱豪医院负责，我们去给他看病。当时发病的经过是这样，那时王明经常的便

① 李维汉：《回忆与研究》下册，中央党史资料出版社 1986 年版，第 478 页。

② 即朱豪。

③ 孟庆树：《陈绍禹——王明传记与回忆》（手写复印稿）。

④ 即朱豪。

⑤ 王明：《中共半世纪与叛徒毛泽东》，莫斯科进步出版社 1979 年中文版，第 38 页。

秘，有时吃泄［泻］药，有时灌肠，灌肠的药也是经常换。那次我给他开的是药物肥皂。药物肥皂是日本的，日本的名称叫药物石碱，瓶子上也是这样写的，所以我当时开的方子写的就是药物石碱。当时药品的排放位置也不合理，把药统放在药架上，而有些药，外国的或者属于哪类药应分别排放。司药看方子，仅看了一个“石”字，就把石碳酸拿出来配成了水发了出去。当时孟庆树是护理王明的，包括灌肠都是她亲自动手，当她正动手给王明灌肠，手刚伸到肛门里边，我正好去看望，我一进门，孟就说了一句“原来药物石碱就是石碳酸呀。”我赶紧说“不是！”所以就赶紧把药管拔了出来。我们赶紧拿食盐水洗。这件事王明很有意见。孟就写了一份报告，当时就把情况报告上去了。卫生部认为这是很不应该的，给司药一个处分。我做了检查，说明并检讨自己。如果当时把药物石碱写成药物肥皂，这件事可能就不会发生了，因为司药对药物石碱不太熟悉。周副主席也很重视，在孟的报告上做了批语，批语的大意是：将药取错，就像理发员给别人理发用刀子，不是理了头发，而是把别人的脸给弄了，因此必须严肃处理。当时朱豪医院院长叫周泽明，现在是广西卫生厅的顾问。这件事就这么处理了，也把情况向王明解释清楚了，以后他照常在那里治病，我们几位大夫也还都给他看病。这件事是确实存在的。但联系到什么毛主席对他的陷害以及政治上的一些内容完全是胡说。①

但据《1948 年于朱豪时黄树则医生的记录》（6 月 25 日），给王明用的不是石碳酸，而是来苏，而且已经灌肠了，并说发现用错药的是傅连暲，而不是黄树则。这份记录说：

25/6 会诊检查后，予讨论前，大家同意先用药物石碱加水浣肠排便。取药用石碱时，药房（临时由黄敬同志发药）误取为 Lysol（来苏），依吩咐浓度浣肠后，病人随即觉全身不快，头部发晕，并觉异常转动，无力，不安。当时未即发觉为浣肠药物之误，以为病人两日来未

① 《关于王明治病和出国的材料》，《中央档案馆丛刊》1986 年第 3 期。

进食，肠下端突然受浣肠作用，致起无力状态（病人曾下床排便，但无力排出）……

26/6 夜间患者整夜不安，仍觉头晕，并有转动感……

白天检查：病人精神委顿，不愿睁眼，心音频数（104—108），腹部仍膨胀，右□肋下及左右□骨窝均有疼痛，左侧并向左后腰部发散……

下午由傅部长发觉浣肠误浣为“来苏”。周泽明同志并带回当时所取药物，检视确为来苏。

27/6 较昨日好转。脉搏数及□□均恢复。腹部仍胀痛……

当时“工校第五科”7 月 7 日发出的给司药黄敬处分的《通知》，也说用的是“来苏”，其内容是：“朱豪医院女司药黄敬同志，在配药工作中，屡犯错误，尤其在最近给某一负责同志发药中，将‘药用石碱’发成‘来苏’致病加剧，更为严重。除由该院召集四次会议予以严格批评教育外，兹决定给以撤职处分，以严肃纪律。”

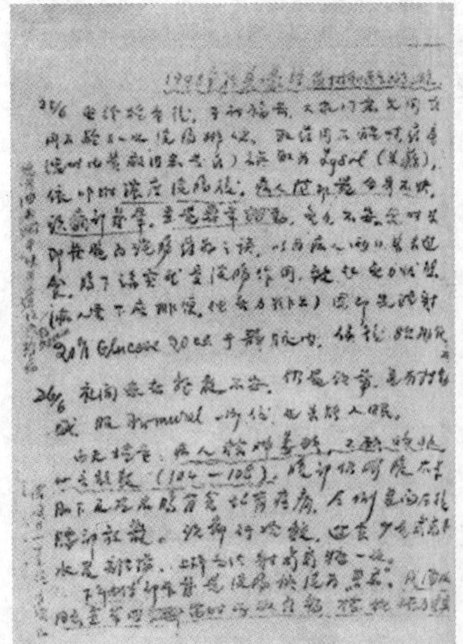

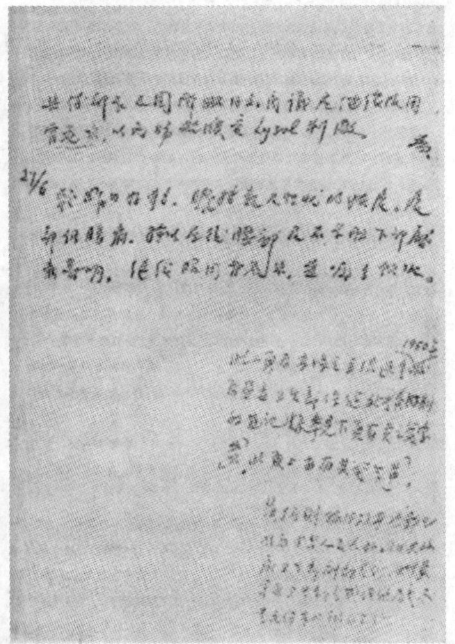

《1948 年于朱豪时黄树则医生的记录》（第 2 页后面的两段文字为孟庆树在苏联时所加）

10 月上旬，中共中央书记处决定成立宪草纲领起草委员会，并在两周内草拟一个临时宪法草稿。中央法律问题研究委员会根据这一指示，将后甘泉后期宪草初稿改写为中华人民共和国临时宪法草稿，供宪草纲领起草委员会及中央书记处讨论参考之用。

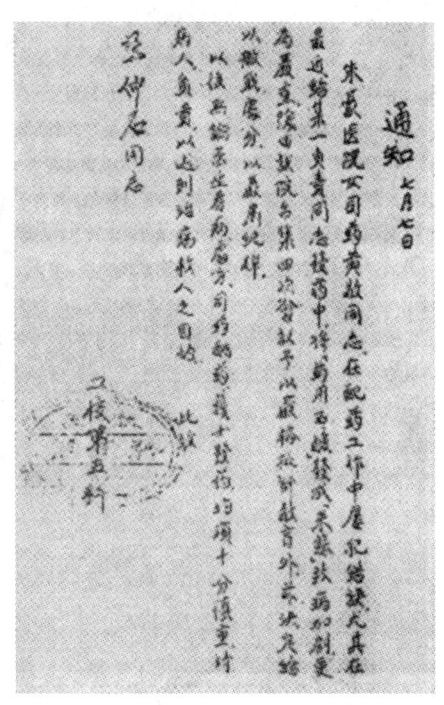
通知　七月七日

此致

工校第五科

工校第五科 1948 年 7 月 7 日通知

12 月 12 日，中共中央书记处决定将中央法律问题研究委员会改为中央法律委员会，为协助中央研究与处理全国有关立法与司法问题之工作机关，并作出关于中央法律委员会任务与组织的决定，决定委员会由九人组成，王明为中央法律委员会主任，谢觉哉为副主任。①《谢觉哉日记》12 月 14 日记载："法委改组，王明为主任，委员谢、李、张、郭、何、陈、杨、孟。"②

12 月 25 日上午，中央法律委员会召开会议，参加的除王明外，还有李木庵、何思敬、杨绍萱、孟庆树。会议通过了关于中央法律问题研究委员会总结报告文件问题的决议、关于训练司法干部的准备工作的决议；决定按照刘少奇指示，把原拟之中央关于训练司法干部问题的决议草案改写为中央给华北局的建议（由王明负责）；根据刘少奇指示，立即进行训练司法干部之教材准备工作，并拟准备 5 种教材，其中可编写一个马列主义的社会观、国家观与法律观的教学提纲参考之用（由王明负责）。第二天，王明便写信向刘少奇作了汇报。

1949 年 1 月 15 日，王明代中央起草了《对国民党司法人员之处理》的

① 参见孟庆树：《陈绍禹——王明传记与回忆》（手写复印稿）。

② 《谢觉哉日记》下册，人民出版社 1984 年版，第 1271 页。

1949年的王明

指示，主要内容是："（甲）国民党的推事监察官书记官，原则上不能留用，其中进步分子愿为我司法机关工作者，必须进行思想改造和作风改造，并在初期不能给以独立负责的工作。（乙）只要政府机关有人免费为人民书写诉讼文件，即为公设代书人制，无必要时，不必专设代书人。（丙）在解放大城市后诉讼亦应全部免费。"

2月22日，又代中央起草了《关于废除国民党六法全书确定解放区司法原则教育与改造司法人员问题》的指示及给各中央局、分局前委并转政府党组的通知，刘少奇、毛泽东、周恩来审阅并作了修改。主要内容是：1. 对六法全书的认识，在我们好些司法干部

1949年王明、孟庆树及孩子们在北京住宅院里厢房台阶上

中是错误的，或是模糊的。2. 国民党的全部法律只能是保护地主与买办官僚资产阶级反动统治的工具，是镇压与束缚广大人民群众的武器。因此，六法全书决不能是蒋管区与解放区均能适用的法律。3. 不能因国民党六法全书有某些似是而非的所谓保护全体人民利益的条款，便把它看作只是一部分而不是基本上不合乎广大人民利益的法律。4. 我们在抗日时期在各根据地曾经个别地利用过国民党法律中有利于人民的条件来保护或实现人民的利益，在反动统治下我们也常常利用反动法律中个别有利于人民群众的条件来保护与争取群众的利益，并向群众揭露反动法律的本质上的反动性。但不能把这种一时的策略上的行动，解释为我们基本上承认国民党的反动法律。5. 在人民的新的法律还没有系统地发布以前，应该以共产党的政策以及人民政府与人民解放军所已发布的各种纲领、法律、命令、条例、决议作依据。孟庆树说，这个文件曾得到刘少奇的称赞。但有的文章说："王明起草的这个文件中，把中国共产党夺取政权之初由于政治需要对'六法全书'的批判和否定，用比较情绪化的言辞，发挥得更加左倾和偏激。"①

1949 年 8 月王明在北京

北平和平解放以后，中央机关陆续从河北平山县西柏坡迁往北平。王明 3 月 23 日离开平山，25 日到达北平，住在西郊香山，后又搬到城内北河沿孟公府胡同 2 号，以后即常住在这里，一直到最后一次去

① 周大伟：《1945—1950：新中国建国前后担任过"立法大臣"的王明》(二)，"北大法律信息网"(http://www.chinalawinfo.com/)。

苏联。

在这段时间，王明为中央法律委员会的工作、新法律研究会的筹备等，多次写信给周恩来、刘少奇、林伯渠、董必武等请示汇报，并召集和参加了一些会议。这年6月，中国新政治学研究会筹备委员会成立，王明担任副主席兼筹委会主任。同月，新法学研究会筹委会成立，沈钧儒为筹委会主席，王明为副主席。[①] 7月中旬，中华全国社会科学工作者代表会议筹备会在北平召开，王明被选为出席全国政协的代表。9月2日，他代中央起草关于上海市法院工作问题给上海市委的指示，关于律师制度改革问题给上海市委并告华东局、各中央局及分局的指示，均经周恩来签发。9月21日到30日，王明出席中国人民政治协商会议第一届全体会议，并被选为第一届政协全国委员会委员。

第二节 再作检讨

据有的著作和王明、孟庆树的回忆，从1948年7月开始，王明和毛泽东有过多次谈话。

1948年7月1日这天，王明曾到毛泽东住处，说自己“对于《关于若干历史问题的决议》还是想不通，有些意见我还要向中央陈述，要跟你谈谈……”后来两个人的谈话变成了争吵，争论《关于若干历史问题的决议》，不仅牵扯到共产国际，还牵扯到苏联和国内许多人、许多具体事，毛泽东用他那浓重的湖南口音大声吼道：“到现在了你还想不通啊？现在快胜利了，你还没有一个反省？”王明板着一副很不高兴的面孔离开。[②]

王明在晚年写的《中共半世纪与叛徒毛泽东》一书中说：12月18日，毛泽东在西柏坡住所与他谈话，并说这是“从当年十月份起的第五次谈话”，

---

① 中国法学会：《中国法学会历史沿革（一）：(1949—1969年)》，“法治新疆”网（http://www.fzxj.cn/view.asp?id=62074）2009年12月21日。

② 邸延生：《历史的真言：李银桥在毛泽东身边工作纪实》，新华出版社2000年版，第234—235页。

找他“谈谈整风运动中一些重要问题，例如列宁主义问题，内战时期和抗战时期的路线问题等等”①。孟庆树也说：1948 年冬，在七届二中全会前，毛泽东和王明曾进行过五次谈话，主要内容是：第一次，交换谈话的原则；第二次，关于形势的估计；第三次，毛泽东叙述他关于中国新民主主义阶段还须延长几十年和中国不能实行社会主义革命的论点；第四次，王明解释他在 1934 年写的《中国苏维埃是工农民主专政的特殊形式》那篇报告中，关于中国资产阶级民主革命在全国有决定意义地区胜利后，必然即将转变为无产阶级社会主义革命的论点，并说明现在在国际国内条件比起 30 年代更加无比地有利于这种转变的看法；第五次，毛泽东说《关于若干历史问题的决议》可以修改，请王明提出对所谓“左”倾和右倾路线、毛王两人关系问题的意见。②

1949 年 1 月底 2 月初，斯大林派来的代表米高扬来到西柏坡。毛泽东在同米高扬的会谈中，谈到王明的错误及其对中国革命造成的危害。据米高扬 1960 年 9 月 22 日提交苏共中央主席团的书面报告说，毛泽东谈到了以下内容：

> 前两天，毛泽东讲述了中国革命的历史和中共党内发生的派别斗争。在后来的会面中，他还回到中共历史中的这些问题上。他讲了很多。讲他同“左”、右倾作斗争如何之艰难。讲由于得到共产国际支持的王明的活动，党如何遭破坏，军队如何被歼灭，然后如何得以纠正错误。讲宗派分子如何消灭中共的干部。他本人好不容易才活下来，他们把他抓起来，开除出党，想干掉他。王明和李立三的问题被揭露后，按他自己的话说，他同同志们工作得很好，他制止了消灭党的干部的做法。他过去和现在都主张党内应表现出耐心。他认为，不需要因发生意见分歧而把人开除出中央，不需要进行迫害。
>
> 毛泽东说，这个王明起了很坏的作用，但我们把他留在中央内，在中央的掌握之中，虽然实际上他不主持任何工作。毛泽东很详细地讲了

① 王明：《中共半世纪与叛徒毛泽东》，莫斯科进步出版社 1979 年中文版，第 59、65 页。
② 孟庆树：《陈绍禹——王明传记与回忆》（手写复印稿）。

王明的错误。看来，他想检验我们如何对待王明，我们是否想依靠王明或听取他的意见。我知道毛泽东与王明之间有分歧，我没有支持关于王明的谈话。在莫斯科时就已商定，我不见王明。在毛泽东那里的会谈，他一次也未参加，也未想见我。①

所以，王明这次并未见到米高扬。但是，他参加了接着召开的中共七届二中全会。1949 年 3 月 5 日到 13 日，中国共产党在河北省平山县西柏坡召开七届二中全会，3 月 7 日王明在会上发了言。这个发言从记录来看共分 8 段，其主要内容是：

1.“完全同意毛的报告，这是中国革命在新的关头的新任务，首先他对目前的形势估计很对，说已消灭了敌人主力，中国革命很快就要在全国胜利，这胜利有国际意义，这话虽短，意义很大，内容丰富……毛主席以马列主义的方法提出问题，在胜利时应当向前看，不要停留在已得的胜利上……中国革命是曲折的，当中被帝国主义、封建势力所压倒，党内机会主义的领导所误，但此后毛泽东的思想出现了，这思想就是马列主义在殖民地半殖民地的具体运用和发展……毛说的乡村包围城市，并提出旧的民主革命或新的民主革命，虽然工农专政式的民主革命在列宁斯大林的著作中原则上提出了，而且斯大林说了中国的民主革命是带着反封建反帝性质的革命，但在真正的完整的体系化的文献上，只是毛才完成了的。这是毛以马列主义的学说根据东方具体的条件而造成了新的马列主义的学说，现在不但东方民族，连日本也在内，还有其他的民族，也都在研究新民主主义论。现在我们有了革命的性质、动力，乡村包围城市等办法，甚至斯大林在 1926 年说过中国革命的特点是革命的武力反对反革命的武力，但如何把这变为系统的理论，在此以前是不可能的，只有毛主席才做到的……为什么我们走的路最多，搞的时间最长，而得到了今天的胜利，这是因为毛将中国的特点和马列主义结合起来了，而且在军事上说，他将马列主义的和中国历史上的先进的军事科学的先进部分总合起来，总结起来，写成了马列主义的文献。就是现在的越

① ［俄］A. 列多夫斯基：《米高扬的赴华秘密使命（1949 年 1—2 月）》，原载［俄］《远东问题》1995 年第 2 期，中译文见《国外中共党史研究动态》1995 年第 5 期。

南、印尼未尝不是学习毛的战略战术，但是要达到这个，如果没有坚决的、恒心的、与群众联系的这样的人，像毛主席，是做不出这样的成果来的。”

2.“六大曾经说的一省或数省胜利，也还是以广州和汉口的例子作基础的；那时总以为要有城市才行，只有红军退出中央苏区时，才知道掌握中心城市很困难，但思想上仍模糊，只有毛提出以乡村包围城市的理论，这才明白了，但如果没有毛的指导思想，就不会有今天的胜利。”

3.“但毛也指出：以乡村包围城市的阶段已过去了，现在已到了新的阶段。现在要劳动人民建设新国家，就是说，要以城市领导乡村……今后应以经济建设为主。过去为了支援长期战争，没有经济建设不可能，这样就有了经验，而现在毛主席更明确的定出了具体步骤，这就保证了我们在建设中一定要胜利……新民主主义就是直接走向社会主义的，在此期间，要教育群众，要进行斗争，就是要解决谁战胜谁的问题。”

4.“前途是光明的，道路是曲折的，我们的情况比当时的苏联要好……所以，我们可以大踏步的前进。”

5.“总之，毛的学说，不仅是政治的、军事的，而且是经济学说的科学，现在不仅一般的人说愿跟毛走，连国民党的人，来进行谈判的人也表示愿跟毛走，因毛领导的正确。”

6.“可以介绍 1933 年的划分阶级的办法，那里指出对地主、富农，确定剥削的百分数，这很对，并且这在法国在俄国也不会发生，因为中国的中小地主富农的标准不以这样办法，就不能弄清楚，其次，关于查田运动一书，也是值得注意研究的。”

7.“毛指示了我们写各种法律大纲，而以批评过去旧的错的，但不一定一下子完全搞一套新的，因为这不可能，这样［就］解决了问题。”

8.“毛的指导思想，指出虽然中国的小资产阶级大，但它是走向没落的，而无产阶级虽小，10%，但它有前途，他很正确地运用了哲学的原则，他有丰富的历史知识、科学知识，并且与群众有密切的联系，所以他才成为中国的真正的布尔什维克，我们应当向他学习。”

中央档案馆党史资料研究室在《延安整风中的王明——兼驳王明的〈中共五十年〉》中说，王明的这次发言是在 3 月 8 日，其主要内容是：一、表示“完全同意毛主席的报告”。二、讲中国革命胜利的历史意义。三、讲“胜利的获得是由于毛泽东思想的领导”。“毛泽东思想是马列主义与中国革命的具体实践相结合，是马列主义在殖民地半殖民地国家之具体运用和发展”。四、从武装斗争、乡村包围城市、新民主主义论等方面介绍毛泽东思想，说“如果没有毛主席之理论思想体系，则是否有今天的胜利是很可怀疑的。我们过去不懂得毛泽东的思想，对中国革命是很危险的”。五、“毛主席的领导定能建设成功新民主主义的社会，而和平过渡到社会主义社会”。六、“跟毛主席走已成为全国人民的口号，这是历史证明了的”。七、“从自己参加土改、搞宪法、法律的工作中，亲身体验到，不管大小问题，有了毛主席的指示都能解决，不照毛主席的指示做，一定失败。”八、“毛主席的头脑好象[像]百宝箱”，“所以他成为中国共产党布尔什维克化的代表。我们的任务是好好向毛主席学习，才能更好的为人民服务。学习中国化的马列主义，才能纠正我们过去所犯的错误”。①

杨尚昆在当天日记中写道：“王明发言，空泛已极，从三皇五帝说到如今，说到新民主主义，说到毛泽东思想。‘口若悬河，离题万里’。而对于自己过去的错误，则轻轻放过。默察会场情绪，大家对此实均不满！此人‘进步’可知！”②

3月9日，康生在中共七届二中全会上的发言中批评王明，对王明的发言提出三点：(1) 没有从自我批评出发，检讨自己所犯的严重路线错误；(2) 对毛主席思想的宣传，是教条主义的；不是从理论与实践出发；(3) 似乎自己是正确的，一贯是毛泽东思想，而犯了的错误是由六大决议和共产国际来的。因此，其发言完全不能令人满意，也证明本人无进步。③

3月12日，王明在会上又作第二次发言，主要是在大家的批评下检讨自己的错误。

在这次发言中，王明一开头就表示：“前天我同毛主席谈，要求再讲一次。同志们对我的批评有三点：(1) 对毛主席思想作教条主义的了解；(2) 自我批评不够；(3) 落后。这些批评是正确的。”随后他就这三个问题

① 《党史通讯》1984年第7期。

② 《杨尚昆日记》上册，中央文献出版社2001年版，第48页。

③ 《杨尚昆日记》上册，中央文献出版社2001年版，第49页。

作了说明，并对自己的错误作了一些检查。他说："我的错误，《若干历史问题决议》的分析很对"，"我同毛的讲话不仅不想不承认错误，而且全部接受。我全部同意、拥护《若干历史问题的决议》，并承认自己的错，认为指出我的错误都是对的"；"我过去曾不知道我有右倾投降主义"，"我过去有严重的无组织无政府主义的现象，特别在武汗（汉）时期，发表文章、声明等，即是严重的闹独立性，由于我的错误使红军、人民、党受了很大损失，当然痛心"；"党整风运动就是对我，但这是为了党为了人民，整风七大以来党确实走上胜利了"，"我受身体的限制，恐难赶上，但尽力而为之"，"希望今后党和同志们继续帮助"。关于犯错误的根源，他说有三条：(1)"心中无数，对经济问题向无研究。发号施令，是靠教条，教条主义，其思想即主观主义也。给党很有损害。在莫斯科学的很少，哲学未学，不懂方法论"。(2)"知识缺乏，党的锻炼很差，工作经验也差，我不懂中国历史"。(3)"小资产阶级的自高自大，我过去犯的最大，1931 年进了中央，后来进了国际，我既骄又躁，盛气凌人，如不是由于小资产阶级个人主义，自高自大，胆大妄为，胡扯八道，因而不会犯了武汉时期的无组织的错误。"

王明在检讨过程中，与会同志插了很多话，向他提出许多问题，对他进行批评，他听了这些插话后，对有的问题进行了检讨，但对有的问题进行了反驳或解释。如关于是否反对毛泽东、反对《新民主主义论》的问题，他说："我未反对过新民主主义，我只提出了斯大林对中国革命提出了三个阶段，毛提出了两个阶段，毛批了，大阶段中还可分几个小阶段，过去我确实不了解新民主主义的伟大作用。"关于他要求毛泽东作个修改《新民主主义论》的声明，不能那样孤立大资产阶级顽固分子的问题，他说："我这样作为的与国民党搞的更好些，以便更好的抗日。"他接着说，"当时我的态度不好，对毛发过脾气"，"我过去不认识毛，不知道毛，不了解毛的思想，我落后，我在莫斯科并不了解苏区情况"，但"我在莫斯科却未反过毛"，只是"不知道他如此伟大"，"六中全会后多少对毛泽东思想有了了解"，并说"我的确想当大王，逻辑上得出的就是必然反毛，但心里并不那样想"。又如他是否有领袖欲、想当总书记的问题，他说："我心里也没有想过当总书记，季米特洛夫提出不许我当总书记"，"过去以为自己有功：反立三路线一功，提出抗日民族统一战线又一功，其实，这并不是自己的，就是把党的功劳放在自己身上”。再如关于他为什么不检查自己的错误的问题，他说：“过去我想：我的错误是在上海写小册子等，至于苏区的损失，我还认为不是我直接负责，而是博古，但后来又同他们的意见有了分歧”，“讲到责任，觉得别人比我还负得更多，因为常想是别人搞的，或者我不在那里”，另外“多年心中有牢骚、不满”；“怕负责任”，“怕两个错误”，“怕引起误会说我搞宗派，拉拉扯扯”，“怕人家不理，承认了，更不理我了”，等等。

在大家的批评、帮助下，王明在会上表示，“今天同志们帮助我，很好……我向同志们声明：今后一定抛开个人，不想责任，而好好想自己的缺点”；“我愿意做个驴子，慢慢走，跟毛走，看将来能赶上吗？”

孟庆树说：“当王明同志又去出席会议时，毛泽东叫刘少奇、周恩来、任弼时在发言中批评王明（同时为了表示一下他们自己的态度）。后来，当王明同志第二次发言刚开始，就有康生、陈伯达等起来发问题叫骂，加以捣乱，但是王明同志一一给与［予］驳斥。”①

杨尚昆在日记中记载：“王明作第二次发言，没有彻底了解自己的错误，简直胡闹，致激起全会对之不满，纷纷质问，而自己总企图抵赖。康生说他的发言是吹、拍、骗。大家都指出其品质问题，要求他坦白，明确地表明自己的态度。而王的态度，是与全场对立的，且因继续挑拨，而对个别同志的质问，则采取讥笑的态度。总观此人是毫无进步，野心未死，还有待机反攻之企图。”② 他在回忆中还说：“会议本来准备在12日结束，但因为王明第二次发言中，对同志们的批评反唇相讥，并且挑拨离间，态度非常对立，很多同志纷纷起来质问，会议延长到晚上9时仍难收场，只好延长一天。”③

3月13日，任弼时在中共七届二中全会上批评王明，说“党对王明的方针是等待，欢迎他进步，而他自己却伺机反攻。不诚恳，个人主义，玩两面手段。昨日发言最后有进步，承认有个人主义。希望他继续进步，抛弃个人主义，党仍是欢迎的”④。

同日，毛泽东在《在中共七届二中全会上的总结》中，专门讲了如何帮

① 孟庆树：《陈绍禹——王明传记与回忆》（手写复印稿）。

② 《杨尚昆日记》上册，中央文献出版社2001年版，第51、52页。

③ 《杨尚昆回忆录》，中央文献出版社2001年版，第283页。

④ 《杨尚昆回忆录》，中央文献出版社2001年版，第283页。

助王明改正错误的问题，他说：

> 如何帮助王明同志改正错误？许多同志都讲了，王明同志的发言很不好。他昨天后半段的发言，比较有些进步。问题是他现在失掉了主动性，是被动的，其原因在于他没有自我批评，不愿意承认错误及其错误的基本点。他的“主动性”还停留在四中全会及十二月会议上，而那些是错误的，已经受到了批判，那是一条完整的错误路线，“左”的右的都有。在中国产生这样一条错误路线，恐怕是不可避免的，这是社会现象在党内的反映。
>
> 至于王明是否有个人野心，这一点他是不承认的，我认为也没有十分必要一定要他承认。但他承认了个人主义，这就是说不以人民利益为第一，而以个人利益为第一了。其实，个人而成了主义，这也就很可观了。个人野心，他觉得不好承认，实际上内战时期及抗战时期两次错误路线的总司令是他，虽然他并没有总书记、总司令的称号，名称只是什么委员等等，但那是没有关系的。实质是他企图按照他的面貌来改造党，这在内战时期表现为小资产阶级的形态，在抗战时期表现为资产阶级的形态。这种现象，在世界上别的国家也发生过。这不是个人问题，而是社会上一部分人有这种思想，王明是他们在党内的代表人物。内战时期的错误路线，讲完全一点是王明、博古路线，简单一点称王明路线也可以。抗战时期的错误路线，总司令就是王明，是他单人独枪担当的。立三路线的总司令是李立三，而不是向忠发，虽然向忠发是总书记。实际情况就是如此。
>
> 王明路线在内战时期是“左”，在抗战时期是右，但它的阵容起了一些变化。王稼祥、洛甫在遵义会议就已觉悟了，六中全会后博古等也觉悟了，经过整风和路线学习，这些同志更觉悟了，而王明仍未觉悟。七大时，王明写过声明书，但两个月后他说那是被迫写的，想不承认。直到这次发言，他还未觉悟。他昨天发言的后半段说了些老实话，我们欢迎他这一点进步，看他以后怎样做。
>
> 党内曾经有些人想按照他们的口味来改造党，但没有达到目的；可是，要是他们达到了目的，那就坏了。这个问题的性质是社会上的阶级

斗争在党内的反映。整风运动提高了同志们的嗅觉，缩小了教条主义的市场。有人说，这是阴谋，是要取而代之。其实，这不是阴谋，而是阳谋，也是要取而代之。王明对党内"左"、"中"、"右"一齐打，打了"左"派（反立三路线）打"中"派（反周恩来、瞿秋白的"调和路线"），打了"中"派打"右"派，把老人打得差不多了。许多人讲篡党、篡军、篡政，是确有其事的，是从四中全会开始的，不是从五中全会开始的，一直到王明在共产国际，到他从苏联回国，到六中全会。六中全会，一滴酒精使微生物缩小了。两个钦差大臣，一个是王明，一九三七年十一月回来传达了所谓"国际路线"；一个是王稼祥，一九三八年夏天回来也传达了国际路线，但他传达的和王明的"国际路线"不同。王稼祥带回来国际文件，成了一滴酒精，滴下去，微生物缩小了。经过整风，微生物更大为缩小了，破除了迷信。但是王明的头脑里，仍有微生物，还没有消毒。

我同意要王明写个东西。博古、洛甫等过去都写过的。写出来的东西也不是定案，以后还有完全的自由，完全推翻或部分修改都可以，不是像过去那样强迫签字，定成铁案。是否要限制一点时间？我看要，像过去那样没有时间限制，恐怕不妥当。我看可限定一个月的时间，但这要王明自己说说意见。（王明说：一个月可以。）这中间搬往北平的时间不算进去。以后还是采取"惩前毖后，治病救人"的方针，凡属在党内犯了错误的，都要给他分配工作。不仅要欢迎他积极找我们谈，我们也要找他谈，向他做工作。我们党内有许多同志懂得要向傅作义做工作，要向民主人士做工作，但只要一个人一挂上共产党员的招牌，就不向他做工作了，这是不好的。对于有错误的同志，我们还是要做工作。①

在这个总结中，毛泽东还批评了王明的一个提法，他说："马克思主义的普遍真理与中国革命的具体实践的统一，应该这样提法，这样提法较好。而不应该像王明同志的提法，说毛泽东思想'是马列主义在殖民地半殖民地的具体运用和发展'，这种提法不妥当。因为照王明的提法，则有点划分

① 《毛泽东文集》第五卷，人民出版社 1996 年版，第 263—265 页。

‘市场’的味道。世界上殖民地半殖民地的范围很宽，一划分开，就似乎是说，斯大林只管那些工业发展的地方，而殖民地半殖民地就归我们管，那岂不就把马克思主义的‘市场’分割了吗？而且，我们说殖民地半殖民地归我们，可是有那么一个国家，提出不买你的货，而要直接到莫斯科去买货，这又怎么办呢？另外，如果是真理，那它就有点普遍性，就不能不超过一定的范围。比如，拿日本来说，按照王明的提法，它现在算归我们，将来美帝国主义撤走以后，它又该归斯大林管了，这岂不是笑话？”①

毛泽东在这个总结中还说：关于中国由新民主主义革命转变到社会主义革命的问题，他说，“毕其功于一役”，我是在流血的革命这一点上说的，就是说，流血的革命只有这一次，将来由新民主主义革命转变到社会主义革命那一次不用流血了，而可能和平解决。但这只是可能，将来是否不流血，还要看我们工作的努力。如果国家（主要的就是人民解放军）和我们党腐化下去，无产阶级不能掌握住这个国家政权，那还是有问题的。至于说，“政治上、经济上都毕其功于一役”，那是不能这样说的，王明同志这样说，那就错了。②

会议结束时，根据毛泽东的提议，决定要王明写一个检讨错误的声明书。

但王明在晚年写的《中共半世纪与叛徒毛泽东》一书中对此加以否认，说并没作这个决定，只是毛泽东在《二中全会的闭幕词提纲》第六点中提出“如何帮助王明同志改正错误”。书中说：“对一九四八年十二月我同他的谈话，对我在中共七届二中全会上的发言，毛泽东当然满腔愤怒。因而他在二中全会的结论里，指责我始终反对‘毛泽东思想’，说我的发言里‘含有毒素’。而在发给全党内讨论的所谓他‘在二中全会上的结论的要点’中，专门写上一点：‘如何帮助王明同志改正错误’。借此又在全党发动一次反王明的运动。”③

王明在《中共半世纪与叛徒毛泽东》一书中还说，3月16日这天，毛

① 《毛泽东文集》第三卷，人民出版社1996年版，第259页。

② 中共中央文献研究室编：《毛泽东年谱（1893—1949）》下卷，中央文献出版社1993年版，第524—525页。

③ 王明：《中共半世纪与叛徒毛泽东》，莫斯科进步出版社1979年中文版，第119页。

泽东曾到他家里找他谈话:“把所谓博古、洛甫和杨尚昆同志的‘反省书’交给我,要求我也写这种所谓‘三骂反省书’,就是‘骂自己,骂他们(博、洛、杨等),骂俄国人的反省书’。”[①] 同日,王明作七绝《宁死不屈党人节(坚拒毛泽东要求写“三骂声明”)》,内容是:

“三骂声明”绝不写,任他逮捕与枪决;
文公取义照丹心,我愿舍生为马列。[②]

① 王明:《中共半世纪与叛徒毛泽东》,莫斯科进步出版社 1979 年中文版,第 120 页。
② 《王明诗歌选集(1913—1974)》,莫斯科进步出版社 1979 年中文版,第 220 页。

第十二章　建国初期

第一节　继续从事法律工作

1949 年 10 月 1 日，中华人民共和国宣告成立。

10 月 1 日，中央人民政府委员会会议任命王明为中央人民政府政务院法制委员会主任委员。原中央法律委员会取消，其任务移交给法制委员会。10 月 5 日，中苏友好协会总会在北京成立，王明当选为理事会理事。10 月 19 日，中央人民政府主席毛泽东又发出任命通知书，说经中央人民政府委员会第三次会议通过，任命王明为中央人民政府政务院政治法律委员会副主任。同日，毛泽东还发出另一任命通知书，说经中央人民政府委员会第三次

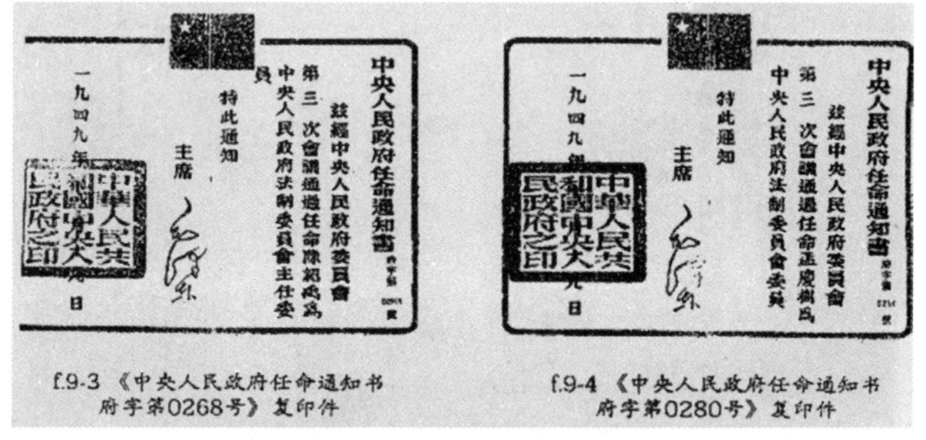

中央人民政府任命通知書

茲經中央人民政府委員會第三次會議通過任命陳紹禹為中央人民政府法制委員會主任委員

特此通知

主席 毛澤東

一九四九年 日

中華人民共和國中央人民政府之印

f.9-3《中央人民政府任命通知书府字第0268号》复印件

中央人民政府任命通知書

茲經中央人民政府委員會第三次會議通過任命孟慶樹為中央人民政府法制委員會委員

特此通知

主席 毛澤東

一九四九年 九日

中華人民共和國中央人民政府之印

f.9-4《中央人民政府任命通知书府字第0280号》复印件

中央人民政府颁发给王明、孟庆树的任命通知书

1950 年王明、孟庆树和孩子们在北京住宅院里

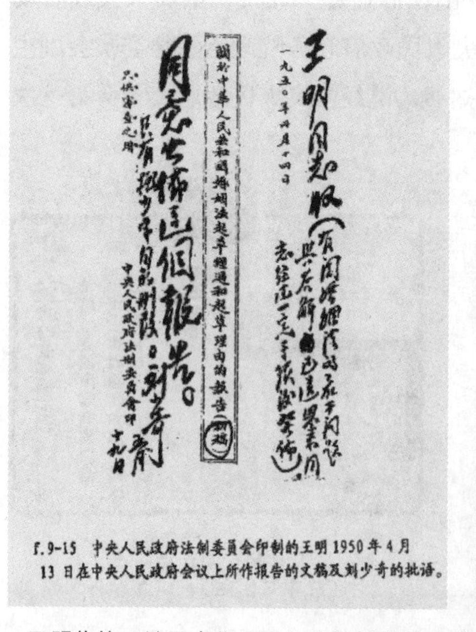

王明同志收

一九五〇年四月十四日

關於中華人民共和國婚姻法起草經過和起草理由的報告

同意出佈這個報告。劉少奇

只供審查之用

中央人民政府法制委員會印

F.9-15 中央人民政府法制委员会印制的王明 1950 年 4 月 13 日在中央人民政府会议上所作报告的文稿及刘少奇的批语。

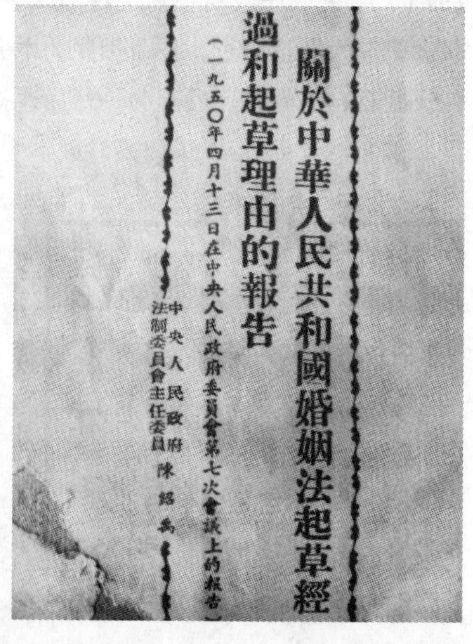

關於中華人民共和國婚姻法起草經過和起草理由的報告

（一九五〇年四月十三日在中央人民政府委員會第七次會議上的報告）

中央人民政府法制委員會主任委員 陳紹禹

王明作的《关于中华人民共和国婚姻法起草经过和起草理由的报告》及刘少奇的批语

会议通过，任命王明为中央人民政府最高人民法院委员。从这时起到 1950 年 10 月去苏联治病，在这一年中，王明主要参加和主持了一些法律的起草工作，并多次向毛泽东、刘少奇、周恩来、董必武等请示汇报。

孟庆树回忆说："法制委员会除起草了婚姻法，还审查了中央人民政府各机关的组织条例，起草刑法和刑事诉讼法，民法和民事诉讼法等法规。可惜除了婚姻法得以确认公布外，其他各种法规都未能确定，这里主要原因是毛泽东反对法律。他说：'各种法规都是束缚手足的东西。'所以他经常以他个人意志决定一切，因而在所谓'整风'、土改、'三反五反'等运动时，更不用说在'文化大革命'时，都是随便乱打乱杀，真是无法无天！"①

1950 年 4 月 13 日，王明在中央人民政府委员会第七次会议上作了《关于中华人民共和国婚姻法起草经过和起草理由的报告》，全文共分六部分，其中说：婚姻法草案，是较长时间（中央人民政府成立前中共中央妇女运动委员会和中共中央法律委员会于一九四八年冬季准备婚姻法草案，至今约一年半左右）工作的结果；2. 婚姻法的意义；3. 婚姻法的原则规定；4. 结婚和家庭问题底具体规定；5. 离婚及其有关问题的具体规定；6. 婚姻法的施行问题。其中提出：包办强迫、男尊女卑及由此产生的重婚纳妾、漠视子女权益，是封建主义婚姻制度的三个有机组成部分。废除封建主义婚姻制度，就是要将它的三个组成部分全部废除，并将这种婚姻制度的各种副产品和补充品，全部禁止。男女婚姻自由、一夫一妻、男女权利平等、保护妇女和子女合法利益，是新民主主义婚姻制度的四个有机组成部分。实行新民主主义婚姻制度，就是要将它的四个有机组成部分全部实行。某些人企图利用或故意曲解男女婚姻自由的意义，把它与新民主主义婚姻制度的其他有机部分割裂开来，把通奸、重婚、纳妾、男女关系上的杯水主义行为、漠视子女利益行为等，都拿所谓婚姻自由的幌子来掩盖或粉饰，是非常错误的和有害的。②孟庆树说："王明同志很详细地从理论上实际上解释新婚姻法的意义。报告后，一位素不相识的国民党左派(孙科派）的傅秉常当众拍着肚子，大声说：

① 孟庆树：《陈绍禹——王明传记与回忆》(未刊稿)。

② 载中国人民大学国家与法权理论教研室编：《国家与法权理论参考资料》，中国人民大学出版社 1957 年版。

‘今天才听得够味，过隐［瘾］了。’”[①] 这天，中央人民政府委员会第七次会议通过了《婚姻法》，第二天各报刊均予以公布。

4月18日，王明给毛泽东、朱德分别写信，送上《关于中华人民共和国婚姻法问题的报告（初稿）》，请他们于两三天以内提示意见。据李光灿回忆说：“婚姻法报告是由他口述，我笔记。17个钟头他一口气下来。他的口述能力很强。17个钟头的口述形成了两万三千字”。[②] 旅美法律学者周大伟还说：除了上述的报告外，王明还有一份没有公开发表的内部口述报告。[③]

4月21日，王明给邓颖超写报告，说遵示草拟了《中共中央关于保证执行婚姻法问题给各级党委的通知（初稿）》，请您和总理审阅修改后，再送少奇同志审核。这个通知经审改后于5月1日发出。

4月30日，《中华人民共和国婚姻法草案》在中央人民政府第七次会议上通过后，毛泽东主席此日发布“中央人民政府命令”，宣布“自1950年5月1日起公布施行”。

曾参加起草《婚姻法》的法制委员会委员李光灿对王明的这段工作做过如下评论：“六届六中全会后，实际上王明工作不多了。毛主席给他个任务，成立中央法制委员会，让他当主任。从那时起，一直到建国。他虽然是半路出家的，但搞得很通”；“在法制思想上，王明和董老很接近。董老是科班出身的，日本法科大学毕业，这方面比较专，王明也较专”；“周总理、董老的法制思想是正确的，王明的法制思想是对头的”。[④]

不少论著认为，《婚姻法》是王明主持起草的。《解放日报》网络版“开国部长”栏目的《法制委员会主任王明》说：“王明在法制委员会首先主持了婚姻法的起草、立法工作，全身心地投入制定新中国建立以来的第一部婚姻法的工作。实际上，王明从延安撤至山西临县时就开始着手准备婚姻法草案的制定。”“为了制定好婚姻法，王明和他的同行们还学习了马、恩、列、

① 孟庆树：《陈绍禹——王明传记与回忆》（未刊稿）。

② 戴茂林等：《访问李光灿谈话记录》，曹仲彬、戴茂林：《王明传》，吉林文史出版社1991年版，第373页。

③ 《1945—1950：新中国建国前后担任过“立法大臣”的王明》，“中国民商法律网”（http://www.civillaw.com.cn/article/default.asp?id=33380）2007年6月16日。

④ 何立波：《王明落寞的后半生》，《文史月刊》2004年第12期。

斯关于妇女问题和婚姻家庭以及社会发展问题的学说，学习了毛泽东《湖南农民运动考察报告》等著作中的论述，同时还学习和参照了苏联、朝鲜、东欧等国家的经验。王明还亲自带头翻译俄文新版的《苏联婚姻、家庭和监护法典》以供参考。”“为了解旧中国婚姻制度及其法律反映，王明与法制委员会的同行还将中国历史上有关婚姻制度的某些史料和国民党政府民法亲属编婚姻章加以批判地参考。”“《中华人民共和国婚姻法》在王明和法制委员会的同志共同努力下，先后‘搞了41个稿子’，终于草拟成文，它凝结了王明等人的心血。”① 有的文章还说：是毛泽东指定王明起草《婚姻法》的。②

1950年王明在北京办公室内

① “连载阅读”(http://old.jfdaily.com/gb/node2/node4419/node83585/userobject1ai1376213.html)。

② 《毛泽东指定王明起草〈婚姻法〉》，《人民日报》（海外版）2001年8月24日；“人民网”(http://www.people.com.cn/GB/paper39/4075/479760.html) 2001年8月24日。

但罗琼在给《人民日报》（海外版）的来信中，认为《婚姻法》并不是王明主持起草的。她说："大约是在1948年秋冬，刘少奇同志在河北平山县西柏坡村，和在该村的中共中央妇女运动委员会的委员们谈话，布置起草婚姻法的工作，为建国后颁布法律做准备。"当时，中央妇委副书记邓颖超同志和大部分妇委委员刚刚从农村开展土地改革回来，"很乐意地接受了这项任务"。"经过几个月的努力，中央妇委拟定出了婚姻法初稿。大约1949年3月初稿即从西柏坡带进了新解放的北平。建国后，邓颖超同志把初稿送交党中央。经过中央书记处讨论修改后，由党中央转送中央人民政府。""当时王明是政务院法制委员会主任，他看过这个稿子是事实，但没有参与起草，也没有参与讨论，送中央政府之前，有没有提意见，我不了解，但决不是他起草的。"① 黄传会在《共和国第一部〈婚姻法〉诞生纪事》中说：罗琼的信"在发表前，全国妇联办公厅专门呈文中共中央文献研究室，中共中央文献研究室审定后批复：罗琼同志的文章属实"。当年婚姻法7人起草小组的成员是邓颖超、帅孟奇、康克清、杨之华、李培之、王汝琪、罗琼。"罗琼是亲自参与者，应该说更可信一些"②。汤兆云在《新中国第一部〈婚姻法〉是由王明领衔起草的吗？》一文中也说："虽然王明代表政务院法制委员会作关于《婚姻法》起草经过和起草理由的报告，但不能说是由王明领衔起草了新中国第一部《婚姻法》。"③

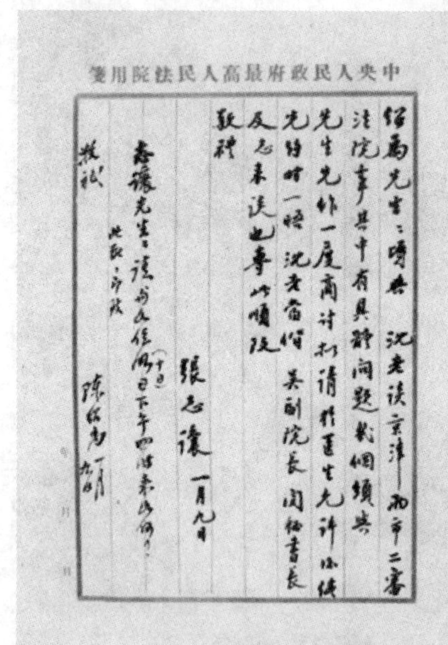
中央人民政府最高人民法院用笺

绍禹先生：顷奉 沈老谈京津二市二审法院事，其中有具体问题，我们须与先生先作一度商讨，拟请于[illegible]许以先约时一晤。沈老备[illegible] 吴副院长 周秘书长 及志来谈此事，以[illegible]

敬礼

张志让 一月九日

春让先生：请于本星期（十一日）下午四时来此晤[illegible]

此致

敬礼

陈绍禹 一月[illegible]

1月9日，张志让写给王明的信及王明的批复

7月5日，王明写信给江滨并请转戴老、传颐先生及商委各同志，

① 《人民日报》（海外版）2002年3月22日。

② 《档案春秋》2006年第12期。

③ 《百年潮》2010年第2期。

说商委会起草“公司法大纲草案”时作了些刑法式的规定，“推其用意，大概是意图以刑罚强制手段来达到控制私营公司的目的。这种想法和作［做］法，是做不得和行不通的；对于一种不是应立即消灭或应很快消灭的经济制度，相反，对于一种还须给以适当发展的经济制度，企图用强迫、惩罚的政策来解决与其有关的经济财政方面的问题，会与主观愿望相反而引起坏事的”。为什么会发生这种偏向呢？他认为第一个原因，“似乎是从实际出发的观点不够”，当前“实际”的内容是：(1) 新民主主义国家根据实际经济情况的需要和共同纲领的规定，需要设法鼓励有利于国计民生的原有私营企业正常进行和引导私人资本作新的投资，以使之在发展生产和繁荣经济方面起一定的作用；(2) 私人资本家由于对人民政府的经济政策还不够了解，因而对于维持旧企业和进行新投资还有很多顾虑。这就是显明的矛盾——显明的对立关系，颁布一个切合实际需要的公司法，将对解决这一矛盾有相当的帮助。因此，“新公司法大纲主要地须［需］要恰当地解决以下三种矛盾或三种对立关系，即：(1) 公私关系；(2) 劳资关系；(3) 资资关系”。第二个原因，“似乎是对国家当前经济状况和经济政策研究得不够”，因此应多多地注意研究一下我国当前经济状况的材料和共同纲领及其他有关文件中所显示的经济制度和经济政策。

7月27日，王明在第一届全国司法会议上作了《关于目前司法工作的几个问题》的报告，主要内容有关于司法工作的重要性、认识法律本质、建立人民司法制度、刑民法政策中的几个观点等。后来，他还写了一个《〈关于目前司法工作的几个问题〉报告提出意见之解答》，主要解答了有关法律、司法制度、创造新的司法制度、反对

1950年王明、孟庆树及孩子们于北京住处

1950 年 10 月王明与家人及部分法制委员会工作人员在
北京孟公府 2 号王明住处

旧法律、审判等五个方面的问题，并谈了镇压与宽大相结合，首恶必办、胁从不问、立功受奖的政策，成分问题，公私兼顾、劳资两利问题以及婚姻法的执行等五个方面的观点。

9 月前，王明还批示对其叔父陈云溪“依法处理”。陈云溪是王明的四叔，曾参加红军，后来变节当上了国民党保安团团长，并在解放战争中成为土匪。中华人民共和国成立后，经王明父亲陈聘之劝降后投降，在 1950 年镇压反革命运动中因私藏两支手枪被捕。因他是王明的叔叔，当地政府将此事报到北京，王明批复要“依法处理”。1951 年，陈云溪被判处死刑。此案一下子轰动了金寨，百姓称颂王明大义灭亲。①

① 熊廷华:《王明的这一生》，湖北人民出版社 2009 年版，第 358—359 页。

第二节　拒写声明书

王明在这个时期所做的有关法律方面的一些工作，是应该加以肯定的。但是，对于过去所犯的错误，他却坚持不作检查，并向中央要求允许他到苏联治病。1949 年 10 月 23 日，刘少奇代表中共中央政治局同王明谈话，对他进行批评，并催他从速写好声明书。孟庆树说：王明请求到苏联治病的信“不但未允许，反而惹了祸来——毛泽东用中央政治局的名义派刘少奇同志于 10 月 23 日来到王明住处，找王明同志谈话，要王明按照二中全会决议写声明书（实则二中全会没有任何决议），并把自己过去在内战和抗战时期所写的各种论文都加以否定的批评。”①

10 月 26 日，中央政治局召开会议，在决议事项第九项中作出如下的决议：

> 由于王明同志尚未按照今年 2 月二中全会决定对犯错误写声明书，刘少奇同志已在 4（10）月 23 日代表政治局和王明同志谈话，指出王明同志不尊重二中全会决议，拖延不写声明书，是不对的，并催他从速写好声明书。中央政治局听了刘少奇同志的报告后，认为刘少奇对王明同志谈话时所采取的立场是正确的，王明同志必须遵守二中全会决定，并按照二中全会上同志们对王明同志所作批评的方向及王明同志在会议上所愿意写声明书的口头表示，从速写好声明书，交政治局审阅。

11 月 1 日，中央办公厅发出通知，将 10 月 26 日中央政治局会议关于王明的决议事项第九项通知王明。据孟庆树说：“王明同志接通知后，气得几天几夜不能入睡，肝胆炎肠胃炎一齐发作，接着心脏衰弱。我找中西医生来帮忙，花了很大力气，才使病人转危为安。”②

---

① 孟庆树：《陈绍禹——王明传记与回忆》（手写复印稿）。

② 孟庆树：《陈绍禹——王明传记与回忆》（手写复印稿）。

11月6日，王明写信给毛泽东，信中说：

> 您在去年3月二中全会作结论时，要求我对于您所指出的我在内战时期和抗战时期所犯的错误再写一次声明书，现遵示声明如下：
>
> 一、关于内战时期错误问题，我于1945年4月20日已经写了一封信给六届七中全会，表示完全接受七中全会1945年4月20日通过的《关于若干历史问题的决议》。去年9月至12月期间主席四五次反复问我对《关于若干历史问题的决议》还有什么意见？并说，如果我认为还有哪些不合事实的话，中央可以修改决议。前几次，我均答复已经没有什么意见了，最后一次（12月哪一天晚上，记不清了）当时我觉得既然主席这样反复地询问，不妨遵照主席的“知无不言，言无不尽”的指示，将我想到的有些意见向党的领袖陈述一次，现在我再向中央正式声明一次：我完全接受六届七中全会通过的《关于若干历史问题的决议》，对于决议中提到的一些历史问题，再不向任何人发表对任何问题的不同意见。
>
> 二、关于抗战初期错误问题，中央作出结论，我是一个党员，一定接受和服从。

12月29日，因王明身体更加恶化，孟庆树写信给刘少奇，请他允许并设法让王明到苏联治病。过了几天，孟庆树接到刘少奇回信，他要王明自己也写信给中央。①1950年1月，刘少奇同王明谈话，要王明自己写信要求去苏联治病。王明却来了一个动摇犹豫的答复，要刘少奇考虑决定。刘少奇还是要王明自己提出确切意见，如他要求去苏联治病，中央可允他离开目前工作并可向苏联交涉，但王明迟迟不提出确切意见。②

1950年6月6日到9日，中共中央在北京召开七届三中全会，王明因病没有出席。由于王明迟迟不遵守二中全会的决定写检查自己错误的声明书，这次中央全会讨论了对他的处理问题。毛泽东说，关于王明同志的问题，现在是来不及处理了，有两个方法，一个就是移交下去，二是作一个决

---

① 孟庆树：《陈绍禹——王明传记与回忆》（手写复印稿）。

② 《关于王明治病和出国的材料》，《中央档案馆丛刊》1986年第3期。

议，还是要他办。因为他在二中全会上口头上承认在 2 月以后写。他是总头子，他犯了错误不写，怀疑少数人有意整他。如果不把这个英雄整下来，别的英雄整不下去，我和他谈过一次话，把他批评了一下，第二天他就说他重写。那个东西还算有效。我们说如果关于历史问题的决议不合乎事实，几年也可以修改。一段不合事实修改一段，一句不合事实修改一句。他发表的一篇，是完全把他的历史问题推翻了。我们希望他对他的错误真正有所反省。他说他现在很孤立，人家不理他，我说：你只要有所反省，人家还会不理你?！你自己没有自我批评，人家就不敢惹你，一切过去犯错误的同志作了自我批评就好了。在进行讨论时，大部分人都主张维持二中全会的决议案，让王明写一个检查错误的声明书。有的人甚至提出，他再不写，应该被开除出中央委员会。

在进行讨论时，大部分人都主张维持二中全会的决议案，让王明写一个检查错误的声明书。彭真说："为了促进他反省这个问题，还是让他写好"。（毛泽东插话："比他轻一点的同志都写了，为什么你不照其他同志的办法？为什么你的权力就特别大?"）饶漱石说："在全党反对无纪律、无组织的这种情况下，中央再三通知他要执行二中全会的决议，而王明同志却公开违反二中全会的决议，这种行为是不能允许的。如果允许，中央就是提倡无组织无纪律。如果下去，他再不写，我感觉王明同志应该被开除中央委员会。"徐特立说："还是让他写，让他有一个机会考虑，留待下次解决。表示我们还是看重他。"张闻天说："要他写，他没有写这是错误的，是无纪律；第二还是让他写。假设再不写，四中全会根据这个东西处理。"毛泽东说："对他不执行二中全会决议这件事情，我们是希望他有所反省改正错误，可是他拒绝了，政治局正式派刘少奇同志和他谈，他根本拒绝。现在提出了两个解决的办法，做两个决议：一是因为他过去不执行二中全会的决议是无纪律，这是错误的。另外就是三中全会还是维持二中全会的决议案，继续写，把时间搞长一点，在四中全会以前写好。是不是这样好？没有意见就这样了。"

根据讨论中的意见，中共七届三中全会作出了一个《关于王明同志的决定》，全文如下：

关于王明同志在内战时期和抗日时期所犯的政治路线的错误，1949

年2月（应是3月——作者注）党中央在第七届第二次全体会议曾决定王明同志应写一个声明书，提交政治局审阅。当时王明亦曾在全会上口头表示接受这一决定。但是事实上，王明同志对于这一决定的执行，一直采取拖延的态度，中间虽经政治局的催促，并于1949年10月23日派刘少奇同志代表政治局与王明同志谈话，指出王明同志不尊重二中全会决议，拖延不写声明书，是不对的，并催他从速写好声明书。同年12月20日，政治局听了刘少奇同志与王明同志谈话情形的报告以后，又曾将政治局的决定通知王明同志，指出："王明同志必须遵守二中全会决定，并按照二中全会上同志们对王明同志所作批评的方向及王明同志在会议上所作愿意写声明书的口头表示，从速写好声明书交政治局审阅。"1949年11月6日王明同志写信给主席说，他对于内战时期所犯错误问题，已在1945年4月20日写了一封信给六届七中全会，表示完全接受六届七中全会1945年4月20日通过的《关于若干历史问题的决议》。虽然他在后来又向主席表示不同意这个决议，但他除表示接受这个决议外，拒绝再有所声明。他对抗日时期的错误问题，除准备接受中央的结论外，亦拒绝声明他自己的任何意见。三中全会认为，王明同志至此时为止，对于他过去所犯的错误是拒绝反省的，对党中央所采取的态度是不诚恳的，对不遵守二中全会决定向政治局写声明书的行为是无纪律的行为。

因此，三中全会决定，王明同志仍应执行二中全会的决定，对于他在内战时期及抗日时期所写的各种文章、小册子和其他文件中所犯的原则错误，作一次深刻的反省，借以证明他自己是深刻地认识了并承认了自己所犯的错误，而在思想上行动上真正有所改正。此次声明写好后，应即提交中央政治局审阅，并在必要时，由政治局提交以后的中央全会讨论。

7月27日，中共中央将七届三中全会《关于王明同志的决定》发出。7月30日，王明接到中央办公厅27日发出的七届三中全会关于他的决定。[①] 8月17日，王明致信毛泽东主席并中央书记处，信中说：

---

① 参见王明：《中共半世纪与叛徒毛泽东》，莫斯科进步出版社1979年中文版，第123页。

三中全会《关于王明同志的决定》，于7月底收到。由于从天津视察回来，又病了1月左右；刚起来，又适逢司法会议开会在即，催着要我赶写报告和突击几个司法法规草案初稿，因而从8月初又病到现在。昨今两日腹泻较轻，特将有关写声明书问题请示：

(1) 三中全会决定要我把在内战时期及抗日时期所写的各种文章、小册子及其他文件，均作出检讨来写声明书，这需要相当久的时间。因为我身体带病（由于心脏和肠胃交互影响），加之还有法委会一批司法法规及公司法草案等，照政务院决定，应于秋季完稿；同时，要研究这么多的文章、小册子和其他文件，也不是一件容易的事。因此，请示究竟要我在好多时间以内写成声明书？以便我好来计划支配时间（但害病期间，请除外，如目前，照医生意见，至少还需半个月时间左右，才可能开始工作，因肠肿未消）。

(2) 1937年12月会议散会时，主席叫王首道同志把各同志笔记本都收下，不准带出去。我的笔记本也被收下去了，要请人查出来还我，以便研究。其他如武汉时期的《新华日报》和延安的《新中华报》，由于疏散时送到瓦窑堡都遗失了，如中央存有，均请允准借我一用。

8月18日，毛泽东在王明的信上批示：“王明的声明书应在11月上旬七届四中全会开会以前写好，并送交政治局。王明的笔记本及武汉时期的报纸，请尚昆查清是否尚有保存。以上两点，由尚昆口头通知王明。”杨尚昆立即让孟庆树代转了毛泽东的这个批示。

中國共產黨第七屆第三次中央全體會議關於王明同志的決定

（一九五〇年六月九日通過）

關於王明同志在內戰時期和抗日時期所犯的政治路綫的錯誤，一九四九年二月黨中央第七屆第二次全體會議，曾決定王明同志應寫一個聲明書提交政治局審閱。當時王明同志亦曾在全會上口頭表示接受這一決定。但是事實上，王明同志對這一決定的執行，一直採取拖延的態度。中間雖經政治局的催促，並於一九四九年十月二十三日派劉少奇同志代表政治局與王明同志談話，指出王明同志不實踐二中全會決議，拖延不寫聲明書，是不對的，並催他從速寫好聲明書。同年十月二十六日政治局給了劉少奇同志與王明同志談話情形的報告之後，又曾將政治局的決定通知王明同志，指出：「王明同志必須遵守二中全會決定，並按照二中全會上同志們對王明同志所作批評的方向及王明同志在會議上所作願意寫聲明書的口頭表示，從速寫好聲明書交政治局審閱。」一九四九年十一月六日王明同志寫信給主席說：他對於內戰時期所犯錯誤問題，已在一九四五年四月二十日寫了一封信給六屆七中全會，表示完全接受七中全會一九四五年四月二十日通過的「關於若干歷史問題的決議」，雖然他在後來又向主席表示不同意這個決議，但他除表示接受這個決議外，拒絕再有所聲明。他對抗日時期的錯誤問題，除準備接受中央的結論外，亦拒絕聲明他自己的任何意見。

三中全會認為王明同志至此時為止，對於他過去所犯的錯誤是拒絕反省的，對黨中央所採取的態度是不誠懇的，對不遵守二中全會決定向政治局寫聲明書的行為，是無紀律的行為。

因此，三中全會決定：王明同志仍應執行二中全會的決定，對於他在內戰時期及抗日時期所寫的各種文章、小冊子和其他文件中所犯的原則錯誤，作一次深刻的反省，藉以證明他自己是深刻地認識了並承認了自己所犯的錯誤，而在思想上行動上真正有所改正。此次聲明書寫好後，應即提交中央政治局審閱，並在必要時，由政治局提交以後的中央全會討論。

中共七届三中全会《关于王明同志的决定》原文

1950 年王明、孟庆树在北京住处

可是，王明所说的检讨错误及写声明书，并不是真心的，只不过是在寻找理由拖延时间罢了。正如有的文章所分析的：毛泽东“之所以再三再四逼着王明写出认错的书面声明，目的就是为了拿王明的认错书来堵住他人之口。王明对此也看得非常清楚，采取拖延周旋战术，就是不让毛泽东如愿”①。也正因为如此，在毛泽东批示以后，王明不但不抓紧检查，反而于 9 月上旬提出“请求到苏联医治”，中共中央当即同意，并向苏联交涉。②

9 月 12 日，刘少奇代毛泽东起草致斯大林电，经毛泽东、周恩来、朱德、任弼时传阅后，交师哲译好送苏联大使馆罗申，电报全文如下：“中共中央委员王明同志患肠胃心脏诸病，经长期医治，效果甚少，中共中央同意他的请求到苏联治病。是否可行望复。”③

9 月 18 日午后，毛泽东收到斯大林 18 日复电：“你关于王明同志赴苏联

---

① 叶铭葆：《“王明路线”命名考辨》，“中华网论坛”（http://club.china.com/data/thread/5688138/277/26/50/1_1.html）2009 年 3 月 25 日。

② 《关于王明治病和出国的材料》，《中央档案馆丛刊》1986 年第 3 期。

③ 《关于王明治病和出国的材料》，《中央档案馆丛刊》1986 年第 3 期。

医病的报告，已获悉。王明同志随时都可以来莫斯科，为王明的医疗和休息将会准备一切必要的条件。”毛泽东看后即批交刘少奇。①

9 月 19 日，刘少奇给王明复信说：苏共中央已复电，同意你去苏联治病，并已为你准备治病及休养所必需的各种条件。②

10 月 23 日，中共中央办公厅将中央意见及同苏联交涉结果通知王明后，王明致信刘少奇、毛泽东说：“得中央办公厅通知，一切已准备好了，我可于日内起行。如主席和刘少奇同志对我有须当面吩咐之事，请于今明两日内通知我，以便前往联系。否则我即不去辞行了，因您们忙得夜以继日，我不愿去耽搁您们宝贵的时间， 此致礼，并祝健康。”③

10 月 25 日，王明与孟庆树、两个孩子以及北京医院保健医师陈锋禹、保姆陈启珍，在秘书田苏元的护送下，乘火车去苏联治病。④

王明在晚年写的《中共半世纪与叛徒毛泽东》一书中说：“一九五〇年十月二十五日上午十一时，中共中央办公厅主任杨尚昆同志到我家来通知说”，“‘少奇同志今天上午九点钟把我叫去说：昨夜主席告诉他，决定王明今天下午乘到满洲里去的班车到苏联去，要我马上把一切手续办好。’”为的是让他“遇上”美国空军从山海关

1950 年 10 月王明赴苏前与家人及身边工作人员于北京合影

① 《关于王明治病和出国的材料》，《中央档案馆丛刊》1986 年第 3 期。

② 孟庆树：《陈绍禹——王明传记与回忆》（手写复印稿）。

③ 《关于王明治病和出国的材料》，《中央档案馆丛刊》1986 年第 3 期。

④ 何立波：《王明落寞的后半生》，《文史月刊》2004 年第 12 期。

到满洲里铁路沿线的集中轰炸，以便把他炸死。①

王明临行前还于北京孟公府住所作五绝《值得冒险行》。诗曰：

申请赴苏久，今天突命行。
明知轰炸险，为党决登程。②

但从上述交涉情况来看，王明赴苏启程的日期根本不是“毛泽东突然决定”的，通知他启程也不是 10 月 25 日，说为了使王明“遇上”“集中轰炸”更是无稽之谈。③

1953 年 2 月 3 日王明全家于莫斯科郊区

① 王明：《中共半世纪与叛徒毛泽东》，莫斯科进步出版社 1979 年中文版，第 39 页。

② 《王明诗歌选集（1913—1974）》，莫斯科进步出版社 1979 年中文版，第 230 页。

③ 《关于王明治病和出国的材料》，《中央档案馆丛刊》1986 年第 3 期。

1950年11月7日，王明一行到达莫斯科。①

这年的8月19日，毛泽东曾致信中共中央政治局，提出拟将《关于若干历史问题的决议》“编入毛选第二卷作为附录，须作若干小的修改，并加上陈秦② 同志”。政治局委员都圈阅同意。③1953年4月，《毛泽东选集》第三卷由人民出版社出版发行，《关于若干历史问题的决议》作为附录，收入其中。在这本版本中，公开点了王明、博古的名字。修改后的决议说：

（中共六届三中全会以后）党内一部分没有实际革命斗争经验的犯“左”倾教条主义错误的同志，在陈绍禹（王明）同志的领导之下，却又在“反对立三路线”、“反对调和路线”的旗帜之下，以一种比立三路线更强烈的宗派主义的立场，起来反抗六届三中全会后的中央了。他们的斗争，并不是在帮助当时的中央彻底清算立三路线的思想实质，以及党内从“八七”会议以来特别是一九二九年以来就存在着而没有受到清算的若干“左”倾思想和“左”倾政策；在当时发表的陈绍禹同志的《两条路线》即《为中共更加布尔塞维克化而斗争》的小册子中，实际上是提出了一个在新的形势下，继续、恢复或发展立三路线和其他“左”倾思想、“左”倾政策的新的政治纲领。这样，“左”倾思想在党内就获得了新的滋长，而形成为新的“左”倾路线。

陈绍禹同志领导的新的“左”倾路线虽然也批评了立三路线的“左”倾错误和六届三中全会的调和错误，但是它的特点，是它主要地反而批评了立三路线的“右”，是它指责六届三中全会“对立三路线的一贯右倾机会主义的理论与实际，未加以丝毫揭破和打击”，指责第九十六号通告没有看出“右倾依然是目前党内主要危险”。新的“左”倾路线在中国社会性质、阶级关系的问题上，夸大资本主义在中国经济中的比重，夸大中国现阶段革命中反资产阶级斗争、反富农斗争和所谓“社会主义革命成分”的意义，否认中间营垒和第三派的存在。在革命形势和

① 孟庆树：《陈绍禹——王明传记与回忆》（手写复印稿）。

② 即王明和博古。

③ 《胡乔木回忆毛泽东》，人民出版社1994年版，第328页。

党的任务问题上，它继续强调全国性的“革命高潮”和党在全国范围的“进攻路线”，认为所谓“直接革命形势”很快地即将包括一个或几个有中心城市在内的主要省份。它并从“左”的观点污蔑中国当时还没有“真正的”红军和工农兵代表会议政府，特别强调地宣称当时党内的主要危险是所谓“右倾机会主义”、“实际工作中的机会主义”和“富农路线”。在组织上，这条新的“左”倾路线的代表者们违反组织纪律，拒绝党所分配的工作，错误地结合一部分同志进行反中央的宗派活动，错误地在党员中号召成立临时的中央领导机关，要求以“积极拥护和执行”这一路线的“斗争干部”“来改造和充实各级的领导机关”等，因而造成了当时党内的严重危机。这样，虽然新的“左”倾路线并没有主张在中心城市组织起义，在一个时期内也没有主张集中红军进攻中心城市，但是整个地说来，它却比立三路线的“左”倾更坚决，更“有理论”，气焰更盛，形态也更完备了。

一九三一年一月，党在这些以陈绍禹同志为首的“左”的教条主义宗派主义分子从各方面进行压迫的情势之下，也在当时中央一部分犯经验主义错误的同志对于他们实行妥协和支持的情势之下，召开了六届四中全会。这次会议的召开没有任何积极的建设的作用，其结果就是接受了新的“左”倾路线，使它在中央领导机关内取得胜利，而开始了土地革命战争时期“左”倾路线对党的第三次统治。六届四中全会直接实现了新的“左”倾路线的两项互相联系的错误纲领：反对所谓“目前党内主要危险”的“右倾”，和“改造充实各级领导机关”。尽管六届四中全会在形式上还是打着反立三路线、反“调和路线”的旗帜，它的主要政治纲领实质上却是“反右倾”。六届四中全会虽然在它自己的决议上没有作出关于当时政治形势的分析和党的具体政治任务的规定，而只是笼统地反对所谓“右倾”和所谓“实际工作中的机会主义”；但是在实际上，它是批准了那个代表着当时党内“左”倾思想，即在当时及其以后十多年内还继续被人们认为起过“正确的”“纲领作用”的陈绍禹同志的小册子——《两条路线》即《为中共更加布尔塞维克化而斗争》；而这个小册子，如前面所分析的，基本上乃是一个完全错误的“反右倾”的“左”倾机会主义的总纲领。在这个纲领下面，六届四中全会及其后的中央，一方面提拔了那些“左”的教条主义和宗派主义的同志到中央的领导地位，另一方面过分地打击了犯立三路线错误的同志，错误地打击了以瞿秋白同志为首的所谓犯“调和路线错误”的同志，并在六届四中全会后接着就错误地打击了当时所谓“右派”中的绝大多数同志……六届四中全会这种对于中央机关的“改造”，同样被推广于各个革命根据地和白区地方组织。六届四中全会以后的中央，比六届三中全会及其以后的中央更着重地更有系统地向全国各地派遣中央代表、中央代表机关或新的领导干部，以此来贯彻其“反右倾”的斗争。

在六届四中全会以后不久，一九三一年五月九日中央所发表的决议，表示新的“左”倾路线已经在实际工作中得到了具体的运用和发展……

自一九三一年九月间以秦邦宪（博古）同志为首的临时中央成立起，到一九三五年一月遵义会议止，是第三次“左”倾路线的继续发展的时期……

一九三四年一月，由临时中央召集的第六届中央委员会第五次全体会议（六届五中全会），是第三次“左”倾路线发展的顶点……

第三次“左”倾路线在革命根据地的最大恶果，就是中央所在地区第五次反“围剿”战争的失败和红军主力的退出中央所在地区……

以上这些，就是第三次统治全党的、以教条主义分子陈绍禹秦邦宪二同志为首的、错误的“左”倾路线的主要内容。

犯教条主义错误的同志们披着“马列主义理论”的外衣，仗着六届四中全会所造成的政治声势和组织声势，使第三次“左”倾路线在党内统治四年之久，使它在思想上、政治上、军事上、组织上表现得最为充分和完整，在全党影响最深，因而其危害也最大。但是犯这个路线错误的同志，在很长时期内，却在所谓“中共更加布尔塞维克化”、“百分之百的布尔什维克”等武断词句下，竭力吹嘘同事实相反的六届四中全会以来中央领导路线之“正确性”及其所谓“不朽的成绩”，完全歪曲了党的历史。①

① 《毛泽东选集》第三卷，人民出版社 1967 年版，第 913—920 页。

由编写组帮助胡乔木写的《党的历史决议》稿说："当时点名，没有特别严重的意义。犯路线错误的，陈独秀、瞿秋白、李立三都已在文件中点了名。王明、博古的'左'倾错误比瞿、李要严重得多，不点名，对这些历史问题摆不平。"①

其实在1951年6月胡乔木在为纪念中国共产党30周年而写的《中国共产党的三十年》中，已点名批判王明，文章说：

"在一九三一年一月，以陈绍禹（王明）、秦邦宪（博古）两同志为首的以教条主义为特征的一个新的'左'倾派别，又利用马克思主义'理论'的外衣，起来攻击三中全会没有纠正'立三路线'的'右倾'，并经过党的六届四中全会而取得了中央的领导地位。以王明、博古为首的新的'左'倾派别，完全否认由日本侵略所引起的国内政治的重大变化，认为国民党各派和各中间派别都是一样的反革命，他们对于中国革命的进攻都是一致的，要求党向他们一律进行'决死斗争'。这个'左'倾派别在红军战争的问题上反对毛泽东同志关于游击战运动战的思想，继续要求红军夺取中心城市；又在国民党区城市工作的问题上，反对刘少奇同志所坚持的关于利用合法、积蓄力量的思想，继续实行脱离多数群众的冒险政策。在这个错误的领导下，党在国民党统治区的组织差不多是全部受到了破坏……"

"抗日战争中的两条路线的争论，在党内也有了严重的反映。第二次国内革命战争时期曾经犯过严重的'左'倾错误的一些同志，以王明（陈绍禹）同志为代表，这时站在右倾机会主义的立场上来批评和反对党的路线，并且违反党的纪律，在他们所负责的工作中擅自执行了他们自己的右倾机会主义路线。他们看到了共产党及其军事力量的暂时的弱小和国民党的表面上的强大，就错误地断定抗日战争的胜利必须依靠国民党，而且必然是国民党的胜利而不能是人民的胜利，断定国民党可以成为抗日战争的领导者，而否认共产党可以成为抗日战争的领导者。他们低估共产党领导的游击战争在抗日战争中的作用，而幻想

① 《胡乔木回忆毛泽东》，人民出版社1994年版，第329页。

倚靠国民党军队求得速胜。他们信任国民党超过信任群众。他们抹杀共产党和国民党在抗日战争中的原则分歧，要求共产党人对国民党的反人民政策实行让步，主张共产党人的行动一切经过国民党政府，八路军新四军完全统一于国民党军队，实行'统一指挥，统一编制，统一武装，统一纪律，统一作战计划，统一作战行动'。他们否认统一战线中的独立自主，否认'有团结有斗争，以斗争求团结'的革命方针。他们反对放手发动群众斗争，反对在日本占领地区放手扩大解放区和扩大人民武装，他们害怕这样就要从抗日阵线中'吓跑'了蒋介石国民党，而主张把自己的行动限制在国民党蒋介石所允许的范围以内，去迁就国民党蒋介石。他们不经中央同意擅自发表了很多表示错误意见的宣言、决议和文章，拒绝中央正确的指示。他们这种错误思想和行动，在一九三八年由王明同志在武汉负责的活动中，和一九四一年一月皖南事变以前项英同志在新四军的工作中，曾经发生影响，因而妨碍了当时长江流域人民抗日战争的发展，并在皖南事变中造成了新四军部队的失败。很明显，右倾分子的意见是适合于蒋介石的利益而危害无产阶级和抗日人民的利益的。这是第一次国内战争时期陈独秀右倾主义在新的情况下的复活。"①

这年 7 月，陈伯达在为纪念中国共产党成立 30 周年而写的《论毛泽东思想——马克思列宁主义与中国革命的结合》中，也点名批评了王明等"小资产阶级革命家的急性病"。文中说："这种'左'倾冒险主义有过三次曾经在党内取得了暂时的优势，反对了毛泽东同志的正确路线，因而使革命遭受了损失。特别是继李立三同志所代表的冒险主义之后，以王明（陈绍禹）、博古（秦邦宪）两位同志为代表的第三次冒硷［险］主义给革命的损失最大。"②

1953 年 8 月 12 日，毛泽东在全国财经工作会议上的讲话中再次点名批

① 《胡乔木文集》第 2 卷，人民出版社 1993 年版，第 31—32、42—43 页。

② 陈伯达：《论毛泽东思想——马克思列宁主义与中国革命的结合》，人民出版社 1951 年 7 月版，第 26 页。

判王明，他说："过去，在新民主主义革命时期，犯过主观主义的错误，有右的也有'左'的。陈独秀、张国焘是右的，王明是先'左'后右。"①

第二节　在国内的最后两年

由于病情好转，1953年12月9日下午4时，王明与孟庆树和中国妇女代表团一起离开莫斯科回国。②

12月12日，中共中央军委卫生部部长傅连暲看望王明，说王明回来是"吉人天相"。③

12月14日，王明致信毛泽东，说"九日晨抵京，一路尚好，请释念"；"听说主席身体健康，至为欣慰"；"三年未见，很想有机会见到主席和江青，如主席什么时候能抽出时间见我，请便中示知，以便遵示前往。"

中共中央和国务院领导对于王明的身体状况是很关心的，他回来不久，傅连暲、黄树则便前往看望他，要他继续治疗休息，并以卫生部名义通知各同志不要来看他，以免他疲劳发病。以后董必武又转达了中央书记处各位同志要他继续治疗休养的意见。可是孟庆树却说："毛泽东指使他的军委会卫生部长傅连暲发给各负责同志通知（12月14日），以王明从苏联回来身体尚未恢复为借口，禁止各负责同志来看王明同志。"并说王明在这年写了一个关于毛泽东从□□□□□年秋到1953年这一阶段反对列宁主义、反共产国际、富农苏联、反党的基本事实的简要信息。④

1954年2月6日到10日，中共七届四中全会在北京举行。会前，中共中央将这次会议准备通过的《关于增强党的团结的决议（草案）》，送给王明征求意见。1月28日，王明给中央写信说：(1)"关于增强党的团结的决议(草

① 中共中央文献研究室编：《毛泽东著作专题摘编》，中央文献出版社2003年版，第1975页。

② 张培森主编：《张闻天年谱》下卷，中共党史出版社2000年版，第943页。

③ 孟庆树：《陈绍禹——王明传记与回忆》（手写复印稿）。

④ 孟庆树：《陈绍禹——王明传记与回忆》（手写复印稿）。

案）我完全同意”。(2) 我因病不能出席四中全会，特请假。

王明返京后，参加了法制委员会的一部分工作，但自 4 月 8 日肝胆炎和肠炎急性发作住进北京医院后，直到 9 月份法委会取消，他未再参加工作。9 月下旬，杨尚昆去看他，说少奇同志要他告诉王明，法制委员会机关取消了，关于王明的工作，等病好一些的时候，中央再决定。12 月 14 日，王明致信刘少奇并请转毛泽东主席和中央书记处说：“像我现在身体这样的情况，当然不能担负任何比较紧张吃力和经常系统性的工作，但有时身体比较好一些的时候，若不多少参加一点工作，感到自己完全成了不能劳动的废人，精神上是异常痛苦的……因此，我要求中央考虑分配给我某些轻轻的工作试试看。”

这年 12 月 22 日，王明在看完《中华人民共和国发展国民经济第一个五年计划（草案）》后说：“每次读时，我都深深地为这个把我国建设成一个伟大的社会主义国家奠定基础的第一个五年计划（草案）所规划的巨大的和灿烂的前景所感动，为我国国家富强和人民幸福而兴奋愉快”，“由于我未能参加经济和文化方面的实际建设工作，对它们的具体情况不熟悉，所以提不出有关这些方面具体规划的意见。”他提出了两条文字修改性的意见，其中一条是可否考虑在绪言或第九章内，将“同时，在发展生产的基础上，逐步提高人民的物质生活和文化生活的水平”一句，改写为：“同时，在发展生产的基础上，逐步提高人民的物质生活和文化生活的水平，使广大劳动人民更加提高建设社会主义事业的觉悟和兴趣”。12 月 25 日，王明写信给杨尚昆，送上他 12 月 22 日写的对第一个五年计划（草案）的意见。

1954 年王明在北京宅院

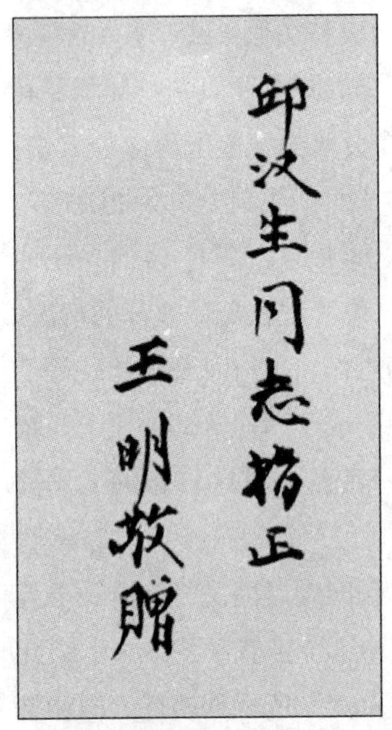

王明写给邱汉生的赠语
（年代不详）

1955年1、2月间，王明又速发肝胆、肠胃、心脏等病，再度住进北京医院。因此，这年3月21日到31日在北京召开的中国共产党代表会议，王明没有参加。对此，很多代表都有意见，富振声便写信给毛泽东和大会主席团，批评王明不参加会议，不检讨自己的错误，说："这是一笔既重且多的债，至今尚未还！"毛泽东在信上批示："印发给各代表，并送一份给王明。"[①] 4月1日，王明写信给毛泽东主席并主席团说：

富振声同志的信收到了。我因病不能出席这次全国党代表会议，只能在床上听读一部分文件，未能听到许多同志的发言，因而未能得到很多的教益，对我确实是莫大的损失。虽然这次中央又允许我请病假，但我经常因自己不能为党更多地工作和参加会议而痛苦万分！同时也为五年计划取得的每一个成绩而欢欣——在去年接到五年计划初稿时，我虽有病仍在秘书同志帮助下读了两遍并提了一点修改意见，为我党完全战胜高饶联盟而喜悦——去年当讨论高饶问题时，我曾带病参加党组小组会议，表明过自己的态度；因此，我自觉并未因病而和党疏远，更未因病而不重视党的代表会议。但是所以使富同志有此感觉，可能如富同志所说由于他不了解我的情况。我现在的体力不可能给富同志写详细的说明。因此，我请求主席和主席团同志指示：我有无必要把我的有关病历和现在身体情况的材料给富同志看看？或者请主席和少奇同志为我向富同志解释一下，因为我这十几年的工作和身体情况，都曾经常向你们二位作过报告，想你们都是了解的。关于我在七大前根据六届七中全会决议所作的很长的检查错误的声明书（中

① 《关于同意王明继续请假治病的批语》，《建国以来毛泽东文稿》第5册，中央文献出版社1991年版，第78页。

央曾印发七大代表）；二中全会上我也曾作过检讨性的发言；请考虑是否可向富同志说明，以免他误会我从来未向党交代。至于七届三中全会要我把我在第二次国内革命战争时期和抗日战争时期十几年来我所写的每一篇文章和每一个文件都重新检讨和作出自我批评来，因为这非我的身体所能，曾经中央允许暂且不作并送我去苏联治病。可惜我的身体越来越坏，正如富同志所说的这是一笔既重且多的债，至今尚未还！我自己比任何同志都更不满这一点，而这也是经常使我痛苦不安的。

在这封信里，王明虽然先表明自己“并未因病而和党疏远”，表明自己曾向党交代过，接着便说因身体有病不能作进一步检讨，但他还是承认富振声关于“这是一笔既重且多的债，至今尚未还”的说法，并且说这也是使他经常“痛苦不安”的。

春夏之间，王明由于病情恶化，再度住进北京医院。[①] 王明在晚年写的《中共半世纪与叛徒毛泽东》一书中说：“一九五五年夏我又病重入北京医院。外科医生邵大夫给我滴注生理盐水和葡萄糖液，每分钟滴六十滴；这是邵大夫事后承认的，但他说是外科王主任吩咐的。滴注开始数分钟后邵大夫走了。而我浑身冷得发抖，很厉害，用六个热水袋和盖三床棉被也毫无用处。我面色苍白，头上豆大的冷汗直流，心脏颤动，浑身难受。庆树

1955 年秋王明于北京（在中国的最后一张照片）

① 孟庆树：《陈绍禹——王明传记与回忆》（手写复印稿）。

请护士立即拔掉针头，但护士说：‘邵大夫吩咐没有他不准停止滴注。我去找他。’护士走后，庆树立即拔掉针头停止滴注，并马上注射樟脑剂强心，我才慢慢平静下来，但心脏仍然衰弱。过了许久，护士才把邵大夫找来。他见已停注，很不高兴，说应当等他来决定如何处理。”“当时在北京医院外科工作的苏联专家雅·莫·沃罗申教授，听到这个消息后告诉我们：‘象［像］王明同志这样的身体，最好是每分钟注二三十滴，哪能每分钟六十滴！以后再遇到滴注时，要密切注视玻璃管显示的速度。”他认为孟庆树同志做得对，否则王明同志的心脏会支持不住的。”①

1955年10月4日到11日，中共扩大的七届六中全会在北京召开。10月2日，王明让孟庆树代笔给刘少奇写了一封信，请他转中央并毛主席，信中说：

今天下午孟庆树同志告诉我关于中央通知七届六中全会明日开会的消息……我听了这个消息非常难过，现在我要她用我的名义再给中央写这封信，除再次向中央请假外，并提出下列意见，请中央考虑。

七大以来的10年期间，我只有约一半时间曾带病工作，另外一半时间则因病不能工作，从去年4月，我的肝胆病急性发作……尤其是今年1月以来，肝胆炎连续不断发作，使身体健康情况更加恶化，心脏也极度衰弱，右手已10个月不能动……

由于病的关系，我不能出席中央的几次会议和全党代表会议，也不能参加党的工作，这就是说，我的身体情况使我不能对党尽一个中央委员起码责任，因而我认为：我继续担任中央委员的职务是不适宜的，因此，我请求中央解除我的中央委员的职务，等我的病好到可以工作时，再由组织另行分配工作。

12月，王明又因肝胆炎急性发作住进北京医院。② 经中共中央与苏联联系，1956年1月30日，王明又同孟庆树到苏联治病去了。

---

① 王明：《中共半世纪与叛徒毛泽东》，莫斯科进步出版社1979年中文版，第43页。

② 孟庆树：《陈绍禹——王明传记与回忆》（手写复印稿）。

第十三章　在苏联的最后岁月

第一节　第四次赴苏

1956年2月1日，王明抵达莫斯科。这是他第四次也是最后一次到苏联。①

孟庆树说：王明临行前，周恩来、彭德怀等同志曾去看望他。“从1956年2月1日到1974年3月27日，王明同志在莫斯科渡〈度〉过这最后十八年漫长的岁月里，绝大部分时间是因犯病躺在床上，最后十年连吃饭都是躺着吃的！”在这期间，王明同志除写诗歌200余首外，“还经常关心国内外时事”。②

由于王明是作为中共中央委员去苏联治病的，而且长期在苏联学习工作，与苏联有关方面有很熟的交往，苏联政府对王明的病给予了精心的治疗和周到的照顾。后来根据王明的要求，中国又派中医院的岳美中、李大夫两名针灸医生赴苏，协助苏联方面给王明治疗半年。由于中国政府的大力支持和苏联方面的精心治疗，王明的病情很快好转，身体逐渐恢复。③

但梁漱溟在1977年11月16日写的文章中说：王明“后因病腹泻甚剧，苏联西医束手，以闻报我中央卫生部。卫生部指派岳美中（钟秀）中医师赴

① 王明说这是他第五次赴苏。其中第二次是1927年随米夫来华又回苏联的那次，严格来说不能算一次。如不算1927年这一次，1956年这次应该是第四次。

② 孟庆树：《陈绍禹——王明传记与回忆》（手写复印稿）。

③ 曹仲彬、戴茂林：《王明传》，吉林文史出版社1991年版，第397—398页。

莫斯科为之医治者达三个月之久。据岳君语我，陈病初非难治，一经治好，嘱其谨饮食，而陈恣意饮啖，病复作。再度为之治愈，切加嘱告，不得乱吃东西，而陈漫然不听劝戒［诫］，则又病。如是反复至再至三，岳医无奈，电告卫生部请求回国”①。

有的文章则分析说：“中共七大以后，毛泽东在对王明的处理上，表现出一种矛盾的心态：一方面，一再要求王明写出书面声明，要他承认自己是第三次‘左’倾路线的头子，以便白纸黑字，办成铁案。而王明则只承认有错误，拒绝承担主要责任。另一方面，毛泽东又没有把事情做绝，没有强迫王明写声明书，并同意王明去苏联治病。毛泽东之所以没有做绝，一是此时的王明已经不构成对其领袖地位的威胁和挑战；二是考虑到王明的苏联背景。当时中共奉行的是向苏联‘一边倒’的外交政策，如果为王明的处理问题与苏联彻底闹翻，毛泽东在此时还没有这个胆量下赌注。可以设想，如果王明不是在1956年前往苏联，而是留在国内的话，随着中苏关系的破裂，王明的下场不会比刘少奇更好；三是感到底气不足，有点心虚。不以事实为根据，硬要把第三次‘左’倾错误路线的账算在王明头上，的确有些理不直气不壮。否则，以毛泽东的强悍个性，绝不会对王明高抬贵手，善罢甘休。”②

2月14—25日，苏共二十大在莫斯科召开，赫鲁晓夫在会上作否定斯大林的秘密报告。3月24日，毛泽东在中共中央政治局会议的总结中，谈到抗战期间斯大林开始时曾支持王明等等。他提议写篇文章，这就是后来发表的《论无产阶级专政的历史经验》。③4月2日至4日，毛泽东在对《关于无产阶级专政的历史经验》稿的修改中，在原稿“在一九二七年到一九三六年的革命时期，我们党内出现了三次‘左’倾机会主义的错误路线”这句后，加写了下面的话：“其中特别严重的是李立三路线和王明路线，前者是在一九三〇年发生的，后者是在一九三一年至一九三四年发生的，而以王

① 《一个英雄两个恶人》，中国文化书院学术委员会编：《梁漱溟全集》第7卷，山东人民出版社1993年版，第435页。

② 叶铭葆：《“王明路线”命名考辨》，“中华网论坛”（http://club.china.com/data/thread/5688138/277/26/50/1_1.html）2009年3月25日。

③ 尚定：《胡乔木在毛泽东身边工作的20年》，人民出版社2005年版，第150—151页。

明路线对于革命的损害最为严重。”在“在抗日战争时期，我们党内又出现了”一句后，加写或改写成了“以王明同志为代表的右倾机会主义的错误路线”①。

自此以后，毛泽东在讲话、报告中多次点名批判王明，并认为王明的错误都是从共产国际和斯大林那里来的。

4月25日，毛泽东在中共中央政治局扩大会议上所作的《论十大关系》的讲话中说：“斯大林对中国作了一些错事。第二次国内革命战争时期的王明‘左’倾冒险主义，抗日战争初期的王明右倾机会主义，都是从斯大林那里来的。”他还说：对于犯错误的同志，应当“采取‘惩前毖后，治病救人’的方针，帮助他们改正错误，允许他们继续革命。过去，在以王明为首的教条主义者当权的时候，我们党在这个问题上犯了错误，学了斯大林作风中不好的一面。他们在社会上不要中间势力，在党内不允许人家改正错误，不准革命。”②

4月28日，毛泽东《在中共中央政治局扩大会议上的总结讲话》中谈到“第三次‘左’倾路线”和“第二次王明路线”，他说：土地革命战争时期的三次“左”倾路线“都跟共产国际有关系，特别是王明路线。第一次‘左’倾路线同共产国际的关系不是很大，第二次‘左’倾路线从共产国际学了一些东西，但那个总的路线算是中国自己的。第三次‘左’倾路线就不同了，连六届四中全会的决议案都是俄国人给写的。第三次‘左’倾路线在党内的统治长达四年之久，造成的损失最大，革命力量损失百分之九十以上。”“在第三次‘左’倾路线时期，非常强调集中统一，不许讲不同的话……在抗日战争时期，我们给了各个抗日根据地很大的独立性。但是，后来又发展到了有些根据地闹独立性，不应当由根据地自己发表的意见也发表了，应当听中央指挥的也不听。当然，这同第二次王明路线是有关系的。”“总而言之，我们党有这么一段历史，要想一想这段历史。曾经有很集中的时期，那就是第一次王明路线时期。也曾经有很分散的时期，不应当分散的也分散了，那就

① 《对〈关于无产阶级专政的历史经验〉稿的批语和修改》，《建国以来毛泽东文稿》第6册，中央文献出版社1992年版，第64页。

② 《毛泽东文集》第七卷，中央文献出版社1999年版，第42、39页。

是第二次王明路线时期。”①

4 月 29 日，毛泽东在《要团结一切可以团结的力量》中说：“失败的教训同样值得研究，它可以使人少走弯路。王明的教条主义错误，曾给我国的革命造成很大的损失。但是他的错误对我们有帮助，教育了党，教育了人民，从这一点上讲，我本人就是他的学生。”“斯大林有正确的地方，也有不正确的地方。王明的‘左’倾机会主义错误就是从斯大林那里学来的。他主张打倒一切，否认同资产阶级的团结。在社会上是打倒一切，在党内则闹不团结。后来他的右倾错误也是从斯大林那里学来的。”②

6 月 28 日，毛泽东在《不要迷信在社会主义国家里一切都是好的》谈话中谈道：“我们也犯过很多错误、很大的错误”，其中就有“王明的‘左‘倾机会主义”、“王明的右倾机会主义”。③

7 月 14 日，毛泽东在《美帝国主义是纸老虎》的谈话中说：“我们党的历史上有过多次‘左’倾和右倾的路线错误。其中最严重的是陈独秀的右倾和王明的‘左’倾。”王明等是“反面教员”，“向这些反面教员学习，付出了很大的代价。”④

9 月 15 日，刘少奇《在中国共产党第八次全国代表大会上的政治报告》中也说：“党在一九三一年至一九三四年间所犯的错误反而比以前两次的‘左’倾错误更为严重”；“在一九三一年到一九三四年期间统治全党的以王明、博古等同志为首的‘左’倾机会主义者，不但没有接受过去几次错误路线的教训，而且由于他们的教条主义的思想方法和横蛮武断的作风，把主观主义和宗派主义的错误发展到了党的历史上空前未有的地步。他们完全不顾当时国内社会各阶级的实际状况，不顾敌我力量对比的客观形势，在政治上和军事上都采取了极端冒险的政策，在党内生活上也完全破坏了党内的民主制度，发展了过火的党内斗争。他们的错误领导，使革命斗争遭到严重的失败，使当时的革命根据地和工农红军损失了百分之九十，国民党统治区的党

① 《毛泽东文集》第七卷，中央文献出版社 1999 年版，第 52 页。
② 《毛泽东文集》第七卷，中央文献出版社 1999 年版，第 65 页。
③ 《毛泽东文集》第七卷，中央文献出版社 1999 年版，第 70 页。
④ 《毛泽东文集》第七卷，中央文献出版社 1999 年版，第 72 页。

组织和党领导下的革命组织几乎损失了百分之百。”①

9月24日，毛泽东在《吸取历史教训，反对大国沙文主义》中批判王明说：

> 过去的王明路线，实际上就是斯大林路线。它把当时我们根据地的力量搞垮了百分之九十，把白区几乎搞垮了百分之百……中国第一次王明路线搞了四年，对中国革命的损失最大……他是我们党的教员，是教授，无价之宝，用钱都买不到的。他教育了全党不能走他的路线。
>
> 这是我们第一次吃斯大林的亏。
>
> 第二次是抗日战争时期。王明是可以直接见到斯大林的，他能讲俄文，很会捧斯大林。斯大林派他回国来。过去他搞“左”倾，这次则搞右倾。在和国民党合作中，他是“梳妆打扮，送上门去”，一切都服从国民党。他提出了“六大纲领”②，推翻我们党中央的十大纲领，反对建立抗日根据地，不要自己有军队，认为有了蒋介石，天下就太平了。我们纠正了这个错误。蒋介石也“帮助”我们纠正了错误。王明是“梳妆打扮，送上门去”，蒋介石则是“一个耳光，赶出大门”。蒋介石是中国最大的教员，教育了全国人民，教育了我们全体党员。他用机关枪上课，王明则用嘴上课。③

9月25日，毛泽东在《我们党的一些历史经验》中说：“以瞿秋白、李立三、王明为代表的三次‘左’倾机会主义路线，给我们党带来了很大的损失，特别是王明‘左’倾机会主义路线，把我们党在农村中的大部分根据地搞垮了。”抗日战争时期，“原来犯‘左’倾机会主义路线错误的王明又犯了右倾机会主义路线的错误。他先是执行了共产国际的最‘左’的方针，这时他又执行了最右的方针。他也是我们的一个很好的反面教员，教育了我

---

① 《刘少奇选集》下卷，人民出版社1981年版，第266—267页。

② 指王明1937年12月25日在武汉擅自发表的《中共中央对时局宣言》中提出的抗日战争必须实现的六项任务，也被称作“六大纲领”。

③ 《毛泽东文集》第七卷，人民出版社1999年版，第120、121页。

们党”。[①]

这年9月，中国共产党第八次全国代表大会在北京召开。这次会议，是新中国成立后第一次召开的党的全国代表大会。在会议筹备期间，中共中央于8月上旬致电王明，希望他在身体状况允许的条件下回国参加会议。对于在历史上犯了许多错误、给党的事业造成极大损失的王明来说，参加党的全国代表大会，本是一个认识、改正错误和取得全党谅解的极好机会。然而，王明以“身体病况仍不许可”为借口，拒绝了中央的好意。9月8日，他在从莫斯科打给刘少奇并转中央和毛泽东主席的电报中说：“自8月7日接到中央盼我在健康条件许可下能出席八大的电示后，我个人及医疗、护理方面虽作了更多的努力，但至今身体病况仍不许可我有回国参加八大学习的可能，乃不得不以深沉的愧歉的心情向中央和八大主席团来电请假。”只字不提自己所犯的错误。

当时，王明经过治疗，病情已有好转，并不是身体坏到不能回国参加会议的程度。从红军时期开始就给中央领导人治病的傅连暲医生，于八大会议期间（9月18日）致信吴芝圃转中南代表团报中央的信中说：“最近，苏联克里姆林宫医院老医生斯洛巴尼克同志将来我国，我曾向他询及王明同志的健康状况。据他讲，王明同志几个月来，体重增加13公斤，每日能走很多的路，行动几如常人，如以现在的活动来估计，他可担任工作。自此，可以证明，王明同志来电所述与他自己身体状况是完全不相符的，他是有意躲避不来出席我党此大会的。为了说明他的思想，我有责任把他这一情况反映给中央供中央参考。”可见，王明说“身体病况仍不许可”，完全是拒绝参加党的八大的一个借口。

尽管王明拒绝回国参加党的全国代表大会，又对自己的错误没有丝毫检讨的表示，但是，党中央特别是毛泽东仍从全党团结的大局出发，把王明列入八大中央委员会候选人的名单，希望代表能够选举他。1956年8月30日，毛泽东在八大预备会议第一次全体会议上作了《增强党的团结，继承党的传统》的讲话，一方面批评王明的错误，指出王明是“反面教员”，一方面又主张继续选举他为中央委员，反复阐述这样做对于团结和教育全党的重要意

① 《毛泽东文集》第七卷，人民出版社1999年版，第133页。

义，他说：

特别是王明，他在七次大会的时候，为了应付起见，写了一个书面声明，承认中央路线正确，承认七大政治报告，愿意服从大会的决定。但是，后头我跟他谈话，他又翻了，他忘记那个东西了。他回去一想，第二天又说，我写过一个东西，是承认了错误的。我说，你那个时候承认，如果现在不承认了，你也可以撤回去。他又不撤回去。后头，在二中全会上，我们希望他讲一讲他自己的错误，但是他讲别的东西，只讲我们这些人怎么好怎么好。我们说，你这些话可以不讲，你讲一讲你王明有些什么错误，他不干。他答应在二中全会以后写反省。但是后头他又说，他有病，用不得脑筋，一动手写，他那个病就来了。也许他是故意这样，那也难说。他一直害病，这次大会也不能出席。是不是选举他呢？……七次大会的时候，就有很多代表不愿意选他们（不仅是王明，还有相当几个同志）当时我们说，如果采取这个方针，我们就要犯错误。我们不选举犯错误的人，为什么叫做犯错误呢？因为那时照他们的办法办事。他们的办法，就是不管你是真犯错误，假犯错误，一经宣布你是机会主义，就不要了。如果我们也照这样办，我们就是走他们的路线，就是走王明路线，或者立三路线。这样的事情不干，让我们走王明路线，立三路线，不干。他们搞的党内关系就是那样一种关系，对犯过错误的，或者跟他们作过斗争的，骂过他们是机会主义的，他们都不要。他们把自己封为百分之百的布尔什维克，后头一查，他们是百分之百的机会主义，而我们这些被他们封为“机会主义者”的，倒是多少有点马克思主义。

……我们选举王明路线和立三路线这两位代表人物是表示什么呢？这是表示我们对待这种犯思想错误的人，跟对待反革命分子和分裂派（像陈独秀、张国焘、高岗、饶漱石那些人）有区别。他们搞主观主义、宗派主义是明火执仗、敲锣打鼓，拿出自己的政治纲领来征服人家。王明有政治纲领，李立三也有政治纲领……所以，王明、李立三的问题，不单是他们个人的问题，重要的是有它的社会原因。这种社会原因在我们党内的反映，就是党内有相当一部分人遇到重要关头就要动摇。这种动摇就是机会主义。就是这里有利就干这件事，那里有利就干那件事，没有一定的原则，没有一定的章程，没有一定的方向，他今天是这样，明天又是那样。比如王明就是如此，从前“左”得不得了，后头又右得不得了。

七次大会的时候，我们说服了那些同志，选举了王明、李立三。那末，七大以后这十一年来，我们有什么损失没有？毫无损失，并没有因为选举了王明、李立三，我们的革命就不胜利了，或者迟胜利几个月。

是不是选举了他们，犯错误的人得到奖励了呢？……会不会就学王明、李立三，也搞两条路线，变成四条路线，以便争取当中央委员呢？不会，没有人这样，而是鉴于他们的错误，自己更谨慎一些。

还有，从前有所谓“早革命不如迟革命，革命不如不革命”那么一种话，那末，选举他们，党内会不会发生正确不如错误，小错误不如大错误这样的问题呢？王明、李立三犯路线错误，要选他们做中央委员，结果就要正确的人或者犯小错误的人空出两个位置来，让他们登台。这样的安排是不是世界上最不公道的呢？从这一点看，那是很不公道的：你看，正确的或者犯小错误的人要把位置让给那个犯大错误的人，这是很明显的不公道，这里头没有什么公道。如果这样来比，应该承认，是所谓正确不如错误，小错误不如大错误。但是，从另外一点看，就不是这样。他们犯路线错误是全国著名、全世界著名的，选举他们的道理就是他们出了名。你有什么办法呀，他们是出了名的，你那个不犯错误的和犯小错误的名声没有他们大。在我们这个有广大小资产阶级的国家，他们是旗帜。选举他们，许多人就会这么说：共产党还是等待他们的，宁可让出两个位置来给他们，以便他们好改正错误。他们改不改是另一个问题，那个问题很小，只是他们两个人。问题是我们这个社会有这么多小资产阶级，我们党内有这么多小资产阶级动摇分子，知识分子中间有许多这样动摇的人，他们要看这个榜样。他们看到这两面旗帜还在，他们就舒服了，他们就睡得着觉了，他们就高兴了。你把这两面旗帜一倒，他们就恐慌了。所以，不是王明、李立三改不改的问题，他们改或者不改关系不大，关系大的是党内成百万容易动摇的出身于小资产阶级

> 的成分，特别是知识分子，看我们对王明、李立三是怎样一种态度。正如我们在土地改革中间对待富农一样，我们不动富农，中农就安心。如果我们八大对他们两位采取的态度还是同七大的态度一样，那我们党就可以得到一种利益，得到一种好处，就是对于改造全国广大的小资产阶级比较容易些。这在全世界也有影响。在外国对犯错误的人采取我们这个态度的很少，可以说没有。①

许多代表在讨论中央委员会候选人名单时，深深体会到党中央治病救人、从团结出发的伟大精神。同时，也对王明既不回国参加大会又不认错的态度表示强烈的不满。9 月 12 日，王观澜在给八大东北代表团林枫转毛主席并中央的信中说，王明路线"是完全错误的路线，是与党的路线相背驰的"，"大大地断送和削弱了革命基本力量和拒绝了一切可能革命的力量，它给中国革命以极大损害"。党对王明路线的处理方针，"对王明同志本人，也是作到了胸襟宽大仁至义尽了"。王明对自己的错误，"七大时没有很好的反省，七大以后 11 年的漫长时间，应该有积极反省自己错误的表示，可是结果没有。到了八大是他最后表示承认自己错误的最好时刻了"。然而，"一直到今天，没有令人满意的表示，这是很遗憾的"。"因此，我还是希望他在八大正式开会以前，王明同志对自己的错误，有一个诚恳地无保留地承认的表示，这对他自己，对党，对国家都有好处。"傅连暲在 9 月 18 日的信中也指出："从我党的历史上看，王明同志的错误是非常严重的，给党造成的损失是不可估量的。在他的错误路线领导之下，当时我党在白区的组织完全被他搞垮，在苏区的组织也几乎完全被他搞垮，即以我个人的亲属所受的摧残而论，由于他的错误路线，被杀害者就有五人之多。对于他给党的危害，任何同志回忆起来，都深觉惨痛。特别严重的是他至今尚无承认错误之意。即以此次他给中央的电报来看，只是贺电式的官样文章，毫无自我检讨……无论他此次能否当选，都希望中央今后经常对他进行更大的帮助和教育。"

经过党中央的一再动员和反复做工作，许多代表才放弃了不选王明的意见。有的代表明确表示，是经毛泽东主席一再说服，才"忍痛投他一票"的。

① 《毛泽东文集》第七卷，中央文献出版社 1999 年版，第 93—97 页。

这样，王明被选进了中国共产党第八次全国代表大会的中央委员会，成为第97名也是最末一名中央委员。

9月27日，中共八大闭幕。盛岳在《莫斯科中山大学和中国革命》中说："到了一九五六年中共八大，陈绍禹及其支持者再次被谴责为右倾机会主义者，直到这时，种种迹象表明，陈才是彻底被打败了。八大后，他从政治局刷下来，只在中央委员会保留一个最低的职位。"①

从此以后，中央的历次全会都通知王明参加，但他都以生病为由没有参加。

11月6日至21日，毛泽东率代表团访苏期间，曾派代表团成员、中央办公厅副主任赖祖烈与黄树则去看望王明。据黄树则回忆说："1957年，毛主席、杨尚昆一起去苏联。杨尚昆让我和中央办公厅副主任赖祖烈去看望王明。我们去看他时，他住在莫斯科郊外的一座别墅里。我去时，他只有点神经官能症，别的已没有什么病。他谈笑风生，还留我们吃一顿饭，吃的是包子。王明去苏联，好多年党中央都给他送东西，他自己也要东西。后来接到苏联专家给中央写的病情报告，说他只剩下神经官能症，可以回国了。但他自己不愿回来。"②

1956年王明全家在莫郊苏共中央事务管理局扎列奇耶休养村

1958年11月初，王明收到召开中共八届六中全会的通知。11月4日，他写了

① 盛岳：《莫斯科中山大学和中国革命》，东方出版社2004年内部版，第265页。王明从中共七大就不再是中共中央政治局委员，此处说法不确。

② 曹仲彬等：《访问黄树则谈话记录》，曹仲彬、戴茂林：《王明传》，吉林文史出版社1991年版，第399页。

王明像（年代不详）

一个给中共中央办公厅并请报转中央和毛泽东主席的很长的电文，请中国驻苏大使刘晓发电或交人带交中共中央。电文中说："因病长期不能参加工作，八大二次会议前，病情又一再恶化，感到身体没有再工作的可能，曾先后托刘晓同志带信和致电中央并主席，请求解除我的中央委员职务，迄今未得中央复示，也未见到刘晓同志。现又接到外交部转来中央决定召开六中全会给我的通知，真是不知如何是好。因身体状况仍很不好。""如我能为党多少做点工作，不仅可以尽到一点党员的责任，而且可以享受到参加劳动的幸福。可是我的身体不仅还不能劳动，辗转床褥，一切尚需别人照顾。因而又不得不向中央请假，请求批准。实在不胜遗憾。"

这封电文后面附了他对"各尽所能，各取所需"和"各尽所能，按劳取酬"两个口号译文的意见，供中央参考。部分内容如下：

附：(一)"各尽所能，各取所需"……这个口号的前一句说的是每个社会成员对共产主义社会的劳动关系，是以个人为主词的，原译文是没有问题的。后一句说的是共产主义社会对每个成员的待遇关系，是以社会为主体的。原译文"各取"二字不仅以个人为主体，而且原文中没有"取"的意思，照原译文可能被了解为个人可以任意取其所需。

(二)"各尽所能，按劳取酬"……两句都是以社会为主体，所以中文可以简译为"按各所能，按各所劳"。原译"各尽所能"与俄文原意由社会要求每个成员按其所能来劳动的意思是有差别的；原译"按劳取酬"与俄文原意由社会按每个成员的劳动给以待遇是不同的，而且原文中也没有"取"的意思，照原译"按劳取酬"，就使以社会为主或以个人为主问题含糊不清。

孟庆树说："1958 年，王明同志虽多次严重犯病，但他仍经常关心中国共产党和中国人民。在中共八届六中全会时，也就是在毛泽东提出'三面红旗'政策（总路线、大跃进、人民公社），自吹要在短期内建成共产主义的乌托邦思想时，王明同志向中共中央提出改正关于社会主义社会和共产主义社会的两个口号的翻译错误，以便使中共中央懂得：社会主义阶段不能跳过，而科学的共产主义社会绝不是一朝一夕即能建成的。"① 她还说：这个请假电"主要内容除请假外，提醒中央注意不能把社会主义阶段和共产主义阶段混为一谈，关于两个阶段原中文译法错误，和应当如何改正及其改进。"②

我们认为，他的这些意见是有一定道理的。

由于王明的病情反反复复，王明还从 1958 年开始学习中医。据孟庆树说：1958 年，王明因屡次病重，除服西药外，又服中药，并从北京中医研究院请来两位中医为王明治疗。"王明同志自己也经常学习中医，他想把中医的理论与实践写成一本书，可惜体力不够，他只写了中医的理论和实践的提纲"。下面，就是这个提纲的内容：

中医理论与实践问题概要（提纲）

（一）阴阳论（根本的出发点）

（二）三才论（或天人合一论——阴阳论之第一步发展）

（三）五行论（阴阳论之第二步发展）

（四）经络论（十二经络，十四经络，奇经八脉——阴阳论之第三步发展）

（五）气、血、水论（阴阳论之第四步发展）

（六）营卫论（阴阳论之第五步发展）

（以上为阴阳论在生理方面的运用）

（七）三因论（阴阳论在病理方面之应用）

（八）四诊论（阴阳论在诊断学方面之应用一）

（九）八纲论（阴阳论在诊断学方面之应用二）

① 孟庆树：《陈绍禹——王明传记与回忆》（手写复印稿）。

② 孟庆树：《陈绍禹——王明传记与回忆》（手写复印稿）。

（十）八法论（阴阳论在治疗方面之应用）

（十一）辨症［证］论治（阴阳论在诊断和治疗方面之联合应用）

（十二）中医治疗方法类别（阴阳在治疗方法上之应用）

（十三）中医之分科

孟庆树说："王明同志认为《内经》不仅是古典的医学著作，而且是古典的哲学著作。他认为《内经》里关于自然界和社会的各个对立面及其相互关系，写得最好的是《内经》的'阴阳应象大论'内篇：'夫阴阳者，天地之道也，万物之纲也，变化之父母，生杀之本始，而神仙之府也。故治病必求其本。'""王明同志不仅研究《内经》等古典医书，而且研究和实践了经络气功"，并写有《经络气功法概要》（提纲）。①

第二节 站在苏联领导人一边

中共八大以后，毛泽东等中共领导人继续在各种场合批判王明的错误。

1957年1月9日，陈云在中共商业部党组会议上的讲话中说王明是"反面教员"，他说："毛主席如果没有王明、张国焘，这些反面教员，未必能那样的成熟。对于各种意见要进行比较。所有正确的分析，都是经过比较的。这是'试金石'的方法。通过比较，可以弄清楚事物的本质。"②

这年，毛泽东在一次谈话中说："陈独秀、王明……都不能实事求是，独立思考，都盲目地跟着别人的指挥棒转，所以他们只能把中国革命引向失败。"③

1958年1月，毛泽东在《工作方法六十条（草案）》中说："'攻其一点

① 孟庆树：《陈绍禹——王明传记与回忆》（手写复印稿）。

② 《为什么要对资本主义商业实行赎买政策》，《陈云文选》第三卷，人民出版社1986年版，第47页。

③ 转引自方铭：《实事求是独立思考——回忆毛主席一九五七年的一次亲切谈话》，《人民日报》1979年1月2日。

或几点，尽量夸大，不及其余。'这是一种脱离实际情况的形而上学的方法……我党在历史上吃过这种方法的大亏，这就是教条主义占统治地位的时期。立三路线也是如此。修正主义，或者右倾机会主义，也用这种方法。陈独秀路线和抗日时期的王明路线，就是如此。"①

3月10日，毛泽东《在成都会议上的讲话》中说："从内战开始到遵义会议这一时期，即一九二七年至一九三五年，我们党发生了三次'左'倾路线，而以一九三一年至一九三四年的王明路线最为厉害。当时苏联反托派胜利了，斯大林的地位开始巩固，在理论上又战胜了德波林学派，而共产国际远东部实际上又是米夫在负责，他的作用太大了。这些条件使教条主义得以形成。中国的'左'倾机会主义者差不多都是在苏联受到影响的，当然也不是所有去莫斯科的人都是教条主义者。当时去苏联的许多人当中，有些人是教条主义者，有些人不是；有些人联系实际，有些人不联系实际，只看外国。当时王明等人搞了所谓'二十八个半布尔什维克'，几百人在苏联学习，为什么只有二十八个半呢？就是他们'左'得要命，自己整自己，使自己孤立。"他还说："抗日时期我们同王明的争论，从一九三七年开始，到一九三八年八月为止，我们提十大纲领，王明提六大纲领。按照王明的做法，即斯大林的做法，中国革命是不能成功的。"②

3月18日，毛泽东在成都会议上陈伯达谈话时的插话中几次批判王明，他说：

> （抗日战争时期）"他从国际回来，搞了'六大纲领'、两个'优秀青年的总汇'那一套，把我们那个十大纲领推翻了，长江局成为中央，中央成为留守处，我是留守处主任，我是管城内，连城墙上都不能管。因为忽然一天早上标语由十大纲领改为'六大纲领'，你有什么法子管？所有那个时候的中央局以及白区的工作，统统听长江局，并不听中央，什么人听中央呀?!有文件可查，有事实可查。他在那里分裂党，他自己实际上成立了中央。办了一个报纸，叫'党报'，叫《新华日报》，我

① 《毛泽东文集》第七卷，人民出版社1999年版，第358页。
② 《毛泽东文集》第七卷，人民出版社1999年版，第367页。

说，叫‘派报’比较妥当。因为我的一篇文章(就是‘论持久战’) 他不登，说太长，但是陈克寒关于晋察冀的那个报道比我那个还要长，可以登，我这个就是以太长为理由，出个小册子解决。打电报来，我回了电报，我说要登，决不让步！他也是决不让步，决不登！你看，中央在哪里？你是党报，还是派报？我说是‘派报’，宗派主义之报，是没有登，你们现在去查武汉时期那个《新华日报》，就不登我的文章。而延安的报纸小得多，叫《新中华报》，三日刊，给我全文登了。我是要出卖我这一套的，我是想在武汉推销我这个货物的，但是那个地方他不买，你有什么法子？”

“同是第三国际回来的人，他是十二月回来的，王稼祥是第二年四月还是五月回来的，隔那么四、五个月。王明没有圣旨的，没有什么圣旨到，要我们接旨，他是口喊‘天谳’，说是斯大林怎么讲怎么讲。但是隔四、五个月，王稼祥回来，那是有圣旨的，有个决议案，对于中国有八条，还是几条，那个我们是赞成的，因为它要发动群众，要讲民主。而王明他就是不要发动群众，不要讲民主，照蒋介石那一套搞，就是不要触动蒋介石。究竟谁反共产国际？王稼祥一个共产国际，你王明一个共产国际，你也没有旨，你究竟还是朝廷旨意，还是六部公文？既无六部公文，二无朝廷旨意，你又要收鱼税银子。(笑声) 隔五个月，朝廷旨意来了，你说谁反共产国际呀？”

(当陈伯达说到《新华日报》不断登王明的像［相］片，“中国共产党的领袖王明”时)“他那个像［相］片送得多了。贺龙也接到像［相］片了，关向应也接到像［相］片了，我们这些将军都接到他的像［相］片。可是这一条我没有他厉害，我没有送像［相］片。”

(当陈伯达说毛泽东在民主革命时代有许多新语言时)“这要感谢王明，这是他逼出来的。第一个逼是蒋介石，还有帝国主义、封建主义。第二就是教条主义，把我们教会了一点。还有陈独秀主义。有了陈独秀，有了王明，我们这个事就好办了。因为他们讲，我们搞的是一点什么主义都没有了，什么国际主义都没有了，共产主义都没有了，叫做‘一贯的右倾机会主义’，叫做‘狭隘经验论’。我在‘中国革命战争的战略问题’那篇文章中回答了这些问题。凡是有机会，我都射箭，一切明箭、暗箭我都回的……那个时候我是个多产作家，出卖我这一套。总而言之，是他逼出来的。”

（当陈伯达谈到中华人民共和国的成立时）“就是违背王明的意志才成立这个共和国，照他那个搞法，就是不准备胜利的。‘一切经过统一战线’，‘六大纲领’，两个‘优秀青年的总汇’，国民党等于共产党，共产党等于国民党，那为什么打倒国民党呢？”

毛泽东在插话中还说了一段话，大意如下：“王明如何处理？开除不利，调回来他就没有□了，没有市场了。不如让他在莫斯科，还可以有对象说说自己的话。不必调回来。可以让他翻案，拖二十年再说，等到我们超过英国再说。”

5 月 17 日，毛泽东在中共八大二次会议上谈到斯大林的错误时批评王明说：“斯大林欠我们几笔账，主要是两笔账：一个是王明路线，一个是不许革命。王明路线整得我们好苦。王明路线实际是斯大林路线。第二次王明路线（抗日时期）也是奉他那个圣旨。”

5 月 20 日，中共八大二次会议在讨论时，有的代表在发言中批评了王明的错误。例如军队代表团谭友林提出，中央委员会中有屡犯错误、屡教不改的，如王明同志，仍作中央委员是不妥当的。莫文骅提出，王明同志非但不检讨，还在进行挑拨。甘泗淇建议，对王明同志的问题应作处理。四川组有的提出：要求中央把王明调回来。因为王明现已不是在国外养病，而实际上是在进行反党活动。中央对王明的处理可以说是仁至义尽了，而王明至今尚无悔改的表现。

7 月 22 日，毛泽东在《同苏联驻华大使尤金的谈话》中说：“在我们的关系中，也有过问题，主要与斯大林有关。有三件事：第一，两次王明路线。王明是斯大林的后代”；“斯大林支持王明路线，使我们的革命力量损失了百分之九十以上。”①

8 月 30 日，毛泽东在北戴河中央政治局扩大会议上的讲话中谈到王明时说：“王明也是个右派。为什么又选他作中央委员？这种右派跟章伯钧不

① 《毛泽东文集》第七卷，人民出版社 1999 年版，第 388、393 页。

同，因为他是共产党，名气很大，那你得当中央委员，你不当不行！（笑声）就是说，没有那么简单，没有那么容易不当中央委员。因为当中央委员，大家有个印象，他不当了，什么事都没有了。当中央委员有这么一个道理……王明没有自我批评，他写了一个信来，想不当了，我的意思还要当。他的原则是要开会（中央全会或者党大会）就得病。但是我看还得当一下，当了有益处。"

1959年2月2日，毛泽东在省市自治区党委书记会议上的第二次讲话中批评王明说：

"王明路线，教条主义，叫做'百分之百的布尔什维克'。那么多，自己的报纸上吹，总是百分之百，而把别的人讲成'一贯的机会主义'，在世界观同方法论上，叫做'狭隘经验论'。经验论就是经验论，还有什么狭隘的经验论，宽广的经验论？他要把我们这种经验论讲成比历史上的经验论还坏些，所以叫'狭隘经验论'。这不是王明，而是别的人，在那个时期就是这个风。"

"第二次王明路线，根本否定我们这条路线，另提出'六大纲领'。这是在抗战时期，他回来，那个声势浩大，迷惑了很多人。这个王明路线一次不行，还要搞两次。这个路线不是个别人的问题，是代表许多人，代表许多机会主义者，混入党里头的中产阶级分子，小资产阶级中间的极不稳定的那一部分。现在这个王明路线的领导者还有没有呢？这一次六中全会来一封信，这封信比过去的信比较好。可能是因为这样：王明告了我三条洋状：一是反国际路线（就是第三国际）；二是强迫百分之八十的人作检讨（就是我们整风）；还有一条叫搞个人崇拜。苏共中央通过库西宁同志（这个同志是个好同志，过去在共产国际负责任）告诉我们刘晓同志，说王明反对中央，就是反对我。苏联想把他送回来，说这个人，现在要讲他有病，只有那么多，要讲他无病，又是有病，他拿了不好办，怕跟我们党搞坏关系，想送回来。这是个瘟神。（笑声）刘晓同志打电报来，说这个事，后头刘晓同志回来的时候，我就说，这个人在中国这个空气里难活，问题就是没有鬼上门，谁也不去跟他吹吹谈谈。这个问题，他在西柏坡跟我谈过，他说，没有鬼上门啦！我说，别的犯错误的人为什么有鬼上门？我就举罗迈为例，我说，此人犯过几次错误，犯过路线错误，现在因为他改了，鬼就上了门了，问题是你就不改，你又不放一点空气出去，口边又没有一句话，说是我也犯过一些错误，人家那个敢惹你？他说，我这个人处之不公，对别人那么宽大为怀，对他这么刻薄。还说什么鬼不上门，都是我布置的，都是招呼了的。（笑声）我说，我就没有招呼，那一些鬼上别人的门，所有的鬼都不上你的门，我就没有下过这个命令。他不信，他说一定是你招呼了的。我说，这个人还是让他在莫斯科生活，我们负责他的生活费，我们不怪你们，你们把这个消息通知我们很好，不会妨碍我们两党的关系。可能是因为我们把这个消息告诉苏共中央，这回开六中全会又去信让他来，他看到在这种情况之下还要他，他这回不讲辞职了，而积极建议把'各尽所能，各取所需'这个翻译有所改正。"

8月11日，毛泽东在中共八届八中全会的第二次讲话中批评王明说：

"第一次王明路线的人，除了王明，现在都参加工作，洛甫同志现在又发生动摇，而王明呢？他也没有跑到香港去。所以，我对王明还是寄予希望，今年，还是去年，他来一封信，这一封信我看了很高兴。（刘少奇同志：谁晓得他怎么样啊？）那是呀。"

"第一次王明路线也是个分裂的斗争，他不是取得统治地位，他把党分裂为两部分：一部分叫'机会主义者'，他们叫'布尔什维克'。我听了张鼎丞同志讲了一篇，把你们福建的党权、政权、军权，都夺取去，把你们封为罗明路线什么东西，你看，这事实上是分裂嘛。还有什么邓、毛、谢、古。给我封了两个称号：一个叫做'狭隘经验论'，……那是任弼时同志给我封的，封得很好，因此我就切实研究了一下马克思主义的哲学，究竟什么叫经验论，什么叫马克思主义……至于政治上，叫做'一贯的右倾机会主义路线'，还有什么'游击主义'、'山上主义'。这对我很大的帮助。"

"第二次王明路线，实际上两个中央：武汉一个，延安一个，真正掌握实权的是武汉那个，而延安不过是个留守处。"

“王明，我们现在还是希望他转来。他有一封信表示好，我们就感觉到很高兴。我想同志们也会感觉到高兴。不过，我们满腔热情帮助，对王明帮助不上，他都不回来，他告洋状。联共中央把他告的三条罪状告诉我们，他们实在想把这个瘟神送到中华人民共和国，他们不愿意招待这个瘟神了，恐怕搞坏两党关系。后头我们经过刘晓跟苏共中央讲：不要紧，这个人活在那个地方比较好，那个气候比较适合，活到北京中国这个地方反倒不好。我们出钱，出饭费、房费，不过是麻烦你们招待一下。洋状已经告过了，无非再告，三告，凡告洋状我都不怕的。我们常委也议过洋状、土状都不要怕，告得对，那还不是告得对，你倒楣〈霉〉，告得不对呢？横直是你不对嘛。”

8月16日，毛泽东在中共八届八中全会的第三次讲话中批评王明说：

“中央苏区那些是‘左’的，王明路线是‘左’的。”

“第二次王明路线是右的，这个右的，当然形式上团结的不少，因为除了陕甘宁边区以外，统统团结到长江局周围去了。但是因为那个路线是错误的，对革命有损失，就是一九三八年那一年有损失。有些地方一九三九、一九四〇年才纠正，大概受那个危害有两年多。如果不受那个危害，那个力量发展得更要大些。第二次王明路线时期，一个新四军在项英手里，一个八路军在彭德怀同志手里。那个时候，一个北方局，一个东南局，还有一个山东分局，甚至于陕西省委，都不听我们的话了。”

“第二次王明路线爬在蒋介石身上，依靠蒋介石的力量打日本。马克思主义忽然几个月就垮了，阶级分析就不要了，不要分左中右了，不要‘壮大进步势力，争取中间势力，孤立顽固势力’，像我们所提的口号，说共产党跟国民党没有差别了，两个党都是‘优秀青年的总汇’（这是王明的口号），国民党也是优秀青年，老年（董老你们这些人）大概不在内，青年就都在内了。总汇者，就是合在两处地方，毫无差别了。这有什么马克思主义呢？而居然那个时候有许多同志相信。”

“王明现在还在莫斯科，他还没有到外国，没有到资本主义国家去，我对王明还是有一点好感。他告我三条状：一条叫做反对共产国际。第二条叫做强迫百分之八十的同志整风，做检讨。这一条有点不大确实，少了百分之二十，其实我们是强迫百分之百的人整风，……第三条是我搞个人独裁。我的意见就是这样：如果要讲个人独裁的话，那么，如果要在王明和毛泽东两个人中选一个的话，我是投我的票的，与其你独裁，不如我独裁。（笑声）……因为我看清楚王明那一套，第一次王明路线是冒险主义，第二次王明路线是投降主义。你独裁，无非是冒险主义或者投降主义。”

“我们还要争取王明，不管他告几条洋状，我看还是要争取他。他去年一封信写得比较好。他从前要辞中央委员，我们没有回答，等到开中央全会的时候，就是武昌会议，去了一封信，要他来，他来了一封请假的信，那个信是有热情的。天不绝人之路，我们马克思主义者把人的路绝了是不好的，要留有余地，要有保护、关怀、帮助的意思。其所以要如此，因为他们过去历史上不只作过坏事，而且作过好事，他们有两面性，有革命的一面。”

1959年12月至1960年2月，毛泽东在《读苏联〈政治经济学教科书〉下册谈话》中说：“赫鲁晓夫和王明一样，自己擦［搽］脂抹粉，送上门去，结果被人家一个巴掌打了出来。”

1961年6月21日，毛泽东在同外宾的谈话中说：“三次‘左’倾机会主义路线都是在十年内战时期产生的。——第三次是王明路线。时间最长，统治全党达四年之久。这条路线是共产国际制造的。当时，王明发展了李立三的错误，在军事、政治、组织等一系列问题上坚持错误的冒险主义，结果把南方根据地丢掉了，只好两条腿走路，一万二千五百公里的长征是光荣的，但实际上是由于犯了路线错误，被敌人追赶得不得不走的。”“在长征路上，我们开始克服王明‘左’倾路线。一九三五年一月在贵州遵义开会，但未完全解决问题。抗日初期又出现了王明路线，但这次是右的。以后我们用了三年半时间进行整风运动，研究党的历史，学习两条路线，终于说服了犯过错误的同志，然后才能在一九四五年召开的七次大会上，团结了全党。一些犯过错误的同志，仍被选为中央委员。这些同志大多数改好了。只有王明，虽然现在还是中央委员，但是不承认错误。他现在住在莫斯科。”①

1963年4月17日，毛泽东在同外宾谈话时说：“在长征途中的遵义会议上，才开始批评这些错误，改变路线，领导机构才独立考虑自己的问题。我们采取的方针，是帮助犯错误的同志改正错误。采取帮助的态度，所以我们团结了党的绝大多数。除个别的人跑到敌人那里去了以外，另有个别的人死不承认错误，如王明。”②

1964年3月23日，毛泽东在同外宾谈话时说：“我们得到一条经验，任何一个党的纲领或文件，只能有本国党来决定，不能有外国党决定。我们在这个问题上吃过亏。我们为什么走了二万五千里，军队由三十万变成二万五千人，南方根据地全部丧失，白区的党几乎损失百分之百。这就是由于王明路线。一九三一年我们党的四中全会决议，就是共产国际给我们起草的，并强加于我们。这个决议也是从俄文翻译过来的。以后我们独立自主。在长征路上，我们批判了‘左’倾冒险主义。”③

1964年7月10日，毛泽东在接见日本社会党人士佐佐木更三、黑田寿男、细迫兼光等的谈话中谈到王明。他说：不仅过去的“败仗和错误教育了我，别人的错误也教育了我。不是别人，而是过去整过我的人教育了我。是不是把这些人都扔出去不管了呢？不是的。我们团结了这些人。例如，陈绍禹即王明，现在还是中央委员。他相信修正主义，住在莫斯科。又例如李立三，你们也有认识的，他现在也还是中央委员。就我们党来说，历代的领导人都犯过错误。第一代，陈独秀后来叛党，成了托派。第二代，向中〈忠〉发和李立三是‘左倾’机会主义。向中〈忠〉发背叛了党，逃跑了。第三代陈绍禹，他统治的时间最长，四年。为什么南方的根据地全部丢掉，使三十万人的红军变成了二万五千人？就是因为他的错误路线”④。

7月29日，刘少奇《在济南军区干部座谈会上的讲话》中说：“王明‘左’倾路线那个时候哪有民主？他不准讲话，讲就得讲百分之百的正确，布尔什维克化。毛主席被撤职，我也被撤职了。但还有个好处，他不捉起来，不杀

---

① 黎辛：《毛泽东评说王明和博古》，《党史博览》2011年第12期。

② 黎辛：《毛泽东评说王明和博古》，《党史博览》2011年第12期。

③ 黎辛：《毛泽东评说王明和博古》，《党史博览》2011年第12期。

④ 刘德有：《时光之旅：我经历的中日关系》，商务印书馆1999年版，第301页。

头，不开除党籍，还保留了中央委员。”

1965年6月14日，邓小平在同亚洲一位领导人谈话时说：“从一九三一年一月我们党的六届四中全会起，到一九三四年底，差不多四年的时间犯第三次‘左’倾路线错误，我们的革命力量曾遭受很大损失，到最后在蒋介石统治区损失几乎百分之百，在红军苏维埃区损失百分之九十。‘左’倾路线统治时期，不仅完全拒绝毛泽东同志的正确路线，而且把毛泽东同志调离党和军队的领导岗位，一直到长征。长征的前一段，因为没有毛泽东同志的指挥，所以就犯错误，使红一方面军由八万人减少到三万人。到了遵义，王明、博古路线不能继续下去了……”“在抗日战争初期，还有第二次王明路线，王明由‘左’倾机会主义变为右倾机会主义。”他还说：“毛泽东同志还提出‘惩前毖后，治病救人’，对犯了错误的人应当允许人家革命。例如我们党的第七次全国代表大会和第八次全国代表大会选出的中央委员中还有王明，第九次全国代表大会是否选他还要考虑，就是要给他革命的机会。”①

10月12日，毛泽东在中共中央工作会议第二次会议上的插话中几次批评王明，他说：

> “我原来认为，四中全会以后一段领导基本上是正确的，什么人发明四中全会是错误的呢？是康生同志。因为他看了更加布尔什维克化②这个小册子，我没有看。那个四中全会决议我也没有过细去研究，据他说完全不对，四中全会完全不对。王明那个小册子是反右的。”
>
> “四中全会的决议，归根到底是反右的，不是反李立三的‘左’。什么反‘左’，那是假话，借口。小册子是在四中全会以前的。以后他掌权的一个时期出的一些文件，也是不那么妥当的。总而言之不是我的功劳，声明一下。”
>
> “……后头起来的，就是王明，那是天天搬共产国际，共产国际是他的祖宗，一直搬了四年……这个王明路线才不是什么王明路线，才不是什么中国产物，这是外国产物。现在王明不大讲就是了。那个四中全

① 《邓小平文选》第一卷，人民出版社1994年版，第338、345、347页。

② 指王明的《为中共更加布尔塞维克化而斗争》。

会决议就是外国人起草的，嫌中国人起草不行。”

12 月 27 日，邓小平在同亚洲一位共产党领导人的谈话中说：“遵义会议以后，党内还不断有斗争。在抗日战争初期，还有第二次王明路线，王明由‘左’倾机会主义变为右倾机会主义。”他还说：《关于若干历史问题的决议》“讲了路线的错误，特别是王明的‘左’倾机会主义路线错误。但是王明一直坚持错误，他现在仍住在莫斯科，还写文章骂我们”。①

与中共中央领导人的批判相对应，从 1957 年开始，王明则写了不少诗歌，讽刺国内的一些运动和政策，并把目标集中到毛泽东身上。

例如 1957 年，王明写的《所谓反右运动的真相》，指责“反右派”斗争，诗曰：

并无右派大联盟，唯有一心要害人。
千样阴谋千道诏，百花齐放百家鸣。
指毛差错都成罪，说列高明便处刑。
迫使九州喑万马，独夫神话更横行。②

1960 年年底，王明作《如此“统帅”》七律一首，讽刺毛泽东，诗曰：

自捧自吹无不能，闹来闹去一无成。
全民大炼钢何在，“一大二公”社不行。
四面帅旗皆倒伏，九州人口尽呻吟。
不遵马列违规律，谎极〈报〉天灾乱骂人。③

1961 年，《人民画报》第 2 期刊登了李琦画像、郭沫若配诗的《主席走遍全国》，王明立即用同样的题目，作了六言语体诗五首，讽刺毛泽东，其

① 《邓小平文选》第一卷，人民出版社 1994 年版，第 345 页。
② 《王明诗歌选集（1913—1974）》，莫斯科进步出版社 1979 年中文版，第 281 页。
③ 《王明诗歌选集（1913—1974）》，莫斯科进步出版社 1979 年中文版，第 346 页。

中的第二、三、四首如下：

主席走遍全国，到处指手画脚；
人人炼钢胡闹，处处办社乱说。

主席走遍全国，全国人民不乐；
“苦干硬干快干”，缺吃缺穿缺药。

主席走遍全国，自吹自唱自说：
“粮山棉山钢河，山乐水乐人乐”。①

1963 年，王明作五绝《亲痛仇快的毛家纲领》，攻击中共中央提出的《关于国际共产主义运动总路线的建议》。内容是：

立异标新廿五条，反苏反共气张嚣。
帝托修教齐歌舞，互贺同僚多一毛。②

1964 年王明作的七绝《读报笑谈（1964 年 1 月 4 日〈人民日报〉载毛郭诗词及毛诗郭注）》、《词三首》，1965 年作的《“送毛泽东对联”》、《法宝“老三篇”》5 首等诗，都是讽刺毛泽东的。

从 1958 年开始，王明还陆续作了一些回忆性的谈话，由夫人孟庆树加以记录和整理成文或成书，例如《关于一九三七年十二月中共中央政治局会议的路线和抗日战争时期中共内两条路线的斗争》、《王明同志对于 50 个问题的回答》、《关于顾顺章和向忠发的材料》、《关于临时中央政治局和博古同志当总书记问题》等，后来孟庆树根据他的回忆整理成了《陈绍禹——王明传记与回忆》一书③（未刊稿）。孟庆树 1970 年 7 月 16 日写的《我的说明和

① 《王明诗歌选集（1913—1974）》，莫斯科进步出版社 1979 年中文版，第 348 页。
② 《王明诗歌选集（1913—1974）》，莫斯科进步出版社 1979 年中文版，第 376 页。
③ 此书中文版 2011 年由莫斯科《本体心理学》慈善基金会出版。

1961 年王明、孟庆树于莫斯科郊区扎列奇耶别墅

希望》说："自 1958 年，王明同志又曾一度病重，情况危极［急］，我开始感觉到要利用他身体稍好些时，写点'王明同志回忆谈话'记录。目的是想把他知道的一些有关中共和其他国际问题的重要历史事实，写出来记下来，留给中共中央作将来推翻毛泽东伪造的党史，重写合乎历史事实的，合乎马列主义历史学原则的真正的中国共产党史的参考。"

王明不仅写诗撰文讽刺、反对毛泽东，还在苏联散播对毛泽东不满的言论，即毛泽东说的"告洋状"。1958 年 3 月 4 日，中国驻苏大使刘晓致电毛泽东，报告苏共中央主席团委员库西宁所谈的王明的一些情况。内容是：

二月四日苏共中央主席团委员库西宁通知我关于王明的一些情况。他说，根据医生的诊断，王明目前健康情况尚满意，已不需再进行其他专门治疗，可回到中国继续休养，库西宁说，最近王明主动同苏共中央联络部一位工作人员谈话，对苏方把他的病况和诊断通知我中央一事表示不满，苏方是根据杨尚昆同志的询问这样作的。此外，王明主动对这一工作人员谈到，他同我中央领导的某些分歧，他同毛主席在中国革命和党内某些问题上有不同意见。王明认为他一九三八年在武汉工作时期，虽然犯了个别错误，但不能认为是左倾或右倾的错误，他不同意毛主席对这些错误的批评和估价；一九四二——四三年中央要求他检讨自己的右倾错误，目的是为了要逮捕他。王明说，我中央认为他在共产国际中的全部工作是错误的，估价是不正确的；他根据共产国际的指示，在国内建立抗日统一战线，中共中央批评他犯了右倾错误，也是不正确的。在一九四二——四三年整风时，中央毫无根据地强迫百分之八十的党员进行自我检查，也强迫他检查自己，但他拒绝这样作。王明认为那次整风运动助长了党内的民族主义情绪和个人崇拜的流行。王明说中共中央对他在反立三同志的错误后，所作的批评是不公正的，不正确的，因为他是执行了共产国际的指示。在谈话中，王明还夸大了他自己在争取苏联援助我们抗日方面的作用。库西宁说，王明对我中央依然抱着集团宗派主义的观点和情绪，他的政治病尚未医好。由于王明对这一工作人员谈及一些与共产国际的工作有关的问题，库西宁因当时在共产国际中工作，故认为有说明以下三点情况的必要：

（一）王明谈到，毛主席怀疑共产国际方针路线的正确性问题。库西宁说，如果过去或现在中共中央领导同志对共产国际关于中国问题某些指示的正确性表示怀疑是有权利这样作的，也是有根据的，不能认为共产国际的所有指示都是正确的，难道共产国际会比中共中央更了解中国的具体情况吗？执委会当时同中共的联系较少，基本上是通过王明联系的，而王明往往以个人的主观意见代替中共中央的意见。

（二）王明在共产国际期间，曾企图使执委会通过一些极其主观片面的决议，一般地都表现出"左"倾和官僚主义的趋势。为此，领导机构经常批评他。他常常强调自己是享有中共中央的支持和完全信任的，他提出的建议如库西宁（当［时］的东方部部长）不同意，他就向执委会书记处甚至向斯大林提出。

（三）王明为了辩护自己在中国工作期间的错误，认为是盲目地执行了共产国际的指示，这也是错误的。库西宁说，共产国际没有过任何让他反对毛主席，违背中共中央的指示而活动的指示，相反的，当共产国际领导机构从来信中得知（约在一九四〇年）王明的宗派活动情况时，季米特洛夫同志曾责备过他，并将此事向库西宁谈过。

最后库西宁说，这一工作人员是口头向党报告的，词句上可能有出入，但所说的问题是不会有错误的。同时表示，王明不必要继续在苏治疗，他在苏联也超出了病人活动的范围，这个问题由我中央决定，希望知道我中央的意见。

根据以上情况，我认为王明仍在坚持自己的错误，并用两面手法进行挑拨性的活动，值得严重注意。此人已无改过认错的希望，我建议王明的错误要考虑作进一步严肃的处理，首先应令其回国。

8 月 16 日，中国驻苏联大使刘晓在给中共中央的电报中说：不久前我曾往访库西宁同志，向他转告了毛主席对苏共中央关于王明情况通知的答复。他表示对毛主席能充分地理解苏共中央非常高兴，至于王明是否应该在苏继续治病的问题，应完全由中共中央决定。既然毛主席认为他可以留下，这对苏方来说也不会成为负担。①

王明在 1969 年冬谈的《和古西宁② 的争论》的回忆中说：“1959 年我和国际部某同志谈了一些中共内的情况，尤其是谈了毛泽东反共反共产国际反苏的情况。不料古西宁③ 把我谈的材料送给当时中国驻莫斯科大使刘晓去了！刘晓又送给毛泽东。但是毛泽东以为苏联不愿帮他建立原子能研究所，所以毛泽东叫刘晓告诉古西宁④ 说：‘不要用王明来作交换！因为王明已是个政治僵尸，随他愿意在苏联住多久都可以！’”

从 20 世纪 60 年代初中苏关系恶化以后，为了攻击毛泽东，苏联领导人开始利用王明这个毛泽东的老对手。适应苏共领导人的政治需要，王明明显地站到苏联领导人一边，从 1963 年开始，在苏联报刊上发表攻击中国共产党和毛泽东的文章，以发泄多年来对毛泽东的不满。据王稼祥《回忆毛主席革命路线与王明机会主义路线的斗争》一文说，在莫斯科，王明直接间接发

① 毛泽东：《关于印发刘晓给中央电报的批语》注释，《建国以来毛泽东文稿》第 7 册，中央文献出版社 1992 年版，第 350 页。

② 即库西宁。

③ 名字原为俄文。

④ 名字原为俄文。

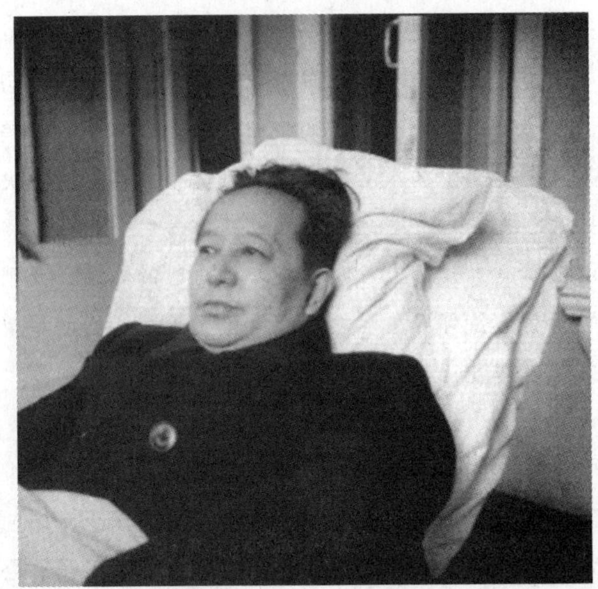

1963 年春王明于莫斯科郊区扎列奇耶别墅凉台

从 1963 年到 1974 年王明所住的莫斯科郊区银林村塔曼街 93 号独幢小楼

1964 年 5 月 20 日 60 岁诞辰留影

1965 年王明于莫斯科郊区银林村
（一生最后一张照片）

表议论，他“先以俄国新闻记者的假名‘波波维奇’，在苏修《真理报》上登载反我党的文章。勃列日涅夫登台后，他变本加厉，用自己的笔名写黑文章，公开攻击和污蔑我党的伟大领袖毛主席，向社会帝国主义献媚。苏联新沙皇也与之配合，抬举王明，在一九六三年就开始大量发行王明的黑书”①。

1964年1月，王明写出《对全党全国反毛主义斗争的行动纲领的初步方案》，主要内容是：(1) 在国内政策方面的行动纲领；(2) 在国际政策方面的行动纲领；(3) 斗争的总方针和总目标。

据孟庆树说，王明曾于1965年给中共中央写信，谈了以下问题：(1) 关于国际形势和国际共产主义总路线问题；(2) 关于国内形势和我党国内政策问题；(3) 关于毛泽东思想和毛泽东个人专制问题；(4) 关于接受党史教训和改正错误问题。另外，王明还写了《右倾机会主义的内容与右倾词句的形式》、《关于“马克思主义中国化”问题》。从这年开始，王明与别人作了十多次谈话，主要内容都是“关于毛泽东反苏反共的历史，关于越南战争和‘文化革命’问题”。②

可以说，王明与中共中央特别是毛泽东的关系，从20世纪60年代初开始，就越来越恶化了。

第三节 《中共五十年》

1966年5月，中国爆发“文化大革命”，从此，国家进入了长达10年的动乱时期。从此，国内对王明的批判进一步升级。

6月1日，《人民日报》发表《横扫一切牛鬼蛇神》的社论，“文化大革命”在全国全面铺开，王明在北京的家属受到牵连。王明立即作七律《毛帮罪行只一例》，叙述他家属的悲惨遭遇，诗曰：

北京城内孟公府，二号门牌我有家。

① 《红旗飘飘》第18集，中国青年出版社1979年版，第60页。

② 孟庆树：《陈绍禹——王明传记与回忆》（手写复印稿）。

红卫兵临全部毁，白头母死众邻嗟。
积书千卷成灰烬，存稿百篇付浪沙。
父骨抛山伤警卫，罪行无涯痛无涯。[①]

王明在晚年写的《中共半世纪与叛徒毛泽东》一书中说："'文化（大）革命'一开始，北京和其他大城市墙上就出现了'打倒苏修侦探反革命修正主义黑帮大叛徒王明！'的大标语。从那时以来《人民日报》、《解放军报》和《红旗》杂志经常把王明当作第一号打击和诬蔑的对象。他的妻子孟庆树，由于在苏联学习过，……在'文革'开始时北京墙上也出现了对她进行同样诬蔑的标语。此外，毛泽东下令红卫兵挖掉葬在北京八宝山革命公墓的王明的父亲陈聘之的坟墓，派红卫兵到王明的住所抄家，把他的八十多岁的继母黄莲芳打得半死，丢出门外，把他的几十种手稿和全部藏书焚掠一空。"[②] 孟庆树也说："文化大革命"中"把绍禹父亲的坟墓挖开，尸骨抛弃了！"[③]

原建于八宝山革命公墓的陈聘之墓[④]

王明父亲的墓当时确实被红卫兵掘了，墓碑被砸成三段，但并没有鞭尸。王明继母黄莲芳在被抄家前已被送往安徽金寨县梅山镇老家安置，并未被打死。红卫兵的这些行为也不是根据毛泽东的命令和指示，仅仅是针对王明一个人的。王明的手稿和藏书也不是被烧了、扔了，而是被国务院机关事务管理局收缴了。据

① 《王明诗歌选集（1913—1974）》，莫斯科进步出版社 1979 年中文版，第 396 页。
② 王明：《中共半世纪与叛徒毛泽东》，莫斯科进步出版社 1979 年中文版，第 138 页。
③ 孟庆树：《陈绍禹——王明传记与回忆》（手写复印稿）。
④ 戴茂林、曹仲彬：《王明传》，中共党史出版社 2008 年版，第 292 页。

王明的秘书田书元回忆："1966 年 7 月，国务院机关事物［务］管理局党委负责人，带着一些人到我住的地方，宣布撤我的职，并把王明的屋子、文件、书稿、钱、账目等东西看守起来……后派人把这些东西都搬走了。"他还说，原来一直是由他给王明寄工资的，后因他被撤职，从 1966 年下半年起，国内再没有给王明夫妇寄工资和物品。①

七、八月间，毛泽东批示同意在对外翻译"王明同志"的字样时，要删去"同志"两字。② 也就是说，这时毛泽东已经把他与王明的矛盾看做敌我矛盾了。

在这前后，王明的秘书田书元写出"谴责"王明的信。据王明之子王丹之说：在收到田书元 1966 年"谴责"王明和孟庆树的信之后，我们就再没有到中国大使馆去领他们两人的工资了。此后苏方每月给王明送来《全苏级政治侨民》补助金 400 卢布（相当于当时大学教授每月工资数目），并办理了全苏级政治侨民护照。王明去世后，孟庆树和浦秀珍也各领全苏级政治侨民补助金，数目分别是 200 卢布和 70 卢布。

1970 年 12 月 29 日，毛泽东在《对姚文元关于最近学习情况等问题报告的批语》中说王明是"骗子"，他说："我的意见二百七十四个中央委员，及一千以上的高、中级在职干部都应程度不同地认真看书学习，弄通马克思主义，方能抵制王明、刘少奇、陈伯达一类骗子。"③

1971 年 8 至 9 月，毛泽东《在外地巡视期间同沿途各地负责人谈话纪要》中批评王明说："王明路线的寿命最长。他在莫斯科就搞宗派，组织了'二十八个半布尔什维克'。他们借第三国际的力量，在全党夺权四年之久。王明在上海召开六届四中全会，发表了《为中共更加布尔塞维克化而斗争》的小册子，批评李立三'左'得还不够，非把根据地搞光就不舒服，结果基本上搞光了。从一九三一年到一九三四年，这四年我在中央毫无发言

---

① 曹仲彬、戴茂林：《王明传》，吉林文史出版社 1991 年版，第 402—407 页。其中田书元的回忆见曹仲彬：《访问田书元谈话记录》，见该书第 407 页；何立波：《王明落寞的后半生》，《文史月刊》2004 年第 12 期。

② 毛泽东：《关于〈毛选〉正文中的一些人名在翻译时不宜删改的批语》注释，1967 年 8 月 4 日，《建国以来毛泽东文稿》第 12 册，中央文献出版社 1998 年版，第 393 页。

③《建国以来毛泽东文稿》第 13 册，中央文献出版社 1998 年版，第 193 页。

王明像（年代不详）

权。一九三五年一月遵义会议，纠正了王明的路线错误，王明倒台了。”他还说：“犯了大的原则的错误，犯了路线、方向错误，为首的，改也难。历史上，陈独秀改了没有？瞿秋白、李立三、罗章龙、王明、张国焘、高岗、饶漱石、彭德怀、刘少奇改了没有？没有改。”①

这个时期国内报刊上的文章，开始把王明看做“叛徒、汉奸、特务、投降派、卖国贼”等等。例如横沙岛“八·二六”大学写作组在1970年写的《叛徒、汉奸、特务王明为什么要替孔子翻案?》一文中说，王明是“早已为中国人民唾弃了的苏修豢养的走狗、叛党叛国的汉奸、特务”②。河北师范大学政治课教研室在《河北师大》1975年第6期发表的《投靠苏修的叛徒王明是百分之百的投降派》一文中说：“在我们党的历史上，一度篡夺了领导权的叛徒王明，是搞修正主义的，对内搞阶级投降主义，对外搞民族投降主义，是百分之百的投降派，十恶不赦的卖国贼”。

与此同时，王明对毛泽东和毛泽东思想的讽刺、挖苦、污蔑、攻击也不断升级。其方法主要是三个方面：

第一个方面是继续写诗。

从1965年到王明1974年去世，王明一共写了79首诗和6副对联，其中有不少内容是讽刺和污蔑毛泽东的。例如1965年夏天他拟写的《送毛泽东对联》说：

---

① 《建国以来毛泽东文稿》第13册，中央文献出版社1998年版，第243、246页。

② 上海市出版革命组编：《彻底批判孔孟之道》，上海市出版革命组1970年印，第28页。

思想中心，发扬封建皇帝遗风，自利自私自高大；
政策本质，效法托洛茨基主义，反苏反共反人民。①

又如1966年12月写的七律《独夫必败》，内容是：

马列光芒力掩藏，泽东思想太荒唐。
反苏反共反人民，是教是修是战狂。
军事独裁超蒋贼，个人专制过秦皇。
古今历史循规律，中外独夫不久长。②

再如1966年12月4日王明作的口语体七绝《如此毛帮（有关所谓“文化大革命”见闻随感）》10首，其第十首是《如此“万岁”“万万岁”》，诗曰：

毛氏夫妻小集团，有如纣妲更凶残。
今人怒责后人骂，遗臭万年万万年！③

1968年3月21日，王明作的五言口语体诗《念“语录”》，是讽刺学习《毛主席语录》的，内容是：

和尚念经文，道士念符咒。
耶教念祷告，毛教念“语录”。
语录臭教条，念它有何用？
如无刺刀逼，丢进茅厕洞！④

1970年10月16日，王明作七绝《今年“十一”之毛泽东》，更对毛泽东作人身攻击。内容是：

① 《王明诗歌选集（1913—1974）》，莫斯科进步出版社1979年中文版，第478、479页。
② 《王明诗歌选集（1913—1974）》，莫斯科进步出版社1979年中文版，第401页。
③ 《王明诗歌选集(1913—1974)》，莫斯科进步出版社1979年中文版，第402—403页。
④ 《王明诗歌选集（1913—1974）》，莫斯科进步出版社1979年中文版，第410页。

脸似冬瓜目似瞎，天安门上老孤家。
亲离众叛谁依靠？思来想去可剩她？①

其他如1965年12月25日写的《法宝“老三篇”》语体七绝五首，1966年6月写的七律《毛帮罪行之一例》,1966年7月1日写的《题七月一日〈人民日报〉社论》（调寄西江月），1966年8月30日写的《所谓文化大革命》，1967年春写的语体七绝《狂叫“反修”之谜》以及《狂叫反苏之谜》语体七绝四首，1969年10月22日写的《毛家报刊合照》，1969年12月至1970年4月写的《纪念列宁百年生辰》六首之四《叛徒必败》，1971年5月写的《为何毛泽东狂叫要进行思想和政治路线的教育并抵制王明?》，1972年秋写的《破伞孤僧（毛泽东自道也）》，1972年冬写的《评毛泽东悼陈毅一联》，都是这类的内容，讽刺、挖苦不遗余力，有的甚至近似于谩骂。

第二个方面是撰写文章。

在这个时期，王明写了很多评论党史和“文化大革命”的文章，进行了多次类似的谈话，例如：

1966年至1967年，王明与人进行了多次谈话，主要内容是“关于揭露毛泽东亲自发动和指挥的所谓‘无产阶级文化大革命’的原因、目的及其反革命军事政变的本质等”,②并撰写《为毛泽东反革命政变告全党同志和全国同胞书》、《反毛斗争纲领》和《毛泽东为什么要实行反革命政变》等文。

1967年，王明写出《批判毛泽东的哲学错误》初稿。其中说：“关于毛泽东的哲学著作，首先我可以做两点总的解释。第一点，凡是他抄袭马克思列宁主义的命题，那他提出来的命题当然是对的；同时，凡是他自己提出来的命题，那大半是不对的。而他对于马克思列宁主义的正确命题，所作的解释，都是不正确的。对哲学的理论是这样，对哲学的方法逻辑也是这样。第二点，就是毛泽东的哲学理论不是唯物主义的，而是心物二元主义的。也就是说，他对自然界的观点是唯物的，他对社会历史的了解是唯心的，他对社会历史这种唯心主义的了解，最突出地表现在两个问题方面。”“第一个，是

① 《王明诗歌选集（1913—1974）》，莫斯科进步出版社1979年中文版，第439页。

② 孟庆树：《陈绍禹——王明传记与回忆》（手写复印稿）。

对个人在历史上的作用的了解”；“第二个，表现最突出的，就是他的唯意志论。他把马列主义关于主观能动性的问题变成唯意志论的观点，就是一切可以用个人的意志来决定。”但此文因病未能写完。①

1968年，王明曾准备撰写《毛泽东堕落的根源》，包括思想根源、理论根源、历史根源等，但都因病犯未写完。②

1969年3月，王明写出《毛泽东实行的不是“文化（大）革命”而是反革命政变》。此文又名《论中国事件》，3月19日以马马维奇的名字首先在加拿大共产党机关报《加拿大论坛》发表，苏联塔斯社当即据此作了报道，并于3月28日由苏联《消息报》摘要发表，3月31日由苏联政治书籍出版社印成俄文小册子，并出版英、法、日、西等各种文字的单行本。全文约3.5万字，共分三部分：1. 两条道路的斗争；2. 毛泽东在国内犯下的十大罪状；3. 毛泽东在国际事务中犯下的五大罪状，全文主要内容是攻击毛泽东。R. A. 伯顿在为盛岳《莫斯科中山大学和中国革命》一书写的前言中，谈到这篇文章时说：“这是我所见到的来自共产党方面的最恶毒的反毛文章。塔斯社当即据此谩骂编发了报道，《消息报》即予刊载。二十八个布尔什维克之一、多年来担任共产国际的中共代表王明，又显然是在苏联庇护之下，再次和毛

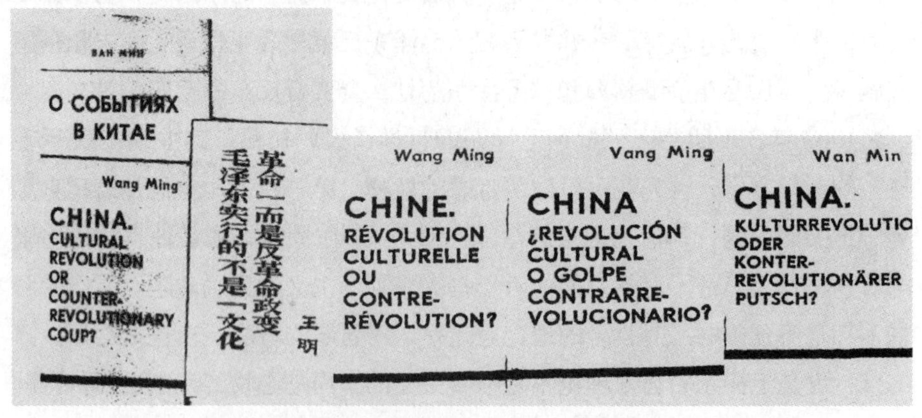

1969年，王明《毛泽东实行的不是“文化（大）革命”而是反革命政变》
小册子的俄、英、中、法、西、德文版封面

① 孟庆树：《陈绍禹——王明传记与回忆》（手写复印稿）。

② 孟庆树：《陈绍禹——王明传记与回忆》（手写复印稿）

1970 年 4 月 22 日，列宁百岁诞辰纪念日苏联最高苏维埃主席团授予王明和孟庆树的“列宁 100 周年诞辰纪念奖章”

泽东公开厮杀起来。”①

1969 年，王明写出《所谓“关于王明的四点意见”》的回忆，其中说：“从毛泽东‘整风’到‘文化（大）革命’前 25 年的时间，经过多次地‘整风’和清洗。但由于毛泽东经常地犯错误，反马列主义、反共、反苏，他还是不能和平的实现他的‘毛泽东主义’，他只能举行反革命政变的‘文化〈大〉革命’，用军事恐怖专政来维持其统治。这也证明了毛泽东始终得不到中共大多数干部和党员的拥护。同样也得不到军事将领和军事干部的拥护。”

1970 年 4 月，为纪念列宁诞辰 100 周年，王明出版了《列宁、列宁主义与中国革命》一书。书中除论述了列宁、列宁主义的功绩外，抓住我国工作中的某些失误，大肆攻击毛泽东，说什么：“50 年代末 60 年代初，他通过所谓‘三面红旗’的冒险主义政策，把中国人民的社会主义建设事业和全国的经济引入了绝境，使中国人民的生活极端穷困，从而在国际舆论面前破坏了社会主义思想的声誉。从 60 年代开始，他通过自己的反列宁主义、反苏的分裂和破坏活动给世界社会主义大家庭，给国际共运和工运，给亚非拉各国人民的反帝斗争带来相当大的损失和危害，……从而他给美帝国主义者和其他帝国主义者帮了大忙，而同时损害了中国共产党和中国人民的根本利益。”孟庆树说，这篇文章有中文、英文和其他各种文字的单行本。

1970 年，王明在他 1967 年写的《批判毛泽东的哲学错误》初稿上，又加写了一段关于辩证法的三个基本规律与毛泽东在这个问题上的错误。他认

① 盛岳：《莫斯科中山大学和中国革命》，东方出版社 2004 年版，第 5—6 页。

为：对立的统一和斗争律、质量互变律、否定之否定律，是辩证法的三个基本规律。毛泽东只注意一个规律而忽视其他规律，所以在革命和建设中，时常犯原则性路线错误：在革命方面——（1）不懂革命转变的质变关系和向上发展的必然过程；（2）不懂得以非武装斗争形式到武装斗争的质变。在建设方面——（1）不懂社会主义和共产主义两阶段之本质不同和由前者过渡到后者之必要条件；（2）按主观意志决定跃进的时期和过程等。不仅如此，他后来（20 世纪 60 年代）又对第一规律也只是断章取义的曲解，称之为"一分为二"律，称之为毛泽东的辩证法。只有对立的斗争（一分为二）而无对立的统一或同一（二合为一），是荒谬的说法，它既不合乎客观事实，也不合辩证方法。①

1971 年，王明借中国共产党成立 50 周年之机，写了一篇长文，后分

1970 年，王明《列宁、列宁主义与中国革命》小册子的
英、中、俄、法、西、德文版封面

① 孟庆树：《陈绍禹——王明传记与回忆》（手写复印稿）。

为两部分，加标题为《中国共产党五十周年》和《“整风运动”是“文化〈大〉革命”的演习》。第一部分的主要内容是：歪曲中国共产党的历史，攻击毛泽东。第二部分的主要内容是：全面歪曲和攻击遵义会议和延安整风运动，污蔑、攻击毛泽东，并为自己的错误翻案，歪曲中苏两党两国关系。

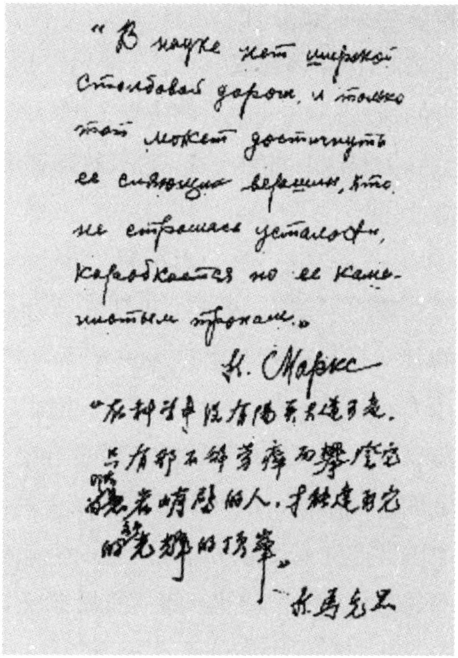

王明手迹

1971 年秋，写完《“文化（大）革命”与毛帝合作》一文。文章共分为四个部分：一、名为“文化(大)革命”，实为反革命政变；二、毛帝合作是反革命政变的组成部分；三、当前毛帝合作的史源；四、毛泽东堕落的各种根源。此文后收入《中共半世纪与叛徒毛泽东》一书。王明在该书“作者的话”中说，此文是“为揭露所谓毛美关系‘突然变化’的真相而写的”①。

同年，撰写《揭穿毛泽东对中共历史的伪造》，并作“关于中共抗日民族统一战线政策的制定与实现经过”等。②

1974 年年初，写完《“孤僧”的命运和毛的十大》一文，攻击毛泽东是“一个带着把破伞云游世间的孤僧”。文章共分三个部分：一、毛泽东为什么成了“孤僧”？二、毛家十大的内外政策；三、毛泽东与秦始皇。此文后作为第四编收入《中共半世纪与叛徒毛泽东》一书。

1974 年 3 月，王明把 1971 年夏写的长文的两部分《中国共产党五十周年》和《“整风运动”是“文化（大）革命”的演习》，同年秋写的《“文化（大）革命”与毛帝合作》，及 1974 年年初写的《“孤僧”的命运和毛的十大》

① 王明：《中共半世纪与叛徒毛泽东》，莫斯科进步出版社 1979 年中文版，第 3 页。

② 孟庆树：《陈绍禹——王明传记与回忆》（手写复印稿）。

拼凑在一起，分别作为第一、二、三、四编，定名为《中共半世纪与叛徒毛泽东》(以下简称《中共五十年》)。1974 年 3 月 23 日，王明为该书写了《作者的话》，不几天之后即去世。

王明这期间的文章，涉及许多重要问题，但归纳起来，主要是以下三个方面：

（一）攻击“文化大革命”，认为“文化大革命”是一场“反革命政变”。

1969 年 3 月 19 日，王明在《加拿大论坛报》上发表的《论中国事件》的长文，一开头即说：“1966 年下半年，毛泽东依靠受蒙骗的军队以及在其压力和欺骗下成立的红卫兵造反组织，在‘文化（大）革命’的幌子下着手搞反共反人民的反革命军事政变和确立他自己的反动的军事恐怖专政。”为证明这一结论，他列举了毛泽东在国内政策方面的“十大罪状”：污蔑他从中国共产党人和劳动群众的意识中彻底消除马列主义，用自己的反马列主义的思想代替马列主义；建立实质上反共的政党；摧毁人民民主专政的国家机关，代之以他个人的反动军事独裁机构；摧毁人民解放军，分裂它的队伍，使它成为他个人掌握的反共反人民的盲目工具；践踏工人阶级，分裂它的队伍，迫害劳动农民，破坏农村社会主义建设；对少数民族实行最野蛮的大汉族沙文主义政策，残害他们的革命领导人和干部；千方百计庇护民族资产阶级，同国内外反动派携手合作。王明在作了这些列举以后，随即下结论说：“这十大罪状极其明确地证明”，“毛泽东搞的不是什么‘文化（大）革命’，而是武装反革命，是反共反人民的反革命军事政变”，这样，“毛泽东及其集团”就“竭尽全力把中国拉回到政治反动、经济混乱、文化倒退和极端贫困的黑暗道路上去”。

王明认定，“文化大革命”是毛泽东“本人策划的对内反党反人民、对外反苏反国际共运的反革命军事政变”，发动“反革命政变”的“正是毛泽东本人及其集团”，“毛泽东的反共反人民的集团只有几个人，在他们中间，毛泽东最亲近、最信任的人是他的老婆江青”，发动政变的工具是“部分中国人民解放军”。

在这篇文章中，王明引用了苏共中央总书记列·伊·勃列日涅夫的两次讲话，来证实自己的结论。一次是勃列日涅夫在 1967 年 3 月 10 日会见选民时说的话："'无产阶级文化（大）革命'的神话"，"倒更像反动的军事政变"①。另一次是他1967年9月7日在布达佩斯的讲话："毛泽东集团所称的'文化（大）革命'，更正确地说，应该称为反革命"②。王明认为，自从勃列日涅夫讲话之后，中国发生的事件，"会完全证实这一马列主义评价的绝对正确性"。

自这篇文章之后，《中共半世纪与叛徒毛泽东》一书的每一编也都要重复"反革命政变"的结论，只是修饰语不同罢了。

"文化大革命"给党、国家、人民带来了深重的灾难，使社会主义事业遭到前所未有的损失，致使我们在多年后的今天仍需为消除其后果而付出代价，但是，它绝不是反革命政变，正如1981年6月27日中共十一届六中全会通过的《关于建国以来党的若干历史问题的决议》所指出的，在"文化大革命"期间，"党、人民政权、人民军队和整个社会的性质都没有改变"。这是完全符合"文化大革命"历史实际的结论，有力地批驳了王明的臆造。

（二）攻击和否定毛泽东及毛泽东思想。

王明在这方面的言论连篇累牍，也十分拉杂、啰嗦，概括起来主要是：

第一，毛泽东思想是反对马列主义的，尤其是反对列宁主义，根本就不应该有。王明说，1941年毛泽东曾向他提出毛泽东主义问题，毛说："毛泽东主义是马克思主义的普遍真理与中国革命具体实践相结合的中国马克思主义，或是叫做中国化的马克思主义"。王明当场驳斥说："你的这些意见无论在理论上、在实际上都是完全没有根据的。""'马克思主义中国化'的口号是不对的：这个提法的本身就是非马克思主义的。没有，也不可能有一个国家的马克思主义。马克思主义是，也只能是国际性学说。你既然提出这个重大问题，我就诚恳地告诉你：你对这个问题的提法不仅对国际共产主义运动和中国共产党是不利的，而且对你个人也是不利的。我请你再三严肃考虑这个问题，不要搞什么'毛泽东主义'。"③

王明还说："在一九四九年三月召开的中共七届二中全会上，我在发言中把毛泽东的'新民主主义论'同列宁主义和共产国际关于中国革命基本问

① 《勃列日涅夫》第三集，上海人民出版社1974年版，第51页。

② 《勃列日涅夫》第三集，上海人民出版社1974年版，第152页

③ 《中共半世纪与叛徒毛泽东》，莫斯科进步出版社1979年中文版，第13、14页。

题的主要观点作了对比，证明毛泽东对中国革命的性质、阶段、动力、领导权和前途这些问题的观点，都与列宁主义和共产国际的观点不同”。“不管你主观上怎样想法，实际上《新民主主义论》是反列宁主义、反社会主义的理论和纲领，是中国民族资产阶级反对中国革命有非资本主义前途——也就是社会主义前途——的理论和纲领”。①

第二，毛泽东思想的重要来源和组成部分是封建主义。王明说：“孔子学说有关‘尊王攘夷’的落后面，是‘毛泽东思想’的重要思想根源和组成部分。尊王就是把王当作‘天子’，‘攘夷’就是把中国当作‘天朝’。毛泽东的‘唯我独尊’的极端个人主义的思想根源正是‘天子’思想，而他的极端民族主义和沙文主义的思想根源正是天朝思想。”“已经成为共产主义叛徒和帝国主义仆从的毛泽东，把一切反动的思想和学说，从古代的反动思潮到现代的法西斯主义，都当作是‘毛泽东思想’的伙伴；而从马克思列宁主义到古代的孔子学说的进步面，都当作是他的反动‘思想’的大敌。”②

王明还说，毛泽东之所以“会堕落到叛变革命”，是“有它的思想根源和理论根源，又有它的历史根源和社会根源”的。“思想根源是：反革命的封建帝王思想，无政府主义，托洛茨基主义和军阀主义，以及反动的实用主义”；“他在工作作风和工作方法方面都带着浓厚破产失业非阶级化的小有产者和流氓无产者的习气，甚至在某些问题方面他的行动还含有封建地主的臭味”；“对他的思想和行为有极大影响的一个重要根源——即封建帝王思想”。这个思想，“一方面是唯我独尊的‘天子’思想”，毛泽东自我神化，“自称是‘新皇帝”’。另一个方面“就是唯华独尊的‘天朝’思想，也就是专制者把他的王朝神化成奉天承运的唯一王朝，它不能对任何别的国家有平等的看法和待遇，一切其他国家都只能是它的天然的朝贡国或附庸国。这就是毛泽东日夜梦想毛家王朝称霸亚非拉和称雄世界、自高自大的极端民族主义的思想根源。”③

第三，毛泽东思想给中国革命带来巨大损失。王明说：“毛泽东伪造中

① 《中共半世纪与叛徒毛泽东》，莫斯科进步出版社 1979 年中文版，第 118、14 页。
② 《中共半世纪与叛徒毛泽东》，莫斯科进步出版社 1979 年中文版，第 210—211 页。
③ 《中共半世纪与叛徒毛泽东》，莫斯科进步出版社 1979 年中文版，第 167、168 页。

共历史的主要内容是，是他把列宁主义思想和路线在中国的胜利的历史伪造成毛泽东‘思想’和路线胜利的历史，他把中国共产党和中国人民在共产国际领导和苏联共产党及苏联的帮助下，艰苦奋斗和光荣胜利的历史，伪造成他个人业绩的历史”。其实，“从一九二一年中国共产党成立到一九四九年中国革命胜利这二十八年中，毛泽东不断地犯了思想上和政治上的严重错误，不断地实行‘左’的和右的机会主义路线。”① 他在 20 世纪 40 年代发动的延安整风运动，就使中国共产党在思想、理论、政治和组织方面都遭受了从未有过的严重损失。中华人民共和国建立以后，他又发动“反右派”运动、“大跃进”、“文化大革命”等一个又一个运动，造成更大的灾难。“今天，‘毛泽东思想’以及他本人，在中国人民和全世界劳动者眼里已成为错误和谎言的象征，灾难和不幸的象征，野蛮和残暴的象征，黑暗势力反革命的象征”②。

第四，“文化大革命”是以毛泽东思想取代马克思列宁主义，它的发生是毛泽东思想的“罪恶”。毛泽东发动的“文化（大）革命”，“是对内反共反人民、对外反苏反国际共产主义运动的反革命政变”，“这个反革命政变的首要目的，就是用反革命的‘毛泽东思想’代替革命的马克思列宁主义，把‘毛泽东思想’作为决定对内对外路线和政策的唯一依据”。③ 在“文化大革命”中，“中国共产党和多灾多难的中国人民正在经历着空前的悲剧，中国革命的成果遭到彻底毁灭的威胁，中国的社会主义建设面临彻底崩溃的危险”。“根据无可辩驳的事实，根据我几十年来同毛泽东的‘思想’和政策作斗争的切身经验，我首先要说，把中国共产党和中国弄到目前这样的绝壁的罪魁祸首是毛泽东，是毛泽东的‘思想’和政策，是他的极端利己主义、极端个人名利主义的罪恶打算”。在罗列毛泽东国内的十大“罪状”和国际上的五大“罪状”以后，王明认为毛泽东已完全“堕落”了，而所以会到如此地步，“这是毛泽东苦心经营几十年的‘思想’和政策的必然结果”④。

有的论著评论说：“当年延安整风时，毛泽东一腔愤慨，说王明是教条

① 《中共半世纪与叛徒毛泽东》，莫斯科进步出版社 1979 年中文版，第 10、169 页。

② 《列宁、列宁主义与中国革命》（1970 年 4 月）。

③ 《中共半世纪与叛徒毛泽东》，莫斯科进步出版社 1979 年中文版，第 140 页。

④ 《论中国事件》，《加拿大论坛报》1969 年 3 月 19 日。

宗派的罪魁祸首。如今，王明有了可乘之机，可谓以牙还牙。”①

但是，王明的这些言论，无论从理论上还是从中国共产党的历史和中国革命的实践上看，都是站不住脚的。

其一，根本不存在毛泽东提出什么“毛泽东主义”的问题。1941 年 9、10 月间，毛泽东与王明确实单独谈过几次话，主要是批评王明在武汉工作时期的错误，从没有涉及王明说的什么建立“毛泽东主义”的问题。事实上，当时反对提“毛泽东主义”的不是王明，而是毛泽东自己。在那个时期，认为自己的理论没有学好，许多问题没有研究或处于研究过程之中，是毛泽东的一贯态度。这从他给艾思奇、何干之、范文澜等人的信中可以得到证明。1943 年 4 月 22 日毛泽东致何凯丰的信中又说：“我的思想（马列）自觉没有成熟，还是学习时候，不是鼓吹时候”②。到了 1948 年 8 月 15 日，毛泽东在致吴玉章的信中还说：“现在没有什么毛泽东主义，因此不能说毛泽东主义。不是什么‘主要的要学毛泽东主义’，而是必须号召学生们学习马恩列斯的理论和中国革命的经验”③。这些材料说明，所谓毛泽东同王明谈话时要建立“毛泽东主义”，完全是王明的蓄意捏造。

其二，王明没有弄清马克思列宁主义与毛泽东思想的联系与区别，根本不懂马克思列宁主义普遍原理与中国革命实践相结合的问题。马克思主义是各国无产阶级进行革命斗争和建设社会主义的强大思想武器，它的普遍原理及其反映出的立场、观点、方法对各国具有普遍的意义。但要把各国革命引向胜利，则必须结合各国的具体情况，在实践中加以创造性运用，否则革命事业是不能取得胜利的。毛泽东思想是以毛泽东为代表的中国共产党人，把马列主义同中国的具体情况相结合，不断总结实践经验的产物，是马列主义在中国的运用和发展。比如，武装夺取政权是马克思主义的一个普遍原理，在俄国是通过城市起义完成的，在中国则是通过农村包围城市、最后夺取城市完成的。道路不同，但都是符合马克思主义的，同时又是对马克思主义的丰富和发展。再如，毛泽东的新民主主义理论，完全符合列宁给东方各民族

① 熊廷华：《王明的这一生》，湖北长江出版集团、湖北人民出版社 2009 年版，第 385 页。

② 《毛泽东书信选集》，人民出版社 1983 年版，第 212 页。

③ 《毛泽东书信选集》，人民出版社 1983 年版，第 303 页。

共产党人提出的学会运用马列主义一般原理的要求。列宁说："你们面临着一个全世界共产主义者所没有遇到过的任务，就是必须根据欧洲各国所没有的特殊情况来运用一般的共产主义理论和共产主义措施，必须看到农民是主要的群众，要反对的不是资本而是中世纪残余，要根据这种情况来运用一般的共产主义理论和共产主义措施。这是一个困难而特殊的任务，同时又是特别崇高的任务"，"这些任务的解决方法，你们无论在哪一部共产主义书里都找不到……你们应当提出这个任务，并根据自己的经验来解决这个任务"①。毛泽东的新民主主义理论的创立，圆满地解决了这个问题。可见，毛泽东思想同马克思列宁主义是既一致又有区别的。从普遍原理来看，毛泽东思想与马列主义是一致的、紧紧地联系在一起的；从其创新、发展讲，毛泽东思想又不完全等同于马列主义，而是有区别的，可以说是中国式的马克思列宁主义。这不是说毛泽东思想脱离了马列主义，恰恰说明了马列主义不是僵死的教条，而是各国革命斗争的指南，具有极强大的生命力。

对于毛泽东思想，特别是对《新民主主义论》，王明过去曾给予充分的肯定和高度评价。而到了"文化大革命"期间，王明却以没有民族的马克思主义、马列主义中国化不对、《新民主主义论》同列宁的分析不一致为借口，反对提"马克思主义普遍原理与中国实践相结合"，从而反对毛泽东思想。这说明，他从始至终都是一个教条主义者，根本不懂得如何运用马克思列宁主义引导中国革命取得胜利。

其三，没有弄清毛泽东思想与毛泽东晚年错误的区别。作为马克思列宁主义普遍原理与中国革命具体实践相结合产物的毛泽东思想，是被中国实践证明了的中国革命的正确理论原则和经验的总结，是中国共产党集体智慧的结晶。党的许多领导人对毛泽东思想的形成和发展都作出了重要贡献。作为党的科学的指导思想和行动指南的毛泽东思想，虽然毛泽东的著作最多，贡献最大，是最杰出的代表，但它不是毛泽东本人全部思想和言论的总和。也就是说，毛泽东思想不等于毛泽东的思想，而只是指正确的思想，既不包括毛泽东的错误思想，特别是他晚年的错误思想，也不包括其他同志的错误的思想。毛泽东虽然也受到过中国封建文化的影响，在他的作风上也反映出某

---

① 《列宁全集》第30卷，人民出版社1957年版，第138、139页。

些封建主义的痕迹，特别是在“文化大革命”中更为明显和突出，但作为毛泽东思想，并不包括封建专制主义的内容，封建专制主义不是科学理论的毛泽东思想的组成部分。只有明确了这一点，才能正确对待毛泽东思想。王明把毛泽东的“左”的错误，特别是发动“文化大革命”的严重错误都当作是毛泽东思想，甚至把封建专制主义也包括到毛泽东思想之中，说明王明根本就不懂得什么是毛泽东思想，所以他对毛泽东思想的判断也就无法符合历史实际。

其四，混淆了毛泽东思想与林彪、江青一伙的歪曲的界限。诚然，在“文化大革命”中，高举毛泽东思想的伟大红旗，是叫得最响的口号；用毛泽东思想去认识、分析和对待一切，成为当时人们的行动准则。但这并不完全是毛泽东的本意，更不是毛泽东要以此取代马克思列宁主义，而是林彪、康生、江青一伙玩弄的“拉大旗作虎皮”的伎俩，作为他们整人的借口和达到自己目的的工具。他们把毛泽东说的话吹捧成“句句是真理”和“最高指示”；把毛泽东思想说成是马列主义发展的“顶峰”等，制造了许多混乱，使人们分不清哪些是毛泽东思想，哪些是他们的歪曲篡改和唯心主义的解释。毛泽东对他们的胡乱吹捧，虽曾欣赏默认，但很快就有所察觉。1966年7月8日，他就说：“我历来不相信我那几本小书有那样大的神通。现在经他（指林彪）一吹，全党全国都吹起来了。真正是王婆卖瓜，自卖自夸。我是被他们逼上梁山的，看来不同意他们不行了”①。1967年7月，毛泽东在外地巡视时对随行人员说：“谁封我四个官呀？伟大舵手，伟大导师，伟大领袖，伟大统帅！”“你们不要宣传这个，要宣传马克思主义万岁，要宣传马列主义万岁。不要宣传这个，否则，将来要吃大亏。”②1970年九届二中全会后，毛泽东深深感到不宣传马列主义的教训，他明确提出：“我党多年来不读马列，不突出马列，竟让一些骗子骗了多年，使很多人甚至不知道什么是唯物论，什么是唯心论，在庐山闹出大笑话。这个教训非常严重，这几年应当特别注意宣传马列。”③这些都说明，毛泽东对待毛泽东思想与林彪、康生、江青等人的态度是根本不同的，虽然在一段时间里默认、支持了林彪等

① 1966年7月8日毛泽东给江青的信。

② 转引自黑雁男：《十年动乱》，国际文化出版公司1988年版，第214页。

③ 毛泽东1970年12月29日和1971年3月15日的两个批示。

人的歪曲和吹捧，但一旦发现和认识到了，即表示自己的不同意见，纠正他们的错误做法。可见，王明把“文化大革命”中林彪等人的错误做法，当成是毛泽东要以毛泽东思想取代马列主义，并以此作为“文化大革命”的“首要任务”，是没有事实根据的。

其五，没有分清毛泽东晚年的错误和他做的好事。毛泽东在“文化大革命”中确实犯了严重的错误，对“文化大革命”爆发和带来的严重损失，当然要负主要责任。但他同时还多次要求全党认真学习马克思、恩格斯、列宁的著作，还始终认为自己的理论和实践是马克思主义的，是巩固无产阶级专政所必需的，这正是他的悲剧所在。他在全局上坚持“文化大革命”的错误，但也制止和纠正过一些具体错误，保护过一些党的领导干部和党外著名人士，使一些负责干部重新回到重要的领导岗位；他领导了粉碎林彪集团的斗争，对江青等人的言行进行过严厉的批评和警告；他仍然警觉地注意维护国家的安全，执行了正确的对外政策，坚决支持各国人民的正义斗争，提出了划分三个世界的正确战略和我国永远不称霸的重要思想；确立了以周恩来、邓小平为领导核心的国务院人选，使社会主义制度的根基仍然保存着，社会主义经济建设继续进行，国家仍保持统一并在国际上发挥重要影响。这一切都同毛泽东的巨大作用分不开。可见，虽然他晚年犯了严重错误，但终究是一个伟大的无产阶级革命家所犯的错误。正因为如此，全国人民仍把他看作是自己敬爱的领袖，党仍把毛泽东思想作为各项工作的指导思想。这才是尊重事实、尊重历史的正确做法。王明混淆视听，把毛泽东的伟大功绩当成错误甚至罪恶加以攻击，企图通过全盘否定毛泽东来彻底否定毛泽东思想，说明王明缺乏起码的历史主义观点。

其六，“文化大革命”的发生不是毛泽东思想造成的。对于“文化大革命”发生的原因，《关于建国以来党的若干历史问题的决议》已作了明确的回答。概括起来即是：在探索社会主义社会发展规律中，由于党的历史特点，容易把政治、经济、文化等方面本不属于阶级斗争的问题看成是阶级斗争，并使用过去已熟悉但不能照搬的旧经验和旧方法，导致了阶级斗争的严重扩大化；又由于把马克思、恩格斯、列宁、斯大林著作中的某些设想和论点加以误解和教条化，如党内思想分歧都是阶级斗争的反映，社会主义改造基本完成后小生产还会每日每时地大批地产生资本主义和资产阶级等，反而显得有理论根据，“符合马列主义”；国际共产主义运动史上没有正确解决领袖和党的关系而产生的严重偏差，给中国共产党以消极影响，加上中国封建专制主义遗毒的影响，党内民主和国家社会生活的民主没有制度化、法律化，使党内个人专断和个人崇拜滋长起来，党和国家也就难以防止、制止“文化大革命”的发动和发展。这才是对“文化大革命”社会历史原因的正确分析和科学总结，是实事求是的。王明把“文化大革命”的发生说成是毛泽东思想的“罪恶”，显然是蓄意进行污蔑。

综上所述，我们可以清楚地看到，王明攻击和否定毛泽东思想，是根本违背马克思列宁主义的，特别是违背了历史唯物主义的基本观点的。

（三）歪曲和伪造党的历史，为自己的错误翻案。

王明为了诬蔑、攻击毛泽东，标榜自己早就同毛泽东的错误作斗争的光荣历史，从而达到混淆视听、为自己错误翻案的目的，不惜大量歪曲和伪造历史事实。这方面的事例很多，下面仅以遵义会议为例。

1935年1月召开的遵义会议，是中国共产党历史上一个生死攸关的转折点。对于这次会议的重要成果和巨大意义，王明一概不予承认，却认为是毛泽东的“罪行”。他在《中共半世纪与叛徒毛泽东》第一编中说：“毛泽东在中国革命过程中所犯的种种罪行，形成了历史事实的另一个方面。例如，在一九三五年一月毛泽东在中共中央政治局遵义会议上篡夺党的军权后，就给中国共产党及其领导的中国红军造成空前未有的损失。”① 他在第一编中专门写了一节，题为《伪造遵义会议的历史》，全面陈述了自己的观点，污蔑和攻击毛泽东。他对遵义会议总的看法是：“一九三五年一月由毛泽东的密谋策划召开的中央政治局遵义会议，是反对共产国际正确路线的会议，是政治路线、组织路线和军事路线都完全错误的会议，是毛泽东阴谋篡夺党的军权的会议。毛泽东在遵义会议后实行他错误的政治路线和军事路线，使党和红军遭受重大损失和危害。”②

王明举出一些什么事实来论证他的结论呢？主要是政治路线、军事路线、组织路线三个方面的事：

---

① 王明：《中共半世纪与叛徒毛泽东》，莫斯科进步出版社1979年中文版，第9页。

② 王明：《中共半世纪与叛徒毛泽东》，莫斯科进步出版社1979年中文版，第15页。

关于政治路线，王明说："从六届四中全会后到遵义会议前，党中央基本上执行了中共四中全会的共产国际的路线和'九·一八'事变后逐渐发展的党的抗日民族统一战线政策，使中国革命在苏维埃地区、国民党统治区和日满统治的东北地区，都得到很大的成绩。历史事实还说明：中国工农红军和苏维埃运动的大部分成绩都被毛泽东的极端'左'倾机会主义路线和危害行动在两年内破坏了。没有什么在遵义会议后'由于毛泽东的正确领导'使中国革命向前发展的事实"。①

王明说，毛泽东坚持这样修改遵义会议决议："把原来认为六届五中全会只是个别策略错误的估计，改为中共整个政治路线错误的估计，以便把五中全会路线伪造成所谓'博古左倾机会主义路线'；这不仅为了加强对博古等同志的打击，而且为宣扬遵义会议的'重大作用'作准备。此外，他更阴谋策划把没有人反对过的、旨在纠正'李立三路线'和推行共产国际路线的六届四中全会路线，也伪造成遵义会议反对过的所谓'王明左倾机会主义路线'；然后他把四中全会路线同他所伪造的所谓六届五中全会的'左'倾机会主义路线连在一起，成为他所伪造的'在党内统治四年之久的第三次'左'倾机会主义路线。借此他既反对共产国际的列宁主义路线和打击拥护共产国际路线的主要代表——王明，又加强伪造所谓遵义会议的'重大历史作用'和他自己在遵义会议及其以后的'重大历史功劳'。""无可争辩的历史事实证明：没有什么'毛泽东在遵义会议时纠正了'在党内统治四年之久的左倾机会主义路线'，也没有什么'毛泽东挽救了中国革命免于失败'，有的只是相反的事实"。所谓"毛泽东挽救了中国革命"等说法，完全是他自己"伪造"的，"目的是为了抬高自己，打击共产国际领导和执行共产国际对中国革命的正确路线的中共领导人"。② 另外，毛泽东还抛弃了"北上抗日"、"抗日反蒋"的口号。

关于军事路线，王明说，遵义会议前，党中央领导人执行共产国际的正确指导方针，"对蒋介石军队沿途避免一切不必要的战斗，对地方实力派用

---

① 王明：《中共半世纪与叛徒毛泽东》，莫斯科进步出版社1979年中文版，第27—28页。

② 王明：《中共半世纪与叛徒毛泽东》，莫斯科进步出版社1979年中文版，第15、27、21页。

'抗日反蒋'口号争取和平假道"。"而毛泽东在遵义会议上正是把共产国际这个正确方针骂成'右倾逃跑','不愿沿途作战'等等",遵义会议后率红军"实行乱跑乱窜的盲动毛线政策,一会儿向贵州,一会儿向云南,无目的的行军,轻易地和敌人发生冲突"。对这种无目的的战斗和转移,林彪和其他军事首长提出了抗议。另外,毛泽东还在阿坝和毛尔盖两次"造成分裂局面",使党和红军遭受了前所未有的损失。①

关于组织路线,王明说,毛泽东的错误在于:"他建立'毛洛联盟',进行反党反中央的小组织活动,反对共产国际的正确路线和执行这个路线的党中央的主要政治军事领导人,以达到篡夺红军总政委(为他自己)和党中央总书记(为洛甫)职位的目的。"事实上,"遵义政治局会议无权改变六届五中全会选出的中央总书记职位。"由于毛泽东在遵义会议上能够指望得政治委员的票最多只有"四票",所以他在行军途中就"多方煽动,嗾使一部分到会的军事干部在必要时哄哄闹闹地支持他。就这样'通过'了他所需要的决议"。②

王明认定,遵义会议的历史是毛泽东在延安整风运动时伪造的。事实上,真正伪造遵义会议历史的是王明。

第一,先说政治路线问题。前已说过,从六届四中全会开始的以王明为代表的"左"倾冒险主义路线,是完全错误的,遵义会议以前的损失,正是这条路线造成的。从一开始,它就遭到了许多人的反对和抵制。遵义会议没有对政治路线作出决议,主要是因为当时的条件还不成熟,只能首先解决最迫切的军事问题。但即使是从遵义会议的《总结决议》中,也不能得出六届四中全会政治路线正确的结论。王明以遵义会议没有作出决议,就坚持四中全会路线正确,不让别人反对,谁在后来指出它的错误,谁就是"伪造"历史。这在逻辑上是站不住脚的。

至于说毛泽东抛弃了"北上抗日"、"抗日反蒋"的口号,更是无稽之谈。北上抗日、抗日反蒋一直是党、也是毛泽东所坚持的。其中抗日反蒋口号,只是到了1936年5月红军东征以后,为了建立抗日民族统一战线才改为"逼

① 王明:《中共半世纪与叛徒毛泽东》,莫斯科进步出版社1979年中文版,第18、20页。

② 王明:《中共半世纪与叛徒毛泽东》,莫斯科进步出版社1979年中文版,第28、29页。

蒋抗日”的，后来又发展到“联蒋抗日”。王明说毛泽东在长征途中就放弃了，完全是有意歪曲事实。

第二，再看军事路线问题。红军由江西出发时共 8.6 万多人，过了湘江已不足 4 万人。这哪里是什么“保存有生力量”的“正确”的军事路线？遵义会议对这个时期军事指挥的批评，完全是合乎实际的。

与此相反，遵义会议后的军事路线则是完全正确的。红军在毛泽东等指挥下，采取灵活的运动战方针，于 2 月中歼敌 2 个师又 8 个团，俘敌 3000 余人，取得长征以来第一次大胜利。接着，完成了四渡赤水、佯攻贵阳、直插云南、威胁昆明、巧渡金沙江，跳出了数十万国民党军的围追堵截，实现了与四方面军的会师。这个胜利，正是遵义会议撤销了李德、博古军事指挥权后在毛泽东的指挥下取得的。

至于说林彪反对毛泽东的指挥，那确有其事。但历史已经证明，错误的是林彪，而不是毛泽东。

长征途中一、四方面军合而后分的问题，也完全是由张国焘的分裂主义造成的。对此，历史也早已作了结论。正如徐向前回顾当时情况所指出的：“会合的时候，毛泽东主张讲团结，团结第一，大局为重。”“张国焘怀有野心，想当头头，一再制造分歧，破坏了两军会合的团结局面。”① 可见，真正制造分裂以致后来另立中央的是张国焘而不是毛泽东。王明却硬说分裂的责任在毛泽东，这是不顾历史事实的。

第三，关于组织路线问题。首先，遵义会议的召开，是应党内特别是中央和军团首长大多数同志的要求，而且恰恰是原来拥护王明的王稼祥提议、张闻天支持的，并不是毛泽东的“阴谋”。在会议上，张闻天、毛泽东、王稼祥、朱德、周恩来、刘伯承、李富春、聂荣臻、彭德怀先后发言，对博古、李德的错误进行批评，说明毛泽东的军事主张得到与会绝大多数同志的支持，根本不是靠军人的“起哄”。其次，张闻天接替博古的工作，担任党中央总书记，并不是在遵义会议上，而是在遵义会议召开之后的 2 月 5 日，在“鸡鸣三省”的云南省威信县水田寨确定的。这是常委会人员的正常工作调换，并没有违背党章，当然也就说不上什么“违法”、“越权”了。

① 徐向前：《历史的回顾》中册，解放军出版社 1985 年版，第 429 页。

据有的材料说，在1967年至1968年，王明曾与苏联领导人安德罗波夫谈话，要求苏联出兵内蒙古。《莫斯科秘档中的中共秘史——潘佐夫（A. Pantsov)2004年6月25日在中国社会科学院近代史所的演讲(摘要)》说："约1967或1968年，有一份王明与安德罗波夫（当时的苏共中央主席）的谈话记录。是王明要求安接见他的。王说现在中国的情况相当严重，请求苏联派军队到内蒙古去，内蒙古的乌兰夫是他的朋友，会配合苏军的，然后再攻打北京。"(这自然是他的一厢情愿，是对乌兰夫同志的污蔑——整理者)①

据王稼祥《回忆毛主席革命路线与王明机会主义路线的斗争》一文说，1971年上半年，王明还"以所谓'中国共产党革命委员会主席'名义，邀请香港特务外围组织'大学服务中心'去苏联访问。"②

从这些材料可以看出，王明在这个期间还进行了一些不正常的活动。

第四节　去世前后

"文化大革命"时期，是王明人生旅程的最后阶段，他的病情越来越重。孟庆树在1970年7月16日写的《我的说明和希望》中说："由于近十来年，王明同志的身体越来越差，尤其是自1966年毛泽东在文化革命烟幕下，实行……反革命政变以来，使王明同志在精神上、体力上遭到无限的痛苦！因而，近二年来，他的中过毒的心脏、肝胆、脾胃等病不断发作。""不仅饮食起居非常困难，而且目前已到了无法治疗，无□□，无什可吃，无什可饮的地步！"

但是，他仍强打精神，写诗作文，继续发泄他的不满，坚持所谓的"反毛斗争"。他当时的心情，可从下列诗中略见一斑。

一方面，王明已感到时日不多，无可奈何。

1968年5月，王明在七律《春意》中，已透露出这种心境，诗曰：

---

① 仲石、公孙树主编：《陈独秀与中国》第47期，2004年12月1日印。

② 《人民日报》1979年12月27日。

鸟语花香庭院幽，小车代步载春游。
举头一览千山树，生趣长消万古愁。
四海横流人孰乐，九州焦灼我先忧。
斗争需要青春力，衰病哪堪责未休。①

1973 年 7 月 29 日，王明在《非不为也，是不能!》一诗中，更表露出了他无可奈何的心情，诗中说：

有人问：
多写些东西
不好吗?
王明!
我回答说：
好！很好！非常好呀！
感谢你的关心。
可惜的是，
我
心有余而力不足，
非不为也，是不能！
有人问：
多起来活动，
不好吗?
王明!
我回答说：
好！很好！非常好呀！
感谢你的关心。
可惜的是，
我

① 《王明诗歌选集（1913—1974)》，莫斯科进步出版社 1979 年中文版，第 413 页。

心有余而力不足，

非不为也，是不能！①

另一方面，王明仍要坚持到底，继续进行“反毛”斗争。

1968年12月8日，他在口语体七律《生死斗争（病中生活实录）》，说自己活着就是“力求述作反毛篇”，即反对毛泽东。诗的全文是：

吃喝全难排泄难，应停烟火作神仙。
坐行都苦睡眠苦，何不飞升到太玄？
争取生存为党业，力求述作反毛篇。
多亏战友劳无限，衰病年华尽久延。②

1972年8月24日，王明在《生活与生存》中写道，他活着就是为了“要参加斗倒毛集团”，全诗内容是：

生活——多一事不如少一事；
生存——少一天不如多一天。
为什么生活求简单？
浑身全被病纠缠，
饮食起居样样难。
为什么生存要续延？
好多事儿未干完；
尤其是还要参加斗倒毛集团。
这对矛盾真可笑，
现在解决办不到。
凑合凑合活下去，

① 《王明诗歌选集(1913—1974)》，莫斯科进步出版社1979年中文版，第470—471页。

② 《王明诗歌选集（1913—1974)》，莫斯科进步出版社1979年中文版，第417页。

存到几时天知道。①

王明在他死前的半年多时间里，身体状况已急剧恶化。尽管如此，他死到临头还念念不忘反对毛泽东，拼死挣扎也要与毛泽东斗争到底，下定了不“斗倒毛集团”就不“还故乡”的决心。

但是，天不遂人愿，1974 年 3 月 27 日，王明终于因病在莫斯科去世，终年 70 岁。遗体埋葬于莫斯科近郊的新圣母公墓，留在了异国的土地上。

第二天，即 3 月 28 日，苏共中央机关报《真理报》刊登王明去世的消息，并登出王明的一幅照片和《追悼王明同志》的文章。这篇文章简述了王明的历史，称他为“国际共运的老战士，中国共产党的著名活动家”，是“苏联的老朋友，苏中两国人民的友好和合作的积极捍卫者”，他的“形象将铭记苏联人民的心中”。

不久，苏联《远东问题》杂志第 2 期刊登《悼念王明同志》的长文，较为详细地介绍了王明的一生。文章主要赞扬王明的历史功绩，说

1974 年 3 月王明去世后家人与其遗体告别

① 《王明诗歌选集（1913—1974）》，莫斯科进步出版社 1979 年中文版，第 461 页。

苏共中央书记卡皮托诺夫、卡图谢夫与社会各界代表为王明守灵

王明是“国际共运老战士，中国共产党的著名活动家，中国人民为民族解放和社会解放、为中国的社会主义发展道路而进行英勇斗争的积极参加者”，“积极参加了中国共产党第六次代表大会和筹备工作”；1929 年回国后，“在处于地下状态和国民党残酷镇压的条件下完成党中央交给的重大任务”；“1930 年，王明在中国共产党内率先起来批评当时实际上领导中共中央政治局的李立三的小资产阶级民族主义、半托洛茨基主义和冒险主义的纲领”，表现了“巨大的勇气和坚强性”；他和国际共运的活动家“一起根据中国的情况制定、发展并具体阐发了列宁关于反帝统一战线的思想”，“对从理论上提出和具体实施对中国革命取得胜利具有重要意义的抗日民族统一战线政策作出了特别重大的贡献”；“卓有成效的创造性的理论活动和实践活动，使王明进入了中共著名领导人和理论家的行列，他在共产党员和中国人民中间享有盛誉和威信”；“他始终不渝地为马列主义的纯洁性、为无产阶级国际主义、为在中国革命的条件下创造性地运用马列主义而斗争”；他“直到临终一直是具有原则性和国际主义精神的共产党人，杰出的革命家和为争取本国人民的自由和幸福的坚强战士，毛泽东及其追随者的反人民的冒险主义方针的坚决反对者”。文章还充分肯定集中反映王明“左”倾冒险主义总纲领的《为中共更加布尔塞维克化而斗争》的小

位于莫斯科新圣母公墓的王明墓
（碑座的碑文是“王明——中国共产党和世界共产主义运动的杰出活动家”）

册子。

与此同时，文章还赞扬王明同苏联的友好。文章在引用大量王明吹捧苏联共产党特别是当时苏共中央总书记勃列日涅夫的话以后说："直到临终，王明始终是苏联人民的真诚朋友，一贯主张中苏两国人民和两国之间的友好密切合作，主张在马列主义和无产阶级国际主义基础上改善中苏两党之间的关系"。文章还引王明的话宣扬："同苏联共产党和苏联人民的友好与同盟，是在为争取自由幸福生活的斗争中战胜一切敌人的必要条件和可靠保证"。文章最后指出："王明这位中国人民和中国共产党的忠诚儿子，杰出的具有国际主义精神的共产党人的光辉形象，将永远铭记在伟大中国人民的真诚朋友——苏联人民的心里。"

另外，文章也不顾历史事实，赞扬王明反对毛泽东的言论。说王明1935年至1937年发表的一些关于统一战线的文章，"对于中国共产党、对于中共干部在新形势下不致迷失方向，对于克服毛泽东及其追随者所坚持的扩大内战的'左'倾宗派主义路线，有着极端重要的意义"，当毛泽东企图把王明拉到自己一边来的行动没有成功时，"毛泽东就把王明选为他反对党内拥护共产国际的人和共产国际的主要打击对象"。"为了诽谤和污蔑王明和其他拥护共产国际的中共党员，毛泽东及其追随者炮制了'王明的两条路线'——所谓'左倾路线'和'右倾机会主义路线'"，并说在此幌子下"毛泽东及其拥护者同时对共产国际以及共产国际制定的中共在30年代的总路线进行了攻击，以此来掩盖自己的民族主义和'左'倾宗派主义倾向，并把共产国际和拥护共产国际的中共党员在制定和实施马列主义战略和策略方面的全部功劳据为己有"。并说"他相信，由毛泽东的思想和活动给中国共产党人和中国人民带来的目前的悲剧和灾难，也同毛泽东本人及其'思想'一样，是暂时的现象"。

这篇文章，表明了当时苏联对王明的态度。

1975年，苏联国家政治书籍出版社用俄文出版了王明的《中共半世纪与叛徒毛泽东》一书。1976年，日本将此书改名为《王明回想录》出版。1979年，莫斯科进步出版社出版了此书的中文版。

后来，莫斯科还出版了王明《中共半世纪与叛徒毛泽东》的英文版《mao's betrayal》，以及法文、旁遮普文、西班牙文版，在布拉格、柏林、苏菲亚等地还出版了捷克文、德文、保加利亚文等版本。

1980年，我国现代史料编刊社将此书译为中文，改名《中共五十年》，内部出版发行。

2009年1月，香港哈耶出版社将此书更名为《王明回忆录》出版。

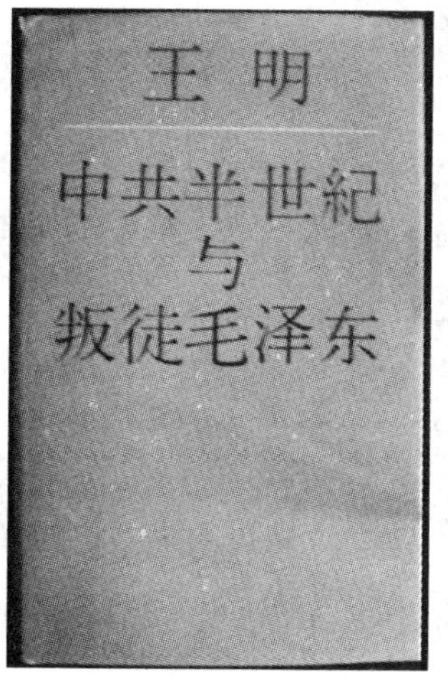

莫斯科出版的王明的《中共半世纪与叛徒毛泽东》中文版、俄文版封面

陆定一在回忆中说：“这本书从头至尾对毛泽东同志和中国共产党造谣，为他自己的罪恶狡辩。”①胡乔木1985年、1986年在《关于历史问题决议的起草》的谈话中说：“王明后来在七十年代还出了一个很坏的小册子——《中共五十年》。这个小册子在国际上影响较大，在苏联印过，在越南也印过。在这个小册子中，王明说毛主席要毒死他，这是胡说八道。‘文革’那么残酷，毛主席也没有下过这种命令，‘文革’中很多事情是江青他们搞的，毛主席并不知道。”②

王明《中共半世纪与叛徒毛泽东》的英文版

但是，有的学者认为，此书的

① 《关于唐义贞烈士的回忆》，《江汉论坛》1982年第6期。

② 《胡乔木回忆毛泽东》，人民出版社1994年版，第66页。

北京人民出版社内部出版的王明《中共五十年》封面

香港出版的《王明回忆录》

内容“并不是都是错误的，也有正确的部分”，例如信仰马列主义，拥护共产国际、苏联共产党、斯大林；拥护和支持土地革命，创建苏区根据地和创造红军，以及毛泽东对红军的战略战术；在抗日民族统一战线，包括联蒋抗日在内的贡献方面是首屈一指的；对反右派斗争、三面红旗及其困难时期和对“文化大革命”有些批评是对的，认为毛泽东受封建的影响很深，独断专行，不民主，这种看法和批评也是对的。①

此书出版后，王明夫人孟庆树和儿子王丹之将此书的全部稿费捐献给了苏联和平基金会。1980 年 8 月 13 日，莫斯科保卫和平委员会授予孟庆树和

МОСКОВСКИЙ КОМИТЕТ
ЗАЩИТЫ МИРА
НАГРАЖДАЕТ
ПОЧЕТНЫМ ЗНАКОМ
МЭН ЦИНШУ
за активную деятельность
в движении сторонников мира
С. ВЕРНОВ
Г. ВОСКРЕСЕНСКАЯ
Москва
13. августа 1980 г.

МОСКОВСКИЙ КОМИТЕТ
ЗАЩИТЫ МИРА
НАГРАЖДАЕТ
ПОЧЕТНЫМ ЗНАКОМ
ВАН ДАНЬЧЖИ
за активную деятельность
в движении сторонников мира
С. ВЕРНОВ
Г. ВОСКРЕСЕНСКАЯ
Москва
13. августа 1980 г.

莫斯科保卫和平委员会授予孟庆树和王丹之的荣誉奖章

① 施巨流：《王明问题研究》，香港天马出版有限公司 2006 年版，第 343 页。

王丹之荣誉奖章。

王明死后，国内对他的批判仍然在继续。

1981 年 6 月 27 日，中共十一届六中全会通过的《关于建国以来党的若干历史问题的决议》指出：第五次反“围剿”的失败是由于“王明‘左’倾冒险主义领导造成的”；“王明‘左’倾错误造成的失败使革命根据地和白区的革命力量都受到极大损失，红军从三十万人减到三万人左右，共产党员从三十万人减到四万人左右”。“在一个半殖民地、半封建的东方大国里进行革命，必然遇到许多特殊的复杂问题。靠背诵马克思列宁主义一般原理和照搬外国经验，不可能解决这些问题。主要在本世纪 20 年代后期和 30 年代前期在国际共产主义运动中和我们党内盛行的把马克思主义教条化、把共产国际决议和苏联经验神圣化的错误倾向，曾使中国革命几乎陷于绝境。”①

王明夫人孟庆树和女儿王芳合葬墓

КПРФ

УДОСТОВЕРЕНИЕ

ЦК КПРФ награждает
памятной медалью
«В ОЗНАМЕНОВАНИЕ
140-ЛЕТИЯ СО ДНЯ РОЖДЕНИЯ
В. И. ЛЕНИНА»

ТОВ.

Председатель
ЦК КПРФ　Г. А. Зюганов

俄罗斯共产党总书记久加诺夫签署了俄共中央授给王丹之的“列宁 140 周年诞辰志庆”纪念奖章和证书

1982 年，陆定一在《关于

① 中共中央文献研究室编：《〈关于建国以来党的若干历史问题的决议〉注释本》（增订），人民出版社 1985 年版，第 5、47 页。

唐义贞烈士的回忆》中说：“王明是个阴谋家、野心家，是苏联当时的大国主义者用来控制中国革命和中国共产党的走狗。他依靠外国（苏联的大国主义者）势力，篡夺了中国党的领导四年之久（1931—1935）。他们当时结成一个集团（即所谓‘二十八个半’），自称‘百分之百的布尔什维克’，‘国际路线’。王明路线统治中国党四年，排斥和杀害了许多同志，使中国革命几乎失败。”并说王明“死前当了赫鲁晓夫的反华特务”。①

1983 年 9 月 5 日，王明的夫人孟庆树因病去世于莫斯科，也葬于莫斯科新圣母公墓。

2010 年列宁诞辰 140 周年之际，俄罗斯共产党总书记久加诺夫签署了俄共中央授给王丹之“列宁 140 周年诞辰志庆”纪念奖章。

第五节　王明的诗歌

1979 年，即王明去世 5 年以后，苏联莫斯科进步出版社用汉文和俄文同时出版《王明诗歌选集（1913—1974）》一书。该书在封套上介绍了王明的简历，说“王明同志不仅是政治活动家，而且是诗人。现在发表他的诗歌选集，以飨读者”。孟庆树在 1977 年 10 月 12 日为该书写的《前言》中，吹捧王明“从 9 岁开始写诗，到 15 岁时，诗的

《王明诗歌选集（1913—1974）》的中、俄文版封面

① 《江汉论坛》1982 年第 6 期。后来收入《陆定一文集》时，这段文字被删去。

内容已颇丰富优美"；他15岁写的诗，"现在看来也还是一首丰富优美的诗"。在《前言》中，她还引用了王明在20世纪50年代末对诗歌的见解："诗是精密提炼、高度概括、艺术形象和富有韵律节奏的语言。是一种特殊形式的文艺作品。诗是绘画，又是音乐；是舞蹈，又是雕塑；是戏剧，又是数学；是科学，又是哲学。"他又写道："诗是一曲纯真而优美的音乐。它能一下子打动听众的心，使其共鸣同感。诗是一把准确而锋利的匕首，它能一下子刺入敌人的要害，使之落马翻身。"①

王明对自己的诗评价也是很高的。他在1969年5月24日的《自遣》一诗中，把自己与宋朝大诗人陆游相比，说：

物化倘如庄子乐，自宽敢类放翁期：
"此身虽死诗犹在，未必无人粗见知"。②

王明的有些诗确实写得还是比较好的，不仅抒发了自己的真实情感，也具有一定的艺术性。如他1953年11月28、29日离莫斯科返北京时写的七律《东归晚别红场》：

五角星红场更红，先师寝旁克林宫。
关山东送千秋月，午夜西听万里钟。
仰探珠穆朗玛顶，俯思沧海大洋中。
峰巅水底有涯极，别意绵绵无始终。③

又如他3月1日看到《人民画报》上刊载的家乡梅山水库的彩色照片后写的七绝《史水流光》：

梅山水库画图中，史水流光乡意浓；

① 转引自孟庆树1977年10月12日为《王明诗歌选集（1913—1974）》写的前言，见《王明诗歌选集（1913—1974）》，莫斯科进步出版社1979年中文版，第8页。

② 《王明诗歌选集（1913—1974）》，莫斯科进步出版社1979年中文版，第422页。

③ 《王明诗歌选集（1913—1974）》，莫斯科进步出版社1979年中文版，第250页。

旧地重游春梦暖，花香射影笑东风。

再如1971年春作的七绝《春风》，充满了想象力，诗曰：

万里春风万里船，鸟为浆棹树为帆。
江南游过游江北，青满田园绿满山。①

1958年6月12日，王明一夜写成诗32首，起名《梦吟》，记述他同孟庆树从1927年冬初次见面到此时31年的主要经过。他当时注解说："近来心脏、肝、胆、肠、胃病连续并发，情势危殆。是夜似睡非睡，似梦非梦，竟于朦胧中成诗卅二首。醒后自觉惊奇，乃决抄存念。"并说：

病重来奇梦，诗成如有神。
连绵卅二首，汗雨到天明。②

其中的《长存》一诗曰：

海可浅枯山可平，日常出没月升沉。
形躯纵死精神在，地老天荒挚爱存。③

这32首诗，表达了他对夫人孟庆树的深厚感情。

1964年12月17日王明作的七绝《乡念》，则真切地表达了他的思乡之情，诗曰：

离久念乡情更切，夜长入梦境多真。
漫天风雪年关近，我倍思亲怀故人。④

① 《王明诗歌选集（1913—1974）》，莫斯科进步出版社1979年中文版，第444页。
② 《王明诗歌选集（1913—1974）》，莫斯科进步出版社1979年中文版，第287页。
③ 《王明诗歌选集（1913—1974）》，莫斯科进步出版社1979年中文版，第304页。
④ 《王明诗歌选集（1913—1974）》，莫斯科进步出版社1979年中文版，第384页。

但是，王明的很多诗写得相当拙劣，根本没有旧体诗应有的意境和韵味。例如他于1958年秋作的七律《如此“主脑”》，内容是：

难道每人钢会炼？乱来公社错真多。
如斯跃进师资耳，似此均贫建社何？
计划全抛科技废，工农交困财经痾。
不凭马列凭狂想，定致一波又一波。①

这首诗是讽刺“大跃进”和人民公社的。但只是把一些口号、白话罗列到一起，而且有的句子很费解，哪里有一点诗意？

更为恶劣的是，他有很多诗是后来伪造的。其中有些诗虽然注明的时间比较早，但一看就知道是后来写的。这些诗内容恶毒，写法拙劣，根本不能算作诗。如标明“1939年底写于延安”的语体五律《〈新民主主义论〉（评毛泽东这篇论文的根本错误）》，内容是：

新民主主义，理论自托陈；
资革成功后，资行社不行。
苦心劝其改，怒意流于形。
列义被修正，前途迷雾存。②

毛泽东的《新民主主义论》的报告，最早是1940年1月9日在陕甘宁边区文化协会第一次代表大会上作的，题为《新民主主义的政治与新民主主义的文化》，1月15日才修改、补充成文，2月15日在延安出版的《中国文化》创刊号发表，题目未变。2月20日出版的《解放》第98、99期合刊刊载这篇文章时，题目才改为《新民主主义论》。既然一直到1940年2月15日才有《新民主主义论》的名字，王明怎么能在1939年年底就能看到这篇论文呢？另外，5个月后，王明还在《学习毛泽东》的讲演中，高度赞扬毛泽东

① 《王明诗歌选集（1913—1974）》，莫斯科进步出版社1979年中文版，第308页。
② 《王明诗歌选集（1913—1974）》，莫斯科进步出版社1979年中文版，第139页。

"'新民主主义论'不仅是中国现阶段国家问题的指南，而且是一切殖民地半殖民地关于建立革命政权问题的指针，同时也就是对马列主义关于国家问题的新贡献"。在作这个讲演之前，王明怎么会早已看出"这篇论文的根本错误"呢？只有一个解释，那就是王明的这首诗其实是后来补写的。如果真是当时写的，只能说明王明是一个典型的两面派！

又如标明"1945年4月于延安"的《所谓六届七中决议》，诗曰：

一手刀沾一手血，浑身金贴浑身泥。
刀将党史变毛史，金作神衣当外衣。
马列丰功成大敌，毛刘合计扮先知。
教条经验绝虚构，抬己打人尽出奇。

此诗每句下边都有注，第八句的注说："毛泽东伪造党史的目的，就在于打击别人、抬高自己，在党内造成他的个人专制和军事独裁的地位。所以他什么假话都说得出来，什么坏事都做得出来。"①

前已说过，1945年4月20日，王明写信给任弼时，请他阅转毛泽东并扩大的七中全会各位同志，表示赞同《关于若干历史问题的决议》，高度赞扬了毛泽东及毛泽东思想的正确与功绩，并检查了自己在土地革命战争时期的错误。其中虽然有些问题检查得不够全面、不够深刻，但这是王明一生中对土地革命战争期间所犯"左"倾冒险主义错误的一次最全面、系统的检查。在一些问题上，检查得还是比较深刻的，似乎也是诚恳的。这时，他怎么会写出这样一首诗呢？如果这首诗确实是当时写的，那就说明他的检查完全是假的。如果那些检查是真的，这首诗就肯定是假的。再对照一下王明晚年写的《中共半世纪与叛徒毛泽东》中的《"整风运动"是"文化（大）革命"的预演》那部分内容，就可以看出两者之间是完全一致的，这首诗就是他晚年写那本书的时候写的，只不过把写作时间和地点改为"1945年4月于延安"而已！

再如标明写于1948年11月的两首诗：

第一首是"1948年11月12日晚于西柏坡"的《今古奇闻（评毛泽东"人

① 《王明诗歌选集(1913—1974)》，莫斯科进步出版社1979年中文版，第183—185页。

民血染伟大”论)》，内容是：

谁是人中最伟人？全心全力为人民。
染成“伟大”人民血，党性人心两不存！

诗下注说：“毛泽东这天和我谈话说：‘什么人的伟大都是血染成的。人民血流的越多，就染的越伟大。列宁的伟大是800万俄国人的血染成的。就是俄国在第一次世界大战中死了400万人，在十月革命和革命战争中又死了400万人，就是这800万俄国人的血染成的。斯大林的伟大，是700万俄国人的血染成的。就是在第二次世界大战中死的700万俄国人的血染成的。我呢，是两千万中国人的血染成的。就是中国在此前10年国共内战，双方死了共100万人；日本占领中国8年，杀死1500万中国人，这次国共内战，双方各有400万军队，打算双方各死一半，就死400万人——就是这两千万中国人的血染成的！从这看我和列宁、斯大林哪个伟大呢？’”王明说：“你这个人民血染伟大论，可叫作今古奇闻！”毛泽东说：“这有什么奇闻？这是事实，这是常识！”王明评论说：“他的这个怪论，在那时和事后，也是随时向人宣传，意在证明他的‘伟大’。事实证明，毛泽东的确是一个杀人魔王，现在他已经下令杀死几千万中国人，还要继续杀更多的中国人。所以他就越来越无耻地妄称自己‘最伟大’！”①

第二首是“1948年11月22日晚于西柏坡”的《“到北京做皇帝”(毛泽东自己宣传的)》，诗是这样的：

皇帝从来是独夫，人民头上坐称孤。
北京一到做皇帝，蜕化满腔党性无。

诗下注说：“毛泽东这天和我谈话又说：‘年青时候看小说，常想做皇帝是多么了不起的事呀！可是不晓得怎么才能做皇帝。现在懂得了。我们不久就要进北京了，一到北京，我不就要做皇帝了吗？”“他说：‘既然是国家的

---

① 《王明诗歌选集(1913—1974)》，莫斯科进步出版社1979年中文版，第214—215页。

最高统治者，本质上不就是皇帝吗?’”王明说:“那时他对许多中央委员都宣传他是皇帝。到北京后，刘少奇同志时常奉命代他宣传:‘毛主席是新条件下的皇帝!’此外毛泽东并下令在军队中正式做报告，宣传‘毛主席是皇帝’这个思想。意在使人们承认他是唯我独尊的‘天子’。现在事实证明:毛泽东的确是一个中外古今空前未有的最大的专制暴君!”①

这两首诗，一看就是“文化大革命”中写的。首先，王明注明是与毛泽东谈话后写的。当时毛泽东确实找王明谈过几次话，多次征求他对《关于若干历史问题的决议》的意见，促使王明认识、检查自己犯的错误，根本没有涉及什么毛泽东要到北京“做皇帝”的问题。他在《中共半世纪与叛徒毛泽东》中写的与毛泽东第三次谈话的所谓内容，完全是编造的，根据这次谈话内容所写的诗，当然也就没有真实性可言了。

其次，把诗、注释用语同他在“文化大革命”中写的文章一对照，可以看出诗不是写于1948年，而是在“文化大革命”中。1969年3月19日，王明在《论中国事件》中说，毛泽东发动的“文化大革命”是以中国共产党、共青团、工会、“党政机关、各种团体以及学校、工厂、农村和运输部门的千百万领导人、干部和积极分子，是全国大多数的工人、农民和知识分子”为对象，毛泽东在“文化大革命”中“镇压、逮捕和杀害的人数已经早就超出500万大关”②。王明在《中共半世纪与叛徒毛泽东》中说，毛泽东“具有浓厚的封建帝王思想”，“一九四八年冬和一九四九年初，解放军快要进入北京的时候，他就不断地对中央委员们说:‘年青的时候看小说，常想:做皇帝是多么了不起的事呵! 但是不知道怎么才能做皇帝。现在懂得了。我们很快就要进北京;一进北京，我不就要做皇帝了吗’? 进北京后，他就广泛宣传他是‘新条件下的皇帝’，同时并下令中央军委政治部正式在军队里作‘毛主席是新皇帝’的报告”。“毛泽东是秦始皇第二，是比秦始皇更加罪大恶极的专制暴君”，“是当代的秦始皇”。③ 仅从这几段引文就可证明，尽管王明标明他的诗是写于1948年11月，但实际上不过是在写《中共半世纪与叛徒毛泽东》前后的伪造罢了。

---

① 《王明诗歌选集(1913—1974)》，莫斯科进步出版社1979年中文版，第216—217页。

② 《论中国事件》，载1969年3月19《加拿大论坛报》。

③ 王明:《中共半世纪与叛徒毛泽东》，莫斯科进步出版社1979年中文版，第194、203、204页。

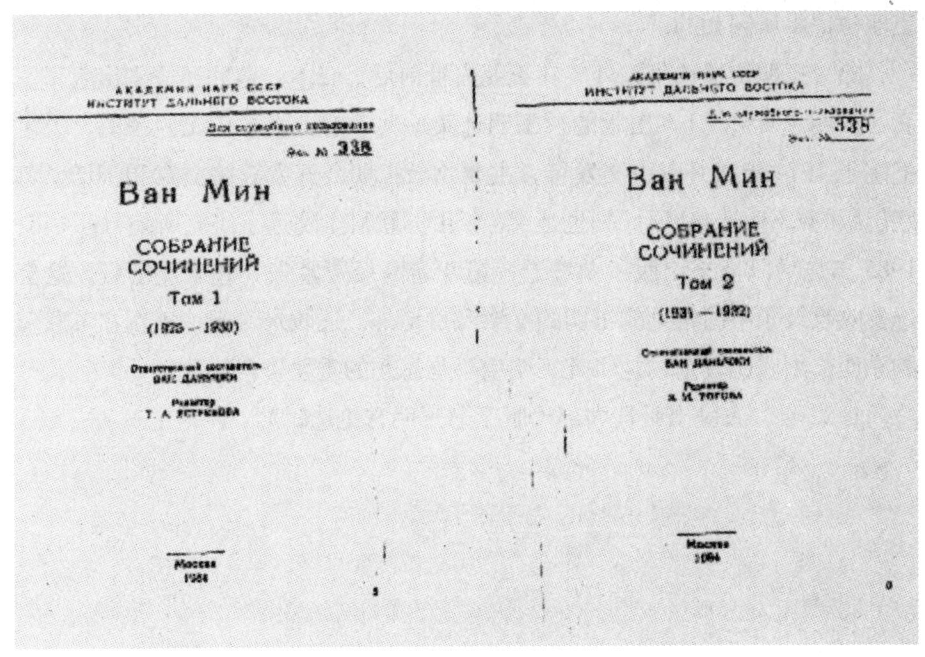

莫斯科出版的《王明选集》第一、二卷扉页

韩三洲在《作为诗人的王明》一文中说：“如果不以人废诗的话，王明也应该算是一个诗人。”“从诗中可以读出，虽说王明少小聪慧，诗才尚可，但也不论平仄，也就是不太讲究合辙押韵，不受旧体诗格律的束缚。自幼及壮，直至逝世前一年，诗人一直在写着他自己的诗，所以，70年的平生事业、社会交际以及所见所闻、所感所悟，书中均有记载。更重要的是，内中除了王明个人的政治态度之外，也包含有大量的党史资料，有很多第一手记载是《中共五十年》（即香港新出版的《王明回忆录》）与其它［他］

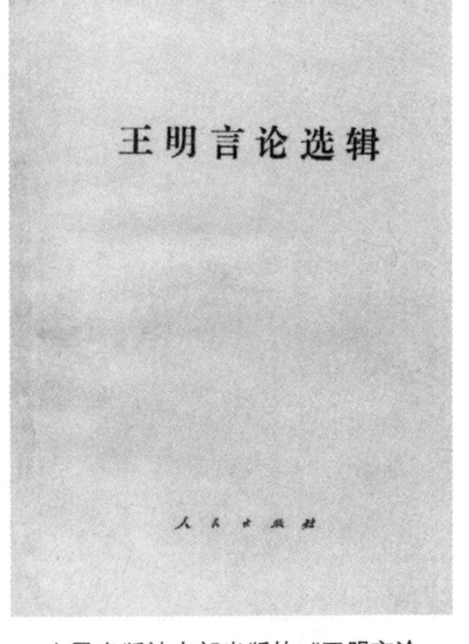

人民出版社内部出版的《王明言论选辑》封面

王明传记中所阙如的。”①

除《王明诗歌选集》外，在王明去世前后，日本、苏联还分别出版了一套《王明选集》。日本出版的《王明选集》共 4 卷，由本庄比佐子编，汲古书院于 1974 年 2 月以中文发行，主要收录王明公开发表的文章和讲话。苏联出版的《王明选集》原计划也是 4 卷，由苏联科学院远东研究所编，1984 年、1985 年先后以俄文出版了前 3 卷，第 4 卷因经费紧张一直未能出版。这套选集除收录了中国常见的王明的文章和讲话外，还收录了很多王明在苏联写的东西，内容比较全，是研究王明生平与思想的重要资料。

1982 年，人民出版社内部出版了《王明言论选辑》。

① 原载《南方都市报》，见“共识网”（http://www.xn--b6q513il2h.com/articles/rwcq/article_201004298681.html）2010 年 4 月 29 日。

结束语

在中国共产党90多年为国、为民、为共产主义奋斗的历程中，成千上万热血青年奋勇争先，义无反顾地加入到它的行列之中。经过血与火的革命战争和社会主义建设事业实践的磨炼，许多人牺牲了自己的宝贵生命，永远受到人民的怀念；更多的人成为党的坚强战士，受到人民的尊敬和爱戴；有的人意志消沉，中途掉队，人民也给予谅解；有些人叛党而去，永远受到人民的唾骂；有的人为党做了不少有益的工作，也犯了严重的错误，但认识和改正后，仍然受到人民的谅解和尊重。然而，王明同许多人走的道路都不同。他既为党做过很多有益的工作，也犯了给党的事业带来巨大损失的严重错误；他口头表示接受批评，改正错误，但实际上至死不改，最后在错误的道路上越走越远。综观他的一生，从中应该吸取一些什么有益的教训呢？

第一，学习马克思列宁主义必须同中国的实际相结合，决不能搞教条主义。马克思列宁主义是世界无产阶级的科学的指导思想，是认识世界和改造世界的锐利武器，它所阐明的普遍原理适用于世界各国。因此，各国的无产阶级特别是其革命政党必须认真学习、研究和运用。但学习和运用马克思列宁主义不是照搬照抄马克思、恩格斯、列宁的现成结论，而应该学习和运用他们的立场、观点和方法，结合本国的具体情况，正确解决革命和建设的道路、战略和策略等实际问题，才能引导本国革命和建设事业走向胜利。

王明不懂得这个道理，自以为读了一些马克思列宁主义的书，知道一些苏联的情况，就自命不凡，既不顾马克思列宁主义的时间、空间观念，又不调查了解中国的具体情况，以为只要照搬马列著作中的若干结论，就可以指导中国革命走上胜利，结果与他的愿望相反，在他实际担任党中央领导职务期间，中国革命已取得的一些成果不但没有得到巩固与发展，反而遭到致命的打击，几乎走到全面失败的边缘。因此，一个共产党员要想少犯、不犯错误或不犯大错误，为党的事业作出应有的贡献，必须把学习马克思列宁主义与本国革命、建设实践相结合，并创造性地运用，切不可只懂得书本结论，只懂得词句，脱离实际。

第二，正确对待别国经验和上级指示。别国的革命经验，是别国的无产阶级运用马克思主义普遍原理与本国实际相结合的结果，对其他国家有重要的借鉴价值，应当重视和吸取，但各国的具体情况毕竟不同，因而不能照搬。对最早取得社会主义革命胜利的苏联的经验，也应该采取这样的态度。

王明自以为了解苏联的经验，就在中国搞什么百分之百的布尔什维克化；也不管共产国际的指示是否适合中国的具体情况，就不折不扣地执行，甚至还要“超越”。结果忽“左”忽右，给中国革命带来了巨大危害。吸取这个教训，在今天仍有重要的意义。

第三，革命队伍要讲团结，搞五湖四海，决不能搞宗派主义。党所从事的事业是异常艰难复杂的，它需要带领全国人民为之奋斗。奋斗的核心力量是中国共产党，其力量就在于不仅革命队伍是团结的，而且能团结全国绝大多数，调动一切积极因素。因此，党历来十分重视革命队伍的团结，反对各种各样破坏团结的错误思想和行动，特别是要反对组织上的宗派主义。

王明在中山大学就依靠米夫的支持，组成以该校支部局为核心的小宗派，进行了一系列的宗派活动。他们打击与他们有不同意见的同志，并把矛头指向实事求是的以瞿秋白为首的中共代表团。在王明回国取得党的领导权后，又继续打击瞿秋白等人，迫害不同意他们那一套的同志，使许多同志受到打击甚至杀害，给中国革命造成严重危害。

第四，决不能放弃批评和自我批评的武器。批评和自我批评是中国共产党的三大作风之一，是党和党员个人克服错误思想、不断前进的重要保障。马克思列宁主义普遍原理与中国革命相结合是一个过程，需要经过全党的不断探索、不断实践。在这一过程中，由于各种不同因素的影响，难免有不成熟甚至错误的地方。这既不奇怪也不可怕。正确的态度和做法是：一旦发现错误，就立即改正。作为党员，如果自己没有发现，就要欢迎别人批评，然后自己不断反省，认真作自我批评，并在实践中纠正。有了这一条，无产阶级政党才能成为有战斗力的党，党员也才能成为一个坚强的先锋队战士。

王明在党的历史上先犯“左”倾教条主义错误，后犯右倾教条主义错误，从不认真作自我批评。即使在同志们的反复批评下，承认过一些错误，也是敷衍的，企图赶快过关，并不准备认真改正。当环境一变，马上翻案，直到反攻过去，把错误当成正确、功劳来宣扬，标榜自己是一贯正确的。列宁说过：“如果坚持错误，深入一步地来为错误辩护，把错误‘坚持到底’，那就往往真要把小错误铸成骇人听闻的大错了”①。王明由犯错误到最后成为孤家寡人，与他坚持错误、拒绝批评有着直接的关系。

第五，积极参加革命实践，在实践中改造自己。任何人都不是天生的先哲，任何正确的思想、理论都是在实践中逐渐形成的。中国共产党的许多同志，有的身上有这样那样的缺点和非马克思主义思想，有的人马列的书读得很少，但由于他们积极投入到党领导的各项斗争中去，在实践中不断学习，不断总结经验教训，都逐渐提高了马列主义水平，克服了自身的毛病，锻炼成坚强的马列主义者。这说明，一个共产党员的成长，是绝对不可离开斗争实践、离开自身的改造的。而王明自1925年入党后的48年中，有大约三分之二的时间居住在苏联，在国内的三分之一的时间里，既没有搞过工人运动，也没有从事过农民运动，没有到过苏区，不知道革命根据地是如何创立和巩固的。1937年年底王明从苏联回到延安后，有相当的一段时间里又在病中。可以说，王明参加革命以后的经历，基本上脱离了中国革命和建设的实践，不知道马克思列宁主义同中国实践是如何结合的，经验教训是什么。这就极大限制了他的认识能力。加上他犯了错误后又拒绝批评，不愿意在实践中改造自己，总是寻找各种借口到苏联去，所以他也就不能使自己有所前进。应该说，王明的错误，与他脱离中国革命和建设实践也有着直接的关系。

---

① 《列宁选集》第4卷，人民出版社1972年版，第199页。

王明去世 40 年了，可他给中国革命带来的危害，特别是他所提供的深刻教训，人们是不应忘记的。以他所犯的错误为鉴，正确总结和吸取教训，对于搞好今天的社会主义现代化建设，对于做好自己的工作，都是有好处的。

责任编辑：王世勇

图书在版编目（CIP）数据

王明传／周国全，郭德宏 著．－北京：人民出版社，2014.7
ISBN 978－7－01－012770－5

I. ①王… II. ①周… ②郭… III. ①王明（1904~1974）－传记
IV. ① K827=6

中国版本图书馆 CIP 数据核字（2013）第 261913 号

王 明 传

WANGMING ZHUAN

（增订本）

周国全 郭德宏 著

郭德宏 增补

人民出版社 出版发行
（100706 北京市东城区隆福寺街 99 号）

涿州星河印刷有限公司印刷 新华书店经销

2014 年 7 月第 1 版 2014 年 7 月北京第 1 次印刷
开本：710 毫米 ×1000 毫米 1/16 印张：36.5
字数：578 千字 印数：00,001－10,000 册

ISBN 978－7－01－012770－5 定价：98.00 元

邮购地址 100706 北京市东城区隆福寺街 99 号
人民东方图书销售中心 电话（010）65250042 65289539